主编简介

　　陈泉生，教授，博士生导师，福州大学环境法研究所所长，中国环境资源法学研究会副会长，1995年入选"百千万人才工程"，1997年起享受国务院政府特殊津贴。从事环境法学研究20年，迄今已公开发表科研成果四百多万字（学术专著、译著十多部，论文三百多篇），其中在《中国社会科学》、《法学研究》、《中国法学》等国家权威刊物发表高水平论文三十多篇，主编两套系列专著：《生态与法律专题研究丛书》和《环境法学系列专著》。主持过十多项国家和省部级科研项目，以上课题成果获省部级及高校人文社会科学优秀成果奖十多项。

法律硕士精品教材系列

总主编 朱崇实

执行总主编 李 浩 林秀芹

环境法

Environmental Law

主 编 陈泉生
副主编 幸 红 郑艺群

撰稿人（按撰写章节先后顺序）

陈泉生 李丽华 原 凯 朱 谦 周 卫
颜运秋 谢 玲 吴亚平 张少锋 幸 红
吴 勇 姜晓川 郑艺群 朱晓勤

厦门大学出版社
XIAMEN UNIVERSITY PRESS

国家一级出版社
全国百佳图书出版单位

图书在版编目(CIP)数据

环境法/陈泉生主编. —厦门:厦门大学出版社,2013.7
法律硕士精品教材系列
ISBN 978-7-5615-4525-6

Ⅰ.①环… Ⅱ.①陈… Ⅲ.①环境法学-中国-研究生-教材 Ⅳ.①D922.68

中国版本图书馆 CIP 数据核字(2013)第 004778 号

厦门大学出版社出版发行

(地址:厦门市软件园二期望海路 39 号 邮编:361008)

http://www.xmupress.com

xmup @ xmupress.com

厦门市金凯龙印刷有限公司印刷

2013 年 7 月第 1 版 2013 年 7 月第 1 次印刷

开本:787×1092 1/16 印张:23 插页:2

字数:559 千字 印数:1~3 000 册

定价:40.00 元

本书如有印装质量问题请直接寄承印厂调换

"法律硕士精品教材系列"编委会名单

总　序

2011 年 3 月，全国人大常委会吴邦国委员长宣布中国特色社会主义法律体系已经形成。中国特色社会主义法律体系的形成，标志着我国法制建设迈入了新阶段，国家的经济建设、政治建设、文化建设、社会建设和生态文明建设的各个方面实现了有法可依，必将助推我国依法治国战略的成功实践。这一成就，对于法学教育工作者和法科学生来说，无疑是一件可喜的大事。

然而，社会主义法律体系的形成与实现依法治国的目标还有很长一段距离。如何将完备的法律条文落实到社会生活的方方面面，形成法律秩序，还需要众多法律理论和实务界人才在法治实践中长久持续地努力。法学教育承载着培育发展法律人才的使命，理应在建设社会主义法治国家的进程中扮演重要的角色。法律人才的培养取决于法学教育，法学教育的成功取决于法学教育模式。

长期以来，我国法学专业的研究生教育主要是培养具有独立从事科学研究或教学工作能力的教学科研型人才。1996 年以来虽然开始培养应用型的法律硕士，但是，法律专业研究生教育的培养模式和教材基本上是针对法学硕士设计的。

2009 年 3 月教育部以教研一号文件明确研究生教育要逐渐从以培养学术型人才为主向以培养应用型人才为主转变；同年 4 月，教育部决定设置法律硕士（法学）专业，法律硕士专业教育已由最初的单一模式演变成了今天包括法律硕士（非法学）、法律硕士（法学）和在职法律硕士在内的三种模式，如何协调和开展多种模式下的法律硕士专业教育，成为众多法律硕士教育者和法学学者们正在思考的问题。以上三种法律硕士教育模式的共通之处在于培养目标一致，即通过有别于法学硕士的培养方式将法律硕士研究生培养为具有较强的法学理论基础和较高的法律实务素养和能力的高层次法律人才。这种共通之处决定了三种法律硕士模式在教育和教学方面具有协调和合作上的可能性。由于法律教育教学的重要载体是课程体系和教学内容体系，而课程和教学内容体系的载体是教材，这也就说明，编写一套供三种法律硕士使用的系列教材是可兼容的和适合的。

法律硕士的教材和课程设置必须在法学理论性知识教育、法律实务素养的养成上全面推进。唯有如此，才能体现法律硕士教育的特性，实现法律硕士教育的功能和目标。在这一过程中，要回答的关键问题是，如何平衡法学理论知识和法律实务性素养在量和质上的关系。在量上，要考虑每一课程和教材中的理论性法学知识应占比重为多少，而法律实务类的内容又该有多少；基础性理论与前沿性理论比例如何配置；法学理论知识的深浅程度应该如何把握，才可以适合法律硕士研究生的认知水平和让他们未来足以适用法律；等等。在质上，要考虑在保证基础性的法律知识和理论被精准理解的基础上，怎样指引他们拓展相关的知识视野，探究理论的深度，树立起理论认知的高度，怎样将法学知识与实际案例有效地穿插贯通，怎样将纯理论与应用性知识有机结合，怎样充分挖掘他们运用多门学科综合性地解决法律实践问题的能力。长期以来,各高校和出版机构在编写法律硕士教材上进行了不少探索,并取得了一些有益经验,但是在法律硕士教材的体例和内容上进行的创新还很少,对于如何发挥好教材在培养高层次、复合型、实用性法律人才的功能上也没有形成统一的认识。

为因应我国法学教育改革尤其是法律硕士教育教学改革的新形势,全面提升法律硕士理论水平和法律实务能力素养,厦门大学出版社组织策划了此套由全国二十余所具有法律硕士教育资格的法学院校共同编写的颇具特色和创新、适合法律硕士研究生使用的教材——法律硕士精品教材系列。为协调和组织本教材系列的撰写工作,特成立了教材系列编写委员会。在编委会统一指导下,来自安徽财经大学、安徽大学、东南大学、福州大学、广东商学院、暨南大学、江西财经大学、江西师范大学、南昌大学、南京师范大学、深圳大学、苏州大学、同济大学、西北政法大学、厦门大学、湘潭大学、扬州大学、云南大学、中南大学等二十余所高校的法学院的二百多位学者参与了法律硕士精品教材系列的编写工作。本教材系列包括16门核心课程和十余门选修课教材,各册教材的主编均为各法学院校的资深教授,参编作者也都为各校具有多年法律硕士教学经验、在本专业内长期从事学术研究的中青年教师。这样做的目的在于加强各法学院校的学术交流,整合各院校学科优势,提升各院校法律硕士教学教育水平。

为处理好法学理论知识学习和实务性能力培养的关系,使法律硕士成为既具有较深厚的理论功底,又具有较强的法律实务能力的法律人才,本教材系列统一采用模块化形式编写。其中,第一模块为基本原理、基本概念、基本理论的系统化阐述。此模块对于非法学法律硕士研究生以及在职法律硕士研究生提供了完整的法学知识背景,进而巩固法律硕士研究生的法学知识体系。第二模块为案例分析及有关学术争论。这部分内容要求穿插在相关的基本理论的阐述中,案例需有简要分析,争论要包括目前学界最有代表性的观点。此模块有助于不同类别法律硕士研究生提升法学知识水平,拓宽和加深其法学思维能力。第三模块为拓展探讨,分为拓展案例和延伸阅读。其中拓展案例要求选择可以涵盖本章主要或重要知识点的案例,或者具有前沿性、代表性的案例,或者法律实务中的真实案例处理过程,从而进一步提升学生的理论与实践能力。延伸阅读要求选择本章中具有争论性或前沿性的学术问题加以介绍,推荐引导学生进行更深入的学习。第四模块为参考文献,以供学生能力之余自主开展辅助阅读和自学。

本套教材系列力求通过编写模式的创新,做到将不同类型的法律硕士教育模式进行融合,以达到培养理论兼实务法律人才的教学目的。本套教材系列的编写,也是对我国法律硕士教育模式改革的一次有益的创新尝试。教材系列的完成凝结了众多人士的辛勤劳动,尽管本教材系列从策划、立项、专门会议论证和座谈到编写,再到统筹定稿,耗时较长,但是由于水平所限,书中尚存在疏漏和不足,真诚期望同行和同学以及社会各界指正。

2011 年 10 月

前　言

现代科技和经济的迅猛发展,在给人类物质生活带来空前繁荣的同时,也给人类带来前所未有的灾害,不仅造成资源的枯竭和生态的破坏,甚至危及人类的生存和发展,其状况之严重已引起举世之关注。多年来,各国法学专家、学者为解决环境污染和生态破坏问题进行了艰苦的努力,从而使环境法成为自第二次世界大战以来发展最快的法律部门之一。可见,环境法作为一门新兴的部门法,是伴随着环境问题的产生而逐步发展起来的,究其目乃是人类为了应对自工业革命以来不断升级的环境危机,弥合人与自然之间日趋紧张的态势而设计的用以调整人与自然关系的法律机制。环境法经历了产生、发展和不断成熟阶段。环境法的每一次跃进,无不与时代之发展、社会之变革休戚相关,环境法在当代进一步兴盛的趋向也正是以生物时代、环境时代和信息时代的到来作为其不断成熟的时代背景。

我国自 20 世纪 70 年代末实行改革开放政策以来,环境法和环境法学一直是法律界和法学界最为活跃的领域之一,目前已经初步形成具有特色的规范体系、概念体系和理论框架。根据国务院学位委员会和国家教育委员会 1997 年 6 月颁布的《授予博士、硕士学位和培养研究生的学科、专业目录》,法学专业即法学一级学科共分为如下十大二级学科:法学理论、法律史、宪法学与行政法学、刑法学、民商法学(含劳动法学和社会保障法学)、诉讼法学、经济法学、环境与资源保护法学、国际法学(含国际公法、国际私法、国际经济法)、军事法学。这说明环境与资源保护法学即环境法学专业(学科)已经得到国家主管部门的正式认可。2007 年 3 月,教育部高校法学学科教学指导委员会全体委员会议将环境与资源保护法增列为法学学科核心课程之一。将环境法学作为法学本科教学主干必修课已成为环境资源法学教育发展方向。目前,全国每年招收 1000 余名环境法硕士生和近百名博士生,绝大多数法律院系都开设了环境资源法课程,不少大专院校的文科、理工科专业也相继开设了环境资源法课程,环境法学教育已经在我国教育领域日益得到重视并迅猛发展。

环境法学是研究环境法这一新兴法律部门及其相关问题的学科,它是环境科学与法学相互渗透、结合而形成的一门交叉科学。环境法学所具有的跨学科特色,使其与法律硕士培养跨学科人才的教育理念相契合。本教材紧密结合我国环境法制建设实践和环境法学研究的前沿领域,努力吸收近十几年来我国环境法制建设的丰富经验和相关案例,以及国内外环境法学研究的最新理论研究成果,以可持续发展为出发点,以环境法学涉及的各个问题作为研究对象,系统论述了这一领域的最新发展和前沿理论和司法实践问题。本书的作者来自全国多所法律院校,他们均具有环境法学的教学经验。具体写作分工如下:

陈泉生,福州大学法学院教授,本书主编,撰写第一章;

李丽华,同济大学博士,撰写第二章;

原　凯,华侨大学博士,撰写第三章;

朱　谦,苏州大学教授,撰写第四章;

周　卫，深圳大学博士，撰写第五章；

颜运秋，中南大学教授，撰写第六章；

谢　玲，广州海洋大学教师，撰写第七章第一节；

吴亚平，广东商学院教师，撰写第七章第二、三节；

张少锋，广东商学院教师，撰写第七章第四节；

幸　红，广东商学院教授，本书副主编，撰写第七章第五、六节；

吴　勇，湘潭大学副教授，撰写第八章；

姜晓川，江西师范大学博士，撰写第九章；

郑艺群，福州大学副教授，本书副主编，撰写第十章。

朱晓勤，厦门大学教授，撰写第十一章。

　　本书的撰写，作者虽已尽心竭力，但限于学识素养，错误疏漏在所难免，我们期望通过探讨式教学，在教学实践中进一步修改和完善本书。

陈泉生谨识

2013 年 6 月 1 日

目 录

第一章　环境法概述

第一节　环境法的历史发展

环境法作为人类保护环境的重要手段,是随着环境问题的产生而产生,并随着环境问题的日趋严重和人类对环境问题认识的逐步提高而不断发展的。它是人类社会发展的必然产物和客观要求,也是人类在各时期处理人与环境关系的体现和反映。

一、各时期环境法的发展概况

作为人们在开发、利用、保护、改善环境的活动中产生的各种社会关系的法律部门,环境法的产生发展并不是一蹴而就的,纵观历史,思想的启蒙,文明的更替,经济的转型,社会的变迁以及由此而导致的一连串互为因果的历史事件都为环境法的发展提供了契机和动力。环境法的演变过程正是与这些时代背景、历史事件暗相契合的。纵观环境法的历史发展过程,大致可分为萌芽期、形成期、发展期和日益完善期四个时期,现将各时期环境法的发展概况分述如下:

(一)萌芽期(工业革命以前)环境法概况

自从人类社会诞生起,人类为了自身的生存和发展不断地同环境资源打交道,开发、利用和改造环境,并由此产生相应的环境问题。工业革命以前,人类相继经历了原始社会、农牧业社会的更替,在那一时期生产力水平尚低,人类活动对环境的影响冲击亦不大。此时人类实践所产生的环境问题主要是自然资源的破坏,为了保护自然资源,许多国家陆续制定了有关土地、水、森林、草原、野生动植物等自然资源的管理法规,一些有关环境资源保护的零星的法律规定和命令略显端倪,如公元前2000多年的《乌尔纳姆法典》中关于使用土地的规定,《伊新国王李必特·伊丝达法典》有关防止土地荒芜和砍伐他人树木要赔偿等规定。又如,公元前1900年,巴比伦国王制定的《汉谟拉比法典》就有关于土地、森林、牧场的耕种、垦荒和保护的规定,以及防止污染水源和空气的某些规定。再如,公元前451—450年的《古罗马十二铜表法》,第七表专门规定了土地权利法,对土地的使用和相邻权作了详细规定;公元前3世纪时,印度皇帝阿绍克颁布的《摩奴法典》中关于保护野生动物和森林的法令。到了中世纪,西欧兴起了城市,于是环境卫生和空气污染问题开始产生,据查,目前找到的最早的欧洲环境法律是英国国王爱德华一世在1306年颁布的禁止在伦敦使用露天燃煤炉具的条例,该条例规定不准伦敦工匠和制造商在国会开会期间用煤,以防止煤烟污染。曾经有一人因违反该项禁令而被处决。这一时期由于社会生产力水平很低,生产活动比较简单,对环境自净能力和生态系统良性循环冲击不大,只是在个别国家的法律中出现有关保护局部环境的零星规定。①

这一时期环境保护的法律规定与现代意义的环境法有很大的不同,它们只是零星地附在一些立法当中,且相互之间没有有机的联系,更谈不上形成环境法体系,充其量不过是近现代环境法的萌芽。

(二)形成期环境法概况

工业革命以后到20世纪50年代为环境法的形成期。这一时期,随着工业革命的蓬勃发展,社会生产力水平得到了极大的提高,也使得人类开发和利用环境的范围越来越广泛,从而出现了大规模的改变自然环境、污染环境、破坏和干扰生态系统的现象。针对这些情况,许多资本主义国家陆续制定了一系列单行环境法规。比如,英国颁布了《水质污染法》(1833年)、《公共卫生法》、《制碱业管理法》(1863年)、《保护野生动物法》(1869年)、《河流防污法》(1876年)、《煤烟防治法》(1913年)、《净化大气法》(1956年)等单行性专门环境法规。美国于1785年制定了第一个土地法令,之后,《耕地分配法》(1862年)、《煤烟法》(1864年)、《黄石国家公园法》(1872年)、《港口管理法》(1888年)、《联邦古迹法》(1906年)、《国家公园署法》(1916年)、《石油污染防治法》(1924年)、《水土保持和利用法》(1939年)、《原子能法》(1946年)、《联邦污染防治法》(1948年)、《大气污染控制援助法》(1955年)等环境法规相继出台。在日本,1896年颁布了《矿业法》和《河川法》,在《河川法》中最早提出了"公害"一词。1897年制定了《森林法》、1901年制定了《渔业法》、1951年制定了《国土调查法》、《水产资源保护法》等。在芬兰,1734年制定了《森林法》。瑞典也先后颁布了《森林法》(1902年)、《水法》(1918年)、《狩猎法》(1938年)、《捕渔法》(1950年)。联邦德国在这一时期也制定了《自然保护法》和《原子能法》等环境法规。②

总之,这一时期的环境法只是把各种污染当作彼此孤立的问题,把治理污染作为单纯的技术问题,而没有将各种污染以及污染治理与自然环境保护联系起来,从而将保护自然环境立法与治理污染立法作为互不相关的两个部分分别对待。

其反映在立法内容上,强调和突出的是治理污染的技术性能措施,国家管理环境权力较小。其体现在立法形式上,主要是采用单行性的专门立法形式。其表现在立法形式上,主要是采用单行性的专门立法形式。其表现在调整方式上,大多采用民事救济方式,注重污染的损害赔偿和对侵害自然资源财产权利的赔偿。其反映在法律理论上,则恪守传统法律理论,将环境当作无主物,属于人力所不能控制和支配的物,并依据传统民法权利理论,主张权利或利益仅以个人所能支配的利益为限,环境既然被认为属人力所不能控制和支配的无主物,

---

① 马骧聪:《环境资源法》,北京师范大学出版社1999年版,第34页;蔡守秋:《环境资源法学教程》,武汉大学出版社2000年版;汪劲:《论现代环境法的演变与形成》,载《法学评论》1998年第5期。

② 文伯屏:《西方国家环境法》,法律出版社1988年版,第2页;蔡守秋:《环境资源法学教程》,武汉大学出版社2000年版,第79页。[日]加藤一郎:《外国的公害法(上)》,岩波书店1978年版,第49页。

自然就不能成为所有权的客体。况且,按照传统的民法理论,无主物实行先占原则,先占者可以无偿利用,因此,向空中排放污染物是合法的,而根据"有损害,始有救济"的民事责任原则,环境侵权因不属于权利保护之列,也就不存在救济问题。

由此可见,这一时期的环境法尚处于初创阶段,因此比较分散,缺乏有机的结合。

(三)发展期环境法概况

20世纪60年代到80年代为环境法的发展期。这一时期,环境问题日趋严重,"环境危机"成为威胁人类生存、制约经济发展和影响社会稳定的直接因素。在遭受自然环境的一连串打击和报复后,人类对环境有了比较清醒的认识。人类认识到大多数资源的有限性、环境自净能力的有限性和生态系统的负载能力的有限性,充分认识到各种自然资源的环境效能,并提出了量度其效能价值的办法,即确定恢复这种效能将花费多少财力;而且,也认识到各种环境要素是相互联系的一个整体,孤立地防止某一种环境要素的污染并不能真正提高环境质量。[1] 过去那种水来土掩的单项治理污染的方法是不能彻底解决问题的,于是提出了以预防为主和综合治理的环境保护政策;[2]此外,各国从环境问题引起的社会动荡及对经济、社会发展带来的损失中,也逐步认识到环境问题不仅是一个工程技术问题,而且是一个社会政治问题,[3]这就更加深刻地认识到进一步采取法律手段的必要性和重要性,从而使环境法得到前所未有的发展。

其间,1972年在瑞典的斯德哥尔摩召开的联合国人类环境会议成为环境法的发展的重要里程碑,至此美、英、德、日等发达国家相继在环境立法方面取得突破,以控制环境污染为中心的环境立法开始在上述国家制定。各国不只为了应对环境问题迅速制定了环境保护的单行法规,而且还制定了综合性的环境保护法律,对环境保护中的社会关系从整体上进行调整。比如,日本于1967年颁布的《公害对策基本法》(1970年又作了重大修改),美国于1969年颁布的《国家环境政策法》,英国于1974年制定的《污染控制法》,联邦德国于1974年制定的《联邦污染控制法》,罗马尼亚于1973年制定的《环境保护法》等等皆是。[4] 同时,许多国家还在各自的宪法中写进了关于环境保护的条款。

总之,这一时期的环境法的发展十分迅猛,其反映在立法形式上,不再局限于昔日的分散式的单项性立法,而更加注意整体化的架构,并向综合性的全面立法方向发展,初步形成了以宪法关于环境保护规定为基础,并由综合性的环境保护基本法,以及保护自然环境、防止污染的一系列单行法规和具有规范性的环境标准等组成的环境法体系。其表现在立法内容上,亦由过去的偏重于治理污染向自然资源保护和污染防治监督管理并举的综合环境整治发展,并扩大了国家管理环境的权力,加强了公民环境权利保护。其体现在调整方式上,也不再局限性于往昔的单项的民事赔偿方式,而是方式多样,诸如民事救济的排除侵害、恢

---

① 程正康:《环境法概要》,光明日报出版社1986年版,第39页。
② 曲格平等:《世界环境问题的发展》,中国环境科学出版社1987年版,第19页。
③ 程正康:《环境法概要》,光明日报出版社1986年版,第40页。
④ 文伯屏:《西方国家环境法》,法律出版社1988年版,第3页;金瑞林:《环境法学》,北京大学出版社1994年版,第46页。

复原状,行政救济的行政补偿、行政处理等等均是。其反映在法律理论上,则打破了传统法律理论的框架,创立了许多诸如"环境公共财产论"和"环境公共委托论",以及环境权等新的法律观念和理论。"环境公共财产论"和"环境公共委托论"认为,环境资源就其自然属性和对人类社会的极端重要性来说,应该是全体人民的"共享资源",是全体人民的"公共财产",任何人不能任意对其占有、支配和损害。为了合理支配和保护这个"共有财产",共有人委托国家来管理。国家对环境的管理是受共有人委托行使管理权的,因而不能滥用委托权。而环境权的观点则认为,每一个公民都有在良好的环境下生活的权利,公民的环境权是公民最基本的权利之一,应该在法律上得到确认并受法律的保护。[①]

由此可见,这一时期的环境法已发展成为拥有自己的法理基础和调整对象、结构谨严、规模相当的独立的法律部门。

(四)日益完善期环境法概况

从 20 世纪 80 年代后期起为环境法的日益完善期。这一时期,人类在处于发展和环境保护的两难困境中进行着新的思索,并以 1987 年由布伦特兰夫人领导的世界环境与发展委员会所提出的可持续发展思想为重要开端,以 1992 年联合国环境与发展大会所确认的可持续发展战略原则为契机,世界环境保护又扬起了新的势头。可持续发展的核心思想是"既满足当代人的需要,又不对后代人满足其需要的能力构成危害",人类"应享有以与自然相和谐的方式过健康而富有生产成果的生活的权利"。为了实现人类永恒和持续不断的发展,来自全球的各界人士于 1992 年在巴西的里约热内卢召开了联合国环境与发展会议,通过了作为环境保护史上第二个里程碑的《关于环境与发展的里约热内卢宣言》,人类就此空前一致地达成协议,表示要彻底改变现行的生产方式、消费方式和传统的发展观念,努力建立起人与自然和谐相处的新的生产方式和消费方式,建立起与之相适应的可持续发展的新战略和新观念,并由此拉开了环境时代的序幕。

在这一背景下,现代环境法迎来了全面、蓬勃的发展阶段,可持续发展成为环境立法新的指导思想和原则,各国的环境保护战略发生了转移。比如,在污染控制战略上,由原先的"末端控制"向"源头控制"转移,从而更为有效地减少或减轻了污染,也使得污染防治资金更为有效地使用。又如,在环境保护与经济发展的相互关系上,各国更加注重二者的协调。再如,随着环境质量的改善,各国开始追求环境的舒适性,从而把环境保护的重点转移到制定协调经济增长与环境保护之间关系的长远政策上,力求所制定的环境长远规划既有经济效益,又能不断改善环境。在这一背景下,法律"生态化"的观念在国家立法上受到重视并向其他部门法渗透,产生了许多新的环境法和修改了一些不合时宜的环境法,并在民法、刑法、诉讼法等部门法中增加了关于保护环境的规定。而 2002 年 9 月在南非的约翰内斯堡召开的可持续发展问题世界首脑会议,更加明确了可持续发展原则,必将推动环境法立法目的和体系的进一步发展和创新。

总之,这一时期的环境法处于不断完善之中,其反映在立法内容上,为不断调整和更新,使之符合可持续发展战略的要求。比如,美国在 80 年代将《固体废物处置法》修改为《资源

---

① 金瑞林:《环境法学》,北京大学出版社 1994 年版,第 112 页。

保护回收法》,将固体废物管理的重点从对固体废物的处理、处置转移到处理、处置与回收利用相结合上。其于 1990 年制定的《污染预防法》对"源头控制"的预防污染策略作出了法律确认,并依此先后对《水污染控制法》、《清洁空气法》等进行了大幅度的修改。而英国亦分别在 1989 年和 1990 年修改了《水法》和《污染防治法》,将污染控制重点以治理为主转变为以预防为主。德国、丹麦、瑞典、法国、荷兰、希腊、葡萄牙等国也纷纷修改不合时宜的环境法律或制定新的环境法,以体现预防优先的精神。① 其体现在立法目的上,亦将实现可持续发展作为环境法的终极目的而规定。比如,日本在 1993 年制定的《环境基本法》就是"以健全经济发展的同时实现可持续发展的生活构筑为宗旨"的。② 其他国家也纷纷将实现可持续发展确立为其环境立法的最终目标。其表现在立法体系上,则更加完备,形成了以环境基本法为中心和基础,其他相关部门法为补充,以及包括污染防治、自然保护、环境纠纷处理及损害救济、环境管理组织等内容的环境法律、法规、制度和环境标准组成的完备体系。由此可见,这一时期的环境法通过不断的自我调整走向了一个新的、全面、深入的发展了阶段,从而日趋完善和成熟。

二、各国环境法的发展概况

以上为环境法的发展的一般特点,但这并不意味着每个国家的环境法的发展就没有自己的独特之处。因为每个国家自然环境条件的不同,经济发展水平的不同,历史文化传统的不同,环境问题也不尽相同,这就决定了每个国家环境法的发展在具有上述一般特点的同时,还具有自己的特点和经验。现仅就西方和东欧一些国家的环境发展概况分述如下:

(一)西方国家环境法的发展概况

由于环境问题与经济发展具有相伴相随的孪生关系,因此经济越是发达的国家,一般都是环境问题发生得较早或较为严重的国家,其环境法的发展也相应比较快。现仅就经济比较发达国家中英美法系的英、美两国和大陆法系的德、日两国的环境法的发展进行概述。

1. 英国环境法的发展概况

英国是世界环境立法最早的国家之一,其历史可追溯到 13 世纪之时,故堪称历史悠久。③ 但是,在 19 世纪之前,其环境立法大多属于地方性立法,直到 1847 年的《都市改善法》(*Town Improvement Clauses Act*)实施后,其国家环境立法才渐具雏形。④

其在大气污染防治方面的立法最主要的有两项:一项是首次制定于 1863 年,后历经 1906 年、1966 年和 1972 年多次修订的《制碱业管理法》(*Alkali Etc Works Regulation Act*)⑤;另一项则是 1956 年制定的《净化大气法》(*Clean Air Act*)。前者以化工厂排出的废

① 蔡守秋:《环境法教程》,法律出版社 1995 年版,第 52 页。
② 《日本环境基本法》(1993 年 11 月 19 日公布)第 4 条。
③ [日]加藤一郎:《外国的公害法(上)》,岩波书店 1978 年版,第 343 页。
④ 邱聪智:《公害法原理》,台湾三民书局 1984 年版,第 42 页。
⑤ 文伯屏:《西方国家环境法》,法律出版社 1988 年版,第 16 页。

气为主要控制对象;后者就历史发展而言,可以说是 1913 年的《煤烟防治法》(*Smoke Abatement*)的延续,其控制对象主要是制碱业以外各种向大气排放烟尘的污染源,其范围似较前者广泛,且较具一般性质,故被认为是空气污染控制上的主要立法。① 而其在水污染防治方面的立法则主要有 1876 年颁布的《河流污染防治法》(*Rivers Prevention of Pollutions Act*),后经 20 世纪 40 年代和 50 年代的两次大幅度修订。② 该法堪称英国水污染防治方面的基本法。③ 此外,其在噪声污染控制方面的立法主要有 1960 年制定的《噪声防治法》(*Noise Abatement Act*)。④

在上述环境立法的基础上,英国于 1974 年制定了《污染控制法》(*Control of Pollution Act*)。该法作为英国环境保护的基本法,将废弃物、水污染、空气污染、噪声污染等控制上的一般内容全部囊括,⑤是一部综合性的法典,共 6 章 109 条,附表 4 件。⑥ 该法的颁布实施开创了英国环境立法的新纪元,其施行后成效显著。据英国《环境水源污染文摘》透露,1980—1981 年,英国城市上空烟尘的平均浓度只有 20 年前的 1/8;而且,英国的河流水质也不断提高了,1980 年只有 2% 的河流被列为严重污染。⑦ 1990 年英国又对该法进行了修改,将污染控制的重点从以治理为主转变为以预防为主,使英国的环境得到了进一步的保护和改善。

2. 美国环境法的发展概况

美国建国较晚,但从环境立法的历史来看,其起步之早在世界各国中也是名列前茅的。

美国自 1776 年 7 月 4 日发表《独立宣言》宣布独立以后,首先确立了公共土地制度,1785 年和 1787 年,由托马斯·杰斐逊提案,美国国会分别制定了关于土地勘测和开发的法律。这些法律规定允许开发西部土地并可予以出卖,之后又建立了联邦土地资料,这对后来的美国环境立法产生了重要影响。从 19 世纪 90 年代开始,美国进入都市化和工业化社会,日益增多的废气、污水、噪声和垃圾等首次以公众为中心影响环境质量,由此促发了最初的城市改良运动,建立一个清洁地区并且创建以法律控制污染的新制度。从此,美国的环境立法开始分化为保护自然资源和消除污染两大部分,⑧并先后制定了《河流与港口法》(1899年)、《古迹法》(1906 年)、《联邦水力法》(1920 年)、《联邦农药法》(1947 年)、《水污染控制法》(1948 年)(该法从 1952 年到 1970 年经过 5 次修订,现称《清洁水法》,这部法律长达十几万字,对水资源保护特别是防止水污染的控制措施,规定得异常详细,⑨并大大加强了联邦政府在控制水污染方面的权力和作用)、《空气污染控制法》(1955 年)(1970 年正式称为《清洁空气法》)、《联邦危险物质法》(1960 年)、《多重利用持续产生法》(1960 年)、《自然保护区法》(1964 年)、《机动车污染控制法》(1965 年)、《固体废物处理法》(1968 年)、《原始风景

---

① 邱聪智:《公害法原理》,台湾三民书局 1984 年版,第 43 页。
② 蔡守秋:《环境法教程》,法律出版社 1995 年版,第 46 页。
③ 台南东区扶轮社:《公害面面观》,台湾国姓爷杂志 1971 年版,第 127~128 页。
④ 〔日〕加藤一郎:《外国的公害法(上)》,岩波书店 1978 年版,第 312 页。
⑤ 〔日〕加藤一郎:《外国的公害法(上)》,岩波书店 1978 年版,第 312 页。
⑥ 文伯屏:《西方国家环境法》,法律出版社 1988 年版,第 17 页。
⑦ 文伯屏:《西方国家环境法》,法律出版社 1988 年版,第 17 页。
⑧ 汪劲:《论现代环境法的演变与形成》,载《法学评论》1998 年第 5 期。
⑨ 金瑞林:《环境法学》,北京大学出版社 2002 年版,第 33 页。

河流法》(1968 年)、《国家环境政策法》(1969 年)、《海洋倾倒法》(1972 年)、《噪声控制法》(1972 年)、《濒危物种法》(1973 年)、《安全饮用水法》(1974 年)、《固体废物处置法》(1976 年)(该法于 1984 年重作修订,更名为《资源保护回收法》)、《森林和牧场可更新资源规划法》(1974 年)、《露天采矿控制和复原法》(1977 年)、《宁静社区法》(1978 年)、《综合环境反映、补偿和责任法》(1980 年)、《船舶污染防止法》(1980 年)等等。①

特别值得一提的是 1969 年出台的《国家环境政策法》(*Nation Environmental Policy Act*),作为一部综合性的环境保护基本法,其不仅标志着美国环境保护全面统一立法的完成,同时也赋予环境保护以新的理念,即由治理为主转变为预防为主,并向改善环境方向发展;此外它还首次推出了环境影响评价(Environment Impact Assessment)制度,该法的颁布有力地推进了环境保护的进程。

3. 联邦德国环境法的发展概况

联邦德国的环境立法历史可追溯到 1869 年的《帝国营业法》(*Gewerbeordnung für das Deutsch rich Reich*),由于该法规定,营业的情况或性质,对邻地或一般公众足以发生损害(Nachtei)、危险(Gefahr)或妨害(Belastigung)者,应经事前许可(Genehmigung),因此被认为具有事前控制或预防环境问题发生的功能。②

其在水污染防治方面的立法主要有:1957 年制定的《联邦水利法》(*Gesetz zur Ordnung des Wasserhaushalts*),后经 1964 年、1967 年、1976 年等多次修订;1960 年制定的《联邦河川净化法》(*Gesetz zur Reinhaltung der Bundeswasserstrassen*);1961 年制定的《合成洗济法》(*Gesetz uber Detergentien in Waschund Reinigungsmitteln*)等法律、法规。③

其在空气污染防治方面的立法主要有:1959 年通过对《营业法》的修正,将其更名为《空气污染控制法》(*Luftreinhaltsgestz*);1965 年颁布的《空气净化措施法》(*Gesetz über Vorsorgemassnahmen zur Luftrein-haltung*)等法律、法规。④

其在噪声污染控制方面的立法主要有:1965 年发布的《建筑噪声控制法》(*Gesetz zum Schutz gegen Baulärm*),⑤1971 年发布的《飞机噪声控制法》(*Gesetz zum Schutz Gegen Fluglärm*)等法律、法规。⑥

此外,其在环境保护方面较为主要的立法还有:1972 年制定的《联邦废弃物处理法》(*Gesetz uber die Beseitigung von Abfallen*),1974 年制定的《联邦环境厅设置法》(*Gesetz uber die Errichtung eines Umweltbundesamtes*),1976 年制定的《联邦自然保护法》(*Gesetz uber Naturschutz und Landschaftspflege*)等法律、法规。⑦

而其在环境保护方面的综合性立法则为 1974 年制定的《联邦公害防治法》(*Gesetz zum*

---

① 蔡守秋:《环境资源法学教程》,武汉大学出版社 2000 年版,第 86 页。

② Gewerbeordnung,§ 16;邱聪智:《公害法原理》,台湾三民书局 1984 年版,第 50 页。

③ Wasserhaushaltsgesetz,§ 19a-c;[日]加藤一郎:《外国的公害法(下)》,岩波书店 1978 年版,第 232 页。

④ [日]加藤一郎:《外国的公害法(下)》,岩波书店 1978 年版,第 317 页。

⑤ [日]加藤一郎:《外国的公害法(下)》,岩波书店 1978 年版,第 419 页。

⑥ [日]加藤一郎:《外国的公害法(下)》,岩波书店 1978 年版,第 419 页。

⑦ [日]加藤一郎:《外国的公害法(下)》,岩波书店 1978 年版,第 422 页。

Schutz vor schälichen Umwelteinvirkungen durch Luftverunreinigung，Geräusch，Ers-chutterungen und ähnnliche Vorgänge）。① 该法在性质上可视为对《营业法》的改进和加强，但因该法的立法精神至少在抽象意识上业已强调公害的控制和环境的保护，因此其深具划时代意义。该法的颁布施行不仅使联邦德国环境法制臻于完备，而且还引起其基本法的修正，使用环境权的基本权利概念得以建立。② 与此同时，为了全面应对环境危机，联邦德国除了上述作为根本大法的基本法作出有利于环境保护的反映以外，其他各部门法也进行了相应的调整，比如其民法就规定了公害的无过失损害赔偿责任等即是。这使环境保护法律规范的范围逐渐扩大到各个领域，环境立法体系更加完备、具体。③

4. 日本环境法的发展概况

日本环境法的发展是与其现代化的推进互为表里的。第二次世界大战后，日本经济畸形发展，致使震惊世界的公害事件屡屡发生，从而被称为"公害大国"。在日趋严重的环境危机的压力下，日本环境法得到突飞猛进的发展。其环境立法体系之完备，内容之具体，法律、法规编纂、出版之及时，居于世界之冠。④

如前所述，在日本，环境法原先称为公害法，其公害基本法为1967年制定的《公害对策基本法》，后于1970年作重大修订，从立法目的中删除了"与经济调和"条款，扩大了公害的定义（追加了土壤污染及水质污染中包含水质以外的水状态或水体质恶化），明确了废弃物处理对策为公害对策，并规定了关于自然环境的保护，以及委托都道府县知事设立环境标准的权限等。⑤ 到1993年，鉴于《公害对策基本法》在环境保护方面的缺陷，日本又制定了《环境基本法》，作为其综合性的环境保护基本法。而其立法体系亦更加注重整体化的架构，形成了以宪法关于环境保护规定为基础，以综合性的环境基本法为中心，其他相关部门法为补充，以及包括污染防治、自然保护、环境纠纷处理及损害救济、环境管理组织等内容的环境法律、法规、制度和环境标准组成的完备体系。现分述如下：

（1）公害控制法。其包括：《大气污染防治法》、《水质污染防治法》、《海洋污染防治法》、《噪声控制法》、《振动控制法》、《恶臭防治法》、《矿业法》、《原子能基本法》、《建筑标准法》、《农药管理法》等一系列法律、法规。⑥

（2）环境保全法。其主要包括：《自然环境保护法》、《自然公园法》、《自然保护条例》、《森林法》、《首都近郊绿化地带保护法》、《关于鸟兽及狩猎的法律》等法律、法规。⑦

---

① C. Ule，Bundes-Immissionsschutzgesetz，1974；H．Engelhardt，Bundes-Immisonsschutzgesetz，1975；G. Schwerdtfeger，Das. Bundes-Immissionsschutzgesetz，NJW，1974，S. 77ff.

② 在德国文献上，或将环境权称为"跻身为人一般应有的环境基本权"（Grundrecht auf menschenswürdige Umwelt），或称为"健全环境的社会基本权"（Soziales grundrecht auf eine gesunde Um-welt），或称为"环境基本权"（Umweltgrundrecht）。详见［日］阿部泰隆：《联邦的环境政策与环境法的动向》，载《环境研究》1977年第18期。

③ 文伯屏：《西方国家环境法》，法律出版社1988年版，第18～19页。

④ 文伯屏：《西方国家环境法》，法律出版社1988年版，第13页。

⑤ 汪劲：《日本环境法概论》，武汉大学出版社1994年版，第15页。

⑥ 汪劲：《日本环境法概论》，武汉大学出版社1994年版，第75页。

⑦ 丛功能：《外国环境保护法》，中国政法大学出版社1989年版，第18页。

(3)环境整备法。其主要包括:《城市公园法》、《城市绿地保护法》、《下水道法》、《下水道紧急整顿措施法》、《关于废弃物处理及清扫的法律》、《净化池法》等法律、法规。①

(4)费用负担与资助法。其主要包括:《公害防治事业费企业负担法》、《关于与公害防治事业国家财政上的有关措施的法律》、《公害防治事业法》等法律、法规。②

(5)公害救济法。其包括私法的救济和行政上的救济两种。③ 前者是在民事救济原理上作如下拓展:①从立法上直接承认无过失损害赔偿责任;②依判例发展"忍受限度"、"疫学因果关系"等理论,以克服"违法性"及"相当因果关系"等传统理论的缺陷;③在学理方面推出"因果关系推定"及"环境权排除侵害论"等理论。④ 后者则主要有:《公害纠纷处理法》、《公害损害健康补偿法》、《关于原子能损害赔偿契约的法律》、《煤炭矿害赔偿等临时措施法》等法律、法规。⑤

(6)公害犯罪法。其主要有《关于危害人体健康的公害犯罪惩治法》。

由上可见,日本环境立法体系相当齐全,唯美中不足的是,其《环境影响事前评价法》迟迟未能出台。虽然日本的一部分公共团体已经制定出《环境影响评价条例》,赋予实施开发行动等事业者以环境影响评价的义务,但是人们强烈要求制定国家级的环境影响评价法,以对基干性公共事业实施环境影响评价。⑥

(二)俄罗斯等东欧国家环境法的发展概况

以上为在生产资料私有制基础上发展起来的西方国家环境法的概况,而在生产资料公有制基础上发展起来的俄罗斯等东欧国家环境法的情况又是如何的呢? 现摄其要者,分述如下:

1. 俄罗斯环境法的发展概况

俄罗斯在环境法领域可谓独树一帜,究其原因在于其法学界从 20 世纪 70 年代末、80年代初以来广泛采用"生态法"这样的称谓来替代环境法、环境保护法、自然保护法、自然环境保护法等名词。综观俄罗斯环境法的发展过程,大体上可分为以下三个阶段:

第一个阶段,为 1917 年十月革命以前俄罗斯的生态法。在这个阶段俄国对自然客体的保护最早是通过对自然客体所有权的保护,对自然客体所有人经济利益的保护,乃至国家军事利益的保护来实现的。目前见到的俄国最早载有自然保护法律规范的法律文件是《俄罗斯法典》(1016 年)。⑦ 自 17 世纪开始,俄罗斯有关立法开始对自然客体所有权的行使作出部分限制,并且在其颁布的规范性法律文件中所包含的有关自然客体和自然环境保护的法律规范,在某种程度上已经具有了纯粹的生态法律规范。⑧ 然而,直至 20 世纪初期以前俄

---

① 汪劲:《日本环境法概论》,武汉大学出版社 1994 年版,第 198 页。
② 汪劲:《日本环境法概论》,武汉大学出版社 1994 年版,第 235 页。
③ 丛功能:《外国环境保护法》,中国政法大学出版社 1989 年版,第 15 页。
④ 邱聪智:《公害法原理》,台湾三民书局 1984 年版,第 58 页。
⑤ 丛功能:《外国环境保护法》,中国政法大学出版社 1989 年版,第 15 页。
⑥ 丛功能:《外国环境保护法》,中国政法大学出版社 1989 年版,第 19 页。
⑦ 王树义:《俄罗斯生态法》,武汉大学出版社 2001 年版,第 107 页。
⑧ 王树义:《俄罗斯生态法》,武汉大学出版社 2001 年版,第 109 页。

罗斯还没有一部专门为保护自然客体或自然环境而制定的法律或法令,对于这方面的保护均夹杂或散见于其他规范性法律文件之中。①

第二阶段,为十月革命后苏联阶段的俄罗斯生态法。1917年俄罗斯苏维埃政权制定和颁布了第一部关于利用和保护自然资源的规范性法律文件,即《土地法令》。之后又制定和颁布了一系列关于利用和保护自然资源的规范性法律文件,如,《森林法》(1918年)、《关于住宅卫生保护的法令》(1919年)、《关于地下资源的特别法令》(1920年)、《俄罗斯苏维埃联邦社会主义共和国土地法典》(1922年)、《俄罗斯苏维埃联邦社会主义共和国森林法典》(1923年),上述法律和法令为俄罗斯生态的发展奠定了基础。自50年代末开始,苏联的环境立法进入了一个新的阶段,随着经济的发展,利用自然资源的规模不断扩大,环境污染也开始严重起来,因此产生了加强环境保护的客观需要。于是,苏联和各加盟共和国加强了环境立法工作,制定了一系列法规,并采用了一种新的立法形式。1957年爱沙尼亚共和国首开先河制定了《爱沙尼亚共和国自然保护法》,之后其他14个加盟共和国纷纷仿效,均制定了各自的《自然保护法》。俄罗斯联邦也于1960年10月27日颁布了《俄罗斯苏维埃联邦社会主义共和国自然保护法》,这是一部专门的综合性的自然保护法,也是俄罗斯联邦有史以来颁布的第一部关于自然环境保护的专门的综合性法律。其保护的对象不是个别自然资源和环境要素,而是各种自然资源和环境要素,是整个自然环境,并且十分注意各种环境要素之间的相互联系。自1968年起,苏联相继通过了关于土地、卫生、水、地下资源、森林的五项立法纲要及关于保护大气和动物界的两项法律,并就保护海洋等问题颁布了一系列法令。同时,各加盟共和国也进一步加强了自然保护方面的立法工作,制定了许多法律、法令。随后,俄罗斯加快了生态立法的步伐,从1968年到1988年的20年间颁布了大量的关于保护环境及合理利用和保护自然资源的重要法律和法规,例如,《俄罗斯苏维埃联邦社会主义共和国土地法典》(1970年)、《俄罗斯苏维埃联邦社会主义共和国森林法典》(1978年)、《俄罗斯苏维埃联邦社会主义共和国大气保护法》(1982年)、《俄罗斯苏维埃联邦社会主义共和国动物界的利用和保护法》(1982年)等,这些法律的制定和颁布实施,使俄罗斯联邦的生态立法趋于完善。②

第三阶段,为1991年苏联解体后的俄罗斯生态法。苏联解体后,独立的俄罗斯在短时间内迅速制定和颁布了一大批关于保护环境、合理利用和保护自然资源的专门性联邦法律,主要有:《俄罗斯苏维埃联邦社会主义共和国自然环境保护法》(1991年)、《俄罗斯苏维埃联邦社会主义共和国土地法典》(1991年)、《俄罗斯联邦地下资源法》(1992年)、《联邦外层空间活动法》(1993年)、《联邦动物界法》(1995年)、《俄罗斯联邦水法典》(1995年)、《联邦生产废气物和消费废弃物法》(1998年)等等。总的来说这一阶段制定和颁布了一大批专门性联邦法律,加强了保护环境、防治污染方面的立法,并逐步实现了其他部门立法的生态化,形成了结构紧凑、层次分明的生态立法体系。该体系突出强调对自然资源的保护和合理利用,并注意与其他部门法的配合,以便用整个法律制度保护自然和合理利用自然资源,从而收到

---

① 王树义:《俄罗斯生态法》,武汉大学出版社2001年版,第110页。
② 王树义:《俄罗斯生态法》,武汉大学出版社2001年版,第111~117页。

了较好的效果。[①]

2. 罗马尼亚环境法的发展概况

罗马尼亚十分重视运用法律手段来保护环境,而且也很注意从自己的实际情况出发,针对环境问题的发展和保护环境的需要,不断制定或修改环境保护法规,对有关的社会关系予以及时的法律调整。目前,罗马尼亚不仅有一项综合性的环境保护法,还有关于国土和城乡地区规划以及关于土地、水、森林、野生动物等自然资源保护和利用的单项法规,其中多数是70年代后制定的。其环境立法的一个突出特点是,重视对保护农业环境的有关问题进行法律调整。其早在1962年就制定了《森林法典》,随后又制定关于保护农业土地的法律和一些关于水利的法规。70年代后又接连颁布了比较全面系统的《土地法》、《水法》、《狩猎和狩猎经济法》。1982年,大国民议会和国务委员会也分别通过了《关于农作物和森林保护及农药制度的备运营法律》、《关于森林以外的土地上的林木植被管理制度和原木加工设备运营的法令》。此外,还有一系列行政法规。而其大国民议会于1973年6月20日通过的《罗马尼亚环境保护法》,是其环境保护方面的基本法。该法对环境和环境污染下了明确的定义,全面地规定了环境保护的对象和保护措施,对居民区的环境保护作了较为具体的环境保护职责规定,对协调环境保护活动作了专门规定,对违法行为规定了比较具体的法律责任。按照该法的规定,其环境保护的目的在于,维护生态平衡,改善环境质量,发展国家的自然价值,保护当代人和未来世世代代有更好的生活和劳动条件。该法的保护对象为大气、水、土地和地下资源、森林和其他植物,陆地动物和水生动物、自然保护区和自然遗迹,居民区和人为活动创造的其他环境要素。由于采取了各种措施,罗马尼亚的环境质量状况正在逐步改善。[②]

3. 保加利亚环境法的发展概况

保加利亚在20世纪50年代和60年代初就已制定了一系列环境法规,涉及自然环境保护的各个方面。20世纪60年代末和70年代以后,随着其社会经济的发展和环境问题的尖锐化,国家对过去制定的环境法规进行了多次修改和补充,在有些方面还制定了新的法律和法规,从而形成了较为完备的环境法体系。其环境立法包括一项综合性法律,一项半综合性法律,一系列单项和其他有关部门法中的法律规定。其经国民议会于1967年通过,并经1976年、1978年和1982年三次修改充实的《自然保护法》是一项综合性的自然环境保护法,即其环境保护的基本法。而1963年通过后经多次修改补充的《防止空气、水和土壤污染法》,也是其环境保护方面的重要法律。它既不是综合性环境法,也不是一般的单项环境法。因为它同时对防止空气、水和土壤污染这三个重要环境问题进行了法律调整。这种法律调整方式,在其他国家是不多见的。而保加利亚的单项自然环境法规主要有:《水法》、《耕地和牧场保护法》、《森林法》、《渔业法》、《矿业法》、《地质法》、《废石场和采石场法》等。其国务委员会还通过了一系列有关自然环境保护的法律文件,比如,《保护和发展自然环境的基本方向》、《保护、恢复和改善黑海及沿海区域综合体自然环境的基本规定》、《关于加强防治侵蚀的基本规定》等,这些也是其环境法的重要组成部分。除此之外,许多其他法律也包含有相

---

① 王树义:《俄罗斯生态法》,武汉大学出版社2001年版,第120～123页。
② 马镶聪:《苏联等东欧国家环境保护法》,中国环境科学出版社1990年版,第186～190页。

应的自然环境保护的条款,比如,其《刑法典》就有关于惩治危害自然环境的犯罪行为的规定,又如,其于1981年底颁布的《经济机制章程》中也有关于自然环境保护的规定。这些也是其环境立法的组成部分。①

4.匈牙利环境法的发展概况

20世纪60年代以前,匈牙利的专门环境保护法规不多,关于环境保护的规定大多包含在其他法规里。60年代以后,随着环境问题的突出,其加强了环境立法,制定了一系列专门的环境法规,如,《农业用地保护法》、《森林和野生动物法》、《矿业法》、《自然保护法》、《水法》等。但是,这个时期的环境法规相互之间的联系不够,还没有从整体上对环境加以保护。70年代以后,匈牙利进一步加强了环境保护工作,其环境立法也得到了新的发展。1972年通过的《宪法》在"公民的基本权利和义务"一章中规定,公民有维护生存、人身不可侵犯和健康的权利,并指出这种权利由国家组织通过劳动保护、卫生设施和医药保证及保护人类环境的办法予以实现。同时也规定,保护国家的自然和文化财富是公民的基本义务。1976年,匈牙利颁布了《人类环境保护法》,对环境保护作了全面的综合调整,从而使其环境立法得到进一步的发展。随后,其部长会议又制定了一些行政法规。在其他有关法规里,也规定了关于环境保护的内容。按照其环境法律的规定,其环境保护的目的在于,保护人的身体,不断改善当代人和后代人的生活条件。同时,其《人类环境保护法》还根据《宪法》的规定明确宣布,公民有享受适于生活的环境的权利,同时也有遵守各项环境保护工作的义务。此外,为了保证环境法律规定的执行,其环境立法还对危害环境的违法行为作了比较具体而富有特点的规定。比如,其《人类环境保护法》明确规定,从事危害人类环境活动而对他人造成损害的,必须按照《民法典》有关"危险活动"的规定赔偿损失。这实际上就是说要承担"无过失责任"。该法对刑事责任的规定也很特别,其明文规定对1961年颁布的《刑法典》第197条进行修改,改成"违反环境保护罪",并具体规定了犯罪构成和刑罚措施,即污染、危害、破坏属于人类环境保护范围的客体,在很大程度上对人的生活和健康造成不利影响,如果没有构成更严重的罪行,处3年以下的徒刑;如果犯罪行为危及人的生命,处以1年至5年徒刑,但由于过失造成的,处3年以下的徒刑。1978年,匈牙利颁布了新的《刑法典》,其中就包含了关于危害环境犯罪行为的规定。而正是上述环境保护法律、法规的颁布施行,使匈牙利日益恶化的环境质量得到了控制,保持了环境的良性发展。②

三、我国环境法的发展概况

中华古国历史悠久,中国法系源远流长。我国古代关于环境保护的法律规定,最早可以追溯到殷商时期,在世界历史上可能是最早出现环境保护法律规定的国家,但是现代环境法的产生,我国要比西方国家至少晚一个世纪。③

大约在公元前14世纪的殷商时期,我国就有了关于环境保护方面的法律规定。据《韩

---

① 马骧聪:《苏联等东欧国家环境保护法》,中国环境科学出版社1990年版,第208～209页。
② 马骧聪:《苏联等东欧国家环境保护法》,中国环境科学出版社1990年版,第242～246页。
③ 金瑞林:《环境法学》,北京大学出版社1994年版,第47页。

非子·内储说》记载，"殷之法，弃灰于公道者断其手"。① 也就是说，在街道上丢弃垃圾是要被砍手的。而公元前 11 世纪的西周也颁布了《伐崇令》，规定："毋坏屋，毋填井，毋伐树木，毋动六畜，有不如令者，死无赦。"②到了秦朝，随着农业生产的日益发展，保护自然资源的法律也就更加严格。据在湖北省云梦县出土的云梦秦简记载，秦朝的《田律》中有一系列关于按照季节合理开发、利用和保护森林、土地、水流、野生动植物等自然资源的法律规定。③ 以后在其他朝代也有一些保护森林、鸟兽、土地等自然资源的法律规定，比如，《唐律》、《明律》、《清律》等都有这方面的规定。

1840 年鸦片战争之后，我国逐步沦为半殖民地半封建社会，由于没有出现过像西方国家工业革命那样的工业化局面，即便在中华民国时期，国民党政府虽曾制定过《渔业法》(1929 年)、《森林法》(1932 年)、《狩猎法》(1932 年)、《水利法》(1942 年)等一些与保护自然资源有关的法规，但这些环境立法已远远落后于西方国家。④

中华人民共和国成立以后，我国的环境立法经历从生产到发展再到蓬勃发展和初步完善的几个过程，现分述如下：

1. 环境法的产生阶段。从新中国成立到 20 世纪 70 年代初为我国环境法的产生阶段。建国初期，百废待兴，迅速发展工农业生产成为当务之急。由于盲目追求经济建设的高速度，开始出现了因工业生产带来的环境污染，但并不严重。同时，由于在生产建设中不注意维护生态平衡，也对自然环境、矿产资源和生物资源造成了严重破坏。针对这些环境问题，我国相继颁布了《矿业暂行条例》(1951 年)、《国家建设征用土地办法》(1953 年)、《工厂安全卫生规程》(1956 年)、《狩猎管理办法（草案）》(1956 年)、《水产资源繁殖保护暂行条例》(1957 年)、《水土保持暂行纲要》(1957 年)、《生活饮用水卫生规程》(1959 年)、《放射性工作卫生防护暂行规定》(1960 年)、《森林保护条例》(1963 年)、《矿产资源保护试行条例》(1965 年)等。这些法规比较零散、杂乱，自然保护和污染防治之间缺乏有机联系，还没有形成完整的环境保护的概念。⑤

2. 环境法的发展阶段。从 20 世纪 70 年代初到 1978 年为我国环境法的发展阶段。20 世纪 70 年代以来随着我国工业化进程的不断推进，环境污染也日趋严重。1972 年，我国参加了联合国人类环境会议。在该次会议的影响下，我国于 1973 年 8 月召开了第一次全国环境保护会议，制定了《关于改善环境的若干规定》，并由国务院予以颁发。该规定是我国第一个综合性的环境保护行政法规，它规定我国环境保护的"32 字方针"为："全面规划，合理布局，综合利用，化害为利，依靠群众，大家动手，保护环境，造福人民。"同时，它还规定了发展生产和环境保护的"统筹兼顾、全面安排原则"，"三同时"制度和奖励综合利用的政策。之后，我国相继颁布了《防治沿海水域污染暂行规定》(1974 年)、《放射性防护规定》、《关于治理工业"三废"，开展综合利用的几项规定》(1977 年)等保护环境的行政法规，以及《工业"三

① 《韩非子集释（上）》，上海人民出版社 1974 年版，第 541 页。

② 《中国大百科全书：环境科学》，中国大百科全书出版社 1983 年版，第 502 页。

③ 《睡虎地秦墓竹简》，文物出版社 1978 年版，第 26 页。

④ 蔡守秋：《环境法教程》，法律出版社 1995 年版，第 53～54 页。

⑤ 金瑞林：《环境法学》，北京大学出版社 1994 年版，第 50～51 页。

废"排放试行标准》等环境标准,从而使我国的环境立法得到了进一步发展。

3. 环境法的蓬勃发展阶段。从 1978 年到 1989 年为我国环境法的蓬勃发展阶段。1978 年,我国修改了《宪法》,首次将环境保护工作列入国家根本大法,规定"国家保护环境和自然资源,防治污染和其他公害",从而把环境保护确定为我国的一项基本职责,将自然保护和污染防治确定为环境保护和环境法的两大领域。① 而 1979 年《环境保护法(试行)》的颁布施行,更为我国环境法的蓬勃发展奠定了坚实的基础。该法对环境保护的对象、任务、方针、政策,环境保护的原则和制度,保护自然环境,防治污染及其他公害的基本要求和措施,环境管理的机构和职责,科学研究和宣传教育,奖励和惩罚等作了全面的、原则性的规定。之后,我国又先后颁布了《海洋环境保护法》、《水污染防治法》、《大气污染防治法》、《草原法》、《水法》、《森林法》等一系列适应环境保护的法律、法规,各有关环境保护的基本制度亦纷纷建立,其他一些相关的部门法诸如《民法》、《刑法》等也都对环境保护作了相应的规定,从而使我国环境法制建设初具规模,形成了以《宪法》关于环境保护的规定为基础,以综合性的环境保护基本法为中心,并由保护自然环境、防治污染的一系列单行法规和具有规范性的环境标准,以及其他相关部门法的有关环境保护规定等组成的独立的法律部门。

4. 环境法的初步完善阶段。1989 年到 2002 年为我国环境法的初步完善阶段。随着我国改革开放的日益深入,人口的日趋增长、经济的发展和人民消费水平的不断提高,使本来就已经十分短缺的资源和脆弱的环境面临着越来越大的压力,从而也对环境保护工作提出了更高的要求。在这一背景下,我国于 1989 年在对《环境保护法(试行)》作大范围修改的基础上,颁布了新的《环境保护法》,从而加快了我国环境法制建设的步伐,一系列与之相配套的法律、法规纷纷面世,使环境法成为我国法律体系中发展最为迅速的部门法。进入 90 年代后,国际国内形势发生重大、急剧的变化,1992 年 6 月召开的联合国环境与发展会议,使全球环境保护工作和环境法进入以"可持续发展"为标志的时期;同年 8 月,中共中央、国务院批准了《中国环境与发展十大对策》,指出中国必须转变发展战略、走持续发展道路,认为实行可持续发展战略是加速中国经济发展和解决环境问题的正确选择和合理模式;1994 年 3 月,国务院批准了《中国 21 世纪议程》,提出了实施可持续发展的总体战略、基本对策和行动方案,要求建立体现可持续发展的环境法体系,并将新的环境立法列为新的优先项目计划。②

于是从 1994 年起,我国在继续加快制定新的环境法律、法规的同时,开始对现行的环境法律、法规进行整理、修改和完善,先后修改、制定了一批污染防治法律、法规和行政规章,如,《大气污染防治法》(1995 年 8 月)、《固体废物污染环境防治法》(1995 年 10 月)、《水污染防治法》(1996 年 5 月)、《环境噪声污染防治法》(1996 年 10 月)、《淮河流域水污染防治暂行条例》(1995 年 8 月)等。先后修改、制定了一些资源能源管理、灾害防治和自然保护方面的法律、法规和规章,如,《自然保护区条例》(1994 年 10 月)、《煤炭法》(1996 年 8 月)、《防洪法》(1997 年 8 月)、《节约能源法》(1997 年 11 月)、《防震减灾法》(1997 年 12 月)、《森林法》

---

① 蔡守秋:《环境法教程》,法律出版社 1995 年版,第 55 页。

② 蔡守秋:《论当代中国环境法的发展特点和趋势》,载《可持续环境资源法学国际研讨会论文集》1999 年。

(1998年4月修改)、《土地法》(1998年8月修改且提出了"促进社会经济的可持续发展"这样的立法目的)等,同时,还修改、制定了一大批地方性环境法规和规章。此外,我国还加入或签署了一系列环境与资源保护的国际条约,并在民法、经济法、行政法、劳动法等部门法中增加或完善了有关环境与资源保护的内容。与此同时,各地区亦根据各自的实际情况,制定了一批适合本地区情况的地方性环境法规和地方性环境标准。这一阶段我国环境法已初步完善,并在实践中发挥了极其重要的作用。

5. 环境法的日益完善阶段。2002年9月2—4日在南非的约翰内斯堡召开了的可持续发展问题世界首脑会议,无疑是新世纪人类环境保护的重要开端。正是基于自里约会议10年来全球环境仍不断恶化的现状,来自世界各地的上万名代表汇聚于南非的约翰内斯堡,在可持续发展世界首脑会议上共商拯救地球未来的大计,并达成共识,那就是必须立即采取行动,兑现承诺,消除贫困,保护环境,使人类获得可持续发展。会议全面审议了1992年联合国环境与发展大会通过的《里约宣言》、《21世纪议程》等重要文件和其他一些主要环境公约的执行情况,并在此基础上就今后的工作形成面向行动的战略与措施,积极推进全球的可持续发展,并最终通过了《约翰内斯堡宣言》。在《约翰内斯堡宣言》中,各国首脑和代表承诺:将不遗余力地执行可持续发展的战略,把世界建成一个以人为本、人类与自然协调发展的社会。

根据约翰内斯堡会议进一步确定的可持续发展原则,我国环境法界将这一原则在环境立法实践中得以体现,如,在我国新制定的《环境影响评价法》(2002年10月28日)、新修订的《水法》(2002年8月29日)、《中华人民共和国草原法》(2002年12月28日)、《中华人民共和国农业法》(2002年12月28日)中都将各自的立法目的确定为可持续发展,这是我国环境立法的新动向。此外,2002年我国还制定了《中华人民共和国农村土地承包法》(2002年8月29日)、《中华人民共和国文物保护法》(2002年10月28日)及一些地方性法规等。

总之,经过上述几个阶段持续、有序的发展,中国环境法正在形成一个比较完整、科学、合理的法律体系,并作为中国环境保护和可持续发展的最为重要的基础和支柱,成为中国社会主义法律体系中新兴的、发展最为迅速的重要组成部分。

第二节 环境法的概念及其特征

如前所述,环境保护不仅涉及人类生产活动的变革,也涉及人类生活方式的改变,它不是局部问题,而是全球问题,它不能单靠科学技术加以解决,还必须采取经济的、法律的和一切必要的行政手段加以解决,其中法律的作用又是不容忽视的。而在所有的法律当中,与环境保护关系最为密切的莫如环境法了。环境法通过调整因开发、利用、保护和改善环境所发生的社会关系,包括人与自然的关系和人与人的关系,执行环境保护的各项政策,维护和促进可持续发展的行为,禁止和处罚不可持续发展的活动,并通过自身的不断完善,来实现环境保护的目的。为此,世界各国都将环境法作为环境保护的重要手段予以运用。现将环境法的概念、特征分述如下:

一、环境法的概念

(一)环境法的称谓

综观世界各国有关环境立法,其称谓均不尽相同。比如,在美国,多称为"环境立法"(Environmental Legislation)或"环境法"(Environmental Law),此乃其广义之称谓;而其狭义之称谓则为"环境保护法"(Environmental Protection Act)或"环境政策法"(Environmental Policy Act)。① 联邦德国一般称为"干扰侵害防护法"(Immissionsschutzgesetz);② 民主德国则通常称为"国土整治法"。③ 西欧国家大多称为"污染控制法";④ 而苏联及东欧一些国家则普遍称为"自然保护法",其包括了环境保护、名胜古迹保护和自然资源保护等;苏联解体后的俄罗斯称其为"生态法"。⑤ 在日本,过去均称为"公害法"。在我国,则称为"环境保护法"。

鉴于环境法的内容包括污染防治和自然环境与资源的保护两个方面,而"污染控制法"等称谓容易被人理解为只限于对环境污染的防治,而未能概括环境的全部内容。为此采取这一称谓的国家在保留过去称谓的同时,也称其为"环境法"。⑥

而日本由于公害法主要是针对公害发生源的控制,对于诸如高速公路、新干线、机场、军事基地、核等能源基地、海面和湖泊的填埋及干拓、滑雪场等娱乐场所设施、无秩序的都市开发等因国土开发造成自然环境的破坏以及对都市、农村的历史、社会、文化环境的扰乱则无能为力。有鉴于此,日本学术界有人呼吁有必要制定与公害法意义不同的环境法。⑦ 于是,日本于1993年11月19日颁布了《环境基本法》。

此外,鉴于环境法的任务并不只限于对环境的保护,还包括对环境质量的改善,而我国"环境保护法"这一称谓则只见"保护",不见"改善",未能全面概括环境法的任务,为此目前已趋向于使用"环境法"这一称谓。

由此可见,关于环境法的称谓,不同的国家有着不同的称谓,而且即便是同一个国家在不同的时期也有着不同的称谓。目前大多数国家都趋向于用"环境法"这一称谓,表明人类对环境问题的认识水平已有所提高,认识到环境问题不仅仅是环境污染,还包括了环境破坏;同时,还认识到人类对环境不仅仅是保护,还应当予以改善。而"环境法"称谓的改变正是人类对环境问题认识水平不断提高的具体反映。

---

① *Environmental Quality*, 1971, Washington D. C. pp. 155~179.
② 邱聪智译:《西德联邦公害防治法》,载《法学丛刊》1978年第88期。
③ 蔡守秋:《环境法教程》,法律出版社1995年版,第14页。
④ 金瑞林:《环境法学》,北京大学出版社1994年版,第27页。
⑤ 王树义:《俄罗斯生态法》,武汉大学出版社2001年版,第13页。
⑥ 蔡守秋:《环境法教程》,法律出版社1995年版,第14页。
⑦ [日]原田尚彦:《环境法》,弘文堂1984年版,第25页。

(二)环境法的概念

1. 国内外学者定义的环境法概念

关于环境法的概念存在着比环境法的称谓更多的主张,而且至今尚未形成一个一致公认的环境法概念,为了更好地理解环境法的概念,现将国内外法学界具有代表性的观点介绍如下。

(1)美国法学界:美国学者 J. G. 阿巴克尔教授认为,环境法包括对我们环境整体的保护,起源于:①美国宪法;②州宪法;③联邦和州的法规以及地方性法规;④联邦、州和地方管理机构颁布的规章;⑤法院解释这些法律和法令的裁定;⑥普通法。[①]

(2)日本法学界:日本法学家对环境法概念的表述有着广义和狭义之分。广义上的环境法,是指以公害、环境问题为对象而形成和发展起来的法律规范的总称。它包括与环境问题本身相密切联系的人口、产业、开发、能源、资源等的法律,以及全部与人类生活、生产活动有关的法律。而狭义上的环境法,则是指直接以环境保全为目的的法律,即把以环境保全为主要内容的法律称为环境法。[②]

(3)俄罗斯法学界:俄罗斯学者 M. M. 布林丘克博士认为,生态法是"根据生态法律思想创设的,调整在自然资源所有制方面,在保证合理利用自然资源和保护环境不受经济活动和其他活动的有害化学、物理和生物影响方面,以及保护自然人和法人的生态权利和合法利益方面所产生的具体社会关系的总和"[③]。

(4)我国法学界:我国法学界关于环境法的概念亦有各种不同的表述。或主张"环境法是由国家制定或认可,并由国家强制保证执行的关于保护环境和自然资源、防治污染和其他公害的法律规范的总称"[④](金瑞林教授,北京大学法学院);或认为"环境法是指国家为了协调人与环境的关系,防治环境问题而制定的,调整因开发、利用、保护、改善环境所发生的社会关系的法律规范或法律规定的总称"[⑤](蔡守秋教授,武汉大学法学院);或提出"环境法是调整因保护和改善生活环境和生态环境,防治污染和其他公害而产生的各种社会关系的法律规范的总称"[⑥](张坤民教授,国家环境保护局副局长);或认为"环境法是调整人们在开发、利用、保护和改善环境的活动中所产生的各种社会关系的法律规范的总称。其目的是为了协调人类与环境的关系,保护人民健康,保障经济社会的持续发展"[⑦](王灿发教授,中国政法大学)。

上述各种关于环境法概念的表述,均在一定程度上反映了人们对环境法概念的理解,体

---

① [美]J. G. 阿巴克尔、G. W. 弗利克等:《美国环境法手册》,文伯屏、宋迎跃译,中国环境科学出版社1985年版,第2~3页。

② 汪劲:《日本环境法》,武汉大学出版社1994年版,第9页。

③ 王树义:《俄罗斯生态法》,武汉大学出版社2001年版,第15页。

④ 金瑞林:《环境法学》,北京大学出版社1994年版,第28页。

⑤ 蔡守秋:《环境法教程》,法律出版社1995年版,第15页。

⑥ 张坤民:《中国环境法制建设概述》,载中国环境法制电视教育讲座指导委员会办公室:《中国环境法制》,国防工业出版社1994年版。

⑦ 王灿发:《环境法学教程》,中国政法大学出版社1997年版,第19页。

现了人们对人与环境关系以及环境法功能的不同认识,有一定的可取之处。但是,它们都没有将环境法与人类社会的可持续发展相联系。而实际上,环境法的终极目的是要实现人类社会的可持续发展。作为人类社会可持续发展进程中重要组成部分的环境保护,主要是靠环境法得以实施的。因此环境法概念中应包含"可持续发展"这个终极目的。

2. 本书表述的环境法概念

基于上述原因,本书将环境法定义为:"国家为实现世代人类的可持续发展,全面协调人与环境的关系,按照生态规律对人们在开发、利用、保护、改善环境等活动中所产生的各种社会关系进行调整的法律规范的总称。"这一概念包括如下几层含义:

(1)环境法是某类具有共同目的的法律规范的总称。即所有以实现世代人类的可持续发展为目的而全面协调人与环境的关系,并调整人们在开发、利用、保护、改善环境活动中所产生的各种社会关系的法律规范,都属于环境法的范畴。

(2)环境法是一个独立的部门法。与其他部门法一样,环境法也同样具有法的基本属性。即它是由国家制定或认可的,用立法形式予以颁布,并以国家强制力保障实施的法律规范。

(3)环境法协调的是人与环境的关系。它包括协调人与自然的关系和人与人的关系两个方面。

(4)环境法调整的是一种特定的社会关系。即它只调整以环境为媒介的社会关系,即人们在开发、利用、保护、改善环境等活动中所产生的各种社会关系。

二、环境法的特征

如前所述,环境法是全面协调人与环境关系的一门独立的法律。而人与环境的关系则包括人与自然的关系和人与人的关系两个方面。这是它与大多数以协调人与人的关系为全部内容的其他部门法的明显区别,从而也使得它具有不同于其他部门法的显著特征。

(一)调整范围的广泛性

由于环境法既要协调人与自然的关系,也要协调人与人的关系;既要防治人对环境的侵害,又要防止对他人环境权益的侵害,为此其调整的范围相当广泛。现分述如下:

1. 保护对象的广泛性

由于人类赖以生存和发展的整个环境都是环境法所要保护的对象,为此环境法保护的对象相当广泛。从目前环境法的规定来看,其所要保护的对象大致有三类:一是自然环境要素,比如空气、水、土地等;二是人为环境要素,比如生活居住区、公园、人文遗址等;三是整个地球的生物圈,比如臭氧层、海洋、热带雨林以及其他生命物种等。因为整个地球是一个统一的整体,而如果各种环境要素遭到人为的破坏,就会影响到人类的生存和发展。可见,环境法调整的范围之广已达到"上穷碧落下黄泉"的程度,是其他任何部门调整范围所无法比拟的。

2. 法律主体的广泛性

由于环境法的终极目的是实现人类社会的可持续发展,为此,其主体不仅包括公民、法人及其他组织、国家乃至全人类,还包括尚未出生的后代人。因为环境为人类赖以生存和发展的重要场所,属人类所共有,为此无论是公民和法人及其他组织,还是国家乃至全人类均拥有享受和利用环境的权利。同时由于人类只有一个地球,地球上的环境资源既属于当代人,也属于后代人,当代人的发展不能建立在剥夺和削弱后代人持续发展之上,要给子孙后代以公平、持续、共同生存和发展的机会,否则人类社会将无法得以永续发展。所以,后代人与当代人一样均为环境法的主体。这也是其他任何部门法所无法比拟的。

3. 调整内容的广泛性

由于环境法的任务主要在于防治人类活动对环境产生的不良影响,而人类活动则是多方面的,从政治、经济、军事到文化科学,从生产、流通到消费,从劳动、休息到体育、娱乐等等皆是。人类的各种活动都在利用环境,同时也都会对环境产生不良的影响,这就使得环境法调整的内容相当的广泛。它不仅要防治大气污染、陆地水污染、海洋污染、环境噪声污染、固体废物污染、放射性污染、有毒化学品污染等,而且还要保护土地资源、森林资源、草原资源、水资源、矿产资源、物种资源、风景名胜区和文化遗迹地等。如此广泛而又丰富的调整内容同样也是其他任何部门法所难以比拟的。

4. 牵涉法律的广泛性

由于环境法保护的对象相当广泛,涉及的社会关系极为复杂,运用的手段各式各样,从而决定了其所采取的法律措施的多样性,它不仅可以适用诸如宪法、行政法、刑法等公法予以解决,也可以援引民商法等私法给予救济,甚至还可以诉诸国际法予以调整。也就是说,环境法不但包括具有特色的环境法规范,也包括有关的宪法规范、行政法规范、民法规范、刑法规范、经济法规范和国际法规范;同时,它不但包括实体法规范,也包括程序法规范。显然,环境法涉及的法律之多更是其他任何部门法所无法比拟的。

(二)运用手段的科学技术性

如前所述,环境法的终极目的是实现人类社会的可持续发展。为了实现这一目的,它要求人们更多地运用与环境承载能力(这种承载能力即环境向人类提供资源和同化废物的能力)达到有机协调的方式来发展经济,要求将经济体系的运行纳入生物界的物质循环和能量运动的大框架内,努力把对环境的负荷减少到最低程度,从而实现人与自然的和谐。这就决定了环境法必须体现自然规律的要求,将生态学规律作为制定环境法的自然科学理论基础,把大量的技术规范和操作规程以及工艺设备要求等纳入环境法中,比如各种环境标准、环境监测规程、合理开发利用环境资源的操作规程、防治环境污染和破坏的生产工艺技术要求等等。这就使得环境法具有不同于其他部门法的突出特征,即较多地运用科学技术手段来调整人与自然的关系。

(三)保护权益的共同性

由于环境法所保护的环境是整个人类赖以生存和发展的基础,而环境的整体性决定了整个环境不可能为某个阶段、阶层或个人所独占。为此,环境法所保护的权益具有共同性,即对全人类和整个社会都有利。它并不因人而异,并不会因各人的职业、性别、地位、宗教信仰等不同而有所差别;也不会因制度而异,无论是实行社会主义的国家,还是实行资本主义的国家,环境法所保护的权益都是一样的,都是为了确保当代人及其子孙后代过健康而又富有生产成果的生活。这也是它不同于其他部门法的显著特征。

(四)价值取向的多重性

环境法的价值取向是环境法所追求的价值目标,环境法是随着环境问题的日趋严重、环境保护活动的日益加强而出现的一门新兴的法律部门。环境法作为新兴的法律部门,是在反思既有法律制度何以不能解决已然危机到人类整体生存基础的环境问题的基础上形成的。环境法产生的时代背景和现实基础,决定了这门法律价值取向的多重性,环境法也追求传统法律的"秩序、公平、自由"三大价值目标,但是环境法所追求的这三大价值目标是以"人类与生态共同利益"为中心的可持续发展价值观念为基础的,由于可持续发展要求将环境资源利益"在当代人群之间以及代与代人群之间的公平合理的分配",因此,环境法的价值取向不仅在于当代人之间平等地享有地球上的环境资源利益,而且也在于当代人与后代人之间平等地享有地球上的环境资源利益。同时,可持续发展还主张,"每个生命形式都是独特的,无论其对人类的价值如何,都应得到尊重,为了给予其他有机体这样的承认,人类必须受行为道德准则的约束,应尊重大自然,不得损害大自然的基本过程"①。有鉴于此,环境法的价值取向不仅包括有生命的人,还包括有生命的其他物种种群,从而实现人与自然共存共荣的目的,这也是环境法区别于价值取向只限于当代人的其他部门法的显著特征。

第三节 环境法的目的和作用

一、环境法的目的

探讨环境法的目的,首先要明确何为法的目的。所谓法的目的,一般认为是指立法者通过制定或认可法时所希望实现的对一定社会关系进行调整的结果。立法者实际上无不是通过立法来规范并形成一定的社会秩序,从这一点来说立法行为及其内容体现了立法者的动机和意图所在。法的目的取决于法的本质,而法的本质在于法的阶级性,它体现的是统治阶级的意志。除此之外,法还取决于社会物质生活条件,社会物质生活条件是从立法者意志需求和满足的可能性来决定法的目的的,而立法者本身也是根据社会需求和社会物质生活条件的可能性来立法的。对于环境法而言,法的目的性更为重要,它决定着环境法的指导思想和调整对象,属于环境法的基本问题范畴。研究环境法的目的,有助于正确理解和执行环境法。

(一)国外有关环境法目的的立法实践

综观世界各国的环境法律,不难发现,各国有关环境立法目的的规定都不相同。美国

---

① 联合国《世界自然宪章》。

《国家环境政策法》(1996 年)第 2 条将该法的目的规定为如下 6 款：(1)履行其每一代人都要做子孙后代的环境保管者的职责；(2)保证为全体美国人创造安全、健康、富有生产力并在美学和文化上优美多姿的环境；(3)最广泛地合理使用环境而不使其恶化，或对健康和安全造成危害，或者引起其他不良的和不应有的后果；(4)维护美国历史、文化和自然等方面的重要国家遗产，并尽可能保持一种能为个人提供丰富与多样选择的环境；(5)使人口和资源使用达到平衡，以便人们享受高度生活水准和广泛的生活舒适；(6)提高可更新资源的质量，使易枯竭资源达到最高程度的再循环。① 联邦德国《联邦污染控制法》(1974 年)第 1 条规定："本法的宗旨是保护人类和动物、植物以及其他物体不受环境的有害影响，并不受来自须经许可的设施的其他各种危害、重大不利和重大妨碍的影响，以及防止上述环境的有害影响的产生。"②匈牙利《人类环境保护法》规定："本法的宗旨在于保护人的健康，不断改善当代人与子孙后代的生活条件……"③保加利亚《自然保护法》(1967 年)将该法的立法目的规定为：①保护人民健康；②保护、恢复和合理利用自然界并使自然财富得以增加。④

而日本环境法的目的，在不同的时期有着不同的表述。日本于 1967 年制定的《公害对策基本法》第 1 条第 1 款规定："本法是为了明确企业、国家和地方公共团体对防治公害的职责，确定基本的防治措施，以全面推行防治公害的对策，达到保护国家健康和维护其生活环境的目的。"同时，该条第 2 款又规定："关于前款所规定的保护国民健康和维护生活环境，是与经济健全发展相协调的。"也就是说，该法规定的"保护国民健康和维护生活环境的目的"是以"与经济健全发展相协调"为条件的，从而明显地反映了经济优先的立法目的。由于有了这一条款的规定，企业界就可以以此为根据，减轻自己所应当承担的责任，并更加肆无忌惮地发展公害型产业。所以在该法颁布后，日本广大的法学界人士和环境保护专家纷纷提出了尖锐的批评，强烈要求尽快删去反映经济优先的这一条款的规定。他们认为，以牺牲国民生存环境来炫耀经济发展和国民生产总值，并引以为荣，早已被一切有识之士所斥责，是一种本末倒置的做法。过去那种把经济发展建立在倾销公害，不顾国民安危的基础之上的做法是空中楼阁，是虚假的繁荣。⑤ 有鉴于此，在该法实施 3 年后的 1970 年，日本国会在修订《公害对策基本法》时，不得不删去这一条款，将"保护国民尽快和维护其生活环境"作为该法的唯一目的，从而明显地反映了环境优先的立法目的。但是，1992 年联合国环境与发展大会所确认的可持续发展的战略原则，对日本环境法的目的产生了重大影响，日本于 1993 年制定了《环境基本法》，该法第 4 将其立法目的规定为："必须以健全经济发展的同时实现可持续发展的社会构筑为宗旨，并且以充实的科学知识防止环境保全上的妨害于未然为宗旨，实现将因社会经济活动以及其他活动造成对环境的负荷减少得到最低限度，其他有关环境保全的行动由每个人在公平的分配负担下自主且积极地实行，既维持健全丰惠的环境，又减少对环境的负荷。"显然，该法的目的在于使环境保护和经济发展相协调，从而实现人类

---

① 中国社会科学院法学研究所编译室：《外国环境保护法规选编》，中国社会科学出版社 1979 年版，第 3～4 页。

② ［日］加藤一郎：《外国的公害法(下)》，岩波书店 1978 年版，第 179 页。

③ 程正康：《环境法概要》，光时日报出版社 1986 年版，第 46 页。

④ 程正康：《环境法概要》，光时日报出版社 1986 年版，第 46 页。

⑤ 丛选功：《外国环境保护法》，中国政法大学出版社 1989 年版，第 22 页。

社会的可持续发展。

由此可见,关于环境的目的,不同的国家有着不同的目的,即使在同一个国家,在不同的时期也有着不同的目的。不过,从以上各国环境法关于其立法目的的规定不难看出,各国环境法的目的大致可以分为两类:一类为目的一元论,即仅以保障人体健康为唯一目的,比如上述匈牙利、日本1970年环境法的目的就是典型的代表;另一类则为目的二元论或目的多元论,即以经济、社会和环境保护的协调、持续发展为目的,比如上述美国、日本1993年环境法的目的即是。前者以"环境优先"为最高原则,对于解决人类面临的环境与发展的挑战固然不失为一项良策,然一味地强调"环境优先",势必扼杀经济的发展,而经济若不发展,社会即会陷入贫困之中,甚至造成更严重的生存危机,从而也会严重影响人类的生存和发展。而后者将环境保护和经济发展有机地结合起来,以强调在环境的承载力内发展经济为出发点,试图实现人与自然的和谐。为此,后者比前者更为全面。

(二)我国有关环境法目的的立法实践

我国现行《环境保护法》第1条规定:"为保护和改善生活环境与生态环境,防治污染和其他公害,保障人体健康,促进社会主义现代化建设的发展,制定本法。"这一立法目的显然属于多元论,其目的共有以下四项:(1)保护和改善生活环境和生态环境;(2)防治污染和其他公害;(3)保护人体健康;(4)促进社会主义现代化建设的发展。为此,其比上述目的一元论的规定更为全面。然而,如此的目的多元论并非最科学的规定,因为,其仅仅注重当代人的环境权利和发展权利,而未涉及后代人的环境权利和发展权利。这是此类目的多元论的重大缺失。环境法的终极目的是实现人类的可持续发展,而人类的可持续发展既包括当代人的发展,也包括后代人的发展。因此,笔者认为,有必要以可持续发展战略的指导,对我国现行《环境保护法》关于立法目的的规定作如下修改:"为谋求人与自然的和谐,保持环境清洁和维护生态平衡,以确保我国当代人及其子孙后代过健康而富有生产成果的生活,制定本法。"这一立法目的较之原先的立法目的更为科学,它既保留了原先的多元立法目的,又把这些多元目的与实现经济、社会的可持续发展有机地结合起来,从而顺应了环境法的发展趋势。

二、环境法的作用

环境法的作用亦称环境法的功能,它表示环境法存在的价值。[①] 既然环境法的终极目的是实现人类社会的可持续发展,那么它的基本功能应当是环境保护,但同时兼具促进经济社会持续发展的功能。现分述如下:

(一)环境法是实施可持续发展战略的推进器

环境法通过调整和规范人们在开发、利用、保护、改善环境等活动中所发生的各种社会关系,对不符合可持续发展的高投入、高消耗、低产出、低效益的粗放型经济增长方式予以禁

---

① 蔡守秋:《环境法教程》,法律出版社1995年版,第23页。

止和制裁,对符合可持续发展的低能耗、低物耗的集约型经济增长方式予以促进和鼓励;同时,要求对污染控制从源头抓起,推行"预防优先"的原则,采取清洁的生产方式,实现废物无害化、资源化;此外,还要求把对环境的负荷减少到最低程度,实行综合的环境整治计划,以确保当代人及其子孙后代均能"以与自然相和谐的方式过健康而富有生产成果的生活"①。而正是环境法这一作用的充分发挥,使得可持续发展战略得以顺利实施。

(二)环境法是执行各项环境保护政策的有力工具

环境法将环境保护的基本对策和主要措施以法律形式予以固定,从而使环境保护工作更加规范化、制度化,有力地推动了环境保护工作的有序进行。

(三)环境法是全面协调人与环境关系的强大的法律武器

环境法通过法律形式保证合理开发自然环境和自然资源,保护和改善生活环境和生态环境,防治环境污染、环境破坏及其他环境问题,保护其他生命物种,从而成为协调人与环境的关系和人与人的关系的有效手段。

(四)环境法是增强全民环境意识的极好教材

环境意识是衡量社会进步和文明程度的重要标志。为了人类自身的生存和发展,必须在全社会展开环境法制宣传,普及环境科学知识和环境保护政策,倡导良好的环境道德风尚,促进公众参与环境管理。而环境法规定了环境保护的行为规范和政策措施,以法律的形式规定了环境保护的是非善恶标准,是提高全体公民环境意识的最好教材。

(五)环境法是加强国际间环境保护合作的重要手段

由于环境是无国界的,所以环境问题造成的危险性其叠加的效应往往超越了国家的界线。为此,只有加强国际间的环境保护的合作,共同对付对全球构成危害的环境问题,才能使我们这个小小的地球永恒地成为人类赖以生存和发展的重要场所。而国际环境法正是以规定国家的环境权利和应履行的环境保护义务为主要内容的,从而成为国际间环境保护合作的有效手段。

第四节　环境法律关系

一、环境法律关系的概念及其含义

法律关系,是指法律规范在调整人们行为的过程中所形成的各种权利和义务的关系。在社会生活当中,人们之间存在着各种不同的社会关系,而调整各种社会关系的法律不同,

---

① 联合国《关于环境与发展的里约宣言》原则1(1992年)。

所形成的法律关系也就不同。比如,按照民法规范调整的或者说人们按照民法规范形成的社会关系就是民事法律关系,而按照行政法规范形成的或者说由行政法调整的社会关系就是行政法律关系。环境法律关系也不例外,是指按照环境法规范形成的或者由环境法规范调整的社会关系。它包括以下几层含义:

1. 环境法律关系是环境法调整的结果,没有环境法,也就没有环境法律关系。任何一种作为环境法调整对象的环境关系,在实际生活中,由于它受环境法的调整,因而也就具有了法律性质,成为以权利义务为内容的社会关系,即环境法律关系。

2. 环境法律关系是由环境法确认和保护的社会关系。环境法律关系不是人们任意确定的,而必须由环境法律规范加以确认和保护的社会关系,才属于环境法律关系;环境法律规范不予确认和保护的社会关系,则不能作为环境法律关系。

3. 环境法律关系虽然是一种人与人的社会关系,即环境法主体之间在开发、利用、保护、改善环境等活动中所形成的由环境法规范所确认和调整的具有权利义务内容的社会关系,但是它始终是以环境为媒介的,即环境法主体之间通过环境这个载体所形成的由环境法规范调整的社会关系,因而环境法律关系同时也反映人与环境的关系。

二、环境法律关系的要素

环境法律关系的要素,是指构成环境法律关系的必要条件。环境法律关系包括主体、内容和客体三个要素,它们相互联系,缺一不可,共同构成环境法律关系的整体,现分述如下:

(一)环境法律关系的主体

环境法律关系的主体是构成环境法律关系的主要要素,是指环境法调整的环境法律关系的参加者,即他们在环境法律关系中享有环境权利和承担环境义务。为此,环境法律关系的主体又称为"权义主体"或"权利主体和义务主体"。环境法律关系主体的资格是经环境法所规定的,因此,凡是环境法律规范所确认和调整的环境法律关系的参加者,都能成为环境法律关系的主体。不同的环境法律关系,其主体也不相同,在环境保护管理法律关系中,有管理主体和被管理主体;在环境损害赔偿的法律关系中,有污染破坏环境的主体和受侵害的主体;在涉外环境法律关系中,有国外主体和国内主体等等。根据目前环境法的规定,环境法律关系主体的范围很广泛,有公民、法人及其他组织、国家乃至人类。

(二)环境法律关系的内容

环境法律关系的内容,是指环境法律关系主体享有的环境权利和承担的义务。它既是联系环境法律关系不同主体的纽带,又是环境法律关系存在价值的体现,无权利义务内容的环境法律关系对环境法律主体将毫无意义。所谓环境权利,是指环境法律关系主体依法享有的某种权能和利益,其表现为环境法律关系主体依法享有可以作出一定的行为或者要求他人作出或不作出一定行为的权利,从不同的角度,可以把权利分为绝对权利、原权和派生权等。而所谓环境义务,则是指环境法律关系主体依法承担的责任,其表现为环境法律关系主体依法承担必须作出一定的行为或者不作出一定的行为的义务,从不同的角度,可以将义务分为绝对义务和相对义务、积极义务和消极义务、主义务和从义务、第一性义务和第二性义务等。在环境法律关系中,环境权利和环境义务的具体内容都与开发、利用、保护、改善环境有关,即都离不开环境,也就是说环境法律权利义务关系同时反映了人与人的关系和人与自然的关系;在环境法律关系中,环境权利和环境义务结合得十分紧密,它既把环境法律关系中的主体双方即人与人联结起来,又把环境法律关系中的主体和客体即人与环境联结起来。

(三)环境法律关系的客体

一般来说,法律关系的客体就是法律所调整的社会关系主体活动所指向的对象或目标,正是基于这个目标,主体之间才形成关系。主体活动的内容表现为权利义务,它所指向的目标,也就是权利义务指向的对象。而环境法律关系的客体也不例外,是指环境法律关系主体享有的环境权利和承担的环境义务共同指向的对象,也称为"权义客体"或"权利客体和义务客体"。环境法律关系的客体一般包括物、行为和其他权益三种:

1. 物。其包括环境法所保护的各种环境要素(即自然环境要素、人为环境要素和整个地球的生物圈)、环境法防治的各种污染物质和生态破坏现象(如工业的"三废"等),以及构成污染源和防治污染或保护环境的工程设施等其他物质。

2. 行为。即环境法律关系主体对环境有影响的各种行为,包括各种开发、利用、保护、改善环境等行为,例如,排污行为、对环境有影响的开发建设活动等,即环境法的调控对象。

3. 其他权益如生命、健康等。环境法保护环境的目的之一就是保障人体健康,因此,在环境法律关系中,任何人都享有其生命和健康不受污染和侵害的权利,同时,任何人也都负有不以污染和其他方式侵害他人的生命和健康的义务。那么,人的生命和健康也就成为环境权利义务所共同指向的对象,从而成为环境法律关系的客体。

第二章 环境法体系

第一节 概述

一、环境法体系的概念

环境法体系,是指由一国有关保护和改善环境、合理开发和利用自然资源、防治污染和其他公害的所有法律规范组成的一个相辅相成、有机联系的规范统一体。[1] 与其他部门法体系相比,环境法体系形成较晚,但发展快、数量多。当代环境法体系已经发展成为一个内外协调一致的统一整体。它对外与其他法律部门相互协调,以保证整个法律体系的和谐统一;对内各法律规范之间协调互补,以保证发挥环境法的整体功效,维系环境法的独立存在。

➤ 争论

大多数学者认为环境法体系即指环境法法律体系,但也有学者认为,目前关于此问题的论述都较为混乱,没有将环境法立法体系、环境法法律体系、环境法体系、环境法律法规体系等进行区别,并认为环境法法律体系与立法体系是两个不同的概念,二者之间虽然存在着某些联系,但也有明显区别。另外,还有学者将环境法体系称之为环境法规体系,并认为环境法规体系就是环境法立法体系,是从制定法角度对环境法体系的定义。

二、环境法体系的特点

环境法体系在内容上是由一国现行的与环境有关的全部法律规范所组成的有机整体。也就是说,任何尚未颁布实施或拟议中的规范性环境法律文件都不能作为环境法体系的内容,任何非与环境有关的法律规范也不能作为环境法体系的内容。

环境法体系是由全部现行的环境法律规范分类组合为相应的法律制度,进而形成若干分(亚)环境法律部门的具有有机联系的系统化结构体。

---

[1] 王文革:《环境资源法》,北京大学出版社 2009 年版,第 29 页。

三、环境法体系的指导思想——可持续发展

环境法体系的指导思想也就是环境法法律体系的理论根基和价值选择。从国际上的共识来看,我们应认真总结发达国家实现工业化的经验教训。从国内的实践总结来看,我们应充分考虑我国人均资源短缺的现状,用一种全面、协调、可持续的发展观来指导我国环境法的发展,坚持实施可持续发展战略,应强调在工业化进程中,严格控制人口增长,注重资源节约、生态建设和环境保护,提高工业产品的科技含量,努力降低资源消耗、减少环境污染,做到经济建设与人口、资源、环境协调发展,实现新型工业化与可持续发展的良性互动。可持续发展强调生态伦理道德和生态价值观,将环境与发展、当前利益与长远利益统一起来。可持续发展思想与以往各类环境保护思想的本质区别就在于:已经立足于生态环境整体利益,深刻地反思当前环境问题日益恶化的根源所在,从地球未来和人类发展的全局高度,确立了一条符合生态整体利益,也符合人类社会最大利益的发展道路,为当前乃至今后的经济社会发展指明了正确的方向。可见,人类的环境价值取向经历着一个不断演化的过程,其中最重要的一个转变就是从"人类利益中心"向"生态利益中心"的转变。因此,在环境保护立法中要建立起一个可持续发展的基本价值取向,这符合全人类的根本利益。总之,我们要以可持续发展的理念重塑人与自然的关系,逐步建立起完善的环境法体系。

第二节 外国环境法体系简介

一、美国环境法体系

美国环境法是一个由多种法律渊源形式组成的复杂的混合体,包括联邦的法律、州的法律,还包括对这些法律的解释和实施这些法律的司法判决。最早的美国环境立法可以追溯到1785年制定的第一个《土地法》,但早期的立法大多限于州或地方条例。20世纪60年代末,由于大量的燃料被倾倒在俄亥俄河而引发的一场举国震惊的污染事件,促使民众发出强烈的呼声,要求在联邦层次上制定法律来保护自己的生存环境。在这种背景下,1970年尼克松政府创建了美国第一个统一的环境保护机构——国家环境保护署(以下称EPA)。1969年《国家环境政策法》的出台,标志着美国环境政策和环境立法从治理为主转变为预防为主。这部基本法规定了环境法的调整范围、目的、任务和环境保护的方针、政策以及公民在环境法律关系中的权利、义务等一系列重大问题,并首创环境影响评价制度。《国家环境政策法》颁布之后,联邦又根据这一环境基本法陆续制定、修订了许多重要的环境保护单行法规。如1970年国会将其在1955年制定的《大气污染控制援助法》正式更名为《清洁空气法》,1972年又以名为《清洁水法》的修正案对其在1948年制定的《联邦水污染控制法》进行大幅度修订等。

美国的环境法体系具有比较明显的特点:以宪法规定为最根本的基础,以环境保护基本

法为中心,大量的环境法律法规为主体。这种环境法体系结构的优点在于:权威性高、适应性强、系统化。

(一)宪法

尽管美国联邦宪法的条文没有直接提及环境保护,但它的很多条款被广泛应用于环境保护。例如,《美国宪法》第 6 条规定:本宪法和依本宪法所制定的合众国的法律,以及根据合众国的权力已缔结或将缔结的一切条约,都是全国的最高法律;每个州的法官都应受其约束,即使州的宪法和法律中有与之相抵触的内容。该条款为联邦至上条款。根据该条款,联邦拥有通过制定法律、签署条约等方式实现对环境管理和赋予公众环境权的权力。根据该条款,联邦取得了高于州的法律地位,为联邦环境法律的制定与实施提供了宪法基础。

《美国宪法》第 4 条第 3 款规定:国会对属于合众国的领土或其他财产,有权处置和制定一切必要的条例和规章。此为《美国宪法》的财产条款。财产条款对于联邦管理自然环境具有重要的意义。因为联邦拥有大量的土地,联邦可以通过对公共土地的管理实现环境保护。

《美国宪法》第 1 条第 8 款第 3 项规定:国会有权管理同外国的、各州之间的和同印第安部落的商业。该条为《美国宪法》的商业条款。商业条款为国会制定并执行联邦环境法提供了宪法依据。

《美国宪法》第 14 修正案第 1 款规定:未经正当法律程序,不得剥夺任何人的生命、自由或财产。这就是正当程序条款。正当程序条款与环境法之间的密切联系在于联邦必须遵守保护环境的程序规定,并为公众参与环境管理、制裁污染者制定严格的程序要求。在具体的环境法中,大都对公众参与作出了程序上的规定。同时,联邦《行政程序法》的颁布与实施,也对行政机关提出了程序上的严格要求。

除上述条款外,《美国宪法》中的征用条款、治安权条款、财产剥夺条款等都对环境法的制定与完善具有重要作用。通过《美国宪法》的这些条款,联邦享有宪法所赋予的环境管理权,并实现了联邦对环境的全面管理。

(二)《国家环境政策法》

美国《国家环境政策法》(*National Environmental Policy Act*,NEPA)于 1969 年 12 月 31 日在国会通过,1970 年 1 月 1 日由尼克松总统签署生效并施行。《国家环境政策法》的主要内容有 4 个方面。其一,是宣布国家环境政策和国家环境保护目标;其二,是明确国家环境政策的法律地位;其三,是规定环境影响评价制度;其四,是设立国家环境委员会。

《国家环境政策法》作为一个整体,开创了环境政策的新天地,在美国环境立法史上占据了非常重要的地位。它宣示了国家全新的环境理念和政策目标,这些思想反映了当代社会先进的环保理念和可持续发展原则精神;它在美国历史上首次以一个立法来强调国家的综合性的环境政策和规定联邦政府机构的环保职责;它提供了一个管理工具,以确保联邦行政机构考虑其行为的环境影响,这一工具以环境影响评价制度为核心。环境影响评价制度是《环境影响评价法》对世界的主要贡献,先后有 80 多个国家以此为榜样建立了自己的环境影响评价制度;它建立了创新性的公众参与制度,使政府的决策过程首次充分公开,公众也可以提出自己的意见和建议;它为环境保护设立了一个行政协调机构,即国家环境质量委员会,来具体审查和监督《国家环境政策法》的实施,收集环境保护信息,准备国家环境质量年度报告。

由于《国家环境政策法》的一系列创新性规定,使得它在颁布之后成为美国环境法体系中最重要和基础性的环境基本法。

(三)联邦环境成文法

根据《美国宪法》的授权,国会制定了大量关于环境保护的法律,这些法律是美国环境法的重要组成部分。包括大气污染控制方面的法律、水污染控制方面的法律、危险废物和固体废物管理方面的法律、自然区域及公共土地保护管理方面的法律等。

根据美国法的特点,国会由于在立法时无法对具体问题作出详细的规定,所以大多在所制定的环境法中通过委托立法的形式,将特定环境问题的管理权授予相关行政机关。通过法律授权,行政机关取得了环境法事实上的制定、解释和执行权。基于此,行政机关制定的行政法也成为环境法的重要组成部分。

(四)行政法

行政机关通过国会的授权,取得了环境法事实上的制定、解释和执行权。如,制定空气质量标准、水质标准,确定环境文件的内容与格式要求等。行政机关依法作出的规范要求,对私人、公司以及相关行政机关都具有一定的约束力,即使联邦法院也会对此予以尊重。所以,行政法能够在美国环境法体系中占有非常重要的地位。行政法包括总统的行政命令和行政机关的管理条例或规定。在联邦环境法律的执行体系中,除联邦政府所属部、局外,最为重要的是作为独立行政管理机构存在的联邦环境保护局(The Environmental Protection Agency,简称 EPA 或环保局)。除行政机关制定的条例、规定、标准等法律规范外,联邦制定的《行政程序法》(*The Administrative Procedure Act*,简称 APA)对环境法也具有重要的作用。如《行政程序法》第 702 节规定,任何因为行政机关行为遭受伤害或行政机关行为对其造成负面影响的人,均可在法律规定范围内,对行政机关的行为提出司法审查。这就将行政机关的行为纳入了司法审查的范畴,为规范行政机关的行为提供了法律保障。

(五)普通法

美国法律体系所属的英美法系,又称普通法法系或判例法系。所以美国环境法的渊源必然包括普通法。普通法救济在美国的环境保护中依然占据一席之地,因为它可以提供联邦和州成文法所不能给予的救济。一方面,因为一种行为还未达到成文法干预的限度,依然可能引起普通法认定的人身财产损害,并可借此获得损害赔偿金。另一方面,普通法之诉在某些方面还可以弥补成文法救济的不足。普通法的主要表现形式是侵权法。侵权法起源于保护财产,主要是不动产免受侵害。随着侵权法的发展,社会因素被不断注入财产权之中,财产所有者在行使财产权时不得损害他人权益或污染环境。如,在普通法下,土地的所有者和占有者都享有保持水质正常的权利,任何人不得违背其意愿降低水质。除非上游污染者根据普通法中包含有私人权利的转让系统购买这项权利或相伴的土地,或者愿意面对诉讼。与环境法密切相关的侵权法主要有侵入(trespass)、妨害(nuisance)、公共信托原则(public trust doctrine)、非正常危险行为的严格责任(strict liability for abnormally dangerous activities)等。

侵入,主要是对两种财产的侵害:一是对土地的侵害,二是对物品的侵害。侵入强调的是侵权人的主观故意和直接后果。

妨害,是环境法最重要的渊源之一。在环境案件中,如同侵入那样直接对他人财物造成损害的案件很少。更多的案件是由于环境受到破坏或污染,致使财产所有者的财产权受到损害。这种损害后果与破坏或污染行为之间并没有直接的、物理上的因果关系,更多地体现为一种间接的因果关系。对这种间接因果关系进行规范的侵权法就是妨害。妨害之所以成为环境法的主要渊源,并广泛适用于环境案件,是由其构成要件决定的。与侵入强调的是行为不同,妨害强调的是结果。在妨害案件中,权利人不需要证明侵权人存在主观故意。无论侵权人是故意、过失,还是非正常的危险行为,只要其行为造成了干扰的后果,就构成妨害,就需要承担侵权责任。

公共信托原则,是指政府对一些特殊的财产应承担起受托人的义务,即依财产本身的性质最大限度地保障社会公众能实现对这些财产所应当享有的权益。通过公共信托原则,联邦、州、地方政府对土地、河流、山脉、森林、空气、水等自然资源、人文资源拥有了作为受托人进行管理的权力,并据此拥有制定、执行环境管理法律的权力。1969 年《国家环境政策法》的制定,意味着公共信托原则在联邦层面上得到适用。美国国会在该法中确认国家是全体人民及其后代在环境上的受托人。

非正常危险行为的严格责任对环境案件中的权利人具有非常重要的意义。据此,权利人可以主张污染者的行为构成危险行为,而且是非正常使用,要求其承担严格责任。因此,该原则在环境诉讼中发挥着重要作用。

(六)判例

判例,是美国法律的重要组成部分。在美国环境法中,判例发挥着重要作用。环境法在实施过程中往往面临着各种立法时无法预见到的复杂问题。通过判例,法院对环境法的内容、含义、实施要求等作出解释和规范,有利于环境法的理解与适用。通过判例,美国法院弥补了法律规定的不足,统一了环境法的理解,强化了行政程序的要求,规范了联邦、州及地方政府管理环境的行为。同时,还通过判例,法院根据时代背景对法律作出或宽松或严格的解释,使其适合时代的要求。

(七)国际条约

《美国宪法》第 6 条规定:根据合众国的权力已缔结或将缔结的一切条约,都是全国的最高法律;每个州的法官都应受其约束,即使州的宪法和法律中有与之相抵触的内容。因此,多边或双边国际条约也是美国环境法的渊源之一。

二、日本环境法体系

在日本环境法体系中,不包括作为国家根本法的宪法,只包括环境保全方面的基本法、单项法和特别法等法律。①

(一)环境基本法

日本环境基本法就是规定环境行政目标、政策体系等基本事项的法律。它的特征在于只对基本事项作原则性的规定,其具体化则表现为各实施法、单项法和特别法。在 1993 年以前,日本还没有一部全面的环境保护基本法,而只是在公害对策方面制定有《公害对策基本法》,在环境保全方面制定了具有基本法性质的《自然环境保全法》。1993 年 11 月 19 日,日本通过了第一部综合性环境保护基本法《环境基本法》,在其中明确规定了环境保护的基本理念。即继承、享受环境给人类带来的恩惠;构筑给环境以最小的负担且又能持续发展的社会;通过国际间的协调,积极推进地球环境保护。该法还规定了关于环境保护的基本措施,如环境保护的综合、长期措施;严格了环境标准、公害防止计划等重要措施;并确定了环境影响评价制度。《环境基本法》的制定,使日本的环境法以及环境政策在通往一个新的理念与领域的途中迈出了重要的一步,标志着新的环境基本法体系的形成。即以《环境基本法》为核心,包括了公害控制、自然环境保护、环境保护的费用负担、公害救济与环境纠纷的处理等各领域的有关法律与条约,形成了一个基本完整的法律体系,并对日本的环境保护等实践起到了巨大的推进作用。

(二)公害控制法

日本公害控制法,是指为了防止公害,对环境污染产生原因的事业活动及其他人为活动实行控制而制定的行政法。它是日本环境法体系中的重要组成部分。其特征是以防止环境污染致人体健康和生活环境被害为目的,对排出污染物质行为采用排放标准手段以强制遵守。根据原《公害对策基本法》的规定,日本制定了众多的单项公害防止法及其特别法。其体系主要包括:(1)大气污染方面:基本法制定时已有《煤烟控制法》,基本法制定后修改为《大气污染防止法》。另外还有《矿山保安法》、《电气事业法》、《煤气事业法》等相关法。(2)水质污染方面:基本法制定时已有《工场排水控制法》,基本法制定后修改为《水质污染防止法》。其他还有《濑户内海环境保全特别措施法》、《湖沼水质保全特别措施法》。此外,也可依《矿山保安法》、《电气事业法》、《关于防止海洋污染及海上灾害的法律》予以部分控制。(3)噪声方面:有《噪声控制法》及《机动车噪声允许限度的规定》。再则为《电气事业法》、《煤气事业法》、《航空法》、《公用机场周围防止飞机噪声障碍法》、《特定机场周围飞机噪声对策特别措施法》及《关于整备防止设施周围生活环境的法律》,还有《关于整备干线道路沿途的法律》。(4)振动方面:主要有《振动控制法》。(5)恶息方面:有《恶臭防止法》,以及《关于畜兽处理场等的法律》和《屠畜场法》。(6)场面沉降方面:在基本法制定前,就有《工业用水法》及《关于控制采取建筑物用地下水的法律》。(7)土壤污染方面:土壤污染主要是通过大气污染和水质污染而使有害物质蓄积于土壤所致,因而对发生源的控制仍为《大气污染防止法》和《水质污染防止法》。另外,还有《关于防止农用土地土壤污染的法律》。(8)其他公害控制法:有《关于防止海洋污染及海上灾害的法律》、《农药控制法》、《关于化学物质审查及制造等

---

① 汪劲:《日本环境法体系的现状与内容》,载《中国环境管理》1995 年第 1 期。

控制的法律》。为取得公害控制的实效,日本还制定有《关于整备特定工厂防止公害组织的法律》和《关于惩治公害致人体健康被害犯罪的法律》。

(三)自然环境保全法

所谓自然环境保全法,是指为保全优美的自然环境,而将现在某种程度上已形成良好环境的地域予以指定,通过对一定的开发行为予以控制,规定限制土地所有者权限、私权及其调整措施、损失补偿及收买土地等措施,而实行保护、保全事业有关行政作用的法律。与公害控制法相比较,自然环境保全法的特征在于它是以保全现在已经形成优美的自然环境地域的良好条件为目的,并将该地域指定为保全地域,对该地域内的一定的开发行为实行控制。自然环境保全法主要包括:专门以自然环境保全为目的的法律,如《自然环境保全法》,该法规定了自然环境保全的基本方针;自然公园方面,有《自然公园法》,该法规定了优美自然风景地的保护和本着增加对其利用,从国民的保健、休养及教育的立场规定了自然公园体系,使保护与野外娱乐利用的目的相结合。此外,还有以保护温泉及适当利用为目的的《温泉法》,都市绿地方面,有《都市绿地保全法》、《首都圈近郊绿地保全法》、《关于整备近钱圈保全区域的法律》、《生产绿地法》。它们的共同特征在于:在都市地域内或大都市周围,以此作为该地域全部都市环境之一环而为维持良好环境进行必要的自然保护、保全。另外,《都市计划法》之风景地区制度也属此列。野生鸟兽保护方面,包括《关于鸟兽保护及狩猎的法律》和《关于控制特殊鸟类转让的法律》。它们通过对自然环境的重要构成要素野生鸟兽和狩猎实行控制,并设定鸟兽保护区保护其繁殖,对濒危鸟类的转让及输出、输入实行控制,以确保自然环境的丰富性。还有其他的环境保全法,如具有其他目的的法律,其对象是以自然环境为主要客体,在功能上与自然环境保全法大体一致,其结果具有保全自然环境的作用。典型的有《森林法》、《关于整备农业振兴地域的法律》等。另外,还有为保护历史环境而制定的法律。

(四)公害救济与纠纷处理法

公害救济与纠纷处理法,即关于对公害致健康被害者的补偿给付、支付等以及行政委员会处理公害纠纷的法律。鉴于公害的特点,为迅速、公正地救济被害,解决纠纷而确立司法制度以外的行政制度是其主要特征。此外,关于无过失责任规定的民事特别法及民法、民事诉讼法等一般法也包括在内。在公害救济方面,首先,适用日本《民法》,其次,在公害致人体健康损害的赔偿问题上适用民事特别法的规定;在纠纷处理方面,为了解决公害赔偿请求纠纷以及民事诉讼程序上的问题,日本还制定有《公害纠纷处理法》。

(五)费用负担支助法

费用负担支助法,即关于防止公害事业费企业负担、地方公共团体的财政措施及对企业的资助措施等规定的法律。其特征是规定供给实施公害对策必要资金的一定章程以推进公害的对策。并且,为了对企业圆满地施行资助措施,还在法律上设立了作为独立行政法人的防止公害事业团。具体的如《公害防止事业费企业负担法》、《对地方公共团体财政措施法》等。

(六)循环经济促进法

循环经济是 20 世纪 90 年代以来发达国家实施可持续发展战略的最新探索,即在人、自然资源和科学技术的大系统内,在资源投入、企业生产、产品消费及其废弃的全过程中,把传统的依赖资源消耗的线形增长的经济,转变为依靠生态型资源循环来发展的经济。也就是将传统的"资源—产品—污染排放"的线性流程转变为"资源—产品—再生资源"的反馈式流程。2000 年是日本建设循环型经济社会的关键一年。在这一年的"环保国会"上,通过和修改了《推进形成循环型社会基本法》、《特定家庭用机械再商品化法》、《促进资源有效利用法》、《食品循环资源再生利用促进法》、《建筑工程资财再资源化法》、《容器包装循环法》、《绿色采购法》、《废弃物处理法》、《化学物质排出管理促进法》等,提出了建立循环型经济社会的根本原则,是日本环境法体系的重大变革。

三、英国环境法体系

英国是进行环境立法较早的国家之一。1821 年关于蒸汽机和水车头的法律就包含了防治大气污染的规定。1847 年的自来水厂供水法也有关于保护水质的规定。1848 年制定了《公共卫生法》,1863 年制定了《化学碱法》,1876 年颁布了《河流污染防治法》。进入 20 世纪后,英国又颁布了一些污染防治法,包括 1906 年的《制碱等工厂管理法》,1907 年的《公共卫生(食品)法》,1926 年的《公共卫生(消烟)法》,1932 年的《城镇与国家规划法》,1946 年的《原子能法》,1957 年的《煤矿开采法》和 1953 年的《农业土地法》。50 年代末 60 年代初以后,环境立法得到进一步重视,又颁布了《清洁河流法》(1960 年)、《水资源法》(1963 年)、《清洁大气法》(1968 年)、《噪声控制法》(1960 年)、《核设施安装法》(1965 年)、《森林法》(1967 年)、《乡村法》(1968 年)、《农业法》(1970 年)、《油污染控制法》(1971 年)、《天然气法》(1972 年)、《水法》(1973 年)和《海洋倾废法》(1974 年)。1974 年,英国颁布了《污染控制法》,使英国环境保护及环境立法进入了一个新的阶段。20 世纪 80 年代以后,英国继续加强环境立法,颁布了《天然气法》(1980 年)、《公路法》(1980 年)、《野生生物及乡村法》(1981 年)、《能源保护法》(1982 年)、《建筑物法》(1984 年)、《食品与环境保护法》(1980 年)、《城镇与国家规划法》(1985 年修正案)、《水法》(1983 年修正案)和《野生生物及乡村法》(1985 年修正案)等法律法规。此外,1982 年颁布的《刑法》,增加了对危害环境的犯罪行为实行刑事制裁的规定。可以看出,英国从 20 世纪六七十年代开始,加快了环境法的立法速度和立法范围,特别是在 90 年代后,以《环境保护法》(1990 年)为标志,环境法逐渐形成了完整的体系。目前,英国的环境法是由成文法、普通法、欧盟法、国际条约组成的统一体系。

(一)环境基本法

1990 年的《环境保护法》是英国的环境基本法。它由五个部分构成:第一部分,是对综合污染控制(IPC)和地方当局的空气污染控制;第二部分,是对土地上的废弃物的控制,包括废物经营许可和处理废物者的一般注意义务(1995 年《环境保护法》修订时在第二部分增加了受污染土地的补救内容);第三部分,规定了法定妨害;第四部分,适用于垃圾;第五部分,适用于转基因生物、秸秆焚烧以及自然保护。该法总结了早期英国环境污染管理的经验,体现了环境污染的预防与治理相结合的方针。

(二)环境单行法

在水资源利用和生态环境用水保护方面,比较重要的法律包括《1989年水法》、《1991年水资源法》和《2003年水法》等。其附属法规包括《2003年水资源(环境影响评价)(英格兰和威尔士)附属法规》、《2006年水资源(抽取和存储)附属法规》、《2007年水资源管理规划附属法规》,以及《规划流量——未来水事政策的优先事项(2002年11月)》、《未来之水——政府的英格兰水事战略(2008年2月)》等。根据《1991年水资源法》和《2003年水法》的规定,有关水资源的初始配置权利由政府行使。例如,《1991年水资源法》第19条第1款规定,国家河流局负有保育、重新配置或者以其他方式增加英格兰和威尔士的水资源,并确保水资源适当利用的职责。

在环境影响评价方面,英国环境法除了规定对炼油厂、火电站、燃烧装置、核电站等20个项目的开发必须进行强制性的环境影响评价外,还实行战略环境影响评价,并且是第一个提出《战略环境影响评价指令》导则的国家。为实施欧盟《战略环境影响评价指令》,英国制定了相应的法律规章。分为国家规章和区域规章。国家规章指2004年颁布的《规划和计划的环境评价规章》(法定文书,2004年,1633号),适用于英国整个领土。区域规章指《规划和计划的环境评价规章》(北爱尔兰,法定规章,2004年,280号)、《规划和计划的环境评价规章》(威尔士,法定文书,2004年,1656号)、《环境评价法》(苏格兰,2005年)只对本地区适用。国家《规划和计划的环境评价规章》(*The Environmental Assessment of Plans and Programmes Regulations*)包括介绍、适用于规划和计划环境评价、环境报告和咨询程序、采纳后的程序合计17条和2个附录。与欧盟《战略环境影响评价指令》相同,两个附录分别是确定环境影响可能程度的重要标准、环境报告信息。苏格兰《环境评价法》[*Environmental Assessment(Scotland) Act*]包括适用规划和计划的环境评价、环境报告和咨询、采用后的程序、其他、一般要求等5个部分共26条,以及3个附录,分别解释第5条第2款涉及的项目、第7条第2款涉及的确定环境影响可能程度的重要标准以及第14条涉及环境报告的信息。

在城市规划方面,《市郡规划法》(1990年)规定,在任何人的土地上从事建筑、工程作业或土地用途的任何实质性改变,应向地方规划当局取得开发许可。1990年,英国城乡规划协会成立了可持续发展研究小组(Sustainable Development Study Group),经过3年的研究工作,于1993年发表了《可持续环境的规划对策》(*Planning for A Sustainable Environment*),提出将可持续发展的概念和原则引入城市规划实践的行动框架,称为环境规划(Environmental Planning)。环境规划的核心是建成环境(built environment)与自然生态体系(natural ecosystems)之间的关系,在考虑建成环境的设计、建造、管理和使用的同时,应该关注自然资源、能源、污染和废弃物等方面的环境影响。

在污染控制方面,《污染预防与控制法》(1999年)要求使用最佳可得技术,对生产经营活动产生的大气、水、土壤、废弃物污染实行综合防治。《清洁空气法》(1993年)要求对源自烟囱、交易、工业设施的黑烟进行排放控制,建立烟尘控制区。《道路交通法》(1988年)规定了机动车排放标准。在放射性污染和危险物质控制方面,《放射性物质法》(1993年)禁止非经登记保有、使用放射性物质。《危险物质规划法》（1990年）要求对可能的危险物质的保有、利用进行控制。海洋污染的控制适用《海洋法公约》（1982年）、《奥斯陆和伦敦倾倒公约》（1974年）等国际公约。

在野生动植物保护方面，英国的野生动植物的保护可以分为三大类，即：野生鸟类的保护、野生兽类的保护以及野生植物的保护。主要的法律依据是1981年的《野生动植物和乡村法》。有些重要的条文也包含在其他的法律中。例如，那些单独地涉及獾和鹿的保护的法律。此外，作为欧共体的成员国，英国也需要考虑适用1992年《欧共体动植物栖息地指令》这样的法律。

（三）普通法中与环境保护有关的规定

私妨害、公妨害、疏忽、侵入、法定义务的违反、违约等都可以作为环境保护诉讼的诉因。

（四）欧盟环境法

欧盟环境法体系包括欧盟基础条约、欧盟签署或参加的国际环境条约、欧盟机构制定的欧盟法规（包括条例、指令和决定）、其他具有法律规范性的文件、其他相关法律渊源等。其中条例具有普遍而直接的适用性，具有全面的约束力，一经颁布即在成员国内发生完全的效力，成员国不得采取任何国内立法或行政措施变更条例的内容或变通实施。指令对每个成员国都有法律约束力，但是留给成员国的国家当局以形式和方法的选择权。与大多数其他成员国对待欧盟条例和指令的一元化方法不同，英国采取了二元化方法。条例直接进入国内法，而指令需要经成文法转换为国内法。欧盟的指令往往是先颁布框架性的条款，留待以后的子指令对其进行具体化。

四、俄罗斯生态法体系

俄罗斯生态法体系，是指由俄罗斯联邦保护环境及合理利用和保护自然资源的规范性文件构成，具有等级联系的有机统一体。[①] 它具体由以下几类规范性法律文件组成。

（一）以俄罗斯联邦关于保护环境、合理利用和保护自然资源的联邦法律形式表现出来的规范性法律文件

具体是指由俄罗斯联邦国家杜马通过的有关法律，如《俄罗斯联邦环境保护法》、《俄罗斯联邦生态鉴定法》（1995年）、《俄罗斯联邦森林法典》（1997年）、《受特殊保护的自然区域法》（1995年）、《居民辐射安全法》（1996年）、《大地测量和制图法》（1995年）、《安全使用杀虫剂和农业化学品法》（1997年）、《水文气象法》（1998年）、《生产废弃物和消费废弃物法》（1998年）、《居民卫生防疫安全法》（1999年）、《大气保护法》（1999年）、《地下资源法》（1995年）、《动物界法》（1995年）、《水法典》（1995年）、《恢复放射性污染地区的专门生态计划法》（2001年），在2001—2002年修订的《原子能利用法》（1995年）、《销毁化学武器法》（1997

---

① 王树义：《俄罗斯生态法》，武汉大学出版社2001年版，第89页。

年)等。这是构成俄罗斯联邦生态法体系的最基本和最重要的规范性文件。

2002年1月10日新公布施行的《俄罗斯联邦环境保护法》是在1991年《俄罗斯苏维埃联邦社会主义共和国自然环境保护法》的基础上制定进而颁布施行的。该法共分16章84条,包括总则,环境保护管理基础,公民、社会团体和其他非商业性团体在环境保护领域的权利和义务,环境保护领域的经济调整,环境保护标准制度,环境影响评价和生态鉴定,对进行经济活动和其他活动的环境保护要求,生态灾难区,紧急状态区,受特殊保护的自然客体,国家环境监测,环境保护监督,环境保护科学研究,建设生态文化的基础,违反环境保护法规的责任和环境保护纠纷的处理,环境保护领域的国际合作等。其结构体系以"权利—义务—机制—实施(实现)—保障—责任"的结构进行安排,反映了较好的逻辑结构。在内容方面,从环保法制定的宗旨和目的,到基本概念和保护对象,从政府职能划分,到公民和团体的权利与义务,以及从宏观政策到环保领域涉及的各项具体工作的规定,分别以政策框架、技术框架等加以体现和支撑,体现了完整的实现机制,既保证了法律结构的逻辑严密性,又使其富有操作性。特别值得一提的是该法将经济调整的措施纳入环境保护基本法中,使经济手段法制化。

(二)以俄罗斯联邦总统关于保护环境、合理利用和保护自然资源的命令和指令的形式表现出来的规范性法律文件

如《关于俄罗斯联邦环境保护和可持续发展的国家战略的命令》、《关于俄罗斯联邦受特殊保护的自然区域的命令》等。俄罗斯联邦总统的规范性命令和指令,根据《俄罗斯联邦宪法》的有关规定,是一种具有法律效力的规范性法律文件。俄罗斯联邦总统关于保护环境、合理利用和保护自然资源的命令和指令,无疑是俄罗斯生态法体系不可或缺的组成部分。

(三)以俄罗斯联邦政府关于保护环境、合理利用和保护自然资源的决定和指示的形式表现出来的规范性法律文件

如《关于批准向环境排放污染物质的生态标准、利用自然资源的限额和处置废弃物的限额及其制定办法的决定》、《关于联邦生态基金和地方生态基金的决定》、《俄罗斯联邦国家环境保护委员会条例》等。根据《俄罗斯联邦宪法》的有关规定,俄罗斯联邦政府可以根据和为了执行《俄罗斯联邦宪法》、联邦法律以及俄罗斯联邦总统的规范性命令而颁布决定或指示。这些决定和指示也是具有法律效力的规范性法律文件,只不过其法律效力低于联邦法律和俄罗斯联邦总统的命令和指令。但这并不影响它成为俄罗斯生态法体系的一个组成部分。

俄罗斯联邦政府颁布的关于保护环境、合理利用和保护自然资源的决定和指示,具体有以下几个方面的作用:一是将《俄罗斯联邦宪法》、联邦法律和俄罗斯联邦总统命令和指令中的有关规定具体化,使其更具有可操作性;二是根据《俄罗斯联邦宪法》、联邦法律和联邦总统命令和指令的有关规定,在其权限范围内规定新的环境保护和自然资源利用规则;三是规定国家管理机关、企业和组织在保护环境、合理利用和保护自然资源方面的权限范围;四是制定关于保护环境和自然资源利用的具体管理措施。

例如,1993年9月22日,俄罗斯联邦政府在《关于被专门授权的国家自然环境保护机关的决议》中,正式确定俄罗斯联邦林业局作为"被专门授权的俄罗斯联邦国家自然环境保护机关"的法律地位,并经过 1994 年、1998 年的两次调整,明确了其职责和权限范围。根据《俄罗斯联邦林业局条例》的有关规定,俄罗斯联邦林业局是俄罗斯联邦的联邦林业管理机关和在森林资源的利用、保护、防护、森林再生、自然环境的保护、动物界客体及其生存环境的保护、利用监督和利用调整等方面实施国家管理的被专门授权的国家机关。其基本职能包括三个方面:森林资源的利用、保护、防护、森林再生的国家管理;动物界客体及其生存环境的保护、利用监督和利用调整的国家管理;自然环境保护的国家管理。其权力主要包括:第一,按法定程序向联邦执行权力机关及其他的地方机关、组织和公民咨询和获取关于森林利用、动物界客体及其生存环境保护方面的信息。第二,向国家机关、检察院、法院和仲裁法院报送关于公民和法人违反俄罗斯联邦森林立法、自然保护立法和其他立法的材料;按法定程序向法院和仲裁法院提起关于对森林资源造成损害的赔偿诉讼。第三,按法定程序审理行政违法行为案件,并给以行政处罚。第四,在符合俄罗斯联邦法律规定的情况下作出关于限制或中止法人和公民利用森林资源地段的权利和其他活动的决定。第五,在高度火灾危险期等情况下禁止公民、交通工具等进入森林以及利用某些森林资源从事某种活动。

(四)以俄罗斯联邦各部、委、主管部门关于保护环境、合理利用和保护自然资源命令和细则的形式表现出来的规范性法律文件

其中主要是指被专门授权的国家环境保护管理机关颁布的命令和细则。如《俄罗斯联邦环境影响评价条例》、《经济活动和其他活动的生态论证细则》等。各部、委、主管部门在权限范围内颁布的命令和细则,具有人人必须遵守的性质,属于"从属于法律的规范性法律文件"的范畴。其特点在于,在规定的权限范围内,严格地遵照联邦法律、联邦总统的命令、指令以及联邦政府的决定和指示的规定,将联邦政府的有关决定和指示具体化、细致化,使其更加便于操作。例如《俄罗斯联邦环境影响评价条例》就是由俄罗斯联邦环境和自然资源保护部 1994 年 7 月 18 日令公布的。

(五)联邦各主体关于保护环境、合理利用和保护自然资源的法律、决定、决议、命令、指示等形式表现出来的规范性法律文件

具体是指联邦各主体的代表权力机关、主体元首和执行权力机关颁布的关于保护环境和自然资源利用方面的法律、命令、决定和指示。根据《俄罗斯联邦宪法》的相关规定,俄罗斯联邦各主体享有广泛的生态立法权。它们在其管辖权限和与联邦共同享有的管辖权限范围内制定和颁布的关于保护环境、合理利用和保护自然资源的规范性法律文件,同样是俄罗斯生态法的组成部分。如《卡累利阿共和国土地法典》、《巴什科尔托斯塔共和国生态法典》等。

(六)地方自治机关关于保护环境、合理利用和保护自然资源的决定、指示、办法等形式表现出来的规范性法律文件

俄罗斯联邦的地方自治机关,本来不属于俄罗斯联邦的国家权力机关体系。但它们可以拥有法律赋予的部分国家权力,其中包括立法权。在有法律规定的前提下,它们为了管理地方事务,可以制定和颁布仅仅适用于本地方的规范性法律文件,其中包括关于保护环境、合理利用和保护自然资源的规范性法律文件。这部分规范性法律文件,也是俄罗斯生态法的组成部分。

(七)国际公约、条约

主要包括俄罗斯遵守的国际文件和俄罗斯签署的国际公约、条约。从 1994 年开始,俄罗斯批准了 4 项联合国公约:《联合国气候变化框架公约》(1994 年 11 月 4 日),《控制危险废物越境转移及其处置的巴塞尔公约》(1994 年 11 月 25 日),《生物多样性公约》(1995 年 2 月 17 日),《防止违反海上运输安全行为的公约》(苏联 1988.3.2 在伦敦签署,2001 年 3 月 6 日批准)。2000 至 2001 年,俄罗斯又加入了《防止违反大陆架的固定陆台安全行为议定书》(1988 年),《修订 1969 年国际油污损害民事责任公约 1992 年议定书》,并声明废止《1969 年国际油污损害民事责任公约》,同时还加入了《危险和有害物质海上运输损害责任和赔偿国际公约》(1996 年)。俄罗斯新加入的国际公约,以及在前苏联期间签订的涉及生态环境保护问题的国际文件和条约,为俄罗斯发展国家生态政策和国内生态立法奠定了基础,是俄罗斯生态法的重要组成部分。

以上是从规范性法律文件的等级结构形成上对俄罗斯生态法体系所作的分析,从内容上看,俄罗斯生态法体系包括了三类规范性法律文件:综合性的规范性法律文件,如《环境保护法》、《生态鉴定法》等;利用和保护自然资源的规范性法律文件,如《森林法典》、《水法典》、《地下资源法》等;防治环境污染和其他公害的规范性法律文件,如《居民辐射安全法》、《安全使用杀虫剂和农业化学品法》等。

第三节　中国环境法体系

一、宪法性规定

宪法关于保护环境资源的规定在整个环境法体系中具有最高法律地位和法律权威,是环境立法的基础和根本依据。

《宪法》第 9 条规定:"矿藏、水流、森林、山岭、草原、荒地、滩涂等自然资源,都属于国家所有,即全民所有;由法律规定属于集体所有的森林和山岭、草原、荒地、滩涂除外。国家保障自然资源的合理利用,保护珍贵的动物和植物。禁止任何组织或个人用任何手段侵占或者破坏自然资源。"这明确了环境资源的产权及国家对环境资源的保护。

《宪法》第 10 条第 1 款规定:"城市的土地属于国家所有。"第 2 款规定:"农村和城市郊区的土地,除由法律规定属于国家所有的以外,属于集体所有;宅基地和自留地、自留山,也属于集体所有。"第 5 款规定:"一切使用土地的组织和个人必须合理地利用土地。"这明确了土地的所有权和使用原则。

《宪法》第 22 条第 2 款规定:"国家保护名胜古迹、珍贵文物和其他重要历史文化遗产。"这明确了对特殊环境的保护。

《宪法》第 26 条规定:"国家保护和改善生活环境和生态环境,防治污染和其他公害。国家组织和鼓励植树造林,保护林木。"这明确了防治环境污染和生态破坏、维护生态平衡,加强环境建设的国家职责。

二、综合性环境基本法

环境保护基本法是对环境保护方面的重大问题作出规定和调整的综合性立法,在环境法体系中,具有仅次于宪法性规定的最高法律地位和效力。

我国的环境保护基本法是 1989 年 12 月 26 日颁布实施的《中华人民共和国环境保护法》。其主要内容包括:规定环境法的目的和任务是保护和改善生活环境和生态环境,防治污染与其他公害,保障人体健康,促进社会主义现代化建设的发展;规定环境保护的对象是大气、水、海洋、土地、矿藏、森林、草原、野生生物、自然遗迹、人文遗迹、自然保护区、风景名胜区、城市和乡村等直接或间接影响人类生存与发展的环境要素;规定一切单位和个人均有保护环境的义务,对污染或破坏环境的单位或个人有监督、检举和控告的权利;规定环境保护应当遵循预防为主、防治结合、综合治理原则,经济发展与环境保护相协调原则,污染者治理,开发者养护原则、公众参与原则等基本原则;应当实行环境影响评价制度、"三同时"制度、征收排污费制度、排污申报登记制度、限期治理制度、现场检查制度、强制性应急措施制度等法律制度;规定防治环境污染、保护自然环境的基本要求及相应的法律义务;规定中央和地方环境管理机关的环境监督管理权限及任务等。

我国《环境保护法》颁布实施后,环境保护事业得到了长足的发展,已成为经济社会可持续发展的重要组成部分,成为经济结构调整的重要手段。但随着时代的变迁、经济的发展,《环境保护法》已经不能满足形势发展的需要,存在一些需要完善的地方。主要表现在:第一,现行的《环境保护法》忽视了对区域环境的综合性法律调整,在专门法律调整方面侧重于污染防治,在水、矿藏、草原、土地等自然资源的保护方面缺乏基本的规定;在一些新的重要环保领域,尚缺专门立法,例如生态安全、环境健康、温室气体控制等;随着人们环境意识的提高,环境污染纠纷案件越来越多,环境公益诉讼和环境损害责任立法也刻不容缓。第二,《环境保护法》在立法上采取"宜粗不宜细"的原则,导致了对法律条文的规定过于原则和抽象,造成法律实施无法体现充分性、完整性和可操作性。如《环境保护法》和各个环境保护单项法律都对检举控告权、制定标准、环境影响评价和"三同时"制度、现场检查、限期治理等进行类似或相同的规定,形成法与法之间的简单重复。第三,《环境保护法》中规定,县级以上地方各级人民政府环保行政主管部门,对本辖区环境保护责任实施统一监督管理,同时又规定国家其他 13 个行政主管部门依据有关法律的规定对环境污染防治和资源的保护实施监督管理。据此,我国在环境保护领域实行的是统管和分管相结合的多部门分层次的执法体制。在这种体制下,执法主体林立,执法权力、执法责任分散,容易相互推诿。同时,针对环境保护的监督管理,环保部门到底行使哪些职权,而其他部门又行使哪些职权,环境部门的统管地位体现在哪些方面,其他部门不履行职责时环保部门怎样处置等等,《环境保护法》均没有作出具体的规定,再加上环保部门的行政级别同其他部门是平行的关系,甚至低于某些职能部门,致使环保部门不能也无法监督这些部门,统一监管在实践中成为一句空话。第四,现行的《环境保护法》对政府环境责任规定不足,政府对环境保护的公共管理职能难以体现,而且也难以彻底解决当前环境执法中的地方保护主义障碍。从法律条文上看,《环境保护法》共有 47 条,但其中直接用于保障政府决策的科学性和勤勉履行环保职责的条款只有 3 条,而且,这些条款都比较粗,可操作性不强。从制度安排上看,《环境保护法》中规定的各项可操作的制度,都是针对企业等排污者、开发者的,缺乏规范和制约政府有关环境的行政行为的制度安排。例如,环境保护法中规定的环境影响评价制度、"三同时"制度、排污申报登记制度等,都偏重于规制管制企业等排污者或开发者的行为,而忽略了规范和制约管制者即政府的行为。第五,《环境保护法》出现了"空心化"问题,很多在《环境保护法》中仅作了原则性规定的事项,被其他法律作了详细的规定。例如,《环境影响评价法》、《防沙治沙法》、《海洋环境保护法》、《城乡规划法》和关于大气、水、固体废弃物、放射性物质等方面的污染防治法律对不同的环境事项作了详细的规定。因而《环境保护法》中大量关于这些事项的原则性规定,处于"名存实亡"的状态。甚至一些单行法中的部分法条与《环境保护法》发生冲突。如,《环境保护法》第 28 条规定:"排放污染物超过国家或者地方规定的污染物排放标准的企业事业单位,依照国家规定缴纳超标准排污费。"也就是说,《环境保护法》规定企业缴纳排污费,就可以超标排污。而 2008 年修订后颁布实施的新《水污染防治法》中第 9 条就规定:"企业应遵守污染物排放标准和总量控制指标提出的禁止性要求,不得超过国家或地方规定的排放标准和总量控制指标排放水污染物。"同时,《水污染防治法》第 74 条规定:"违反本法规定,排放水污染物超过国家或者地方规定的水污染物排放标准,处应缴纳排污费数额二倍以上五倍以下的罚款。"第六,《环境保护法》的地位需要提高。根据我国《宪法》和《立法法》的规定,国家立法机关制定的法律包括由全国人大制定和修改的基本法律与由全国人大常委会制定和修改的除基本法律以外的其他法律两大类。尽管这两类法律均为立法机关制定,但由于宪法赋予全国人大立法权的特殊地位,使得其制定的法律在效力上高于其常设机构常委会制定的法律。无论是从借鉴西方国家的环境立法实践出发,还是从环境与资源保护在国家社会、经济发展中的重要程度出发,我国都有必要制定一部高位阶的环境保护基本法来指导和统领单项环境与资源保护法律。

三、环境单行法律、法规、规章

环境单行法是针对某一特定的环境要素或特定的环境社会关系进行调整的专门性法律、法规,具有量多、面广的特点,是环境法体系的主体部分。从内容上看,可以分为以下几个组成部分:

(一)环境污染防治单行法律、法规、规章

包括大气污染防治法、水污染防治法、噪声污染防治法、固体废物污染防治法、有毒化学品管理法、放射性污染防治法、恶臭污染防治法、振动控制法等。目前,我国已经颁布的此类

单行法律、法规主要有 1987 年制定,1995 年、2000 年两次修正的《大气污染防治法》及其实施细则;1984 年制定,1996 年、2008 年两次修正的《水污染防治法》及其实施细则;1995 年颁布,2004 年底修订的《固体废物污染环境防治法》;1996 年颁布的《环境噪声污染防治法》;1982 年制定,1999 年修订的《海洋环境保护法》及其 3 个实施条例;2003 年通过的《放射性污染防治法》。除此之外,还有《淮河流域水污染防治暂行条例》、《环境影响评价法》、《清洁生产促进法》等法律、法规。这些法律、法规在我国污染防治领域起着十分重要的作用。

目前这些污染防治单行法律、法规也存在一些需要完善的问题。我国虽已制定 6 部防治环境污染的专项法律和众多的法规、规章、标准,但立法只是针对单项污染控制进行的,缺乏对污染源的全面控制和人类环境的整体保护。有些必要的污染防治单行法缺位,如对电磁辐射污染防治、有毒化学品的控制和管理、土壤污染等方面的问题没有法律的具体规定,只有规章和办法可依;法律调控机制中的公众参与不足。由于法律没有赋予公众明确的环境权和具体的环境救济方法,公众实际上被排斥在环境保护的大门之外。公民作为环境污染的直接受害者,却不能对环境监督管理机关作出的行政决定进行监督和救济,这既不符合权利与义务对等的法律原则,也调动不起公众参与环境保护的积极性;排污费标准偏低,对违法行为的处罚普遍偏轻。

(二)自然资源保护单行法律、法规、规章

包括土地资源保护法、矿产资源保护法、水资源保护法、森林资源保护法、草原资源保护法、渔业资源保护法等。目前,我国已经颁布的有关法律、法规主要有《土地管理法》及其实施条例、《矿产资源法》及其实施细则、《水法》、《森林法》及其实施细则、《草原法》、《渔业法》及其实施细则、《野生动物保护法》《水产资源繁殖保护条例》、《基本农田保护条例》、《土地复垦规定》、《森林防火条例》、《草原防火条例》等。

➤ 案例分析

2004 年四川沱江发生了特大污染事故,近百万群众生活饮用水中断 26 天,鱼类大量死亡,大批企业被迫停产,直接经济损失 2 亿多元,间接经济损失 5 亿多元,恢复沱江的生态系统至少需要 5 年。而造成 2 亿元经济损失的责任单位仅被罚款 100 万元,而这是《中华人民共和国水污染防治法》规定的最高额度。提高违法成本已经势在必行。

这些法律对我国自然资源的开发管理作出了巨大的贡献。但我国自然资源方面的立法没有总体规划,法律法规的前瞻性不足、稳定性不够、衔接性也不好,有些制度的设置不科学、适用性不强。当然这在一定程度上是因为我国经济的快速发展,计划经济到市场经济转变导致社会生活客观环境有了很大的变化,原先的立法已经不适应新的经济基础了。总体来说,我国目前已经形成了比较完善的、行业比较齐全的一系列单项自然资源法,但是单纯依靠各个自然资源单行法设立的自然资源法律制度难以对各类自然资源开发、利用、保护中的法律关系作出全面的调整。尤其是随着自然资源的范围和类型的不断发生变化,这种缺陷表现得更为突出和明显。制定这些单行法律、法规,尤其是行政规章,有很多包含了由各

个行政部门出于自己部门利益考虑的因素,这样就造成各个部门基于本部门利益最大化考虑,使各单行自然资源法律部门色彩浓厚,不顾自然资源的整体性和统一性,而人为地进行了分割。由于以上这些原因,我国虽然有大量的自然资源法,但却没有发挥自然资源法律、法规的合力,反而弱化了法律、法规的作用,使自然资源破坏和环境污染难以得到控制,愈演愈烈。因此,从自然资源保护的角度来讲,也需要建立一个科学合理、系统协调的现代自然资源法体系,以解决目前以及未来的自然资源保护和科学合理利用的问题。

(三)土地利用规划单行法律、法规、规章

包括国土整治、城市规划、村镇规划等法律、法规。目前,我国已经颁布的有关法律、法规主要有《土地管理法》、《城市规划法》、《村庄和集镇规划建设管理条例》等。

目前,我国土地利用总体规划的编制主要是依据《土地管理法》,城市总体规划的编制主要是依据《城市规划法》。但两者在内容上却存在着诸多矛盾。如《城市规划法》中规定城市规划区内的土地利用应符合城市总体规划,而《土地管理法》规定城市规划区内的仅建设用地应符合城市总体规划,两者之间的矛盾必然导致实际工作中的矛盾。现有的相关法律、法规多是针对土地利用总体规划制定的,关于其他层次规划的法规比较缺乏,使得有些规划无法可依。目前,我国的土地利用规划主要进行的是土地利用总体规划,对其他的土地利用规划则关注较少,尤其是土地利用专项规划和详细规划更是欠缺。没有专项规划、详细规划,则很难适应土地利用微观行为控制的要求,使得土地利用控制很难在定量、定向、定位上得到落实,造成了土地利用空间布局与利用强度的失控,用途管制等也难以落到实处。另外,在技术规范方面,除了县级土地利用总体规划、开发整理规划之外,缺乏其他层次规划的技术规范。法律规定各级人民政府要编制土地利用总体规划,但没有确定编制过程中的具体操作环节;各级国土资源执法监察部门执法力度不够,公民对土地利用规划的制定参与程度也很低。因此,对土地利用规划法律、法规的完善也是目前形势发展的必然要求。

(四)自然灾害防治单行法律、法规、规章

我国已经先后颁布了《水土保持法》、《防沙治沙法》、《防洪法》、《防震减灾法》等。

近年来,随着各类自然和社会灾害的频繁发生,我国目前的灾害防治机制和法律越来越显现出局限性,尤其是次生环境灾害防治的问题。对于次生环境灾害的防治,我国目前的相关法律规范呈现"多层次、跨领域、低位阶"的特点,其中低位阶的特点最为突出。目前专门针对次生环境灾害防治的法律规范基本上以各应急预案的规定为主要依据。从学理上看,应急预案是各类行政机关应对各种突发性公共事件的一种总体的规划,是明确各个级别的行政机关及其相关部门、行政机关与其他国家机关和民间组织在处置突发性公共事件过程中的职权与职责、权利和义务的工作方案,是由相应的行政机关自身起草和制定的,在法律效力上并不高于行政法规或行政规章。因此,依靠应急预案并不能为次生环境灾害的防治工作提供充分的法律依据,无法全面有效地应对复杂的次生环境灾害。因此,也应对灾害防治法律、法规进行完善。

➤ 案例分析

2008 年 6 月 8 日,国务院公布了《汶川地震灾后恢复重建条例》,这是我国首次以专门立法的形式,对灾后重建的事项予以规定。该条例充分体现了科学发展观"以人为本、尊重科学、尊重自然"的精神。如条例第 3 条中即明确将"经济社会发展与生态环境资源保护相结合"作为地震灾后恢复重建的基本原则之一,并在第 8 条、第 16 条、第 21 条、第 32 条、第 47 条中进行了具体的表述,对次生灾害防治、重建选址与规划的工作提出了生态环境保护的要求。另外,第 51 条对地震灾后恢复重建中的文物保护、自然保护区保护、野生动植物保护和地震遗址、遗迹保护问题进行了一般性的规定。

四、环境标准

环境标准是由行政机关根据立法机关的授权而制定和颁发的,旨在控制环境污染、维护生态平衡和环境质量、保护人体健康和财产安全的各种法律性技术指标和规范的总称。环境标准一经批准发布,各有关单位必须严格贯彻执行,不得擅自变更或降低。作为环境法的一个有机组成部分,环境标准在环境监督管理中起着极为重要的作用,无论是确定环境目标、制订环境规划、监测和评价环境质量,还是制定和实施环境法,都必须以环境标准这一"标尺"作为其基础和依据。根据《环境保护法》和《环境保护标准管理办法》的规定,我国的环境标准由三级五类标准组成。根据制定、批准、发布机关和适用范围的不同,环境标准分为国家环境标准、环境保护行业标准和地方环境标准三级。其中国家环境标准是由国务院环境保护行政主管部门制定,由国务院环境保护行政主管部门和国务院标准化行政主管部门共同发布,在全国范围内适用的标准。环境保护行业标准是由国务院环境保护行政主管部门制定发布的,在全国环境保护行业范围内适用的标准。地方环境标准是由省级人民政府批准发布的,在该行政区域内适用的标准。根据环境标准的性质、内容和功能,我国的环境标准可分为环境质量标准、污染物排放标准、环境监测方法标准、环境标准样品标准和环境基础标准五类。国家环境质量标准、国家污染物排放标准由国务院环境保护行政主管部门制定、审批、颁布和废止;省、自治区、直辖市人民政府对国家环境质量标准中未作规定的项目,可以制定地方环境质量标准,并报国务院环境保护行政主管部门备案;省、自治区、直辖市人民政府对国家污染物排放标准中未作规定的项目,可以制定地方污染物排放标准;对国家污染物排放标准中已作了规定的项目,可以制定严于国家污染物排放标准的地方污染物排放标准。地方污染物排放标准须报国务院环境保护行政主管部门备案。而且凡向已有地方污染物排放标准的区域排放污染物的,应当执行地方污染物排放标准。

环境质量标准是指国家为保护公民身体健康、财产安全、生存环境而制定的空气、水等环境要素中所含污染物或其他有害因素的最高允许值。如果环境中某种污染物或有害因素的含量高于该允许限额,人体健康、财产、生态环境就会受到损害;反之,则不会产生危害。因此,环境质量标准是环境保护的目标值,也是制定污染物排放标准的重要依据。

污染物排放标准是指为了实现环境质量标准和环境目标,结合环境特点或经济技术条件而制定的污染源所排放污染物的最高允许限额。它作为达到环境质量标准和环境目标的最重要手段,是环境标准中最为复杂的一类标准。

环境监测方法标准是为监测环境质量和污染物排放、规范采样、分析测试、数据处理等技术所制定的国家环境监测方法标准。

环境标准样品是为保证环境监测数据的准确、可靠,对用于量值传递或质量控制的材料、实物样品所制定的国家环境标准样品。

环境基础标准是为了在确定环境质量标准、污染物排放标准和进行其他环境保护工作中增强资料的可比性和规范化而制定的符号、准则、计算公式等。而环境保护方法标准则是关于污染物取样、分析、测试等的标准。就其法律意义而言,环境保护基础标准和方法标准是确认环境纠纷中争议各方所出示的证据是否合法的根据。只有当争议各方所出示的证据是按照环境保护方法标准所规定的采样、分析、试验办法得出,并以环境保护基础标准所规定的符号、原则、公式计算出来的数据时,才具有可靠性和与环境质量标准、污染物排放标准的可比性,属于合法证据;反之,即为没有法律效力的证据。

目前,我国有关防治污染的环境标准已初具规模,各种污染物的环境质量标准、排放标准在控制环境污染方面已发挥出重要作用。但是,有关防治环境破坏、保护自然资源的环境标准则相当缺乏,如何衡量评价生态环境质量的好坏,如何判断人们开发利用环境资源的活动是否合理、适当,如何使生态环境的森林覆盖率、植被覆盖率、水土流失率、生物多样性保护率、环境生产率、资源开发利用程度、环境破坏程度等生态环境指标实现标准化,仍是一个值得研究的问题。同时,末端性环境标准比较多,源头性、全过程环境标准比较少。污染物排放标准主要是对污染物的排放设定一个指标,处于污染治理的末端,而源头性的清洁性能源材料的选取,清洁工艺设备的选择,以及过程性的控制,物料内部循环利用等却没有相关的标准要求。另外,浓度控制标准比较多,总量控制标准比较少。环境污染的产生主要是排放的污染物质超过了环境的自净能力,从而造成的生态系统失调。那么减少污染源向环境排放污染物就自然是一种有效的环境保护手段,由于科学技术水平和社会经济发展状况的限制,我国的污染控制主要是浓度控制,即主要限制单个污染源的单个排污口具体污染因子的排放浓度。污染物排放标准只规定了各种污染源排放污染物的允许浓度标准,而没有规定排放环境中的污染物数量。随着经济的迅速发展,浓度控制已不能适应环境保护的需要,即使每个污染源都达标准排放,却仍不能防止环境的恶化。而且,有的单位排放浓度并不高,但排放量很大,而有的单位虽然浓度很高,但排放量很小。若只测浓度,就存在评定不合理的问题。

五、地方环境法规、规章

《立法法》第63条规定:"省、自治区、直辖市的人民代表大会及其常务委员会根据本行政区域的具体情况和实际需要,在不同宪法、法律、行政法规相抵触的前提下,可以制定地方性法规。"第73条规定:"省、自治区、直辖市和较大的市的人民政府,可以根据法律、行政法规和本省、自治区、直辖市的地方性法规,制定规章。"省、自治区、直辖市人大及其常委会或省、自治区、直辖市人民政府制定的地方性环境法规和规章是我国环境法体系中的重要组成部分。环境问题的地方性特点和我国地域广阔、人口众多的国情，决定了这类环境法规、规章的重要性。目前，全国各地在立法权限内制定了大量的地方性环境法规、规章。这些法规和规章内容广泛、规定详细、操作性强，是地方环境管理中不可缺少的法律依据。有些地方性法规和规章的成功制定和实施，还为国家环境立法的完善提供了经验。

六、其他部门法中的环境保护规范

环境社会关系的广泛性，决定一个环境法部门并不能将其全部加以调整，在其他部门法中，如民法、刑法、经济法、劳动法、行政法、诉讼法中，也包含着不少关于环境保护的法律规范，这些法律规范在形式上虽然没有划归到环境法部门中，而是附属在其他法律中，但是从其内容与功能来分析，它们与环境法部门中的法律规范具有同一性、互补性，因此也应作为环境法律规范的组成部分，亦称为环境法的准用性规范。这类规范主要包括：

(一)民法中的相关规范

1.《民法通则》第80条、第81条规定，国家和集体所有的土地、森林、山岭、草原、荒地、滩涂、水面、矿藏等自然资源的所有权、使用权、经营权、收益权受法律保护，同时也规定了使用单位或个人有对自然资源管理、保护和合理利用的义务。

2.《民法通则》第83条规定，不动产的相邻各方，应当按照有利生产、方便生活、团结互助、公平合理的精神，正确处理截水、排水、通行、通风、采光等方面的相邻关系。这种关系在民事权利上是公民主张环境权的基础。《民法通则》第98条规定，公民享有生命健康权。根据上述规定，因环境污染给相对人造成妨碍或财产、生命和健康损失的，应当停止侵害、排除妨碍、赔偿损失。

3. 关于承担民事责任的原则，《民法通则》第123条规定，从事高空、高压、易燃、易爆、剧毒、放射性、高速运输工具等对周围环境有高度危险的作业造成他人损害的，应当承担民事责任；第124条规定，违反国家保护环境防止污染的规定，污染环境造成他人损害的，应当依法承担民事责任；第119条，对侵害公民身体造成伤害、进行赔偿的范围作出了规定。

(二)刑法中的相关规范

我国于1997年修订的新《刑法》第6章"妨害社会管理秩序罪"的第6节专门规定了"破坏环境资源保护罪"，其中包括12种具体犯罪，即重大环境污染事故罪，非法处置进口的固体废物罪，擅自进口固体废物罪，非法捕捞水产品罪，非法猎捕、杀害珍贵、濒危野生动物罪，非法收购、运输、出售珍贵、濒危野生动物、珍贵、濒危野生动物制品罪，非法狩猎罪，非法占用耕地罪，非法采矿罪，非法采伐、毁坏珍贵林木罪，盗伐林木罪，非法收购盗伐、滥伐的林木罪。

(三)行政法中的相关规范

我国《治安管理处罚法》中对尚不构成犯罪的环境违法行为规定了行政处罚。该法第

30 条规定,违反国家规定,制造、买卖、储存、运输、邮寄、携带、使用、提供、处置爆炸性、毒害性、放射性、腐蚀性物质或者传染病病原体等危险物质的,处 10 日以上 15 日以下拘留;情节较轻的,处 5 日以上 10 日以下拘留。此外,我国经济行政、文化行政、卫生行政、海关行政等行政法中也包含了大量环境保护的规范。

(四)经济法、劳动法、诉讼法等部门法中的相关规范

在各部门法中,环境法与经济法有最为密切的关系,许多经济法规中都包含着环境法的内容,如企业法、土地法、城市规划法、农业法、交通运输法、涉外经济法、建筑法等。劳动法中有关于生产劳动环境保护的规定。诉讼法中有关于处理环境资源行政纠纷、民事纠纷、刑事审判的程序规定。

七、国际条约、公约中的环境保护规范

我国《宪法》规定,经过我国批准和加入的国际条约、公约和议定书,与国内法同具法律效力。因此,我国参加、批准的专门性环境国际公约、条约以及其他国际公约和条约中关于环境保护的条款是我国环境法体系中的一个组成部分。这些国际环境保护规范,除了我国声明保留的条款之外,在我国具有法律约束力。目前,我国参加、批准的和环境保护有关的国际公约和条约主要有:《联合国气候变化框架公约》、《保护臭氧层维也纳公约》、《关于消耗臭氧层物质蒙特利尔议定书》、《控制有害废物越境转移及其处置公约》(《巴塞尔公约》)、《防止倾倒废物和其他物质污染海洋公约》(《1972 年伦敦公约》)、《防止船舶污染国际公约》、《国际油污损害民事责任公约》、《国际捕鲸管制公约》、《南极条约》、《南极条约环境保护议定书》、《保护世界文化和自然遗产公约》、《生物多样性公约》、《濒危野生动、植物物种国际贸易公约》、《关于特别是作为水禽栖息地的国际重要湿地公约》(《拉姆萨尔公约》)、《国际热带木材协定》、《核事故或辐射紧急情况援助公约》、《核事故及早通报公约》、《防治荒漠化公约》、《联合国海洋法公约》等。

➤ 争论

对于环境法体系,有学者认为以上的论述是从环境法律、法规的内容和功能角度进行的划分。除此之外,还可以从现行立法体制或法律法规的效力级别的角度进行如下层次的划分:宪法、环境法律、环境行政法规、地方环境法规、环境部门规章、地方政府环境规章、其他环境规范性文件。

延伸阅读⤷

一、环境法体系创新的必要性

我国环境法律体系,经过较长时间的发展已经形成体系,但是按照可持续发展战略的要求,在我国环境法概念和范畴重新回复到整体环境观和广义环境法以后,我国环境法律体系

应当进行必要的调整和创新。其创新的必要性体现在：

1. 现行体系存在大量的问题。从整体上看，中国环境法的发展，一直受到非理性思路的重大影响，"摸着石头过河"、"成熟一个制定一个"同样是环境立法的主要指导思想。在这种思路下，既缺乏立法内在体系化的思考和设计，也缺乏立法的基础性分析和实证性研究，更缺乏厚实的理论基础。环境法的立法显得粗糙，很多方面都不完善，很多重要的领域存在立法空白，或是规定得过于原则、宽泛而缺乏可操作性。从环境法的实施和执行上看，我国环境法带有浓厚的"政府管制性"。注重实体法，涉及的程序法方面偏少。并且过多的依靠政府的行政手段，不能很好地让行政手段处于严格的法律程序的限制下。因此，必须进行一定的完善和创新。

2. 适应加入WTO的需要。WTO已经将环境问题与自由贸易联系在一起，WTO中的主要法律文件、协议，如《服务贸易总协定》、《与贸易有关的知识产权协议》、《农产品协议》等，中都对保护环境作出了原则性的规定，这就必然要求我国的环境法必须体现这些内容；除了应对WTO中的有关协议保护环境的规定之外，现在国际环境法的最新发展也是我们对环境法体系进行更新的重要动因之一，特别是各主要发达国家在环境立法中的创新值得我们认真研究。

3. 可持续发展战略的推动。1992年联合国环境与发展大会提出可持续发展战略以后，我国在1996年第八届全国人大第四次会议通过的《国民经济和社会发展"九五"计划和2010年远景目标纲要》、1996年第四次全国环境保护会议和1997年中国共产党第十五次全国代表大会上都提出了实施可持续发展战略。完善符合可持续发展战略的环境法律体系，成为环境法创新的基本方向。

二、在新的科学发展观指导下进行环境法体系的创新

以新的科学发展观为指导，开展环境法体系和内容的创新研究，是以人为本，全面、协调、可持续发展的发展观的重要理论实践，是走新型工业化道路的法律保障。

1. 环境污染防治法的创新。在环境污染防治法中必须屏弃"末端治理"的做法，加强环境污染的总体控制，应在政策、规划和管理各个层次上对环境与发展问题进行综合决策。加强源头控制制度、废物资源化制度，建立促进绿色产业发展的制度，促进绿色产业发展的市场化。建立和完善相应的经济激励机制，促进环境容量的物权化，使其纳入市场运作。

2. 自然资源法的创新。我国应制定一部统一的自然资源基本法，对各类自然资源的开发、利用、保护、权属、转让和管理作出宏观、统一、原则性的规定，以确保自然资源的永续利用。自然资源法的内容应当更多地体现开发与保护并举，利用与节约相结合的原则。

三、从调整对象的视角关注环境法体系新的内涵

随着环境立法的不断发展，尤其是可持续发展理念成为环境立法的指导理念后，新的环境立法的出现已经使得原有的污染防治法律和自然资源保护法律的范畴不能够准确涵盖环境法体系，需要建构新的环境法的内部体系。

1. 循环经济法律的兴起。在可持续发展理念被普遍接受后，环境保护的目标最终是为了实现经济和社会的可持续发展。为了实现这一目标，循环经济发展模式替代原有的粗放型经济发展模式成为经济发展的方向，减少废物的产生、加强资源的循环和再生使用的理念将有关的法律规范整合成了环境法的一个新的分支体系——循环经济法律。作为环境法的组成部分的循环经济法律有别于针对污染因子的污染防治法律和针对环境要素的自然保护法律。循环经济法的产生和发展,其意义就在于追求人与自然的和谐。

2. 全球气候变暖视野下的能源法律。全球气候变暖是人类现今面临的一个最重要的环境问题。气候变暖导致冰山消融、海平面上升、生态系统被破坏、动植物生长发生变化。现在科学界普遍认为,人类活动是造成气候变暖的原因。人类在生产生活中大量使用化学燃料,从而排放了大量的温室气体,温室气体在大气中的聚集直接导致了气候变暖。在这种情形下,能源法律应当研究如何能够更好地在能源开发和使用过程中承担生态责任。必须重新评价过去的能源与环境战略、能源与环境政策、能源与环境法律、法规,按照可持续发展的原则建立协调三者关系的机制,作出统一的制度安排。为了控制气候变暖,应当实现能源法律的变革。

阅读链接 ⇨

1. 徐祥民、巩固:《关于环境法体系问题的几点思考》,载《法学论坛》2009 年第 2 期。

2. 夏凌:《论环境法的体系——调整对象的视角》,载《2007 年全国环境资源法学研讨会(2007.8.12—15·兰州)论文集》。

3. 刘国涛:《科学发展观指导下的环境法体系之创新》,载《法学评论》2004 年第 4 期。

4. 杜群:《可持续发展与中国环境法创新——环境法律体系的重塑》,载《北京师范大学学报》(人文社会科学版)2001 年第 5 期。

第三章 环境法基本原则

本章介绍了环境法基本原则的概念，环境法基本原则的观念基础即可持续发展观，环境法基本原则的法理基础即环境法的社会属性，环境法基本原则的实践基础即各国的环境法律实践，随后本文将对环境法的几个基本原则进行逐一的介绍，其中包括环境风险预防原则、环境公平治理原则，可持续发展原则，公众参与原则和国家干预原则，并在行文中对几个原则之间的相互关系进行论述。

第一节 环境法基本原则概述

一、环境法基本原则的概念

环境法的基本原则，其基本含义是在环境法体系中具有全局性、整体性并对环境法各个环节的运作与实施有着指导意义的法理原则。环境法基本原则的表述是多种多样的，不同的学者和著作都有着自己的观点和看法，但都离不开对环境法自身性质、其所承载的价值观以及已有环境法具体规范的考察，随着环境法的规范体系的不断完善和相关研究的不断推进，环境法基本原则在内容上也会随之不断扩展，但我们有必要从一般法理学角度对法律——部门法——环境法的基本原则从概念上加以探讨。

美国学者 H. D. 贝勒斯在《法的原则——一个规范的分析》一书中对何谓法的原则有着这样的定义："法的基本原则体现着法的本质和根本价值，是整个法律活动的指导思想和出发点，构成法律体系中的灵魂，决定着法的统一性和稳定性。"①而我国著名学者沈宗灵也指出："法的原则是指称法中所存在的可作法的规则的基础或本源的综合性、稳定性的原理和准则"，"法的原则通常反映出立法者以法的形式所选择确定的思想理论和基本立场，突出地体现着执政者或立法者的某些重要意志，是法的主旨和精神品格的主要所在，是法律制度的基本性质、基本内容和基本价值取向的集中反映，是法的规则和法的概念的基础和出发点，也是协调、平衡和统一各相关法的规则和法的概念的关键或枢纽"。沈宗灵同时也指出："法的原则对法的解释和法的推理有直接的意义，它是法的解释和法

---

① ［美］H. D. 贝勒斯：《法的原则——一个规范的分析》，张文显等译，中国大百科全书出版社 1996 年版，第 469 页。

的推理据以进行的重要依据和指南。法的解释对弥补法的规则以至整个法律、法规的不足或缺漏亦有直接的价值。"可见,法的原则必然与法的价值相通,是法的性质的反映,也是法具体规范和概念的基础和某些情况下的补充。更具体地说,法的原则对整个法律体系实际上起到了协调冲突、平衡利益、统一认识和拾遗补缺的作用。同理,在一个部门法的范围内,法的基本原则同样也是该部门法基本价值、基本性质的反映,是该部门法中具体规范和概念的基础和某些情况下的补充。因此,要阐述何谓环境法的基本原则就应该了解环境法所维护的价值、环境法自身的性质以及环境法在具体规范上的内容,只有通过对环境法上述诸种方面的了解,才能更好地对环境法的基本原则是要解决何种社会冲突、平衡哪些群体利益、如何统一认识以及对环境法具体规范的补充有更好的认识。从这个意义上,我们可以说,与环境法有关的种种问题及其解答是环境法基本原则所赖以产生的基础。

二、环境法基本原则的由来

环境问题是随着现代工业的诞生以及人类活动对地球环境产生大规模的破坏而开始浮现的问题,因此,环境法的历史是非常短暂的,但是早在系统性的环境法律诞生之前,人类就开始了人与自然关系的反思。伟大的美国环境保护主义先驱奥尔多·利奥波德在其于1949年出版的自然随笔和哲学论文集《沙乡年鉴》中阐述了人与自然之间应该具备的道德反思和生态伦理关系,1962年R.卡逊出版了另一部描述农药污染的名著《寂静的春天》更是使人类首次以形象化的方式直面环境污染问题,而罗马俱乐部于1972年发表的报告《增长的极限》更是从人类生产和生活方式的角度对地球资源的承载能力加以警示,人类在二次世界大战之后进行的上述一连串道德与文化反思为正确的环境保护价值观打下了良好的基础。随着1972年在瑞典斯德哥尔摩人类环境会议上各国共同发布了《人类环境宣言》的面世,人类把环境保护的理念首次形诸文字,并从法律的角度提出了环境权的概念,这个宣言呼吁全人类将发展与环境保护统一起来,认识到保护环境与促进发展的密不可分,而在1980年的联合国大会上,人类对环境问题的价值观升华为可持续发展理念的提出。

所谓的可持续发展,是环境保护与环境法所推崇的核心价值观,在1987年世界环境与发展委员会发表的《我们共同的未来》中提出了可持续发展就是为了既满足当代人的需求,又不对后代人满足其需求的能力构成威胁和危害的发展,该报告还对可持续发展用一系列具体要求加以明确,这包括"保证公民有效地参与决策的政治体系;在自力更生和持久的基础上能够产生剩余物资和技术知识的经济体系;为不和谐发展的紧张局面提供解决方法的社会体系;尊重保护发展的生态基础的义务的生产体系;不断寻求新的解决方法的技术体系;促进可持续性方式的贸易和金融的国际体系;具有自身调整能力的管理体系"[①],从以上表述中可以看出,可持续发展的价值观一经提出就包含了一些明确的观念要素:公民参与、生态友好型经济、有助于解决问题的社会体系、新技术方案以及符合环境保护方向的专门领域经济制度,这些观念要素也是与后来渐趋形成的环境法基本原则在基本内容上不谋而合,

① 世界环境与发展委员会:《我们共同的未来》,吉林人民出版社1997年版,第80页。

因为在可持续发展的现代环境价值观上所构建的现代环境法体系,正是以具体的规范化的形式构筑一个有利于上述观念要素得以施行的制度体系。

以公民参与而论,现代环境法中环境权作为一项确定的基本人权的确立,专门环境诉讼如环境公益诉讼的开展都极大地增加了公民参与环境事务的可能性。以经济运行和专门经济制度的生态化而论,诸如清洁生产、环境影响评价和节约能源法在各国的出台都有着深远的意义。以社会体系的构建而论,在以国家为主导建立起对环境事务的有效管理权的同时,不同的社会主体也渐次发展出不同层次的环境法上的特殊权利义务体系。从环境保护的责任承担角度而言,就有许许多多适用于不同社会主体的责任形式,比如所谓的污染者负担的责任和生产者延伸责任,就是对具有特殊身份的社会主体所施加的环境法上的责任,污染者负担的责任就是对那些在生产及其他活动中造成环境资源污染和破坏的群体承担治理污染和恢复生态的责任,生产者延伸责任指的是产品的制造商将其保护环境的责任延伸到产品的整个生命周期。此外,对于诸如政府机构及其公务员这样的社会主体,环境法也课以环境保护问责制下的特殊责任。环境法通过编织上述责任体系的网络,将不同的社会主体以强有力的方式纳入对环境问题的社会管理架构中来,也是可持续发展的生态价值观在法律上的一个重要实施步骤。以新技术方案的实施而论,环境法的一个重要特点就是内容的技术性与科学性,反映在环境法所包含的大量技术规范上,从另一个角度看,这就意味着环境法律体系必然在很大程度上不断反映科学技术的进步和发展,因此全社会每一次重大的技术升级和进步都对环境法的内容和方向发挥着重大的影响,许多新兴的环境法分支正是随着社会的生态化的技术改造和技术进步不断出现的,但是可持续发展观指导下的技术方案不仅指的是环境法中直接体现技术内容的环境法规范部分,还体现在其充分认识科学与技术的局限,并在充足的观察和监测基础上对环境问题采取事先的预防和控制措施上,环境监测和环境评价是此种预防和控制措施的典型表现,是可持续发展观所倡导的科学思维和理性规划思想在环境领域的具体贯彻和实施,这表明可持续发展观中对科学的强调并非是一种“唯科学论”,而恰恰是对科学思维的正确把握。总而言之,由于可持续发展观已经成为现代环境法体系全局性和整体性的指导观念,并且其内涵的具体观念要素已经渗透到环境法的各个具体制度中,因此从实在的环境法规范中所抽象出来的环境法基本原则无疑必须含有可持续发展观这一根本的价值,也可以说可持续发展是环境法基本原则的观念基础。

环境法基本原则赖以形成的另外一个重要前提是环境法自身的性质,环境法的性质决定了环境法必然具有某些不同于其他部门法的基本原则。环境法最重要的一个本质特征就是环境法是一种社会法,也就是其是以社会利益为本位的法律。所谓法律本位,指的是法律的中心、轴心或重心,或者何者为基础、根基或逻辑起点,法律本位的含义具有双重性,不仅包括法律体系的本位,也包括部门法的本位。[①] 如果说现代法律体系已经从古代法的义务本位转向权利本位,那么作为部门法的环境法其本位则与现代法律体系的权利本位略有不同,其本位可以视之为社会本位。所谓的社会本位,美国著名的社会法学派创始人庞德通过社会控制理论阐明了人类社会的法律体系从权利本位转向社会

---

① 周晖国:《法律本位论析》,载《南京大学法律评论》2006年秋季号。

本位的趋势,在庞德的社会控制理论中,庞德将利益分为三类,即个人利益、公共利益和社会利益。庞德认为在诸多的利益主张中,法律作为社会控制的一种手段在最小的成本消耗下获得整个社会利益的最大化,即要优先考虑社会利益。因此,西方近代以来形成的个人本位与国家本位两个极端经过冲突和碰撞后,最终将趋向社会本位。① 在环境法这个部门法中,其社会本位的取向是极为明显的,环境法在法律调整方法上是一门综合运用公法与私法的部门法,很多学者认为,环境法作为介于公私之间的第三部门法实际上已经具有了社会法的性质。此外,环境法的价值目标即可持续发展,就包含了一种社会与经济综合平衡的发展战略,这也必然使得环境法的价值目标必须在社会目标和经济目标之间,在私人利益、国家利益和包含私人与国家在内的全社会的利益之间取得平衡,因此,环境法在立法内容上必然要涵盖不同社会主体的利益诉求,并且设计出各类社会主体皆能遵循的程序法则,使全社会共同参与到环境问题的解决中来。环境法的社会法性质对其基本原则的形成影响甚巨。首先,环境法的社会法本质要求,全社会共同参与对环境问题的管理,由于环境是汇集全社会利益的媒介,典型地体现了庞德所说的"社会连带",系于此种社会连带上的各个主体就必须发扬环境民主原则,遵守程序正义的要求,逐步地和互动地来解决涉及属于他们整体上共同利益的环境问题。其次,环境问题既然是一种具有社会性的问题,环境法既然是一种社会本位的法律,其无疑需要兼顾国家、社会团体到私人的三个层次,并发展出国家、社团到个人三位一体的对环境问题的解决方案,这主要体现在作为环境问题社会管理的各个主体,国家、民间组织和个人都要承担各自有区别但是却相辅相成的对环境问题的社会管理责任,这当然也最终必须反映在环境法的方方面面的特殊责任形式和以环境资源保护为内容的权利义务设置上。最后,环境法的社会法性质也与科学发展、综合防治的环境法基本思路不谋而合。科学发展或综合防治的观念都强调经济发展要与社会利益相平衡,要实现一种在社会各方都可以承受的水平上的长期和均衡的发展,这正需要环境法从全社会的共同利益出发,通过规范性的法律把经济增长所带来的成果真正地融合到全社会的整体福利中去。

环境法基本原则还来源于各个国家以及国际层面上环境法具体内容的抽象。现代意义的环境问题产生于第二次世界大战以后,防治现代环境问题的现代环境法也就随之诞生了。而环境基本法、环境法典和其他起环境基本法作用的综合性环境法的诞生则是在20世纪60年代以后。如,卢森堡在1965年制定了《自然环境和自然资源保护法》;日本于1967年通过了污染防治的基本法《公害对策基本法》,并于1972年通过了自然环境保护的基本法《自然环境保全法》;美国在1969年在《杰克逊议案》基础上制定了《国家环境政策法》;匈牙利1976年制定了《人类环境保护法》;菲律宾1977年颁布了《菲律宾环境法典》;波兰1980年颁布了《环境保护法》,并在1989年和1990年两度进行修订;印度和保加利亚也分别在1986年、1991年颁布了《环境保护法》。据不完全统计,颁布环境基本法、环境法典或起环境基本法作用的综合性环境法的国家已接近100个。② 上述法律中,都对环境法的基本原则有着不同的规定,但是总结起来无非是以下几个方面,即环境责任分

---

① 许伟华:《法律与社会控制——庞德的社会控制理论解读》,载《法制与社会》2008年第2期。
② 常纪文:《环境法基本原则:国外经验及对我国的启示》,载《宁波职业技术学院学报》2006年2月。

配、环境综合治理、透明度与公众参与等方面。比如,法国的环境法基本原则包括:提高警惕与采取措施原则、谁污染谁出钱治理的原则、从源头治理的原则、提高透明度与公民拥有获得信息权利的原则以及公众参与原则;瑞典环境法的基本原则包括:预防原则、最佳适用技术原则、污染者付费原则以及公众参与原则;欧盟的环境法基本原则包括:一体化原则或综合原则、综合污染防治原则、源头原则、高水平保护原则、防备原则、预防原则、污染者付费原则以及保护条款和协调原则。由此可见,上述各国与国际组织的环境法的基本原则都包含了类似的法理原则:在责任分配上注重公平,从而环境和资源的利益获取者必须承担相应的责任,在环境治理上注重采取预防与综合平衡的方式,预防是从源头和早期对环境问题进行治理和规范,而综合平衡指的是把环境治理与其他社会领域的发展有机地结合起来,在环境与其他社会发展目标之间取得均衡。在规范起草和执行上注重贯彻透明度与公众参与原则,两者是同一事物不同角度的表述,其要求环境法律规范要保证公众对环境问题的知情权以及在此基础上的参与权,从而使得方方面面的社会主体能够齐心协力地参与到环境问题的解决中来。

三、我国环境法基本原则的概述

我国在环境保护上的原则与各国大同小异,其中包括了预防为主防治结合的原则,污染者负担及开发者养护的原则,协调发展的原则,公民参与的原则以及在强化国家管理的基础上综合治理的原则。

"预防为主、防治结合"的环境保护思路起源最早。1979 年我国颁布了首部综合性的《环境保护法〈试行〉》,在第一次全国环保会议之前,周恩来总理对环境保护工作提出了"预防为主"的思想,在第二次全国环保会议上,时任国务院总理的李鹏同志指出"在今后的环境管理工作中,要进一步贯彻'预防为主,防治结合'的方针"[①]。可见,"预防为主、防治结合"的原则一开始就是我们国家构建社会主义环境法律体系的指导原则。而就环境保护责任承担的方面,我国主要借鉴自经合组织(OECD)"污染者负担"的原则,从 1982 年开始我国逐步开始颁行一系列的排污费规范,全面贯彻谁污染谁负担的原则。污染者负担原则的实施是我国环境公平理念的具体展现,在我国现行的环境保护基本法中更是把污染者负担的原则更加全面地规定为"污染者负担、开发者养护"的环境保护原则。

另外一个我国环保工作中突出的原则是协调发展即可持续发展原则,可持续发展原则在我国环境立法和环境政策中均有直接的规定。我国《环境保护法》第 4 条规定:"国家制定的环境保护规划必须纳入国民经济和社会发展计划,国家采取有利于环境保护的经济、技术政策和措施,使环境保护工作同经济建设和社会发展相协调",国务院《关于进一步加强环境保护工作的决定》中规定:"国务院各有关部门要做好国民经济和社会发展计划中环境保护方面的综合平衡工作,制定有利于环境保护的经济、技术政策及能源政策;加强宏观指导,根据经济发展水平,逐步增加环境保护,使环境保护工作同经济建设和社会发展相协调。"

---

① 李鹏:《论有中国特色的环境保护》,中国环境科学出版社 1992 年版,第 111 页。

我国环境法还需注意的一个重要的基本原则是公众参与原则,所谓的公众参与,指的是环境保护中的公民参与,又称依靠群众保护环境的原则,亦称环境保护的民主原则,这项原则是指,环境法鼓励广大群众积极参与环境保护事业,保护他们对污染和破坏环境的行为依法进行监督的权利。在我国《环境保护法》的第6条中,有如下规定:"一切单位和个人都有保护环境的义务,并有权对污染和破坏环境的单位和个人进行检举和控告。"这充分表明,将环境保护事业建立在公众广泛参与、支持、监督的基础上,吸收人民群众参加环境管理,既是保证人民群众当家做主和保护公民环境权益的需要,也是充分发扬民主,搞好环境保护工作的重要途径。这项原则已成为我国民主法制建设的一个重要组成部分。我国《环境保护法》规定了定期发布环境状况公报制度,其主要作用在于使广大群众了解环境资源现状以及环境保护工作的进展情况,认识到环境问题的严重性及保护环境的迫切性,增强其保护环境的公民责任感,以真正发挥《宪法》及相关法律中人民群众的监督作用。我国《水污染防治法》、《环境噪声污染防治法》等单行环境法律中关于环境影响报告书制度的规定,将建设项目所在地单位和居民的意见作为环境保护的法定内容,对公众参与权予以严格的法律保护。

我国环境法基本原则的第四个重要的法理原则是在强化国家环境管理权的前提下进行环境综合治理的原则。在我国环境保护法中,环境综合治理指的是在党和政府的领导下,强化政府环保部门的职权,依靠政府其他部门的分工配合,运用各种手段,组织和监督各单位和市民,从各方面防治环境污染的管理过程。1979年召开的全国环境保护工作会议就强调了环境管理的重要性。1982年在建设部设立环境保护局之初,提出了环境管理的四大领域和15项任务,长期有争议的环境管理部门的职责和任务得到了明确。在1983年第二次环境保护会议上明确提出要把环境管理作为环保工作的中心环节。1989年4月,国务院召开了第三次全国环境保护会议,在原有管理制度的基础上,根据各地的改革和实践经验,又推出了强化环境管理新的5项制度,即环境保护目标责任制、城市环境综合整治定量考核、排污许可证制度、污染集中控制和污染源限期治理制度。在我国,环境综合治理体现在三个层面:一是环境保护行政主管部门与其他有关资源、能源以及经济等行政主管部门和公共事业管理机关之间的协同合作;二是各行政区划、各级人民政府之间的协同合作;三是环保工作的统一管理。在中国当前是在国务院下设立国家环境保护总局,对全国环境保护实施统一的监督管理;其他部委设立相应机构对部门内的环境污染或资源保护实施监督管理。各级人民政府之间的协同合作,其主要目的是防治跨行政区的环境污染和资源破坏。依照中国《环境保护法》第14条规定:"跨行政区的环境污染和环境破坏的防治工作,由有关地方人民政府协商解决,或者由上级人民政府协调解决,作出决定。"环境综合治理不仅包含了国内意义上的综合治理,还包含了国际层面上的协同合作。环境问题具有天然的扩散性,因此需要各个主权国家在国际层面上通力合作以维护跨越国界的自然与生态系统的健全性。目前的全球环境保护合作主要是基于政府间国际环境保护组织(如联合国开发署以及环境规划署)、国际货币基金组织、世界银行、亚洲开发银行以及非政府国际组织等发起和组织的。此外,由发达国家向发展中国家提供的环境保护援助也是属于环境保护协同合作的一种形式。

> **➤ 争论**

有学者认为我国在环境预防与治理的覆盖面上存在问题,忽视了现代社会在环境保护上可能负有最大责任的一个群体即消费者,上述原则不仅仅只体现在以法人为主体的污染者或开发者承担环境治理责任上,还体现在相关政策对消费者的引导上,从而实现绿色消费、低碳生活和理性消费。另外,作为国际上环境保护的一个确定和通行的概念,可持续发展原则未能在我国环境保护的基本法,即制定于 1989 年的《中华人民共和国环境保护法》中得到明文体现,这也是目前环境法领域的一个重大缺失。

综上所述,我国在环境法领域已经形成了预防为主防治结合的原则、可持续发展即协调发展原则、公众参与原则和国家主导下的环境综合治理原则,上述若干原则也得到了我国大多数环境法学者的赞同,可以称作是我国环境法学界的共识。不但如此,上述各项原则也是得到世界各国普遍认可的环境保护的基本法律原则,以下各章节将对上述各项基本原则进行详尽的阐述。

第二节　环境风险预防与公平治理的原则

环境风险预防原则是环境法基本原则中的首要原则,就如诚实信用原则之于民法,罪刑法定原则之于刑法。环境风险预防原则解决的是环境法律关系客体的特殊性问题,与环境风险预防原则相对应,环境公平治理原则解决的则是环境法律关系主体特殊性的问题。环境法律关系客体的特殊性在于其唯一性和不利后果的不可逆性,环境法律关系主体的特殊性在于其多元性和连带性,处理好多元和连带主体之间的关系同样是环境法的一个重要课题。

一、环境风险预防原则

环境风险预防是各国及国际环境法所普遍认可的理念,在我国的表述是:预防为主,防治结合。环境风险预防最早起源于德国,并在一系列的国际环境法律文件上都有所体现,如 20 世纪 80 年代在国际北海部长会议上德国人所提交的确立风险预防原则的建议以及会后的《伦敦宣言》第一次系统和明确地阐述了风险预防原则,1992 年联合国环境与发展大会上通过的《里约环境与发展原则》中的第 15 项原则更是在更高层面和更大范围内确立了风险预防原则在全世界环境保护工作中的重要地位,随后的国际环境立法也几乎都对环境风险预防的原则予以了肯定,在国际的司法实践中,环境风险预防的原则也得到了一般性的认可,如 1999 年澳大利亚和新西兰诉日本的"南方金枪鱼"案,2001 年爱尔兰诉英国的"MOX核电厂"案。不仅如此,各个发达国家的国内立法也对风险预防原则给予了肯定,这包括美国、加拿大和澳大利亚的立法,相关的内国案例包括比利时的"Wilrijk 焚烧工厂"案,美国的

"储备矿产"案、澳大利亚的"里斯诉国家公园和野生动物署"案等。①

　　风险预防原则是环境法律领域所特有的原则,它一反法律救济的事后性特点,强调在潜在的环境风险造成现实中的环境问题或灾难之前就对其采取措施。因此,即使没有充分的科学证据,即使还存在着科学上的不确定性,只要有严重和不可逆转的环境损耗威胁的存在,就必须在事先采取预防措施。从法理学的角度来说,确立风险预防原则是这样一种价值目标的体现,那就是在环境保护领域,安全的价值是第一位的,安全重于效率,即使在环境损害的证据未获确认,采取相应措施可能会增加社会成本从而减损全社会运行效率的情况下,也不惜付出此代价以获取环境方面的安全,因为环境对于我们全人类具有独一性,任何形式对环境具有不可逆损害后果的威胁都是不能接受的,难以从经济和利益的角度计算的,因此只能事先设立合理的阈值,在有初步证据的情况下就事前的和主动的进行预防,从而达到确保环境安全的最高价值。

　　当然,所谓的风险预防也存在被滥用的风险,因为随着科学技术的发展和经济的高速增长,人类活动对于自然环境造成损害的不确定风险也在数量和规模上不断升级,各种损害环境的不确定风险与经济发展的潜在和现实关联也越来越密切,因此如果毫无节制地采取环境风险的预防措施,则首先会增加过多的不必要的社会成本,虽然在环境问题上安全价值优先于效率的价值,但不意味着完全取消效率价值,因此如何合理地确定一个界限,在此界限内采取合理的风险预防措施,并达到各种价值之间的均衡,是我们在环境风险预防工作上的一个关键点。其次,相关环境风险在科学上的不确定性,实际上造成了立法可行性上的困难,由于环境问题的高度专业性和复杂性,使得立法技术上如何规定不同场合中的环境保护审慎性措施成为一大难点,而如果只是宽泛地进行"风险预防"的字面表述是完全不能满足环境保护的需求的。最后,在预防措施的采纳上,如何进行分寸的拿捏也是一个值得推敲的问题,我们认为风险预防原则的滥用最终就是体现在具体预防措施的滥用上,正如过度宽松的措施不能达到目的一样,过度从紧的风险预防措施同样也有悖于环境保护立法的整体宗旨与目标,目前具体的风险预防措施主要体现在各类禁止和限制性的措施上,各类环境和发展综合决策性法律上以及不具约束力的行业最佳技术实践和环境实践上。

　　我国环境立法中少见甚至并未有风险预防原则的明确规定,虽然我国在环境保护工作中明确提出了"预防为主、防治结合"的原则,但是在法律规范将其表述为国际上公认的风险预防原则却尚付阙如,在《中华人民共和国环境影响评价法》第1条中规定:"为了实施可持续发展战略,预防因规划和建设项目实施后对环境造成的不良影响,促进经济、社会和环境的协调发展,制定本法。"这个规定中明确提出环境影响评价制度的一个重要功能是预防性。在《中华人民共和国清洁生产促进法》的定义性条款即第2条中规定:"本法所称清洁生产,是指不断采取改进设计、使用清洁的能源和原料、采用先进的工艺技术与设备、改善管理、综合利用等措施,从源头削减污染,提高资源利用效率,减少或者避免生产、服务和产品使用过程中污染物的产生和排放,以减轻或者消除对人类健康和环境的危害。"可见,在清洁生产领域,我国也同样强调从源头开始的环境治理,这同样构成了一种预防性的措施。在《中华人民共和国节约能源法》中,也有类似的预防性规定,

---

① 唐双娥:《环境法风险预防原则研究》,高等教育出版社2004年版,第98~133页。

其第 3 条规定:"本法所称节约能源(以下简称节能),是指加强用能管理,采取技术上可行、经济上合理以及环境和社会可以承受的措施,从能源生产到消费的各个环节,降低消耗、减少损失和污染物排放、制止浪费,有效、合理地利用能源。"可见在节约能源领域我国强调从能源生产和消费等前置环节来对污染物排放加以控制。但无论是上述哪项法律规定,其只是与风险预防原则有着若有若无以及甚为间接的联系,并非风险预防原则本身,因此我国亟须在环境保护的基本性和综合性的法律规范中对风险预防原则加以规定,提高及确认其在我国环境保护法律中的基本原则地位。

应该看到,我国确立环境风险预防原则的基础地位不仅仅是环境法领域国际通行理念与实践的要求,其实也是我国贯彻科学发展观,实施可持续发展战略的需要。我国在新时期建立节能减排型经济,促进经济结构的整体转型与升级必然要求我们建立环境友好型的经济体系,这集中体现在循环经济的构想中,而风险预防原则就是适用于循环经济建构的一个重要法律原则。这一方面,是因为循环经济固然是要求企业与个人在微观层面上做好减量化、再利用、资源化的工作,但其也要求政府在宏观层面做好指导和协调的工作,并对企业和个人的生产及消费行为进行规范,所以我国的《环境保护法》第 16 条明确规定:"地方各级人民政府,应当对本辖区的环境质量负责,采取措施改善环境质量。"而另一方面,风险预防原则是现实立法中环境标准不足,或环境标准难以拟定的一种补充,因为建设循环型的经济,一个重要的要求是对经济活动中人类活动的各种环境后果加以观测与度量,并以此为据抽象出相应的环境标准来约束人们的行为,但是环境标准毕竟是在人为可控的实验环境下所得出的实证数据的总结,并不能克服环境问题所固有的科学不确定性,也就是说环境标准不能准确地反映或者制止环境损害或环境损害威胁的发生,因此一个健康的循环经济无疑需要对尚存在不确定性的乃至不可预见的环境风险进行规范,才能在有效利用资源的同时把对环境与资源的破坏降到最低水平,而这无疑要借助于环境风险预防原则,风险预防原则在我国新时期的经济发展战略中无疑将会占据一个极为重要的位置。

风险预防原则的核心是风险预防措施的采取,而这实质上就是对环境领域权利义务的分配,因为风险预防措施一般是由造成环境风险的主体采取,这是一种环境风险事先的责任承担方式,与一般意义上环境问题的事后治理有着时间序列上的不同,然而无论是事先还是事后承担环境风险,都涉及责任如何分配的问题,而环境公平治理原则就是对责任分配问题的一个基本准则,也是风险预防原则的逻辑后续。

二、环境公平治理原则

环境治理是全社会的责任,政府、民间团体乃至个人都是环境治理的主体。管理或是治理环境,根据日本著名学者加藤一郎的观点,是"从为了某一社会的一般性目的的规定到各种开发计划的具体完成所有有关意志的决定,都叫环境管理,它是从地球规模到地方规模,有关具有一切地理范围的手段,它无论在计划经济的国家,或者在市场经济的国家,也无论在发达的国家还是在发展中的国家,对于所有国家来说,都成为关心的对象,最后,它是与人们无论作为个人或者作为集团所进行的活动都有关联。总之,所谓环境管理,是指在人类一切活动的一切方面,都有意识地附加了环境性的观点"①。可见,环境管理泛指一切以环境为客体,以环境保护为价值目标的人类活动。而从法律的角度来说,无非是通过为环境管理或是治理的主体设定法律上的权利义务来规范各类社会主体的行为,而如何设定此种权利义务,如何分配环境保护的责任与利益就是环境公平治理原则所要研究的问题。

环境公平治理原则也可简称环境公平原则,其含义指的是其活动造成环境影响的各类社会主体,如开发者、污染者、受益者、公权力管理者,应当按照正义与公平的要求,公平地分配环境影响所带来的获益与责任,平衡各方的利益得失,从而营造一个适合于环境保护和生态资源平衡维持的社会环境。环境公平治理原则或称环境公平原则其无非分为两个方面,一是环境利益的公平享有,二是环境责任的公平负担。

首先来看环境权益的公平享有方面,环境权益是环境权利与环境利益的综合,而环境利益是环境权利的共生物,法律上经常把权利与利益合称为权益,研究利益的分布也就间接地反映了权利的构成,如何在某领域相关主体之间配置权益就反映了一个社会对某领域实施治理的态度,是社会治理手段的一个媒介和反映。因此,如何配置环境权益也反映了环境治理的理念和价值观,而所谓环境利益的公平享有,环境权利的正确配置,也就是对环境权益分布的公平建构。这种环境权益的公平建构,体现在如下几个方面:首先,既要顾及所有当代人之间的关系;其次,顾及当代人与后代人之间的关系;最后,更要做到权利与义务,利益与负担在总量上的平衡。在当代人之间分配环境权益,是实现对环境问题的公平治理的一个首要环节。那么何种的权益分配形式是对当代人而言最好的环境治理手段呢?应该说既然是从公平的原则出发,那么环境权益的分配就需要对所有的人开放,这在权利形式上就是人人都享有的环境权。公民环境权的平等适用是实现环境公平治理的最重要的法律保障。所谓公民环境权,指的是公民享有适宜健康和良好生活环境的权利,而在公民环境权的基础上法人享有法人的环境权,国家享有国家的环境权,甚至全人类也享有共同的环境权。对于公民个人而言,环境权意味着其享有对其周边物质实在即环境的使用权,其中特别地包括了如下的具体环境权利:日照权、通风权、安宁权、清洁空气权、清洁水权和观赏权等;对法人及其他组织而言,它的环境权既源于公民的环境权,也有着自己的特色,其包括对良好环境进行无害使用的权利、依法排放其生产废物的权利以及享受清洁适宜的生产劳动环境的权利;国家环境权指的是国家根据宪法所拥有的,保障全体人民及其后代子孙的环境权益的权利。它是一种委托代管的权利,是一种管理权,包括了如下内容:环境处理权、环境管理权、环境监督权、保护和改善环境的职责以及履行环境保护领域国际义务的权利;推而广之,人类作为一个整体也有享受和利用地球上的自然环境和资源的权利,也就是人类环境权,其内容包括平等享用共有财产权、共同继承共有遗产权、与后代人共享环境资源权以及与其他生命物种种群共同拥有地球的权利。② 上述不同层面的群体享有的各个不同的环境权都对当代人的环境权益作了不同层面的配置,而充分行使这些环境权,则无论是当代的公民个人、法人、国家还是全人类之间都将能实现一种有序并公平的环境治理状态。至于当代人与后代人之间应如何分配环境权益,从事实现可持续的环境公平治理也是环境法所关注的一个重要问

---

① [日]加藤一郎:《中日环境法交流文集》,康树华译,北京大学出版社1985年版,第36~37页。
② 陈泉生:《环境法学基本理论》,中国环境科学出版社2004年版,第366~371页。

题。同样我们可以从环境权的角度来看待这个问题,环境权的主体自然包括当代人,但是对于尚未出生的后代人,其也享有利用与享受环境资源的权利,这称为代际环境权。之所以存在代际环境权是因为地球是世世代代的人类所共同继承的,当代人并没有永远垄断地球环境与资源的权利。1972 年的《人类环境宣言》首次从代际的角度提出了人类对自然资源负有的责任和义务,它宣布:"人类……负有保护和改善这一代和将来的世世代代的环境的庄严责任","为了这一代和将来的世世代代的利益,地球上的自然资源……必须通过周密计划或适当管理加以保护",这种包含代际公平的思想对之后的可持续发展观念有着积极的影响。1992 年的《里约环境与发展宣言》重申了今世和后代都有发展和环境方面的需要,保障各代人平等发展的权利,走可持续发展的道路是人类生产、生活及发展模式的一种创新。里约宣言中就包含了代际发展权与环境权必须予以同等保障、当代环境权益与后代环境权益必须等量齐观的思想。华盛顿大学的艾迪·B.维思教授在《行星托管:自然保护与代际公平》的论文中更是将代际公平一词直接用来指代代际环境权,其指出每一代人都有权作为整体继承自然环境,他们应当享受不比前代更差的环境与资源质量。[①] 可见,环境公平治理和代际环境权的达成有着必然的联系。如何从环境权益的适当配置出发得到环境公平治理的结果,最后一点是要做好权利与义务、利益与负担的平衡。任何权利与利益的行使都离不开义务与责任的设定,两者在结构上是相称的,在逻辑上是互为因果的。公民、法人与国家对其环境权的行使必然造成对环境、自然资源和生态系统在某种程度上的破坏,而要对这种破坏带来的负面后果加以补偿与平衡就意味着必须创设相应的制度有针对性地对公民、法人或国家课以环境法上的义务和责任,例如对消费者广泛征收资源附加税费,对其消费行为加以引导,对其消费的环境和生态后果加以经济补偿,具体来说,最近一段时期以来我国各大城市广泛实施的"限塑令",就是对广大消费者相关塑料制品使用行为的一种引导和限制,限塑令的实施以及消费者对日常塑料制品的有偿使用都构成一种对环境生态不利后果的直接补偿;此外,我国针对法人实施的各种制度如"三同时"制度,环境影响评价制度和清洁生产制度也是通过对法人或其他社会组织加诸的环境生态补偿意义上的义务和责任,而国家在对内进行环境事务管理,对外进行环境事务国际合作的时候,也有提高环境质量,履行国际环境条约义务的一系列法定要求。因此对环境权益的公平分配必须在满足承担环境义务和履行环境责任的前提下,只有负责任的利益以及满足义务的权利才能称得上是一种公平的权益配置,才能构建出公平的环境治理。

以上是从环境权利与环境义务均衡的角度探讨环境公平治理,但环境义务的履行及环境责任的承担是从消极的角度定义了环境公平治理,是环境公平治理的另一个方面。如何公平地承担环境责任是一个由来已久的议题,最早意识到环境责任作为一种环境治理手段必须具有公平性是在 20 世纪 70 年代以后,有人开始对当时各国治理环境污染的做法提出质疑,其焦点在于政府将公共财政的收入用于某些特定群体所造成的环境破坏的治理与控制中是否具有公平性,为何个别的,大多情况下是追求自身获利的行为所造成的环境后果却需要政府用全体纳税人的钱加以投入以消除不利后果,在此情况下物权理论似乎可以消除以上这种公帑私用的误区,那就是将环境看成是当代全体人民所共同占有的受托物,特定的

---

① 古德近:《代际环境权的宪法保障》,载《当代法学》2001 年第 8 期。

主体对其造成的妨害、危险和威胁必须由其承担恢复原状和消除妨害的类似物权法上的责任,而经济发展与合作组织(OECD)明显是受到这种思路的影响,其于 1972 年提出了著名的 PPP 原则(Polluter Pays' Principle),也就是污染者付费的原则,而《里约环境与发展宣言》在其第 13 条原则规定中也明确写到:"各国应制定关于污染和其他环境损害的责任和赔偿受害者的国家法律",其第 16 条规定:"考虑到污染者原则上应承担污染费用的观点,国家当局应该努力促使内部负担环境费用"。中国在 1979 年的《环境保护法(试行)》中也明确规定:"已经对环境造成污染和其他公害的单位,应当按照谁污染谁治理的原则,制定规划,积极治理。"可见污染者付费体现的受益者负担的思路是公平承担环境责任的基本理念,而循此法理,就有了开发者养护、利用者补偿、破坏者恢复、受益者负担、主管者负责和消费者最终承担的种种环境法律制度。所谓开发者养护,指的是开发利用自然资源的人必须采取相应措施来保护自然环境。利用者补偿,指的是开发利用自然资源的单位和个人必须对其造成的环境资源的不利后果承担经济补偿的责任。破坏者恢复,指的是造成自然环境和生态资源破坏的单位和个人必须对相应的环境自愿承担起恢复和整治的工作。受益者改善,指的是环境保护和改善的受益者应该为具体实施环境保护和改善者承担其所支出的费用。主管者负责,指的是环境保护的责任由环境和资源所在区域的行政机构及其首长承担责任,如我国现行的《环境保护法》就规定了地方各级人民政府对本辖区内的环境质量承担行政领导负责制。消费者最终承担,指的是只要消费了商品或者服务,消费者就应当最终承担生产商品和提供服务全过程中以及处置消费中产生的废物所需的全部环境成本费用。① 但是,上述从受益角度来分配环境责任的思路作为环境公平治理的手段是否就完全不存在问题呢?答案是否定的。因为首先,环境破坏或者说环境侵害是具有累积性和多元性的,也就是说污染或者说资源和生态的破坏是长年累月叠加的结果,要想对造成环境和生态破坏的个人、法人进行辨识比较困难,因此很容易出现由某个或某几个污染者或破坏者进行赔偿,而其他污染者或破坏者搭便车的局面,这与政府全面出资承担环境不利后果一样,都是一种不公平。其次,受益者进行责任分配的思路同样也无法厘清何者为受益人,因为环境和资源在很大程度上相当于一种公共品。所谓的公共品,是经济学上的一个概念,其指的是提供用来满足社会公共需要的商品和服务,公共品具有不可分割性、非竞争性和非排他性。从公共品的概念出发可知,良好的环境和完整的资源所带来的效用就如同公共品一样,不可分割地影响着整个公众,因此受益者的区分可能并非那么清晰,可能作为环境与资源污染和破坏的法人主体其生产经营收益是一个明确的受益指标,但是其他公众也可能从相关的环境资源整治中间接收益,因此受益者负担到何种程度、何种比例,才能符合环境责任分配公平的原则也是一个值得考虑的问题。因此,要实现真正公平的环境治理、真正公平的环境责任分配是公民、法人和国家之间建立一种共同承担环境责任的机制,此种责任机制在程序上不仅要追究环境资源直接破坏者的责任,在直接责任人承担第一位责任的基础上由政府、集体、社区或者其他间接的利益相关者对直接责任人的损失承担适当的补偿责任,从而体现环境资源的公共品性质,纯粹的物权理论或是经济考察都无助于解决环境公平治理思路下的环境责任公平分配问题。

---

① 黄明健:《环境法制度论》,中国环境科学出版社 2004 年版,第 85~89 页。

第三节 可持续发展原则

环境法的第二个原则是可持续发展原则,所谓的可持续发展的概念最先是在 1972 年在斯德哥尔摩举行的联合国人类环境研讨会上提出的,其最为广泛认可的版本是 1987 年由世界环境及发展委员会所发表的《布伦特兰报告书》里所定义的:"可持续发展是既满足当代人的需求,又不对后代人满足其需求的能力构成危害的发展称为可持续发展。它们是一个密不可分的系统,既要达到发展经济的目的,又要保护好人类赖以生存的大气、淡水、海洋、土地和森林等自然资源和环境,使子孙后代能够永续发展和安居乐业。"同年该委员会所发布的《我们共同的未来》进一步将可持续发展简明地表述为"既满足当代人的需要,又不对后代人满足其需要的能力构成威胁和危害的发展"。

可持续发展的核心价值观是以在生态可持续的基础上满足人类世世代代的需求,它是一种既兼顾现实利益,又兼顾长远发展的价值观。可持续发展的概念最先是在国际层面上提出的,这更表明了可持续发展是全人类所共通的全新的价值观。1992 年召开的联合国环境与发展大会对环境与发展问题的认识得到了进一步升华,可持续发展具体化为"环境与发展综合决策"的概念,世界环境与发展委员会在《我们共同的未来》报告中就环境与发展综合决策的必要性指出:"政府未能使那些政策行动损害环境的机构有责任保证其政策能防止环境遭受破坏。政府为了消除公害,成立了环境部和环保局负责这项工作。许多这类机构,在其职责范围内取得了很大成绩,包括改善了空气和水的质量,保护了其他资源。但它们已做的大部分工作,都是损失之后做的必要性修补工作:植树造林、治理沙漠、改善城市环境、恢复自然生态和原生土地。这些机构的存在给许多政府和人民造成了错觉,即靠这些机构本身,就可以保护和加强环境资源库。"因此,正确的解决方法应该是"各国政府现在应该开始使其关键的国家的、经济和专业的机构直接地负起责任,保证它们的政策、规划和预算支持经济上和生态上可持续的发展。进一步说,政府的主要中央经济与专业部门,现在就应承担起直接的责任和义务,保证它们的政策、项目和预算不但促进经济上的可持续发展,而且也促进生态上的可持续发展"。1992 年在巴西里约热内卢召开的联合国环境与发展会议,在通过的《21 世纪议程》中则指出了如何进行综合决策,其第 8 章将环境与发展内涵纳入综合决策过程,明确强调要制定有效的法律法规框架,即建立环境与发展综合决策制度。世界上主要国家如美国、英国和日本都在其环境基本立法中对环境与发展综合决策的基本方向和内容进行了规定。[①]

可持续发展的概念在我国的正式确立是在 20 世纪 90 年代初。1994 年,国务院通过了《中国 21 世纪议程——中国 21 世纪人口环境与发展白皮书》,这一白皮书的制定和实施标志着中国可持续发展战略的正式确立。这一白皮书从中国的人口、环境与发展的具体国情出发,提出了促进经济、社会资源和环境相互协调和持续发展的总体战略、对策和行动方案。白皮书指出:"在决策过程中实现经济、社会、资源和环境因素的综合决策:各

---

① 张建伟:《环境与发展综合决策探析》,载《学习论坛》2007 年 10 月。

级政府部门在重大决策和设立有关重要项目时,要同时进行可持续发展影响的评价和审查是否符合区域开发整治规划的要求","转变政府职能,政府制定和执行宏观调控政策,促进可持续发展:推行有效的综合管理制度,尤其在自然资源和生态环境管理方面,逐步将自然资源和环境因素纳入国民经济核算体系,实行资源有偿使用制度和环境补偿制度;修订或完善经济和财政方面的现有条例,满足可持续发展的目标;建立、健全国家与地方环境与发展的法律、法规和条例,同时提供有利于可持续发展的政策环境;鼓励地方和企业制定和执行可持续发展核算(会计)制度的办法和规则"。在我国新时期的发展战略中,胡锦涛同志全面提出了科学发展观的治国理念,其内涵是坚持以人为本,树立全面、协调和可持续的发展观,促进经济社会和人的全面发展,按照统筹城乡发展、统筹区域发展、统筹经济社会发展、统筹人与自然和谐发展、统筹国内发展和对外开放的要求推进各项事业的改革和发展,科学发展观的基本内涵就是全面发展、协调发展、可持续发展,本质和核心就是以人为本。可见,可持续发展观在我国已经不仅仅局限在环境事务领域,而且更是融合到最高的国家发展战略里,可持续发展的理念在科学发展观里得到了更好和更高的提炼。具体地从环境法的角度来说,无论是科学发展观还是可持续发展观其指导意义都是相似的,那就是要求我们在环境保护的制度构建过程中以保护环境为发展的起点,以不对环境的破坏为底线,从而改善和保护自然环境,协调经济、社会和环境之间的关系,最终实现经济、社会和环境的和谐发展。在环境法领域中,这要求我们把可持续发展作为环境法的基本立法原则和方向性指标,争取把可持续发展的概念明确的写入《宪法》,在我国《宪法》的第 26 条中,仅仅简略地提及"国家保护和改善生活环境和生态环境,防治污染和其他公害",而这是与可持续发展在我国发展战略中的根本地位是格格不入的,其实可持续发展战略并不仅仅涉及环境保护工作,还涉及经济、社会发展方方面面的协调工作,因此无论从哪个角度说,都应该推动可持续发展观的入宪。

目前与国际通行的做法相一致,我国把可持续发展观具体化为环境与发展综合决策的环境领域专门原则,在我国的环境基本保护法中,即《中华人民共和国环境保护法》中,其第 4 条则从环境与发展综合决策的角度体现了可持续发展的观点,其规定"国家制定的环境保护规划必须纳入国民经济和社会发展计划,国家采取有利于环境保护的经济、技术政策和措施,使环境保护工作同经济建设和社会发展相协调"。经济、社会与环境保护协调发展原则在随后的国家政策和相关立法中得到了进一步和更细致的体现,如在1990 年《国务院关于进一步加强环境保护工作的决定》文件中,其明确提出环境综合整治的概念,国家环保部于 1997 年发布的《关于推行清洁生产的若干意见》中提出应把推行清洁生产作为环境与发展综合决策机制的重要内容。在资源有偿使用机制方面,1998 年修订后的《森林法》第 8 条第 2 款增加了建立生态效益补偿制度的规定,第一次从立法上对自然资源生态价值予以肯定,促进人们对自然资源价值的正确认识,资源有偿使用机制的树立无疑促使相关主体在经济和社会决策环节就把环境后果考虑在成本之内。[①] 在当前我国的法律体系中,可持续发展与发展综合决策的思维不仅在环境领域的专门法律中有所体现,还普遍体现在其他的法律部门中,如刑法、物权法、民法、土地管理法等等,

---

① 梁小惠、董树彬、张启发:《可持续发展视阈下的环境立法》,载《湖北社会科学》2010 年第 6 期。

当然最主要的还是体现在环境专门法中,这包括环境影响评价法、清洁生产法、节约能源法等诸多法律,这些法律当然属于环境保护的范畴,但是他们也不仅仅是着眼于环境保护,而是综合考虑了资源环境、经济发展和社会层面的诸多问题。以环境影响评价法而论,根据我国《环境评价法》第2条的定义,其指的是"对规划和建设项目实施后可能造成的环境影响进行分析、预测和评估,提出预防或者减轻不良环境影响的对策和措施,进行跟踪监测的方法和制度"。环境影响评价的概念首倡于1964年的国际环境质量评价会议,而在国别层次上进行环境影响评价的立法则滥觞于美国,之后世界上的主要发达国家以及许多较为先进的发展中国家纷纷跟进,环境影响评价其实质就是在经济和社会发展的决策环节进行合理的预估和规划,把环境的、生态的和绿色的思想融合到经济和社会发展的初始环节,符合环境与社会发展综合决策的本意。以清洁生产法而论,根据我国《中华人民共和国清洁生产促进法》第2条的定义,所谓的清洁生产指的是"不断采取改进设计、使用清洁的能源和原料、采用先进的工艺技术与设备、改善管理、综合利用等措施,从源头削减污染,提高资源利用效率,减少或者避免生产、服务和产品使用过程中污染物的产生和排放,以减轻或者消除对人类健康和环境的危害"。第3条到第6条相继规定:清洁生产的主体包括在我国领域内从事生产和服务活动的单位以及从事相关管理活动的部门,而且国家鼓励和促进清洁生产;国务院和县级以上地方人民政府,应当将清洁生产纳入国民经济和社会发展计划以及环境保护、资源利用、产业发展、区域开发等规划。这表明,在我国,与环境影响评价一样,清洁生产也是将环境与经济、社会发展综合协调考虑的立法,但与环境影响评价主要实施于规划与建设的初始环节不同,清洁生产主要贯穿于工业品生产和使用的整个过程,其实施的主体主要是全社会商品和服务的生产者与消费者。以节约能源法而论,我国于1997年通过的《节约能源法》,其第3条规定:"本法所称节约能源(以下简称节能),是指加强用能管理,采取技术上可行、经济上合理以及环境和社会可以承受的措施,从能源生产到消费的各个环节,降低消耗、减少损失和污染物排放、制止浪费,有效、合理地利用能源。"《节约能源法》第4条到第6条指出:节约资源是我国的基本国策;国家实施节约与开发并举、把节约放在首位的能源发展战略;国务院和县级以上地方各级人民政府应当将节能工作纳入国民经济和社会发展规划、年度计划,并组织编制和实施节能中长期专项规划、年度节能计划;国务院和县级以上地方各级人民政府每年向本级人民代表大会或者其常务委员会报告节能工作;国家实行节能目标责任制和节能考核评价制度,将节能目标完成情况作为对地方人民政府及其负责人考核评价的内容;省、自治区、直辖市人民政府每年向国务院报告节能目标责任的履行情况。与环境影响评价以及清洁生产法的共同点在于,节约能源法都贯彻了可持续发展观下的环境与发展综合决策,相互协调的思路,但是其涉及面更广,涉及的环节也更多,其不仅涵盖了政府对节能的全方位管理,还涉及各行各业合理使用与节约能源的种种措施,不仅有节能技术方面的内容,还有经济刺激措施的规定,是上述三门法律中影响面最广的。

　　本节对可持续发展的概念、源起、其所追求的价值观,在国际层面和国内的环境保护领域中的具体体现作了详细的阐述,并对可持续发展观的制度载体即环境与发展综合决策及其相关的法律如环境影响评价法、清洁生产法和节约能源法在我国的具体内容进行了详细的介绍。需要指出的是,可持续发展原则与环境风险预防及公平治理原则并非相互孤立的,风险预防原则所采取的许多环境风险预防措施就是在经济、社会的决策环节采取的,唯其如此才能体现预防的意义,而这也是可持续发展观所要求的,因为虽然从不同的逻辑出发,但是在具体实现上两者却有异曲同工之妙。而环境公平治理原则主要涉及的是权利和义务的分配,利益与责任的构建,而其要求的后代人环境权益的保障的思想就已经在某种程度上与可持续发展原则兼顾长远利益与眼前利益的想法是一致的。

第四节　公众参与及国家行政干预原则

环境法中的公众参与原则,也称环境民主原则,指的是在生态环境保护和自然资源开发和利用过程中吸收和依靠社会公众的广泛参与。公众不仅需要参与生态环境与自然资源相关事务的决策过程中,还需要参与到后续的管理中,并对环境管理部门或者社会上其他主体的与环境生态保护以及自然资源开发有关的行为进行监督。公众参与原则并非是环境领域所独有的原则,其是任何处于整体性转型的社会中都普遍得到强调的原则,解决了处于此种阶段的社会的民主不足的弊端。由此看出,公众参与的原则实际上体现了古老的民主理念,是民主精神在新时期、新领域的一种升华与提炼。公众参与原则是民主的新阶段即参与式民主的表现形式之一。所谓参与式民主,是由英国著名学者帕特曼和麦克弗森为主要代表的学者所提出的一种民主理论,其认为民主不仅是适用于政治领域的程序,而且是一种如何对待争议、协调集体行动的生活方式。认为民间社会体制应该民主化,从而将民主管理从政治领域迁延到了社会和经济生活领域。公众参与的范围亦随之得到扩展,公众参与除包括政治参与之外,也涵括了非政治的公众参与。[①] 环境领域的公众参与正是一种社会领域的民主管理,其借鉴政治领域的民主经验和民主形式,有效地解决整体转型时期的社会领域问题,是一种宽泛意义上的民主。而国家干预原则指的是在环境领域各国政府通过经济、行政和法律手段对开发或者利用环境资源的活动加以干预,从而达到保护和改善环境的目的。如果说环境事务上的公众参与原则体现的是一种环境领域的民主治理,那么国家干预原则主要体现的是环境领域的集中治理,这与我们国家传统上所提倡的民主集中制的理念是不谋而合的。

一、公众参与原则

公众参与原则一直是环境法的重要和基础性的法理原则,其在各国的环境保护基本法中都有着详细的规定,美国1969年的《国家环境政策法》第11条规定:"国会特宣布:联邦政府将与各州、地方政府以及有关公共和私人团体合作采取一切切实可行的手段和措施,包括财政和技术上的援助,发展和促进一般福利。"一些行政机构还颁布了公众参与环境保护的建议和指南,如美国环境公平咨询委员会发布了"公众参与的模范计划",

---

① 杨沛川、潘焱:《环境公众参与原则理论基础初探》,载《经济与社会发展》2009年第1期。

该计划阐述了背景、模范计划、核心价值、公众公平地参与环境保护的清单等内容；再如蒙特哥马里（Montgomery）县颁布了《关于公众参与土地使用决策的指南》。日本 1993 年颁布的《环境基本法》在第一章"总则"部分第 9 条规定了公民的环境保护职责，即"国民应当根据其基本理念，努力降低伴随其日常生活对环境的负荷，以便防止环境污染。除前款规定的职责外，国民还应根据其基本理念，有责任在自身努力保护环境的同时，协助国家或者地方公共团体实施有关环境保护的政策和措施"。该法在第 25 条（有关环境保护的教育、学习等）规定，国家采取必要措施，振兴环境保护教育，充实环境保护宣传活动，在加深企（事）业者对环境保护的理解的同时，提高他们参加有关环境保护活动的积极性。该法第 26 条（促进民间组织等的自发活动的措施）规定，国家采取必要的措施，促进企（事）业者、国民或由他们组织的民间组织自发开展绿化活动、再生资源的回收活动及其他有关环境保护的活动。该法第 27 条规定了国家要适当地为法人和个人提供环境状况及其他有关环境保护的必要情报。此外，加拿大、法国和俄罗斯也有着类似的规定。①

　　概括起来，环境事务上的公众参与原则应该包括以下几个方面：首先，是公众对环境事务的知情权；其次，是公众对环境事务的实际参与权；最后，是公众对环境不法行为的救济权。只有做到了上述三点，环境公众参与才有可能在公开、公平和公正的基础上进行。从环境法的角度来说，贯彻公众对环境事务的知情权、参与权和救济权不外乎实体和程度两个方面的规定：实体方面的规定是要落实国际上通行的关于公民环境权的规定，环境权作为一种基本的人权，可以引申出公民对环境的各种权利，这其中包括知情权，参与权和环境权受妨害之后的救济权，此外应就公民在环境领域的结社权以及环境保护的非政府组织的法律地位以及有关权利义务进行规定，因为就公民参与而言，其很大程度上体现为公民团体的参与，环境法作为一种社会立法，更不能忽视对国家与个人之外的第三法域的建构，不能忽视对社会力量主要是公民社团相关活动的规范，因此在环境事务公众参与的实体法上必须双管齐下，既要规定公民个体的环境权作为公众参与的法源基础，又要对公众参与的基本形式即公民团体的参与进行规范；而在环境公众参与原则程序方面的规定主要是要公众参与环境事务的各项具体制度，环境影响评价制度中的公众听证制度，包括影响环境的项目建设中事先征求公众意见的制度，也包括制定各类环境法律规范过程中的公众列席并提供批评建议的制度，而更为有力的是建立有效的环境诉讼制度，我国《环境保护法》中对公民个人的救济权利有着这样的规定，其第 6 条明确写明"一切单位和个人都有保护环境的义务，并有权对污染和破坏环境的单位和个人进行检举和控告"。但是如何真正将《环境保护法》的这条规定贯彻落实，则离不开完善的环境诉讼机制的建立，这既包括对传统各个法律部门的诉讼程序进行改造，使其适合环境领域的特点，也包括建立专门的环境诉讼制度，包括与传统诉讼法理大异其趣的环境公益诉讼制度，只有这样才能真正从程序法的角度达到救济公众环境权利以及保障公众对环境事务的有效与制度化、经常化的参与。

---

① 常纪文：《环境法基本原则：国外经验及对我国的启示》，载《宁波职业技术学院学报》2006 年第 1 期。

> ➢ **争论**

　　环境公益诉讼一般指的是单位和个人为公共环境利益提起的诉讼,但在环境公益诉讼的适格主体上一直存有争议,一种意见是认为任何单位和个人都可以提起环境公益诉讼,另一种意见则认为与环境保护相关的社会团体、民间组织、机关单位才可以提起环境公益诉讼,最后一种意见认为只有行使相关公共权力的机关方能提起环境公益诉讼,但在实践中提起环境公益诉讼的主体却是宽泛而无限制的,因此如何构筑环境公益诉讼的适格主体,使其既能维护环境权益,又实际可行是一个需要面对的问题。

　　我国 1989 年的《环境保护法》对公众参与也有相关规定,如该法第 5 条规定:"国家鼓励环境保护科学教育事业的发展,加强环境保护科学技术的研究和开发,提高环境保护科学技术水准,普及环境保护的科学知识。"该条就对公众从科技角度参与环境保护进行了规定,该法第 8 条规定:"对保护和改善环境有显著成绩的单位和个人,由人民政府给予奖励。"该法第 31 条规定了污染通报机制,即"因发生事故或者其他突然性事件,造成或者可能造成污染事故的单位,必须立即采取措施处理,及时通报可能受到污染危害的单位和居民。"为了救济环境受害者,该法第 41 条规定:"造成环境污染危害的,有责任排除危害,并对直接受到损害的单位或者个人赔偿损失。"在环境保护专门法中,也不乏公众参与方面的规定,如中国《水污染防治法》中规定在编制环境影响报告书的过程中,必须向该建设项目所在地单位和居民征求意见,又如《建设项目环境保护管理条例》,其也有着类似的规定。

　　但是纵观我国环境领域公众参与原则的相关规定,其在实体和程序方面都存在着相当严重的不足。首先,虽然在我国《宪法》第 2 条中明确规定:"中华人民共和国的一切权力属于人民……人民依照法律规定,通过各种途径和形式,管理国家事务,管理经济和文化事业,管理社会事务。"《宪法》第 33 条也明确规定:"国家尊重和保障人权。"但是作为公众参与环境事务的权利基石即环境权在环境保护基本法中却未直接或者间接提及,而只有充分确立环境权,才能为公民参与环境治理提供最基本的权利支撑和法源基础。其次,由于受到官本位和依赖行政推动的积习的影响,我国环境保护制度的方方面面都过于强调国家行政机关的主导作用,在公民及其团体参与环境事务的范围、渠道和具体内容上有着很大的局限性。最后,需要指出的,与实体权利缺乏相应,公民参与环境事务的程序机制也不足,这表现在我国传统诉讼在应对环境纠纷上左支右绌,而环境专门诉讼尚未完善,包括环境公益诉讼在内的多种救济机制理论尚存争议,实践上并未统一。因此如何从实体和程序上双管齐下,构筑一个涵盖公众的知情权、参与权和救济权的环境事务参与机制仍是一个任重而道远的工作。

二、国家行政干预原则

　　我国是人民民主专政的社会主义国家,我国的政治生活和社会生活的一个重要组织原则就是民主集中制,民主集中制是民主和集中相统一的制度,它强调在民主基础上的集中,民主是集中的基础,只有充分发扬民主,才能达到正确的集中。它同时也强调在集中指导下的民主,只有实现高度的集中,才能克服民主的固有弊端,提高制度运行的效率,降低社会运转的内耗成本,使得个人利益服从集体利益、局部利益服从整体利益、暂时利益服从长远利益。在像我国这样的具有复杂国情的社会主义大国中建设环境法律体系,正确地运用我国传统政治生活中的民主集中制原则是一个明智的选择,这不仅非常契合环境问题的特点,也充分利用了社会主义制度的优越性以及兼顾到我国政治生活的历史传统。具言之,就环境问题而言,其具有牵涉范围广,利益主体多元的特点,因此要解决环境问题,我们首先要充分地发扬民主原则,以上述公众参与原则而论,其就是考虑了环境问题的公共性,因此要求尽量多的利益主体能够参与到环境问题的解决中来;就我国社会主义制度而言,其一贯坚持民主集中制的组织原则,在我国这样一个局面错综复杂的大国,处理环境问题这样一种具有高度复杂性、专业性和广涉性的问题,仅仅依靠民间主体的多元参与是远远不够的,其必然需要政府的居中协调和推动,因此即使在环境这样一个属于社会事务的领域同样也必须坚持集中办大事的原则,紧紧依靠和发扬我国社会主义制度的优越性,处理好突发、重大和全局性的环境问题。就我国政治生活的传统而言,其从历史到现在都一贯强调政府的推动作用,无论是官方还是民间都有着对国家权威的惯性依赖,因此在环境问题上强调政府集中决策的作用无疑是明智的。

　　一般而言,国家对环境问题的干预包括如下几种手段:一是行政干预,二是经济干预,三是法律干预。[1] 行政干预指的是国家运用其所掌握的行政权力,对与环境与资源相关的各种活动纳入行政管理的轨道,从而实现对环境及资源的保护与改善。国家对环境的这种行政干预可以体现在宏观与微观的两个方面。从宏观角度而言,国家可以在经济和社会发展规划中贯彻可持续发展观,在推进经济与社会发展的同时兼顾环境因素,可以指定符合国情的各种环境标准和技术规范,使得环境行政能有更加科学的规范依据,建立与环境有关的奖惩制度,对于那些有利于环境保护的行为进行奖励而对那些破坏环境与资源的行为加以惩戒。从微观角度而言,国家可以通过各种准入制度,各种事后监督检查制度,各种事前防范措施对实施影响环境具体行为的个人或组织进行约束,从而将其对环境造成的不利影响人为控制到最低水平,相关的制度包括准入方面的许可证制度,许可证制度将任何可能造成不利环境后果的具体经营活动纳入政府的管理范围,凡是任何此类活动,包括但不限于开发、建设和排污等,都必须经过相关部门的审批,只有通过审批并且按照审批所确定的要求和条件进行相关活动,才被视为正当合法。环境影响评价则是对任何具体的规划和建设项目将给环境造成的影响作出评价,将环境影响评价报告和相关防治方案连同规划和建设文件一同提交审批。国家还可以规定企业或个人必须采取符合相关环境技术规范的生产方法和材料设备等从事生产经营活动,从而实现对相关活动的全过程监控。除了行政干预的手段外,国家还对环境事务进行经济层面上的干预。国家对环境问题的经济干预措施可以分为直接干预和间接干预两种,直接干预指的是国家直接以经济主体的身份参与经济活动,投资并委托管理能改善和保护环境及资源的产业,例如,国家可以投资进行大规模的绿化生态工程建设,可以建设与城市生活密切相关的各种污染处理基础设施,国家作为投资人的国有企业也可以加大对环保产业和环保产品的投资力度,国家以经济主体的身份参与环境领域的直接投资,从而实现对环境事务直接的经济干预,但这毕竟并非国家管理社会生活的常态,各国

---

[1] 有关论述详见陈泉生、宋婧:《论环境法的国家干预原则》,载《当代法学》2006 年第 9 期。

政府更通常是利用间接形式的经济手段来实现对环境事务的干预,所谓的间接形式的经济干预其主要的实现形式是财政政策、税收政策、政策性贷款政策、特殊的产业优惠以及个性化收费政策等,政府在环境方面的财政政策主要是对工业企业进行大量的财政援助,或者对不发达地区进行财政补助,政府的税收政策可以是对自然资源开发征收资源税,对不同发展程度地区和对环境影响各异的企业加重征收或相应减免有关税收,政府的政策性贷款可能是低息和优惠贷款,其主要目的是为帮助企业建立环境保护设施,政府也可以对有关产业实施各方面的优惠措施刺激其改善环境保护水平,政府最后也能通过向特殊群体征收费用来加大其利用资源或者破坏环境的成本,并对企业影响环境的行为实施总量调节和控制。除了行政干预和经济干预外,政府对环境干预的第三类手段是实施法律干预,法律干预主要表现在政府推动对环境事务的立法、司法和执法上,就立法而言主要表现为制定完善的环境法律、法规、规章和环境技术标准,就司法而言主要是解决环境纠纷受理难、审理难、判决难的问题,以及司法体制与环境纠纷的审理不相适应的问题,就执法而言主要是解决环境执法不力,判决难以得到体现,被执行人履行判决迟缓,环境侵害后果难以挽回的问题。

我国对环境事务由国家干预原则一贯十分重视,在我国现行的《环境保护法》中,其中多处规定了政府对环境事务的监督与管理职责,其在第 6 条中规定:"县级以上地方人民政府环境保护行政主管部门,对本辖区的环境保护工作实施统一管理。国家海洋行政主管部门港务监督、渔政渔港监督、军队环境保护部门和各级公安、交通、铁道、民航管理部门,依照有关法律的规定对环境污染防治实施监督管理。县级以上人民政府的土地、矿产、林业、水行政主管部门,依照有关法律的规定对资源的保护实施监督管理。"另外该法还对中央和地方环境保护行政主管部门在环境标准制定、环境监测管理、环境保护计划的制订和实施、环境公报发布、环境影响评价、环境现场检查、环境质量改善、环境限期治理和环境事故处置等方面面都进行了详细的规定,上述内容占据了我国环境保护基本法的大半篇幅。除此以外,其他专项环境法律、法规、规章和技术规范都对政府部门的职责有着广泛而具体的规定。由此可见,我国在环境保护的法律手段上主要是倚重政府的作用,这也正是我们必须在我国环境法中强调国家干预原则的基础地位的重要原因。

➤拓展案例

紫金矿业集团股份有限公司紫金山金铜矿重大环境污染事故案

紫金矿业是国内最大的黄金生产企业,有中国第一大金矿之称,位列全球 500 强。2003 年 12 月紫金矿业成功登陆香港股票市场,2008 年 4 月紫金矿业回归 A 股。2010 年 7 月 3 日 15 点 50 分,紫金矿业集团的紫金山铜矿湿法厂污水池水位异常下降,池内酸性含铜污水出现渗漏,部分进入汀江,导致汀江部分河段水质受到一定污染,并造成大量鱼类死亡。据初步测算,外渗污水量约 9100 立方米。

事故发生后,国家环保部和福建省环保厅、龙岩市政府及环保部门组成联合调查组。联合调查组通过对福建紫金矿业集团所属的紫金山铜矿湿法厂污水池渗漏致汀江污染事故进行的调查,认定此次事件是一起由于企业污水池防渗膜破裂导致污水大量渗漏后通过人为设置的非法通道溢流至汀江而引发的重大突发环境事件。2010 年 9 月 30 日,福建省环保厅对紫金矿业发出了处罚通知，决定书除明确罚款金额外，还责令紫金矿业采取治理措施，消除污染，直至治理完成，值得注意的是，该处罚涉及金额956.313万元人民币，成为新中国成立以来就环境污染问题所开出的最大罚单。但是，福建省环保厅的处罚决定却遭到了民间环保组织重庆市绿色志愿者联合会（以下简称"重庆绿联"）的质疑，其向国家环保部提交了对福建省环保厅上述决定的行政复议申请书，并附上了一份吁请国家环保部起诉紫金矿业，通过司法途径获取赔偿的倡议书。重庆绿联在申请书中要求福建省环保厅的行政处罚决定并责令其重新调查取证，视情况对紫金矿业集团股份有限公司、紫金山金铜矿直接负责的主管人员和其他直接责任人员处以罚款，标准为上一年度从本单位取得收入的50%以下。2010年12月31日，环保部回复表示："福建省环保厅对紫金矿业紫金山金铜矿的行政处罚决定，对重庆绿联的权利义务没有产生实际影响，重庆绿联与该处罚没有利害关系，故行政复议申请不符合法定受理条件。"[①]虽然未获批准，但是重庆绿联的部分建议仍然得到了环保部门的重视，因此福建省环保厅于2012年12月27日就紫金矿业污染一事再次开出罚单：对紫金矿业集团股份有限公司董事长陈景河、常务副总裁兼紫金山金铜矿矿长邹来昌分别处以人民币705997元、449768元的罚款。

在刑事程序方面，福建省龙岩市新罗区人民检察院就紫金矿业集团股份有限公司紫金山金铜矿重大环境污染事故向新罗区人民法院提起公诉。该法院于2010年12月28日受理此案后依法组成合议庭，并对此案进行了公开开庭审理，该院最终分别以重大环境污染事故罪判处紫金矿业集团股份有限公司紫金山金铜矿罚金人民币3000万元，原已缴纳的行政罚款9563130元人民币予以折抵。紫金矿业集团股份有限公司原副总裁陈家洪等5名责任人被判处3年至4年6个月有期徒刑并处20万元至30万元不等的罚金。此外，在2010年7月3日案发后，被告单位紫金山金铜矿已经分别委托上杭县人民政府、永定县人民政府，赔偿了相关渔民养殖户的经济损失共计2220.6万元。但从案发迄今，紫金矿业一直没有公布汀江污染事件的补偿方案。上杭县当地渔民在获得当地政府赔款后，虽不满意但由于上访无果，且渔业经营已属无望，因此只能接受现实。而虽然有关方面如环保部南京环科所已经提交《汀江流域生态影响评估及生态修复初步方案》和汀江水域的生物资源损害报告，但由于生态赔偿并无相关司法救济及法律制度，其损害与风险评估更是难以实行，因此几乎不可能对此次实践造成的损失给予完全的赔偿。[②]

从紫金矿业一案，我们可以看出中国目前在环境污染治理实践上存在的缺陷：首先，在环境纠纷处理上我国过于依赖行政手段，以紫金矿业一案而论，无论是对渔民养殖户的赔偿还是后面所支付的处罚，都是由行政部门或者紫金矿业所认定的，而主要利益受害方即汀江沿岸的百姓的利益诉求却只能通过体制外的办法即上访来解决，因为其利益诉求一直就被当地政府越俎代庖地代表了，以行政处罚来代替其他的救济手段，以政府的行政

[①] 《法制日报》2011年1月4日第6版。就紫金矿业污染问题复议申请被环保部驳回，重庆绿联将向国务院法制办提出申请，申请责成环保部受理本案并依法裁决。

[②] 具体案情参见《法制日报》2011年2月14日第8版，《紫金山金铜矿重大环境污染事故案一审判决"紫金矿业"被罚3000万元5名责任人获刑"紫金矿业"案审判详情披露》，记者刘百军。

管理需要来替代百姓的利益诉求,一直是我国环境纠纷的主要矛盾所在,这既违反了环境公平治理原则中蕴含的对公民环境权益的保护,也违反了公众参与原则中的民主精神。其次,我国环境公益诉讼机制并未完善,导致像重庆绿联这样的非政府组织仍主要是采取行政复议的办法,而非走司法途径来维护我国的环境公益,中国环保部的理由即"重庆绿联与该处罚没有利害关系"中的逻辑,实际上与环境公益诉讼的基本精神是格格不入的,但是这却反映出即使作为中国主要的环境保护部门,其对环境问题公益性质的认识也存在一定的瑕疵。因此,公众参与原则如何指导中国的环境行政和司法依然值得思考。最后,是真正受害的渔民如何确定自身的损失并通过民事诉讼来取得恰如其分的赔偿的问题,应该来说,无论是刑法上的财产罚还是行政处罚上的高额罚款,其对紫金矿业而言都只是伤其皮毛的举措,如果紫金矿业未能真正从这次事件中吸取教训,那么无论是何种行政措施无非都是虚与委蛇,最终汀江长期的治理还是主要靠政府掏钱。因此,我国应该建立专门和完善的环境诉讼机制,使得环境污染的受害者能够就其损害拿到足额的民事赔偿,由于利益攸关且循着司法途径,政府不可能对其利益进行单方面的打折,也不可能干预其行为,最终受害者将会拿到更加足额的赔偿,而污染的制造者也会得到足够的震慑,这是对环境公平治理内在精神的最佳体现。而实际上在专门环境诉讼实行尚属困难的时候,各级环境保护部门作为一线监管者应启动环境公益诉讼,作为适格主体起诉污染企业。

讨论题⇨

1. 请对环境基本原则的来源和基础加以分析。
2. 公众参与原则与国家干预原则的联系与区别。
3. 论述环境公平治理原则的具体内容。
4. 案例讨论:

1997 年,厦门一个叫侏罗纪俱乐部的娱乐项目在槟榔西里 221—229 号开办,举办者为厦门国安娱乐有限公司,该公司在开业前已向厦门市文化局、厦门市公安局治安处、厦门市工商行政管理局、厦门市公安局开元分局消防科等部门申请审批,上述有关部门于同年 8 月 17 日、18 日批准其开办该娱乐项目,而在 1999 年 7 月 27 日,原告厦门国安娱乐有限公司为在本市槟榔西里 221—229 号开办的娱乐场所向被告厦门市环境保护局开元分局申请办理安装冷却塔。同年 7 月 29 日被告厦门市环境保护局开元分局以"该场地作为娱乐业,选址不当,不准建设"为由作出批复,但原告仍于 1999 年 9 月 11 日正式开始营业。厦门市环境保护局于同年 12 月 29 日就原告未经环保部门批准继续建设并营业及周围众多住户以"侏罗纪俱乐部"在经营期有严重的噪音污染,影响其正常的生活秩序,多次联名投诉,新闻媒体也予以曝光,作出责令原告停止建设,并于 2000 年 1 月 30 日前恢复原状,同时处罚 3 万元罚款的决定。原告不服上诉批复及处罚决定,分别诉至法院。而当时的厦门开元区法院在审理此案中确认厦门市环境保护局开元分局对被告厦门国安娱乐有限公司的申请所作出的"该场地作为娱乐业,选址不当,不准建设"的具体行政行为合法有效,判决原告败诉。请对本案中开元区环保局的行为属于何种性质,符合何种环境法基本原则加以思考。

第四章 环境法主要制度

环境法的主要制度是指根据环境法的基本原则,由调整特定环境社会关系的一系列环境法律规范组成的相对完整的实施规则系统。环境法主要制度对于环境法律实施、环境执法的现实操作有着重要的作用。每一项制度专门适用于环境保护的某一个方面,而多项制度结合起来,互相作用,协调配合,则构成了环境法主要制度的完整系统。因此,环境法的主要制度既相互独立,又彼此关联。由于主要制度对于现实中环境保护调整过程的操作性很强,因此,这些主要制度在法律适用的顺序上有着先后之分。基于以上考虑,可将我国环境法的主要制度归纳排列为六项:环境影响评价制度、"三同时"制度、排污申报登记制度、排污许可证制度、排污收费制度、限期治理制度。

第一节 环境影响评价制度

一、概述

(一)概念

环境影响评价(Environment Impact Assessment,EIA)又称环境质量预断评价,是指在开发建设以及进行其他的可能对环境产生影响的活动前,事先对该活动可能产生的环境影响进行调查、预测、评价、提出防治措施并编制成文件供有关部门审查批准等行为规范的总称。环境影响评价是一项社会性的活动,是运用科技手段而作出的科学评价,具有前瞻预测性、科学技术性和内容综合性的特征。我国《环境影响评价法》第2条规定:"本法所称环境影响评价,是指对规划和建设项目实施后可能造成的环境影响进行分析、预测和评估,提出预防或者减轻不良环境影响的对策和措施,进行跟踪监测的方法与制度。"根据我国《环境影响评价法》的规定,环境影响评价的对象包括法定应当进行环境影响评价的规划和建设项目两大类。

(二)环境影响评价制度的产生和发展

20世纪60年代末,美国1969年《国家环境政策法》中首次规定了环境影响评价制度,该法颁布后至70年代末,美国各州相继建立了各种形式的环境影响评价制度。这项制度出现之后,由于其科学的预见性,世界各国纷纷效仿和采纳,瑞典、澳大利亚、英国、德国、加拿大等国家都制定了相关的法律或条例。

我国在 20 世纪 70 年代首次尝试实施环境影响评价制度。1981 年出台《基本建设项目环境保护管理办法》,1986 年出台《建设项目环境保护管理办法》,1998 年出台《建设项目环境保护管理条例》。全国人大环资委主持起草的《环境影响评价法(草案)》在 2002 年 10 月 28 日获得通过,并于 2003 年 9 月 1 日实施。至此,我国的环境影响评价制度以法律形式出台,标志着这项制度在我国日渐成熟。

二、规划的环境影响评价

(一)规划环境影响评价的概念

规划的环境影响评价,是指对规划实施后可能产生的环境影响进行分析、预测和评价,提出预防或减轻不良影响的措施,并进行跟踪监测的方法和制度。2009 年 10 月 1 日,《规划环境影响评价条例》正式实施。需要作环境影响评价的规划,在范围上分为综合性规划和专项性规划。综合性规划的内容一般是对国家或地方有关的较为宏观及长远的发展提出的指标,这些指标普遍具有指导性、预测性和参考性。综合性规划主要是"一地三域"。"一地"即土地利用,"三域"即区域、流域和海域的开发和利用。专项性规划的内容主要是对指标、要求作出具体的执行及安排,几乎涉及所有的经济活动领域。它主要包括 10 个专项,即工业、农业、畜牧业、林业、能源、水利、交通、城市建设、旅游和自然资源开发等规划。

(二)规划环境影响评价的组织

《环境影响评价法》第 7 条、第 8 条规定,组织开展规划环境影响评价的主体应当是组织编制规划的部门或者地方政府,包括国务院有关部门、设区的市级以上人民政府及其有关部门。这也意味着规划环境影响评价的组织者即规划的编制机关,它与规划编制者是一致的。根据《环境影响评价法》的相关规定,具体的环境影响评价者,即可以是组织编制该规划的政府或者政府部门,也可以是其委托的单位或者专家组,这由组织编制该规划的主体根据实际情况来决定。可以说,《环境影响评价法》的规定缺乏独立、中立的评价,允许规划单位自我评价。

> 争论

　　具体实施环境影响评价者究竟应由规划编制机关还是中立的第三人担任,在现实中是有争议的。由于规划与建设项目是不同的,建设项目多是以私人利益的最大化为目标,而规划的编制和实施是以公共利益为目标的,而且多涉及国家机密,不宜由私人介入。但是,如《环境影响评价法》规定的既可自我评价,也可委托环评机构评价的方式的确会造成一些规划的环境影响评价不客观、不真实。如果各类规划环境影响评价都完全由规划编制机关自我进行,则往往容易走过场。

规划环境影响评价的时机,是指对规划的环境影响评价工作自何时开始至何时结束。根据《环境影响评价法》第 7 条、第 8 条的规定,规划环境影响评价应当在规划的编制过程中进行,亦即在规划编制的早期阶段就应同步开展规划环境影响评价工作。这是由于,这时规划的总体设计、主要内容等尚未确定,对规划进行相应的调整也是可行的,因此此时对规划进行环境影响评价能起到最大、最好的效果,规划环境影响评价应做到早期介入。但是这种早期介入并不意味着早期编制环境影响评价报告文件。由于这时的规划内容还存在着很大的不确定性,不宜立即着手编制环境影响报告评价文件。因此,规划环境影响评价的最佳时机是在规划的初步方案形成到规划上报前,具体到实际情况,环境影响评价文件的编制起始时间应选择在规划框架体系初步形成或者草案编制完成时为宜。

(三)规划环境影响评价文件的表现形式及内容

1. 综合规划。综合规划的环境影响评价文件一般采用篇章及说明的形式,即"规划实施后的环境影响的篇章或说明",并且应根据规划的不同性质进行分工。对于一些比较重要,实施后对环境影响比较大的规划,采用篇章的形式;而对于一些重要性较弱,实施后对环境影响相对较小的规划,可以采取说明的形式。环境影响篇章或者说明的内容主要包括两项:第一,规划实施对环境可能造成影响的分析、预测和评估,主要包括资源环境承载能力分析、不良环境影响的分析和预测以及与相关规划的环境协调性分析;第二,预防或者减轻不良环境影响的对策和措施。

2. 专项规划。专项规划的环境影响评价文件的形式分为对规划的环境影响报告书,以及规划实施后的环境影响的篇章或说明。这两种形式的具体分工是:对于专项规划中的非指导性规划,编写环境影响报告书;对专项规划中的指导性规划,编写规划实施后的环境影响的篇章或者说明。之所以作这样的分类,是由于指导性的专项规划一般提出的是具预测性、参考性的指标,而非指导性规划提出的是相对具体的指标及要求。环境影响评价报告书的内容为:(1)规划内容概述;(2)规划实施的环境资源制约因素分析;(3)规划与相关政策、法律法规以及其他相关规划的协调性分析;(4)规划实施可能造成的直接、间接或累积等不良环境影响的识别、分析、预测以及规划的环境资源承载力评估和论证;(5)预防或减轻不良环境影响的对策及措施;(6)公众参与以及对公众意见采纳与否的说明;(7)对重大不良环境影响的跟踪评价计划;(8)环境影响评价结论。环境影响篇章或者说明原则上应当包括除上述第(1)项、第(7)项以外的其他内容。

(四)规划环境影响的评价程序

根据《环境影响评价法》的规定,综合指导规划在规划编写过程中同步组织环境影响评价,并编写该规划有关环境影响的篇章和说明,不必另外单独编写规划的环境影响报告书。

专项规划的环境影响评价程序分以下几步骤:

1. 编制环境影响报告书草案。在该专项规划草案上报审批前组织进行环境影响评价,编制环境影响报告书草案。

2. 征求社会公众的意见。专项规划的编制机关对可能造成不良环境影响并直接涉及公众环境权益的规划,应当在该规划草案上报审批前,举行论证会、听证会,或者采取其他形式,征求有关单位、专家和社会公众对环境影响报告书草案的意见,国家规定需要保密的情形除外。编制机关应当认真考虑有关单位、专家和公众的意见,并在报送审查的环境影响报告书中附具对意见采纳或者不采纳的意见。

3. 初步审查并提出书面审查意见。由人民政府指定的环境保护行政主管部门或者其他部门召集有关部门代表和专家组成审查小组,对环境影响报告书进行审查,并提出书面审查意见。

4. 规划审批机关一并审查。专项规划的编制机关在报批规划草案时,应当将环境影响报告书一并报送审批机关审查;没有附送环境影响报告书的,审批机关不予审批。

(五)规划环境影响的跟踪评价

1. 概念。规划环境影响的跟踪评价,是指对环境有重大影响的规划实施后,该规划的组织编制机关应当及时组织力量,对该规划的环境影响进行检查、分析、评估,并采取相应对策的制度。

2. 跟踪评价的特点。第一,组织跟踪评价的主体是规划的编制机关,而不是规划的审批机关或环境影响评价机构。第二,跟踪评价的对象是所有对环境有重大的影响规划,包括综合规划,也包括专项规划。第三,跟踪评价的时间是在对环境有重大影响的规划实施后,由规划的编制机关根据情况及时组织实施。第四,其内容是对该规划实施后的环境影响进行检查、分析和评估。第五,结果的处理。一旦发现规划实施后对环境有明显不良影响的,编制机关应当及时向原审批机关提出改进措施;原审批机关在得知规划环境影响状况并收到改进措施的建议后,要及时作出决策,必要时可以组织规划的编制机关和环境保护等部门研究决定对该规划进行适当的调整。

三、建设项目的环境影响评价

(一)建设项目的范围

根据我国《环境影响评价法》的相关规定,建设项目的环境影响评价适用于对环境有影响的项目,包括:工业、交通、水利、农林、商业、卫生、文教、科研、旅游、市政等对环境有影响的一切基本建设项目、技术改造项目;流域开发、开发区建设、城市新区建设和旧城改造等区域性开发活动;中外合资、中外合作、外商独资等引进项目;建设储存、处置固体废物等污染集中治理项目;核设施选址、建造、运行、退役等活动,开发利用或者关闭铀(钍)矿等核工业和核技术项目。

(二)建设项目环境影响评价的分类管理

1. 建设项目环境影响评价分类的依据。将需要作环境影响评价的建设项目进行分类管理,是根据一定的依据和标准进行的。具体而言,建设项目所处环境的敏感性质和敏感程度,是确定建设项目环境影响评价类别的重要依据。环境敏感区是指依法设立的各级各类自然、文化保护地,以及对建设项目的某类污染因子或者生态影响因子特别敏感的区域。

2. 建设项目环境影响评价的类别。这是对建设项目环境影响评价的原则性鉴定,主要分为三类:第一,建设项目可能对环境造成重大影响的,应当编制环境影响评价报告书,对建设项目产生的污染和对环境的影响进行全面、详细的评价。如在投产、生产过程中产生污染物种类多、数量大的建设项目,或原料、生产出的产品等毒性大的建设项目。第二,建设项目对环境可能造成轻度影响的,应当编制环境影响报告表,对产生的环境影响进行分析或者专项评价。如产生污染物种类少,数量小的建设项目,或者基本不对环境敏感区造成影响的小型建设项目。第三,建设项目对环境影响很小,不需要进行环境影响评价的,应当填报环境影响登记表。如基本不产生废水、废气、废渣等不利环境影响的建设项目,或者不对环境敏感区造成影响的小型建设项目。

《建设项目环境保护分类管理名录》为建设项目对环境的影响判断提供了原则性的指引标准。对于环境有重大影响或轻度影响的建设项目,要由独立的第三人进行环境影响评价,此第三人是具有相应资质的环境影响评价机构,并且对于环境敏感区域要强化环评。由于名录毕竟不可能穷尽所有项目,因此,在名录中未作规定的建设项目,由省级环保部门依名录所确立的原则规定报国务院环保部门认定。

(三)建设项目环境影响评价的内容

1. 建设项目的概况。建设项目的概况包括:建设项目的名称、地点;建设项目的规模(扩建项目应说明原有规模)、占地面积;土地利用情况和发展规划;主要原料、燃料及其来源和储运,物料平衡,水的用量与平衡;废水、废气、废渣、放射性废物等的种类、排放量和排放方式,以及其中所含污染物的种类、性质、排放浓度等。

2. 建设项目周围环境的现状。建设项目周围环境的现状包括:建设项目所处地理位置;地质、地形、地貌和土壤情况;大气、地面水、地下水和土壤情况;河流、湖泊、海湾的水文情况;气候与气象情况;森林、矿藏、野生动物、野生植物、农作物等情况;社会经济状况;人群健康状况和地方病情况;其他环境污染、环境破坏的现状资料。

3. 建设项目对环境可能造成影响的分析、预测和评估。关于建设项目的环境影响,包括环境影响的特征,环境影响的范围、程度和性质。按照建设项目实施过程的不同阶段,又可以分为建设项目建设中对环境产生的影响,建设项目生产运行中对环境产生的影响以及建设项目服务期满后,对环境产生的影响。每个阶段都应采取相应的预测方法,尽量符合通用、成熟、简便、准确等要求。

4. 建设项目环境保护措施及其技术、经济论证。建设项目环境保护措施,是指在对建设项目对环境可能造成影响的分析和预测的基础上,为防治所预测的污染和生态破坏,有针对性地采取的各种工程、生物和管理措施,并要对其进行技术可行性和工程经济评估,以确保其技术上的可行性和经济上的合理性,并在此基础上提出各项措施的投资估算。

5. 建设项目对环境影响的经济损益分析。这是在对建设项目对环境可能造成的影响的分析和预测的基础上,进一步应用费用效益分析这一评价建设项目经济合理性的通行方法,对建设项目的环境影响进行货币价值评估。每一项建设项目都具有内部效益及外部效益,内部效益即以内部投资回报率为代表;外部效益即以国民经济回报率为代表,这其中包括了经济、社会、环境各方面的费用效益。在考虑经济损益时,要进行内部效益与外部效益的综合考虑,并且重点考虑国民经济回报率,甚至以其为决定性因素,通过价值评估方法对环境影响的实际效果进行货币价值评估。

6. 对建设项目实施环境监测的建议。这是建设项目环境保护措施的一个重要内容,它主要包括了关于监测的环境范围的建议;环境监测的机构设置、人员、仪器方面的建议等。

7. 环境影响评价的结论。这是环境影响报告书的核心内容,也是审批机关审批环境影响报告书的主要依据。它主要包括以下几个方面:建设项目对环境的预期影响;建设项目的规模、性质、选址是否符合环境保护的要求;建设项目所采取的环境保护措施技术上是否可行,经济上是否合理;是否需要再作进一步的评价等。

(四)建设项目环境影响评价程序

1. 委托环境影响评价。委托环境影响评价,是指建设单位采取招标等方式委托环境影响评价机构进行调查和评价工作,这种委托是一种民事合同的性质。接受委托为建设项目提供环境影响评价服务的机构,应当按照规定申请建设项目环境影响评价资质,经环保部审查合格,取得《建设项目环境影响评价资质证书》后,才可以在资质证书规定的资质等级和评价范围内从事环境影响评价技术服务。

2. 编制环境影响评价文件。编制建设项目的环境影响评价文件,应该与整个建设项目的可行性研究同时进行,并在可行性研究阶段完成。例外的是对于线性工程,比如铁路、公路、交通等建设项目经环保主管部门同意后,可以在初步设计完成前报批环境影响评价报告书。

3. 行业主管部门的预审。这一步骤针对的是专业性较强的项目,即需要进行环境影响评价,编制环境影响报告书和环境影响报告表,并有行业主管部门的建设项目。没有行业主管部门的建设项目,直接报环保部门审批,只需填报环评登记表的建设项目无须预审。有行业主管部门的建设项目,必须经过预审这道法定程序。但是应该注意,这里的预审只是预先审查并提出审查意见,是一道必经程序,并不具有最终批准的效力。

4. 环保部门的审批。根据《环境影响评价法》的相关规定,环保部门应当自收到环境影响报告书之日起 60 日内、收到环境影响报告表之日起 30 日内、收到环境影响登记表之日起 15 日内,根据审查结果,分别作出相应的审批决定并书面通知建设单位。重新审核的建设项目,环保部门应当自收到环境影响评价文件之日起 10 日内,将审核意见书面通知建设单位。

(五)建设项目环境影响评价的跟踪检查

1. 概念。建设项目环境影响评价的跟踪检查是对建设项目实施后的环境影响以及防范措施的有效性进行跟踪监测和验证性评价,并提出补救方案或措施,实现项目建设与环境保护相协调的方法与制度。建设项目投入生产或者使用后,并不意味着环境影响评价工作已经完全结束了,跟踪检查就是其中的一个重要程序。实施跟踪检查,其根本目的就在于发现建设项目在运行过程中存在的问题,并提出相应的解决方案和改进措施。

2. 跟踪检查的内容。建设项目环境影响评价的跟踪检查由环境保护行政主管部门进行。这里所说的环境保护行政主管部门,并不仅仅是指审批该建设项目环境影响评价文件的环境保护行政主管部门,而是指对该建设项目负有监督管理职责的所有环境保护行政主管部门。跟踪检查的时间只有在建设项目投入生产或者使用后进行。在项目建设过程中的监测、检查,不属于跟踪检查制度的范围。

3. 跟踪检查结果的处理。环境保护行政主管部门进行跟踪检查后,如果发现该建设项目的生产或使用造成了严重的环境污染或者生态破坏,就应当及时采取相应的措施。首先,环境保护行政主管部门应当责成建设单位,立即采取补救措施,减少环境污染和生态破坏的程度和范围。造成环境污染事故的,应当依照有关法律的规定及时处理。其次,环境保护行政主管部门应当根据跟踪检查的结果,以及所造成的环境污染和生态破坏的实际情况,查清造成这种现象的原因,查明有关机构和人员的责任。

第二节 "三同时"制度

一、概述

(一)概念

"三同时"制度,即环境保护设施的建设与运行制度。它是指一切新建、改建和扩建的基本建设项目、技术改造项目、自然开发项目以及其他可能对环境造成损害的建设项目,其中防治污染和其他公害的环境保护设施,必须与主体工程同时设计、同时施工、同时投产与使用。"三同时"制度是我国所独创的一项环境保护法律制度,最早规定于1973年的《关于保护和改善环境的若干规定》中。此后,1979年的《环境保护法(试行)》和1989年的《环境保护法》对该制度进行了重申。1986年的《建设项目环境保护管理办法》和1998年的《建设项目环境保护管理条例》对"三同时"制度作了具体的规定。另外,"三同时"制度还在各项单行污染防治法律中有所规定。"三同时"制度的意义在于:首先,它可以有效地防止新的污染源的产生;其次,它可以与环境影响评价结合起来,成为贯彻"预防为主"原则的完整的环境管理制度。

(二)"三同时"制度的特点

作为一项独立的环境保护法律制度,"三同时"制度也具备着一些自身的特点:

1. 具有较强的法律强制力,这意味着该制度的所有对象都必须遵守,如若违反,不论是否已经对环境造成污染破坏的损害后果,都要受到制裁。

2. 环境管理紧密结合基本建设设计、施工和竣工验收的三个程序并且提出了具体的时间要求。

3. 促进技术进步,提高技术起点,采用清洁工艺,促进资源综合利用,以工程建设达到污染防治目的的环境管理措施。

> **争论**

> 对于"三同时"制度的必要性是一直以来颇具争议的,该项制度从20世纪70年代就成为污染综合防治的支柱性制度,但至今依然是被零星地规定在多个法律文件之中。这项中国土生土长的环境法律制度的重要性如何? 它与环境影响评价制度的关系也是众说纷纭,是否应将"三同时"制度纳入环境影响评价制度,作为其子程序? 这些问题都值得思考。

二、"三同时"制度的主要内容

建设项目一般包括设计、施工和投入使用三个阶段,"三同时"制度贯穿于建设项目的全过程,并对不同阶段提出了特定的管理要求。

1. 同时设计。同时设计,指的是建设单位在委托设计单位进行项目设计时,应该将环境保护设施一并委托设计;承担设计任务的单位必须依照《建设项目环境保护设计规定》的规定,把环境保护设施与主体工程同时进行设计,并在设计过程中充分考虑建设项目对周围环境的保护。对未同时委托设计环境保护设施的建设项目,设计单位应予拒绝,建设部门和其他有关部门不予办理施工执照,物资部门不供应材料、设备,以此保证实现环保设施与主体工程"同时设计"的制度设计初衷。

2. 同时施工。同时施工要求建设单位在委托施工任务时,应委托环保设施的施工任务;施工单位在接受建设项目的施工任务时,应同时接受环境保护设施的施工任务,否则不得承担施工任务。在建设项目施工阶段,应保证其建设进度和资金落实;做好资料、文件的整理建档工作以备检查,并以季报形式将环保工作的进度情况报告环保部门。在施工期间应当保护施工现场周围的环境,防止对自然环境的破坏,防止或减轻粉尘、噪声、震动等对周围生活居住区的污染和危害。环保部门在建设项目施工阶段,应核查建设项目的环保报批手续是否完备,环保工程是否纳入施工计划以及建设进度和资金的落实情况,提出意见,并且对建设项目的环境保护实施统一的监督管理,负责建设施工的检查,以此来保证环境保护设施与主体工程同时施工。

3. 同时投产与使用。同时投产与使用,是指建设单位必须把环境保护设施与主体工程同时竣工验收并同时投入运转。建设项目在正式投产使用前,建设单位要向环保部门提交环保设施竣工验收报告,说明环保设施运行情况,治理效果,经过验收合格后颁发《环保设施竣工验收合格证》。需要试生产的建设项目,经环保部门同意后,项目方可进行试生产,试生产期间在3个月内完成,试生产期间主体工程应与环保设施同时投产使用,在试生产期间,建设项目配套的环保设施未与主体工程投入试运行的或投入生产超过3个月,建设单位未申请环保设施竣工验收或环保设施未建成,未经过验收或验收不合格,主体工程正式投入生产或使用的,都要责令停止生产或使用,并处罚款。未经环保部门同意,排污单位不得擅自闲置或拆除环保设施或不正常使用环保设施,环保部门可根据不同情况进行处罚。

所谓不正常使用环保设施,指的是以下几种状况:第一,排污企业出现将部分或全部污水或者其他污染物未经过处理设施处理,直接排入环境;第二,通过埋设暗管或者其他隐蔽排放的方式,将污水或者其他污染物不经处理而排入环境;第三,非紧急情况下开启污染物处理设施的应急排放阀门,将部分或全部污水或者其他污染物直接排入环境;第四,将未经处理的污水或者其他污染物从污染物处理设施的中间工序引出直接排入环境;第五,将部分污染物处理设施短期或者长期停止运行;第六,违反操作规程使用污染物处理设施,致使处理设施不能正常发挥处理作用;第七,污染物处理设施发生故障后,排污单位不及时或者不按规程进行检查和维修,致使处理设施不能正常发挥处理作用;第八,违反污染物处理设施正常运行所需的条件,致使处理设施不能正常运行。

> **案例分析**

2008 年 5 月 14 日,环保部对广东电网公司进行行政处罚。广东电网公司茂名 500 千伏变电站扩建工程未向环保部门依法报批环境影响报告文件即于 2005 年 10 月擅自开工建设;配套环境保护设施未经环保部门验收合格,主体工程即于 2006 年 11 月擅自投入使用。对于此案,根据环境影响评价制度在我国法律法规中的规定,应如何处理?

【解答】根据《环境影响评价法》第 31 条、《建设项目环境保护管理条例》第 28 条的规定,环保部决定对广东电网公司作出如下行政处罚:第一,责令广东电网茂名 500 千伏变电站扩建工程停止使用;第二,罚款 10 万元。

第三节　排污申报登记制度

一、概述

(一)概念

排污申报登记,是指直接或者间接向环境排放污染物、噪声或产生固体废物者,按照法定程序就排放污染物的具体情况,向所在地环境保护行政主管部门进行申报、登记和注册的过程。我国施行排污申报登记的规定最早见于 1982 年由国务院颁布的《征收排污费暂行办法》之中,其主要目的在于以此作为排污收费的依据。后来在相继制定的水、大气、环境噪声、固体废物等法律法规中又对此明确地作出了规定。1989 年制定的《环境保护法》第 27 条明确规定:"排放污染物的企业事业单位,必须依照国务院环境保护行政主管部门的规定申报登记。"

(二)意义

排污申报登记主要是针对排污单位而制定的一项程序性制度,它在环境法律制度实施中的意义如下:

1. 它是环保部门获取环境信息的重要方式。实行排污申报登记,是环境保护部门了解掌握环境质量状况和环境保护工作成就,指导、检查排污单位防治环境污染工作的一个重要途径。通过申报登记,不仅能反映出排污单位对待环境保护的态度和治理污染的效果,而且还能检查环境保护部门的工作成效,并且为推行环境保护考核制度,开展城市环境综合整治创造良好条件。

2. 它有利于环境保护法律制度和措施的全面开展。除排污收费外,"三同时"制度、排污许可证制度、总量控制制度、现场检查制度、限期治理制度以及污染事故报告制度等的实施,其前提条件就是通过排污申报登记来进行的。

二、排污申报登记的对象和内容

(一)排污申报登记的对象

从主体的角度看,排污申报登记的对象为申报登记人,即一切排污单位和个体工商户,包括所有直接或间接向环境排放污水、废气、噪声、固体废物、振动、电磁辐射、放射性等污染的工矿企业、商业机构、服务机构、社会团体、事业单位、党政群体、公用事业单位、部队、个体工商户等一切生产、经营、管理(或科研)活动的所有排污者。

从事项的角度看,排污申报登记的对象为申报登记种类,即一般排污申报登记、建设项目申报登记、建筑施工申报登记、排污变更申报登记。一般排污申报登记,也成为正常申报登记,即一般排污者必须于每年12月15日前申报本年度实际排污情况及下年度正常作业条件下的排污情况。新建、扩建、改建申报登记,即必须在该建设项目试生产前3个月内办理试生产期间的申报登记,竣工验收后1个月内办理正常申报登记。建筑施工申报登记,即建制镇以及规划区范围内的建筑施工单位必须在开工前15日内办理申报登记。变更申报登记,即当排污情况发生重大变更时,排污者应在变更、调整前15日内办理变更申报登记,当排污情况发生紧急重大变化时,应在改变后3日内办理变更申报。

(二)排污申报登记的内容

1. 当建设项目竣工验收合格后,在投入正式使用之前,排污单位应当履行排污申报登记的手续。

2. 排污申报登记的主要内容,包括排放污染物的种类、数量、浓度、排放去向、排放地点、排放方式、噪声源种类、数量和噪声强度、噪声污染防治设施或者固体废物的储存、利用或处置场所等。

总体说来,目前我国排污申报登记的范围还是过于狭窄了一些。仅仅局限于排污情况和污染治理的现状登记,未就可能存在的污染事故风险以及其他可能出现的危险状况进行登记,这样不利于环保部门全面了解情况,对今后采取相关环境应急措施的准备以及开展会产生消极的影响。应该将安全生产的隐患、可能存在的环境风险等有关情况加以登记。

(三)排污申报登记的要求

1. 对于排污单位的要求。排污单位必须按所在地环保主管部门指定的时间,填报《排污申报登记表》,并按要求提供必要的资料。对于新建、改建、扩建项目的排污申报登记,应当在项目的污染防治设施竣工并经验收合格后 1 个月内办理。经其行业主管部门审核后向所在地环保主管部门登记注册,领取"排污申报登记注册证"。排污单位终止营业的,也必须办理注销登记,并同时交回该"排污申报登记注册证"。

对于排污单位在申报登记后要对上述内容作出重大改变的,应当在变更前 15 日内向所在地环境保护行政主管部门履行变更申报手续。如果发生突发性重大事件和事故导致申报事项的重大改变的,必须在改变后的 3 天内向所在地环保部门提交《排污变更申报登记表》,因重大改变而未履行变更手续的,视为拒报。

对于排放污染物超过国家或者地方规定的污染物排放标准的排放单位,在向所在地环保主管部门申报登记时,应当写明超过污染物排放标准的原因及限期治理措施。

对于需要拆除或者闲置污染物处理设施的,必须提前向所在地环境保护部门申报,并说明理由。环保部门接到申报后,应该在 1 个月内予以批复;逾期未批复的,视为同意。未经环境保护部门同意,擅自拆除或者闲置污染物处理设施未申报的,也视为拒报。

➤ 争论

目前我国常规性的排污申报主要是年报,即排污者在本年度申报下一年度正常作业条件下的排污情况。这种申报方式在现实中也存在较大争议,因为这种模式下的排污申报往往难以真实反映排污者污染物的排放情况。首先,年度排污申报中要求是在"下一年度正常作业条件下",它的衡量标准无论是排污者,还是环保部门都往往无法掌握;其次,排污者按照这种方式申报后,企业的排污情况也不可能按预测申报的排污事项毫无偏差地实际发生。

2. 对于环保部门审核时限的要求。各级环保部门在每年 1 月 15 日前,完成对排污者申报的《排放污染物申报登记报表》的审核工作,对新建、扩建、改进建设项目和排放污染物需要作重大改变,或者发生紧急重大改变的,应当及时进行审核。符合要求的,发回经审核同意的《排放污染物申报登记报表》。根据排污收费的相关法律规定,排污者申报登记后,排放污染物的种类、数量、浓度发生变化时,必须办理排污变更申报。但是,很多地方的排污者往往由于缺电、缺原材料、设备维修而造成停产或者减产而相应减污,需要进行排污变更申报登记。对于排污者的变更申报,环境监察机构应该及时现场核实情况,但是由于普遍存在环境监察人员少,缺乏交通工具等问题,在接到排污者变更申报后监察人员无法及时深入到现场掌握实际情况。不清楚停产具体天数,查不清用水、用煤、用电量,在核实过程中往往发生争议,最终形成的协议排污量难免导致协商排污费的征收。

(四)排污申报审核方法

对于排污单位申报的排污数据,要审核排污申报登记表中填报内容是否齐全。表中要求的内容必须填写齐全,不得缺项漏报,否则可视为拒报或谎报。审核排污申报登记中的报表数据逻辑关系是否对应,申报数据的数值是否符合常理,填报的数据必须保证准确;审核排污申报登记中的数据依据是否充分,监督性监测数据、物料衡算数据、排污系数数据等引用是否恰当。

环境监察机构在对排污者排放污染物的数量与种类进行核定时通常有三种方式可以采用。第一，对申报表本身内容的审核与核定。对于排污者申报表中的所有内容进行全面审核、分析、审查所填写内容是否齐全、真实、可靠、合理；主要审查申报时限是否符合要求；供、排水量是否平衡，物料是否平衡、设计生产能力、企业管理水平和排污情况的关系是否平衡，产污、治污和排污的关系是否平衡，年生产经营的排污情况和月、日生产经营的排污情况是否一致。第二，利用相关资料对申报表进行审核，包括利用监督性监测数据、物料衡算数据、以往资料以及其他相关部门资料等进行审核。第三，通过现场监督检查核定。环境监察机构在对排污者申报的资料进行核定时如果存在异议，应该直接到排污者现场进行现场复核，包括对整个排污者生产工艺过程的核定，对治污设施、排污去向与排污量的核定，对企业新、扩、改建设项目情况，生产工艺水平、经济效益情况等进行全面调查等。在对排污者申报数据审核时，要注意以下事项：第一，查看报表数据是否存在应报未报的情况。排污申报报表中填报的每个数据都具有意义，环保部门应该要求排污单位将能够填报的数据全部填报。第二，数据的逻辑对应关系是否准确。强化对数据逻辑对应关系的审核，是保证申报数据质量的必要手段。排污申报登记表中许多数据之间具有对应性和关联性，如果不符合，申报数据显然存在问题。要是排污申报数据存在逻辑关系不对应，应该退回排污单位查找原因并重新申报。第三，注意报表数据是否存在故意多报、少报或者瞒报的情况。有一些排污单位，因希望少缴排污费或者多争取排污量及其他原因，造成申报数据与实际数值不符。

➤ 案例分析

2006年6月，国家环保总局监察局、华南督查中心、广东省环保局组成调查组对东莞福安纺织印染有限公司进行突击检查，发现这家公司偷埋25厘米管径暗管，日偷排高浓度印染污水2万多吨，排污申报谎报、瞒报废水近1000万吨/年，许可证过期2年仍坚持生产，污泥直接排放入河，未经环保审批擅自扩大生产规模。2006年7月20日，广东省环保局依法向该公司发出了行政处罚决定书，罚款21万元，并责令其立即停止纺织印染项目擅自扩大生产规模部分的生产。

第四节　排污许可证制度

一、概述

(一)概念

排污许可证制度，是一项重要的环境保护法律制度，但我国目前没有统一权威的规范排污许可证制度的法律、法规。因此想要界定排污许可证制度，必须要先明确与其相关的排污许可与排污许可证的概念。排污许可是一种典型的行政许可,它是指环保部门根据排污者的申请,经依法审查,准予其从事符合法定条件和标准的排污活动的行政行为。排污许可证,是环境保护部门为了减轻或者消除排放污染物对公众健康、财产和环境质量的损害,依法对各个企事业单位的排污行为提出具体要求,包括前置性条件、日常管理性要求、技术性要求,以书面形式确定下来,作为排污单位守法和环境保护部门执法以及社会监督的凭证。这个书面凭据就是排污许可证。排污许可证制度,是指对有关排污许可证的申请、审核、办理、中止、吊销、监督管理和法律责任等一系列规定的总称。

(二)我国实施排污许可证制度的现状

从 20 世纪 80 年代中期起,国内一些城市环保部门开始探索从国外引入排污许可证这一基本的环境管理制度。虽然期间对此进行了多次考虑与讨论,但是排污许可证制度的法律地位一直没有得到很好的确定。2000 年 4 月,全国人大常委会修订的《大气污染防治法》第 15 条规定,对总量控制区内排放主要大气污染物的企事业单位实行许可证管理。2008年 6 月 1 日实施的新修订的《水污染防治法》第 20 条规定:"国家实行排污许可证制度。直接或者间接向水体排放工业废水和医疗污水以及其他按照规定应当取得排污许可证方可排放的废水、污水的企业事业单位,应当取得排污许可证;城镇污水集中处理设施的运营单位,也应当取得排污许可证。排污许可的具体办法和实施步骤由国务院规定。禁止企业事业单位无排污许可证或者违反排污许可证的规定向水体排放前款规定的废水、污水。"虽然新修订的《水污染防治法》对排污许可证制度进行了全新的规定,但配套的具体办法和实施步骤,国务院也并没有制定出来。由于缺乏一部全面规定排污许可证制度的具有较高法律效力的立法,导致我国的排污许可证制度一直没能取得重大的进展。排污许可证制度作为实施总量控制和减排任务的重要手段,其立法需求已经十分紧迫。前国家环保总局从 2004 年 4 月就开始了《排污许可证管理条例》的立法准备工作,作了大量的调研,并广泛向有关部委、地方环保部门和行业协会征求了意见,2008 年 1 月 9 日,前国家环保总局又就《排污许可证管理条例(征求意见稿)》(以下简称《排污条例》)向社会广泛征求意见,但是,至今该部行政法规依旧未出台。以下内容主要结合《排污条例》加以阐述。

(三)排污许可证的适用范围

根据《排污条例》的规定,直接或间接向环境排放污染物的企业事业单位、个体工商户(以下简称排污者),应按照申请领取排污许可证。

1. 向环境排放大气污染物。《大气污染防治法》第 15 条规定:"国务院和省、自治区、直辖市人民政府对尚未达到规定的大气环境质量标准的区域和国务院批准划定的酸雨控制区、二氧化硫污染控制区,可以划定为主要大气污染物排放总量控制区。主要大气污染物排放总量的具体办法由国务院规定。大气污染物总量控制区内有关地方人民政府依照国务院规定的条件和程序,按照公开、公平、公正的原则,核定企业事业单位的主要大气污染物排放总量,核发主要大气污染物排放许可证。有大气污染物总量控制任务的事业单位,必须按照核定的主要大气污染物排放总量和许可证规定的排放条件排放污染物。"

2. 直接或间接排放废水、污水。新修订的《水污染防治法》明确将排污许可证作为加强污染物排放监督的重要手段,其第 20 条规定:"国家实行排污许可制度。直接或者间接向水体排放工业废水和医疗污水以及其他按照规定应当取得排污许可证方可排放的废水、污水的企业事业单位,应当取得排污许可证;城镇污水集中处理设施的运营单位,也应当取得排污许可证。排污许可的具体办法和实施步骤由国务院规定。禁止企业事业单位无排污许可证或者违反排污许可证的规定向水体排放前款规定的废水、污水。"

3. 向环境中排放噪声。在《排污条例》中,将排污者排放噪声纳入排污许可证管理的范围,即包括在工业生产中因使用固定的设备产生环境噪声污染的,或者在城市市区噪声敏感建筑物集中区域内因商业经营活动中使用固定设备产生环境噪声污染的。但是我国现行的《环境噪声污染防治法》中没有规定对向环境排放噪声实行许可证管理,如果由《排污条例》将这些排放噪声的行为纳入许可证管理可能面临因由规范冲突的嫌疑而导致合法性的危机。因此最好的方式应是修订《环境噪声污染防治法》。

4. 产生固体废物。《排污条例》将产生工业固体废物或者危险废物的行为纳入许可证管理之中。依法需申领危险废物经营许可证的单位除外。

(四)排污许可基本原则

1. 持证排污并按证排污原则。持证排污,是指所有依法需要获得排污许可证排放污染物的排污者,在排放污染物时都必须持有环保部门颁发的排污许可证。未取得排污许可证的排污者,不得排放污染物。持证排污原则的意义在于:一方面,未依法取得排污许可证向环境排放污染物的行为是法律所禁止的,排污者必须承担相应的法律责任,环保部门有权依法采取强制措施;另一方面,排污许可证是排污者向环境排放污染物行为的法律依据和凭证,在符合许可证条件的前提下,排污者的排污行为是排污者的法定权利,非因法定事由并经法定程序不得被剥夺。[1] 按证排污,是指获得排污许可证的排污者,在生产经营等活动过程中需要向环境中排放污染物的,必须按照许可核定的污染物种类、控制指标和规定的方式等排放污染物。它既是落实持证排污的保障,也是排污者依法排污、环境保护行政主管部门监督检查的基本依据。持证排污与按证排污相辅相成,是排污许可证制度的重要原则。

2. 总量控制原则。总量控制原则,是指环保部门在实施排污许可证制度时,要根据排污者的申请,以改善环境质量为目标,以污染物总量控制为基础,确定排污者可以排放的污染物的种类、数量、去向等行为所遵循的一般准则,排污者排放污染物不得超过国家和地方规定的排放标准和排放总量控制指标。我国目前在大气、水体污染防治过程中,已经确立了总量控制制度。总量控制,是指以控制一定时段内一定区域内污染者排放污染物的总数量为核心的环境管理方法。它可以分为目标总量控制和容量总量控制。由于排污总量的核定与分配是一个技术性和政策性都很强的工作,因此在《排污条例》中,并未详细规定总量控制核定与分配内容的立法方式。

3. 持续削减原则。持续削减原则,是指国家通过一定的经济激励手段鼓励排污者采取可行的经济、技术或管理等手段,实施清洁生产,持续削减其污染物排放的强度、浓度和总

---

[1] 蔡文灿:《论我国排污许可证制度的整合》,载王树义:《环境法系列专题研究(第 2 辑)》,科学出版社 2006 年版,第 328 页。

量。削减的污染物排放总量指标可以储存,供其自身发展使用,也可以根据区域环境容量和主要污染物总量控制目标,在保障环境质量达到功能区要求的前提下按法定程序实施有偿转让。

二、排污许可证的申请与受理

(一)新项目排污申请条件

新建项目的排污者申请领取排污许可证,应当具备下列条件:(1)建设项目环境影响评价文件经环境保护行政主管部门批准或者重新审核同意;(2)有经过环境保护行政主管部门验收合格的污染防治设施或措施;(3)有维持污染防治设施正常运行的管理制度和技术能力;环保设施委托运行的,运行单位应取得环境污染治理设施运营资质证书;(4)有应对突发环境事件的应急预案和设施、装备;(5)排放污染物满足环保行政主管部门验收的要求;(6)法律、法规规定的其他条件。

(二)现有排污者申请条件

现有排污者申请领取排污许可证,应当具备下列条件:(1)生产能力、工艺、设备、产品符合国家和地方现行产业政策要求;(2)有符合国家和地方规定标准和要求的污染防治设施和污染物处理能力,环保设施委托运行的,运行单位应取得环境污染治理设施运营资质证书;(3)按规定设置有规范化的排污口;(4)按规定应当安装污染物排放自动监控仪器的排污者,已按照国家的标准、规范安装自动监控仪器;(5)排放污染物符合环境功能区和所在区域污染物排放总量控制指标的要求;(6)有环境保护管理制度和污染防治措施(包括应急措施);(7)有生产经营的合法资质;(8)法律、法规规定的其他条件。向工业废水集中处理设施排放污染物的,由工业废水集中处理设施的运营单位申请领取排污许可证,除按前款规定提交资料外,还应提交向工业废水集中处理设施排放污染物的排污者营业执照、污染物委托处理协议等资料。

(三)新项目申请时间

建设项目应当在新建项目的主要环保设施和措施已与主体工程同时建成和落实,并经环保行政主管部门现场核实同意进入试生产后,填报临时排污许可证申请表,申请临时排污许可证。通过环保验收的,应在收到验收合格文件之日起10个工作日内提交规定的资料,填报排污许可证申请表,申请排污许可证。排污者应当在改建、扩建和技术改造项目投入试生产前填报排污许可证变更申请表,申请变更排污许可证载明事项。

(四)申请受理

环境保护行政主管部门对排污者提出的污染物排放许可申请,材料齐全、符合法定形式且属于职责范围的,应予以受理,并出具书面受理凭证;对材料不齐、不符合法定形式的,应当场一次性告知申请人需补齐的全部内容。对不属于其职责范围的,应即时作出不予受理的决定,出具书面凭证并告知申请人向有审批权的环境保护行政主管部门申请。

三、排污许可证的审批与颁发

(一)分级审批制度

根据《排污条例》的规定,排污许可证的审批主体统一为各级环保部门,并且实行分级审批原则。县级以上地方人民政府环境保护行政主管部门应当按照国务院环境保护行政主管部门或各省、自治区、直辖市人民政府环境保护行政主管部门规定的审批权限对排污者的排污许可证审批颁发。县级环境保护行政主管部门负责本行政区划范围内排污者的排污许可证审批颁发。市级环境保护行政主管部门负责本行政区域内确定由其监督管理排污者的排污许可证审批颁发。省级环境保护行政主管部门负责行政区划范围内确定由其监督管理排污者的排污许可证审批颁发。

(二)审批程序

环境保护行政主管部门应当自受理排污许可证申请之日起 20 日内依法作出颁发或者不予颁发排污许可证的决定,并予以公布。作出不予颁发决定的,应书面告知申请者,并说明理由。

(三)排污许可证的种类、期限

排污许可证分"排污许可证"和"临时排污许可证"。"排污许可证"的有效期限最长不超过 5 年。"临时排污许可证"的有效期限最长不超过 1 年。

(四)排污许可证的载明事项

排污许可证上须载明以下事项:(1)持有人名称、地址、法定代表人;(2)排放主要污染物的种类;(3)有效期限;(4)发证机关、发证日期和证书编号;(5)污染物排放执行的国家或地方标准;(6)排污口的数量,各排污口的编号、名称、位置,排放污染物的种类、数量、浓度、速率、方式、去向以及时段、季节要求;(7)产生污染物的主要工艺、设备;(8)污染物处理设施种类和能力;(9)污染物排放的检测和报告要求;(10)年度检验记录;(11)有总量控制义务的排污者,其排污许可证中应当规定污染物排放总量控制指标、削减数量及时限;(12)有清洁生产审核义务的排污者,其排污许可证中应当规定清洁生产审核结果的要求。

(五)排污许可证的变更

排污许可证持有人改变排污许可证载明事项的,应向发证的环境保护行政主管部门申请,依法办理变更手续。因污染物排放执行的国家或地方标准、总量控制指标、环境功能区划等发生变化,需要对许可事项进行调整的,环境保护行政主管部门可以依法对排污许可证载明事项进行变更。

(六)排污许可证的延续

排污许可证有效期限届满以后需要继续排放污染物的,排污许可证持有人应当在有效期限届满 30 日前向发证机关申请延续。但是有下列情形之一的,排污许可证有效期满后,不予延续颁发:(1)生产能力、工艺、设备、产品被列入淘汰目录,属于强制淘汰范围的;(2)污染物排放超过许可证规定的浓度或总量控制指标,经限期整改,仍然不能达标排放的;(3)排污者生产经营所在地的土地功能或环境功能经过调整,不适宜在该区域继续排放污染物的。

四、排污许可证交易

(一)排污许可证交易的概念

排污许可证交易,是指为了实现特定区域的环境治理目标,在污染物排放总量不超过允许排放量的前提下由政府作为环境容量资源的拥有者以许可证的形式授予排污者环境容量排放指标,不同排污者基于在污染治理上存在的成本差异而在环保部门监督下相互之间对富余环境容量指标进行转让的行为。[①] 在排污许可证交易中环保部门作为监管者,交易双方地位平等,围绕排污许可证上所记载的排污指标进行买卖,它有助于实现环境效益、经济效益与社会效益的统一。

(二)排污许可证交易的基本思想

当污染源之间存在边际治理成本差异,排污许可证交易就可能使交易双方都受益。假定 A 企业治理 1 吨二氧化硫的污染需耗费 1000 元,B 企业需要耗费 2000 元。如果 B 企业以 1500 元/吨的价格从 A 企业购买排污指标,即相当于 A 企业替 B 企业治理污染。那么和 B 企业的治理成本相比,B 企业节省了 500 元,而对于 A 企业来说,额外获得 500 元的收入。对于排污者来说,排污许可证的交易对于交易双方均有利可图,出卖方因卖出富余许可证指标而获利,购买方结余了自身治理所需要的费用;从整个社会来看,排污许可证交易是通过市场的力量来寻求污染物削减的最少边际费用,使整体的污染物允许排放量的处理费用趋于最小,使全社会资源配置实现最优化。[②]

(三)排污许可证交易的产生

美国是世界上排污许可证交易制度的发源地。起初,美国要求工厂用"最佳实用技术"和"最佳可行技术"来控制污染物的排放,造成在执行中成本过高,从而使法律规定难以贯彻。所以,就产生了在总量控制下可以对个别排污口灵活调整的变通性想法。后来,总量控制的范围不断扩大,允许在同一区域内不同工厂之间调整,在此基础上产生了排污许可证交

---

① 王小龙:《排污权交易研究——一个环境法学的视角》,法律出版社 2008 年版,第 117 页。
② 胡春冬:《排污权交易的基本法律问题研究》,载王树义:《环境法系列专题研究(第 1 辑)》,科学出版社 2005 年版,第 305～306 页。

易的构想。美国在 1990 年通过的《清洁空气法（修正案）》在控制二氧化硫方面实施了排污许可证交易，并取得了成功。我国的排污许可证交易是从总量控制制度和排污许可证制度开始的，在此两项制度的基础上，我国积极进行排污许可证交易制度的试点工作，主要是在大气污染和水污染领域。在大气污染方面，自 1999 年前国家环保局选择在包头、柳州等城市进行大气排污许可证交易政策实施试点，到江苏南通与辽宁本溪作为"运用市场机制控制二氧化硫排放"中美合作研究项目的试点城市，再到 2002 年，在山东省、山西省、江苏省、河南省、上海市、天津市、柳州市和华能发电集团开始推动二氧化硫排放总量控制及排污政策实施试点，排污许可证交易在大气污染治理领域已初见成效。

➢ **案例分析**

> 2001 年 11 月，南通天生港发电有限公司向南通另外一家大型化工有限公司出售二氧化硫排污指标，这是我国第一例真正意义上的二氧化硫排污许可证交易。根据协议，卖方将有偿转让 1800 吨二氧化硫的排污指标，供买方在今后 6 年内使用。这次交易中，二氧化硫指标以年度为单位进行转让（每年 300 吨），交易费用按年度进行结算。合同期满，排污指标归卖方所有，买方得到的是排污指标的年度使用权。合同还规定，合同期内买方未使用完的排污指标可以结转下一年度使用，甚至可以有条件地转让给第三方使用。

在水污染防治领域，我国也积极地进行排污许可证交易制度的试点。江苏省环保厅在 2009 年初印发《江苏省太湖流域主要水污染物排污权有偿利用和交易试点排放指标申购核定暂行办法》，确定了太湖流域工业、企业主要水污染物排放指标申购核定等方面的内容。

（四）排污许可证交易法律关系的构成

1. 主体。对于排污许可证交易的主体而言，排污指标的卖方必须是适格的主体，具有相应的权利能力和行为能力，排污指标的购买方同样必须是合格的主体，具有相应的权利能力和行为能力。主要是指对排污指标有需求的主体。从理论上讲，除了排污者当事人双方、政府、社会组织乃至个人等非排污者以购买者的身份应该可以同样享有排污指标买卖的权利。但是，在目前的情况下，将购买者的主体限制为合法排污者，会更加符合国情，更便于操作。美国的二氧化硫排污许可证交易中，将参加交易的排污者分为两类：一类是法定的强制参加者，它们是重点排放企业；另一类则是自愿参加者，法律没有强制要求。这样可以降低交易中产生的检测与执行成本。因此，对于我国来说，这一点值得借鉴，即我国的排污许可证交易主体也应该限定在总量控制区内对污染影响较大的重点排污者。在此范围外的其他排污者在具备完善的检测条件下也可以自愿加入交易计划。

另外应注意，在排污许可证交易过程中，环保部门不是交易关系的主体，它属于监管主体。政府在排污许可证交易中作为主体在美国是客观存在的事实。[①] 政府参与排污许可证交易能够运用市场手段实现宏观调控，使得排污许可证交易市场健康与稳定地发展。一方

---

① 宋国君：《排污权交易》，化学工业出版社 2004 年版，第 103 页。

面,政府可以加强对生产的监管,制止不正当竞争行为;另一方面,政府通过对排污许可证的买卖来调控排污许可证交易市场。当排污许可证交易价格上涨过快时,政府可以将自己留存的排污指标投放市场;当排污许可证交易价格过低时,政府则应该买入部分排污指标。这样既可以调动排污者治理污染的积极性,也可以使环境质量得到改善。①

2. 客体。排污许可证交易的客体是可供交易的富余环境容量资源。环境容量资源具有使用价值和稀缺性,并且通过科技手段和总量控制制度,使排污许可证制度具有可控性。

3. 内容。(1)卖方的权利和义务。卖方在排污许可证交易中的权利有:按照自己的意志出售排污指标权;因出售节余排污指标而请求对方给付一定数额的金钱作为补偿的权利;协商确定转让节余排污指标的期限的权利。卖方在排污许可证交易中的义务是:通过合法途径(如技术改造等)节余排污指标;减少相应的排污量,依法转让节余排污指标,并确保没有向其他排污者转让该指标;及时到原发放排污许可证的环保部门办理变更登记;在转让期间内自己不使用相应的排污指标等。(2)买方的权利和义务。买方在排污许可证交易中的权利有:按照自己的意愿确定选择购买种类、使用期限的权利;协定金额、付款方式、付款期限的权利;请求转移排污指标的权利;对所购买的排污指标的排他性使用权;排放相应种类污染物的权利等。买方在排污许可证交易中的义务是:按双方议定的交易价格支付价款;将所购买的排污指标用于同种类的污染物的排放;及时到所在地环境保护主管机构办理变更、申报备案;采取有效措施防治环境污染等。

(五)排污许可证交易的基本条件

1. 以总量控制制度为基础。总量,是指在一定区域环境内,可满足环境容量需要的污染物质以及有毒有害物质的全部数量。环境容量,是指满足某环境要素治理目标的前提下相应环境要素污染物的允许排放总量。总量控制,是在对环境可以容纳污染物以及有毒有害物质的全部数量予以定量化的基础上,对排污者的污染物排放进行定量控制的方法。排污总量是排污许可证交易的上限,不能超过环境容量。所以排污许可证交易首先要确定环境容量,对环境容量进行科学的评价与计算。

2. 以排污指标配置为前提。排污指标初始配置是在制定排污总量的基础上,对环境容量这一公共资源的使用权实行公正的分配,排污指标初始配置直接涉及排污单位的经济利益,并且影响到环境容量资源的配置效率。现有的配置方法主要有政府无偿分配方式和有偿分配方式。

在实践中采取的无偿分配的做法,一方面,使得现有的排污者缺乏持续削减排污指标的积极性,倾向于通过非正常渠道占有过多的排污指标;另一方面,新建企业只能通过向现有排污者购买排污指标进入市场,造成不公平现象出现。② 而有偿分配的方式相比较而言,有着诸多优点。我国在太湖流域试行排污许可有偿分配和交易的试点,将排污指标作为资源实行初始有偿分配,这便是一个颇具意义的改进。

---

① 王蕾、毕巍强:《排污权交易下的政府行为分析》,载《经济研究导刊》2009 年第 16 期;李寿德:《排污权交易产生的经济根源及其研究动态》,载《预测》2003 年第 5 期。

② 何勇海:《像青菜萝卜一样买卖深思排污权交易》,载《中国青年报》2002 年 6 月 9 日。

> ➢ **争论**

　　美国国会在关于《清洁空气法修正案》的辩论中,提出了三种初始分配方案:公开拍卖、固定价格出售和免费分配。但是从实践来看,这三种分配方式都存在着各自的优缺点。排污许可证指标分配究竟是采用无偿还是有偿的方式一直存在较大争议。使用无偿方式照顾到了企业的承受能力,但是又使已有排污者与新建企业存在着极大的不公平;而采用有偿方式,首次购买又会给企业造成一定的经济压力;采用拍卖方式又可能造成被大企业垄断的现象。

　　3. 以环境检测和制裁制度为保障。排污许可证交易离不开准确的数据检测,因为建立在虚假数据统计上的许可证交易不仅构成对交易双方当事人的欺诈,而且会造成对社会整体环境利益的破坏。因此,数据检测的有效性将直接决定排污许可证交易能否顺利开展,如果没有真实可信的检测数据,那么交易将无法进行。在排污许可证交易的整个过程中必须有政府的监督行为,政府要利用各种自动的检测手段对污染源实行技术检测。例如,美国联邦环保局依靠三个严密的数据信息系统对排污情况进行检测,即排污跟踪系统、年度调整系统和许可证跟踪系统。除了在量上政府需要把关外,排污许可证交易在空间和时间的分布上也需要政府监督。

第五节　排污收费制度

一、概述

(一)概念

　　排污收费,是指环保部门对向环境排放污染物或者超过国家或地方排放标准排放污染物的排污者,按照所排放的污染物的种类、数量和浓度,征收一定的费用。排污收费制度,是指有关征收排污费的对象、范围、标准、程序以及排污费的征收、管理、使用和法律责任等规范的总称。

(二)特点

　　1. 主体具有特定性。排污费的征收者为依法代表国家或者地方专门行使环境行政权的环保部门,而缴纳排污费的则是特定的、从环境中获益的环境利用行为人,其他人无须负担此种缴费之义务。

　　2. 性质具有补偿性。根据环境公平原则以及污染者负担原则,环境利用行为人所缴纳的排污费属于补偿其利用环境而造成环境利益损失的恢复和治理成本。

　　3. 用途具有确定性。排污费通常都是由法律规定使用范围,此范围限定在污染防治领域。

二、排污费征收的对象

(一)被征收排污费的主体

《排污费征收使用管理条例》(以下简称《条例》)第 2 条规定,直接向环境排放污染物的单位和个体工商户,应该缴纳排污费。但是,我国各个单行环境污染防治法律对于排污费征收的规定并不一致。

《水污染防治法》第 24 条规定,直接向水体排放污染物的企业事业单位和个体工商户,应当按照排放水污染物的种类、数量和排污费征收标准缴纳排污费。《环境噪声污染防治法》第 16 条规定,产生环境噪声污染的单位,应当采取措施进行治理,并按照国家规定缴纳超标排污费。《大气污染防治法》第 14 条规定,国家实行按照向大气排放污染物的种类和数量征收排污量的制度,根据加强大气污染防治的要求和国家的经济、技术条件合理制定排污费的征收标准;征收排污费必须遵守国家规定的标准,具体办法和实施步骤由国务院规定。《固体废物污染环境防治法》第 56 条规定,以填埋方式处置危险废物不符合国务院环境保护行政主管部门规定的,应当缴纳危险废物排污费;危险废物排污费征收的具体办法由国务院规定。《海洋环境保护法》第 11 条规定,直接向海洋排放污染物的单位和个人,必须按照国家规定缴纳排污费。

从以上单行法对于排污费征收对象的规定可以看出,有的单行法与《条例》规定的征收主体是一致的,有的则并不相同。作为下位法的行政法规,《条例》不能随意改变上位法的征收主体范围。因此,实践中环保部门在依法征收排污费时,认定排污费征收主体的范围不能够仅依据《条例》的规定,要看排污单位对于不同种类污染物的排放而选择不同的单行污染防治法。

(二)排污费征收项目

1. 向大气、海洋排放污染物征收排污费。根据《大气污染防治法》和《海洋环境保护法》的规定,向大气、海洋排放污染物的,按照排放污染物的种类、数量缴纳排污费。但是对机动车、飞机、船舶等流动污染源暂不征收废气排污费。

2. 向水体排放污染物征收排污费。根据《条例》的规定,向水体排放污染物的,按照排放污染物的种类、数量缴纳排污费;向水体排放污染物超过国家或者地方规定的排放标准的,按照排放污染物的种类、数量加倍缴纳排污费。2008 年 6 月 1 日实施的新修订的《水污染防治法》第 24 条规定,直接向水体排放污染物的企业事业单位和个体工商户,应当按照排放水污染物的种类、数量和排污费征收标准缴纳排污费。也就是说,现行的《水污染防治法》中也把存在超标排污加倍收费的规定,因此,《条例》中规定的向水体超标排放污染物不再适用加倍征收超标排污费。

3. 向环境超标排放噪声征收排污费。对于排放噪声征收排污费的规定,《条例》与《环境噪声污染防治法》第 16 条的规定是一致的,即环境噪声只有超过国家或者地方规定的排放标准才缴纳超标排污费,并按照排放噪声的超标声级缴纳排污费。但是对机动车、飞机、船舶等流动污染源暂不征收噪声超标排污费。《排污费征收标准管理办法》第3条规定:"对环境噪声污染超过国家环境噪声排放标准,且干扰他人正常生活、工作和学习的,按照噪声的超标分贝数计征噪声超标排污费。"此规定在现实操作中其实存在着一定的操作难度,如何认定"干扰他人正常生活、工作和学习",又如何对其取证等问题都是现实环境执法中的难题。

4. 对排放固体废物征收排污费。根据《条例》的规定,没有建设工业固体废物储存或者处置的设施、场所,或者工业固体废物储存或者处置的设施、场所不符合环境保护标准的,按照排放污染物的种类、数量缴纳排污费;以填埋方式处置危险废物不符合国家有关规定的,按照排放污染物的种类、数量缴纳危险排污费。在2005年4月1日实施的新修订的《固体废物污染环境防治法》在其第56条中规定,以填埋方式处置危险废物不符合国务院环境保护行政主管部门规定的,应当缴纳危险废物排污费。该法取消了原法中规定的其他固体废物征收排污费的规定。因此,《条例》中关于固体废物排污费征收之规定只能适用于危险废物排污费的征收。

三、污染物排放种类、数量的核定

要对排污者征收排污费就必须事先核定排污者排放污染物的种类与数量。2003年11月前国家环保总局专门发布了《关于排污费征收核定有关问题的通知》,要求所有排污单位和个体工商户必须于每年1月1日至15日如实进行排放污染物申报登记。负责排污费征收管理工作的县级以上环境保护行政主管部门以及所属的环境监察机构应要求排污者按照其实际情况分类申报登记。负责征收排污费的环境监察机构应于每年2月10日前对排污者申报的"排放污染物申报登记统计表(试行)"等进行审核。对符合要求的,环境监察机构向排污者发回经审核同意的"排放污染物申报登记统计表(试行)"等;对不符合要求、错报、漏报的,要责成其限期重报或补报。当排污者排放污染物需作改变或者发生污染事故等造成污染物排放紧急变化的,必须分别在改变3日前或变化后3日内填报相应的"排放污染物月变更申报表(试行)",说明变更原因,履行变更申报手续。

由于排污费的征收一般是按月或者是按季度进行征收的,因此从理论上说,排污单位也应该按月或者按季度申报其排放污染物的种类和数量,但是,实践中一般是环境监察机构根据审核合格的"排污申报登记表"或"排污变更申报登记表",于每月或每季度内,对排污者每月或每季度的实际排污情况进行调查与核定。在每月或每季度终了后7日内向排污者发出"排污核定通知书"。排污者对核定结果有异议的,可在接到"排污核定通知书"之日起7日内申请复核,环境监察机构应自收到复核申请之日起10日内作出复核决定,并将决定送达排污者。

四、排污费的征收

(一)水与大气污染物的收费标准及计算

1. 污染当量的确定。污水、废弃排污费是按污染物的种类、数量以污染当量为单位实行总量排污收费的。污染当量是利用污染治理平均处理费用法提出的,表示了不同污染物或污染排放活动之间的污染危害和处理费用的相对关系,主要是综合考虑各种污染物或污染排放活动对环境的有害程度、对生物体的毒性以及处理的费用等几方面因素而制定的。污染当量主要在水污染收费和大气污染收费标准中采用。

2. 污水与大气污染物排污费计算。将每个排污口排放的每种污染物的排放量按照污染当量值换算成污染当量数,再把所有的污染物当量数相加,得出该排放口排放的所有污染物的总污染当量数,用总污染当量数乘污染当量收费单价,即得出应缴纳的排污费额。考虑到排污者的承受能力和环境监测水平,目前的规定是同一污水或废弃排放口征收排污费的污染物种类总量不超过3个。这种以污染当量总数乘单一收费单价计算排污费的收费标准体系,操作简单,方法统一,便于使用计算机征收排污费,特别是调整排污费征收标准只需公布收费单价,不必一一调整每种污染物的收费标准,为今后排污收费标准的调整提供了便利条件。

3. 危险废物排污费计算。首先,查阅《危险废物名录》确认是否为危险废物。对属于危险废物的按照危险废物规定征收排污费。其次,确认危险废物填埋或者处置是否符合国家有关规定要求,对符合规定要求的不收费,对不符合规定要求的征收危险废物排污费。

4. 环境噪声排污费计算。对超过国家规定的环境噪声排放标准,干扰他人正常生活、工作和学习的环境噪声污染,按照排放噪声的超标声级缴纳噪声超标排污费。

(二)排污费的征收程序

1. 核定排污费。排污者应当申报其污染物排放量等有关情况,环保部门进行核定。核定要由各级环保部门的环境监察机构3人(或以上)组成审议小组进行审议,按照核定的排污量,负责征收排污费的环境监察机构计算出排污者应缴纳的排污费数额,予以公告,并向排污者送达排污费缴纳通知单。

➢ 争论

> 对于排污者应当缴纳的排污费数额予以公告,这是对于排污费征收行政行为透明度的要求。对于排污者应该缴纳的排污费,虽然《条例》中规定了要向社会公开,但是并没有具体规定环保部门在确定排污费数额后在什么时间公开,要通过什么途径公开,这些都导致了现实中排污费公告制度形同虚设。

2. 排污费的通知与缴纳。排污费数额确定后,由负责污染物排放核定工作的环保部门向排污者送达排污费缴费通知单。排污者应当自接到缴费通知单之日起7日内,到指定的商业银行缴纳排污费。

3. 排污费的缓缴与减免。对于排污费的缓缴,《条例》规定,排污者因有特殊困难不能按期缴纳排污费的,自接到缴费通知单之日起7日内,可以向环保部门申请缓缴排污费。环保部门应当自接到申请之日起7日内,作出书面决定;期满未作出决定的,视为同意。排污费的缓缴期限最长不超过3个月。

对于排污费的减免,《条例》规定,排污者因不可抗力遭受重大经济损失的,可以申请减半缴纳排污费或者免缴排污费。排污者因未及时采取有效措施,造成环境污染的,不得申请减半缴纳排污费或者免缴排污费。为了进一步落实《条例》的规定,在《关于减免和缓缴排污费有关问题的通知》(以下简称《通知》)中对排污费减免的适用条件作了更加细致的界定。在《通知》里将减免条件的"不可抗力"认定为"台风、火山爆发、洪水、干旱、地震等不可抗力自然灾害以及因突发公共卫生事件、火灾、他人破坏等"。

> 争论

> 《条例》明确规定,只有在出现不可抗力的情况下排污者才有可能申请减免排污费。法律对于不可抗力的规定,一般来说包括自然灾害和社会事件。对于自然灾害作为不可抗力一般异议不大,但是关于社会事件是否成为不可抗力,现在仍然不明确。因此,将"因突发公共卫生事件、火灾、他人破坏等"都认定为不可抗力存在争议。

对于排污费减免的程序,在《通知》中作了较为详细的规定,表现为:第一,根据排污费减免的数额大小对审批机构权限作了分工;第二,明确对排污费减免由环保部门、财政部门和物价部门共同审批,以此来彰显权力的制约和对排污费减免的慎重;第三,明确了申请人的申请、环保部门的审核以及三部门共同审批的程序和时效。

五、排污费的使用

(一)收、缴两条线

排污费由环保部门负责征收,商业银行在收到排污费的当日将排污费资金缴入国库。国库部门将10%缴入中央国库,90%缴入地方国库。排污费全额纳入预算,作为中央和地方环境保护专项资金。

(二)专款专用

收缴来的排污费主要用于:重点污染源防治;区域性污染防治;污染防治新技术、新工艺的开发、示范和应用;国务院规定的其他污染防治项目。

第六节 限期治理制度

一、概述

(一)概念

限期治理制度,是指对超标排放污染物、超过总量控制指标排放污染物以及严重污染环境的排污者,由环保部门或者人民政府依法限定其在一定期限内完成治理任务、达到治理目标的法律规范的总称。限期治理制度作为一项重要的环境保护法律制度,见证了我国当代环境保护的整个历程。它起源于 1973 年第一次全国环境保护工作会议讨论通过并经国务院批准实施的《关于保护和改善环境的若干规定》,成型于 1979 年的《环境保护法(试行)》,确立于 1989 年修改后通过的《环境保护法》,并为《水污染防治法》以及其他单行环境污染防治法所继承和不断完善。

(二)特征

1. 限期治理具有具体性。它是环保部门针对特定的排污者,如超标排污或者超量排污的排污者等,规定特定的时限,责令其在该期限内治理污染并达到规定目标的具体行政行为。

2. 限期治理具有强制性。被责令限期治理的排污者必须容忍和服从该义务,否则将承担被罚款或者被责令停业的法律责任。

3. 限期治理具有限权性。它不是赋权行为,不是给排污者某种利益,而是科以治理污染的负担;同时,限期治理也不是处分行为,它只是对排污者行使排污权的一种限制而不是剥夺其排污权。

4. 限期治理具有从属性。环保部门或者地方政府作出限期治理的决定,是为了迫使暂不符合排污许可、环境影响评价许可、"三同时"环保设施验收许可要求或者其他行政要求的排污者在一定期限内履行其没有履行或者没有完全履行的特定环保义务,以满足环境法律之要求。

5. 限期治理不具有制裁性。限期治理的目的不是为了制裁和惩罚排污者,而是对排污者科以一定的义务,以实现其环境保护管理的特定目标。需要明确的一点,从我国环境法律的规定来看,尤其是新修订的《水污染防治法》中设计限期治理的条款,可以看出限期治理并未加重排污者任何义务,所以限期治理并不是行政处罚。

二、限期治理的适用条件

目前,对于限期治理的适用条件,我国《环境保护法》以及各单行环境污染防治法律的规定并不统一。《环境保护法》第 18 条规定:"在国务院、国务院有关主管部门和省、自治区、直辖市人民政府划定的风景名胜区、自然保护区和其他需要特别保护的区域内,不得建设污染环境的工业生产设施;建设其他设施,其污染物排放不得超过规定的排放标准。已经建成的设施,其污染物排放超过规定的排放标准的,限期治理。"第 29 条规定,对造成环境严重污染的企业事业单位,限期治理。《环境噪声污染防治法》第 17 条规定,对于在噪声敏感建筑物集中区域内造成严重环境噪声污染的企业事业单位,限期治理。新的《水污染防治法》对于限期治理的适用条件作了较大的修改。在其第 74 条中规定,排放水污染物超过国家或者地方规定的水污染物排放标准,或者超过重点水污染物排放总量控制指标的,由县级以上人民政府环境保护主管部门按照权限责令限期治理。

> **争论**

　　在限期治理条件的规定中,一些法律、法规规定限期治理使用的前提为"造成环境严重污染",这个前提的适用在现实中是存在争议的。"造成环境严重污染"究竟是指污染后果的严重性已经充分显现,还是指污染行为的严重性将可能导致严重后果的发生呢? 如果将其解释为污染的严重后果,则存在诸多问题:污染后果的严重性如何定义,与环境法中"预防为主、综合治理"原则的不符合,对污染的严重后果的治理难度非常之大,这与限期治理制度的设计初衷也相悖。如果将其理解为"污染行为的严重性将可能导致污染严重后果的发生",那么哪些污染行为是严重的行为,哪些污染行为可能会导致污染严重后果,都是没有准确标准的。

三、限期治理的内容

(一)限期治理的项目

　　根据污染源、区域环境和环境污染严重程度及性质等来确定限期治理的项目,一般分为点源性治理项目、区域污染治理项目和行业污染治理项目三大类。

(二)限期治理的目标

　　对于具体的污染源的限期治理,其目标是达标排放。对于行业污染的限期治理,可以要求分期分批逐步做到所有的污染源都达标排放。至于区域环境污染的限期治理,则要求达到适用于该地区的环境质量标准。但是,对于实行总量控制的地区,除浓度目标外,还有总量目标,即要求污染源的排放的污染物总量不超过其总量指标。

(三)限期治理的期限

　　通常限期治理项目的周期与其规模和污染严重程度成正相关关系。由于限期治理的期限直接涉及行政强制措施的实施保障,期限不宜过长。现有的法律、法规对限期治理的期限均未作规定,在 1996 年 8 月国务院发布的《国务院关于环境保护若干问题的决定》中要求,限期治理的"期限可视不同情况定为 1—3 年"。一般在确定其期限时,综合考虑排污者生产情况、技术工艺特点、设备和设施运行现有能力,由有权决定机关作出合理的限期治理期限。在新修订的《水污染防治法》第 74 条中,首次通过法律确定,限期治理的期限最长不超过 1 年。

四、限期治理的决定

　　与其他环境法律制度的实施相比,限期治理制度比较复杂,特别是限期治理的决定权问题。对于限期治理决定的主体规定,不仅国家立法层面存在着规定的差异性,地方环境立法也存在着不小的差异。

(一)国家立法层面

在我国目前的环境法律体系中,《环境保护法》与其他一些单行的污染防治法对限期治理决定权的规定各有不同。《环境保护法》将限期治理的决定权赋予各级人民政府,将环保部门排除在外。《环境噪声污染防治法》与《环境保护法》的规定基本一致,但是,其有一个比较谨慎的授权条款,即原则上,限期治理由县级以上人民政府按照国务院规定的权限决定。对小型企事业单位的限期治理,可以由县级以上人民政府在国务院规定的权限内授权其环保部门决定。修订后的《大气污染防治法》与《海洋环境保护法》中限期治理决定权徘徊于人民政府和环保部门之间而不能确定。

(二)地方立法层面

地方性法规中对于限期治理决定权的规定,有两点值得注意:一是,直接规定限期治理的决定权为各级人民政府的环保部门所有。对于此类规定因为其直接与上位法《环境保护法》、《环境噪声污染防治法》等环境法律的规定形成冲突,根据《立法法》的规定而当然无效。二是,规定人民政府可以授权其环保部门行使限期治理决定权。在很多地方性环境保护法规中都规定了限期治理决定权的行政授权,那么这些行政授权条款究竟有效无效,如果环保部门依据政府的行政授权作出限期治理的决定,一旦纳入司法审查程序,将面临怎样的问题?

要分析限期治理决定权的行政授权问题,必须先厘清行政授权。目前一般认为,中国行政法理上的行政授权,既不是指法律、法规对行政权力的设定,也不是指行政机关对行政权力的委托,而是指行政主体(授权人)在法律、法规许可的条件下,通过法定的程序和形式,将自己行政职权的全部或者部分转让给有关组织(被授权人),后者据此以自己的名义行使该职权,并承受职权行为效果的法律制度。[①] 限期治理决定权的授权行使的就是此种行政行为。这种行政授权行为的法律特征表现为三个方面:第一,限期治理决定权人为县级以上人民政府,即行政授权人,另一方当事人为县级以上人民政府的环保部门,即行政被授权人;第二,县级以上人民政府将其对限期治理的决定权作为授权客体授予环保部门行使;第三,县级以上人民政府将其限期治理的决定权授予环保部门的法律效果,是使得被授权人即环保部门可以以自己的名义独立地行使限期治理的决定权,并由其自己独立地承受行为的结果。

从行政法理的角度分析,我国学者一般都认为法无明文不授权,这要求行政主体实施行政授权,必须由法律、法规的明文许可。法律、法规明文规定行政主体可以授权的,行政主体方能授权;法律、法规不作规定的,视为无授权许可。[②] 由此法理分析可知,县级以上人民政府显然无权将其对排污单位的限期治理决定权授权其环保部门行使,因为我国《环境保护法》等其他单行环境法律在规定限期治理决定权时,并未有行政权之规定。事实上,在我国国家层面的环境立法上,《环境噪声污染防治法》在规定了县级以上人民政府对有噪声污

---

① 胡建森:《行政法学》,法律出版社 1998 年版,第 241~242 页。
② 胡建森:《行政法学》,法律出版社 1998 年版,第 243 页。

染危害的单位实施限期治理的同时,又作出了一个行政授权的规定,即县级以上人民政府可以在国务院规定的权限范围内授权其环保部门对小型企业事业单位的噪声污染进行限期治理。这是我国单行的污染防治法中唯一的一个关于限期治理的行政授权规范。据此,环保部门在经县级以上人民政府授权的情况下,可以作出限期治理的决定。对于该条款的行政授权规定,应当理解为:第一,只有对噪声污染的企事业单位进行限期治理时,县级以上人民政府才能据此进行行政授权;第二,县级以上人民政府在行政授权时,只能针对小型企事业单位噪声污染的限期治理,其他非产生噪声污染的小型企事业单位,如向大气中、水体中排放污染物的单位的限期治理则不能适用行政授权;第三,这一条款的行政授权规定,暗含着其他污染防治法中没有规定行政授权条款的,则绝对不能适用行政授权,否则就是违法授权。

上述地方性环境保护条例是在法律即《环境保护法》已经制定的情况下制定的,同时,它也不属于其上位法类法律《环境保护法》只作出原则性规定时,地方立法机关结合本行政区的具体情况和实际需要作出规定的情形。《环境保护法》在第 29 条第 2 款就限期治理的决定权规定得非常具体、明晰,因此,这些地方性环境保护条例中行政授权的规定与上位法《环境保护法》第 29 条的规定相冲突,因而也是无效的。

➢ 争论

修订后的《大气污染防治法》和《海洋环境保护法》中限期治理的决定权徘徊于人民政府和环保部门之间而不能确定。因为,对于"限期治理按照国务院规定的权限决定"这句话的理解并不明确。第一种理解为《大气污染防治法》与《海洋环境保护法》并没有直接规定限期治理的决定权,而是授权由国务院通过行政法规或者行政决定去明确;第二种理解为在《大气污染防治法》与《海洋环境保护法》中尽管没有直接规定限期治理的决定权究竟属于人民政府还是环保部门,但是,由于在《环境保护法》中已经明确规定了其决定权是人民政府,因此,除了特别法有不同的规定,一般可以直接引用作为环境保护的一般法的《环境保护法》的规定。在《大气污染防治法》与《海洋环境保护法》中对于限期治理决定权的分工有特别规定,不再适用《环境保护法》中关于限期治理决定权限分工之规定。

➢拓展案例

北京圆明园东部湖底防渗工程环境影响报告书审批案

圆明园遗址公园是全国重点文物保护单位和爱国主义教育基地,是我国皇家园林的杰作,在中国及世界园林史上占有重要的地位,被誉为"万园之园"。中华人民共和国成立后,特别是改革开放以来,圆明园的保护和整治工作逐步得到重视,为此,圆明园制定了保护整治规划实施方案,并于 2003 年 8 月 8 日上报北京市海淀区政府,圆明园整治工程正式启动。2003 年 12 月,圆明园管理处和海淀区水利局、北京市水利科学研究所等完成了《圆明园水资源可持续利用规划》,2004 年又在此基础上提出了东部湖底防渗、雨洪利用、节水灌溉等工程的项目建议书和内湖补水(再生水回用)的可行性研究报告。2004年6月圆明园管理处决定开始对圆明园东部开放区(范围主要包括长春园水域、绮春园水域及福海水域)进行湖底防渗工程建设。但是,这项涉及重大公众利益的工程却一直不为公众所知地悄然进行着。

2005年3月22日下午,兰州大学生命科学学院客座教授张正春先生到圆明园参观游览,正巧看到几十台挖掘机正在挖掘圆明园的湖底,然后有工人将大片白色塑料将湖底铺满,并在湖边四周用水泥将其严重封闭。据介绍,这样是为了防止湖水渗漏。而张正春教授认为,此举将严重破坏圆明园的园林景观和水系结构,加剧该地区的生态破坏。① 为制止这种行为,张正春教授在网络上发表了关于《圆明园铺设防渗膜是毁灭性的生态灾难》的呼吁信。3月24日,张正春教授给人民日报社记者打来电话告急,称:"圆明园的湖底在铺设防渗膜,已经快铺完了,如果不马上停止,将产生灾难性的后果!"该消息并在当日的《人民日报》上披露。② 3月29日,北京市环保局会同海淀区环保局正式介入调查,发现该工程属于海淀区2005年系列环境整治工程中的一部分,它结合着清淤工程在2004年年底前就已展开,并且圆明园内水域面积最大的福海湖底覆膜工程全部完工,绮春园里的覆膜工作已经结束,正在作回填处理。实际上整个工程基本完成。

但是,该工程却一直未履行任何环境影响评价手续。而按照《文物保护法》的规定,文物保护单位内的建设工程要报文物主管部门审批,然而北京市文物局也没有接到过圆明园的申请。2005年4月1日,国家环保总局责令圆明园东部湖底防渗工程停工,立即依法补办环境影响评价审批手续。鉴于圆明园湖底防渗项目在国家重点文物保护单位内建设,环境敏感程度高,环境影响特殊,并且受到社会各界的广泛关注,因此国家环保总局还就该工程的环境影响召开了公开听证会和专家座谈会,社会反响空前强烈。③ 听证会后,国家环保总局责成圆明园管理处在40天内限期提交环评报告书。然而,许多在京具有环评甲级资质的单位却因为该工程涉及违法开工建设、社会反响极大、涉及利益关系复杂等因素而不敢接手编制该工程的《环境影响报告书》。直到5月17日,圆明园管理处才委托清华大学环境影响评价室承担该项目环境影响报告书的编制工作。

清华大学正式接手环评项目后,即联合北京师范大学、北京市勘察设计研究院、中国农业大学、首都师范大学等单位,成立了地下水、地表水、生态、防渗材料、文物遗址、再生水回用、公众参与、改进方案、工程分析与其他影响等10个小组开展环评工作,详细收集和分析与工程项目有关的基础资料,通过大量调查、检测、试验和模拟,在系统深入的研究基础上,编制完成了环境影响报告书。

6月下旬,清华大学编制完成了《圆明园东部湖底防渗工程环境影响报告书》。对于这

---

① 赵永新:《圆明园湖底铺设防渗膜,有专家称将产生灾难性后果》,http:///www.sina.com.cn,下载日期:2010年11月28日。

② 夏命群:《北京调查圆明园铺防水膜称环评不合格须停工》,载《京华时报》2005年3月30日。

③ 王京:《国家环保总局称圆明园湖底防渗工程应立即停建》,http://www.sina.com.cn,下载日期:2010年11月28日。

一份环境影响报告书,社会各界褒贬不一。

2005年7月7日,在没有继而举行任何听证会的情况下,国家环保总局突然决定同意圆明园环评报告书的结论,并提出了全面整改圆明园东部湖底防渗工程的四项要求:对圆明园东部尚未实施湖底防渗工程的区域,不再铺设防渗膜,全面采取天然黏土防渗;绮春园除入水口外,已铺的防渗膜应全部拆除,回填黏土和原湖底的底泥。湖岸边不能再铺设侧防渗膜;长春园湖底高于40.7米的区域要立即拆除防渗膜,回填黏土,湖岸边也不能再铺设侧防渗膜;对福海已经铺设的防渗膜进行全面改造。以砂石为主的回填区域,要去除掉表层的砂土,铺设上天然黏土,原湖底的淤泥土要全部回填。除码头周边10米区域外,其余区域的驳岸应拆除侧防渗膜以保证充分的侧渗补给。同时,为维持圆明园内水域的生态系统功能需要,必须统筹规划园内用水,增加来水量,尽可能利用园中水,保证来水的水质,院内的水体质量也要严加保护防止污染。至此,此案即告一段落。

讨论题

1. 环境影响评价制度的适用范围和主要内容有哪些?

2. "三同时"制度对建设项目的竣工验收有何要求?

3. 结合限期治理制度,谈谈对《水污染防治法》第74条的看法。

4. 案例讨论:

2004年6月28日,江西省无线电高级技工学校收到南昌市环保局送达的《排污核定复核决定通知书》和《排污费缴纳通知单》,要求该校自2004年1月起每月缴纳9375元排污费。该校认为,其属于财政全额拨款的公办教育事业单位,排放的是教职工、学生生活用水,并且污水排入城市污水管网,按规定缴纳了污水处理费,根据《排污费征收使用管理条例》的有关规定,无须再缴纳排污费,环保局属于重复收费。同年7月初,该校向江西省环保局申请行政复议,要求撤销南昌市环保局的《排污费缴纳通知单》。江西省环保局收到行政复议申请后,对复议申请进行了审查,并于同年8月底作出维持南昌市环保局对该校征收排污费的复议决定;9月初,该校不服江西省环保局作出的复议决定,向南昌市西湖区人民法院提起行政诉讼,要求撤销被告及复议机关作出的行政决定。

法院经审理认为,原告虽然缴纳了污水处理费,但其污水并未排入城市污水集中处理设施,而是未经处理直接排入赣江,所以不能适用《排污费征收使用管理条例》的规定免除其缴纳排污费的义务。被告南昌市环保局是征收排污费的法定主体,依据国务院《排污费征收使用管理条例》的规定,向原告征收排污费的行政行为事实清楚、证据确凿、适用证据正确、程序合法,应予维持。原告诉讼是对有关法律、法规产生误解,属理解上的偏差,故不予支持。随后,原告依据判决,按照南昌市环保局《排污费缴纳通知单》缴纳了排污费。

结合上述案例,分析排污收费与污水处理费和罚款的主要区别;就《水污染防治法》中对于直接排污与间接排污缴纳排污费的规定谈谈自己的看法。

第五章 ◆ 环境法律责任

　　法律责任,是指法律关系主体因违法行为、违约行为或者基于法律规定而应承担的强制性的法律负担。环境法律责任,是指环境法律关系主体因污染和破坏环境,依法应承担的法律责任。

　　作为环境法必不可少的一个组成部分,环境法律责任的主要功能在于反映环境法律规范的强制效力,保障环境法的有效实施,以实现保障人群健康,保护和改善生活环境和生态环境,促进经济、社会和环境的协调发展的立法目的。我国《民法》、《刑法》等基本法,以及环境与资源保护方面的单行法、环境行政法规以及地方性环境资源保护法规等,都规定了环境法律责任。环境法律责任包括环境行政责任、环境民事责任、环境刑事责任三种形式。

第一节　环境行政责任

一、环境行政责任的概念

　　环境行政责任,是指违反环境法,实施了破坏或污染环境的行为的单位或个人所应承担的行政方面的法律责任。

　　环境行政责任是对环境行政违法行为的一种行政制裁。依据我国环境法律、法规的规定,环境行政责任可分为环境行政管理主体的环境行政责任和环境行政相对人的环境行政责任两种。

　　环境行政管理主体的环境行政责任,是指具有一定环境行政管理权的行政机构及其工作人员因违反环境法或其他有关法律规定而应承担的行政责任。其责任形式主要包括:责令撤销违法行政行为、责令履行法定职责、赔偿行政相对人的损失、行政处分等。另外,在某些情况下,还有赔礼道歉、恢复名誉、消除影响等责任形式。环境行政相对人的环境行政责任,是指受环境行政管理主体管理的单位和个人,违反环境法或不履行环境资源保护义务而应承担的法律责任。

二、环境行政责任的构成要件

　　环境行政责任的构成要件,是指对环境资源违法主体追究其环境行政责任所必须具备的条件。环境行政责任的构成要件包括：

(一)行为违法

行为违法,指行为人实施了破坏或者污染环境的行为而违反了环境法。行为的违法性是构成环境行政责任的必要条件。《环境保护法》第 35 条至第 39 条规定:(1)拒绝环境保护管理监督部门现场检查;(2)拒报或者谎报有关污染物申报事项;(3)不按照国家规定缴纳排污费;(4)引进不符合我国环境保护规定的技术和设备;(5)将产生严重污染的生产设备转移给没有防治污染能力的单位使用的;(6)建设项目防治污染设施没有建成或建成后未达到国家规定的要求而投产使用的;(7)违反《环境保护法》的规定造成污染事故的;(8)令其限期治理而逾期未完成治理任务的,这些行为都属于环境违法行为。1999 年以来修改或制定的环境保护单行法,多将超过国家或者地方规定标准排放污染物的行为界定为违法行为,并规定了相应的行政责任。

(二)行为有危害后果

行为有危害后果,指违法行为造成了破坏或者污染环境的后果。例如,采伐林木者未按照规定完成更新造林任务,造成水土流失的;排污单位擅自闲置或者拆除防治污染设施,致使排放的污染物超标,致使农作物或鱼类死亡等。《环境保护法》和环境保护单行法的许多行政责任规范中,并未将危害后果规定为承担行政责任的必要条件,即只要行为者实施了破坏或者污染环境的行为,即使未造成危害后果,也应追究其行政责任,给予相应的行政制裁。这体现了环境保护法"预防为主"的基本原则。但是,如果《环境保护法》明文规定,有危害后果才承担行政责任时,危害后果就成为承担环境行政责任的构成要件。所以,危害后果是承担环境行政责任的选择性要件。

(三)违法行为与危害后果有因果关系

违法行为与危害后果有因果关系,是指违法行为与该行为所造成的破坏或者污染环境的后果之间存在着内在的、必然的联系,而不是表面的、偶然的联系。法律上的因果关系有直接因果关系和间接因果关系之分。直接因果关系,是指原因和结果之间存在着内在的必然的因果关系,例如,某鱼塘鱼类的大批死亡,经环境监测确认系由附近某化工厂因发生事故大量超标排放污染物所致,而不是其他单位的排污行为或者其他行为(如投毒)所造成。这时,才认定该化工厂的排污行为是造成鱼类大批死亡的原因,该鱼塘的鱼类死亡便成为化工厂排污行为造成的危害后果。它们之间存在着必然的因果关系,有直接因果关系。但是,现实生活中的因果关系往往比较复杂,多因一果、多因多果的情况比较常见。因此,必须坚持从客观事物的内在、必然联系出发,排除非人为(如自然灾害)的因素,正确区分因果关系锁链中的主、次环节(即主要原因与次要原因)的界限。确定环境行政责任构成要件中的因果关系,必须坚持直接的因果关系,不适用间接因果关系,也不适用环境污染赔偿责任中的"因果关系推定"原则。在不以危害后果为行政责任构成要件的场合,则不需要确认因果关系的问题,因此,违法行为与危害后果有因果关系是承担环境行政责任的选择性要件。

(四)行为人有过错

行为人有过错,指行为人实施破坏或者污染环境违法行为时主观上的故意或过失。目前判断过失的标准有三种观点:一是主观标准,即行为人有特定的知识水平、技术水平和业务经验,具备了预见损害发生的能力,如果没有预见,导致损害发生的,则为过失;二是客观标准,即根据不同行业确定该行业中等水平的人应该预见的范围,作为判断过失的客观标准,如果中等水平的人能预见的范围,行为人没有预见,导致损害发生的,则为过失;三是主客观标准,即把主观标准和客观标准结合起来,以客观标准为主,并且根据每一特定案件的具体情况作具体分析,来判断行为人是否有过失。在现实中,环境违法过失的判断大多以行为人是否履行了特殊注意义务为判断标准。

实践中,间接故意与过于自信过失这两种心理状态容易混淆。因为两者对危害后果都有一定程度的预见,并都不希望危害后果发生。但是,只要仔细分析就可看出,两者在希望和预见程度上是有差别的,因而在行为上也不同。间接故意对危害后果的发生表现为有意放任,且不采取任何防止危害后果发生的行为;过于自信过失只是过高地估计了自己的经验、技术能力等认为可以避免危害后果的发生,并在危害后果发生之前一般都采取了避免其发生的措施。从上述可知,行为违法和有过错,是承担行政责任的必备条件;危害后果和违法行为与危害后果的因果关系,则只有在法律明文规定的场合才成为行为者承担行政责任的必要条件。故前者为承担行政责任的"必要条件",后者为"选择条件"。

➢ 案例分析

1999年,某市A公司在未执行"三同时"制度的条件下自行新建了一个溴化锂车间并投产使用。不久,附近大片稻田的禾苗枯死。经检测,农业部门排除了禾苗遭受细菌性病虫害的可能。于是某市环保局对受影响的农田周围排污情况进行了调查,发现附近只有A公司的溴化锂车间,没有其他污染源,且发现溴化物含量越高的农田禾苗枯死现在越严重,而没有检测出溴化物的农田禾苗生长良好。据此,环保局认定A公司的溴化物污染是周围农田受损的原因,并拟对A公司以违反"三同时"制度进行处罚。但A公司以溴化锂无排放标准为由,拒不承认造成污染,也不接受行政处罚,更不对受损的农田承担损害赔偿责任。问题:无排放标准是A公司拒不承担行政责任的理由吗?

【解答】本案中A公司系因未执行"三同时"制度而构成行政违法。因此,无溴化锂排放标准不能成为A公司拒不承担责任的理由。

三、环境行政责任的形式

环境行政责任的责任形式,是指违反环境法的行为人依法应受到的环境行政制裁,是环境保护监督管理部门对违反环境法而应承担环境行政责任者,依法实施的惩罚措施的形式。环境行政责任的形式包括环境行政处罚和环境行政处分两种。

(一)环境行政处罚

1. 环境行政处罚的概念

环境行政处罚,是指环境保护监督管理部门对违反环境法而破坏或者污染环境,但又不够刑事惩罚的单位和个人,依法实施的一种行政性惩罚措施。

2. 环境行政处罚的特点

(1)行政处罚的主体具有特定性

行政处罚的主体,是国家特定的行政机关和法律、法规授权的组织,主要是指《环境保护法》第 7 条所规定的县级以上人民政府环境保护行政主管部门和其他依照法律规定行使环境保护监督管理权的部门。其中,对环境污染防治实施监督管理的有海洋、海事、港监、公安、交通、铁道、民航管理部门;对自然资源保护实施监督管理的有县级以上人民政府的土地、矿产、林业、农业、渔业、水行政主管部门。同时,根据《环境保护法》第 39 条第 2 款的规定,在某些环境违法行为中,县级以上人民政府也可行使行政处罚权。例如,对经限期治理逾期未完成治理任务的企业事业单位,可由作出限期治理决定的人民政府责令其停业、关闭。

(2)行政处罚的对象是行政相对人中的环境违法者

即因破坏或者污染环境而违反了环境法应受到行政处罚的单位或者个人。他们与监督管理部门之间存在着被监督管理与监督管理的行政法律关系。

(3)行政处罚的性质是行政制裁,是一种具体行政行为

(4)行政处罚具有单方强制性

行政处罚是环境保护监督管理部门对于承担行政责任者给予惩罚的单方行动,不依相对人的意志为转移。倘若当事人不履行处罚决定,又不申请复议,也不向人民法院起诉,行政机关可在时效期限内申请人民法院强制其履行。

(5)行政处罚具有时效性

《行政处罚法》第 29 条规定:"违法行为在二年内未被发现的,不再给予行政处罚。法律另有规定的除外。"从上述规定可知,环境保护监督管理部门在两年内未发现违法行为,超过此期限之后无论何时发现,均不得给予行政处罚;但法律另有规定的除外。

(二)环境行政处罚的种类

环境行政处罚的种类,是指环境保护监督管理部门对破坏或者污染环境者实施行政处罚的类别或者形式,是由《环境保护法》明文规定的,是行政处罚的外在表现。我国环境法规定了两类行政处罚形式,即对破坏环境者的行政处罚形式和对污染环境者的行政处罚形式。这些行政处罚形式,具有两大特点:第一,多为预防性行政处罚形式。根据环境破坏或者污染容易,治理和恢复难的特点,以及《环境保护法》"预防为主"的基本原则,《环境保护法》所规定的行政处罚特别突出其预防性功能,如责令重新安装使用、责令停止生产或者使用,责令停业或者关闭,责令停止开垦,责令补种被盗伐、滥伐林木等。这些处罚形式,大都是为了预防环境破坏或者污染的发生,或者是为了制止已经发生的环境破坏或者污染的继续加重。第二,多为行为罚。依照行政处罚所涉及的对象和作用,人们将行政处罚形式分为警戒罚(如警告)、财产罚(如罚款)、人身罚(如拘留)和行为罚四种。行为罚,是指行政机关依法责

令违法者实施(如责令重新安装使用、责令补种等)、禁止实施(如责令停止开垦、责令停止生产)和限期实施(如责令限期改正、责令限期治理等)某一种或数种行为。行为罚几乎占了行政处罚形式的绝大多数。

1.《环境保护法》规定的行政处罚基本形式

《环境保护法》第35条至第39条规定的行政处罚形式,包括警告、罚款、责令重新安装使用、责令停止生产或者使用和责令停业、关闭5种。上述5种处罚形式实际上是我国对污染环境者实施行政处罚的基本处罚形式。

(1)警告

警告,指环境保护监督管理部门依法给予环境行政违法者的谴责和警示。

(2)罚款

罚款,是指环境保护监督管理部门依法强令违法者向国家缴纳一定数额的金钱。罚款只对单位和非履行环境保护公职的个人适用。罚款一律上缴国库,任何单位和个人不得截留。当事人到期不缴纳罚款的,作出罚款决定的行政机关可对当事人每日按罚款数额的3%加处罚款。缴纳罚款的单位并不免除缴纳排污费、赔偿金等法律所规定的义务。

为避免出现在罚款数额低于违法成本下排污者宁选违法排污缴纳罚款也不愿改正违法行为,我国一些地方已经借鉴国外立法,规定了"按日计罚"的处罚方式。如2009年《深圳经济特区环境保护条例》第69条规定:"有前款规定的行为之一,经环保部门处罚后,不停止违法行为或者逾期不改的,环保部门应当对该违法行为实施按日计罚。按日计罚的每日罚款额度为1万元,计罚期间自环保部门作出责令停止违法行为决定之日或者责令限期改正的期限届满之日起至环保部门查验之日止。当事人申请查验的,环保部门应当自受理申请之日起3个工作日内实施查验;当事人未申请查验的,环保部门应当自作出责令停止违法行为决定之日或者责令限期改正的期限届满之日起30日内完成查验。""按日计罚"有助于督促违法企业主动改正违法行为。

(3)责令重新安装使用

1989年《环境保护法》第37条规定:"未经环境保护行政主管部门同意,擅自拆除或者闲置防治污染的设施,污染物排放超过规定的排放标准的,由环境保护行政主管部门责令重新安装使用。"不过,近年来环境单行法的修改倾向于以"责令限期改正"替代"责令重新安装"的表述,如,2008年《水污染防治法》第73条规定:"违反本法规定,不正常使用水污染物处理设施,或者未经环境保护主管部门批准拆除、闲置水污染物处理设施的,由县级以上人民政府环境保护主管部门责令限期改正。"比较来看,"责令限期改正"涵盖的内容更广。

(4)责令停止生产或者使用

责令停止生产或者使用,是指环境保护行政主管部门对建设项目防治污染设施没有建成,或者虽已建成但未经验收或者验收不合格,而投入生产或者使用的单位,强令其停止生产或者使用。其中,对生产部门的建设项目则责令其停止生产,对非生产部门的建设项目则责令其停止使用。这种行政处罚形式主要是为了保证"三同时"制度的落实,防止发生新的环境污染危害。

责令停止生产或者使用必须由特定的主体实施,即由审批该建设项目环境影响报告书(表)的环境保护行政主管部门科处。而不是由其他环境保护监督管理部门实施。其必须对特定的对象科处,即只能对污染防治设施没有建成或者虽已建成但未经验收,或者经验收不合格便投入生产或者使用的建设项目所在单位科处。只要防治污染设施没有建成或者建成后未经验收,或者经验收不合格便投入生产或者使用的,就可处以这种行政处罚。它属于临时性的行政处罚形式。

(5)责令停业、关闭

责令停业、关闭,是指作出限期治理决定的人民政府,对逾期未完成治理任务的单位强令其停业或者关闭。其中,对生产单位是强令其停业,对非生产单位则令其关闭。责令停业、关闭是一种最严厉的行政处罚形式。因为这种处罚形式,意味着受处罚者将不能继续从事原来的生产经营活动。所以只能对污染危害特别严重,靠一般技术治理不能奏效,经济效益又差的单位科处。其适用应注意:①它只能由特定的主体科处,即由作出限期治理决定的人民政府科处;责令中央直接管辖的企业、事业单位停业、关闭时,还须报经国务院批准。②它只能对特定的对象实施,即只能对经人民政府决定限期治理而逾期未完成治理任务的单位科处。例外的情况是,生产、销售、进口或者使用禁止生产、销售、进口、使用的设备,或者采用了禁止采用的生产工艺造成大气污染情节严重的,可由人民政府作出责令停业、关闭的决定。

2.对污染环境者实施行政处罚的特殊形式

在一些环境保护单行法中,还分别规定了责令限期改正,责令停止违法行为,责令停止施工,责令限期拆除,强制拆除,责令停产整顿,责令非法运输危险废物船舶退出我国管辖海域,限期治理,暂扣或者吊销许可证,取消生产、进口配额,没收(如没收违法所得,没收违法使用设施、没收非法进口、生产、销售的含铅汽油),销毁未达到规定污染物排放标准的机动车船等。上述的处罚形式是对污染环境者给予行政处罚的特殊形式。所谓"特殊形式",是指它们只能在特定的环境污染防治领域和由特定的环境污染防治监督管理机关适用的形式。

➤ 争论

限期治理属于环境法的基本制度还是环境法律责任形式?属于行政强制措施还是行政处罚方式?我国《环境保护法》第18条和第29条将之作为环境法的基本制度规定,而2000年的《大气污染防治法》、2004年的《固体废物污染防治法》及2008年的《水污染防治法》则将之规定在"法律责任"一章中作为一种特殊的行政处罚措施对待。法律规定的混乱导致了学界对"限期治理"的性质产生了"基本制度说"、"行政强制说"和"行政处罚说"之争,并对其是否具有惩罚性也存在肯定和否定之争。

3.对破坏环境者实施的行政处罚形式

对破坏环境者的行政处罚形式,必须分别根据《水法》、《土地管理法》、《森林法》、《草原法》、《矿产资源法》、《渔业法》、《野生动物保护法》、《水土保持法》、《防沙治沙法》和《野生植物保护条例》等法律、法规的规定确定。这些处罚形式,除警告、罚款之外,还有责令退还非法占用的土地,限期拆除非法转让的土地与新建的建筑物和其他设施,责令限期改正或者治理,责令限期开发利用,责令限期拆除养殖设施,责令缴纳复垦费,责令补种被盗伐、滥伐的林木,责令停止开垦,责令停业治理,责令采取补救措施,责令收回非法批准、使用的土地,没收(包括没收违法所得,没收违法买卖的证件、文件,没收在非法转让的土地上新建的建筑物和其他设施,没收苗种),责令非法进入我国管辖海域从事渔业生产或者渔业资源调查的外国人、外国渔船离开或者将其驱逐等。这些处罚形式同样只能在特定的自然资源保护领域和由特定的自然资源保护监督管理部门适用。由于我国至今未制定自然资源保护综合性的法律,对破坏环境者的行政处罚形式,依各自然资源保护单行法的规定而异,但归纳起来,除了警告、罚款之外,还有以下几种:

(1)责令停止破坏行为

责令停止破坏行为,指对违反《环境保护法》的规定破坏环境与自然资源者,由自然资源保护监督管理部门强令其停止破坏行为的行政处罚形式。包括责令停止违法行为,责令停止开垦,责令退还非法占用的土地,责令限期拆除非法转让或者非法占用的土地上新建的建筑物及其他设施,责令停止破坏水土保持行为,责令停止破坏性开采矿产资源活动,责令停止破坏重点保护野生动物主要生息繁衍场所行为,吊销许可证(如吊销特许猎捕证、狩猎证、驯养繁殖许可证或者允许进出口证明书,吊销捕捞许可证、采矿许可证等)。责令停止破坏行为的目的,是为了制止不法行为对生态环境和自然资源的破坏,以便为恢复其生态功能和自然资源的增殖,合理利用以至永续利用创造条件。

(2)责令恢复被破坏的生态环境和自然资源

责令恢复被破坏的生态环境和自然资源,指对违反环境保护法而破坏生态环境和自然资源者,由自然资源保护监督管理部门依法强令其在一定期限内恢复被破坏的生态功能、资源数量或者使生物繁衍、生存或者持续发展等行政处罚形式,包括责令补种,责令恢复植被,责令恢复原状,责令停业治理,责令限期改正等。这是一种较能体现环境保护立法目的的行政处罚形式。

(3)没收

没收,指县级以上环境保护监督管理部门,强制将违反环境法,破坏环境和自然资源的单位或者个人的部分或者全部违法所得的财物收归国库的行政处罚形式。其中的"违法所得的财物"包括非法猎取的猎获物、渔获物,倒卖采伐许可证、允许进出口证明或者出售、收购、运输、携带国家或者地方重点保护野生动物及其产品,或者非法转让土地的违法所得,在非法占用、转让的土地上新建的建筑物及其他设施,或者非法所得的木材、矿产资源,或者非法使用的猎捕工具、渔具等。"没收"可视违法者的情节决定部分或者全部没收。没收的金钱或者其他财物应如数收归国库,属于他人的财物应经查证之后归还原主。对没收的重点保护野生动物应妥善处理,如放生、交国家或者地方动物园驯养等。近年经修订后颁布施行的《大气污染防治法》、《海洋环境保护法》中,也设有"没收"这种行政处罚形式。如没收转让被淘汰设备者的非法所得,没收制造、销售或者进口超过污染物排放标准机动车、船者的违法所得,没收非法生产、进口、销售含铅汽油和违法所得,没收因开发、利用海洋资源造成珊瑚礁、红树林等遭受破坏的违法所得等。可见"没收"已逐步成为从自然资源保护到污染防治领域所普遍采用的一种行政处罚形式。

(三)行政处罚的程序

根据《行政处罚法》、《环境保护行政处罚办法》和其他环境保护监督管理部门发布的行政处罚规章的规定,行政处罚程序可分为简易程序和一般程序两种。一般程序可分为调查取证、申辩和举行听证、作出处罚决定、执行四个阶段。

1. 行政处罚案件的管辖

行政处罚案件的管辖,指环境保护监督管理部门查处行政处罚案件的权限和分工。行政处罚案件的管辖可分为地域管辖、级别管辖、指定管辖、交办管辖和移送管辖五种。

(1)地域管辖。《行政处罚法》第20条规定:"行政处罚由违法行为发生地的县级以上人民政府具有行政处罚权的行政机关管辖。"

(2)级别管辖。指各类环境保护监督管理部门依法对本系统内部上、下级管辖权的划分。违反级别管辖的行政处罚无效。

(3)交办管辖。指上级环境保护监督管理部门将某种行政处罚案件交由同一系统的下级办理。不同系统环境保护监督管理部门之间无权实施交办管辖。

(4)指定管辖。指上级环境保护监督管理部门可对某一行政处罚案件,指定由下级有行政处罚权的同一系统环境保护监督管理部门办理。

(5)移送管辖。指已提起行政处罚程序的行政部门,发现不属于自己管辖而将案件移送有管辖权的部门处理。

2. 环境保护行政处罚案件管辖的具体规定

《环境保护行政处罚办法》第二章具体规定了环境保护行政主管部门对行政处罚案件的管辖。

(1)县级以上地方环境保护行政主管部门管辖本行政区域的环境保护行政处罚案件。

(2)对违反环境影响评价、"三同时"制度案件的行政处罚。由负责审批该建设项目环境影响报告书(表)或者环境影响登记表的环境保护行政主管部门决定。

(3)对违反限期治理制度案件的罚款处罚。由作出限期治理决定的人民政府所属环境保护行政主管部门决定。

(4)对违反许可证制度的行政处罚。由负责发证的环境保护行政主管部门决定。

(5)对跨行政区域污染的行政处罚案件的管辖。由污染行为发生地和污染结果发生地的环境保护行政主管部门协商;协商不成的,报请共同的上一级环境保护行政主管部门指定管辖。

(6)对管辖发生争议的行政处罚案件。由争议双方报请共同的上一级环境保护行政主管部门指定管辖。

(7)对实施行政处罚有困难的案件的管辖。下级环境保护行政主管部门对其管辖范围内的行政处罚案件实施处罚有困难的,可报请上级环境保护行政主管部门指定管辖。上级环境保护行政主管部门认为下级环境保护行政主管部门实施行政处罚确有困难或者不能独立行使处罚权的,经通知下级环境保护行政主管部门和当事人,可对下级环境保护行政主管部门管辖范围内的案件直接实施行政处罚。上级环境保护行政主管部门也可将其管辖的案件交由具有行政处罚权的下级环境保护行政主管部门直接实施行政处罚。

3. 行政处罚的一般程序

适用一般程序的行政处罚案件的条件是:情节较复杂、需要给予较重处罚的案件,亦即对公民处以 50 元以上,对法人或者其他组织处以 1000 元以上罚款,或者处以警告以外的行政处罚形式的行政处罚案件。其程序可分为以下四个阶段:

(1)调查取证阶段

调查取证阶段,指环境保护监督管理部门对行政处罚案件开展收集证据和对证据进行审查核实活动的总称。当环境保护监督管理部门发现或者接受举报以及移送的有关污染或者破坏环境的行为、事件,并经初步审查,认为需要予以追究又属于本行政部门管辖,在作出立案的决定之后,便可开展调查取证工作。

(2)申辩和听证阶段

申辩和听证阶段,指环境保护监督管理部门在作出行政处罚决定之前,必须充分听取相对人的陈述和申辩,符合法定条件的,还必须组织听证,以核定事实,为作出公正的处罚决定打下基础。

(3)作出处罚决定阶段

作出处罚决定阶段,指环境保护监督管理部门的负责人对调查结果(包括对举行听证获得的证据)进行审查核实,并根据不同情况作出决定:对确有应受行政处罚的违法行为,根据情节轻重及具体情况作出行政处罚决定,并由本部门法定代表人签发"环境保护行政处罚决定书";对违法行为轻微,依法可以不给予行政处罚的,作出不予行政处罚决定;对违法事实不能成立的,作出不予行政处罚的决定。环境保护监督管理部门依法作出行政处罚决定之后,由其法制工作机构负责制作行政处罚决定书。环境保护行政处罚案件自立案之日起,应当在 3 个月内作出处理决定。作出行政处罚决定书的环境保护监督管理部门,应当在 7 日内将处罚决定书送达被处罚人。

(4)执行阶段

执行阶段,指行政处罚决定的实现阶段。环境保护行政处罚决定一经作出,即产生法律效力,当事人如若不履行,又不申请行政复议也不提起诉讼,环境保护监督管理部门可以通过执行措施(即申请人民法院强制执行)强制其履行。当事人逾期不申请复议,也不提起诉讼,又不履行处罚决定时,环境保护监督管理部门可以采取下列执行措施:

①当事人到期不缴纳罚款的,作出处罚决定的环境行政机关可依照《行政处罚法》第 51 条的规定,对当事人每日按罚款数额 3‰加处罚款。当事人对加处罚款有异议的,应当先缴纳罚款和因逾期缴纳罚款所加处的罚款,再依法申请复议或者提起诉讼。

②申请人民法院强制执行。环境保护监督管理部门应当在行政复议或者行政诉讼时效届满之后,再向人民法院申请强制执行。

4.行政处罚的救济

当事人对行政处罚决定不服的,可以在接到行政处罚决定之日起 15 天内(《行政处罚法》规定为 60 日内),向作出处罚决定机关的上一级机关申请复议,对复议决定不服的,可以在 15 日内,向人民法院起诉。当事人也可以在接到处罚决定 15 日内直接向人民法院起诉。

(四)行政处分

行政处分,是指国家机关、企业事业单位按照行政隶属关系,依法对在保护和改善生活环境和生态环境,防治污染和其他公害中违法失职,但又不够刑事惩罚的所属人员的一种行政惩罚措施。

1. 行政处分的对象

环境保护领域中,行政处分的对象有二:一是单位实施了破坏或者污染环境的行为,情节较重但又不够刑事惩罚的有关责任人员。二是环境保护监督管理部门的工作人员在执法活动中滥用职权、玩忽职守、徇私舞弊但又不够刑事惩罚的违法行为,如,未经批准或者采取欺骗手段骗取批准,非法占用土地的单位直接负责的主管人员和其他责任人员;企业事业单位在建设和生产过程中造成水土流失不治理的有关责任人员;截留、挪用防沙治沙资金未构成犯罪的单位的直接负责的主管人员和其他责任人员;滥用职权、玩忽职守、徇私舞弊的有关责任人员。我国国家行政机关及其工作人员、企业中由国家行政机关任命的人员有环境保护违法违纪行为的,一般应依据《环境保护违法违纪行为处分暂行规定》作出处分。

2. 行政处分的种类

《国家公务员暂行条例》规定:对国家公务员的行政处分形式包括警告、记过、记大过、降级、撤职和开除6种。《企业职工奖惩条例》规定:对企业职工的行政处分形式包括警告、记过、记大过、降级、撤职、留用察看和开除7种。对于违法失职而不够刑事惩罚的事业单位工作人员,一般将受到事业单位内部或者其上级主管机关的纪律处分,其形式与国家公务员的行政处分形式大体相同,但名称上称为"纪律处分"。

3. 行政处分的程序

行政处分的程序分为:立案、调查、申辩、报批、决定、备案6个阶段。依照《监察机关处理不服行政处分申诉的办法》,在收到处分决定后15日内提出复审申请;复审之后,如若再不服,还可向作出复审决定的上一级监察机关申请复核。

4. 行政处分与行政处罚的区别

环境保护领域中的行政处分与行政处罚虽同属于行政制裁的性质,并且都是对违反《环境保护法》而应承担行政责任者实施。但是,在实施行政制裁的机关、对象、情节、形式、程序、救济措施,以至制裁的目的和作用等方面,都存在明显的区别。

四、不服环境行政处理的救济措施

不服环境行政处理的救济措施主要包括环境行政复议、环境行政诉讼两大类。

(一)环境行政复议

行政复议,是指行政相对人认为具体行政行为侵犯其合法权益,向行政复议机关提出复查该具体行政行为的申请,行政复议机关对被申请的具体行政行为进行合法性、适当性审查,并作出行政复议决定。

我国1989年《环境保护法》第40条规定:"当事人对行政处罚不服的,可以在接到处罚通知之日起15日内,向作出处罚决定的机关的上一级机关申请复议。"1999年4月我国颁布实施的《行政复议法》规定:"公民、法人或者其他组织认为具体行政行为侵犯其合法权益的,可以自知道该具体行政行为之日起60日内提出行政复议申请。但是法律规定的申请期限超过60日的除外。"《行政复议法》立法在后,依据"后法优于先法"的适用原则,应适用《行政复议法》,以体现为受行政权力侵害的公民提供充分救济的立法精神。

环境行政复议应当依照《行政复议法》规定的程序和方法进行。另外,依照前国家环境保护总局《环境保护行政处罚办法》的规定,环保部门通过接受当事人的申诉和检举,或者通过备案审查等途径,发现下级环保部门作出的行政处罚违法或者显失公正的,可以责令改正;经过行政复议发现下级环保部门作出的行政处罚违法或者显失公正的,可以依法撤销或者变更。

值得一提的是,除了具体行政行为以外,《行政复议法》将抽象行政行为,即规范性文件的制定也纳入复议范围。但适用时应当注意:第一,可以申请复议的抽象行政行为限于规章以下(不包括规章)的规定;第二,行政相对人不能单独、直接以上述抽象行政行为为对象申请复议,而必须在对具体行政行为申请复议时,认为具体行政行为所依据的规定不合法才可一并提出对该规定的审查申请。

依照《行政复议法》的规定,公民、法人或者其他组织对行政复议决定不服的,可以依照《行政诉讼法》的规定向人民法院提起行政诉讼。但是法律规定行政复议决定为最终裁决的除外。另外,最高人民法院在2003年《关于适用〈中华人民共和国行政复议法〉第30条第1款有关问题的批复》中提出,根据国务院或省级人民政府对行政区划的勘定、调整或者征用土地的决定,省级人民政府确认土地、矿藏、水流、森林、山岭、草原、荒地、滩涂、海域等自然资源的所有权或者使用权的行政复议决定为最终裁决。

(二)环境行政诉讼

环境行政诉讼,一般是指公民、法人或者其他组织认为环保部门和其他行使环境监督管理权的机关的具体行政行为侵犯其合法权益,向人民法院提起诉讼并由人民法院对该具体行政行为合法性进行审查并作出裁判的活动。环境行政诉讼主要包括依法请求履行法定职责之诉、确认之诉、撤销之诉、变更之诉、行政赔偿之诉以及综合之诉6种类型。

我国《行政诉讼法》第41条规定,提起诉讼应当符合下列条件:(1)原告是认为具体行政行为侵犯其合法权益的公民、法人或者其他组织;(2)有明确的被告;(3)有具体的诉讼请求和事实根据;(4)属于人民法院受案范围和受诉人民法院管辖。这一规定对诉讼主体资格作了严格的限制。1999年11月最高人民法院制定的《关于执行〈中华人民共和国行政诉讼法〉若干问题的解释》第12条规定:"与具体行政行为有法律上利害关系的公民、法人或者其他组织对该行为不服的,可以依法提起行政诉讼。"第13条之(4)还规定了"与撤销或者变更行政行为有法律上利害关系的",公民、法人或者其他组织可以依法提起行政诉讼。由此可见,司法实践对《行政诉讼法》中关于诉讼资格的规定作了扩大解释,认可了有利害关系的第三人提起的诉讼,但与民间所期待的公益性行政诉讼还存在较大的差距。

➢ 案例分析

> 　　农民于某,因其住宅附近某地毯厂任意排放工业废水,污染其生活环境的问题,举报到当地环保局。环保局接到举报以后对地毯厂进行了检查和监测,发现该厂未使用污水处理设施,确有超标排污行为,即对该厂依法罚款 2 万元,责令其恢复污水处理设施的正常使用,并将处理结果当面告知了于某。但于某认为,环保局并没有采取实质措施解决地毯厂的工业废水所致周边环境污染问题,属于行政不作为,遂以此为由对环保局提起行政诉讼。问题:本案中于某有无起诉资格?
>
> 　　【解答】只要于某能够证明环保局的行政不作为对于其住宅环境受污染有实质的影响,即具备提起要求环保局履行法定职责的行政诉讼的原告主体资格。实践中,该案原告主体资格为法院所认可,但其诉讼主张为法院驳回。①

延伸阅读 ⇨

修改《环境保护法》加强政府环保履职的内部监督②

　　2007 年环境保护部潘岳副部长在接受记者采访时指出,政府不履行环境责任以及履行环境责任不到位,已成为制约我国环保事业发展的严重障碍。他的这个论断,可从大量的环境污染和生态破坏事件中得到证明。那么,如何解决这个问题呢? 有学者提出,一个基本的办法就是通过修改环境保护基本法,确认约谈和环保履职行政建议,以及督办和代办制度,将政府置于政府内外双重监督和制约之下,督促政府官员积极对待政府的环保职能。

一、约谈和环保履职行政建议

　　尽管与强有力的考核、问责这类监督方式相比,约谈和行政建议似乎显得既不强硬也非正式,但是它们往往"柔能克刚",在监督主体与监督对象之间并无隶属关系时,约谈和行政建议既尊重了监督对象的地位和权力,又通过提醒、警示、告诫帮助监督对象坚守依法行政原则,实际上是在现有体制内对监督制度的一种完善。

　　2010 年 7 月山东省环保厅、监察厅更是联合出台了《突出环境问题约谈制度》。根据此制度,环保厅、监察厅将对存在突出环境问题的相关县(市、区)人民政府主要负责同志进行约谈。不久后,威海、菏泽等地也出台了《突出环境问题约谈制度》。通过约谈这种行政监督方式,能有效督促地方政府依法履行环保职责。行政建议针对的是与自己不相隶属的部门或政府。它没有改变既有体制,但实现了环保部门、监察部门职能的"软"延伸,有利于发挥环保部门、监察部门的监督作用,促使有关部门、有关政府依法履行环保职责。

二、上级督办和代办

　　我国环境行政中向来有挂牌督办的传统。立法上可确认这一制度,明确规定督办的主

---

① 郭文生:《一农民状告环保局行政不作为败诉》,载《中国环境报》2003 年 9 月 6 日。
② 徐丰果:《加强政府环保履职的内部监督》,载《绿叶》2011 年第 1 期。

体、程序、内容、责任追究等事项。这既能提高督办的权威和力度,也为部门联合督办、追究违法者的法律责任奠定了基础。还要发挥制度联动的效果,把这一制度与环境保护法律中规定的限期治理、责令停产停业、罚款以及行政限批等手段结合起来运用,对挂而不督、督而无果的,加大惩处力度,直至由上级环保部门取代违法区域环保部门行使部分行政管理权,使督办件件得落实,件件见效果,通过个案督办加强和改善整体执法水平。

上级代办即上级部门在一定条件下取代下级部门直接执行法律。上级代办是对下级的一种有力监督,可以在有关事项上避免地方政府重经济发展而轻环境保护。但是,代办意味着执法权的转移,过度使用不仅会打乱权力秩序,而且会挫伤地方执法积极性。因此,在修订《环境保护法》时一方面可以将上级代办规定为一项行政监督的法律制度,同时又要严格规定代办的条件和期限,这样才能真正发挥这一制度的积极作用。

第二节　环境民事法律责任

一、环境民事法律责任概述

环境民事法律责任,是指环境法律关系主体因污染环境和破坏环境,依法应承担的民事方面的法律责任。

在我国环境法中,环境民事法律责任包括两类:环境破坏的民事责任和环境污染的民事责任。环境民事责任多为侵权民事责任。其中环境破坏民事责任属于一般的民事侵权责任,而环境污染民事责任则是一种特殊的民事侵权责任,是指环境法律关系主体因污染环境而造成了公共财产或他人财产损失或造成他人人身损害而应承担的民事法律责任,其在归责原则、构成要件、责任承担形式、处理程序上都与一般的民事责任不同。我国《民法通则》第124条规定:"违反国家保护环境防止污染的规定,污染环境造成他人损害的,应依法承担民事责任。"《环境保护法》第41条第1款规定:"造成环境污染危害的,有责任排除危害,并对直接受到损失的单位或个人赔偿损失。"《侵权责任法》第八章专列了"环境污染责任"一章,并在第65条中规定:"因污染环境造成损害的,污染者应当承担侵权责任。"从上述规定可以看出,《民法通则》《侵权责任法》,以及《环境保护法》,都将环境污染民事责任作为一种特殊的民事侵权责任对待。因此,本节对环境污染民事责任进行重点讲述,而对环境破坏民事责任不作赘述。

二、环境污染民事责任的构成要件及归责原则

(一)环境污染民事责任的构成要件

根据《民法通则》第106条的规定,一般民事责任的构成要件包括四个方面:即违法行为,行为人主观上存在过错,有损害结果,违法行为和损害结果之间存在因果关系。而环境

污染民事责任的构成要件,法律依据有《民法通则》、《环境保护法》和《侵权责任法》。通说认为,环境污染民事责任的构成要件包括三个方面:即致害行为,损害结果,致害行为与损害结果之间的因果关系。

➢ 争论

由于对《民法通则》第 124 条、《环境保护法》第 41 条第 1 款以及《侵权责任法》第 65 条的理解不同,对于致害行为是否须具有违法性,理论界存在较大争议。否定说认为:只要发生损害事实,且损害事实和环境污染行为之间存在因果关系,就应当承担环境污染侵权责任。(此类主张,也有人谓为两要件说。[1])肯定说则认为:环境污染民事责任的构成要件中应包含对于致害行为违法性的判断。不过,肯定说中对于违法性判断的依据又有狭义和广义说的区别,前者主张违法性的判断应以环境标准或环境法律法规作为依据;后者则认为除了依据环境标准和环境法律法规以外,违法性的判断,还应斟酌行为人与被害人权利或利益的种类、结合行为人主观心态,通过利益衡量予以判断。[2]

(二)环境污染民事责任的归责原则——无过错责任原则

在环境污染民事责任中,现代各国大都实行无过错责任(也称无过失责任)原则。和传统的民事侵权行为相比,环境污染型侵权行为具有以下特征:首先,环境污染型侵权行为多具有持续性和不确定性。传统上的民事侵权行为多是一次性侵害,而环境污染型侵权行为则不一定,有可能是一次性的,也可能是长期的、反复的。其次,环境污染型侵权行为的侵害对象具有不特定性。传统的民事侵权行为,其侵害对象一般多是特定对象,但环境污染型侵害行为属于公害,受害人多,范围广,不太容易确定确切的受害人数量,有时还可能包括后代人。再次,损害后果多具有广域性、潜伏性和不可逆转性。传统的民事侵权行为的损害后果多比较显著,能立即发现,但环境污染型侵权行为所导致的后果则不一定,如一些地区存在的土壤污染、饮用水污染是污染发生以后很长时间才发现的,而且受损害的区域很广,多数情况下难以恢复到被污染前的状态。最后,环境污染侵权行为和损害后果之间的因果关系具有复杂性,判断和证明因果关系的存在十分困难。传统的侵权行为和损害后果之间因果关系相对比较单一,容易举证和认定;但在环境污染型侵权行为中,往往由于污染物在种类、数量和浓度方面的不同,以及作用对象对污染因子的敏感程度不同而结果各异,因而因果关系的认定十分复杂,难以举证和判断。鉴于环境污染型侵权行为的诸多特点,沿用传统的过错责任制难以追究环境污染民事案件中的致害者的责任,因此,各国多倾向于在民事立法中确认无过错责任原则,以便于保护环境和广泛受害者的合法权益。

1. 无过错责任原则的概念

无过错责任,是指因污染环境而给他人造成财产或人身损害的单位或个人,即使主观上

---

① 周珂:《环境与资源保护法学》,中国人民大学出版社 2007 年版,第 228~229 页。
② 陈聪富:《环境污染责任之违法性判断》,载《中国法学》2006 年第 5 期。

没有故意或过失,也应对造成的损害承担民事责任。

无过错责任产生、成长于大陆法系土壤(英美法系中类似的归责原则多表述为"严格责任")。无过错责任在德国又被称为危险责任,以特定危险的发生作为归责理由,即持有或经营某特定具有危险的物品、设施或活动的人,当该物品、设施或活动所具有的危险发生,致使他人权益受到侵害时,应对该损害负赔偿责任,至于赔偿义务人对该事故的发生是否具有故意或过失,在所不问。对此,我国台湾学者王泽鉴总结,危险责任的基本思想不在于对"反社会性行为"的制裁,而在于"对不幸损害之合理分配"。这是因为:危险来源于特定企业、物品或装置的所有人、持有人,只有他们才具有控制危险的能力;按照损益同归原理,获得利益、负担风险为公平正义的要求;相对于受害人而言,企业具有分散责任的可能性,如法律确立最高责任限度,或企业可以通过价格机能以及责任保险等分散。①

我国民法以过错责任原则为一般原则,以无过错责任原则为例外。如《民法通则》第106条第2款规定:"公民、法人由于过错侵害国家的、集体的财产,侵害他人财产、人身的,应当承担民事责任。"第106条第3款则规定:"没有过错,但法律规定应当承担责任的,应当承担民事责任。"而其后的《环境保护法》第41条第1款和《侵权责任法》第7条和第65条的规定则表明,无过错责任原则在我国已明确为环境污染民事责任的归责原则。

2. 无过错责任的免责条件

免责条件,是指因环境污染造成他人财产和人身损害时,因具备法律规定的免除责任的条件而不承担民事责任。

免除民事责任的条件,一般由法律规定。我国《环境保护法》第41条第3款、《大气污染防治法》第63条、《水污染防治法》第85条第2款、《海洋环境保护法》第92条均规定了明确的免责条件。概括来说主要包括以下情形:

(1)不可抗力。我国环境法一般要求在发生不可抗力的情形下,排污者必须采取合理措施后,仍不能避免损害时,方能免除民事责任。

(2)损害因受害人的故意行为所造成。如《水污染防治法》第85条第3款规定,水污染损害是由受害人故意造成的,排污方不承担赔偿责任。但如果水污染损害是由受害人重大过失而非故意造成的,则只能减轻而不能免除排污者的赔偿责任。

(3)由于第三人的故意或过失引起的。《海洋环境保护法》第90条第1款规定:"完全由于第三者的故意或者过失,造成海洋环境污染损害的,由第三者排除危害,并承担赔偿责任。"值得注意的是,与1984年、1996年的《水污染防治法》的规定不同,2008年《水污染防治法》将第三人故意或过失导致的损害排除在免责条件之外,规定了排污方的替代责任。该法第85条第3款规定:"水污染损害是由第三人造成的,排污方承担赔偿责任后,有权向第三人追偿。"

(4)法律规定的其他特别情形。我国《海洋环境保护法》还规定,负责灯塔或者其他助航设备的主管部门,在执行职责时的疏忽,或者其他过失行为,造成海洋污染损害的,船舶的所有者不承担赔偿责任。

---

① 王泽鉴:《民法学说与判例研究(二)》,中国政法大学出版社1997年版,第168~169页。

三、环境污染民事责任中的共同侵权责任

我国有关共同侵权责任的一般规定,主要见于《民法通则》第130条、第131条、第132条的规定,以及《侵权责任法》第8条至第14条的规定。很多情况下环境侵害并非单一主体的排污行为所致。当存在两个以上排污者的排污行为共同导致环境污染时,亦即发生复合污染时,如何确定各个排污者的行为性质和责任呢?

(一)复合污染与共同侵权行为的认定

我国《民法通则》第130条规定:"二人以上共同侵权造成他人损害的,应当承担连带责任。"根据这一规定,当不存在共同的主观过错时,就很难确定是否构成共同侵权了。为此,2003年12月最高人民法院《关于审理人身损害赔偿案件适用法律若干问题的解释》第3条规定:"二人以上共同故意或者共同过失致人损害,或者虽无共同故意、共同过失,但其侵害行为直接结合发生同一损害后果的,构成共同侵权,应当依照民法通则第130规定承担连带责任。二人以上没有共同故意或者共同过失,但其分别实施的数个行为间接结合发生同一损害后果的,应当根据过失大小或者原因力比例各自承担相应的赔偿责任。"据此,即便不存在共同的主观过错,只要数个行为结合发生同一损害后果,即可认定为共同侵权,学理上可称之为"客观共同侵权",对应于《民法通则》第130条所规定的"主观共同侵权"。

由于司法解释以"直接结合"和"间接结合"来区分共同侵权的形态和责任,在实践中操作难度很大,因此,2009年《侵权责任法》在延续了既往的将共同侵权区分为主观共同侵权和客观共同侵权的做法的同时,进一步依据责任者和份额是否明确分别确定了不同责任类型。如《侵权责任法》第11条规定:"二人以上分别实施侵权行为造成同一损害,每个人的侵权行为都足以造成全部损害的,行为人承担连带责任。"第12条规定:"二人以上分别实施侵权行为造成同一损害,能够确定责任大小的,各自承担相应的责任;难以确定责任大小的,平均承担赔偿责任。"

由上观之,结合《侵权责任法》的规定来看,一般情况下,复合污染应属"二人以上分别实施侵权行为造成同一损害"的客观共同侵权行为。

(二)复合污染与责任分担

我国环境污染防治立法对于复合污染情况下的赔偿责任如何承担并无特别的规定。《侵权责任法》第67条针对环境污染民事责任中的共同侵权责任作了规定:"两个以上污染者污染环境,污染者承担责任的大小,根据污染物的种类、排放量等因素确定。"结合该法第12条的规定来看,对于复合污染情形下污染者的责任应适用按份责任为宜,具体份额的判断应考虑污染物的种类、排放量等因素,比较衡量各加害人致害行为的原因力大小来判断。当原因力大小无法比较时,应由排污者平均承担赔偿责任。

四、环境污染民事责任的形式

环境污染民事责任的形式,是指责任主体因污染危害环境造成公共财产或者他人财产、人身损失依法应承担民事法律后果的方式。

对于一般民事责任,《民法通则》第134条规定了承担民事责任的10种形式:(1)停止侵害;(2)排除妨碍;(3)消除危险;(4)返还财产;(5)恢复原状;(6)修理、重作、更换;(7)赔偿损失;(8)支付违约金;(9)消除影响,恢复名誉;(10)赔礼道歉。《侵权责任法》第15条规定了承担侵权责任的8种形式:(1)停止侵害;(2)排除妨碍;(3)消除危险;(4)返还财产;(5)恢复原状;(6)赔偿损失;(7)赔礼道歉;(8)消除影响,恢复名誉。而关于环境污染民事责任的形式,《环境保护法》和各种环境污染防治单行法仅概括规定了"排除危害"和"赔偿损失"两种。

(一)排除危害

1. 排除危害的概念

指国家强令已造成或者可能造成环境污染危害者,排除可能发生的环境污染危害,或者停止已经发生的危害,并消除其影响的民事责任形式。

2.《环境保护法》中的排除危害与《民法通则》中停止侵害、排除妨碍、消除危险的比较

(1)两者的表述方式不同,但内容是一致的。排除危害包含了停止侵害、排除妨碍、消除危险三种民事责任形式,是对这三种民事责任形式的概括表达。

(2)两者都属于预防性民事责任形式。停止侵害,是指停止已发生的环境污染危害行为;排除妨碍,是指排除对他人享有的环境权益的妨害;消除危险,则是指消除实际存在的环境污染危害的危险(即威胁)。都是属于预防性而非补偿性的民事责任形式,也都是属于非财产性的民事责任形式,均适用于侵权责任。

(3)排除危害的预防性功能更佳。因为,从排除危害的定义可知,它同时涵盖了对已经发生的环境污染危害的停止、排除使其不再继续发生,对实际可能发生但尚未发生的环境污染危害的排除三个方面。因此,这种民事责任形式同时具有预防和制止环境污染危害发生的作用。适用这一责任形式可以减轻(已经发生的环境污染危害)甚至避免(可能发生的环境污染危害)对财产、人身的损害,与只具事后补偿性功能的赔偿损失相比更具有积极的预防作用。

3. 排除危害请求权的依据

排除危害请求权的主张依据,究竟应基于人格权侵害还是物权侵害抑或二者均可,《环境保护法》第41条第1款并未明确。但从我国的司法实践来看,法院更倾向于接受基于物权侵害提出的排除危害主张。这主要是因为我国《民法通则》和《物权法》的规定相对明确。如《民法通则》第83条规定:"不动产的相邻各方,应当按照有利生产、方便生活、团结互助、公平合理的精神,正确处理截水、排水、通行、通风、采光等方面的相邻关系。给相邻方造成妨碍或者损失的,应当停止侵害,排除妨碍,赔偿损失。"《物权法》第35条规定,"妨害物权或者可能妨害物权的,权利人可以请求排除妨害或者消除危险";第37条规

定,"侵害物权,造成权利人损害的,权利人可以请求损害赔偿,也可以请求承担其他民事责任"。此外,《物权法》第七章还以专章的形式(第84条至第92条)规定了对"相邻关系"的保护。

4. 排除危害与利益衡量

排除危害的请求权,尽管结合物权法的相关规定来看似乎明确简单,但从国内外相关实践来看,个案处理其实甚为复杂,往往需要对多方面的利益加以综合衡平。

德国有关环境污染妨害的判例认为,判断某种妨害是否具备实质性,主要应从一个理性的正常人出发进行利益衡量,并以生活习惯以及被妨害的不动产的用途来评价妨害的程度和持续时间,此外,还要考虑到基本权利所体现的价值和大众的环境保护利益。而某种污染物的排放是否具备必要的行政许可也是衡量实质性的依据之一,而实质性的影响是否应容忍或许可,主要取决于是否为当地通行的和是否采取经济上可行的措施来克服。①

日本法院在处理停止侵害的请求时,多会考虑到停止侵害不仅对于企事业单位的活动是一个较大的打击,而且还会波及社会的公共事业活动,因此法官在审判的时候大都采取了损害赔偿诉讼中所适用的"忍受限度论",且对于停止侵害的忍受限度要求更加严格,确切地说近乎苛刻。如"国道43号线"一案上诉审中,日本最高法院坚持认为在停止侵害诉讼和损害赔偿诉讼之间,关于忍受限度的参考要素应该有所不同,即使在这两种请求中有关加害行为违法性的判断产生了差异,也不能说判断不合理。②

美国法院在处理以妨害为由的禁令请求时,多根据效用比较原则或衡平法规则,在致害者利益和受害者损失之间以及经济利益和环境利益之间进行比较,以确定是否适用禁令来排除妨害。著名的案件如"布默诉大西洋水泥厂"案,尽管法院认定大西洋水泥厂的行为构成妨害,但考虑到该厂的经济效益,以及颁布禁令可能造成工人失业,因而驳回了原告要求发布禁令的请求,仅要求被告支付永久性的赔偿金。③

我国立法上对于停止侵害的适用规定尚不明确,学界对于其适用的前提是否应具违法性见解不一,各地的司法实践也不甚统一。环境法教材中经常提及的"2002年河北乐亭近海水域复合污染致养殖贝类死亡"一案,④天津市高级人民法院作出的违法性的判断主要是基于是否超标排放,且这一判断的目的主要是解决合理区别被告赔偿损失责任的问题,而非对停止侵害是否适用或区别适用的说理。

(二)赔偿损失

赔偿损失,是指国家强令污染危害环境的公民或者法人,以自己的财产弥补对国家或者他人所造成的财产损失的民事责任形式。

损失可分为直接损失和间接损失,物质损失和精神损害等。直接损失,是指受环境污染

---

① [德]曼弗雷德·沃尔夫:《物权法》,吴越、李大雪译,法律出版社2002年版,第172~174页。
② 冷罗生:《日本公害诉讼理论与案例评析》,商务印书馆2005年版,第52页。
③ 邱聪智:《公害法原理》,台湾三民书局1984年版,第160页。
④ 《天津市高级人民法院民事判决书》(2002)津高民四字第008号。

危害而导致法律所保护的现有财产的减少或者丧失的实际价值,亦即受害人的权利客体的缩减或者灭失,也称实际损失;间接损失,是指由直接损失引起和牵连的其他损失,亦即在正常条件下可以得到,但因环境污染危害而未能得到的那部分合法收入,也称可得利益损失。以渔民放养鱼苗为例。鱼苗因鱼池受污染而死亡是渔民的直接损失,间接损失则是指正常条件下鱼苗长大成鱼后渔民所应获得的那部分收入的丧失。赔偿范围包括直接损失和间接损失的实际价值的赔偿。物质损失,是指受害人因受环境污染危害所导致的财产上的损失。精神损害在民法中,是指侵害行为所造成的人格伤害。我国现行法律未将因环境污染危害而受损害的现象包括在人格伤害之内。赔偿损失这一民事责任形式,在解决一般民事纠纷和环境污染民事纠纷中适用得最普遍。因为,当污染危害环境的行为造成了物质损失而不能恢复原状或者不能返还原物时,致害者可用自己的财产赔偿受害人的物质损失。

在法律有特别规定的情况下,损失还可能包括环境损失。如我国加入的《修正 1969 年国际油污损害民事责任公约的 1992 年议定书》第 2 条第 6 款规定,"污染损害"系指:"(a)油类从船上溢出或排放引起的污染在该船之外造成的灭失或损害,不论此种溢出或排放发生于何处;但是,对环境损害(不包括此种损害的利润损失)的赔偿,应限于已实际采取或将要采取的合理恢复措施的费用。(b)预防措施的费用及预防措施造成的进一步灭失或损害。"而我国加入的《控制危险废物和其他废物越境转移巴塞尔公约的责任和赔偿议定书(1992)》第 2 条第 2 款第 c 项则将"损失"定义为:(ⅰ)生命丧失或人身伤害;(ⅱ)财产丧失或损坏,但根据本议定书应对损害负责者所持有的财产的丧失或损坏不在此列;(ⅲ)直接产生于通过以任何方式使用环境而获取的经济利益的收入因环境遭到破坏而告丧失,同时计及可节省的资金和所涉费用;(ⅳ)为恢复被破坏的环境而采取的措施所涉费用,但只限于已实际采取或拟采取的措施所涉及的费用;(ⅴ)预防措施所涉费用,包括此种措施本身所造成的任何损失或损害,只要此种损害系由受《公约》管制的危险废物和其他废物在越境转移及处置中因其危险特性而引起或造成。

五、追究环境污染民事责任的程序

根据《环境保护法》和各种环境污染防治单行法的规定,我国法律对公害民事纠纷的解决适用两个并列的程序:一是根据当事人的请求,由环境保护监督管理部门调解处理,亦即行政调解处理程序;二是由当事人直接向人民法院起诉,称为民事诉讼程序。

(一)行政调解处理程序

1. 行政调解处理程序的概念

行政调解处理程序,是指环境保护监督管理部门根据当事人的请求,对环境污染危害造成损失引起的赔偿责任和赔偿金额争议进行调解处理的步骤的总称。

2. 行政调解处理程序的性质

《环境保护法》第 41 条第 2 款规定:"赔偿责任和赔偿金额的纠纷,可以根据当事人的请求,由环境保护行政主管部门或者其他依照本法律规定行使环境监督管理权的部门处理;当事人对处理决定不服的,可以向人民法院起诉。当事人也可以直接向人民法院起诉。"

由于《环境保护法》第 41 条第 2 款的规定中并未明确"处理"的性质为何,因而在实践中一度争议很大。1991 年 11 月 26 日,原国家环境保护局向全国人大法律工作委员会提交了《关于如何正确理解和执行〈环境保护法〉第 41 条第 2 款的请示》。该请示提出,行政机关对于环境污染纠纷的处理,在性质上应属于行政机关居间对当事人之间的民事争议的调解处理,所以当事人如果不服则应当向人民法院提起民事诉讼,而不应当以环保部门为被告提起行政诉讼。对此,全国人大常委会法制工作委员于 1992 年 1 月 31 日作了解释:环保部门对这类纠纷的处理,在性质上属于行政机关居间对当事人之间的民事权益争议的调解处理。为了避免对"处理决定"产生歧义,近年来修改的《固体废物污染环境防治法》、《环境噪声污染防治法》和《大气污染防治法》,都作了明确的规定,即把"处理"修改为"调解处理",把"对处理决定不服"改为"调解不成"等。因此,在我国,环境行政管理部门调解环境污染损害赔偿纠纷的行为,对双方当事人均无强制约束力和强制执行力。对环保部门就环境污染损害赔偿责任和赔偿金额纠纷所作的处理,一方当事人不服或不执行的,不能以作出行政调解处理的行政机关为被告提起行政诉讼,也不能要求行政机关进行强制执行,只能以对方为被告向人民法院提起民事诉讼。

3. 行政调解处理程序的意义

环境保护监督管理部门主持下调解处理公害民事赔偿纠纷的积极意义在于,首先,环境保护监督管理部门作为专门的行政管理部门,具有较高的权威性,易得到当事人的信任和服从;其次,环境保护监督管理部门处理公害民事赔偿纠纷具有专业性。因为环境保护监督部门积累了环境污染危害方面的知识和经验,且多具备进行及时取证、鉴定的手段和专业技术;再次,由行政部门进行调解的程序比较便捷,可免去法院判决程序的讼累。因此,尽管环境行政调解行为并非诉讼的前置程序,也不具有终局性,但我国《环境保护法》和各种环境污染防治单行法,都把解决公害民事赔偿纠纷的行政调解处理程序列为第一个程序。

4. 行政调解处理的一般程序

行政调解处理程序概括为:申请、受理、调查、调解和执行 5 个阶段。

(二)民事诉讼程序

1. 环境污染民事诉讼的概念

环境污染民事诉讼的概念,是指环境污染的受害人依据民事诉讼法向人民法院提起的,要求人民法院确认其民事权益或要求相对人履行民事义务,或要求人民法院变更民事权利、义务的诉讼。

2. 环境污染民事诉讼程序的特点

(1)起诉资格的放宽

一般民事诉讼中,原告须是与诉讼有直接利害关系的人。由于环境要素具有公共性的特征,若拘泥于这一一般性的规定,一旦发生环境污染与破坏时,便无人可以对这一行为提起诉讼,这不利于公众参与环境保护,因此,英、美等国的环境法中规定了"公民环境诉讼"

（或称"公益环境诉讼"），即一种允许与案件无直接利害关系的原告出于公益目的向法院起诉的诉讼制度，任何人都可以向污染和破坏环境的行为提起诉讼。美国的司法实践表明，在美国的环境公益诉讼者鲜为污染受害者，常为为其成员谋求利益的公民团体组织，或是热心公益的公民。

我国有关民事诉讼起诉资格的直接规定见《民事诉讼法》第108条的规定："原告是与本案有直接利害关系的公民、法人和其他组织。"按照这一规定，我国民事诉讼原告资格原本是受到"直接利害关系"限制的。

近年来我国各地已经陆续出现了不少由检察院、环保部门或民间团体提起的环境公益诉讼。这类实践可谓一种比较超前的尝试，表现在：第一，这些案件主要多集中在基层法院，几乎无一在高级法院起诉；第二，这些案件案情相对比较简单，污染所及的影响通常是局域性的，鲜见全国和全省范围内具有影响力的案件；第三，这些案件援引的有关原告诉讼资格的法律依据并不明确。我国当前实践中出现的环境公益诉讼的诉讼资格依据多建立在对《民事诉讼法》、《环境保护法》、《水污染防治法》的相关规定的宽泛理解的基础上，如《民事诉讼法》第15条规定，"机关、社会团体，企业事业单位对损害国家、集体或者个人民事权益的行为，可以支持受损害的单位或者个人向人民法院起诉"；《环境保护法》第6条规定，"一切单位和个人都有保护环境的义务，并有权对污染和破坏环境的单位和个人进行检举和控告"；2008年《水污染防治法》第88条规定，"因水污染受到损害的当事人人数众多的，可以依法由当事人推选代表人进行共同诉讼。环境保护主管部门和有关社会团体可以依法支持因水污染受到损害的当事人向人民法院提起诉讼。国家鼓励法律服务机构和律师为水污染损害诉讼中的受害人提供法律援助"。由于法律援用和解释不甚统一，因而这类实践常引发学界和实务界的质疑和争议。

（2）举证责任的转移

举证责任，是指当事人对自己的主张负有提供证据的责任，否则可能导致败诉的法律后果。

1992年7月14日，最高人民法院《关于适用〈民事诉讼法〉若干问题的意见》第74条规定："因环境污染引起的损害赔偿诉讼，对原告提出的侵权事实，被告否认的，由被告负责举证。"这一规定也称为"举证责任倒置"，即将《民事诉讼法》规定的当事人对自己的主张有责任提供证据的原则修改为由被告举证。

最高人民法院还在2001年12月制定的《关于民事诉讼证据的若干规定》第4条第3款中规定："因环境污染引起的损害赔偿诉讼，由加害人就法律规定的免责事由及其行为与损害结果之间不存在因果关系承担举证责任。"这一规定较1992年的司法解释进一步明确了加害人举证责任的具体内容。

《侵权责任法》第66条规定："因污染环境发生纠纷，污染者应当就法律规定的不承担责任或者减轻责任的情形及其行为与损害之间不存在因果关系承担举证责任。"至此，环境污染引起的损害赔偿诉讼的举证责任方式和内容已为法律所明确，弥补了《民事诉讼法》规定的不足。

（3）因果关系的推定

在公害的民事赔偿纠纷中，污染危害环境的行为与损害结果之间的因果关系的认定，往往比一般民事责任和行政责任、刑事责任中因果关系的认定要复杂和困难得多,这主要是因为:第一,环境侵权是通过"环境"这一载体,再作用于人体和财产,因果关系具有间接性;第二,环境污染物在环境中的迁移、扩散和转化,使因果关系难以证明,很难取得因果关系的直接证据;第三,污染损害结果往往存在时滞性,因果关系认定极为困难;第四,现实中,多因现象的客观存在使判断究竟是其中的哪一种原因导致损害结果很困难。因此,环境污染损害赔偿诉讼多实行因果关系的推定。日本司法实践中已经总结出的主要因果关系推定理论有高度盖然说、间接反证说、疫病学因果关系说等。高度盖然说类似于英美法系中的优势证据说,要求原告在公害发生的情况下只要证明被告的行为造成其损害的可能性极大就可以了;对于被告,则要举出充分的证据证明原告的损害与自己无关。所谓间接反证说,是指被害者对于加害行为与损害结果之间的因果关系不强求其直接地加以证明,而是以与加害行为相关的间接的证据加以证明,然后从这些事实入手,根据以往经验作出因果关系的推定,并且常人对这一推定结论也不抱怀疑态度。疫病学因果关系通常是指满足了以下四个条件就可以认定侵权行为与损害结果之间存在因果关系:第一,该因子从发病前已经开始发生作用;第二,该因子的作用越强,该疾病的患病概率越高;第三,该因子被消除或者有所减轻的话,该疾病的患病概率或者程度就会降低;第四,该因子作为疾病的原因,其作用机理基本上已经得到生物学上合理的说明,即便病理学上不能严密地加以说明,也可以推定因果关系的存在。①

➤ 案例分析

> 某农场1991年建成养殖场养殖美国青蛙,收入甚丰。但从1993年冬季开始,该养殖场的取水河道为上游5家超标排污企业的工业废水所污染。1994年4月,养殖场的蝌蚪和幼蛙开始死亡,当年9月,几乎全部死亡。因环保部门调解未果,养殖场遂以5企业为被告提起民事诉讼,请求判令被告赔偿养殖场经济损失,并排除污染危害,停止侵权。一审判决认为,尽管5家企业超标排污和养殖场饲养的青蛙、蝌蚪死亡造成重大经济损失均是事实,但原告没有证据证明青蛙、蝌蚪死于水污染,故无法确定原告损害事实与被告排污行为之间存在着必然的因果关系,因而驳回原告起诉。请问:一审法院的判决是否正确?
>
> 【解答】根据1992年最高人民法院《关于适用〈民事诉讼法〉若干问题的意见》第74条的规定,本案应采用举证责任倒置和因果关系推定的原则来判断5名被告的违法排污行为与养殖场主张的损害事实之间的因果关系。因此,就这个问题而言,一审法院的判决是错误的。

(4)诉讼时效的延长

因环境污染损害赔偿提起诉讼的时效期间为3年,从当事人知道或者应当知道污染损害时起计算。

---

① 冷罗生:《日本公害诉讼理论与案例评析》,商务印书馆2005年版,第45～51页。

> 拓展案例

王娟诉青岛化工厂大气污染损害健康赔偿案

1978年7月1日晚7时许,青岛化工厂电气设备遭雷击跳闸,输送泵电源中断,造成大量氯气外溢。附近群众因吸入氯气中毒,当晚送医院抢救的就有10余人。王娟的住宅距事故发生地点仅百米,她因吸入大量氯气造成支气管哮喘,当晚2次到化工厂医务室就诊,因医治无效,化工厂安排她到青纺医院治疗2个月,在病情仍无好转的情况下,又将她送到青岛职业病防治院医治。治疗1年后,病情才好转,但仍有阵发性哮喘发作,夜间尤其厉害,医院诊断为"过敏性支气管哮喘"。王娟在治病期间,一切费用(工资、医疗费)均由化工厂承担。出院后,化工厂以医院结论未证明系氯气中毒所致为由,只继续承担王娟半个月的费用,就不再管了。王娟所在单位则认为,王娟致病是化工厂氯气外溢造成的,因而拒发王娟工资,也不予报销医药费。因两个单位互相推脱,给王娟治病和家中生活带来极大的困难。王娟在向市化工局、房产局、劳动局、环保局上访30多次,问题仍未获解决的情况下,遂向人民法院起诉。青岛市中级人民法院经济审判庭收案后进行了调查,并走访了市环保局、卫生局、卫生防疫站和职业病医院,认为王娟的病与氯气污染有关,经调解,原被告双方均同意协商解决。最后经法院主持,原被告双方和第三人达成协议:(1)青岛化工厂赔偿王娟500元人民币(包括出院后至1980年底40%的工资);(2)房产局机具厂负责发给王娟出院后至1980年底工资的60%,从1981年1月1日起对王娟按正常职工对待;(3)自1978年7月1日受污染中毒之日起至1980年底止,给王娟计算工龄。[①]

本案是国内环境保护领域非常著名的一个案例,因其发生时间早、涉及法律问题复杂而为环境法学界及司法界所关注。案件涉及三个比较复杂的问题:(1)青岛化工厂对于氯气泄漏是否存在过错;(2)污染和致病间的因果关系问题;(3)法律责任问题。本案虽已过去20多年,但仍一直存在争论。有人认为,此案是我国第一个采用"无过错责任"原则的案例,它合理地划分了责任,保护了污染受害者的利益,其经验值得总结发扬。也有人认为本案处理中根本混淆了责任,使本不具有责任的青岛化工厂承担了责任。还有人认为本案中的青岛化工厂电气设备遭雷击导致氯气泄漏,意味着青岛化工厂在防氯气泄漏方面存在着管理的疏漏,因此本案采用的是推定过错责任原则而非无过错责任原则。可见对本案如何妥当处理尚可商榷。因环境污染所造成的身体健康损害,其因果关系常常无法确切证明,为此在环境法学理论及一些国家的环境司法实践中,采取了因果关系推定的做法。因果关系的推定,是指在确定污染行为与损害结果之间的因果关系时,如果无因果关系的直接证据,可以通过间接证据推定其因果关系。王娟受氯气污染生病,医院诊断为"过敏性支气管哮喘",但未明确指出系氯气中毒所致。争议因此而发生,要妥善解决纠纷显然对因果关系必须有共同的认识。对此,青岛市中级人民法院采取了类似因果关系推定的做法。承办此案的审判人员先后走访了市环保局、卫生局、卫生防疫站和职业病医院,得到了大量的医学旁证。过敏性支气管哮喘可由多种原因造成,吸入大量氯气也可以

---

① 曾昭度、孙向明:《环境纠纷案件实例》,武汉大学出版社1989年版,第3页。

引起发病,而且有的可持续多年。他们又走访了王娟的邻居、同学、老师和同事,查阅了王娟的出勤表、以往的病历等材料结果确证王娟过去身体健康,未患过支气管哮喘病,而且王娟的近亲属亦未发现此种病症。邻居证实王娟出院后患病频繁。这些调查表明,氯气外溢给王娟造成了严重的身体健康危害,这一结论最终获得了各方的认同。由于对于责任者的过错和因果关系的认识不一,法律责任问题也是本案后来引起争论的焦点。必须指出的是,本案发生于70年代末,当时我国法制建设还比较落后,尤其是环境法基本上还处于空白状态。因此,承办本案的人民法院只能依据有关方针政策进行处理,并最终妥善解决了纠纷,其处理方法在今天看来,仍是妥当的。

第三节 环境刑事责任

一、环境刑事责任的概念

环境刑事责任的概念,是指个人或者单位(包括法人和其他组织)因违反环境资源保护法,严重污染或者破坏环境资源,造成或者可能造成公私财产重大损失或者人身伤亡的严重后果,触犯《刑法》构成犯罪所应负的刑事方面的法律后果。1997年修改后的《刑法》,在第六章"妨碍社会管理秩序罪"中专门设立第六节规定"破坏环境资源保护罪",从第338条至第346条规定了有关破坏环境资源罪,此类罪的刑罚种,包括管制、拘役、有期徒刑3种主刑和罚金、没收财产2种附加刑,没有无期徒刑、死刑这两种主刑和剥夺政治权利这一附加刑。

二、破坏环境资源罪的构成要件

破坏环境资源罪的构成要件,是指《刑法》所规定的,为确定某一具体行为是犯罪所必需的客观、主观要件组成的具有特定社会危害性的有机整体,即确定某一具体行为犯罪必须具备的要件。破坏环境资源罪的犯罪构成要件包括:

(一)犯罪的客体

犯罪的客体,指《刑法》所保护而被犯罪行为侵害或者威胁的社会权益。破坏环境资源保护罪类的犯罪客体,是指由《环境保护法》规定的并为《刑法》所保护的环境权益,如合理开发利用并可持续发展的环境资源保护权益等。犯罪客体与犯罪对象不同。后者是指犯罪行为直接指向的具体的人和物,如破坏环境资源保护罪类中犯罪行为所侵害的人体健康、水体、森林、野生动植物等。破坏环境资源罪所侵犯的客体是复杂客体。

(二)犯罪的客观方面

犯罪的客观方面,指犯罪行为及所造成的危害后果。在环境保护领域中,犯罪行为表现为向环境排放、倾倒或者处置有毒有害物质造成重大环境污染事故的行为；非法猎捕、杀害国家重点保护的珍贵、濒危野生动物的行为；采取破坏性开采方法开采矿产资源的行为；盗伐、滥伐林木的行为；毁坏耕地的行为；非法采伐、毁坏珍贵树木的行为；在禁渔区、禁渔期或者使用禁用的工具、方法捕捞水产品情节严重的行为；等等。《刑法》关于破坏环境资源保护罪类所规定的各种具体犯罪中，危害后果是大多数犯罪的构成要件，一些犯罪以是否有严重危害结果作为划分罪与非罪的界限，如重大环境污染事故罪，擅自进口固体废物罪，必须是已经造成重大环境污染事故，致使公私财产遭受重大损失或者危害人体健康甚至人身伤亡的严重后果才构成犯罪，否则不构成犯罪。但是，在另一些犯罪中，行为人只要实施了《刑法》所禁止的行为，即使未造成实际的危害后果，也是该犯罪的既遂，就应处以刑罚。如，违反《固体废物污染环境防治法》的规定，将境外的固体废物进境倾倒、堆放、处置的行为；以牟取暴利为目的，在林区非法收购明知是盗伐、滥伐的林木的行为。这些规定体现了"预防为主"和处罚"危险犯"的精神，对遏制严重的污染或者破坏环境资源犯罪行为具有积极的作用。如《刑法》规定危害后果是犯罪的构成要件时，这种犯罪的客观方面表现为情节的严重性。

（三）犯罪的主体

在破坏环境资源保护罪类中，犯罪的主体既包括自然人，也包括单位。

（四）犯罪的主观方面

犯罪的主观方面，指实施了危害社会行为者对其行为及结果的心理状态，即故意或者过失的犯意。环境污染犯罪多为过失，环境破坏犯罪多为故意。

➤ 争论

严格责任是否适用于环境犯罪领域？这在我国法学界一直存在争议。反对者认为，严格责任犯罪是不具有犯罪心理（或心理不明确）的犯罪，只要有行为及其危害后果，即可追究刑事责任，属于客观归罪，和我国刑法的罪过责任原则是不相容的。赞成者认为，严格责任制度并不意味着对罪过的否定，其确立的合理依据在于行为和罪过之间的高概率因果关系。借鉴国外立法经验在环境犯罪领域适用严格责任，对于预防环境犯罪是有积极意义的。

三、刑法关于破坏环境资源保护罪的罪名

破坏环境资源保护罪，是指个人或者单位违反环境保护法、污染或者破坏环境资源造成或者可能造成公私财产重大损失或者人身伤亡的严重后果，依照《刑法》应受到刑事惩罚的行为。此类犯罪既包括污染环境构成犯罪的行为，也包括破坏环境资源构成犯罪的行为。新《刑法》第338条至第346条的规定还可知，破坏环境资源保护罪类包括下列14种具体犯罪：

(一)重大环境污染事故罪(第 338 条)

重大环境污染事故罪,指违反《环境保护法》,向土地、水体、大气排放、倾倒或者处置有放射性废物,含传染病病原体的废物,有毒物质或者其他危险废物,造成重大环境污染事故,致使公私财产遭受重大损失或者人身伤亡的严重后果,触犯《刑法》构成犯罪的行为。其中的"公私财产的重大损失"指造成财产直接损失达 30 万元以上的,"人身伤亡的严重后果"是指造成人员死亡 1 人以上或者重伤 3 人以上或者轻伤 10 人以上,或者使一定区域内居民的身心健康受到严重危害的。本罪的刑罚,依照危害后果的不同分为两个档次:后果严重的,处 3 年以下有期徒刑或者拘役,并处或者单处罚金;后果特别严重的,处 3 年以上 7 年以下有期徒刑,并处罚金。

(二)非法倾倒、堆放、处置进口固体废物罪(第 339 条第 1 款)

非法倾倒、堆放、处置进口固体废物罪,指违反《固体废物污染环境防治法》,将境外固体废物进境倾倒、堆放、处置,造成或者可能造成重大环境污染事故,致使公私财产遭受或者可能遭受重大损失或者严重危害人体健康,触犯《刑法》构成犯罪的行为。需要注意的是"危害后果"不是构成本罪的必要条件,而是加重处罚的情节,体现了处罚"危险犯"的立法精神;本罪的主观方面是间接故意。对本罪的刑罚,依照不同的危险程度和危害后果分为三个档次:第一个档次,将境外固体废物进境倾倒、堆放、处置的犯罪行为,处 5 年以下有期徒刑或者拘役,并处罚金;第二个档次,上述行为造成了重大环境污染事故,致使公私财产遭受重大损失或者严重危害人体健康的,处 5 年以上 10 年以下有期徒刑,并处罚金;第三个档次,造成后果特别严重的,处 10 年以上有期徒刑,并处罚金。

本罪与走私罪比较接近,因二者都有非法入境的行为。两罪的区别在于:第一,客体不同。本罪的客体是国家有关固体废物污染防治的管理制度,属于妨害社会管理秩序的犯罪,而走私罪侵犯的是国家的对外贸易管制,属于破坏社会主义市场经济秩序的犯罪。第二,客观方面的表现不同。本罪表现为违反国家规定,将境外的固体废物进境倾倒、堆放、处置的行为,而走私罪则表现为违反海关法规,逃避海关监督、检查的走私行为。

(三)擅自进口固体废物罪(第 339 条第 2 款)

擅自进口固体废物罪,指未经环境保护行政主管部门许可,擅自进口国家禁止进口或者限制进口用作原料的固体废物,造成重大环境污染事故,致使公私财产遭受重大损失或者严重危害人体健康,触犯《刑法》构成犯罪的行为。如果未造成严重危害后果,则不认为是本罪,而按照非法倾倒、堆放、处置进口固体废物罪处罚。可见,本罪属于"结果犯"。如果行为表现为逃避海关,以原料利用为名进口不能用作原料的固体废物的,则依照走私罪论处。犯罪主观方面为间接故意。本罪的刑罚按照造成危害后果的大小分为两个档次:第一个档次,对造成严重后果的,处 5 年以下有期徒刑或者拘役,并处罚金;第二个档次,对后果特别严重的,处 5 年以上 10 年以下有期徒刑,并处罚金。

(四)非法捕捞水产品罪(第 340 条)

非法捕捞水产品罪,指违反《渔业法》,在禁渔区、禁渔期,或者使用禁用的工具、方法捕捞水产品,情节严重,触犯《刑法》构成犯罪的行为。犯罪客体是渔业资源保护权益和国家对渔业的管理秩序(属于复合客体)。犯罪客观方面表现为违反《渔业法》的规定,在禁渔区、禁渔期或者使用禁用的工具、方法捕捞水产品,情节严重的行为。就是说,行为人违反了"四禁"之一,情节严重,即构成本罪。所谓"情节严重",是指数量较大,屡教不改,以禁止使用的炸药、剧毒农药、电网等严重危害渔业资源的方法捕捞等。犯罪主观方面是故意(包括直接故意和间接故意),如果过失实施或者无上述严重情节,不构成本罪。犯罪主体为一般主体,多为我国不法渔民和境外渔轮。本罪的刑罚为 3 年以下有期徒刑、拘役、管制或者罚金。

(五)非法猎捕、杀害、收购、运输、出售国家重点保护的珍贵、濒危野生动物罪(第341条第 1 款)

非法猎捕、杀害、收购、运输、出售国家重点保护的珍贵、濒危野生动物罪,指违反《野生动物保护法》的规定,猎捕、杀害或者收购、运输、出售国家重点保护的珍贵、濒危野生动物,触犯《刑法》构成犯罪的行为。犯罪客体是珍贵、濒危野生动物的生存权益和国家对其管理秩序。犯罪客观方面表现为,非法猎捕、杀害、收购、运输、出售国家重点保护的珍贵、濒危野生动物的行为。本罪的刑罚分为三个档次:一般情节的,处 5 年以下有期徒刑或者拘役,并处罚金;情节严重的,处 5 年以上 10 年以下有期徒刑,并处罚金;情节特别严重的,处 10 年以上有期徒刑,并处罚金或者没收财产。

(六)非法收购、运输、出售国家重点保护的珍贵、濒危野生动物制品罪(第341条第1款)

非法收购、运输、出售国家重点保护的珍贵、濒危野生动物制品罪,指违反《野生动物保护法》的规定,收购、运输、出售国家重点保护的珍贵、濒危野生动物制品,触犯《刑法》构成犯罪的行为。本罪的刑罚与非法猎捕、杀害、收购、运输、出售国家重点保护珍贵、濒危野生动物罪的刑罚基本相同。

➤ 案例分析

2002 年 10 月,杜某为了牟取暴利,窜入某自然保护区内猎捕国家重点保护的野生雪豹 2 只。后杜某将捕杀的雪豹皮高价卖给了境外商李某。李某在出境时携带的雪豹皮被海关查获。在海关人员的盘问下,李某交代雪豹皮是从杜某处购买的。杜某遂被公安机关依法拘留,并承认了捕杀雪豹、出售雪豹皮的事实。问题:杜某和李某的行为是否构成犯罪?罪名是什么?

【解答】雪豹是我国一级保护动物。杜某的行为构成非法猎捕、杀害濒危野生动物罪和非法出售濒危野生动物制品罪,应当数罪并罚;李某的行为构成非法收购濒危野生动物制品罪。

(七)非法狩猎罪(第341条第 2 款)

非法狩猎罪,指违反《野生动物保护法》,在禁猎区、禁猎期或者使用禁用的工具、方法狩猎,破坏野生动物资源情节严重,触犯《刑法》构成犯罪的行为。其中的"情节严重",是指未持有狩猎证的、屡教不改的或者是数量较大的等等。如果虽持有狩猎证,但猎捕的是国家重点保护的珍贵、濒危野生动物,则不应以本罪论处。本罪的刑罚:按照不同情节处以 3 年以下有期徒刑、拘役、管制或者罚金。

(八)毁坏耕地罪(第 342 条)

毁坏耕地罪,指违反《土地管理法》、《基本农田保护条例》等法律、法规,非法占用耕地改作他用,数量较大,造成耕地大量毁坏,触犯《刑法》构成犯罪的行为。其中的"非法占用",是指未经批准或者采取欺骗、行贿等手段获取批准而占用耕地。"改作他用",是指将耕地改作建窑、建房、建坟、挖砂、采石、取土、堆放废物或者其他活动毁坏种植条件、破坏耕地等。需要注意的是,本罪属于"结果犯",即只要实施了上列破坏耕地中的任何一种行为,并已造成耕地大量被毁,就构成本罪。本罪的刑罚为:根据不同情节处以 5 年以下有期徒刑,或者拘役,并处或者单处罚金。

(九)非法采矿罪(第 343 条第 1 款)

非法采矿罪,指违反《矿产资源法》的规定,未取得采矿许可证擅自采矿或者擅自进入国家规划矿区、对国民经济具有重要价值的矿区和他人矿区范围采矿的、擅自开采国家规定实行保护性开采的特定矿种,经责令停止开采后拒不停止开采造成矿区资源破坏,触犯《刑法》构成犯罪的行为。犯罪客体是公民矿产资源的环境保护权益和国家对矿产资源的管理秩序。其中对擅自进入他人矿区范围开采的,还应包括他人的财产权。犯罪客观方面表现为未取得采矿许可证而实施了 5 个"擅自"采矿的违法行为之一,经责令停止开采后拒不停止开采并造成矿产资源破坏的。可见,本罪为"结果犯"。本罪的刑罚,分两个档次:造成矿产资源破坏的,处 3 年以下有期徒刑、拘役或者管制,并处或者单处罚金;造成矿产资源严重破坏的,处 3 年以上 7 年以下有期徒刑,并处罚金。

(十)破坏性采矿罪(第 343 条第 2 款)

破坏性采矿罪,破坏性采矿罪,指违反《矿产资源法》的规定,采取破坏性方法开采矿产资源造成严重破坏,触犯《刑法》构成犯罪的行为。其中的"破坏性开采方法"如对具有工业价值的共生矿和伴生矿未采取综合性开采措施;对暂时不能综合开采或者必须同时开采而暂时不能综合利用的矿产,以及含有有用组分的尾矿未采取保护性措施而造成矿产资源破坏、浪费的严重后果。本罪的刑罚:根据不同情节处以 5 年以下有期徒刑或者拘役,并处罚金。

(十一)非法采伐、毁坏珍贵树木罪(第 344 条)

非法采伐、毁坏珍贵树木罪,指违反《森林法》和《野生植物保护条例》的规定,非法采伐、毁坏珍贵树木,触犯《刑法》构成犯罪的行为。"非法采伐",是指未取得采伐许可证或者经过欺骗、行贿等手段取得采伐许可证,或者超过许可证规定的采伐株数、树种进行采伐;"毁坏珍贵树木",则表现为使其丧失原有功能和正常生长发育的能力。本罪的刑罚分为两个档次:对一般情节的,处 3 年以下有期徒刑、拘役或者管制,并处罚金;情节严重的,处 3 年以上

7年以下有期徒刑,并处罚金。

(十二)盗伐林木罪(第345条)

盗伐林木罪,指违反《森林法》的规定,以非法占有为目的和秘密的方法砍伐国家、集体或者他人森林或者其他林木,触犯《刑法》构成犯罪的行为。本罪的刑罚分为三个档次:"数量较大的",处3年以下有期徒刑、拘役或者管制,并处或者单处罚金;"数量巨大的",处3年以上7年以下有期徒刑,并处罚金;"数量特别巨大的"处7年以上有期徒刑,并处罚金。

(十三)滥伐林木罪(第345条第2款)

滥伐林木罪,指违反《森林法》的规定,无采伐许可证或者未按照采伐许可证规定的地点、数量、树种、方式而任意采伐本单位所有或者管理,或者本人自留山上的森林或者其他林木,数量较大,触犯《刑法》构成犯罪的行为。本罪的刑罚分两个档次:"数量较大的"处3年以下有期徒刑、拘役或者管制,并处或者单处罚金;"数量巨大的",处3年以上7年以下有期徒刑,并处罚金。其中,"盗伐、滥伐国家级自然保护区内的森林或者其他林木的,从重处罚"。

应注意区分非法采伐、毁坏珍贵树木罪与盗伐林木罪,滥伐林木罪。三罪都属于侵害林木资源的犯罪,侵犯的客体都是国家对森林资源保护的管理制度,犯罪主体均包括自然人和单位,且主观罪过形式都是故意,但非法采伐、毁坏珍贵树木罪与盗伐林木罪,滥伐林木罪仍是有区别的,主要表现在:(1)犯罪的客观方面不同。非法采伐、毁坏珍贵树木罪表现为违反《森林法》的规定,非法采伐、毁坏珍贵树木的行为,其中不仅包括非法采伐的行为,还包括故意毁坏的行为,使珍贵树木的价值或使用价值部分或全部丧失的行为,如使用放火、爆炸等方法的行为,行为人只要实施了非法采伐、毁坏即可构成犯罪,情节是否严重则用来作为量刑轻重的参考;而盗伐林木罪、滥伐林木罪分别表现为未经林业行政主管部门批准,私自采伐国有或集体或个人承包经营管理的林木的行为(此为盗伐林木的行为),和未经林业行政主管部门批准并核发采伐许可证,或虽有许可证但不按照许可证的要求而任意采伐自己所有的林木的行为(此为滥伐林木的行为),其中,后两罪均属于"数量犯"。(2)对象不同。非法采伐、毁坏珍贵树木罪的对象只能是珍贵树木,即《国家珍贵树种名录》和《国家重点保护的野生植物名录》所列的珍贵树木;盗伐林木罪、滥伐林木罪的对象则指珍贵树木以外的其他木本植物。

➤ 案例分析

岳某在未取得采伐许可证的情况下,到自家承包地里砍了28棵水杉树,市林业局公安人员在执法过程中,发现了这批被非法砍伐的树木。经查,岳某砍伐的28棵水杉达16.3立方米。问题:岳某砍伐自家承包地里的水杉树的行为是否构成犯罪? 构成何罪?

【解答】构成非法采伐珍贵树木罪。水杉系国家明令保护的一级珍贵野生植物,岳某违反《森林法》和其他有关行政法规,在未取得林业部门核发的采伐许可证的情况下,非法砍伐水杉,其行为已构成非法采伐珍贵树木罪。

(十四)非法收购盗伐、滥伐的林木罪(第 345 条第 3 款)

非法收购盗伐、滥伐的林木罪,指违反《森林法》的规定,为牟取暴利而在林区非法收购明知是盗伐或者滥伐的林木,触犯《刑法》构成犯罪的行为。"情节严重",是指数量较大,多次违法或者其他欺骗行为等,本罪的刑罚,分为两个档次:"情节严重的",处 3 年以下有期徒刑、拘役或者管制,并处或者单处罚金;"情节特别严重的",处 3 年以上 7 年以下有期徒刑,并处罚金。

四、其他与破坏环境资源罪相关的犯罪

(一)走私废物罪

我国《刑法》第三章"破坏社会主义市场经济秩序罪"第二节"走私罪"中还有"以走私罪论处"的行为。其中,第 152 条第 2 款就规定了走私废物罪:"逃避海关监管将境外固体废物、液态废物和气态废物运输进境,情节严重的,处 5 年以下有期徒刑,并处或单处罚金;情节特别严重的,处 5 年以上有期徒刑,并处罚金。"

➤ **案例分析**

龚某从 2003 年 1 月至 2004 年 2 月,以 3 家不同名称的公司的名义,与境外固体废物供应商签订订货合同后,分别委托上海几家公司为经营单位、南通某货运有限公司为代理报关单位,在明知废"钼催化剂"是国家禁止进境废物的情况下,仍然采用伪报品名的手段,先后共走私进口废"钼催化剂"达 3400 余吨。问题:本案应适用刑法的哪一个罪名?

【解答】本案龚某为逃避海关监督,以单位名义伪报品名进口国家禁止进口的废物,根据我国《刑法》第 152 条第 2 款的规定,构成走私废物罪。

(二)关于国家环境与资源管理工作人员渎职的犯罪

我国《刑法》第九章"渎职罪"中第 408 条对有关环保工作人员渎职犯罪作了具体的规定:"负有环境保护监督管理职责的国家机关工作人员严重不负责任,导致发生重大环境污染事故,致使公司财产遭受重大损失或者造成人身伤亡的严重后果的,处 3 年以下有期徒刑或者拘役。"

依照 2001 年 7 月《人民检察院直接受理立案侦查的渎职侵权重特大案件标准(试行)》(以下简称为立案标准)的规定,环境监管失职罪,是指负有环境保护监督管理职责的国家机关工作人员严重不负责任,不履行或不认真履行环境保护监管职责导致发生重大环境污染事故,致使公私财产遭受重大损失或者造成人身伤亡的严重后果的行为。涉嫌下列情形之一的,应予立案:(1)造成直接经济损失 30 万元以上的;(2)造成人员死亡 1 人以上,或者重伤 3 人以上,或者轻伤 10 人以上的;(3)使一定区域内的居民的身心健康受到严重危害的;(4)其他致使公私财产遭受重大损失或者造成人身伤亡严重后果的情形。根据该立案标准

的规定,有下列结果之一的构成重大案件:造成直接经济损失 100 万元以上的;致人死亡 2 人以上或者重伤 5 人以上的;致使一定区域生态环境受到严重威胁的。有下列结果之一的构成特大案件:造成直接经济损失 300 万元以上的;致人死亡 5 人以上或者重伤 10 人以上的;致使一定区域生态环境受到严重破坏的。

此外,在我国《刑法》第 407 条中还规定了林业主管人员渎职罪;在第 410 条中规定了国家工作人员非法批准征用土地、占用土地罪。

(三)我国《刑法》分则的其他有关规定

除了上述规定之外,我国《刑法》还在"危害公共安全罪"、"走私罪"中分别规定了与破坏环境资源保护犯罪有关的犯罪。例如,第 114 条有关放火罪(烧毁森林)、投毒罪(污染水源);第 136 条有关违反化学危险物品管理规定罪;第 151 条走私珍贵动物及其制品罪。虽然规定在不同的章节中,但是它们都属于与破坏环境资源保护犯罪相关的犯罪。

➤拓展案例

伤熊案的定性

北京某大学电机系大四学生刘某,为了验证"笨狗熊"的说法能否成立,先后两次把掺有火碱、硫酸的饮料,倒在 5 只北京动物园饲养的狗熊的身上或嘴里。这 5 只熊因此有的嘴被烧坏,进食困难;有的四肢被烧,无法行走;有的前胸、背部、臀部被烧坏,失去了正常生活的能力。

如何对肇事者的行为定性,有不同的观点:有人认为应定为故意毁坏财物罪,有人认为应定为破坏生产经营罪,也有人认为法无规定不为罪,根据我国当前的法律规定并不能追究刘某的刑事责任,该案的发生呼唤我国对动物保护法律应加以完善。

笔者赞同后一种意见。在条件具备的情况下,我国立法可考虑对非必要情形下的虐待动物行为给予适度的制裁。事实上,许多国家都已经制定了反对虐待动物的法律。如美国伊利诺伊州 1973 年的《人道地照料动物法》,要求动物所有者为他的每个动物提供足量的、质好的、适合卫生的食物和饮水;充分的庇护场所和保护,使其免受恶劣天气之害;人道的照料和待遇;禁止任何人殴打、残酷对待、折磨、超载、过度劳作或用其他方式虐待任何动物。澳大利亚也有专门的禁止野蛮对待动物的法律。法国《刑法典》第 R655—1 条规定:"在非必要的情形下,以公开或非公开的手段,蓄意将家养动物,驯服、猎获圈养野生动物致死的行为以第 5 级违章处以罚款。"①

讨论题➪

1. 环境行政调解的效力如何? 对环境行政调解不服能否提起行政诉讼?
2. 为何要对环境污染侵害实行无过错责任? 环境污染侵权行为的构成有何特点?

_____

① 蒋亚娟:《环境法学案例教程》,厦门大学出版社 2006 年版,第 240～241 页。

3. 公民环境诉讼制度有何特点？试述我国建立公民环境诉讼的必要性。

4. 我国《刑法》规定的"破坏环境资源保护罪"都包括哪些罪名？其处罚有何特点？

5. 案例讨论：政府部门要求尾气排放达标的车主安装指定净化设备的行为是否违法？

原告刘某于 1998 年 2 月购买了一台化油器捷达轿车。1998 年 12 月，他为了响应北京市人民政府治理汽车尾气污染、改善大气质量的号召，自费安装了韩国生产的"马哥马—3000"尾气净化器。经检验，其尾气排放明显低于北京市技术监督局发布的 DB11/044—1999《汽车双怠速污染物排放标准》（以下简称 044 标准）。但北京市环保局、市交通局、公安交通管理局联合发布《关于对具体治理条件的轻型小客车执行新的尾气排放标准的通告》（以下简称为通告）规定：1995 年 1 月 1 日以后领取牌照的桑塔纳、富康、捷达等小客车必须安装电控补气和三元催化器，经验收达标并取得绿色环保标志后，方准予年检。自 1998 年 8 月起，原告就上述通告相关规定的合法性，向北京市环保局提出质疑，并多次与其联系参加当年年检事宜。该局答复，不安装电控补气和三元催化器就不能年检。

原告不服，于同年 12 月 24 日依法申请行政复议，国家环保总局于 2000 年 2 月对本案作出行政复议决定后，原告对其有关内容仍不服，故向法院起诉北京市环保局、北京市交通局和北京市公安局三部门，要求法院判令被告北京市环保局在一定期限内作出书面决定，允许原告已采取尾气治理措施的轿车参加年检，并确认被告三部门联合发布的《通告》内容违法。

第一被告北京市环保局则辩称，《北京市人民政府关于发布本市第二阶段控制大气污染措施的通告》（京政发[1999]8 号）明确要求："对 1995 年以后领取牌照并具备治理条件的轻型轿车进行治理。安装电喷火电控补气加三元催化转换装置并达到新的排放标准的，发给'绿色环保标志'，未进行治理或不能达到新的排放标准的，到 2000 年一律不予年检。"被告根据市政府通告的要求，发布具体检测程序，认定有资格进行机动车排放检测的检测厂。因此，被告依照市政府规章行事，其合法性无可质疑。第二被告北京市交通局辩称，承担对化油器加装电控补气和三元净化器任务的修理厂由汽车厂商指定，所用产品也由厂商选定和提供，该局并无指定和垄断，因而"我局与被告没有任何关系"。第三被告北京市公安交管局称，尾气通告仅对化油器车作出改造要求，并无指定产品之嫌，要求驳回原告诉讼要求。

讨论：(1)法院是否有权审查北京市环保局、市交通局、公安交通管理局联合发布的通告内容的合法性？(2)本案中北京市环保局的行为是否构成滥用职权？

第六章 环境法的实施

➤ 基本知识点

环境法的实施是与环境法的制定相对应的概念,它是指环境法的具体规则在现实生活中的具体运用、贯彻和执行。环境法的实施是实现环境立法目的和实现环境法价值的必要途径。环境法的实施主要包括环境行政执法和环境司法两个方面的内容:环境行政执法,是指国家行政机关及其公职人员依法行使环境管理职权、履行环境职责、实施环境法律的活动;环境司法,是指国家司法机关(主要包括人民法院和人民检察院)按照法定权限和程序,具体应用环境法律处理环境案件的一种专门活动。

第一节 环境法实施概述

一、环境法实施的概念

环境法的实施,是指环境法在现实社会生活中的具体运用、贯彻和执行,也就是使环境法规定的抽象的法律关系主体的权利和义务转化为现实的权利和义务,从而保护法律关系主体的权利,并保证其履行相应的义务。环境法的实施是与环境法的制定相对应的概念,是实现环境立法目的、实现环境法作用的前提,是实现环境法价值的必由之路。古希腊思想家亚里士多德认为法治的两个重要条件是:制定好的法律,并严格实施这种法律。美国当代法学家博登海默也指出:"如果包含在法律规定部分中的'应当是这样'的内容仍停留在纸上,而不影响人的行为,那么法律只是一种神话,而非现实。另一方面,如果私人与政府官员的所作所为不受符合社会需要的行为规则、原则或准则的指导,那么是专制而不是法律,会成为社会中的统治力量。因此,遵守规范制度而且是严格遵守规范制度,乃是法治社会的一个必备条件。"可见,环境法的实施乃是环境法治最为重要的一环。

环境法的实施包括环境法的执行、适用、遵守和法律实施的监督四个方面。环境法的执行,是指有关国家行政机关为了履行法定环境保护职责,实现某种环境行政管理目标,按照法定权限和程序将环境法律规范中抽象的权利义务变成环境法主体具体权利义务的过程,或者说是国家有关行政机关将环境法律规范适用于具体环境法主体的过程。环境法的适用,指的就是环境法的司法,是指有关的国家司法机关按照法定权限和程序,具体应用环境法律处理环境案件的一种专门活动。环境法的遵守,也可称为守法,是指公民、社会组织和国家机关依照环境法律、法规行使权利、权力,履行义务的活动。环境法实施的监督从广义上来讲,是指社会主体(如国家机关、社会团体及公民个人等)对环境法实施的监督,从狭义上讲,是指国家检察机关对环境法实施的监督。本章内容包括环境法的执行和环境司法两大部分,对环境法的遵守和监督不再展开论述。

二、环境法实施的分类

根据环境法实施主体的不同,可以将环境法实施分为国家实施和公民实施两大类。国家实施的主体是国家机关或者法律授权的组织,公民实施的主体是公民个人。

(一)国家实施

国家实施,是指由国家机关或法定授权组织进行的环境法的实施活动,是国家机关或法定授权组织依据其职权,按照环境保护法律、法规对环境社会关系所作的规定,进行的相关执法和司法活动。由于这种实施所凭借的是国家强制力,因此又称为公力实施。国家实施主要表现为环境行政执法和环境司法两个方面:第一个方面,是环境行政执法中的国家实施。绝大部分环境保护法律、法规是由环境行政执法机关实施的。由于环境保护行政主管部门依法对环境保护工作行使统一的监督管理权,因此,环境保护行政主管部门是环境保护法的主要实施者。第二个方面,是环境司法中的国家实施。因为环境司法的主体是人民法院和人民检察院,这两者皆是国家机关,所以环境司法都属于国家实施的范畴。

(二)公民实施

公民实施,是指公民依据法律、法规规定进行的环境法的实施活动。公民实施,是环境法实施的重要组成部分,也是国家实施的重要补充,它是环境法实施的重要保障。公民实施,分为实施自己所享有的环境法规定的权利和实施自己所承担的环境法规定的义务两个方面。

公民实施环境法规定的权利主要包括三个方面的内容:第一,实施立法参与权。公民通过自己在立法机构的代表或直接向立法机构反映自己的意志,使之变成国家意志体现在环境立法中。第二,实施法律监督权。公民有权对国家机关及其工作人员遵守并实施环境保护法进行监督。对他们的违法行为、失职行为、滥用法律的行为进行监督,提出申诉、检举和控告。第三,实施环境诉权。公民通过对污染加害者提起民事诉讼,向公安、检察机关举报环境犯罪等方式,使自己的环境权得到保护,并使环境保护法得以实施。此外,新型的环境公益诉讼的要旨就在于鼓励公民个人对于危害环境公益的行为提起诉讼。它也是公民实施的方式之一。

在实施环境法的义务方面,公民应当主动地了解和掌握有关环境法律、法规的内容,自觉遵守环境保护法律、法规的规定,同各种破坏环境的行为作斗争。

三、环境法实施的要求和基本原则

(一)环境法实施的要求

环境法实施的要求包括许多方面,其核心是准确、合法、及时三点。其一,是要准确。这就要求司法机关和环境行政执法机关在具体处理环境案件适用法律时,必须做到事实清楚,证据确实充分,对案件性质认定准确,处罚得当。其二,是要合法。这要求司法机关、环境行政执法机关及其工作人员对案件定性和处罚幅度要符合实体法的规定,办案过程要符合程序法的规定,不得徇私枉法,置法律规定于不顾。其三,要及时。就是指司法机关和环境行政执法机关受案要及时、处理要及时、执行要及时,提高办事效率,不得相互推诿,故意拖延。此外,准确、合法、及时是一个统一的整体,准确、合法必须做到及时,及时必须做到准确、合法,片面地强调某一方面的作用会给司法实践和行政执法活动带来负面的影响。

(二)环境法实施的基本原则

1. 平等原则。在环境法实施的过程中,一定要坚持"在法律面前人人平等"这个原则,环境行政执法机关和司法机关及其工作人员对任何公民和组织的环境违法或犯罪行为都要平等地处理,对同类性质案件的处理不得有轻有重,处罚不公。

2. 独立自主原则。所谓"独立自主",是指要坚持司法机关独立行使职权,环境行政执法机关自主地处理案件。司法机关独立地行使职权就是指人民法院独立地行使审判权,人民检察院独立地行使检察权,不受任何行政机关、社会团体和个人的非法干涉。环境行政执法机关自主地处理案件就是指行政执法机关按照法定职责和程序,独立自主地作出对案件的处理决定,不得因为受到其他机关或人员的干扰而作出不合法的处理决定。

3. 尊重事实、恪守法律原则。这就是指要以事实为根据,以法律为准绳。以事实为根据,是指司法和环境行政执法人员在处理环境案件时,既要从客观存在的实际出发,实事求是,重证据,重调查研究,客观而全面地查清案件的事实真相;又要依法收集证据,依法对个案定性,在法律规定的幅度范围内量刑、量罚,不得畸轻畸重。

4. 有错必改原则。司法机关和环境行政执法机关不管在处理案件的哪个阶段或哪个环节,不管是谁对案件处理结果提出异议,只要一经发现确有错误,就必须果断及时地依法纠正,保证法律适用的准确性。

第二节 环境行政执法

一、环境行政执法概述

(一)环境行政执法的概念

对于执法的理解有广义和狭义两种方式。从广义上讲,执法是指所有国家行政、司法机关及其公职人员依照法定职权和程序实施法律的活动;从狭义上讲,执法是专指国家行政机关及其公职人员依法行使管理职权、履行职责、实施法律的活动。我们平常所说的执法一般是狭义的执法,所说的执法机关也就特指行政机关,执法又称行政执法,是法律实施的重要组成部分和表现形式之一。

环境行政执法属于行政执法的一个组成部分。它是指有关国家行政机关为了履行法定的环境保护职责,实现某种环境行政管理目标,按照法定权限和程序将环境法律规范中抽象的权利义务变成环境法主体具体权利义务的过程,或者说是国家有关行政机关将环境法律规范适用于具体环境法主体的过程。环境行政执法是环境行政主管部门的重要职责,也是进行环境监督管理的重要法律手段和行政措施。环境执法就是环境行政执法机关保证环境法律实施的一种活动,是有关行政管理机关执行环境法律规范的活动,是国家环境法律制度系统中行政执法活动那一部分。

(二)环境行政执法的内涵

环境行政执法的内涵,可概括为以下四个方面:

第一,环境行政执法的目的是保护环境,实现环境治理管理职能。环境保护的关键在于环境管理,而环境行政执法是环境管理的主要手段。环境行政执法又具有环境法和行政法的双重特点,并且环境行政执法遍及环境管理的各个角落,是环境管理过程中最为有效的手段。

第二,环境行政执法主体是法定的机关或授权组织。依法行使环境保护行政执法的机关应当是法律、法规授权的环境保护行政管理部门或者具有一定环境管理职能的机关及法定授权组织,其他任何组织不能行使环境行政执法职能。我国现行的《环境保护法》第7条规定,有权从事环境行政执法的部门,除了各级人民政府、环境行政主管部门外,还有许多相关部门,如农业、林业、渔业、公安等部门,经法定授权的环境监察等部门在一定职权范围内也能行使环境执法的职权。

第三,环境行政执法行为具有国家强制性。它是环境行政行为的一种,是立法工作的延续,是国家环境行政机关依法实施环境行政治理,直接或间接产生法律效果的行为。环境行政执法以国家机器为后盾,具有国家强制性。

第四,环境行政执法是环境行政机关直接与相对人之间形成法律关系的行为。环境立法只是确定环境法各主体之间的权利和义务,并不能直接形成法律关系,只有执法活动,才能在主体之间直接形成法律关系。也就是说,环境行政治理法规的制定和发布,并不能直接、立即使环境行政机关与相对人发生行政法律关系。只有环境行政机关主动、积极地对环境行政治理法规加以实施,才能使环境行政法律关系得以形成。

(三)环境执法的特征

环境行政执法隶属于行政执法的范畴,当然具有行政执法的从属法律性、服务性、单方性、强制性和无偿性等特征,但其作为一种特殊的行政执法,又有自身的特征。主要表现在如下几个方面:

1. 环境行政执法的主体是特定的

《中华人民共和国环境保护法》第7条明确规定:"国务院环境保护行政主管部门,对全国环境保护工作实施统一监督管理。县级以上地方人民政府环境保护行政主管部门,对本辖区的环境保护工作实施统一监督管理。国家海洋行政主管部门港务监督、渔政渔港监督、军队环境保护部门和各级公安、交通、铁道、民航管理部门,依照有关法律的规定对环境污染防治实施监督管理。县级以上人民政府的土地、矿产、林业、水行政主管部门,依照有关法律的规定对资源的保护实施监督管理。"这就明确了环境行政执法的主体只能是:环境保护行政主管部门、与环境保护相关的行政主管部门,如海洋行政主管部门、港务监督、渔政渔港监督、各级公安、交通、铁道、民航管理部门,依照有关法律的规定对环境污染防治实施监督管理的部门,环境保护行政主管部门依法授权或委托的环境监理机构或是地方性法规授权的组织机构。这就说明,环境行政机关是环境行政执法的主体,但并不是所有的环境行政机关都能行使环境行政执法权,也并不是除环境行政机关以外的其他部门就不能行使环境行政执法权。环境行政主管部门是环境行政执法的主要主体而不是唯一主体,大多数的环境行政执法行为都是由环境主管部门来实施的,其他的一些部门如卫生、市政管理、园林等部门也担负着某些环境行政执法的职责。

2. 环境行政执法具有单方性的特征

与其他行政执法的特点相同,行政机关代表国家在行政法律关系中居于支配地位,环境行政机关的执法行为仅以行政机关单方面的决定而成立,不需要行政相对人同意。环境行政执法的相对方,是指在具体环境管理关系中处于被管理者地位的与环境行政执法主体相对应的一方当事人。在这个特殊的行政法律关系当中,环境行政执法相对方并不是单纯指某一个人,我国境内的一切组织和个人都可能成为环境行政执法的相对方,包括国家机关、企业事业单位、社会团体及其他社会组织、中国公民、外国组织或者个人。在环境行政执法中,行政执法主体直接同行政相对人形成法律关系,直接影响行政相对人的权利和义务。不过,其单方性也有例外,如行政相对人在与环境行政执法主体签订与环境保护有关的行政合同时,应以双方意思表示一致为基础,这在一定程度上体现出行政主体与行政相对人对等的法律地位。还有,行政调解、行政指导等部分执法行为也不具有单方面性。

3. 环境行政执法要符合法定的程序

在环境行政执法中,行政机关及其行政的主要依据是环境保护法律、法规、规章、政策性文件以及环境标准,其执行程序要受行政法、行政程序法的限制。在程序公正与实体公正并重的今天,没有程序的正义也就无所谓正义。环境行政执法要符合法定的程序,一方面,是为了使行政主体置于严格的程序规范约束之下,即行政主体有义务使自己的行为严格遵守法定程序的规定;另一方面,为有效地实现行政目的,行政主体也有权要求相对人依法定程序参与有关活动。当然要严格依照程序办事,需要有切实可行的行政程序法规作为后盾,虽然我国目前还没有一部统一的行政程序法典,但是我国有关环境保护的规范性文件很多,在各个具体的环境规范性文件当中有与环境行政执法程序相关的规定,而且因为环境问题在各个地方的情况都不尽相同且各地经济发展也不平衡,这就使得各地在具体实施环境行政执法行为时所依照的标准和权限有可能不一样,这就要求我们执法主体和执法人员在执法的过程中应实事求是,严格遵守规定,严格执行程序,否则会滥用职权或者越权执法,处理不好,会导致行政诉讼,甚者会引起国家赔偿。

4. 环境行政执法方式的多样性

环境执法手段具有多样性,既包括以说服教育性质为主的申诫罚,又包括经济制裁性质的财产罚和能力罚,对严重的行政违法行为甚至可以处以人身罚。具体来说,我国现行的环境行政执法手段主要包括行政检查、行政处罚、排污收费、环境影响评价、行政许可、行政合同、行政奖励等,此外还有很多是法律没有详尽列举的,在此基础上,我们还应根据不断变化的情况来更新执法手段,创造更好的环境来服务于人民的生产、生活。这些形式多样的执法手段对增强我国可持续发展能力生态环境的改善、资源利用效率的提高、促进人与自然的和谐、推动整个社会走上生产发展、生活富裕、生态良好的文明发展道路都具有重要的意义。

5. 环境行政执法具有公益性和公共管理性

我国《环境保护法》第1条开宗明义地指出:"为保护和改善生活环境与生态环境,防治污染和其他公害,保障人体健康,促进经济和社会的可持续发展,制定本法。"由此可见,环境行政执法的公益性和公共管理性质。撇开环境行政来说,行政是行政主体对国家事务和社会事务以决策、组织、管理和调控等特定手段发生作用的活动。行政属于公务,是代表国家行使职权,从国家和公务的性质来看,行政的公共管理特性和公益性不言而喻。环境保护涉及面广,从大的方面来讲,世界万事万物都是在社会这个大环境之中,每一个环境行政决策或行为都会涉及方方面面的利益。根据公共信托理论,为了合理支配和保护共有财产,共有人委托国家来管理。国家对环境的管理是受共有人的委托行使管理权。这就导致环境行政执法作为一种行政管理手段,必须以环境公益为出发点,以此来实现环境法的价值取向,体现出环境行政执法的公共管理的特性。

6. 环境行政执法的综合性和科学技术性

环境行政执法具有很强的综合性,这是因为环境保护涉及公共资源、公共安全和人身健康等各个方面,覆盖了社会生产和生活的各个方面,环境行政执法必须考虑代际平衡,考虑到子孙后代的长远利益。从环保执法的依据来看,涉及行政、民事、经济和刑事等规范。从环境执法调整的社会关系来看,包括政治、军事、外交、经济、文化、交通等社会生产、生活的各方面。此外,环境行政执法还具有科学技术性。环境法具有不同于其他部门法的突出特征,即较多地运用科学技术手段来调整人与自然的关系。环境保护法律中所规定的环境影响评价制度、"三同时"制度、征收环境资源保护费、清洁生产制度等等,在具体实施这些制度的时候,评估的标准和有关的计算方法都与物理、化学等自然科学是分不开的,这就体现了环境执法的科学性。可以说,科学技术是环保行政执法的基础和关键。环境行政执法对执法人员的专业技术水平有较高的要求,因此执法人员必须具备一定的环境专业的科学技术知识,掌握与所从事业务的相关环境标准及检验办法等,否则就难以发现和认定环境违法行为。

(四)环境执法的原则

环境执法应遵循以下原则:

1. 合法性原则。它要求行政执法做到:有法必依、执法必严、违法必究。根据这一原则,环境执法主体必须是依法组成的或依法授权执法的机关,行政机关在行政执法活动中必须严格依照法律规定办事,严格按照法定权限和程序来进行,不得越权执法或者推诿、放弃法定职责。对一切违法主体,行政执法机关都要严格追究其法律责任。

2. 合理性原则。合理性原则是对环境行政执法在合法性原则的基础上提出了更高的要求,其存在的基础是行政执法的自由裁量权。因为国家行政管理是一种极其复杂的管理活动,对行政机关管理各种社会事务的活动,法律不可能都作出详细的具体规定,在许多方面只能规定一个大致的范围,给行政机关留有较大的自由裁量权。对于没有明确规定的事项,环境执法机关的执法行为必须公允适当,具有合理性,只能根据违法行为的情节轻重、后果大小,选择合理的处罚标准,合理使用自由裁量权。

3. 效率原则。效率原则也是程序法治应当遵循的基本原则。效率是现代行政的重要特征和生命基础,通过程序实现效率是行政法制的合理选择。环境行政执行机构的执法行为应讲究效率,在行使执法权时要以尽可能短的时间、尽可能少的人员,办理尽可能多的事务。但然,效率原则既要从程序推进行政收益最大化或者行政投入最小化方面理解,又要从程序便于相对人主张和实现权益以及有效实现人权保障等方面加以体现。

4. 诚实守信原则。诚实守信原则要求行政机关必须“诚实守信”,努力建设诚信政府。其内涵是行政机关的法规政策即使由于国家的法律法规和政策或者社会公共利益的需要发生了变化,行政相对人根据原来的法律、法规和政策所取得的权益也应当予以正当保护和公正补偿,它要求行政机关对行政相对人作出的行政行为,一般不得取消和变更,除非行政相对人有过错。

5. 公正性原则。即环境执法机构必须对任何单位和个人所享有的环境权利给予同等的保护,同时对任何单位和个人的环境违法行为都要无一例外地加以追究和制裁,要一视同仁。

二、环境行政执法主体及职权

环境行政执法中的执法主体,从行政法理论来看,应该是依据法律规定或授权,能独立以自己的名义行使环境行政管理权,并独立承担因此而产生的法律责任的组织。

(一)环境行政执法的主体资格

根据我国《宪法》和其他有关法律的规定,环境行政执法主体应当同时具备以下条件:

1. 环境行政执法主体必须是组织而不是个人。组织可以是机关、机构,也可以是单位、团体等,但个人无论在什么情况下都不能成为行政执法的主体。

2. 环境行政执法主体的成立必须有合法的依据。环境行政执法是行使国家环境行政权的活动,作为承担环境行政执法任务的组织是不能任意设立的,必须有法律上的依据,按照一定的程序,经有权机关批准,并公开宣布,明确其职责范围。

3. 环境行政执法主体必须能以自己的名义作出具体行政行为,并承担相应的法律责任,即环境行政执法主体能以自己的名义对外进行管理,能以自己的名义作出具体行政行为,并能以自己的名义独立地承担法律责任。这一点是衡量一个行政机关或组织是不是独立的环境行政执法主体的重要条件。

4. 环境行政执法主体必须具有明确的职责范围。环境行政执法主体的职责范围是该主体行使权力的空间,也是其活动发生法律效力的空间。任何一个环境行政执法主体都必须具有明确、具体的职责范围,否则便会造成执法上的混乱、扯皮和矛盾,最终妨碍行政执法活动的顺利开展。

(二)环境行政执法机构的范围及职权

就我国而言,建立了中央管理和地方管理相结合、统一管理和部门管理相结合的管理体制。根据我国环境保护法的规定,其具体设置的机构和职权为:

1. 国务院环境保护行政主管部门,对全国环境保护工作实施统一监督管理。如建立监测制度,制定监测规范,制定国家环境质量标准,编制环境规划等。

2. 县级以上环境保护行政主管部门,对本辖区范围内的环境保护工作实施统一的监督和管理。包括贯彻并督促执行国家环境保护法律、行政法规、部门规章、政策、方针及地方性法规与规章;按法定权限范围组织起草或拟定地方性的环境保护法规、规定及标准等;依照国家环境保护规划与计划,拟定本辖区的环境保护规划与计划并督促实施;会同有关部门组织监测网络、调查并掌握本地区的环境状况及发展趋势;组织有关部门进行环境科学研究、教育,环境宣传及人员的业务培训与考核等;调查、处理本辖区的环境污染与破坏案件;等等。

3. 地方各级人民政府,主要行使对经济发展和社会生活有重大影响的环境执法权予以监督执行,例如责令限期治理,责令企业、事业单位停业关闭和采取强制性应急措施。

4. 环境法律、法规授权对某些方面的污染防治实施监督管理的有关部门。如国家海洋行政主管部门、港务监督、渔政渔港监督、军队环境保护部门和各级公安、交通、铁路、民航管理部门等。这一类机构不是专门性的环境行政执法机构,而是依照法律、法规的特别授权,在与自身业务相关的范围内,对环境污染防治行使环境监督管理权。

5. 县级以上人民政府的土地、矿产、森林、农业、水行政主管部门等,经过法律、法规的授权,在与自身业务相关的范围内,对环境保护行使监督管理权。

6. 一些政府行政职能部门,如卫生、市政管理、市容环境卫生、园林、文物保护等行政主管部门也负有某些环境执法的职责。

三、环境行政执法的相对人

环境行政执法相对人,是在具体的环境管理关系中处于被管理一方的当事人,是与环境行政执法主体相对应的一方主体。环境行政执法相对人具有明显的相对性,脱离了环境管理关系,环境行政执法的相对人就发生了变化,它可能成为其他管理关系中的主体,而不再是环境执法相对人了。环境执法相对人处于被管理一方,但"被管理"并不意味着它只能是义务人,而不能是权利人。实际上,相对人在具体的环境管理关系中只是同执法主体相比较而言的,其虽然不具有管理职权,但享有参与环境管理权、协助管理环境权、知情权、批评检举权、秘密受保护权以及申诉权、起诉权等等一系列权利。环境行政执法相对人具有以下特点:

1. 相对人是环境行政管理中被管理一方的当事人,包括公民、法人和其他组织。环境行政执法相对人不是单纯指某一个人,我国境内的一切组织和个人,都可能成为环境行政执法的相对人,包括:国家机关;企业、事业单位;社会团体及其他社会组织;中国公民;外国组织或者个人。由于工业排污是环境污染的主要原因,因此,企业单位是最主要的环境行政执法相对人。

2. 相对人是行政法律关系中不具有行政职责和行政职务身份的一方当事人。行政相对人与行政主体的相对性之一,就是二者的法律身份及其权利义务内容在法律性质上的差别。行政相对人所包括的公民、法人和其他组织的法律身份是从被管理者的法律地位角度去界定的。行政相对人的法律地位表明其是人身权、财产权等权利义务主体而非行政职权主体,并接受行政主体的行政职能管理。因此,行政相对人只存在于外部行政法律关系中。

3. 相对人是与行政主体之间具有特定行政法律关系的人,即行政相对人是行政主体行使行政职权行为所针对的人。比如,从行政相对人的法律地位与身份资格上讲,所有企业都可以是环保机关实施行政管理的相对人,但在环保机关实施的某个处罚行为中,只有该行为所指向的企业是该行政处罚行为及其所形成的管理关系中的相对人,而其他企业就不是该项处罚法律关系的相对人。因此,行政相对人是行政法律关系中与行政主体相对应的一方当事人。

四、环境行政执法的手段

环境行政执法的手段,是指环境行政执法部门执法权力的表达形态,或者说执法行为的表现形式,是环境保护行政机关及其工作人员依据环境行政管理权,将环境法律规范适用于具体的人和事,以直接实现行政管理目标所采用的具有直观现实特点的手段或方法。环境行政执法是一个集合性的概念,环境行政检查、环境行政许可、环境行政征收、环境行政处罚、环境行政强制等都是环境行政执法的主要手段。环境行政执法手段可以分为强制性手段(刚性手段)和非强制性手段(柔性手段),前者表现为行政检查、行政处罚、行政强制等形态,权力特征明显,显示行政意思自治;后者表现为行政指导、行政合同等形态,权力色彩平淡,不强制要求行政相对人服从和接受,或者需要相对人与行政相对人的合意方能作出。

（一）强制性执法手段

环境行政执法的强制性手段,是指由一定的环境行政主体依其职责权限作出的,影响环境行政相对方权利、义务的强制性行政行为,是以强制环境行政相对人服从、接受为特征的行政手段。环境行政强制性执法手段主要有:环境行政处罚、环境行政检查、环境行政许可以及环境行政强制。

1. 环境行政处罚

环境行政处罚,是指依法享有环境行政处罚权的环境行政执法主体对违反环境法律、法规规定的行为人给予行政制裁的具体行政行为。通过对违法者的依法处罚,达到教育惩戒违法者、警戒他人,制止已有违法行为的继续,预防新的违法行为发生的目的。因此,环境行政处罚是保障环境法律、法规切实得到贯彻的必要手段,也是环境行政执法中适用最广、容易引起争议"惹官司"的一种具体行政行为。根据 1996 年 10 月颁行的《行政处罚法》和 2003 年 11 月颁行的《环境保护行政处罚办法》的规定,我国环境行政处罚主要包括警告、罚款、吊销许可证或其他具有许可证性质的证照、没收违法财物、责令作为或不作为、限期作为等。在具体适用环境行政处罚手段时,行政机关需根据受处罚行为的性质分别按照《行政处罚法》中关于简易程序、一般程序和听证程序的规定进行处理。

2. 环境行政检查

环境行政检查,是环境行政执法中最常用的方式之一,也是环境行政执法中适用最广的手段。它是指享有环境行政检查权的主体在了解公民、法人或者其他组织遵守法律、法规及规章等的情况时,在职权范围内依法强制进行事实调查、检验或收集证据资料的行为。它具有两个基本特点:一是环境行政检查具有普遍性,是环境行政机关重要的行政执法活动。它的作用是环境行政机关对公民、法人和其他组织是否守法、是否履行行政处理决定的情况所进行的监督检查。二是环境行政检查一般不影响相对人权利和义务。环境行政检查是一个确定事实和收集证据的过程,是环境行政处理决定和环境行政强制执行的手段和前提。相对人权利和义务的设定、改变一般通过行政处理、行政强制行为作出。行政检查的方法很多,最主要的有审查、检查、登记、统计和特别监督检查 5 种。

3. 环境行政许可

环境行政许可,是指环境行政管理机关以行政相对人的申请为据,通过发放证照等形式,依法赋予申请人实施通常需特许方能具备行为资格的行政行为。例如,公民、法人或者其他组织提出建设项目环境影响评价的申请,环境保护行政机关从环境保护的角度进行审查并作出是否准予的行为就是一种环境行政许可(可称为"建设项目环境影响评价行政许可");又如,企业、事业单位提出向水体排放污染物的申请,环境保护行政机关根据国家和地方规定的污染物排放标准和国家规定的企业、事业单位污染物排放总量指标的要求作出是否准予的行为也是一种环境行政许可(可称为"排污行政许可")。行政许可依其取得程序或行为内容的不同可以再细分为特许、许可、认可、核准、登记等不同种类。而行政许可发放行为依据实施程序的顺序一般应包括申请、受理、审查、决定等步骤。由于我国于 2003 年 8 月制定颁布了《行政许可法》,因此一般的环境行政许可发放行为应满足《行政许可法》中关于程序要件的规定。

4. 环境行政强制

环境行政强制,是指当环境行政管理机关的相对人不履行环境法律、法规的规定或环境行政管理机关依法所设定的义务时,享有环境行政管理权限的有关机关依法采取的强制其履行义务或达到与履行义务相同状态的措施。环境行政强制通常是在情况紧急时由环境行政管理机关发动的,其形式包括直接强制执行、代执行和执行罚等。环境保护法律中的有关环境行政强制措施的规定有不少,如《水污染防治法》第21条规定,"在生活饮用水源受到严重污染,威胁供水安全等紧急情况下,环境保护部门应当报经同级人民政府批准,采取强制性的应急措施";《大气污染防治法》第20条也有类似的规定。

(二)非强制性执法手段

环境行政非强制性管理手段,是由一定的环境行政主体依其职责权限主动作出的,不以强制环境行政相对人服从、接受为特征的行政手段。在环境行政管理的实践中,非强制性执法手段的运作模式主要采取环境行政合同、环境行政指导、环境行政奖励。除此之外,在实践中还有其他一些手段,如环境行政调解、环境行政资助、环境行政信息服务等。

1. 环境行政合同

环境行政合同,是指环境行政管理机关为实现环境保护的目标,同自然人、法人或其他组织缔结的以确立各方在环境法上的权利、义务关系为目的的协议。环境行政合同是随着20世纪早期行政合同制度的出现而产生的一种环境行政干预制度,后来在西方国家,特别是在日本的环保实践中得到了较为广泛的应用。由于其较好地将国家环境保护职能的强制性与民事主体自主实施环境友好行为的自觉性结合了起来,因此成为较受欢迎的环境干预制度。目前,我国已经开始在山东等地的部分企业中试点这一制度。

2. 环境行政指导

环境行政指导,是环境保护行政主管部门和其他环境保护相关行政主管部门在其职能或职责范围内,为实现环境行政目标,对环境行政相对人采取的符合法律精神、原则、规则或政策的指导、劝告等非强制性行政手段。虽然环境行政指导与一般环境行政法律行为同是国家环境行政职权产生的,但环境行政指导不同于环境行政处罚等一般的环境行政行为,它通常"不带命令性或强制性",亦不产生直接的法律效力,环境行政管理相对人对于是否服从环境行政指导是任意的,没有必须服从的法律义务。因此,环境行政指导的实现主要是以相对方心理与意识的认同为前提,相对人享有基于利益判断而作出是否服从的选择自由。环境行政指导赖以发挥实效的基础来源于国家环境行政主管部门所具有的审批、验收、征收排污费等环境行政权以及国家环境行政主体的信息、知识、财力等方面的优势。

3. 环境行政奖励

环境行政奖励,是环境行政主体依照法定条件和程序,对在环境保护工作中作出显著成绩和重大贡献的单位和个人,给予物质或精神鼓励的具体行政行为,它对于提高全社会的环境意识,加强环境法制教育,激励人们积极主动地参与环境保护活动,树立保护和改善环境的良好社会风气有着十分重要的作用。如《环境保护法》第8条规定:"对保护和改善环境有显著成绩的单位和个人,由人民政府给予奖励。"《中华人民共和国水法》

第 11 条规定："在开发、利用、节约、保护、管理水资源和防治水害等方面成绩显著的单位和个人,由人民政府给予奖励。"2002 年 12 月修订的《中华人民共和国草原法》第 7 条规定:"国家对在草原管理、保护、建设、合理利用和科学研究等工作中作出显著成绩的单位和个人,给予奖励。"

第三节　环境司法

一、环境司法概述

(一)环境司法的概念

环境司法,是指国家司法机关及其司法人员按照法定权限和程序,具体应用环境法律处理环境案件的一种专门活动,也是国家司法机关将环境法律规范适用于具体环境法主体的过程。司法即司法审判或诉讼,是法律实施的重要组成部分和表现形式之一。司法相对于行政执法是独立存在的,不包含于行政执法之中。司法审判与行政执法不能相互包含,司法审判是国家司法机关依法审理案件的活动,不同于行政执法。

(二)环境司法的种类

环境司法是国家司法机关按照法定权限和程序,具体应用环境法律处理环境案件的一种专门活动。严格来讲,环境司法只是指国家司法机关处理环境纠纷的活动,在环境纠纷处理的过程中一定要有司法机关(要么是法院,要么是检察院加上法院)的介入,但在环境纠纷处理的程序中,替代性司法也是不可忽略的一个重要部分,替代性司法程序虽然不一定有司法机关的存在,但是为了本章知识的完整性,也将其列为一大类。因此,环境司法可以分为两大类:第一类是环境司法程序。这一类程序其实就是诉讼解决程序,指的是权利人在其环境权益遭受损害或有遭受损害的危险时,通过诉讼实现侵害的排除或损害的填补的法律机制,它又包括环境民事诉讼、环境行政诉讼、环境刑事诉讼和环境公益诉讼 4 个小类;第二类是环境替代性司法程序,指是的诉讼程序之外的环境纠纷解决程序,包括环境调解和环境仲裁。

二、环境司法程序

(一)环境民事诉讼

1. 环境民事诉讼的概念

环境民事诉讼,是指当事人因环境污染和破坏行为损害了自己的民事权益或对自己的民事权益有损害的危险,而向人民法院提起的,要求人民法院确认其民事权益或要求相对人履行民事义务,或要求人民法院变更民事权利、义务的诉讼,其基础行为是环境污染和环境破坏。

2. 环境民事诉讼的类型

依据环境民事纠纷性质的不同,环境民事诉讼可以分为停止侵害之诉、排除妨碍之诉、消除危险之诉、恢复原状之诉、损害赔偿之诉 5 种类型。在司法实践中,当事人可以提起 2 种或 2 种以上的环境民事诉讼。环境民事诉讼的管辖、提起、当事人、执行等适用《民事诉讼法》的一般规定,与普通民事诉讼不存在差异。

(1)损害赔偿之诉

损害赔偿之诉,是环境民事诉讼中最常见的类型,它是指在环境侵权行为对受害人造成人身伤害或财产损害的前提下,向人民法院提起的要求加害人予以赔偿损失的民事诉讼。

(2)停止侵害之诉

停止侵害之诉,是指要求正在进行污染环境和破坏生态的行为人停止其行为的民事诉讼。这是一种积极的诉讼,有利于防止环境污染和生态破坏的进一步扩大,增加受害人的损害。停止侵害之诉在环境民事诉讼中比较常见。

(3)排除妨碍之诉

排除妨碍之诉,是指由财产权或环境权受到他人利用环境活动的不利影响的当事人提起的,向人民法院要求排除他人的不利影响的民事诉讼。

(4)消除危险之诉

消除危险之诉,是指当事人的环境民事权益受到现实的危险而向人民法院请求消除这种危险的民事诉讼。消除危险之诉中环境侵害行为尚未现实发生,因此,该诉可以有效地防止环境污染和生态破坏的发生。与停止侵害之诉相同,消除危险之诉也是一种积极的诉讼。

(5)恢复原状之诉

恢复环境原状之诉,是指环境侵权行为已造成了环境污染或生态破坏,在被污染的环境或破坏的生态能够恢复的前提下,受害人向人民法院要求加害人恢复环境原状的民事诉讼。恢复原状之诉在防治环境污染和生态破坏方面发挥着非常重要的作用,它同时也是一种积极的诉讼。

3. 环境民事诉讼的特点

在各国的环境立法中,对关于环境诉讼的各种重大事宜作出了新的规定,我国也不例外。这使得环境诉讼具有一些区别于其他一般民事诉讼的特点:

(1)"无过错责任"原则的采用。根据我国《民法通则》的规定,一般民事侵权责任必须具备 4 个构成要件:行为的违法性、损害后果、违法行为与损害后果之间具有因果关系、行为人主观上有过错。如不同时具备这 4 个构成要件,就不能追究其民事侵权责任。但是,环境污染造成的危害,有些在不违法的情况下也可以产生,如果采用过错责任,则环境损害无从救济。目前世界各地所发生的大多数公害事件,企业方面并无故意或过失,但公害所造成的环境污染和资源破坏不仅范围大,后果也十分严重,它既危害了人体健康和生命,还严重威胁着人类的生存和社会发展。在这种情况下,最重要的是考虑保护环境资源和受害人的合法权益,而不是污染者、破坏者的主观因素。况且,污染企业的经营和获得,很大程度上是建立在污染环境和破坏资源给他人造成损害的基础上的。因此,在环境法的公害赔偿中应采用

"无过错责任"原则,即一切污染危害环境的单位或个人,只要对他人客观上造成了财产损失或人身损害,无论行为人主观上有无过错,也无论行为人的行为是否合法,都应当对此损害承担赔偿责任。

(2)举证责任的倒置。我国《民事诉讼法》第64条规定:"当事人对自己提出的主张,有责任提供证据。"即在一般民事诉讼中采用"谁主张谁举证"的原则。受害人必须对加害人是否有过错、是否有损害事实存在、加害行为与损害事实之间是否有因果关系等问题进行举证。但在环境民事诉讼中,由于环境加害行为的特殊性,由此产生的污染损害往往有一个很长的积累过程,且污染损害本身具有交叉性、流动性等特征,举证工作常常涉及复杂的科学技术问题。因此,大量的举证责任若由受害人承担,显然不利于保护受害人的合法权益。针对这种情况,在环境民事诉讼中采用举证责任倒置的原则,即在环境损害赔偿案件中本由原告承担的举证责任,改由被告承担,或者原告只需提出受到损害的事实证据,如果被告否认自己应当承担民事责任,则需要提出反证。《最高人民法院关于民事诉讼证据的若干规定》的第4条第1款第3项规定:"因环境污染引起的损害赔偿诉讼,由加害人就法律规定的免责事由及其行为与损害结果之间不存在因果关系承担举证责任。"这是因为环境诉讼的特殊性,对民诉规则"谁主张谁举证"的例外规定。

(3)因果关系推定。所谓因果关系,是指各个客观现象之间的一种必然联系,即某一现象的出现,是在一定条件下必须由另一已经存在的现象所引起的,这前一现象称为原因,而后一现象称为结果,它们之间存在的这种客观的必然联系,就是因果关系。在环境侵害产生的民事责任中,因果关系的认定比一般侵权损害的因果关系的认定要困难和复杂得多。由于环境污染具有流动性、交叉性等特征,一种危害后果的形成往往是由多种危害行为造成的,或者某种危害行为可以造成多种危害后果,出现"一果多因"或"一因多果"的现象,同时环境污染还具有潜伏性等特征,有些污染物质对生物和人体健康造成的危害是逐步形成的,有一个很长的过程,有的甚至难以论证和说明,因而也难以取得因果关系的直接证据。由于环境民事法律责任中因果关系的特殊性,目前一些国家在认定环境民事法律责任因果关系时,采取了一些特殊原则,如因果关系推定原则、优势证据原则、疫学因果原则等,其中因果关系推定原则是较多使用的一项原则。"因果关系推定"原则是指把因果关系的直接认定改为因果关系的"推定"。所谓"推定",是指"从其他已经确定的事实必然或可以推断出的事实推论或结论"。我国的法律虽然没有规定"因果关系推定"原则,但在实践中,此原则已有适用。

(4)诉讼时效延长。诉讼时效,是指关于保障权利人通过诉讼实现其权利的法定期间。权利人在法定期间内不行使权利,就丧失了请求法院依诉讼途径保护其民事权益的权利。这里所说的法定期间就是指权利人向人民法院提起诉讼要求保护其权益的期间,称为诉讼时效期间。在诉讼时效期间届满前,权利人有权依诉讼程序强制义务人履行义务;诉讼时效届满后,权利人虽可提起诉讼,但已经丧失实体意义上的诉权。我国一般请求保护民事权利的诉讼时效期间是2年,但我国《环境保护法》第42条又规定:"因环境污染损害赔偿提起诉讼的时效期间为三年,从当事人知道或者应当知道受到污染损害时起计算。"根据特别法优于一般法的原则,我国环境污染损害赔偿案件的诉讼时效为3年。在环境污染损害赔偿案件中,之所以要适用较之一般民事诉讼时效更长的诉讼时效,主要是考虑到在污染损害案件中,除了个别剧毒物质能造成急性事故外,污染物质大多有一个长期的潜伏、积累、转化的过程,对人身及财产的损害了是逐步形成的,很多污染短期内难以确定危害结果,有的甚至在受害人的第二代、第三代才能显露出危害后果,加之确认或推定因果关系也需要较长的时间。如果按一般诉讼时效,受害人的合法权益就有可能得不到保护,加害人的民事侵权责任也难以追究,不利于加强环境保护。

➢ 案例分析

张三与中国移动某分公司于是 2001 年间分别购买了某县城荆江路 29 号荆江小区 A-702 室和 A-701 室,并分别取得房屋产权证。该移动分公司购得 701 室后,在该室建设移动通信基站。2003 年 8 月,该基站取得"无线电台执照"。基站启用之后,张三认为该基站存在严重的"电磁辐射污染"和"噪声扰民"问题,遂向有关部门反映,在没有得到处理的情况下,张三遂以中国移动公司及该分公司为被告向当地人民法院提起诉讼,要求拆迁该基站。请分析本案原、被告双方的举证责任应如何分配。

【解答】环境污染引起的损害赔偿诉讼,举证责任适用举证责任倒置,即原告就其损害事实进行举证即可;而被告应就法律规定的免责事由及其行为与损害结果之间不存在因果关系进行举证。本案中,张三应提供证据证明该基站的启用对其造成了何种损害,而被告应举证证明其行为有法律免责事由,或者举证证明其行为与张三损害的事实之间不存在因果关系,否则将面临败诉风险。

(二)环境行政诉讼

1. 环境行政诉讼的概念

环境行政诉讼,是公民、法人和其他组织认为环境行政机关的具体行政行为侵犯了其合法权益,依法向人民法院提起的诉讼。环境行政诉讼实质上是行政管理相对人(公民、法人和其他组织)认为其合法性权益受到环境行政机关及其工作人员的具体行政行为侵犯时,向法院寻求的一种司法救济形式。环境行政诉讼的发生源于环境行政争议的存在。环境行政争议,又称环境行政纠纷,是指环境行政机关及其工作人员在环境行政管理活动中,与作为环境行政管理相对人的公民、法人或其他组织所发生的争议。

2. 环境行政诉讼的特点

较之于环境民事诉讼和环境刑事诉讼,环境行政诉讼具有以下几个方面的不同:

(1)基础行为的法定性。环境行政诉讼的基础行为是环境行政管理机关及其工作人员的具体行政行为。环境行政诉讼是由于公民、法人或其他组织不服环境行政管理机关及其工作人员的具体行政行为而提起的行政诉讼,而且这一具体行政行为必须是法律、法规明文规定的可诉行为。

(2)原告的限定性。环境行政诉讼的原告必须是与具体的环境行政行为有法律上的利害关系的人,包括环境行政相对人,既接受环境行政机关管理的公民、法人或其他组织;也包括受到与具体的环境行政行为有法律上的利害关系的人,如环境行政机关决定为甲颁发排污许可证,允许其向乙所承包的鱼塘排放工业污水,乙虽然不是该行政许可行为的相对人,但作为该行政许可行为的利害关系人,也可以作为原告提起行政诉讼。

(3)被告的恒定性。行政诉讼因有关的公民、法人或者其他组织不服行政机关的具体行政行为而引起,其被告具有恒定性,必须是行政机关。具体来讲就是:公民、法人或者其他组织直接向人民法院提起诉讼的,作出具体行政行为的行政机关是被告。经复议的案件,复议机关决定维持原具体行政行为的,作出原具体行政行为的行政机关是被告;复议机关改变原具体行政行为的,复议机关是被告。两个以上行政机关作出同一具体行政行为的,共同作出具体行政行为的行政机关是共同被告。由法律、法规授权的组织所作的具体行政行为,该组织是被告。行政机关中实施具体行政行为的工作人员以及行政机关的法定代表人,不能成为行政诉讼的被告。

3. 环境行政诉讼的受案范围

环境行政诉讼的受案范围,是指人民法院受理环境行政案件,解决环境行政争议的范围。只有属于受案范围的具体环境行政行为,相对人才可以对其提起环境行政诉讼。根据我国《行政诉讼法》、《环境保护法》和相关司法解释的规定,环境行政诉讼的受案范围主要包括以下几个方面:

(1)对环境行政机关作出的罚款、吊销许可证和营业执照、责令限期治理、没收财物等行政处罚行为不服的。根据我国环境法律、法规的规定,环境行政机关有权实施的行政处罚行为非常广泛,环境行政相对人对这些行政处罚不服都可以提起环境行政诉讼。

(2)对限制人身自由或对财产的查封、扣押、冻结等行政强制措施不服的,我国《环境保护法》第32条明确规定:"县级以上地方人民政府环境保护行政主管部门,在环境受到严重污染威胁居民生命财产安全时,必须立即向当地人民政府报告,由人民政府采取有效措施,解除或者减轻危害。"另外,在发生环境污染事故或其他突发性环境事件时,相关的行政机关也可以采取一些强制措施,环境行政相对人对这些强制措施不服的可以提起环境行政诉讼。

(3)认为环境行政机关无理拒不发放有关执照、许可证或对于其申请拒绝给予答复的。如我国《森林法实施细则》第19条第2款规定:"负责核发林木采伐许可证的部门和单位,在接到采伐林木申请后,除特殊情况外,应在1个月之内办理完毕。遇有紧急抢险情况,必须立即采伐林木的,可以免除申请林业采伐许可证,但事后组织抢险的单位和部门应将采伐情况报当地县级以上林业主管部门备案。"如果林业主管部门逾期拒绝颁发林业采伐许可证或不予答复的,相对人可以提起环境行政诉讼。

(4)认为环境行政机关违法要求其履行义务的。虽然环境行政机关拥有为相对人设定某种环境行政义务的权力,但其对这种权力的行使必须严格依照法律、法规进行,否则,环境行政相对人对违法要求其履行的行为可以依法提起环境行政诉讼。

(5)认为环境行政机关的行为侵犯法律、法规规定的经营自主权的。环境行政机关固然可以对企业施加某种程度的影响,促进企业向绿色生产发展,但这必须在不影响环境行政相对人的经营自主权的前提下进行。如果环境行政机关的具体行政行为侵犯了环境行政相对人的经营自主权,那么环境行政相对人就可以提起环境行政诉讼,以维护自身的权益。

(6)申请环境行政机关履行保护环境、防治污染和其他公害,保护环境行政相对人的人身权、财产权的法定职责,环境行政机关拒绝履行或不给予答复的。环境行政相对人的人身权、财产权受到环境污染或生态破坏行为的侵害或威胁时,有权利请求相关的环境行政机关给予救济,相关环境行政机关如果对环境行政相对人的请求拒绝履行或者不给予答复,那么环境行政相对人对环境行政机关的这种失职行为可以提起环境行政诉讼。

(7)法律、法规规定的其他具体行政行为。这是一项兜底性规定,目的是为了防止列举中的遗漏,使得环境行政诉讼的受案范围可以随着时代的步伐而不断发展。

4. 环境行政诉讼的类型

根据环境行政争议的不同,环境行政诉讼可以分为以下几种:

(1)行政赔偿之诉。行政赔偿之诉,是指作为环境法主体的公民、法人或其他组织在其合法权益因环境行政管理机关或其工作人员履行职责的行为而受到损害时,为获得赔偿而向人民法院提起的赔偿之诉。我国《行政诉讼法》第 67 条明确规定提起行政诉讼的条件是:"公民、法人或者其他组织的合法权益受到行政机关或者行政机关工作人员作出的具体行政行为侵犯造成损害的。"环境行政诉讼作为行政诉讼的一个类型,当然适用这一规定。

(2)履行之诉。履行之诉,是指作为环境法主体的公民、法人或其他组织向行使环境监督管理权的行政机关或其工作人员提起的要求人民法院令其履行环境资源法的规定的职责的诉讼。这种诉讼一般是指作为环境法主体的公民、法人或其他组织在被诉方拒绝履行或不答复要求其履行保护人身权或财产权的法定职责的申请后提起的。在这种诉讼中,原告的目的在于请求法院发布命令,令有关环境行政机构履行法定的职责。

(3)司法审查之诉。司法审查之诉,是指作为环境法主体的公民、法人或其他组织对环境行政管理机关等的行政管理行为的合法性、恰当性向人民法院对环境行政管理机关提起的诉讼。环境行政司法审查分为环境行政变更之诉和环境行政撤销之诉两种类型。

5. 环境行政诉讼的原则

在进行环境行政诉讼时,应遵守如下原则:

(1)当事人在诉讼中的法律地位平等原则

在行政管理活动中,行政机关代表国家行使行政权力,处于管理者的地位;公民、法人或者其他组织是行政管理相对一方,处于被管理者的地位,二者的法律地位是不平等的。但是,在行政诉讼中,依照《行政诉讼法》提起诉讼的公民、法人或者其他组织是原告,由人民法院通知应诉的行政机关是被告,二者作为双方当事人,法律地位是平等的。在行政诉讼中,行政机关不能再以管理者自居,不能因自己在行政管理中所处的优越地位而享有任何特权。

(2)具体行政行为合法性审查原则

人民法院审理行政案件,是对具体行政行为是否合法进行审查,不是代替行政机关作出决定。即法院只审查行政机关作出的具体行政行为证据是否确凿充分,适用法律、法规是否正确,是否符合法定程序,是否超越职权或者滥用职权。因此,在一般情况下,人民法院或者判决维持原具体行政行为,或者判决撤销、部分撤销原具体行政行为,或者判决被告在一定期限内履行法定职责,只有在行政处罚显失公平的情况下,才可以判决变更原行政处罚决定。

(3)诉讼不停止具体行政行为执行的原则

在一般情况下,行政诉讼期间,具体行政行为仍继续执行,不因公民、法人或者其他组织提起诉讼而受影响。只有在具有下列情形之一时,才停止具体行政行为的执行:一是被告认为需要停止执行的;二是原告申请停止执行并经人民法院依法裁定停止执行的;三是法律、法规规定停止执行的。

(4)不适用调解原则

人民法院审理行政案件,不适用调解,即不应当经过调解程序解决行政争议,不能以调解方式结案,而应由人民法院依据事实和法律直接作出裁判。在行政诉讼中,不存在双方当事人互相让步,彼此妥协,经过协商,达成谅解的问题。作为这一原则的例外,赔偿诉讼可以适用调解。

(三)环境刑事诉讼

1. 环境刑事诉讼的概念

环境刑事诉讼,是司法机关追究和惩罚环境犯罪的活动程序。根据我国《刑事诉讼法》的有关规定,追究和惩罚环境犯罪的活动程序是由公安机关、检察机关、审判机关分别行使侦查、检察、审判权,代表国家对危害国家环境、构成犯罪的行为给予相应的刑事制裁。

2. 环境刑事诉讼的类型

环境刑事诉讼可以根据不同的标准进行分类,依据提起环境刑事诉讼的基础行为的性质不同,可以将环境刑事诉讼分为以下三类:

(1)污染型环境刑事诉讼

污染型环境刑事诉讼,是指因环境污染行为而引发的环境刑事诉讼。它在环境刑事诉讼中占有很大的比例,可以说是最为常见的环境刑事诉讼。提起污染型环境刑事诉讼的原因是因为行为人违反环境法律、法规的规定,向环境中排放有毒有害物质,使环境受到污染,对他人的人身健康或生命财产造成严重危害。污染型环境刑事诉讼的特征是无论其原因行为为何,都具有污染环境的事实或者有污染环境的危险,都是以污染环境这一事实作为提起环境刑事诉讼的基础行为。污染型环境刑事诉讼涉及的罪名主要有重大污染事故罪、非法处置进口固体废物罪、擅自进口固体废物罪等。

(2)破坏型环境刑事诉讼

破坏型环境刑事诉讼,是指因行为人违反环境法律、法规的规定,非法开采资源,对环境造成破坏而引发的环境刑事诉讼。破坏型环境刑事诉讼的一个鲜明特质是无论其原因行为在司法实践中如何表现,都具有一个共同的特征,那就是它不是直接对环境进行了破坏,就是对这种破坏行为提供了某种形式的"帮助"或促进,形成对环境资源的间接破坏。破坏型环境刑事诉讼涉及的罪名主要有:非法捕捞水产品罪,非法猎捕危害珍贵濒危野生动物罪,非法收购、运输、出售珍贵濒危野生动物及其制品罪,非法狩猎罪,非法占用耕地罪,非法采矿罪,破坏性采矿罪,非法采伐毁坏珍贵树木罪,盗伐林木罪,滥伐林木罪,非法收购盗伐滥伐林木罪。

(3)职务型环境刑事诉讼

职务型环境刑事诉讼,是指因职务原因而引发的环境刑事诉讼,这主要是对负有环境监管职责的环境行政机关的职员因环境监管不严、玩忽职守,导致重大环境事故发生而设置的环境刑事诉讼。职务型环境刑事诉讼涉及的罪名可能包括玩忽职守罪、滥用职权罪等。

3. 环境刑事诉讼的程序

（1）立案程序

立案，是指司法机关对报案、控告、举报和自首等材料进行审查，认为有环境犯罪事实需要追究刑事责任时，依法决定作为环境刑事案件开展侦查或者审判的一种诉讼活动。立案必须具备两个条件：一是有环境犯罪事实，即事实条件；二是依法需要追究刑事责任，即法律条件。立案的程序包括：立案材料的提出和接受，对立案材料的审查，审查后的决定。

（2）侦查程序

侦查，是指公安机关、人民检察院在办理案件过程中，依照法律进行的专门调查工作和采取的有关强制措施。侦查阶段的任务是：查明案情，收集证据，查缉犯罪嫌疑人，结合侦查破案做好防范工作。在有些案件中，追缴赃物也是它的一项重要任务。主要侦查活动有：讯问犯罪嫌疑人，询问证人、被害人，勘验，检查，侦查实验，搜查，扣押物证、书证，鉴定，通缉等。

（3）提起公诉

提起公诉，是指人民检察院对公案机关侦查终结移送起诉或者自行侦查终结的案件进行审查，决定是否代表国家提请人民法院对被告人进行审判的一种诉讼活动。提起公诉阶段的任务是：审查起诉，依据事实和法律，解决是否将被告人交付审判的问题，作出提起公诉、不起诉的决定。

（4）第一审程序

第一审程序，就是人民法院对环境刑事案件作出初次审理和判决的程序。第一审程序的任务是：人民法院对人民检察院提起公诉的案件或者自诉人提起自诉的案件进行审查，作出是否开庭的决定；如果开庭审判，则在公诉人、当事人或者其他诉讼参与人的参加下，查明案件事实，核实各种证据，根据有关法律规定，解决被告人是否有罪、所犯何罪、是否应当处以刑罚、适用什么刑罚的问题，并通过审判向公民进行法制宣传教育。法庭审判可分为开庭、法庭调查、法庭辩论、被告人最后陈述、评议宣判5个阶段。

（5）第二审程序

第二审程序又称为上诉审程序，它是指上一级人民法院根据当事人等的上诉或者人民检察院的抗诉，对下一级人民法院未生效的判决或者裁定重新审理的程序。第二审程序的任务是：第二审人民法院根据上诉或者抗诉，对第一审人民法院尚未发生法律效力的判决、裁定，进行全面审查，依法维持正确的判决、裁定，纠正错误的判决、裁定，并指导和监督下级人民法院的刑事审判工作。

4. 环境刑事诉讼中的附带民事诉讼

所谓环境刑事附带民事诉讼，是指在环境刑事诉讼过程中，由于被告人的犯罪行为而遭受物质损失的被害人以及提起公诉的人民检察院，对于国家财产、集体财产因犯罪行为而遭受的损失，附带提出要求赔偿经济损失的诉讼。由于环境犯罪行为多会给国家、集体、个人的财产造成损害，因此，在追究环境犯罪行为人刑事责任的同时，往往涉及追究其民事赔偿责任的问题，而追究民事赔偿责任的方式则是环境刑事诉讼附带民事诉讼。我国《刑法》第36条第1款明确规定："由于犯罪行为而使被害人遭受经济损失的，对犯罪分子除依法给予刑事处罚外，并应根据情况判处赔偿经济损失。"这是刑事附带民事诉讼的主要法律依据。

提起附带民事诉讼的原告人是由于被告人的犯罪行为而遭受物质损失的被害人。如果被害人死亡,他的近亲属也可以提起附带民事诉讼。如果被害人无诉讼行为能力,他的法定代理人可以提起附带民事诉讼。为被害人承担了丧葬费、医疗费、差旅费、护理费、营养费等经济损失的单位和个人,在被害人既无近亲属又无诉讼行为能力的情况下,也有权提起附带民事诉讼。如果是国家财产、集体财产遭受损失的,人民检察院在提起公诉的时候,可以提起附带民事诉讼。

根据《刑事诉讼法》的规定,在环境刑事诉讼过程中,即从环境刑事案件立案以后到人民法院作出一审判决之前的各个诉讼阶段,都可以提起附带民事诉讼。被害人等提起附带民事诉讼可以采用口头方式,也可以采用书面方式。人民检察院提起附带民事诉讼应当采用书面方式。在一般情况下,附带民事诉讼应当同环境刑事案件同时审理并且作出判决。只有当一并审理可能造成环境刑事案件的处理过分迟延时,才可以在环境刑事案件审判,由同一审判组织继续审理附带民事诉讼。附带民事诉讼的审判,原则上应当按照环境刑事诉讼的审判程序进行。但因附带民事诉讼实际上具有民事诉讼的性质,因此,还应当适用民事诉讼程序的有关规定,比如,原告人可以撤回起诉,人民法院可以调解,等等。

(四)环境公益诉讼

1. 环境公益诉讼的概念

公益诉讼制度其实早在罗马时代就已经产生。古罗马法学家将法分为公法和私法两种,诉讼也被分为"公诉"和"私诉"两种,涉及国家和政府的诉讼为"公诉",涉及个人利益的诉讼为"私诉"。古罗马的"公诉"制度实为近代公益诉讼制度的雏形。环境公益诉讼制度,是一种新型的诉讼制度,各国虽然称呼不一,但其内涵基本一致。它是指任何组织和个人包括国家机关在内都可以根据法律、法规的授权对侵害国家环境权益、社会公共环境权益的行为,有权向法院提起诉讼,由法院追究违法者的法律责任的法律活动。也就是说,环境公益诉讼是法院在当事人及其他参与人的参与下,按法定程序,依法对个人或组织提起的违法侵犯国家环境权益、社会公共环境权益的诉讼进行审理并判决,以处理违法行为的活动。

2. 环境公益诉讼的特征

(1)环境公益诉讼的预防性。环境公益诉讼的功能具有明显的预防性质,由于环境这种要素具有特殊性,它一旦被破坏就很难恢复,而且恢复成本也是巨大的,并且也会产生久远的影响。因此要贯彻预防为主的原则,在环境侵害尚未发生或尚未完全发生时就允许公民或团体运用司法手段加以排除。为此,环境公益诉讼的提起不以发生实质性的损害为要件(即对环境公益的侵害不需要现实的发生),只要根据有关的情况合理地判断其具有发生侵害的可能性便可提起诉讼,甚至是在科学不确定性的情况下。这有利于把潜在的大规模环境污染和破坏消灭在萌芽状态,对于维护环境公共利益具有特别重要的意义。

(2)环境公益诉讼目的的公益性。环境公益诉讼的目的是维护环境公共利益,而不是为了个案救济。环境公共利益作为社会这一系统所具有的独立的利益,区别于社会成员的个体利益,这种区别,主要体现在利益内容的特殊性上。环境公共利益并非社会个体成员环境利益的总和,一方面,社会个体成员环境利益与环境公共利益密不可分,但另一方面,环境公共利益与环境个体利益在内容上并不具有同等性和可比性。现代经济学已经揭示,由于存在外部不经济性和信息不对称,对单位或个人来说是有利的事,对环境公共利益则可能是严重的损害,即在自主而平等的市场体制下,个人环境利益的满足,并不意味着整个社会环境公共利益也被满足了。因此,环境公益诉讼与基于传统理论的环境侵权损害个案救济的私益诉讼有着根本的不同,其诉讼主张指向的是环境公共利益而非某个人或某些人的环境利益。

(3)环境公益诉讼原告的广泛性。环境公益诉讼的发动者,包括公民、社会团体和国家机关。环境公共利益与当代的每个人以及子孙后代都是密切相关的,它直接关系到人们的生命、健康和社会经济的可持续发展,因此,提起环境公益诉讼的社会成员,既可以是直接的受害人(但其诉讼请求包括保护私益和公益,而且往往是原告个人的利益较小,而公共的利益较大),也可以是无直接利害关系人(但其利益因为环境公益受损而最终会受到间接损害)。他们都可以依据法律的授权,以自己的名义提起诉讼。

(4)环境公益诉讼被告的多样性。环境公益诉讼的被告同样是多样的,它不但包括一般的民事主体,也包括国家行政机关及其公务员。一般的民事主体,比如企事业单位和个人,如其行为对环境造成污染和破坏,而环境行政控制无力或不能干预时,环境公益诉讼的原告可以启动诉讼,来对环境公益损害进行救济。此外,国家行政机关及其公务员的不当行政行为,或者行政不作为,造成环境污染或损害时,他们也有可能成为环境公益诉讼的被告。

3. 建立环境公益诉讼制度的必要性

(1)建立环境公益诉讼制度是顺应国际环境法制发展的需要。国外环境公益诉讼制度十分完善,如美国的公民诉讼制度、英国的检举人诉讼制度、法国的民事公诉制度、日本的选举人诉讼制度、印度的书信管辖权制度、德国的团体诉讼和民众诉讼制度等,这些制度在保护环境方面作出了很大的贡献,我国应顺应国际环境法制的发展,吸收国外先进的制度经验,切实保护好我国的环境资源。

(2)建立环境公益诉讼制度有利于加强对我国环境执法机关的监督。我国环境问题有一个特有的问题就是环境执法机关的不作为。一些地方政府为了增加税收,引进一些污染严重的企业,这些企业的生产经营对环境带来了严重污染,但是当地的环境执法机关却对之听之任之,不对这些企业采取措施,或者说不敢对这些企业采取措施。环境行政执法机关在执法过程中暴露出来的执法不力彰显出对其执法行为监督的必要性。环境公益诉讼制度将环境执法机关的环境执法行为纳入公众的监督视野,这不仅有利于环境机关依法行政,更有利于实现对我国环境公共利益的保护。

(3)建立环境公益诉讼制度可以弥补我国现有法律制度的缺陷。在我国,一旦转入环境侵权的讨论,就会发现一直以来都禁锢于私益诉讼之中,对某些涉及公共利益保护的案件的分析和处理既无实体法的依据,也无程序法的依据。这种立法上的空白使环境公共利益受到侵害时,缺乏有效的法律救济途径,对我国的环境保护工作的深入开展十分不利,从而影响了我国环境的可持续发展。我国现有的环境法律救济制度基本基于私益的角度而设立,无论是实体法还是程序法,都存在着制度缺陷。即使仅从诉讼法学的角度来看,环境公益诉讼也丰富了诉讼法理论与实践。环境公益诉讼作为一种新型的诉讼,与传统的三大诉讼相比,在诉讼类型、起诉资格、举证方式、诉讼费用等方面,均丰富与革新了诉讼法理论,弥补了现有制度的不少缺陷。

(4)建立环境公益诉讼制度有利于实现我国环境的整体性保护。环境利益的整体性决定了对环境公益保护的必要性。但是,我国环境法中不仅未就环境公共利益的保护给予足够的重视,还人为地割裂环境的整体性、在环境保护基本法中有意弱化农村环境保护,并将农村环境的保护的任务交给了效力层次较低的部门法规、地方性法规,严重影响农村环境保护的实际效果。为真正实现对我国环境公益的保护,有必要建立环境公益诉讼制度,诉讼是最有效的保护手段。

4. 环境公益诉讼的重要制度和原则

由于环境公益诉讼在诉讼的目的与原则、原告理论、诉权理论、诉的利益理论等方面都与传统诉讼有着较大的差异,因而公益诉讼的具体制度当然会有别于传统的诉讼:

(1)原告资格。公益诉讼的启动主体(即原告资格问题)无疑是公益诉讼最核心的问题,也是它对传统诉讼制度的一个关键突破点。我国《民事诉讼法》第108条规定启动诉讼的原告必须是"直接利益关系人",另外如《刑事诉讼法》和《行政诉讼法》虽然有些差别,但是几乎都要求原告必须是自身的合法权益受到侵害的自然人、法人和其他组织(检察院公诉是例外)。这是阻碍公益诉讼制度建立的最主要障碍,是限制公益诉讼得以展开的瓶颈所在。因此,应将原告资格进行拓展,赋予检察机关、公民个人、公益组织、特定行政机关提起公益诉讼的权利。唯有在原告资格限制上有所突破,环境公益诉讼的建立才有希望。

(2)穷尽权利救济原则。我们都知道法律制度的改革是一个渐近的过程,不可能在很短的时间内就有很大的变化,我们也不能指望公益诉讼制度能够在短时间内在中国得以建立。因此,在环境公益诉讼还仅仅停留在学者们研究的层面时,我们必须是在已经穷尽了现有法律制度下的所有救济方式后仍然没有效果的情况下才能提起公益诉讼,这是目前情况下的一个最基本的原则,该原则的目的在于使问题尽量能够在现有的法律制度内解决。

(3)诉讼费用。在公益诉讼案件受理费上,学者们的分歧比较大。有些学者认为为了提高人们提起公益诉讼的积极性,更好地保护公益,公益诉讼案件不能收取受理费;有的学者认为应该收取一定的诉讼费,如果不收取诉讼费,容易出现"滥诉"的情况。这些看法过于简单和片面,在公益诉讼案件的诉讼费用问题上,应该根据起诉主体的不同而有所区别:在环境公益诉讼案件中,如果起诉的是人民检察院和国家特设机关,若应该承担必要的诉讼费用,这笔费用应由国库开支;如果起诉主体是公民个人和公益组织,可允许其不预交案件受理费,在结案后按照诉讼标的额由败诉方交纳。此外,在诉讼费用的问题上,还可以采取诉讼费用保险制度或者成立公益诉讼基金来解决。

(4)司法积极主义。除了在行政规章中有公益诉讼的提法之外,环境公益诉讼制度在我国的法律体系内基本上是一片空白。非但没有相关的制度,连学者们的研究都不够深入。在这样的情况下,如果采用英美法系国家法官在诉讼中处于消极状态的做法是不妥的,最好的办法是使用"司法积极主义"原则,法院应利用职权对环境公益诉讼进行广泛干预。比如多个主体同时提起诉讼问题、滥用诉权问题,或者在公民个人提起诉讼的时候考量原告方有无胜诉的把握(如无胜诉把握,还不如不受理)以及受理之后对原告诉讼行为的监督等事项,都需要法院进行积极干预。当然,这种"司法积极主义"是有限的"积极主义",不是没有原则的"积极主义"。要严格依照法律进行,在没有立法的时候,要严格依照诉讼法理进行。

(5)激约制度。如果提起环境公益诉讼的原告(特别是公民个人作为原告的时候)不能够在诉讼中得到利益,那么他提起诉讼的积极性就会受到很大影响,甚至根本就不会想到去提起诉讼。因此,给予提起诉讼的原告适当的奖励是非常必要的,唯有让原告能在诉讼中得到利益,才可能会提高他们提起诉讼的积极性,从而使环境得到很好的保护。另外就是诉讼的约束制度。如果败诉,行为人将面临严重的后果,因此不排除行为人对原告许以十分慷慨的条件,与原告进行和解的可能。而且,也有可能行为人会想尽一切办法给原告施压,使其中途撤诉。这些情况我们在制度设计时都要能准确地预见,并设置相应的约束规则,限制原告的自由处分权。当然,在限制原告自由处分权的同时,对原告的安全保护也应该有所考虑。

➤ 公益诉讼案例阅读

> 2005 年 11 月 13 日,位于吉林省吉林市的中国石油天然气股份有限公司吉林石化分公司双苯厂(101 厂)的苯胺车间发生剧烈爆炸并引起大火,导致大量含有苯和硝基苯的污水绕过了专用的污水处理通道,通过吉林石化分公司的东 10 号线排污口直接进入了松花江,导致江水硝基苯和苯严重超标,形成了长达 80 公里的污染带,造成重大环境污染事件。
>
> 同年 12 月 7 日,北京大学法学院 6 位师生向黑龙江省高院提起了诉讼。诉讼的原告共 9 个,除这 6 位师生外,还包括鲟鳇鱼、松花江和太阳岛,被告包括中国石油天然气集团公司、中国石油天然气股份有限公司和中国石油天然气股份有限公司吉林石化分公司。诉讼请求包括要求被告消除对松花江的未来危险并承担恢复原状责任,要求被告赔偿 100 亿元人民币用于治理松花江流域污染和恢复生态平衡。这个案件被称为我国第一起以自然物(鲟鳇鱼、松花江、太阳岛)作为共同原告的环境民事公益诉讼。此案虽然没有被法院受理,但仍然在国内引起了巨大反响。

三、环境替代性司法程序

(一)环境替代性司法程序概述

1. 环境替代性司法程序概念

环境替代性司法程序,指的是环境纠纷的非诉讼程序,是指环境争议的当事人,通过诉讼之外的其他方法和途径解决他们之间纠纷的措施和程序。近年来,在许多国家兴起了以非诉讼程序解决环境纠纷的实践,这种实践被命名为"以替代方式解决纠纷"。所谓"替代方式"是相对于诉讼而言的,泛指解决环境纠纷的各种非诉讼程序。主要包括协商、调解和仲裁等方式。本书主要关注调解和仲裁两种方式。

除了当事人之间的直接谈判和协商之外,调解、仲裁等所有的其他非诉讼程序都涉及一个居于中立地位的第三方,如调解人、仲裁员等。他们的作用在于帮助当事人设计和实施替代性纠纷解决程序,帮助当事人达成解决纠纷的协议或者作出中立的裁决。一般来说,各种非诉讼纠纷解决程序都在一定程度上体现了当事人意思自治原则。在谈判程序中,当事人完全通过意思自治解决争端。在第三方参与的调解、斡旋、仲裁等纠纷解决程序中,第三方提供的服务既可能是辅助性的,也可能是评价性的,当然,有时候也是裁判性的,对当事人具有约束力。

2. 环境替代性司法程序的意义

采用环境替代性司法程序来处理环境纠纷在司法实践中具有重要的意义:

(1)环境替代性司法程序比较经济。在诉讼程序中,由于法律的严格规定以及当事人之间的高度对抗性,致害人会尽全力地争取胜诉,同时由于诉讼过程的程序较为严格,这些原因都会导致诉讼的周期较长,效率低下,成本高昂。相反,如果致害人具有解决纠纷的诚意,则双方当事人完全可以充分利用替代性司法程序的灵活性,迅速地解决纠纷,这比诉诸法院更为经济,即节省时间,又减少了费用的支出,有利于协议的达成。

(2)环境替代性司法程序具有预防纠纷的功能。这主要是因为当事人可以通过非诉讼程序,较早地处理环境纠纷。由于诉讼法对于案件受理规定了严格的标准,在环境民事诉讼、环境刑事诉讼、环境行政诉讼中,不论当事人提出什么样的诉讼请求,只有当环境纠纷发展到一定程度,法院才能够对案件进行实体审理,解决争议。但是当环境纠纷发展到可以诉至法院的程度时,很可能已经对受害人和环境造成了不可逆转的损害。替代性司法处理程序没有严格的程序限制,通过交换立场、分享信息、寻求兼顾双方利益的最佳解决方案等方式,可以较早地处理环境问题,将环境纠纷消灭在萌芽状态,具有预防纠纷的功能。

(3)环境替代性司法程序非常灵活。替代性司法程序的灵活性既表现在程序方面,也表现在实体方面。从程序方面看,替代性司法程序可以采取灵活的方式,而且证据规则也没有诉讼程序严格。从实体方面看,替代性司法程序的目的是解决争议,当事人可以设计富有创造性的、灵活的解决方案,满足各自的需要。特别是考虑到环境问题在很多时候是不同的正面价值之间发生冲突的结果,更有必要寻求灵活的解决方式,最大限度地实现当事人的利益最大化以及社会利益最大化。

(二)环境调解

1. 民间调解

民间调解,指由不具有行政和司法地位或身份的单位或个人作为第三者对环境纠纷进行的调解。这类调解一般有三种形式:

(1)当事人自行调解。通常是发生了环境纠纷以后,纠纷当事人的一方或者双方邀请邻居或本地有威望、有知识、懂政策、办事公道的人出面调停、协商解决纠纷。有时候,这些人还主动出面调解环境纠纷,采用这种方式解决纠纷比较方便,有利于调解协议的履行。

(2)律师主持调解。根据我国《律师法》的规定,律师可以接受当事人的委托,参加调解、仲裁活动,担任诉讼代理人。律师在接受当事人的委托之后,在遵守职业道德,维护当事权益的情况下,可以与对方当事人或对方当事人的律师沟通,促成当事人通过调解解决纠纷。

(3)人民调解委员会调解。人民调解委员会是村民委员会和居民委员会下设的调解民间纠纷的群众性组织。由其主持的调解是民间调解的主要形式,大量的环境纠纷也都是通过它调解解决的,根据《人民调解委员会组织条例》的规定,人民调解委员会可以根据当事人的申请及时调解纠纷;当事人没有申请的,也可以主动调解。环境纠纷经过人民调解委员会的调解,当事人未达成协议或者达成协议后又反悔的,任何一方可以请求环境保护部门处理,也可以向人民法院起诉。

2. 行政调解

行政调解,是指由行政管理机关依法对环境纠纷进行的调解。这种调解,在实践中一般也有三种形式:

(1)由环境保护部门主持调解。由于环境保护行政主管部门熟悉环境保护业务,所以,发生了环境纠纷以后,当事人一般都愿意找环保部门调解。再加上环保部门担负着环境管理的职责,所以人们之间发生了环境问题,也都要找环保部门反映。这也就为环保部门从事环境纠纷的调解创造了条件。这种调解不具有强制约束力,环保部门主持调解时也不应带有行政权力的性质。

(2)由上级主管部门调解。这里的主管部门是指除了环境纠纷当事人的上级主管部门之外的,一般为企业的主管部门。

(3)由其他行政部门调解。这里的其他部门是指除了环保部门、主管行政部门以外的行政部门。如工商行政部门、税务部门、技术监督部门等。但这种调解要特别注意不能用强迫命令的方法,以权压人达成协议。

3. 司法调解

环境纠纷起诉到人民法院,成为环境案件,人民法院也往往根据《民事诉讼法》的规定进行调解。法院主持的调解,达成协议以后,法院应当制作调解书。调解书应当写明诉讼请求、案件事实和调解结果,并由审判人员、书记员署名,加盖人民法院印章,送达双方当事人。调解书经双方当事人签收后,即具有法律效力,一方如不履行义务,另一方可以申请强制执行。

4. 联合调解

联合调解,是指由两个或两个以上的不同职能部门或单位组成临时调解组织对环境纠纷所进行的调解。在实践中有下列几种形式:

(1)由环保部门和人民调解委员会联合调解;

(2)由其他行政管理部门和人民调解委员会联合调解;

(3)由人民法院和有关部门、单位联合调解,但这种调解是以人民法院为主,其他部门、单位处于辅助的地位。

(三)环境仲裁

1. 环境仲裁的概念

仲裁也叫公断,是根据当事人之间的协议,按照有关规定,由一定的机构,以第三者的身份对双方发生的争议,在事实上作出判断,在权利义务上作出裁决。环境仲裁,是指由环境仲裁机构根据环境保护法规和环境仲裁程序,通过调解和仲裁工作,对当事人双方发生的环境污染纠纷案件作出的判断和裁决。环境仲裁的作用在于,行使国家的环境仲裁权,及时正确地处理环境污染纠纷,保护当事人的合法权益;同时对于贯彻执行环境保护法规,加强环境保护法制,维护环境保护秩序,保障环境保护工作的正常开展,都将起到极其重要的作用。

2. 环境仲裁的优点

(1)环境仲裁可以比较迅捷地解决争议,缓解诉讼的压力。与诉讼程序相比,仲裁的双方当事人可以不必遵循严格的诉讼程序和诉讼时效,这大大简化了争议的解决程序,缩短了解决争议的时间。同时这也将缓解环境案件对诉讼的压力,节约环境诉讼资源。

(2)可以节省昂贵的诉讼费用,降低当事人的争议解决成本。诉讼成本高,使得许多当事人在产生纠纷后不愿诉至法院,或者采用非理智的方式解决,或者矛盾积压,最终也不利于纠纷的解决和社会的和谐。而若采用仲裁的解决方式,要比进行法院诉讼所需要的成本低得多。再加上仲裁所具有的天然的、较弱的对抗性,也更容易被环境纠纷的当事人所接受。

(3)环境仲裁所应具有的专业性也是公平、公正地解决纠纷的保障。仲裁的裁决者一般是由与所争议问题有关的本行业专业人员组成的客观中立的第三方担任,他们谙熟仲裁和调解的技巧,熟悉相关的专业技术和法规,经验丰富。环境仲裁的专业性能够满足对相关人员环境法律、环境科学等方面专业知识的要求,能在正确判断事实的基础上作出公正、权威的仲裁,能及时有效地保护当事人的合法权益。

(4)环境仲裁的不公开性也能解决当事人隐私、商业秘密和经营内幕的不当公开和泄露的问题,当事人也更愿意选择该种纠纷解决方式。

3. 环境仲裁的程序

(1)管辖

仲裁不实行地域管辖和级别管辖,因此,任何地方发生的环境问题造成其他民事主体损失的,受害人都可以和致害人签订仲裁协议,提交本地或外地的仲裁机构。

(2)仲裁协议

仲裁协议包括合同中订立的仲裁条款和以其他书面方式在纠纷发生前或者纠纷发生后达成的请求仲裁的协议。根据我国《仲裁法》的相关规定,仲裁协议应当具有下列内容:请求仲裁的意思表示;仲裁事项;选定的仲裁委员会。当事人达成仲裁协议,一方向人民法院起诉的,人民法院不予受理,但仲裁协议无效的除外。此外,根据我国《仲裁法》第 26 条的规定,当事人达成仲裁协议,一方向人民法院起诉未声明有仲裁协议,人民法院受理后,另一方在首次开庭前提交仲裁协议的,人民法院应当驳回起诉,但仲裁协议无效的除外;另一方在首次开庭前未对人民法院受理该案提出异议的,视为放弃仲裁协议,人民法院应当继续审理。

(3)申请和受理

当事人申请仲裁应当符合这三个条件:①有仲裁协议;②有具体的仲裁请求和事实、理由;③属于仲裁委员会的受理范围。当事人申请仲裁,应当向仲裁委员会递交仲裁协议、仲裁申请书及副本。仲裁委员会收到仲裁申请书 5 日内,认定符合受理条件的,应当受理,并通知当事人;认为不符合受理条件的,应当书面通知当事人不予受理,并说明理由。仲裁委员会受理仲裁申请后,应当在仲裁规则规定的期限内将仲裁规则和仲裁员名册送达申请人,并将仲裁申请书副本和仲裁规则、仲裁员名册送达被申请人。

(4)仲裁员的组成

仲裁庭可以由三名仲裁员或者一名仲裁员组成。仲裁员可以由当事人约定或者由仲裁庭指定。当事人没有在仲裁规则规定的期限内约定仲裁庭的组成方式或者选定仲裁员的,由仲裁委员会主任指定。仲裁庭组成后,仲裁委员会应当将仲裁庭的组成情况书面通知当事人。仲裁员实行回避制度。

（5）开庭和裁决

仲裁应当开庭进行。当事人协议不开庭的，仲裁庭可以根据仲裁申请书、答辩书以及其他材料作出裁决。仲裁不公开进行。当事人协议公开的，可以公开进行，但涉及国家秘密的除外。当事人应当对自己的主张提供证据。仲裁庭认为有必要收集的证据，可以自行收集。证据应当在开庭时出示，当事人可以质证。当事人在仲裁过程中有权进行辩论。辩论终结时，首席仲裁员或者独任仲裁员应当征询当事人的最后意见。当事人申请仲裁后，可以自行和解。达成和解协议的，可以请求仲裁庭根据和解协议作出裁决书，也可以撤回仲裁申请。仲裁庭在作出裁决前，可以先行调解。当事人自愿调解的，仲裁庭应当调解。调解不成的，应当及时作出裁决。调解达成协议的，仲裁庭应当制作调解书或者根据协议的结果制作裁决书。调解书与裁决书具有同等法律效力。

（6）申请撤销裁决

当事人提出证据证明裁决有下列情形之一的，可以向仲裁委员会所在地的中级人民法院申请撤销裁决：①没有仲裁协议的；②裁决的事项不属于仲裁协议的范围或者仲裁委员会无权仲裁的；③仲裁庭的组成或者仲裁的程序违反法定程序的；④裁决所根据的证据是伪造的；⑤对方当事人隐瞒了足以影响公正裁决的证据的；⑥仲裁员在仲裁该案时有索贿受贿、徇私舞弊、枉法裁决行为的。人民法院经组成合议庭审查核实裁决有前款规定情形之一的，应当裁定撤销。人民法院认定该裁决违背社会公共利益的，应当裁定撤销。当事人申请撤销裁决的，应当自收到裁决书之日起 6 个月内提出。

（7）执行

当事人应当履行裁决。一方当事人不履行的，另一方当事人可以依照《民事诉讼法》的有关规定向人民法院申请执行。受申请的人民法院应当执行。被申请人提出证据证明裁决有《民事诉讼法》第 217 条第 2 款规定的情形之一的，经人民法院组成合议庭审查核实，裁定不予执行。一方当事人申请执行裁决，另一方当事人申请撤销裁决的，人民法院应当裁定中止执行。人民法院裁定撤销裁决的，应当裁定终结执行。撤销裁决的申请被裁定驳回的，人民法院应当裁定恢复执行。

> **拓展案例**

【案情简介】

某县氮肥厂坐落于该县一个很大的镇上，该镇位于市郊，人口密集，氮肥厂就位于该镇的一条主要街道上。由于该氮肥厂的生产设备和工艺落后，对生产产生的有毒气体及废水没有进行有效处理，因此自投产以来，环境污染事故频发，该镇居民怨声载道。2009年 10 月以来，因为生产任务很大，该厂开始满负荷生产。由于未对有害气体进行处理，加之气温偏低，空气流动不畅，导致有害气体无法逸散，整个镇都笼罩在极度难闻的气味之中，镇上居民因此大面积肺部感染，一些老人和儿童甚至出现昏迷症状。镇上居民多次与该厂交涉，均未得到解决。于是居民们投书市内及县内各大媒体，将此事曝光。曝光之后，该县环保局致函该厂要求其在 30 日内采取措施消除污染源，否则将对其作出行政处罚。30 日过后，该氮肥厂并未采取有效措施消除污染源，该县环保局在此期间也未对该厂的有害气体排放情况进行监测。2010 年元旦过后,该镇居民再次找到该县环保局要求其依法对氮肥厂采取行政强制措施。但该县环保局始终未对氮肥厂采取行政措施,也未对该镇居民的诉求给予答复。

问题:该镇居民可以进一步采取何种救济措施?

【案例评析】

作为该镇居民代表主要可以采取提起环境行政复议、环境行政诉讼、环境民事诉讼等手段维护居民的合法权益。此外,在各地方的环保实践中也有通过信访和人民调解制度解决环境争议的做法。

第一,该镇居民可以提起环境民事诉讼。根据《民法》和《民事诉讼法》有关侵权民事责任的规定,该镇居民可以以该氮肥厂为被告提起环境侵权损害赔偿诉讼。

第二,该镇居民可以提起行政复议或行政诉讼。我国《行政复议法》规定:"公民、法人或其他组织认为具体行政行为侵犯其合法权益的,可以自知道该具体行政行为之日起 60 日内提出行政复议申请。"《行政诉讼法》规定:"公民、法人或者其他组织认为行政机关和行政机关工作人员的具体行政行为侵犯其合法权益,有权依照本法向人民法院提起诉讼。"本案中,县环保局在氮肥厂拒绝履行环境治理责任的情况下,不仅未依职权主动对氮肥厂予以行政处罚,反而采取不作为的方式漠视居民要求其履行职责的合法主张,因此该镇居民可依据上述两法的规定提起行政复议或行政诉讼。

第三,该镇居民也可以通过信访和人民调解制度来解决问题。在各地方的环保实践中也有通过信访和人民调解制度解决环境争议的做法。如果本案中的居民代表在无法按照前述三种救济途径寻求救济的情况下,也可通过信访和人民调解制度寻求问题的解决。

讨论题⇨

1. 试述环境行政执法与环境司法的区别。

2. 比较环境纠纷诉讼解决程序与非诉讼解决程序的优缺点。

3. 试分析我国环境公益诉讼制度在现有法律框架内如何实现。

4. 案例讨论:

某村村民张三承包了本村集体所有的一个池塘,经过改造后,建成了一个甲鱼养殖场。同村李四的家就在这个池塘边上的山坡上,他利用自家的房屋办了一个个体经营的化工厂,工厂生产的废渣就露天堆放在家门口。2010 年 7 月,当地连降暴雨。7 月 15 日,张三发现养殖场中的甲鱼大量死亡。经过环保部门监测发现鱼塘中汞含量严重超标是造成甲鱼死亡的主要原因,而汞的来源正是李四堆放在家门口未妥善处理的工业废渣。于是,张三要求李四赔偿,李四不同意。张三即向当地环保部门提出要求,请求环保局出面处理其与李四之间的纠纷。后由于张三不满环保局的处理决定,又以李四为被告提起行政诉讼,请求法院撤销环保局的行政调解决定。

问:(1)环保局能否受理张三的请求,如果受理,应当怎样进行处理?

(2)法院应当怎样处理该行政诉讼案?张三应以谁为被告提起什么诉讼?

（3）张三的损失应当由谁承担？请说明理由。

答：（1）环保局可以受理张三的请求。受理后进行调解解决，并可以对李四进行行政处罚。

（2）法院不应受理该行政案件，行政诉讼的被告具有恒定性，公民个人不能成为行政诉讼的被告。张三应向李四提出民事赔偿诉讼，要求李四赔偿其损失。

（3）张三的损失应由李四承担，李四经营的化工厂的废渣处理不善是造成张三养殖场甲鱼大量死亡的直接原因，李四的行为已经构成环境侵权，应承担侵权所造成的损失。

第七章 环境污染防治法

第一节 环境污染防治法概述

一、环境污染和其他公害的概念及防治

(一)环境污染和其他公害的概念

1. 环境污染

目前关于"环境污染"的概念有多种不同的定义,其中比较有影响的定义是经济合作与发展组织(OECD)在 1974 年的一份建议书中提出的为成员国共同接受的定义,即被人们利用的物质或者能量直接或间接地进入环境,导致对自然的有害影响,以至于危及人类健康、危害生命资源和生态系统,以及损害或者妨害舒适和环境的其他合法用途的现象。

2. 公害

从严格意义上讲,公害的范围较广,在环境法中所称的公害是指由于环境污染而对人类环境造成的社会性危害。最先在环境法中使用公害一词的是日本,在日本的环境立法中,"污染"与"公害"是作为相似概念使用的。与欧美国家的环境立法相比较,日本环境法上的"公害"概念被认为是英美法系中的 Public Nuisance(公共妨害)的译语,但是它们两者在实质上和内容上均存在较大差别。木宫高彦认为,日本环境法上的"公害"的概念,类似于"环境污染"或"环境破坏"的概念,它是世界上共通语中的一种特殊的用法。[①]

受日本环境法上的"公害"概念的影响,在一些以汉字为文字形式的国家或地区(如中国、中国台湾等)也纷纷在环境立法中使用"公害"来描述环境污染。

3. 我国环境污染防治立法中有关"环境污染与其他公害"的概念

《环境保护法》第 24 条所列举的"环境污染"是由于人们在生产建设或者其他活动中产生的废气、废水、废渣、粉尘、恶臭气体、放射性物质等对环境的污染,以及噪声、振动、电磁波辐射等对环境的危害。而"其他公害"则是指除前述的环境污染和危害之外,现在尚未出现而今后可能出现的,或者现在已经出现但尚未包括在《环境保护法》第 24 条所列举的 9 种环

---

① 汪劲:《中国环境法原理》,北京大学出版社 2000 年版,第 124 页。

境污染和危害之中的公害,如废热、光污染。

我国环境立法中的"环境污染和其他公害"的概念,从本质含义上即可以作"环境污染"解释。为简便起见,以下论述中的"环境污染"所指称的含义与"环境污染和其他公害"相同。

4. 环境污染的特征

与其他不法侵害相比较而言,环境污染有如下特征:

(1)环境污染具有伴生性

环境污染是伴随着人类的生产、生活活动所产生的,工矿企业、事业单位向环境排放废气、废水、废渣、噪声等,是伴随着人们的生产、生活等对社会有益的正常活动而出现的对人体健康、社会经济发展有害的一种副作用。

(2)环境污染具有间接性

环境污染是以环境质量的改变和自然生态的破坏为媒介影响和危害人类与自然生态系统的,环境污染以环境为媒介对不特定人群造成的危害。即人类活动排放的污染物和能量进入环境,使其质量下降之后,受污染的环境才对人体健康、生命安全造成危害,而且是对不特定人群的侵害。

(3)环境污染具有综合性和积累性

造成环境污染的原因是多种多样的,且往往是多种污染因子综合地起作用,而且环境污染的发生往往需要经过一定时间的积累,因此,环境污染还具有积累性的特点。

(4)环境污染后果的严重性

首先,环境污染危及的范围广。不仅可以污染一条河流、一个地区、一个国家,还可以波及几个国家,甚至几个大洲,几个大洋,并扩及整个地球,如大气污染、放射性污染等。其次,环境污染引起的疾病往往难以发现和治疗。

(二)环境污染和其他公害的产生和类型

1. 环境污染和其他公害的产生原因

造成环境污染和其他公害的原因很多,概言之,不外乎是自然原因和人为因素,即自然界自身的运动对环境造成的污染和人类活动中的排污行为。自然界中发生的地震、火山爆发、自然火灾等都会释放出大量的污染物,如尘埃、各种有毒有害化学物质、放射性物质、电磁波辐射等,这也会对环境造成污染和危害。但纵观环境污染问题的产生和发展过程,我们不难发现绝大多数的环境污染是人类造成的。人类在生产建设和其他活动中,一方面,生产出大量的物质和文化财富,丰富了人类的物质生活和精神生活,为人类自身的生存和发展提供了更好的条件;另一方面,也产生出大量的污染物,如废气、废水、废渣、粉尘、恶臭气体,放射性物质以及噪声、振动、电磁波辐射、光污染、废热等,给环境带来污染,造成公害。这些污染和公害总是伴随着生产、生活等对社会的有益活动而出现的对人体健康、经济发展有害的一种副作用。产生污染和公害的上述两种原因,自然灾害是暂时性、局部性的,难以调节与控制的;而人类活动则是经常性的,可调节与控制的。因此,防治环境污染和其他公害,主要针对的是由于人类活动所造成的对环境的污染和危害。

2. 环境污染和其他公害的类型

环境污染根据不同的划分标准可以分为多种不同的类型,分类的目的是为了从不同的角度和侧面细致地了解同类污染的共性和特性,以便我们在应对各类污染时采取行之有效的措施。

最主要的一种划分是根据造成环境污染和危害的污染物的性质的不同,将环境污染和其他公害大致分为两种类型:环境要素污染和有毒有害物质污染。环境要素污染根据主要污染物质和因素介入环境要素的不同,又可以分为大气污染、水污染、海洋环境污染、土壤污染等;有毒有害物质污染包括放射性、农药、危险化学物质等污染。

在环境科学上,将环境污染分为一次污染和二次污染。其中将由污染源直接排入环境,其物理和化学性状未发生变化的污染物所造成的污染称为一次污染,又称原发性污染。排入环境中的一次污染物在物理、化学或生物因素的作用下发生变化,或与环境中的其他物质发生反应所形成的物理、化学性状与一次污染不同的新的污染称为二次污染,也称继发性污染。

此外,根据污染影响的范围分为地域性污染、区域性污染、全球性污染;根据污染的程度划分为轻度污染、中度污染和严重污染。

(三)我国污染防治的对象和目标

1. 环境污染防治的对象

从污染物和能量的种类来说,《环境保护法》第 24 条所列举的 9 种污染和危害,也就是我国当前防治环境污染和其他公害的对象。从排放单位来说,防治污染的对象首先,是工矿企业中的重点行业和重点企业。其次,是乡镇企业。据报道,乡镇工业产值占全国总产值的比例已由 1989 年的 23.8% 上升到 1994 年的 45.6%,乡镇工业的污染物排放量呈快速增长的趋势,加剧了环境污染和生态破坏。近年来,交通、饮食、娱乐和旅游等行业的迅猛发展和社会生活污染源的大量增加,而废弃物越境或者跨地区转移,农村中过量使用农药、化肥,禽畜和近海渔业养殖,则是加重我国环境污染的新行业,也是防治环境污染的对象。

2. 环境污染防治的目标和重点

为了使我国环境污染和其他公害得到有效控制,保护和改善生活环境和生态环境,国务院制定和发布了一系列的文件,以明确我国环境污染防治的总体目标和重点。1996 年 8 月 3 日发布的《国务院关于环境保护若干问题的决定》规定,我国在"九五"期间防治污染的重点是"三河"、"三湖"和"二区",即淮河、海河、辽河,太湖、巢湖、滇池以及酸雨区和二氧化硫严重污染区。"十五"期间,治理环境污染的重点是水污染和大气污染。重点地区是,要"继续抓好'三河'、'三湖'、酸雨和二氧化硫控制区、北京市、渤海、三峡库区、南水北调等重点地区和重点项目的污染防治"[1]。2005 年 12 月 3 日,《国务院关于落实科学发展观 加强环境保护的决定》中提出了环境保护的目标:"到 2010 年,重点地区和城市的环境质量得到改善,生态环境恶化趋势基本遏制","到 2020 年,环境质量和生态状况明显改善"。[2]

---

[1] 韩德培、陈汉光:《环境保护法教程》,法律出版社 2007 年版,第 215 页。
[2] 韩德培、陈汉光:《环境保护法教程》,法律出版社 2007 年版,第 212 页。

二、环境要素污染及其防治立法

(一)环境要素污染的概念与特征

如上所述,关于环境污染最常用的分类是根据污染物的性质将环境污染分为环境要素污染和有毒有害物质污染。

环境要素,是人类与环境进行交流的介质,如水、空气、土壤等。环境要素污染,是指外界物质或能量进入环境,其数量超过环境要素的可容含量或自净能力,导致环境要素某种性能的改变,从而引起环境质量下降而有害于人类及其他生物正常生存和发展的现象。如大气污染、水污染、噪声污染、土壤污染等等。这种污染主要是由人类活动所引起的,其产生的原因是资源的浪费和不合理使用,使有用的资源变为废物进入环境而造成危害。环境要素污染具有如下特征:

1. 介入性。环境污染物一般是低浓度、长时间而且是多种物质同时存在,对环境要素积累性、连续性地起作用,并以环境要素为介质对不特定人体及其他多种权益造成危害。这是环境要素污染的介入性。

2. 变异性。环境污染物进入环境要素可通过生物的或物理、化学的作用发生转化、增毒、降解或富集,从而改变环境要素的原有性质、状态或浓度,产生不同的危害作用。这是环境要素污染的变异性。

3. 严重后果性。环境污染物可通过环境要素和食物等多种途径对人体产生长期影响,受影响的对象多,危及的范围广,造成的后果严重,如对人体的危害性之难以发现,发现后往往还难以根治,可能还会危及下一代。这是环境要素污染的严重后果性。

4. 关联性。环境要素及其相互关系构成的环境系统是一个动态平衡的体系,各种环境要素彼此相互依赖,其中任何一个因素发生变化便会影响整个系统的平衡,环境污染所造成的环境要素变化均会引起环境系统的不稳定,对环境构成威胁。这是环境要素污染的系统关联性。

因此,防治环境要素污染是保护环境的重要内容,环境要素污染防治立法也是环境立法的重要任务。

(二)我国防治环境要素污染的立法现状

环境要素污染防治法是以防治环境要素污染为立法对象的一类法律、法规,它们作为环境污染防治的重要组成部分,以对各环境要素污染的防治为内容,在形式上表现为环境保护基本法下属和单行法规及其配套法规,是对基本法防治环境污染的原则性规定的具体化。

我国环境要素污染防治立法是环境法中发展得较早和较快的领域。早在20世纪70年代初,就已颁布了一系列污染物排放标准,随后又颁布了有关排污收费以及各环境要素污染防治的法律、法规。迄今,已经颁布的专门的环境要素污染防治单行法律、法规有:《大气污染防治法》(1987年9月通过,1995年8月修改,2000年4月再次修订)、《水污染防治法》(1984年5月通过,1996年5月修改,2008年2月再次修改)、《海洋环境保护法》(1982年8

月通过,1999 年 12 月修订)、《环境噪声污染防治法》(1996 年 10 月通过)等等,还颁行了大量与之相关的法规、规章,基本上形成了与环境要素保护法相互配套的环境要素立法体系,对我国环境法体系的形成也起到了积极的作用。

(三)环境要素污染防治法的特点

1. 综合性

这里所说的综合性,是指环境要素污染防治法是针对某一环境要素的污染防治所进行的综合立法,其内容涉及对该环境要素的全面保护。如水污染防治法是以水体作为立法对象的,它既包括了对各种水体的保护措施,又包括了水资源保护与水污染防治的全部内容。而且,对各种不同的重要水体以及可能进入水体的各种污染源和污染物均作了规定,较之于单纯以污染物或污染源控制为立法对象的立法更为全面。

2. 协调性

环境要素污染防治法与环境要素保护法之间应是互相协调与互相配合的关系。如《水污染防治法》与《水法》,它们从不同的角度,不同的层面对环境要素的保护作出了规定。环境要素保护法的实施是防止环境要素污染的重要条件;而环境要素污染的防治又是合理开发和利用环境要素的结果。但它们又各有侧重,环境要素保护法着重于对水、森林、草原、土地等环境要素的开发与利用本身的限制,而环境污染防治法则更注重于对在环境资源开发和利用过程中所产生的副作用的限制。

3. 系统性

环境要素污染防治法是环境法的一个子系统,它是由某一环境要素保护的专门单行法规及其相关法规构成的系统性规范的统一体,并非仅指某一具体的单行法。如水污染防治法就不仅仅是指《水污染防治法》这一部法律,还包括《水污染防治法实施细则》、《水污染物排放许可证管理暂行办法》等法律、法规及相关的水环境质量标准、水污染物排放标准,是由有关水污染防治的法律、法规、规章以及各种环境标准组成的法律、法规体系。

三、有毒有害物质污染及其防治立法

(一)有毒有害物质污染的概念与特征

有毒有害物质,是指在工农业生产、医疗卫生、科研教学或人们日常生活等活动中正常使用的,在一定条件下污染环境使人和动物中毒、生病或死亡的物质。这类物质只有在生产、储存、运输、经营、使用等过程中管理不善、使用不当,才会危害人类安全或污染环境。如化学物质、农药、放射性物质等。有毒有害物质污染,是指对人体或环境难以降解或不能降解的那些污染物质所造成的环境污染和危害。

与环境要素污染相比,有毒有害物质污染具有以下特征:

1. 稳定性

有毒有害物质大多化学性质稳定,不易被生物分解,而且在自然界中长期残留,其毒性对人体健康的影响稳定且持久,对生态平衡的干扰和破坏也十分严重。

2. 后果严重性

与一般的环境污染物相比,有毒有害物质中有许多是致癌物、致畸物或使基因突变,对人类的正常生存和繁衍产生严重影响。

3. 双重性

与一般的废水、废气相比,有毒有害物质的物理形态较稳定,物质形态明显,可处置性强,它虽然是高度污染物,但它本身是非废弃物,是可以有效利用的资源和能源,因此,在减量化、无害化的同时,要全力做到资源化,使之化害为利。

(二)有毒有害物质污染防治法的特点

有毒有害物质污染防治法,是以防治有毒有害物质污染为立法对象的一类法律规范,其作为环境污染防治法的重要组成部分,是对各环境要素污染防治法的补充和完善。它以控制污染物和污染源,阻止有毒有害物质进入生态系统的循环为直接内容,在法律上表现为对人体健康具有特别危害的那些有毒有害物质防治的专门立法,如对固体废物、放射性物质、有毒化学品、农药的专门立法等等。有毒有害物质污染防治法具有以下特征:

1. 有毒有害物质污染防治法是环境污染防治法的重要组成部分,它与环境要素污染防治法从不同的层面和不同的角度对环境污染的防治作了规定。环境要素污染防治法着重于对环境要素的全面保护;而有毒有害物质污染防治法则着重于某一污染物质对诸环境要素危害的防治。两者是协调配合,相互补充的。

2. 有毒有害物质污染防治法是对某一类特定的污染物或污染源的防治所进行的专门立法,其目的在于防治某一特定的污染物对于生态平衡和人体健康的特殊和严重的干扰与破坏。

3. 有毒有害物质污染防治法重点突出,其所建立的监督管理体制和控制制度较之于环境要素污染防治法更为特殊。

(三)我国有毒有害物质污染防治的立法现状

目前,我国有关防治有毒有害物质污染的法律、法规主要有:《固体废物污染环境防治法》(1995 年 10 月通过、2004 年 12 月修订)、《放射性污染防治法》(2003 年 6 月通过)、《农药管理条例》(1997 年通过)、《危险化学品安全管理条例》(2002 年 1 月通过)、《医疗废物管理条例》(2003 年 6 月通过)、《放射性同位素与射线装置安全和防护条例》(2005 年 9 月通过)、《民用核安全设备监督管理条例》(2007 年 9 月通过)等等。针对某一类有毒有害物质污染,我国现已颁布的综合性的法律数量较少,只有防治固体废物污染的《固体废物污染环境防治法》和《放射性污染防治法》两部法律,对有毒化学品和农药等污染的防治立法,主要是以大量的部门规章的形式出现或散见于其他的规范性法律文件中。

我国的有毒有害物质污染防治法主要针对对于人体健康和生态平衡影响极大的放射性物质、有毒化学品、固体废物、农药等而制定,而对这些污染物的防治涉及除环境保护行政主管部门以外的多个管理部门。因此,在法律的表现形式上,这类立法多以数个相关管理部门的联合管理法律、法规为主;在管理体制上,则赋予各相关部门明确的管理职责和权限并强调各部门间的协调与配合。

四、防治环境污染的基本制度

为了保护和改善环境,防治环境污染和其他公害,我国颁布了一系列法律、法规,确立了一系列防治环境污染和其他公害的原则和制度,以指导和规范我国防治环境污染和其他公害的工作。下面介绍在环境污染防治法中普遍适用的一些基本制度如排污申报登记制度、现场检查制度、限期治理严重污染制度、污染事故报告制度、防止污染转嫁制度等等。另外,近年来经修订后公布实施的《大气污染防治法》、《水污染防治法》、《环境噪声污染防治法》和新制定的《固体废物污染环境防治法》、《放射性污染防治法》等等一些法律、法规,还规定了适用于防治环境污染和其他公害的新制度和措施,如淘汰落后设备、工艺制度等。这些制度在防治环境污染中普遍适用,因而在防治环境污染的监督管理中具有重要的地位和作用,在环境污染防治中属于基本制度,但相对于环境资源法的基本制度而言,这些法律制度又只是适用于环境污染防治的具体法律制度。

(一)排污申报登记制度

排污申报登记制度,是指直接或间接向环境排放污染物的单位,必须依照国务院环境保护行政主管部门的规定,向所在地环境保护行政主管部门申报、登记拥有的污染物排放设施、处理设施和在正常作业条件下排放污染物的种类、数量和浓度,并提供防治污染方面的有关技术资料的法律规定。

排污申报登记主要是针对排污单位而制定的一项程序性制度,该项制度的目的在于使环保部门了解和掌握企业的排污状况,同时将污染物的排放管理纳入环境行政管理的规范,以利于环境监测以及国家或地方对污染物排放状况的统计分析。

(二)现场检查制度

现场检查制度,是指县级以上环境保护行政主管部门,或者其他依照法律规定行使环境保护监督管理权的部门,有权对管辖范围内的排污单位进行现场检查。被检查的单位应当如实反映情况,提供必要的资料;检查机关应当为被检查的单位保守技术秘密和业务秘密的法律规定。

我国《环境保护法》第14条规定:县级以上人民政府环境保护行政主管部门或者其他依照法律规定行使环境监督管理权的部门,有权对管辖范围内的排污单位进行现场检查。其他行使环境监督管理权的部门,是指国家海洋行政主管部门、港务监督、渔政渔港监督、军队环境保护部门和各级公安、交通、铁道和民航管理部门,这些部门依照有关的法律规定对环境污染防治实施监督管理。现场检查是环境保护法赋予这些部门的权力,但是,行使这些权力的具体事项和范围则有所区别。上述各个行政部门应当依照有关法律的规定行使现场检查权,否则就属于越权或者失职。

现场检查制度对于及时发现违法排污行为,制止或者减轻环境污染,避免污染事故发生,以至监督管理人员正确执法,对违法者合法和适当地实施行政处罚等,都具有重大的意义。

(三)防止污染转嫁制度

防止污染转嫁,是指防止国外、境外地区的厂商或我国企业、事业单位,将污染严重的设备、技术工艺或者有毒有害废弃物,转移给没有污染防治能力的单位和个人进行生产、加工、经营或者处理,造成环境污染。例如,经济相对发达的地区,将污染严重的设备或技术转移给没有防治污染能力的地区,技术较先进的企业将淘汰落后的污染设备转移给技术落后的企业,使被转移地区的环境受到严重污染。近年来,发达国家和地区的环境标准越来越严格,使得一些国家和地区的企业承受的环境治理责任越来越重,企业为了逃避污染治理的负担,把在发达国家或地区明令禁止使用的技术和设备转移至欠发达国家或地区。有的则在技术和设备更新以后,将淘汰的设备廉价卖给其他没有治理能力的企业。为防止污染转嫁和转移,保护环境,我国制定了相关规定。

我国《环境保护法》和防治大气污染、水污染、固体废物污染的单行法规,以及我国参加的《控制危险废物越境转移及其处置的巴塞尔公约》,均对防止污染转嫁作了严格的规定。

污染转嫁行为必须具备三个构成要件:(1)转移的设备、技术、废弃物因对环境的污染危害严重而为法律所禁止;(2)接受转移的企业、事业单位没有防治污染的技术、设备、资金因而未能防止其对环境的污染危害;(3)行为者主观上有过错。三者缺一不可。其中,转嫁的一方大都出于故意和贪利的动机,接受转移的一方也有出于故意的心理状态,但还有不少是对其危害性认识不足的。

➤ 案例分析

1992年至1993年,沈阳冶炼厂2次向鸡西市梨树区转移含有三氧化二砷(俗称砒霜)等10多种有毒物质332吨,由鸡西市化工局劳动服务公司驻绥芬河办事处王某等人,将废渣倾倒在距穆棱河约200米的梨树公路旁、梨树白酒厂等4处。经黑龙江环境监测中心站和省环境科研处所作的监测评价结论,这一区域的污染物转移对穆棱河下游约20平方千米范围内的土地、植物,地面水、地下水环境造成了不同程度的污染危害。由于污染废渣数量大、污染物成分复杂、含量高以及重金属难降解性和砷的高毒性,造成的污染程度大、危害时间长、影响范围广,给这一区域的生态环境、社会稳定带来了很大的危险,对国家财产和人民健康造成了严重损害。鸡西市中级人民法院于1995年12月作出一审判决,判令沈阳冶炼厂和鸡西市化工局限期对污染进行治理,并判令两被告支付赔偿金共90万元。请问本案中冶炼厂的行为违反了环境污染防治法的哪一项制度?

解答:本案是一起典型的污染转嫁案件。冶炼厂的行为构成了污染转嫁,其方式是将污染严重的有毒有害废弃物转移给无污染治理能力的单位处理。

(四)淘汰落后设备、工艺制度

淘汰落后工艺、设备制度,是指国家对严重污染环境的落后生产工艺、生产设备,限期禁止生产、销售和使用,也不得转让给他人使用的法律规定。这是由单纯的末端治理逐步转变为向生产、消费全过程控制的重要举措,也是推行清洁生产实现可持续发展战略的重要内容。该项法律制度最先在 1995 年发布施行的《固体废物污染环境防治法》中设置,后来,在新颁布的《环境噪声污染防治法》和经修订后颁布施行的《水污染防治法》、《大气污染防治法》和《海洋环境保护法》中,也都设置了该项制度。

为实施淘汰落后工艺设备制度,要求国务院经济综合主管部门会同国务院有关部门制定并公布限期淘汰的严重污染环境的生产工艺名录和限期禁止生产、销售、进口、使用严重污染环境的设备名录。生产者、销售者、进口者或者使用者,必须在规定的期限内分别停止生产、销售、进口或者使用列入上述名录中的生产工艺、设备;任何单位或者个人不得将被淘汰的设备转让给他人使用,否则将依法受到惩处。

(五)限期治理制度

限期治理,是指对污染严重的项目、行业和区域,由有关国家机关依法限定其在一定期限内,完成治理任务,达到治理目标的制度。限期治理包括污染严重的排放源的限期治理、行业性污染的限期治理和污染严重的某一区域及流域的限期治理。

限期治理具有以下几个特点:(1)法律强制性。限期治理虽属一种行政管理措施,是由各级人民政府作出决定的,但依照《环境保护法》第 39 条的规定,对经限期治理逾期未完成治理任务的企业、事业单位,除依照国家规定加收超标准排污费外,还可根据所造成的危害后果处以罚款,或者责令停业、关闭。《大气污染防治法》在法律责任中规定了限期治理是一种行政处罚形式,《水污染防治法实施细则》在法律责任中也规定了责令限期治理。(2)明确的时间要求。它具体规定了完成治理任务的时间,有明确的时间界线,以期限的界线作为承担法律责任的依据之一。(3)具体的治理任务。体现治理任务的主要衡量尺度是是否符合排放标准和是否达到消除或者减轻污染的效果。

限期治理的对象一般是重点污染源和特别保护区内可能造成严重污染的污染源,其所排放的污染物在全国排放总量中占有相当大的比例。把这些污染大户作为重点实行限期治理,就可以有效地控制污染。而且由于限期治理管理抓得紧,建设周期一般也比较短,因而使限期治理取得明显的效益,可以集中有限的资金解决突出的环境污染问题。

第二节 大气污染防治法

一、大气环境污染问题

(一)大气和大气污染的概念

1. 大气的概念[1]

大气环境污染是相对于大气环境自然状态而言的,地球大气已有几十亿年的历史,在长

---

[1] 黄美元、徐华英、五庚辰:《大气环境学》,气象出版社 2005 年版,第 6~7 页。

期演变的过程中,大气的结构和组成都在变化。我们通常研究的大气自然状态是指近几百年来的大气状态,其变化很小。了解大气需要从大气的结构、大气的温度和水汽、大气的组成这三个方面着手。

(1)大气的结构。地球表面的大气层厚度约 1000 公里以上,一般划分为低层和高层,低层从地面到平流层顶约 50 公里,属于气象学研究的范围,高层从 50 公里以上,属于空间科学研究的范围。大气随高度不同而具有不同的特性,一般按照平均温度把大气细分为对流层(10～15 公里)、平流层(45～55 公里)、中间层(80～90 公里)、热层(90～500 公里)、外逸层(大于 500 公里)共 5 层。

(2)大气的温度和水汽。大气中的温度随着地理位置和高度而变化,年平均温度在赤道南北大体上对称分布(但最高温度发生在约北纬 10 度),从赤道向两极温度降低,赤道和极地的地面温差约 35K。水汽主要分布在低层大气中,它随纬度和高度都有变化,赤道大气的地球表面比湿最大,达 16g/kg,极地大气的比湿为 2g/kg。

(3)大气的组成。大气是由干燥清洁的空气、水汽和悬浮的气溶胶粒子三部分组成的自然混合体。近地面干燥清洁的空气组分相对较为稳定,水汽则是变化的,气溶胶粒子主要是火山、海洋的喷发和生物过程造成的。干洁空气主要包括 78.09% 的氮气,20.95% 的氧气,0.93% 的氩气和一定量的二氧化碳,其含量占全部干洁空气的 99.996%;氖、氦、氪、甲烷等次要成分只占 0.004% 左右。当干洁空气处于一定量值时,可近似地看作理想气体。

2. 大气污染的概念

按照 1979 年《长距离跨界大气污染公约》第 1 条第 1 款的规定,大气污染是指:人类把本质上具有有害作用的物质或能量直接或间接引入大气,以致危害人类健康、损害生物资源和生态系统、损坏物质财产、减损或妨碍环境优美以及环境的其他正当用途,"大气污染物"一词引申为同样的含义。国际标准化组织的定义是:空气(大气)污染通常系指由于人类活动和自然过程引起某些物质介入大气中,呈现出足够的浓度,持续了足够的时间,并因此而危害了人体的舒适、健康和福利或危害了环境。这两个定义既包括了室内空气污染和室外空气污染,也包括了近地面的大气污染和远地面的大气污染。

3. 大气污染的类型

(1)按照大气污染的范围一般可划分为四类:第一,局限性的局部地区大气污染。范围一般为 0～30 公里,如受某个工厂烟囱排气的直接影响。第二,城市地区的大气污染。范围约为 10～100 公里,小的城市一般为 30 公里,但大都可达到 100 公里。第三,涉及广泛地区的区域大气污染。范围为 100～3000 公里,涉及跨越大的行政区、国家和洲内大陆的大气污染,如酸雨、沙尘暴。第四,全球性大气污染。范围超过 3000 公里,必须从洲际和全球的角度来考虑,如二氧化碳等温室气体引起的全球气候变化问题。[1]

(2)按照污染源能动性的不同一般可划分为两类:第一,固定源大气污染。是指由固定地点向大气排放污染物所造成的大气污染。如工厂、家庭的排气孔。第二,移动源大气污染。是指由各种可移动的设施或物体向大气排放污染物所造成的大气污染。如交

---

[1]　黄美元、徐华英、五庚辰:《大气环境学》,气象出版社 2005 年版,第 8 页。

通工具、需移动的其他设施。这种划分的意义是：污染源能动性不同，相应的防治立法也不同。

（3）按照污染源几何形状的不同一般可划分为三类：第一，点源大气污染。是指由工业企业和民用锅炉房的排气筒和烟囱排放污染物，影响下风向扇形范围内大气环境的大气污染。第二，线源大气污染。是指由公路、铁路和航空线上车辆和飞机的沿程排放污染物，影响下风向一片面积内大气环境的大气污染。第三，是指由居民区分散的无数小炉灶排放污染物，影响该区域上空和周围大气环境的大气污染。

（4）按照污染源的成因一般可划分为两类：第一，自然污染源形成的大气污染。是指因自然活动产生的污染物排放到大气环境中影响大气质量的大气污染。如火山爆发喷放的二氧化硫、尘；森林火灾产生的二氧化碳、一氧化碳和烃类。第二，人为污染源形成的大气污染。是指因人类生产和生活活动产生的污染物排放到大气环境中影响大气质量的大气污染。如工业、农业、生活、第三产业所排放的各种污染物。

4. 大气污染物的概念和种类[1]

大气污染物，是指由于人类活动或自然活动产生的、排放到大气中能够改变大气环境质量，从而对人或环境造成不利影响的物质。

（1）大气污染物的种类按照存在状态可划分为两类：第一，气溶胶态污染物。气溶胶系指固体粒子、液体粒子或它们在气体介质中的悬浮体。第二，气态污染物。气体状态污染物是指以分子状态存在的污染物，简称气态污染物。

（2）按照形成过程可划分为两类：第一，一次污染物。是指直接从各种污染源排出的原始污染物质，主要是二氧化硫、一氧化碳、氮氧化物、颗粒物、碳氢化合物等。第二，二次污染物。是指由一次污染物之间或者一次污染物与大气中原有成分之间经过一系列化学或光化学反应而生成的与一次污染物完全不同的新类型污染物。如硫酸烟雾和光化学烟雾。

（二）大气污染的危害

1. 大气污染对人体健康的危害[2]

大气污染物对人体健康产生危害的途径主要是接触（器官、皮肤、人体其他部分的直接接触）、摄入（通过食物和水的中介摄入大气污染物）、吸入（通过呼吸系统吸入含污染物的空气）。大气污染主要是通过下列常见的污染物对人体健康构成严重的危害。

（1）二氧化硫。这是一种常见的和重要的大气污染物，是一种无色有刺激性的气体。二氧化硫主要来源于含硫燃料（如煤和石油）的燃烧；含硫矿石（特别是含硫较多的有色金属矿石）的冶炼；化工、炼油和硫酸厂等的生产过程。二氧化硫对人体的危害是：第一，刺激呼吸道。第二，二氧化硫和悬浮颗粒物的联合毒性作用。二氧化硫和悬浮颗粒物一起进入人体，气溶胶微粒能把二氧化硫带到肺深部，使毒性增加 $3\sim4$ 倍。第三，二氧化硫的促癌作用。动物实验证明 10 毫克/立方米的二氧化硫可加强致癌物苯并(a)芘的致癌作用。在二氧化

---

① 蒋文举：《大气污染控制工程》，高等教育出版社 2006 年版，第 4～5 页。

② http://www.cesp.com.cn，下载日期：2008 年 5 月 8 日。

硫和苯并(a)芘的联合作用下,动物肺癌的发病率高于单个致癌因子的发病率。

（2）氮氧化物。氮氧化物主要是对呼吸器官有刺激作用。大气中氮氧化物主要来自汽车废气以及煤和石油燃烧的废气。由于氮氧化物较难溶于水,因而能侵入呼吸道深部细支气管及肺泡,并缓慢地溶于肺泡表面的水分中,形成亚硝酸、硝酸,对肺组织产生强烈的刺激及腐蚀作用,引起肺水肿。亚硝酸盐进入血液后,与血红蛋白结合生成高铁血红蛋白,引起组织缺氧。

（3）一氧化碳。它是一种无色、无味、无臭、无刺激性的有毒气体,几乎不溶于水,在空气中不容易与其他物质产生化学反应,故可在大气中停留很长时间。如局部污染严重,可对健康产生一定危害。一氧化碳属于内窒息性毒物。空气中一氧化碳浓度达到一定高度时,就会引起种种中毒症状,甚至死亡。

（4）光化学烟雾。对人体最突出的危害是刺激眼睛和上呼吸道黏膜,引起眼睛红肿和喉炎,这可能与产生的醛类等二次污染物的刺激有关。光化学烟雾对人体的另一些危害则与臭氧浓度有关。当大气中臭氧的浓度达到 200～1000 微克/立方米时,会引起哮喘发作,导致上呼吸道疾患恶化,同时也刺激眼睛,使视觉敏感度和视力降低;浓度在 400～1600 微克/立方米时,只要接触两小时就会出现气管刺激症状,引起胸骨下疼痛和肺通透性降低,使机体缺氧;浓度再高,就会出现头痛,并使肺部气道变窄,出现肺气肿。接触时间过长,还会损害中枢神经,导致思维紊乱或引起肺水肿等。

（5）汽车尾气。汽车尾气中含有一氧化碳、氧化氮以及对人体产生不良影响的其他一些固体颗粒,尤其是含铅汽油,对人体的危害更大。铅在废气中呈微粒状态,随风扩散。

（6）悬浮颗粒物。空气中可自然沉降的颗粒物称降尘,而悬浮在空气中的粒径小于 100 微米的颗粒物通称总悬浮颗粒物(TSP),其中粒径小于 10 微米的称可吸入颗粒物(PM10)。可吸入颗粒物因粒小体轻,能在大气中长期飘浮,飘浮范围从几公里到几十公里,可在大气中造成不断蓄积,使污染程度逐渐加重。

（7）室内空气污染。随着建筑装修热的兴起和室内密闭程度的提高,使得室内空气污染物的浓度增加,检测表明,室内甲醛、苯系物、氨气、氡等污染物的浓度远远高于室外,由此引起的"病态建筑综合征"的患者越来越多,室内空气污染已成为影响人体健康的重要因素。

2. 大气污染对工业生产的危害

大气污染对工业生产的危害主要是:

（1）大气中的酸性污染物和二氧化硫、二氧化氮等,对工业材料、设备和建筑设施的腐蚀。

（2）飘尘增多给精密仪器、设备的生产、安装调试和使用带来不利的影响。

（3）大气污染还直接或间接地危害工业劳动力的健康,从而在实质上危及工业生产的潜力。

（4）大气污染造成工业产品质量的下降,影响工业生产效益。

3. 大气污染对农业生产的危害

大气污染对农业生产的危害是:

（1）大气中的主要污染物直接破坏或影响了土壤、水、植被、微生物、天气等农业生产赖以存在的基础性条件,特别是破坏农业生态系统。

(2)大气污染危害农民的身体健康和生活环境,导致农业劳动力素质的降低。

(3)大气污染导致农业产品质量下降,从而影响农业的经济效益和农业的发展。

例如,臭氧层破坏对农作物产生重大不利影响,过量的紫外线辐射到达地面会使许多农作物和微生物光合作用受到抑制,形态受到改变,生物量积累受到影响。温室气体排放将导致气候灾害频繁发生,海平面的变化直接会淹没部分农业区域。沙尘暴则直接刮走土壤、破坏农作物和其他农业生产设施。

4. 大气污染对动植物的危害

大气污染对动植物的危害主要体现在:

(1)直接因为污染物的理化性质或生物、辐射性质导致中毒症状或死亡。

(2)抑制动植物的生长发育过程,导致出现畸形、变异、基因突变,带来意想不到的灾难。

(3)降低动植物对病虫害的抵抗力。特别是二氧化硫、二氧化氮、氟化物、氯气等对植物的危害较大,动植物主要是通过接触、吸入、摄入过程受到大气污染物的危害。

(4)破坏动植物的生境,危及生物多样性,进而危及生物生态系统的稳定和生存。

5. 大气污染对天气、气候自然生态的影响

理解天气、气候自然生态,需要大气环境的自然状态以及与地球系统之间的水热交换过程,具备大气环境学的基础知识。大气污染对天气、气候自然生态的影响,主要体现在大气污染物的大量产生直接破坏大气的结构(比如臭氧层消失),干扰大气的温度和水汽(比如导致大气气温上升的温室效应),改变大气的组成(使大气原有组分发生理化性质的变化,还直接将大气自然状态下不会有的污染物排放到大气环境中)。目前,比较有代表性的影响事例是:

(1)大气酸化(酸雨、酸雾)。这是大气原有组分经过硫化物、氮化物等污染物的污染后,成为一种酸化了的大气。

(2)臭氧层空洞或消失。臭氧层是大气结构的一个重要部分,由于大气污染物导致在某些地区其具有出现空洞或消失的可能。

(3)温室效应导致的全球气候变暖。由于许多人为的大气污染物具有温室效应,随着排放量的增加,将可能直接导致全球气候变暖。

(4)热岛效应和拉波特效应。这两个效应将会改变所在地区的天气和气候的自然状态。

(三)我国大气污染的状况

目前,我国大气污染的状况十分严重,特别是工业比较集中的地区以及机动车(包括汽车和摩托车)比较多的大中城市。主要污染种类为煤烟型污染和机动车污染。具体而言,我国大部分城市大气环境中总悬浮颗粒物浓度普遍超标,二氧化硫污染保持在较高水平,机动车尾气污染物排放总量迅速增加,氮氧化物污染呈加重趋势,酸雨污染严重。而且,随着我国开发中西部地区,原有的沿海地区空气污染类型开始向中西部地区转移,中西部地区的空气污染压力形势严峻。大气污染还呈现流动性和交叉性的区域污染状态,需要跨行政区域甚至跨省的联合防治。

二、防治大气污染的立法概况

(一)西方国家大气污染防治立法简介

西方国家大气污染防治立法是随着其大气污染问题在不同时期的类型而逐渐产生和完善的,据此,基本上可将西方大气污染防治立法分为三个阶段或三种类型:

1. 煤烟型污染

自西方工业革命以来,随着城市化的进展和工业化的扩大,煤和石油等化石燃料成为工业发展的主要能源,在欧美等发达国家均开始出现煤烟型污染问题,主要污染物是烟尘和二氧化硫。

2. 石油型污染

20世纪50—60年代以来,由于工业高速发展,大量人口涌入城市,城市机动车数量也大为增加,这导致石油燃料的消耗量大增,因之,机动车排放出来的一氧化碳、氮氧化物、碳氢化合物等污染物急剧增加,大气质量受到严重的破坏。这一时期,从技术上讲,各国开发了大量的机动车尾气治理技术和低氮燃烧技术,但仍未能有效地治理机动车大气污染问题。从法律上讲,西方国家针对机动车污染也制定了一些新的政策和法律,包括一些技术措施,但是,效果并不是特别理想。

3. 酸雨型污染

大气中的二氧化硫和二氧化氮是形成酸雨的重要物质,它们主要来自煤和石油的燃烧,在大气中氧化剂的作用下,形成溶解于雨水的各种酸。目前,全球有西欧、北美和东南亚三大酸雨区,欧洲和北美在遭受多年的酸雨之害后认识到酸雨防治是全球性问题,需要全球合作。以酸雨污染为代表的全球环境污染问题开始变得突出起来。因此,关于酸雨问题的防治不仅仅是西方个别国家的事情,也是西方国家积极寻求与其他国家合作解决的问题。与此相应,西方国家不仅仅注重通过立法措施来加强对酸雨的研究和防治,而且,通过国际公约和条约的形式来治理国内的大气污染。1993年日本颁布了新的《环境基本法》,其中一个重要动向是强调日本在全球环境保护中的国际责任和义务,这是与全球性环境问题包括酸雨问题的出现是分不开的。

(二)我国防治大气污染的立法

我国大气污染防治立法主要经过了三个阶段:萌芽阶段(50年代至70年代末)、起步阶段(80年代初至90年代中期)、发展阶段(90年代中期至今)。

1. 萌芽阶段(50年代至70年代末)

我国关于防治大气污染的规定,最早是为了保护工人劳动环境而针对个别大气污染物制定的,如1956年《关于防止厂矿企业中矽尘危害的决定》。1962年国家计委和卫生部颁布了《工业企业设计卫生标准(试行)》,1973年国家计委发出了《关于加强防止矽尘和有毒物质危害工作的通知》,制定了《防止企业中矽尘和有毒物质的规划》,国家计委、建委和卫生部还联合发布了《工业"三废"排放试行标准》。1979年《环境保护法(试行)》首次对大气污染防治作了原则性规定,将防治大气污染的重点转向改变城市的能源结构和煤炭的加工利用方面,但其过于抽象,难以操作。1979年,卫生部、国家建委、国家计委、国家经委和国家劳动总局联合颁布了经过修订的《工业企业设计卫生标准》。

2. 起步阶段(80年代初至90年代中期)

我国经济越发展,大气污染就越严重。为了加强大气污染防治,在这个阶段,我国先后制定了下列法规:《关于结合技术改造防治工业污染的几项规定》、1984年《关于防治煤烟型污染技术政策的规定》、《大气环境质量标准》、《锅炉烟尘排放标准》、《汽油车怠速污染物排放标准》、《柴油车自由加速烟度排放标准》、《汽车柴油车全负荷烟度排放标准》、《硫酸工业污染物排放标准》、1987年《关于发展民用型煤的暂行办法》、1987年《城市烟尘控制区管理办法》、1990年《汽车排气污染监督管理办法》。

1987年制定了《大气污染防治法》,规定了大气污染防治的基本原则、监督管理体制、防治烟尘污染、防治废气、粉尘和恶臭污染,实施了排污申报登记、排污超标收费、大气污染监测等制度。

3. 发展阶段(90年代中期至今)

为适应社会主义市场经济体制新发展的需要,我国采纳了国际上大气污染防治关于全过程控制和市场经济的新理念,对《大气污染防治法》进行了重要修改。主要修改内容是:推行清洁能源制度、实行落后生产工艺和设备淘汰制度、划定酸雨控制区或二氧化硫污染控制区制度、城市饮食服务业油烟控制制度、绿化制度,但未规定达标排污收费制度和排污许可制度等。

由于修订后的《大气污染防治法》远远不能满足人们对环境空气质量的需要,为了进一步强化大气污染控制,1999年又修订了《大气污染防治法》。主要修改内容是:划定大气污染防治重点城市制度、机动车污染防治制度、城市扬尘控制制度、超标排放违法制度、排污收费制度、电厂排放控制制度、总量控制制度、排污许可制度、划定禁止销售和使用高污染燃料区域制度、臭氧层保护制度等。

三、我国防治大气污染的主要法律规定

(一)国务院和地方各级人民政府在防治大气污染中的总职责

国务院和地方各级人民政府在防治大气污染中的总职责,可概括为以下几个方面:

1. 国务院和地方各级人民政府,必须将大气环境保护工作纳入国民经济和社会发展计划,合理规划工业布局,加强防治大气污染的科学研究,采取防治大气污染的措施,保护和改善大气环境。

2. 国家采取措施,有计划地控制或者逐步削减各地方主要大气污染物的排放总量。地方各级人民政府对本辖区的大气环境质量负责,制定规划,采取措施,使本辖区的大气环境质量达到规定的标准。

3. 国家采取有利于大气污染防治以及相关的综合利用活动的经济、技术政策和措施。

4. 国家鼓励和支持大气污染防治的科学技术研究,推广先进适用的大气污染防治技术;鼓励和支持开发、利用太阳能、风能、水能等清洁能源。国家鼓励和支持环境保护产业的发展。

5.各级人民政府应当加强植树种草、城乡绿化工作,因地制宜地采取有效措施做好防沙、治沙工作,改善大气环境质量。

(二)防治大气污染的监督管理体制

《大气污染防治法》第4条规定:县级以上人民政府环境保护行政主管部门对大气污染防治实施统一监督管理。各级公安、交通、铁道、渔业管理部门根据各自的职责,对机动车、船污染大气实施监督管理。县级以上人民政府其他有关主管部门在各自职责范围内对大气污染防治实施监督管理。

(三)排污单位防治大气污染的义务

向大气排放污染物的单位,必须按照国务院环境保护行政主管部门的规定向所在地的环境保护行政主管部门申报拥有的污染物排放设施、处理设施和在正常作业条件下排放污染物的种类、数量、浓度,并提供防治大气污染方面的有关技术资料。排污单位排放大气污染物的种类、数量、浓度有重大改变的,应当及时申报;其大气污染物处理设施必须保持正常使用,拆除或者闲置大气污染物处理设施的,必须事先报经所在地的县级以上地方人民政府环境保护行政主管部门批准。

➤ 案例分析

河北省某县城有两座民宅相邻,仅隔一堵矮墙,其中右邻居几乎每天早晨6点开始用松香做原料放在一个大锅里加热后剥离猪头等外皮上的细毛,散发出呛人的气味,致使邻居多次要求环保部门处理但最终没有结果。其理由是由于《大气污染防治法》对这种情况没有相应的管理和处罚条款,且产生异味的松香没有监测数据标准。

问:对加害人的行为如何依法处理?

解答:首先,可从环境法的角度处理。《大气污染防治法》第12条规定了排污申报登记制度,对拒绝申报的,可以进行行政处罚。如果排放的气体具有恶臭成分或者含有有毒物质的而又没有采取防治措施的,则可根据第56条进行处罚。另外,还可依据《物权法》关于不动产相邻关系的规定来处理。即使没有监测数据标准,也可以根据案件的实际情况,采取一般人的"忍受限度"作为判断是否构成侵权行为损害的标准。

(四)关于奖励的规定

《大气污染防治法》第8条第2款规定:在防治大气污染、保护和改善大气环境方面成绩显著的单位和个人,由各级人民政府给予奖励。我国《环境资源法》中自然保护方面的奖励条款比较多,但是《大气污染防治法》是污染防治法律中第一部规定了奖励条款的法。

(五)大气环境保护标准制定机关及其权限

1. 大气环境质量标准的制定机关及其权限

国务院环境保护行政主管部门制定国家大气环境质量标准。省、自治区、直辖市人民政府对国家大气环境质量标准中未作规定的项目,可以制定地方标准,并报国务院环境保护行政主管部门备案。

2. 大气污染物排放标准的制定机关及其权限

国务院环境保护行政主管部门根据国家大气环境质量标准和国家经济、技术条件制定国家大气污染物排放标准。

省、自治区、直辖市人民政府对国家大气污染物排放标准中未作规定的项目,可以制定地方排放标准;对国家大气污染物排放标准中已作规定的项目,可以制定严于国家排放标准的地方排放标准。地方排放标准须报国务院环境保护行政主管部门备案。省、自治区、直辖市人民政府制定机动车、船大气污染物地方排放标准严于国家排放标准的,须报经国务院批准。凡是向已有地方排放标准的区域排放大气污染物的,应当执行地方排放标准。

(六)防治大气污染的监督管理制度

《大气污染防治法》第二章专门规定了大气污染防治监督管理,其中涉及的制度有:建设项目"三同时"制度、排污申报制度、浓度控制制度、排污收费制度、总量控制制度、特殊区域大气防治制度、重点城市制度、两控区制度、清洁生产制度、应急制度、行政检查制度、监测制度、大气环境质量预报和公报制度。

➢ 争论

> 各国对大气污染连续处罚制度有哪些立法例上的规定?
>
> 我国《大气污染防治法》没有规定"连续处罚"制度。这是我国立法上的重大缺陷。
>
> 美国 1970 年《清洁空气法》最早规定了"按日连续处罚",其第 113 条第(b)款规定环保局局长可对每项违规行为处以每天不超过 25000 美元的罚款。
>
> 加拿大《水法》第 30 条、印度《环境保护法》、《大气污染防治法》、菲律宾《清洁空气法》、香港《空气污染管制条例》、台湾地区几乎所有环保立法,均规定了"连续处罚"制度。

1. 总量控制制度

国务院和省、自治区、直辖市人民政府对尚未达到规定的大气环境质量标准的区域和国务院批准划定的酸雨控制区、二氧化硫污染控制区,可以划定为主要大气污染物排放总量控制区。主要大气污染物排放总量控制的具体办法由国务院规定。大气污染物总量控制区内有关地方人民政府依照国务院规定的条件和程序,按照公开、公平、公正的原则,核定企业、事业单位的主要大气污染物排放总量,核发主要大气污染物排放许可证。有大气污染物总量控制任务的企业、事业单位,必须按照核定的主要大气污染物排放总量和许可证规定的排放条件排放污染物。

➢ **争论**

大气排污权与大气环境容量使用权这两个概念,哪个更具科学性?

一般学者认为,大气排污权沿用已久,更具普遍性,更直观。

也有学者认为,大气排污权将排污权在概念上合法化,似乎排污是合法的,因而此概念并不科学,相反,大气环境容量使用权更能体现物权的性质,在概念上更加科学。

2. 大气污染防治重点城市制度

国务院按照城市总体规划、环境保护规划目标和城市大气环境质量状况,划定大气污染防治重点城市。直辖市、省会城市、沿海开放城市和重点旅游城市应当列入大气污染防治重点城市。未达到大气环境质量标准的大气污染防治重点城市,应当按照国务院或者国务院环境保护行政主管部门规定的期限,达到大气环境质量标准。该城市人民政府应当制定限期达标规划,并可以根据国务院的授权或者规定,采取更加严格的措施,按期实现达标规划。

3. 大气环境质量预报和公报制度

大、中城市人民政府环境保护行政主管部门应当定期发布大气环境质量状况公报,并逐步开展大气环境质量预报工作。大气环境质量状况公报应当包括城市大气环境污染特征、主要污染物的种类及污染危害程度等内容。

(七)防治燃煤产生的大气污染

1. 燃煤污染的一般防治

(1)国家推行煤炭洗选加工,降低煤的硫分和灰分,限制高硫分、高灰分煤炭的开采。新建的所采煤炭属于高硫分、高灰分的煤矿,必须建设配套的煤炭洗选设施,使煤炭中的含硫分、含灰分达到规定的标准。对已建成的所采煤炭属于高硫分、高灰分的煤矿,应当按照国务院批准的规划,限期建成配套的煤炭洗选设施。禁止开采含放射性和砷等有毒有害物质超过规定标准的煤炭。

(2)国务院有关部门和地方各级人民政府应当采取措施,改进城市能源结构,推广清洁能源的生产和使用。大气污染防治重点城市人民政府可以在本辖区内划定禁止销售、使用国务院环境保护行政主管部门规定的高污染燃料的区域。该区域内的单位和个人应当在当地人民政府规定的期限内停止燃用高污染燃料,改用天然气、液化石油气、电或者其他清洁能源。

(3)国家采取有利于煤炭清洁利用的经济、技术政策和措施,鼓励和支持使用低硫分、低灰分的优质煤炭,鼓励和支持洁净煤技术的开发和推广。

(4)国务院有关主管部门应当根据国家规定的锅炉大气污染物排放标准,在锅炉产品质量标准中规定相应的要求;达不到规定要求的锅炉,不得制造、销售或者进口。

(5)城市建设应当统筹规划,在燃煤供热地区,统一解决热源,发展集中供热。在集中供热管网覆盖的地区,不得新建燃煤供热锅炉。

(6)大、中城市人民政府应当制定规划,对饮食服务企业限期使用天然气、液化石油气、电或者其他清洁能源。对未划定为禁止使用高污染燃料区域的大、中城市市区内的其他民用炉灶,限期改用固硫型煤或者使用其他清洁能源。

(7)新建、扩建排放二氧化硫的火电厂和其他大中型企业,超过规定的污染物排放标准或者总量控制指标的,必须建设配套脱硫、除尘装置或者采取其他控制二氧化硫排放、除尘的措施。在酸雨控制区和二氧化硫污染控制区内,属于已建企业超过规定的污染物排放标准排放大气污染物的,依照《大气污染防治法》第48条的规定限期治理。国家鼓励企业采用先进的脱硫、除尘技术。企业应当对燃料燃烧过程中产生的氮氧化物采取控制措施。

(8)在人口集中地区存放煤炭、煤矸石、煤渣、煤灰、砂石、灰土等物料,必须采取防燃、防尘措施,防止污染大气。

2. 对燃煤产生的二氧化硫污染的特殊防治

燃煤产生的二氧化硫污染,是我国空气污染防治的重中之重,应给予特殊防治。目前,《大气污染防治法》是从以下几个方面来规定的:

(1)在煤的开采上,要限制高硫份的煤炭开采,对于高硫份的煤矿,必须建设配套的洗选设施,使所含硫份达到规定的标准。

(2)改进城市能源结构,减少含硫的能源的生产和使用,推广清洁能源的生产和使用,并划定禁止销售和使用含硫份高的燃料的区域。

(3)国家采取经济和技术政策,促成企业使用低硫份的优质煤炭,以及开发和推广洁净煤的技术。

(4)大、中城市政府应当制定规划,促使饮食服务企业限期使用清洁能源,并要求民用炉灶限期改用固硫型煤。

(5)新建和扩建排放二氧化硫的企业,应当达标排放,否则,应当建设配套的脱硫设施并采取控制二氧化硫排放的措施。

(八)防治废气、粉尘和恶臭污染

1. 严格限制含有毒物质的废气和粉尘的排放

向大气排放粉尘的排污单位,必须采取除尘措施。严格限制向大气排放含有毒物质的废气和粉尘;确需排放的,必须经过净化处理,不超过规定的排放标准。

2. 防止可燃性气体污染大气

工业生产中产生的可燃性气体应当回收利用,不具备回收利用条件而向大气排放的,应当进行防治污染处理。向大气排放转炉气、电石气、电炉法黄磷尾气、有机烃类尾气的,须报经当地环境保护行政主管部门批准。可燃性气体回收利用装置不能正常作业的,应当及时修复或者更新。在回收利用装置不能正常作业期间确需排放可燃性气体的,应当将排放的可燃性气体充分燃烧或者采取其他减轻大气污染的措施。

3. 配备脱硫装置

炼制石油、生产合成氨、煤气和燃煤焦化、有色金属冶炼过程中排放含有硫化物气体的,应当配备脱硫装置或者采取其他脱硫措施。

4. 防止放射性物质污染大气

向大气排放含放射性物质的气体和气溶胶,必须符合国家有关放射性防护的规定,不得超过规定的排放标准。

5. 防止饮食服务业排放油烟污染

城市饮食服务业的经营者,必须采取措施,防治油烟对附近居民的居住环境造成污染。

6. 防治恶臭气体和有毒有害烟尘污染

向大气排放恶臭气体的排污单位,必须采取措施防止周围居民区受到污染。在人口集中地区和其他依法需要特殊保护的区域内,禁止焚烧沥青、油毡、橡胶、塑料、皮革、垃圾以及其他产生有毒有害烟尘和恶臭气体的物质。禁止在人口集中地区、机场周围、交通干线附近以及当地人民政府划定的区域露天焚烧秸秆、落叶等产生烟尘污染的物质。城市人民政府还可以根据实际情况,采取防治烟尘污染的其他措施。运输、装卸、贮存能够散发有毒有害气体或者粉尘物质的,必须采取密闭措施或者其他防护措施。

➤ 案例分析

某电影摄制组在上海开拍电影外景时,连续5天焚烧旧橡胶轮胎用以人工制造烟火,导致局部地区的严重大气污染。上海环境保护局认为摄制组事先未申报排污,且在焚烧过程中未采取任何防治污染措施,故依据《环境保护法(试行)》第19条和《上海市排污收费和罚款管理办法》的规定,对该摄制组罚款5万元。如果从《大气污染防治法》角度,应适用哪些规定?

解答:应适用我国《大气污染防治法》第12条、第13条、第46条、第48条、第56条等关于排放污染物时的申报义务、采取防治措施义务、达标排放义务和相应的法律责任。

7. 防治扬尘污染大气

城市人民政府应当采取绿化责任制、加强建设施工管理、扩大地面铺装面积、控制渣土堆放和清洁运输等措施,提高人均占有绿地面积,减少市区裸露地面和地面尘土,防治城市扬尘污染。在城市市区进行建设施工或者从事其他产生扬尘污染活动的单位,必须按照当地环境保护的规定,采取防治扬尘污染的措施。国务院有关行政主管部门应当将城市扬尘污染的控制状况作为城市环境综合整治考核的依据之一。

8. 防治消耗臭氧层物质破坏大气环境

国家鼓励、支持消耗臭氧层物质替代品的生产和使用,逐步减少消耗臭氧层物质的产量,直至停止消耗臭氧层物质的生产和使用。在国家规定的期限内,生产、进口消耗臭氧层物质的单位必须按照国务院有关行政主管部门核定的配额进行生产、进口。

(九)防治机动车、船污染

1. 排放管理

机动车、船向大气排放污染物不得超过规定的排放标准。任何单位和个人不得制造、销售或者进口污染物排放超过规定排放标准的机动车、船。在用机动车不符合制造当时的在用机动车污染物排放标准的,不得上路行驶。省、自治区、直辖市人民政府规定对在用机动车实行新的污染物排放标准并对其进行改造的,须报经国务院批准。机动车维修单位,应当按照防治大气污染的要求和国家有关技术规范进行维修,使在用机动车达到规定的污染物排放标准。

2. 燃料管理

国家鼓励生产和消费使用清洁能源的机动车、船。国家鼓励和支持生产、使用优质燃料油,采取措施减少燃料油中有害物质对大气环境的污染。单位和个人应当按照国务院规定的期限,停止生产、进口、销售含铅汽油。

3. 检测管理

省、自治区、直辖市人民政府环境保护行政主管部门可以委托已取得公安机关资质认定的承担机动车年检的单位,按照规范对机动车排气污染进行年度检测。交通、渔政等有监督管理权的部门可以委托已取得有关主管部门资质认定的承担机动船舶年检的单位,按照规范对机动船舶排气污染进行年度检测。县级以上地方人民政府环境保护行政主管部门可以在机动车停放地对在用机动车的污染物排放状况进行监督抽测。

第三节 水污染防治法

一、水污染环境问题

(一)水污染的概念

我国最新修订的《水污染防治法》第 91 条以立法的形式将水污染定义为:水污染是水体因某种物质的介入,而导致其化学、物理、生物或者放射性等方面特性的改变,从而影响水的有效利用,危害人体健康或者破坏生态环境,造成水质恶化的现象。这个定义与修订前的《水污染防治法》第 60 条是完全一样的。

(二)水污染的类型[①]

1. 病原体污染

病原体污染,是病源微生物进入水体导致水环境破坏的污染。病原微生物通常分为三类:第一,病源菌,主要是能够引起疾病的细菌,如大肠杆菌、痢疾杆菌、绿脓杆菌等。第二,寄生虫,系动物寄生虫的总称,如疟原虫、血吸虫、蛔虫等。第三,病毒,一般没有细胞结构,但有遗传、变异、共生、干扰等生命现象的微生物,如流行性感冒、传染性肝炎病毒等。

2. 悬浮物及沉积物污染

砂粒、土粒及矿渣一类的颗粒状污染物质,是无毒害作用的,一般它们和有机性颗粒状的污染物质混在一起统称悬浮物或悬浮固体。在污水中悬浮物可能处于三种状态:部分轻于水的悬浮物浮于水面,在水面形成浮渣;部分密度大于水的悬浮物沉于水底,又称为可沉固体;另一部分悬浮物由于相对密度接近于水,就在水中呈真正的悬浮状态。悬浮物的主要危害有:降低光的穿透能力,减少了水的光合作用并妨碍水体的自净功能;对鱼类产生危害,

---

① 周怀东、彭文启:《水污染与水环境修复》,化学工业出版社 2005 年版,第 40~52 页。

可能堵塞鱼鳃,导致鱼的死亡,制浆造纸废水中的纸浆对此最为明显;水中的悬浮物又可能是各种污染物的载体,它可能吸附一部分水中的污染物并随水流动迁移。[①]

沉积物污染,是指沉积到水底的底泥表面、底泥中甚至更深层的各种污染物质,它会在一定条件下通过直接的或间接的形式对水体和水生物带来各种有害的影响。沉积物并不是一个独立的概念,而是指包含各种可能的污染物质的综合性概念,沉积物可能是重金属,也可能是氮、磷等营养物质,还可能是其他化学物质、一般物质等。沉积物根据其物质特性而产生相应的污染,此外,沉积物相互作用还会产生新的污染物质。

3. 需氧物质污染

需氧物质污染,是指生活污水和工业废水中所含糖类、脂肪、蛋白质、木质素等有机物,可在微生物的作用下最终分解为简单的无机物,其分解过程需要消耗大量的氧气,由此类污染物质造成的水体污染。

天然有机残体进入水体将会导致天然水体中有一定的五日生化需氧量。我国东北部分河流源头由于流经草原和原始森林,汇集了大量腐殖质,所以其耗氧指标较高。污染水体的需氧物质主要来自于工业废水、城镇生活污水、畜禽养殖污水等。需氧物质污染水体后将导致水中溶解氧大量消耗,如果溶解氧不能通过水体复氧过程得到补偿,将会威胁水生生物的生存。另外,水中溶解氧减少,厌氧细菌将会大量繁殖,形成厌氧分解,分解出甲烷、硫化氢等有毒气体,影响水体感官。

4. 植物营养物质污染

水体中的植物营养物质主要是植物营养盐,包括氮、磷等化合物,它们进入水体在造成污染的同时引起水体富营养化。

富营养化在藻类或水生植物过度繁殖的水域,造成昼夜间的溶解氧波动,藻类和水生植物早晨的呼吸作用可以将水中的溶解氧消耗殆尽,致使无脊椎动物和鱼类死亡。某些藻类还会释放毒素,藻类还会损伤鱼鳃。富营养化最终对生物多样性和水体生态系统带来显著的破坏作用,直接影响人类对水资源的开发利用和保护。

5. 石油污染

水体中油类污染物主要来自船舶漏油和清洗,钻井、油管和储存器泄漏,工业废水和生活污水排放等。其形态包括:浮油、溶解于水体中的油、乳化细滴状的油、吸附于悬浮颗粒或底泥的油。

油类污染物对水体生态造成的破坏性影响主要是:第一,浮在水面的油膜,阻碍水体复氧、光照,油在降解过程中还消耗溶解氧,令水质恶化。第二,对生物的毒性作用。比如对生物的涂敷、使其窒息,附着于鸟的翅膀上、螃蟹、牡蛎的表面,进入生物体内损害其代谢机制。

6. 酸、碱、盐污染

水体酸碱度对水体生态系统具有重要作用,它能够维持水体中的营养盐平衡。酸性污染能够改变水体酸碱度,打破营养盐形态,进而影响水体的光合作用,同时对水生生物造成损害。矿山排水是水体酸性污水的主要来源,酸沉降(酸雨)是另一个重要来源。第三个来源是冶金和金属加工酸洗废水。

---

① 《便民问答》,http://www.webmaster@shanghai.gov.cn,下载日期:2010年10月22日。

7. 有毒化学物质污染

水体中的有毒化学物质部分来自自然环境,但主要来自工业、农业、矿山等人类生产活动。主要是无机有毒物和有机有毒物,前者包括重金属、氰化物、氟化物等,后者包括各种人工合成的有机化合物,如多氯联苯等。

8. 放射性污染

放射性污染,是指放射性物质进入水体后,危及水质、水生生物、其他水生生态系统,并且还危害人体、人造物、其他自然要素的一种污染。大多数水体在自然状态下都有极微量的放射性。放射性污染是随着核能开发强度的增加而日益增加的。放射性物质进入生物和人体后,能在一定部位积累,增加对人体的放射性辐照,引起变异或癌症。

9. 热污染

热污染是一种物理性污染,易为人们所感知。物理性污染,是指污染物进入水体后引起水温、水色、浊度、硬度等物理性指标的有害性变化。热污染,是指高温废水排入水体后引起水温升高,危害水质、水生生物、水体底泥等水生生态系统组成的一种污染。热污染一般来源于火力发电厂、核电厂、冶炼厂、石油化工厂、炼焦炉、钢厂的冷却水等。

(三)水污染的危害

1. 对人体健康的危害[①]

(1)水污染和传染病。人们对水污染物对健康危害的认识最早是从致病细菌开始的,通过饮用受到污染的水,许多致病因子可能进入人体,导致传染病。

(2)水污染和致癌风险。随着分析技术的发展,研究人员在饮用水中发现多种化学物质,其浓度足以造成对饮用者致癌的潜在威胁。从水源地通过自然因素进入水体的可能致癌物质主要是砷、石棉、放射性物质。

(3)水污染对雌性激素和生育能力的影响。20 世纪 90 年代早期丹麦的一份医学报告引起公众的强烈关注,这份报告认为类雌性激素化合物将导致男性精子数下降、男性生殖器官和睾丸疾病增多,这些化合物来源于母亲受外界环境的污染,专家推断不断上升的人的生育能力丧失和性器官异常病例与这些合成有机化合物(如滴滴涕、多氯联苯)有关。不仅仅如此,它还可能与乳腺癌、前列腺癌、子宫膜异位、脑部组织疾病等直接有关。

(4)重金属污染对人体健康的危害。主要污染物是铅、铜、铝、汞。铅和汞能损害人体的神经系统如脑、脊髓、四肢神经,铜能引起恶心、呕吐、腹泻、腹痛等肠胃病。

2. 对渔业的危害

水体受到污染后,会直接影响渔业对产卵用水、养殖用水等水环境质量的要求,从而直接导致渔业生产力受到影响。它还会导致渔业生产的鱼类种类减少,危及生物的多样性,尤其是一些珍稀鱼类的减少更是人类共同财富的损失。

3. 对工农业生产的危害

水污染对工业生产的危害主要体现在危害工业劳动力、工业劳动对象、工业工艺流程、

---

① [美]约瑟华·I.巴兹勒、温克勒·G.威葆格、J.威廉·依莱:《饮用水水质对人体健康的影响》,刘文君译,中国环境科学出版社 2003 年版,第 29～86 页。

工业机器设备等方面。对于需水量大的工业来讲,水污染后导致达到工业用水标准的供水量减少,从而制约工业发展的前景,这在我国北方体现得最明显。

水污染对农业生产的危害主要体现在对农业用的土壤、灌溉用水、农业种植物、农业生产资料、农民身体健康等造成各种危害,从而综合性危害农业生产力,影响农业稳定。特别是,随着水污染面积的扩大,达到农业灌溉用水标准的水量越来越少,这是制约我国农业发展,影响农业稳定的大问题。

(四)我国水资源的特点及水污染现状

1. 我国水资源的特点

我国水资源具有以下特点:

(1)水资源总量较丰富,但人均、亩均拥有量少。我国水资源总量为28124亿立方米,我国河川径流量居世界第6位。我国人均水资源量为世界平均值的1/4,亩均水资源量为世界平均值的80%,总体看来,我国水资源量状况不容乐观。

(2)水资源空间分布不均,与生产力布局不相匹配。北方水资源贫乏,南方水资源相对丰富,且相差悬殊。长江、珠江、东南诸河和西南诸河4个水资源区面积占全国的36%,而水资源总量却占全国总量的81%。北方6个水资源区面积占全国的63%,而水资源总量只占全国的19%。

(3)水资源年内、年际变化大。我国降水量年内分配极不均匀,大部分地区年内连续4个月降水量占全年的70%左右,南方一般出现在4—7月份,北方一般在6—9月份。我国水资源总量2/3左右是洪水径流。水资源年际变化也很大,大江大河流域普遍具有连续丰水或枯水年周期变化,南方年际变化的极值系数在3—5之间,北方最大可达10。水资源量时间分配上的不均,加剧了北方水资源短缺的矛盾,甚至使南方水乡也常出现季节性缺水,更造成旱涝灾害频繁。

2. 我国水污染现状①

我国水污染总体势头未能得到有效遏制,水污染呈恶化趋势,情势严峻。表现在:

(1)我国点源污染不断加剧,非点源污染日趋严重。全国工业和城镇污水年排放量从1949年的20多亿吨增加到1980年的239亿吨,年增长率为8.6%。目前,我国废水排放量呈大幅增长趋势,在废水处理率较低的情况下直接排入水体。全国仍以点源污染为主,但非点源的贡献率已经上升到40%左右;我国大多数水体受到较严重的污染。

(2)我国河流污染以有机污染为主,主要超标参数为氨氮、化学需氧量、高锰酸盐指数、五日生化需氧量、溶解氧和挥发酚。重金属污染出现在西南、长江等局部区域。黄淮海平原、辽河平原、太湖水系、珠江三角洲的河流及其上游的南盘江受有机污染较重;海河南系、淮河中上游是我国挥发酚的污染区,局部地区污染程度惊人。

(3)我国湖泊水库富营养化严重,严重威胁供水安全和渔业生产,严重削弱景观娱乐功能的发挥。

(4)我国江河湖库底质污染严重。重金属污染率高达80%。

---

① 周怀东、彭文启:《水污染与水环境修复》,化学工业出版社2005年版,第1~33页。

(5)饮用水水质安全面临巨大威胁。我国饮用水水源地合格比例为75%,部分经济水平较高、人口密度较大的区域,水源地合格比例较差,与我国人民生活水平提高对饮用水安全的需要还存在着相当的差距。

(6)具有"三致"效应及干扰内分泌作用的有毒有机化合物影响着我国重要水源地的水质安全。

(7)我国水功能区达标状况不容乐观,部分水功能区已经丧失了其使用功能。我国水功能区现状水质与目标水质类别差1个级别,其中保护区、保留区和饮用水源区水质相对较好,以Ⅱ类为主,缓冲区、景观娱乐用水区现状水质与目标水质差距最大。

(8)我国水功能区纳污能力与入河量的空间分异加剧了水环境状况的恶化,部分水功能区不堪重负,是类似"三江三湖"等严重污染区水质状况恶劣的主要原因。

(9)水质趋势分析成果表明,部分项目的污染已经得到控制,但地表水资源质量总体在下降,水环境污染势头未能有效遏制,情势严峻。

(10)我国地下水水质污染亦十分严重。

二、防治水污染立法概述

(一)西方国家水污染防治立法简介

1. 美国

美国关于水污染防治方面的主要立法是:《联邦水污染控制法》、《安全饮用水法》。其中,《联邦水污染控制法》是1972年制定的,并于1972年、1977年、1987年进行过修订,其内容非常详细,条文之多,令人惊叹。《联邦水污染控制法》共约205页,属于《美国法典》第33卷"航行与通航水域法律"中的第26章,共有6个分章,分别是:"研究与相关项目"、"对处理工程建设的补偿"、"标准与实施"、"批准与许可"、"总则"、"国家水污染控制周转基金"。

2. 法国

法国于1964年和1992年制定了关于水的基本法,规定对水体排放各种废物和物质应当事先取得许可,加强了对水污染的防治,并要求政府制定具体规则强化对基本法的实施。

3. 德国

1996年公布并于1998年修订的德国《水管理法》,是将水污染防治与水资源的利用进行综合规定的一部法律,适用于地表水、地下水和沿海水域。其基本原则是:要确保水域作为自然的组成部分和动物、植物的生活区域;对它们的利用要为公众健康服务,避免发生对生态的不利影响;每个人都有义务根据情况对水域产生影响的措施采取谨慎细心的态度,以预防水的污染或其本质的不利变化;通过管理水,达到节约用水的目的,避免水流失的扩大和加速。德国还于1994年制定了《废水纳税法》,其立法依据是《水管理法》第1条第1款,由州进行征税,其目的是通过经济手段来管制废水的排放。1994年公布的《循环经济和废物清除法》,实际上在源头上预防了水污染的产生,也是水污染防治的重要法律。

(二)我国有关防治水污染的立法

我国防治水污染的立法主要分为三个阶段:萌芽阶段(50年代初至70年代末)、起步阶段(80 年代初至 90 年代中期)、发展阶段(90 年代中期至今)。

1. 萌芽阶段(50 年代初至 70 年代末)

主要是针对特定类型的水(饮用水、工矿企业的有毒废水)进行保护。例如,1955 年制定的《自来水水质暂行标准》,1956 年国务院发布的《工厂安全卫生规程》,1957 年国务院有关部门发布的《关于注意处理工矿企业排出有毒废水、废气问题的通知》,1959 年颁布的《生活饮用水卫生规程》。除了饮用水和工厂废水外,其他类型水的污染防治未作规定。

2. 起步阶段(80 年代初至 90 年代中期)

1973 年颁布《工业"三废"排放试行标准》规定了 5 类对人体健康有害的物质的最高容许排放浓度。1975 年国务院环境保护领导小组发布了《关于淮河污染情况和治理意见的报告》。1976 年发布了《渔业水质标准(试行)》、《农田灌溉水质标准(试行)》和《工业企业设计卫生标准(试行)》。1979 年《环境保护法(试行)》规定了水污染防治的基本原则和基本制度。1981 年颁布了《关于在国民经济调整时期加强环境保护工作的决定》,1983 年发布了《关于结合技术改造防治工业污染的几项规定》、《地面水水质标准》以及 11 个行业的水污染物排放标准。

1984 年颁布了《水污染防治法》,1986 年制定了《关于防治水污染技术政策的规定》,1988 年制定了《水污染物排放许可证管理暂行办法》、《污水处理设施环境保护监督管理办法》、《关于防治造纸行业水污染的规定》、《水法》。1989 年发布了《水污染防治法实施细则》、《饮用水源保护区污染防治管理规定》,还制定了以《地表水环境质量标准》为中心的水环境标准体系。

3. 发展阶段(90 年代中期至今)

1995 年制定了《淮河流域水污染防治暂行条例》。1996 年修改了《水污染防治法》,将水污染防治重点从末端治理、浓度治理、点源治理转向源头治理、总量治理、面源治理,强调全过程控制和市场规律这些新的管理理念,是水污染防治立法上的发展阶段。

1996 年的修改对水污染的防治起了重要作用,但是,随着我国经济的快速增长和中西部开发力度的加大、产业梯度的转移,水污染防治和水环境保护面临着旧问题未解决、新问题并发的严峻形势,特别是水污染物排放总量居高不下、部分流域开发利用过快、城乡居民饮用水不安全、守法成本高而违法成本低等问题严重,因此,自 2007 年起开始了对《水污染防治法》的修订工作,并于 2008 年 2 月 28 日经第十届全国人大常委会第三十二次会议表决通过了《水污染防治法(修订案)》。新修订的《水污染防治法》从 62 条增加到 92 条,主要是对下列条款进行了细化:地方人民政府的环境保护责任、水环境监测网络、水环境状况信息发布、饮用水安全、排污许可、排污总量控制、船舶污染内河水域、水污染应急反应能力、法律责任。

三、我国防治水污染的法律规定

(一)各级人民政府在水环境保护中的责任

《水污染防治法》第 4 条、第 5 条规定:"县级以上人民政府应当将水环境保护工作纳入国民经济和社会发展规划。县级以上地方人民政府应当采取防治水污染的对策和措施,对本行政区域的水环境质量负责。""国家实行水环境保护目标责任制和考核评价制度,将水环境保护目标完成情况作为对地方人民政府及其负责人考核评价的内容。"

国民经济和社会发展规划是我国政府开展经济和社会建设和管理活动的最重要的法律文件,是各级政府最重要的行动指南。将水环境保护工作纳入规划,就能逐步改变以前规划内容只重视经济增长和社会发展的特点,增加规划中水环境保护的内容和篇幅,体现经济、社会、环境协调发展的原则。地方政府要对本行政区域内水环境的质量负责,这是对地方政府应该保护水环境不受污染否则应承担法律责任的明确规定。

(二)水污染防治的监督管理体制

《水污染防治法》第 8 条规定:"县级以上人民政府环境保护主管部门对水污染防治实施统一监督管理。交通主管部门的海事管理机构对船舶污染水域的防治实施监督管理。县级以上人民政府水行政、国土资源、卫生、建设、农业、渔业等部门以及重要江河、湖泊的流域水资源保护机构,在各自的职责范围内,对有关水污染防治实施监督管理。"

可见,我国水污染防治实行的是统一管理与分部门管理相结合的管理体制。这种管理体制基本上仍然沿用了修订前的管理体制,只是在名称上适应我国行政管理体制改革的变化进行了更改,并且,增加了农业部门和渔业部门作为分管水污染防治的主体。

(三)关于水环境保护标准的制度

1. 水环境质量标准的制定

《水污染防治法》第 11 条规定:"国务院环境保护主管部门制定国家水环境质量标准。省、自治区、直辖市人民政府可以对国家水环境质量标准中未作规定的项目,制定地方标准,并报国务院环境保护主管部门备案。"

水环境质量标准方面的法律依据主要是:1989 年《环境保护法》第二章的规定、国家环保总局 1999 年发布的《环境标准管理办法》、《中华人民共和国标准化法》及其实施条例、2001 年原国家环保总局与质量技术监督局联合发布的《关于环境标准管理的协调意见》、2006 年《国家环境保护标准制修订工作管理办法》。

《水污染防治法》第 12 条规定:"国务院环境保护主管部门会同国务院水行政主管部门和有关省、自治区、直辖市人民政府,可以根据国家确定的重要江河、湖泊流域水体的使用功能以及有关地区的经济、技术条件,确定该重要江河、湖泊流域的省界水体适用的水环境质量标准,报国务院批准后施行。"由于上下游不同省份执行不同水环境质量标准,如果不能就省界水体适用的水环境质量标准达成一致,就很可能产生跨界水污染问题,严重影响下游水体使用甚至危及公众的生命财产安全。《国务院关于落实科学发展观加强环境保护的决定》明确要求"建立跨省界河流断面水质考核制度,省级人民政府应当确保出境水质达到考核目标",实践中多是由环保部与省级政府签订目标责任书的形式来确保出境断面水质达标的。

> **案例分析**

　　原告江苏省谢某等97人诉称:当地某水库地处江苏省两县交界处,1996年江苏省政府通过《关于江苏省地面水环境功能类别划分的批复》,将水库确定为三类水体。后谢某等人在水库养鱼,受到某纸业公司污水污染,导致鱼类死亡。纸业公司认为原告在非法划定的水功能区中养鱼行为本身是非法的,不应受到保护。诉讼中,争议的焦点之一是江苏省政府是否有权作出水体功能划分,从而直接涉及在这种水体中养鱼是否合法的问题?

　　解答:水库虽然地处两省交界处,但在行政区划上完全隶属于江苏省某市管辖。依据《地面水体环境质量标准》的有关规定,辖区内的水域功能划分,应当由各地环境保护部门会同有关部门提出方案,报省级政府批准。本案不能适用2000年《水污染防治法实施细则》第7条的规定,该规定是针对水体保护区的划分权限,而不是地面水域功能区划。

　　2. 污染物排放标准的制定

　　《水污染防治法》第13条规定:"国务院环境保护主管部门根据国家水环境质量标准和国家经济、技术条件,制定国家水污染物排放标准。省、自治区、直辖市人民政府对国家水污染物排放标准中未作规定的项目,可以制定地方水污染物排放标准;对国家水污染物排放标准中已作规定的项目,可以制定严于国家水污染物排放标准的地方水污染物排放标准。地方水污染物排放标准须报国务院环境保护主管部门备案。向已有地方水污染物排放标准的水体排放污染物的,应当执行地方水污染物排放标准。"这体现了统一性与灵活性相结合的原则,适应了我国产业梯度转移和地方经济发展不平衡的特点。

　　污染物排放标准的制定,不仅仅依据国家水环境质量标准,还要参考国家经济技术条件,这是考虑到经济技术可行性的制约。我国目前适用最广的是《污水综合排放标准》,它按照污水排放去向,分年限规定了69种水污染物的最高允许排放浓度以及部分行业最高允许排放量。造纸、船舶、海洋石油开发、纺织染整、肉类加工、合成氨、钢铁、兵器、磷肥等工业执行国家行业排放标准。

> **争论**

　　水环境标准是法律规范还是技术规范?有学者认为,水环境标准是技术规范,它不具备法律规范的结构与形式,因而不是法律规范。也有学者认为,水环境标准是一种特殊的法律规范,它具有特殊的法律规范的结构与形式,它是从技术规范的层面通过国家立法者的意志转换为法律规范的。

　　(四)水污染防治的监督管理的原则

　　1. 水资源保护与水污染防治相结合的原则

　　水资源保护是对水资源的保护,包括对水量、水质、水域、水流的天然物理形态的保护。

水污染防治的直接目的也是为了保护水资源,它主要是保护水质。但它们的最终目的都是一样的:经济发展、人类健康、生态系统安全。所以,它们的结合点在于水质保护这一目标。

这个原则,抽象地讲,就是指:水资源保护主管机关与水污染防治主管机关地位平等,职能合理交叉或共享,并具有沟通协作上的良好的法律机制作保障;每一项与水有关的计划或行动应当同时在两个目标而不是单一目标上运作:水资源保护和水污染防治,在水资源保护中要防治水污染,在水污染防治中要保护水资源;在采取具体行动时,在水资源保护的同时要兼顾水污染防治的需要和可能性,尽可能增加水污染防治的利益,在水污染防治的同时要兼顾水资源保护的需要和可能性,尽可能增加水资源保护的利益;在采取具体行动时,在水资源保护时如不能同时兼顾水污染防治并有可能危害水污染防治利益时,应当采取各种方法将这种危害减少到最低程度,反之亦然;对行动性质及其后果的评价,应当从水资源保护和水污染防治两个标准上同时进行。

具体而言,二者对水资源保护的手段和方法可能存在差异:前者不仅仅是通过防治水污染来保护水资源,它还从非污染防治的角度,分别从广义和狭义上来保护水资源。从狭义上讲,水资源保护是指《水法》中第四章中的前面两个条文即第 30 条和第 31 条:通过基本水量和水位控制(如通过开发利用和调度的方法保证不同水域或地区的生态用水量保持平衡)来维持水资源的自然净化能力。从广义上讲,整个《水法》都是对水资源的保护,它的主要制度有:水的产权界定和配置、水功能区划、水利基础设施等水工程建设和运营、水资源的开发、取水许可和有偿使用的措施、水资源节约的措施、保护植被和防治水土流失等涵养水源的措施、先进的技术措施和管理措施、水资源合理配置的措施等等。这些措施在制定和实施时,不仅仅只是考虑水资源的保护和开发利用,而且,还要考虑和研究其对水污染防治的有利和不利的影响。当这些措施有利于水资源的短期保护但不利于水污染防治时,应当慎重考虑。特别是,这些手段有时也可直接应用于水污染防治的目的,例如,当某一个水域面临严重污染的紧急情况时,国家发展计划主管部门和水行政主管部门可运用其宏观调配全国水资源的权力,跨地区或跨省调配水资源,通过水量的增加来减缓水污染。因此,水行政主管部门和发展计划行政主管部门应当与环境保护行政主管部门协调合作,不应存在部门利益分割和冲突,前两个部门的政策手段完全在某些情况下运用于污染防治的直接目的上,而环境保护部门的政策手段在某些情况下也完全可以运用到与污染防治没有直接关系的水资源保护目的上。从《水法》的规定来看,水行政主管部门与环境保护主管部门之间的协作也是非常明显的,例如,《水法》第 32 条规定:水行政主管部门与环境保护主管部门会同拟定国家确定的重要江河、湖泊的水功能区划;水行政主管部门或流域管理机构应当按照水功能区划对水质的要求和水体的自然净化能力,核定水域的纳污能力,向环境保护行政主管部门提出该水域的限制排污总量意见;并且,还要对水功能区的水质状况进行监测,发现超标的,应当向环境保护行政主管部门通报。这些规定,一方面,说明水资源保护主管部门与水污染防治主管部门在职能上存在着交叉,水行政主管部门有部分防治污染的职能,而环境行政主管部门也有部分资源保护职能,如前述的生态治理工程建设、水环境生态保护机制;另一方面,这又说明它们之间有一个沟通和合作管理的法律渠道,尽管这些渠道规定得过于简单。这都体现了水资源保护与水污染防治相结合的原则。

另外,环境保护主管部门防治水污染的措施也是多种多样的,例如:水污染防治标准、水污染防治规划、环境影响评价、总量控制、监测、限制淘汰、污水集中处理等。在《水污染防治法》中许多条文都规定了环境保护主管部门与水主管部门应当会同制定规划、会同监测等，例如：第12条的"省界水体环境质量标准"、第15条的"流域水污染防治规划编制"、第17条的"建设排污口"、第22条的"设置排污口"、第25条的"组织监测网络"、第44条的"城镇污水集中处理"、第56条的"饮用水源保护区的划定"等等。这些条文直接体现了水污染防治与水资源保护相结合的原则。

除此以外，《水污染防治法》与《水法》在某些条文上是基本相同的，例如，《水污染防治法》第57条与《水法》第34条、第16条与第30条；某些条文是相互补充的，例如，《水污染防治法》中的生态治理工程建设、水环境生态保护机制是水污染防治的新措施，同时，它也直接与保护植被等水源涵养措施有雷同和交叉之处。这说明水资源保护与水污染防治是非常紧密的。

2. 防治水污染应当按流域或区域统一规划的原则

《水污染防治法》规定：防治水污染应当按流域或者按区域进行统一规划。国家确定的重要江河、湖泊的流域水污染防治规划，由国务院环境保护主管部门会同国务院经济综合宏观调控、水行政等部门和有关省、自治区、直辖市人民政府编制，报国务院批准。前款规定外的其他跨省、自治区、直辖市江河、湖泊的流域水污染防治规划，根据国家确定的重要江河、湖泊的流域水污染防治规划和本地的实际情况，由有关省、自治区、直辖市人民政府环境保护主管部门会同同级水行政等部门和有关市、县人民政府编制，经有关省、自治区、直辖市人民政府审核，报国务院批准。省、自治区、直辖市内跨县江河、湖泊的流域水污染防治规划，根据国家确定的重要江河、湖泊的流域水污染防治规划和本地的实际情况，由省、自治区、直辖市人民政府环境保护主管部门会同同级水行政等部门编制，报省、自治区、直辖市人民政府批准，并报国务院备案。经批准的水污染防治规划是防治水污染的基本依据，规划的修订须经原批准机关批准。县级以上地方人民政府应当根据依法批准的江河、湖泊的流域水污染防治规划，组织制定本行政区域的水污染防治规划。

这个原则是根据水生态的基本自然规律来制定的，同时，由于各个行政区域为了区域利益长期形成上游与下游、左岸与右岸、此地区与彼地区、此部门与彼部门之间的水利益争夺，为了遵循自然规律和解决这些问题，必须按照国际通行做法实行流域管理。

3. 水污染防治与企业布局、改造相结合的原则

《水污染防治法》规定：国务院有关部门和县级以上地方人民政府应当合理规划工业布局，要求造成水污染的企业进行技术改造，采取综合防治措施，提高水的重复利用率，减少废水和污染物排放量。

这是我国防治工业水污染的基本经验。企业布局必须遵循水流和净化能力的自然规律，并与工业园、农业园等产业布局相结合。企业改造不仅仅是产业政策和技术政策，而且，同时是环境政策的组成部分，必须达到环境法的要求。

（五）水污染防治的主要制度

1. 总量控制和核定制度

《水污染防治法》规定：国家对重点水污染物排放实施总量控制制度。省、自治区、直辖

市人民政府应当按照国务院的规定削减和控制本行政区域的重点水污染物排放总量,并将重点水污染物排放总量控制指标分解落实到市、县人民政府。市、县人民政府根据本行政区域重点水污染物排放总量控制指标的要求,将重点水污染物排放总量控制指标分解落实到排污单位。具体办法和实施步骤由国务院规定。

省、自治区、直辖市人民政府可以根据本行政区域水环境质量状况和水污染防治工作的需要,确定本行政区域实施总量削减和控制的重点水污染物。对超过重点水污染物排放总量控制指标的地区,有关人民政府环境保护主管部门应当暂停审批新增重点水污染物排放总量的建设项目的环境影响评价文件。

国务院环境保护主管部门对未按照要求完成重点水污染物排放总量控制指标的省、自治区、直辖市予以公布。省、自治区、直辖市人民政府环境保护主管部门对未按照要求完成重点水污染物排放总量控制指标的市、县予以公布。县级以上人民政府环境保护主管部门对违反本法规定、严重污染水环境的企业予以公布。

➢ 争论

> 排污权(有学者称为环境容量使用权)是什么性质的权利? 有学者认为:排污权是民法物权法上的特殊类型的物权,本质上仍然属于民法物权。也有学者认为:排污权是环境法上的环境权的一种,不是民法物权。

2. 城市污水集中处理制度

城市污水集中处理制度,是指各级人民政府通过有计划地建设城市污水集中处理的设施和配套管网,以统一收集和处理城市污水,由运营单位向污水排放者收取排污费,并对运营单位的集中处理行为进行监管的制度。

城市污水集中处理制度是新修订的《水污染防治法》的重点规定之一,这是因为:我国城市化进程越来越快,城市人口增长也越来越快,大量增加的城市污水是未来水污染防治的重点。另外,由于我国城市中尚有大量中、小企业,它们的设置非常分散,排放行为不易监管,独自排放也不符合经济效益原则。而且,我国大多数城市的污水处理工程处于空白状态,即使有污染处理工程,由于经费问题其运营效率也非常低,许多城市污水未经任何处理就直接排放,对城市水环境构成极大的危害。

3. 划定生活饮用水源保护区制度

《水污染防治法》规定:国家建立饮用水水源保护区制度。这个制度包括下列内容:

饮用水水源保护区分为一级保护区和二级保护区;必要时,可以在饮用水水源保护区外围划定一定的区域作为准保护区。

饮用水水源保护区的划定,由有关市、县人民政府提出划定方案,报省、自治区、直辖市人民政府批准;跨市、县饮用水水源保护区的划定,由有关市、县人民政府协商提出划定方案,报省、自治区、直辖市人民政府批准;协商不成的,由省、自治区、直辖市人民政府环境保护主管部门会同同级水行政、国土资源、卫生、建设等部门提出划定方案,征求同级有关部门的意见后,报省、自治区、直辖市人民政府批准。跨省、自治区、直辖市的饮用水水源保护区,由有关省、自治区、直辖市人民政府商有关流域管理机构划定;协商不成的,由国务院环境保护主管部门会同同级水行政、国土资源、卫生、建设等部门提出划定方案,征求国务院有关部门的意见后,报国务院批准。

国务院和省、自治区、直辖市人民政府可以根据保护饮用水水源的实际需要,调整饮用水水源保护区的范围,确保饮用水安全。有关地方人民政府应当在饮用水水源保护区的边界设立明确的地理界标和明显的警示标志。

(六)水污染防治措施

1. 防止地表水污染的一般措施

(1)禁止排放重污染物质。禁止向水体排放油类、酸液、碱液或者剧毒废液。禁止在水体清洗装贮过油类或者有毒污染物的车辆和容器。

(2)禁止排放含放射性物质的废水。禁止向水体排放、倾倒放射性固体废物或者含有高放射性和中放射性物质的废水。向水体排放含低放射性物质的废水,应当符合国家有关放射性污染防治的规定和标准。

(3)限制排放含热废水。向水体排放含热废水,应当采取措施,保证水体的水温符合水环境质量标准。

(4)限制排放含病原体的污水。含病原体的污水应当经过消毒处理,符合国家有关标准后,方可排放。

(5)禁止排放、倾倒、填埋废弃物。禁止向水体排放、倾倒工业废渣、城镇垃圾和其他废弃物。禁止将含有汞、镉、砷、铬、铅、氰化物、黄磷等的可溶性剧毒废渣向水体排放、倾倒或者直接埋入地下。存放可溶性剧毒废渣的场所,应当采取防水、防渗漏、防流失的措施。

(6)禁止在水域范围内堆放、贮存固体废弃物和其他污染物。禁止在江河、湖泊、运河、渠道、水库最高水位线以下的滩地和岸坡堆放、贮存固体废弃物和其他污染物。

2. 防止地下水污染

(1)防止地面渗漏污染地下水

禁止利用渗井、渗坑、裂隙和溶洞排放、倾倒含有毒污染物的废水、含病原体的污水和其他废弃物。禁止利用无防渗漏措施的沟渠、坑塘等输送或者贮存含有毒污染物的废水、含病原体的污水和其他废弃物。

(2)开采地下水时防治地下水污染

多层地下水的含水层水质差异大的,应当分层开采;对已受污染的潜水和承压水,不得混合开采。地下水往往是多层次的,有咸水、半咸水、卤水、已受污染的水、含有毒物质的水、具有特殊医疗卫生价值的水、具有特殊经济价值的水(如地下热水、温泉水、矿泉水)。因此,在开采地下水前,应当调查清楚地下水的分层情况和水质状况,采取不同措施分层开采,以防止水质之间相互混合带来的混合性污染。由于潜水在第一个稳定隔水层之上,受降水影响较大,流量不稳定,易受污染,水质较差。承压水埋藏较深,受气候影响小,状况稳定,水质较好。因而,对已受污染的潜水和承压水,不得混合开采,防止相互污染。

(3)防止开发、回灌活动污染地下水

兴建地下工程设施或者进行地下勘探、采矿等活动,应当采取防护性措施,防止地下水污染。具体应当采用哪些防护性措施,尚需要根据活动的类型和特点来确定。例如,勘探过程中对勘探井、地震井要及时封井,封隔浅部孔隙水与裂隙水的联系,防止各含水层的相互径流影响。矿井排放废水时应当在矿床外围建设收集废水设施,进行专门处理,防止渗漏入地下。

人工回灌补给地下水,不得恶化地下水质。在地下水过量开采的地区,人工回灌补给地下水无疑是解决地下水量开采过度预防地面沉降及其他问题的有效措施,但是,在采取此项行动时,不得恶化地下水的现有水质,也不得给现有地下水水质带来不可预测的危险。

3. 工业水污染防治

(1)合理规划工业布局并采取综合措施减少污染。国务院有关部门和县级以上地方人民政府应当合理规划工业布局,要求造成水污染的企业进行技术改造,采取综合防治措施,提高水的重复利用率,减少废水和污染物排放量。

(2)落后工艺和设备限期淘汰制度。国家对严重污染水环境的落后工艺和设备实行淘汰制度。国务院经济综合宏观调控部门会同国务院有关部门,公布限期禁止采用的严重污染水环境的工艺名录和限期禁止生产、销售、进口、使用的严重污染水环境的设备名录。生产者、销售者、进口者或者使用者应当在规定的期限内停止生产、销售、进口或者使用列入前款规定的设备名录中的设备。工艺的采用者应当在规定的期限内停止采用列入工艺名录中的工艺。被淘汰的设备,不得转让给他人使用。

(3)禁止新建严重污染水环境的生产项目。国家禁止新建不符合国家产业政策的小型造纸、制革、印染、染料、炼焦、炼硫、炼砷、炼汞、炼油、电镀、农药、石棉、水泥、玻璃、钢铁、火电以及其他严重污染水环境的生产项目。

(4)企业应当进行清洁生产。企业应当采用原材料利用效率高、污染物排放量少的清洁工艺,并加强管理,减少水污染物的产生。

4. 城镇水污染防治

(1)城镇污水集中处理制度。城镇污水应当集中处理。县级以上地方人民政府应当通过财政预算和其他渠道筹集资金,统筹安排建设城镇污水集中处理设施及配套管网,提高本行政区域城镇污水的收集率和处理率。国务院建设主管部门应当会同国务院经济综合宏观调控、环境保护主管部门,根据城乡规划和水污染防治规划,组织编制全国城镇污水处理设施建设规划。县级以上地方人民政府组织建设、经济综合宏观调控、环境保护、水行政等部门编制本行政区域的城镇污水处理设施建设规划。县级以上地方人民政府建设主管部门应当按照城镇污水处理设施建设规划,组织建设城镇污水集中处理设施及配套管网,并加强对城镇污水集中处理设施运营的监督管理。城镇污水集中处理设施的运营单位按照国家规定向排污者提供污水处理的有偿服务,收取污水处理费用,保证污水集中处理设施的正常运行。向城镇污水集中处理设施排放污水、缴纳污水处理费用的,不再缴纳排污费。收取的污水处理费用应当用于城镇污水集中处理设施的建设和运行,不得挪作他用。城镇污水集中处理设施的污水处理收费、管理以及使用的具体办法,由国务院规定。

(2)城镇污水集中处理设施入水和出水的排放标准。向城镇污水集中处理设施排放水污染物,应当符合国家或者地方规定的水污染物排放标准。城镇污水集中处理设施的出水水质达到国家或者地方规定的水污染物排放标准的,可以按照国家有关规定免缴排污费。城镇污水集中处理设施的运营单位,应当对城镇污水集中处理设施的出水水质负责。环境保护主管部门应当对城镇污水集中处理设施的出水水质和水量进行监督检查。

（3）防止生活垃圾填埋场污染水环境。建设生活垃圾填埋场，应当采取防渗漏等措施，防止造成水污染。

5. 农业和农村水污染防治

（1）管理农药的使用、运输、贮存防止水污染。使用农药，应当符合国家有关农药安全使用的规定和标准。运输、贮存农药和处置过期失效农药时，应当加强管理，防止造成水污染。

（2）地方政府有关部门应当加强对农药、化肥施用的行政指导，防止水污染。县级以上地方人民政府农业主管部门和其他有关部门，应当采取措施，指导农业生产者科学、合理地施用化肥和农药，控制化肥和农药的过量使用，防止造成水污染。

（3）国家支持建设畜禽粪便废水的综合利用或者无害化处理设施和运转，防治水污染。国家支持畜禽养殖场、养殖小区建设畜禽粪便、废水的综合利用或者无害化处理设施。畜禽养殖场、养殖小区应当保证其畜禽粪便、废水的综合利用或者无害化处理设施正常运转，保证污水达标排放，防止污染水环境。

（4）科学合理地从事水产养殖，防治水产养殖造成水污染。从事水产养殖应当保护水域生态环境，科学确定养殖密度，合理投饵和使用药物，防止污染水环境。

（5）防治农田灌溉中的水污染。农田灌溉渠道排放工业废水和城镇污水，应当保证其下游最近的灌溉取水点的水质符合农田灌溉水质标准。利用工业废水和城镇污水进行灌溉，应当防止污染土壤、地下水和农产品。

6. 船舶水污染防治

（1）船舶排放应当遵守船舶污染物排放标准。船舶排放含油污水、生活污水，应当符合船舶污染物排放标准。从事海洋航运的船舶进入内河和港口的，应当遵守内河的船舶污染物排放标准。

（2）禁止船舶残废油、船舶垃圾、有毒货物进入水体造成污染。禁止船舶残油、废油排入水体。禁止向水体倾倒船舶垃圾。船舶装载运输油类或者有毒货物，应当采取防止溢流和渗漏的措施，防止货物落水造成水污染。

（3）船舶应当具备防污设备器材、船舶证书与文书、船舶作业记录本等。船舶应当按照国家有关规定配置相应的防污设备和器材，并持有合法有效的防止水域环境污染的证书与文书。船舶进行涉及污染物排放的作业，应当严格遵守操作规程，并在相应的记录簿上如实记载。

（4）船舶污染物、废弃物的接收和处理设施。港口、码头、装卸站和船舶修造厂应当备有足够的船舶污染物、废弃物的接收设施。从事船舶污染物、废弃物接收作业，或者从事装载油类、污染危害性货物船舱清洗作业的单位，应当具备与其运营规模相适应的接收处理能力。

（5）船舶进行下列活动，应当编制作业方案，采取有效的安全和防污染措施，并报作业地海事管理机构批准。即进行残油、含油污水、污染危害性货物残留物的接收作业，或者进行装载油类、污染危害性货物船舱的清洗作业；进行散装液体污染危害性货物的过驳作业；进行船舶水上拆解、打捞或者其他水上、水下船舶施工作业。在渔港水域进行渔业船舶水上拆解活动，应当报作业地渔业主管部门批准。

7. 饮用水水源和其他特殊水体保护

(1)饮用水水源保护区的设立和审批。国家建立饮用水水源保护区制度。饮用水水源保护区分为一级保护区和二级保护区；必要时，可以在饮用水水源保护区外围划定一定的区域作为准保护区。饮用水水源保护区的划定，由有关市、县人民政府提出划定方案，报省、自治区、直辖市人民政府批准；跨市、县饮用水水源保护区的划定，由有关市、县人民政府协商提出划定方案，报省、自治区、直辖市人民政府批准；协商不成的，由省、自治区、直辖市人民政府环境保护主管部门会同同级水行政、国土资源、卫生、建设等部门提出划定方案，征求同级有关部门的意见后，报省、自治区、直辖市人民政府批准。跨省、自治区、直辖市的饮用水水源保护区，由有关省、自治区、直辖市人民政府商有关流域管理机构划定；协商不成的，由国务院环境保护主管部门会同同级水行政、国土资源、卫生、建设等部门提出划定方案，征求国务院有关部门的意见后，报国务院批准。国务院和省、自治区、直辖市人民政府可以根据保护饮用水水源的实际需要，调整饮用水水源保护区的范围，确保饮用水安全。有关地方人民政府应当在饮用水水源保护区的边界设立明确的地理界标和明显的警示标志。

(2)在饮用水水源保护区内，禁止设置排污口。

(3)在一级饮用水水源保护区内的禁止性活动。包括在饮用水水源一级保护区内新建、改建、扩建与供水设施和保护水源无关的建设项目；已建成的与供水设施和保护水源无关的建设项目，由县级以上人民政府责令拆除或者关闭。禁止在饮用水水源一级保护区内从事网箱养殖、旅游、游泳、垂钓或者其他可能污染饮用水水体的活动。

(4)在饮用水水源二级保护区内禁止或限制的活动。包括禁止在饮用水水源二级保护区内新建、改建、扩建排放污染物的建设项目；已建成的排放污染物的建设项目，由县级以上人民政府责令拆除或者关闭。在饮用水水源二级保护区内从事网箱养殖、旅游等活动的，应当按照规定采取措施，防止污染饮用水水体。

➢ 案例分析

仙女湖是新余市当地居民的饮用水水源地。李某在岛上建起了度假山庄和梅花鹿养殖公司，所产生的污染物流向仙女湖。据景区环境监测站和景区管理处等部门的检查结果显示，李某的度假山庄码头距水厂仅 1964.41 米，在饮用水水源二级保护区范围内。仙女湖景区管理部门及环保部门多次要求进行整治，但均无效果。2008 年 10 月底，新余市人民检察院指定新余市渝水区人民检察院代表国家作为原告，向法院提起了江西省首例环境公益民事诉讼，请求法院判决度假山庄和梅花鹿养殖公司两名被告承担特殊侵权责任，停止向仙女湖水体排放污染物，立即拆除鹿场，以消除对新余市市民健康侵害的危险。在法院的组织下，原告、被告双方自愿达成调解协议。李某夫妇承诺进行整治，实现污水"零排放"，并对岛上的鹿场进行搬迁。[①] 如果没有达成调解协议，检察院的起诉能够胜诉吗？

解答：检察院起诉的依据是"水污染防治法规定已经建成的在饮用水水源二级保护区内的排放污染物的建设项目，由县级以上人民政府责令拆除或者关闭"。因此，能够胜诉。

---

① http://www.enlaw.org/，下载日期：2010 年 10 月 19 日。

（5）在饮用水水源准保护区内的禁止活动和生态保护措施。禁止在饮用水水源准保护区内新建、扩建对水体污染严重的建设项目；改建建设项目，不得增加排污量。县级以上地方人民政府应当根据保护饮用水水源的实际需要，在准保护区内采取工程措施或者建造湿地、水源涵养林等生态保护措施，防止水污染物直接排入饮用水水体，确保饮用水安全。

（6）供水安全受到威胁时的特殊措施。饮用水水源受到污染可能威胁供水安全的，环境保护主管部门应当责令有关企业、事业单位采取停止或者减少排放水污染物等措施。

（7）授权各级政府制定特殊保护措施。国务院和省、自治区、直辖市人民政府根据水环境保护的需要，可以规定在饮用水水源保护区内，采取禁止或者限制使用含磷洗涤剂、化肥、农药以及限制种植、养殖等措施。

（8）特殊经济文化价值水体的保护区制度。县级以上人民政府可以对风景名胜区水体、重要渔业水体和其他具有特殊经济文化价值的水体划定保护区，并采取措施，保证保护区的水质符合规定用途的水环境质量标准。

（9）特殊经济文化价值水体的保护区内建设活动的管制。在风景名胜区水体、重要渔业水体和其他具有特殊经济文化价值的水体的保护区内，不得新建排污口。在保护区附近新建排污口，应当保证保护区水体不受污染。

8. 水污染事故处置

（1）各级人民政府及其有关部门，可能发生水污染事故的企业、事业单位的应急义务。各级人民政府及其有关部门，可能发生水污染事故的企业、事业单位，应当依照《中华人民共和国突发事件应对法》的规定，作好突发水污染事故的应急准备、应急处置和事后恢复等工作。

（2）有关企事业单位制定应急方案和进行演练的义务。可能发生水污染事故的企业、事业单位，应当制定有关水污染事故的应急方案，作好应急准备，并定期进行演练。生产、储存危险化学品的企业、事业单位，应当采取措施，防止在处理安全生产事故过程中产生的可能严重污染水体的消防废水、废液直接排入水体。

（3）企事业单位发生环境突发事件时应当启动应急预案，履行报告义务并接受调查处理。企业、事业单位发生事故或者其他突发性事件，造成或者可能造成水污染事故的，应当立即启动本单位的应急方案，采取应急措施，并向事故发生地的县级以上地方人民政府或者环境保护主管部门报告。环境保护主管部门接到报告后，应当及时向本级人民政府报告，并抄送有关部门。造成渔业污染事故或者渔业船舶造成水污染事故的，应当向事故发生地的渔业主管部门报告，接受调查处理。其他船舶造成水污染事故的，应当向事故发生地的海事管理机构报告，接受调查处理；给渔业造成损害的，海事管理机构应当通知渔业主管部门参与调查处理。

第四节　海洋环境保护法

一、海洋环境问题

(一)海洋环境

海洋,是指地球上连成一片的海和洋的总水域,包括海水、溶解和悬浮于水中的物质、海底沉积物和生活于海洋中的生物,还包括滨海湿地和与海岸相连或者通过管道、沟渠、设施,直接或者间接向海洋排放污染物及其相关活动的沿海陆地。

海洋环境保护随着海洋作用的加强与深化,已成为人类发展的重要组成部分和不可或缺的内容,其领域日趋广泛,内容日益深刻,愈来愈受到人们的重视。海洋作为一个整体是地球环境的组成部分,又是全人类共同享有的环境。同时由于地理的原因等,有些国家又可以更多地接受海洋环境的恩惠。我国是一个拥有广阔海域和广泛海上利益的国家,紧临世界最大的洋——太平洋,拥有渤海、黄海、东海和南海四大海区,领海面积38万平方公里,海域面积约473万平方公里,海岸线约32000多公里(其中大陆岸线约18000多公里,岛屿岸线约14000多公里),海岛约6500多个,渔场总面积281万平方公里,沿海滩涂面积为2万平方公里。从总体上看,我国海洋地理区位优越,海洋环境类型多样,气候适宜、水质肥沃,海水营养盐丰富,海洋资源种类繁多,海洋资源与陆地资源具有较强的互补性。

(二)海洋环境污染的概念

根据《中华人民共和国海洋环境保护法》第95条的规定:海洋环境污染损害,是指直接或者间接把物质或者能量引入海洋环境,产生损害海洋生物资源、危害人体健康、妨碍渔业和海上其他合法活动、损害海水使用素质和减损环境质量等有害影响。

海洋环境污染是对海洋环境的一种输入性破坏。除了向海洋输入污染物质可以引起对海洋环境的破坏之外,引入其他非污染物质也有可能对海洋环境造成危害。例如,在不受控制的情况下外来物种可能会快速繁殖,这种入侵会对海洋生物的多样性产生破坏性影响,并且有些破坏是不可逆的。海洋环境遭受的另一种破坏是取出性破坏。如过度捕鱼会对鱼类种群的延续造成威胁,滥采乱挖珊瑚礁就破坏了许多鱼类赖以生存的家园。

海洋污染危害主要有以下几个方面:

1. 损害海水使用素质和减损环境质量,损害海洋生物资源

海洋环境污染导致海洋生物赖以栖息繁衍的生态环境发生非自然的变化,从而影响海洋生物资源的种类、质量和数量。

2. 危害人体健康

海洋生物资源是人类食物和药物的主要来源之一,由于食物链的传递性,受到污染的海洋生物被人类食用会对人体健康产生危害。

3. 妨碍渔业和海上其他活动

包括造成渔产品的质量和数量的降低,渔场的外移、减少乃至消失,因海水富营养化导致的赤潮对海产养殖的损害。

(三)海洋环境污染的特点

与其他环境污染相比较,海洋环境污染具有以下特点:

1. 污染源广

污染和损害海洋环境的主要污染源,有陆地污染源(简称陆源)和海洋工程项目、海岸工程项目、船舶及其相关活动、海洋倾倒和焚烧废物等污染源。其中既有固定源,又有流动源;有常规性污染物排放,也有事故性污染物排放。而人类行为可以直接控制的污染源主要有:陆源污染、海岸工程污染、海洋工程污染、船舶污染、倾废污染、拆船污染等。

从世界范围来看,造成海洋污染的污染物 70% 以上来自陆地,海运和海上倾倒各占 10%。

2. 扩散迁移范围大

地球上的海域连接成一片整体,不停流动的海水形成海流,将污染物扩散到各个角落。外国海域或公海的污染物可能漂流到我国海域,污染我国的海洋环境。同样,我国近海的污染物也会随海流扩散到其他海域。

3. 污染物质没有转移的场所

由于海洋只能接收这些污染物,没有或极少向外排出的路径。污染物排入海洋后,海洋仅仅能依靠其自身具有的自净能力进行降解,但只能降解不能排除就决定了海洋污染是具有持久性的污染。又由于不可降解物质最后停留在海洋里,这就更使海洋环境污染难以迅速消除。某些不易分解和不能分解的有毒有害物质在海洋中积累,经过海洋生物的富集而长期存在,甚至发生迁移,从而扩大和加重危害的结果。

二、海洋环境保护的立法概述

人类在利用海洋的活动中虽然也形成了许多法律文件,但在 18 世纪工业革命以前,关于海洋的立法主要是海洋领土法、航海法等,基本不存在海洋环境保护法。运用法律制度保护海洋环境,是与海洋环境问题的产生和发展相连的。保护海洋环境的法律与保护陆地上的环境的法律一样,也是在环境受到了严重的污染或破坏之后才逐步发展起来的。

(一)国外防治海洋污染的立法概述和防治海洋污染国际公约的签订

工业革命之后,西方多数国家进入了大规模的工业生产阶段,尤其工业化中期因化学工业的迅速发展引起的污染逐渐蔓延到海洋。早期许多国家将海洋作为最大的排污场,因此海洋的纳污能力受到了来自工业污染的巨大冲击。由于这样的历史,海洋环境污染也首先出现在工业发达国家的沿海局部海域。这类污染最先影响的是近岸海域,而遭受损失的首先也是这些海域的沿岸地区与国家,所以这些国家最先在法律上对海洋污染作出立法。

由于海洋污染是全球性的环境问题,因而引起国际社会日益关注和重视,虽然各国在其国内立法中日益重视对海洋环境的保护,但海洋污染的特点仍导致了各国自我努力对控制海洋污染的无力和无奈。尽管如此,越来越多的国家在其本国立法中对控制海洋污染逐渐有了较深刻的理解和认识,直接推动了海洋环境保护的国际立法。国际海洋环境保护法的发展大致经过了以下三个阶段:

第一阶段,初期发展阶段

这一阶段自各国对海洋环境保护产生国际协同认识起至 1972 年联合国"人类环境会议"前。

1954 年应英国政府的邀请在伦敦召开了关于防止海洋污染的专门外交会议。这次会议制定并通过了《1954 年油污公约》,该公约虽然具有极为重大的历史意义,但它实际上并未起到禁止石油污染和改善海洋环境的作用。当时许多国家忙于第二次世界大战后的重建,没有兴趣解决海洋污染问题,这也使得有关法律文件难以发挥应有的作用。

1958 联合国在日内瓦召开了第一次海洋法会议。该会议制定并通过了 4 个公约,即《领海及毗连区公约》、《大陆架公约》、《公海公约》和《公海渔业及生物资源保护公约》。形成的 4 个公约中只有 2 个提到了海洋环境保护,并且只是一般号召性的规定,这种规定也不能真正解决防止海洋污染的问题。

第二阶段,建立体系阶段

从 1972 年"人类环境会议"开始到 1992 年 6 月 3 日联合国环境与发展大会在巴西里约热内卢举行。这一时期国际海洋环境法得到了迅速的发展。

人类环境会议通过了《人类环境宣言》,该宣言分两个部分:第一部分,"序言"就人类与环境的关系、环境问题的严重性、环境问题的产生原因、全球环保目标和宗旨、进行国际合作的必要性等 7 项对人与环境及环境问题的核心作了全面阐述。第二部分,公布了 26 项指导类环境保护的原则。其中"原则 7"专门规定了对海洋环境进行全面保护的内容。

1974 年 3 月 22 日,波罗的海沿岸 8 国缔结了《保护波罗的海区域海洋环境公约》。这是第一个对海洋污染实施全面控制的国际环境法律文件。

1972 年联合国成立了负责环保事项的专门机构——联合国环境规划署,在这一专门机构的推动下海洋环境保护的国际立法工作迅速发展,在其指导下制定了 1976 年的《保护地中海免受污染公约》,这种模式既从特定区域沿海国的共同利益和特殊需要出发,又照顾到了不同国家的发展水平,所以该公约取得了很好的效果,成为区域海洋环境保护法的典范,被联合国环境规划署推广。

在这一阶段中 1982 年《联合国海洋法公约》是海洋环境保护国际立法最主要的成就。它包括 17 个部分和 9 个附件,共计 446 条(其中正文 320 条)。其中第 12 部分是对"海洋环境的保护与保全"的专门规定,共有 11 节 46 条,几乎涉及了海洋环境保护的所有方面。该部分明确规定各国有保护和保全海洋环境的义务,有在享有开发其自然资源主权权利的同时不损害国外海洋环境的义务;确定了国际合作等重要原则。该公约反映了国际海洋环境保护发生的变化,即从单一的事后处理到综合的预防防治,从双边、多边的区域合作到全球性的整体合作。该公约的制定建立起了全球海洋环境保护的法律体系框架,为各国海洋环境方面的立法提供了法律指导和依据。无论从公约的条文数量还是从条文内容来看,这部法律文件都表明国际社会对海洋环境已经有了更为全面和深刻的认识,保护海洋环境已经受到国际社会的空前重视。

第三阶段，完善发展阶段

1992 年 6 月 3 日至 14 日，联合国环境与发展大会在巴西里约热内卢举行，会议通过了 5 个文件，即《里约环境与发展宣言》、《21 世纪议程》、《关于森林问题的原则声明》、《气候变化框架公约》和《生物多样性公约》。其中，《里约环境与发展宣言》(简称《里约宣言》)宣布了环境与发展的 27 条原则。《里约宣言》与《人类环境宣言》相比有 4 大突破：不再片面提出环境问题和环境保护措施，而是认识到了环境问题与发展问题的密切关系；提出建立比"全球合作更加紧密和明确的新的公平的全球伙伴关系"；正式将可持续发展确立为思想基础；确认发达国家与发展中国家在环境恶化和环境保护上共同但有区别的责任。虽然该宣言本身不具有法律约束力，但它确定了可持续发展这一国际社会共同的发展思路，对各国的国内立法和政治、法律实践具有明显的指导作用。

《21 世纪议程》是实践《里约宣言》的行动计划，共有 4 篇 40 章 1418 条，是一项面向 21 世纪的综合行动规划。它虽然也与宣言一样不具有法律约束力，但却反映了关于发展与环境合作的全球共识和最高级别的政治承诺。其第 17 章"保护大洋和各种海洋，包括封闭和半封闭海以及沿海区，并保护、合理利用和开发其生物资源"是专门针对海洋的，以《联合国海洋法公约》建立起来的法律框架和机制为基础，强调对海洋尤其是近岸海域环境及资源的保护和可持续利用。

受联合国环境与发展大会的影响，在联合国《21 世纪议程》出台后，我国率先制定了自己的 21 世纪议程——《中国 21 世纪议程——中国 21 世纪人口、环境与发展白皮书》。其他许多国家也根据《联合国海洋法公约》和联合国《21 世纪议程》对其国内保护海洋环境的法律、政策进行了调整和完善。到 1994 年 11 月 16 日，《联合国海洋法公约》正式生效。截至 2003 年 12 月 23 日，已有 145 个国家和实体正式批准或加入了该公约。

(二)我国有关海洋环境保护的立法

1972 年的人类环境会议有力地推动了我国环境法制建设，其中包括海洋环境保护法制建设的发展。1974 年国务院批准发布了《中华人民共和国防止沿海水域污染暂行规定》。这是我国防治海洋环境污染的第一个规范性法律文件。该暂行规定对防止油类和其他有害物质污染沿海水域作了 10 条规定，对沿海工矿企业、渔业、船舶、油轮、临海油库、炼油厂、油运码头及油类装卸作业设备等排污单位，都分别作了具体的规定。在我国 1979 年《环境保护法(试行)》中对海洋环境污染防治作了原则性的规定。为贯彻实施《环境保护法(试行)》，国务院环境保护领导小组于 1982 年 4 月 6 日颁布了《海水水质标准》。该标准按照海水的用途将海水水质要求分为三类。该标准还按三类水质的要求分别规定了海水中有害物质的最高容许浓度，另外还规定了防护措施和监督执行的机关。

由于《海洋环境保护法》制定时值改革开放初期，当时对海洋环境保护的认识有着很大的局限性，立法规定的内容主要限于污染防治，且注重于防止单个工业污染源污染损害海洋环境，未从整体上对保护海洋环境特别是保护海洋生态作出明确、具体的规定，城市生活污水、农业废水排放、赤潮、病毒和养殖污染等也未作规定，或者规定得过于原则，使该法的适用范围受到限制。我国在该法实施后，相继批准加入了《1969 年国际油污损害民事责任

1992年议定书》、《1990年国际油污防备、反应和合作公约》、《国际海洋环境保护公约和议定书》,特别是批准加入了《联合国海洋法公约》,导致我国在国际海洋事务中的权利和义务发生变化,既享有国际公约规定的权利和利益,也必须履行我国作出的国际承诺,且应在我国的相关法律中体现出来。因此,对该法进行修订是十分必要的,第九届全国人大常委会第十三次会议通过了该法的修订决定,对该法进行了大规模的修订。除专门性的海洋环境保护法律、法规外,在《环境保护法》、《水污染防治法》、《固体废物污染环境防治法》、《海域使用管理法》、《渔业法》、《海上交通安全法》、《海商法》等法律中也有关于海洋环境保护的规定。如前所述,我国还积极参加了海洋环境保护的国际合作,先后加入了《联合国海洋法公约》等国际海洋环境保护公约。

三、我国海洋环境保护的主要法律规定

我国海洋环境保护法律、法规的主要内容如下:

(一)立法的目的

《海洋环境保护法》第1条对立法的目的作了明确的规定。这个目的就是:保护和改善海洋环境,保护海洋资源,防治污染损害,维护生态平衡,保障人民健康,促进经济和社会的可持续发展。

其中,促进经济和社会的可持续发展的目的表明了海洋环境保护不仅仅是海洋事业发展的需要,而且是事关整个国民经济甚至人类命运的大事。海洋环境保护要正确处理经济发展与环境污染的矛盾。保护海洋环境的目的不是要限制经济发展,而是要在保护环境的同时促进经济和社会的可持续发展。

(二)法的适用范围和适用对象的规定

1. 法的适用范围

《海洋环境保护法》第2条规定:本法适用于中华人民共和国内水、领海、毗连区、专属经济区、大陆架以及中华人民共和国管辖的其他海域。在中华人民共和国管辖的海域以外,造成中华人民共和国管辖海域污染的,也适用本法。该条宣布了《海洋环境保护法》的空间效力。其中"内水"在该法第95条中作了狭义的解释,即指自我国领海基线向内陆一侧的所有海域。按此定义理解,内水的范围应包括海湾、海峡、岛屿、岬角、海港、河口湾、测算领海的基线与海岸之间的海域、被陆地所包围或通过狭窄水道连接海洋的海域。领海,是指领海基线以外、领海外部界线以内的一定宽度的海域。依照《领海及毗连区法》规定,我国领海宽度为12海里,我国对领海的主权及于领海上空、海床及底土。

由于海洋是流动的整体,排放和倾倒到海洋的污染物在海洋中稀释扩散或迁移不会受沿海国确定的管辖海域范围的限制;同时,尽管某些排放、倾倒污染物的行为不在我国管辖的海域内,但该行为产生的损害后果却直接及于我国的管辖海域,对我国海洋环境权益造成危害,是应该承担相应的责任的。因此,我国的法律有必要规定域外效力。该项规定与《联合国海洋法公约》的相关规定是一致的。

2. 法的适用对象

关于对人的适用范围，《海洋环境保护法》第 2 条第 2 款规定：在中华人民共和国管辖海域内从事航行、勘探、开发、生产、旅游、科学研究及其他活动，或者在沿海陆域内从事影响海洋环境活动的任何单位和个人，都必须遵守本法。

（三）海洋环境监督管理的法律规定

1. 海洋环境监督管理的职责分工

根据《海洋环境保护法》第 5 条的规定，我国海洋环境保护监督管理体制按"统一监督管理，分工负责"的原则构建，这是根据海洋环境的特点确定的。海洋是统一的整体，对其保护不应受行业和行政区域的限制，应当实行统一监督管理；同时海洋功能、生态和污染原因的多样性，使得各个海区的环境保护要求及所采取的措施呈现明显的区域性、行业性的特点，因而又必须采取部分分工和地方分级监督管理的方法，才能充分发挥各部门和沿海地方的积极性，既分工又合作，提高效率，便于有效管理，切实保护好海洋环境。根据这一原则，我国海洋环境保护监督管理体制的具体构成如下：

国务院环境保护行政主管部门作为对全国环境保护工作统一监督管理的部门，对全国海洋环境保护工作实施指导、协调和监督，并负责全国防治陆源污染物和海岸工程建设项目对海洋污染损害的环境保护工作；国家海洋行政主管部门负责海洋环境的监督管理，组织海洋环境的调查、监测、监视、评价和科学研究，负责全国防治海洋工程建设项目和海洋倾倒废弃物对海洋污染损害的环境保护工作；国家海事行政主管部门负责所辖港区区域内非军事船舶和港区水域外非渔业、非军事船舶污染海洋环境的监督管理，负责污染事故的调查处理，对在中华人民共和国管辖海域航行、停泊和作业的外国籍船舶造成的污染事故登轮检查处理。船舶污染事故给渔业造成损害的，应当吸收渔业行政主管部门参与调查处理；国家渔业行政主管部门负责渔港水域内非军事船舶和渔港水域外渔业船舶污染海洋环境的监督管理，负责保护渔业水域生态环境工作，并调查处理前款规定的污染事故以外的渔业污染事故；军队环境保护部门负责军事船舶污染海洋环境的监督管理及污染事故的调查处理。

沿海县级以上地方人民政府行使海洋环境监督管理权的部门的职责，由省、自治区、直辖市人民政府根据本法及国务院有关规定确定。

2. 海洋环境监督管理法律制度

（1）总量控制制度

《海洋环境保护法》中的总量控制制度，是指重点海域污染物排海总量控制制度。国家建立并实施重点海域排污总量控制制度，确定主要污染物排海总量控制指标，并对主要污染源分配排放控制数量。我国历史上长期实行单一的浓度控制制度，这种仅以污染物的最高容许浓度作为排放限制的制度，不能适应海域功能类别多样性的特点，对依不同海域的功能区分别采取"高功能海域实行高标准保护，低功能海域实行低标准保护"的合理保护原则的实施形成障碍。同时单一的浓度控制虽可控制污染物的入海浓度，但由于缺乏必要的数量控制要求，难以适用于海水水质整体保护的目标与要求，仍不能有效遏制污染物的排放入海，造成或可能造成因排放总量过多而损害海洋环境质量。

总量控制的核心要求是削减受控的主要污染物的排放总量,采用下达控制指标(即总量削减指标)并附以时限要求的强制实施形式。《海洋环境保护法》第29条规定,向海域排放陆源污染物,必须严格执行国家和地方规定的标准和有关规定。该法第5条又规定,在实行总量控制的重点海域,水污染物排放标准的制定除将国家和地方海洋环境质量标准作为重要依据之一,还应将主要污染物排海总量控制指标作为重要依据。这两条规定确定了在实施总量控制海域所执行的"标准和有关规定"既有浓度控制的要求,又有总量控制的要求,即"双达标"的强制性要求。

(2)海洋污染事故应急报告制度

《海洋环境保护法》规定的这一制度,主要包括重大海上污染事故应急计划制定与实施和海洋环境执法与事故处理两个方面。

在《海洋环境保护法》中,重大海上污染事故专指重大海上溢油事故,包括海洋石油钻井船、钻井平台和采油平台及海上有关设施发生的海洋石油勘探开发重大海上溢油事故,船舶特别是大型和超大型油轮因碰撞、触礁、搁浅、火灾、爆炸、影响适航性能的机件或重要属具的损坏或灭失、船舶沉没等海难事故造成的船舶重大海上溢油事故和海洋石油勘探开发、船舶、港口、码头、装卸站和船舶修造厂在油类石油运输装卸作业活动中造成的可能导致沿海部分区域海洋环境污染的沿海重大海洋污染事故。

重大海上污染事故应急计划的制订主体及权限:全国重大海上污染事故应急计划,由国务院制定;全国海洋石油勘探开发重大溢油应急计划由国家海洋行政主管部门制定,报国务院环境保护行政主管部门备案;全国船舶重大海上溢油污染事故应急计划由国家海事行政主管部门制定,报国务院环境保护行政主管部门备案;沿海重大海洋污染事故应急计划由可能发生事故的单位制定,并向当地环境保护和海洋行政主管部门备案。

同时该法规定了海洋环境执法与事故处理的事项:海上巡航权、海上联合执法权、事故调查权、对造成事故的外国籍船舶进行登轮检查处理的登临权、事故应急时采取必要的有效措施的紧急管理权(如扣押权、紧追权等)、事故处理权、代表国家对事故责任者提出赔偿要求的权力、行政处罚权等。

(3)海洋功能区划和海洋环境保护规划制度

海洋功能区,是指根据海洋的自然资源条件、环境状况和地理位置,综合考虑海洋开发利用现状和社会、经济发展与环境保护的要求所划定的,具有特定的主导功能,能够发挥海洋最佳效益的区域。

实行海洋功能区划制度,可以科学合理地利用海洋功能和使用海域,以取得最佳综合效益。2002年9月国务院批准了《全国海洋功能区划》,为加强海域使用管理和海洋环境保护提供了具有法定效力的依据。根据这一规划,我国管辖海域划分为港口航运区、渔业资源利用与保护区、矿产资源利用区、旅游区、海水资源利用区、海洋能利用区、工程用海区、海洋保护区、特殊利用区、保留区等10种主要海洋功能区。

海洋环境保护规划必须依据海洋功能区划来制定,规划是海洋环境保护工作的基础和行动的实施方案。海洋环境保护规划的主要内容包括:海洋环境保护的总体和具体目标、主要任务和措施、海洋环境保护投资、对各部门和沿海各地方的具体要求等。《海洋环境保护法》第7条规定,国家根据海洋功能区划制定全国海洋环境保护规划和重点海域区域性海洋环境保护规划。毗邻重点海域的有关沿海省级人民政府及其有关部门,可以建立海洋环境保护区域合作组织,负责实施重点海域区域性海洋环境保护规划。

(四)保护海洋生态系统

海洋生态环境是海洋生物和人类生存和发展的基本条件。海洋生态保护是全球自然保护的薄弱环节,全世界目前只有不足 0.5％的海洋被列为保护区。同时,海洋开发利用活动对海洋生态环境的破坏日益严重,成为制约海洋环境可持续利用的重要因素,在修订中,1999 年的《海洋环境保护法》新增加了保护海洋生态系统的内容,这也从侧面反映出我国保护海洋生态系统的迫切性。

1. 政府对海洋生态保护的职责及保护范围

《海洋环境保护法》第 20 条规定:国务院和沿海地方各级人民政府应当采取有效措施,保护红树林、珊瑚礁、滨海湿地、海岛、海湾、入海河口、重要渔业水域等具有典型性、代表性的海洋生态系统,珍稀、濒危海洋生物的天然集中分布区,具有重要经济价值的海洋生物生存区域及有重大科学文化价值的海洋自然历史遗迹和自然景观。对具有重要经济、社会价值的已遭到破坏的海洋生态环境,应当进行整治和恢复。

2. 海洋生态自然(特殊)保护区的建立

具有下列条件之一的,应当建立海洋自然保护区:

(1)典型的海洋自然地理区域、有代表性的自然生态区域,以及遭受破坏但经保护能恢复的海洋自然生态区域;

(2)海洋生物物种高度丰富的区域,或者珍稀、濒危海洋生物物种的天然集中分布区域;

(3)具有特殊保护价值的海域、海岸、岛屿、滨海湿地、入海河口和海湾等;

(4)具有重大科学文化价值的海洋自然遗迹所在区域;

(5)其他需要予以特殊保护的区域。

具有特殊地理条件、生态系统、生物与非生物资源及海洋开发利用特殊需要的区域,可以建立海洋特别保护区,采取有效的保护措施和科学的开发方式进行特殊管理。国务院有关部门和沿海省级人民政府应当根据保护海洋生态的需要,选划、建立海洋自然保护区。国家级海洋自然保护区的建立须经国务院批准。

3. 其他涉海行为的规定

引进海洋动植物物种,应当进行科学论证,避免对海洋生态系统造成危害。沿海地方各级人民政府应当结合当地自然环境的特点,建设海岸防护设施、沿海防护林、沿海城镇园林和绿地,对海岸侵蚀和海水入侵地区进行综合治理。禁止毁坏海岸防护设施、沿海防护林、沿海城镇园林和绿地。开发利用海洋资源,应当根据海洋功能区划合理布局,不得造成海洋生态环境破坏。新建、改建、扩建海水养殖场,应当进行环境影响评价。海水养殖应当科学地确定养殖密度,并应当合理投饵、施肥、正确使用药物,防止造成海洋环境的污染。

(五)防止陆源污染物对海洋环境的污染损害

陆源污染物,是由陆地向海洋排放的造成和可能造成海洋环境污染的物质。对此,《海洋环境保护法》作了专章规定,1990 年施行的《防治陆源污染物污染损害海洋环境管理条例》也作了进一步的具体规定,其主要内容如下:

1. 排污单位和个人应尽的义务

任何单位和个人向海域排放陆源污染物,必须执行国家和地方的排放标准和有关规定;按规定进行排污申报登记、缴纳排污费,治理所造成的污染。

2. 防止放射性物质污染海洋环境的规定

禁止向海域排放高、中水平放射废水;严格限制向海域排放低水平放射性废水,确需排放的,应严格执行国家辐射防护规定。

3. 防止传染病原体污染规定

含病原体的医疗污水、生活污水和工业废水必须经过处理,符合国家有关排放标准后,方能排入海域。

4. 防止海水富营养化的规定

应当严格控制含有机物和营养物质的工业废水、生活污水向自净能力差的海域(如海湾、半封闭海区)排放。海水富营养化,是指含有大量氮、磷等的营养物质进入海域,引起藻类及其他浮游生物大量繁殖,海水中溶氧量下降,水质恶化的现象。当海域出现富营养化现象时,会使鱼类大量死亡,甚至形成"赤潮"。

5. 防止热污染的规定

防止热污染的目的主要是保护渔业等水产资源业不受其损害。热污染,是指含热能废水排入海域,引起局部海区水温升高,水中溶解氧减少,水质恶化,危害海域生物的现象。向海域排放含热废水,必须采取有效措施,保证邻近渔业水域的水温符合国家海洋环境质量标准,避免热污染对水产资源的危害。

6. 防止农药污染海洋环境的规定

为防止化学农药污染海洋环境,沿海农田、林场施用化学农药,必须执行国家农药安全使用的规定和标准,禁止将失效或禁用的药物及器具弃置岸滩。

7. 防止固体废物污染海洋环境的规定

禁止在岸滩擅自堆放、弃置和处置固体废物;确需临时堆放、处理固体废物的,须经批准;经批准在岸滩设置废物堆放场和处理场的,必须建造防护堤和防渗漏、防扬尘等设施,并经验收合格后方可使用。获准使用的堆放处理场内,不得堆放、弃置未经批准的其他种类的废物。不得露天堆放或者作为最终处置方式露天堆放(如填埋等)危险废物。

8. 加强对入海排污口和入海河流的管理

沿海城市污水已成污染海洋环境的重要因素,沿海城市人民政府应当建设和完善城市排水管网,有计划地建设城市污水处理厂或者其他污水处理设施,加强城市污水的综合整治。

(六)防止海岸工程建设项目对海洋环境污染的损害

海岸工程建设项目,是指位于海岸或者与海岸连接,为控制海水或者利用海洋完成部分或者全部功能,并对海洋环境有影响的基本建设项目、技术改造项目和区域开发工程建设项目。包括港口码头工程、入海河水利工程、沿海滩涂围垦工程、潮汐发电工程,以及其他与海洋资源开发、利用有关的各种工程。不合理的海岸工程建设项目会破坏海岸生态系统,污染损害海洋环境,易引起港口、航道淤积,破坏海洋生物的生存环境等。

1. 海岸工程建设项目必须严格执行环境影响报告书制度和"三同时"制度

海岸工程建设项目首先必须符合国家有关建设项目环境保护管理的规定,符合海洋环境区划的要求,这是编制环境影响报告书的必要前提。《海洋环境保护法》规定:禁止在沿海陆域内新建不具备有效治理措施的化学制浆、造纸、化工、印染、制革、电镀、酿造、炼油、岸边海滩拆船以及其他严重污染海洋环境的工业生产项目;严格限制在海岸采挖砂石;露天开采海滨砂矿和从岸上打井开采海底矿产资源,必须采取有效措施,防止污染海洋环境。《海洋环境保护法》第 43 条规定:海岸工程建设项目单位,必须在建设项目可行性研究阶段,对海洋环境进行科学调查,根据自然条件和社会条件,合理选址;编报环境影响报告书。海岸工程建设项目的环境保护设施,必须与主体工程同时设计、同时施工、同时投产使用。

2. 采取措施保护水产资源

不合理的海岸工程对水产资源的影响主要有:工程设施直接挤占水产资源生存、繁殖场所;影响附近水域水文动力状况和物理、化学因素,使水中生物失去适宜的环境;由于入海河水被截流,入海营养物质减少,鱼、虾、贝类失去饵料,藻类失去肥源;闸坝阻碍溯河性鱼、蟹类产卵回游等。兴建海岸工程建设项目,必须采取有效措施,保护国家和地方重点保护的野生动、植物及其生存环境和海洋水产资源。

(七)防止海洋工程建设项目对海洋环境的污染损害

《海洋环境保护法》中规定的海洋工程,是指在海岸线以下的施工工程,如开发海底隧道、铺设海底电缆、建设人工岛屿、在海岸线以下进行的不包括海岸的工程。海洋石油勘探开发等海洋工程建设项目可能对工程开发区域和周围海域的生态平衡造成污染及损害,对海产养殖、海洋捕捞、海上交通运输等活动产生不良影响。因此《海洋环境保护法》专门就防止海洋工程建设项目对海洋的污染损害作了规定。

1. 海洋工程建设项目必须严格执行环境影响报告书制度和"三同时"制度

海洋工程建设项目必须符合海洋功能区划、海洋环境保护规划和国家有关环境保护标准。在可行性研究阶段编报海洋环境影响报告书,包括防止污染损害海洋环境的有效措施,依照法定程序报请有关部门批准。海洋工程建设项目的环境保护设施,必须与主体工程同时设计、同时施工、同时投产使用。环境保护设施未经海洋行政主管部门检查批准,建设项目不得试运行;环境保护设施未经海洋行政主管部门验收,或者经验收不合格的,建设项目不得投入生产或者使用。拆除或者闲置环境保护设施,必须事先征得海洋行政主管部门的同意。

2. 对特殊污染物质和污染行为的专门规定

海洋工程建设、海洋环境整治和海洋调查活动常采用海上爆破作业的手段。海上爆破可能对海洋生物资源,尤其是渔业资源造成危害,为避免此类现象的发生,《海洋环境保护法》第 50 条规定:海洋工程建设项目需要爆破作业时,必须采取有效措施,保护海洋资源。如选电花火、空气枪等非爆破性勘探方法,避开鱼类产卵、繁殖、捕捞期和渔场作业区、作业前须报告主管部门,作业时应有明显标志、信号等。海洋工程建设项目,不得使用含超标准放射性物质或者易溶出有毒有害物质的材料。

3. 海洋工程建设废弃物排放的规定

海洋石油钻井船、钻井平台和采油平台的含油污水和油性混合物,必须经过处理达标后排放;残油、废油必须予以回收,不得排放入海。经回收处理后排放的,其含油量不得超过国家规定的标准。其中所使用的油基泥浆和其他有毒复合泥浆不得排放入海。水基泥浆和无毒复合浆及钻屑的排放,必须符合国家的有关规定。海洋石油钻井船、平台和采油平台及其有关海上设施,不得向海域处置含油的工业垃圾。处置其他工业垃圾的,不得造成海洋环境污染。

4. 防止海上作业油类污染的规定

海上作业油类污染主要由于海上试油时的油气燃烧不充分而流入海洋或作业事故溢油造成。为此《海洋环境保护法》第53条规定:海上试油时,应当确保油气充分燃烧,油和油性混合物不得排放入海。

(八)防止倾倒废弃物对海洋环境的污染损害

倾倒废弃物,是指通过船舶、航空器、平台或其他运载工具,将废弃物或其他有害物质投入海洋,包括弃置船舶、航空器、平台和其他浮游工具、与海底矿物资源勘探开发相关的海上加工所产生的废弃物、从陆地发运的生产生活废弃物等。

向海洋倾废是历史中常见的一种费用低、简便易行的利用海水净化能力处置废弃物的方式,但如果方式不当或者管理不妥,则极易造成海洋污染。《海洋环境保护法》及国务院发布的《海洋倾废管理条例》为此作了具体的规定。

1. 倾倒废物的分类

根据废弃物的毒性、有害物质含量和对海洋环境的影响等因素,废弃物可分为三类:第一类,为禁止倾倒的废弃物,包括长期不能分解或者剧毒,或者严重妨碍航行、渔业及其他海上活动的物质;第二类,为需要获得特别许可方能倾倒的废弃物,包括对海洋生物没有剧毒性,但能在其体内富集,污染水产品,危害航行、渔业及其他可移动的废弃物质;第三类,指不属于前两类的其他低毒或无毒的废弃物。这三类物质的具体标准,由国家海洋行政主管部门制定。

2. 划定海洋倾废区的规定

选划海洋倾倒区,可以在一定程度上避免或减少海洋倾废造成的环境污染损害,有利于从严掌握和控制倾废活动,也便于对倾废活动进行监督。国家海洋行政主管部门按照科学、合理、经济、安全的原则选划海洋倾倒区,经国务院环境保护行政主管部门提出审核意见后,报国务院批准。国家海洋行政主管部门监督管理倾倒区的使用,组织倾倒区的环境监测。对经确认不宜继续使用的倾倒区,国家海洋主管部门应当予以关闭。获准倾倒废弃物的单位,必须按照许可证注明的期限及条件,到指定的区域进行倾倒。

3. 倾废许可证的规定

任何单位和船舶、航空器、平台及其他载运工具向海洋倾废,均须事先向国家海洋局申请,经批准并发给倾废许可证后,方可从事倾废活动。海洋倾废许可证的种类对应着三类废弃物,分为三种:第一种,是紧急许可证,适用于第一类废弃物,该类废弃物本系禁止倾倒的物质,但当出现紧急情况,在陆地处置该类废弃物会严重危及人体健康时,经批准获得该许可证,到指定海区按规定的方法倾倒。第二种,是特别许可证,适用于第二类废弃物。第三种,是普通许可证,适用于第三类废弃物。

4. 倾废单位的义务

《海洋倾废管理条例》规定需要倾废的单位须事先提出申请并附报拟倾倒废弃物的特性和成分检验单;领取许可证后,在装载废弃物时,应通知主管部门核实,并按许可证规定的期限和条件,到指定的海区倾废。倾倒时要如实填写记录,上报主管部门;运载工具应有明显标志和信号;因倾废活动造成海洋污染损害的,应承担损害赔偿责任。

5. 倾废活动主管部门的职责

海洋倾废活动主管部门是国家海洋局及其派出机构。主管部门在签发许可证时要严格审查,在倾废单位装载废弃物时应予以核实,如发现实际装载与许可证所注明的内容不符的,应责令停止装运。情节严重的,应终止或吊销许可证;对倾倒活动进行监视和监督,处理因倾废引起的污染损害纠纷等;国家海洋行政主管部门监督管理倾倒区的使用,组织倾倒区的环境监测。

6. 境外废弃物的管理

外国的废弃物不得运至我国管辖的海域进行倾倒,包括弃置船舶、航空器、平台和其他海上人工构造物,违者由主管部门责令其限期治理,支付清除污染费,赔偿损失,并处以罚款;为倾倒的目的,经过中华人民共和国管辖海域运送废弃物的任何船舶及其他载运工具,应当在进入中华人民共和国管辖海域 15 天之前,通报主管部门,同时报告进入中华人民共和国管辖海域的时间、航线以及废弃物的名称、数量及成分;外国籍船舶、平台在中华人民共和国管辖海域内,由于海底矿物资源的勘探开发及与勘探开发相关的海上加工产生的废弃物和其他物质需要向海洋倾倒的,应按规定程序报经主管部门批准。

(九)防止船舶及有关作业活动对海洋环境的污染损害

从事海上运输和其他海上作业活动的船舶,有可能由于违章排放或海损事故等污染海洋,《海洋环境保护法》对于防治船舶及有关作业活动对海洋环境的污染作了一些专门的规定。

1. 防污设备

船舶必须配置相应的防污设备和器材。运载具有污染危害物质货物的船舶,其结构与设备应当能够防止或者减轻所载货物对海洋环境的污染。150 总吨以上的油轮和 400 总吨以上的非油轮,应当设有相应的防污设备和器材。不足 150 总吨的油轮和不足 400 总吨的非油轮,应当有专用容器,用以回收残油、废油。造船、修船、拆船和打捞船单位均应备有防止污染的器材和设备;进行作业时,应当采取预防措施,防止油类、油性混合物和废弃物污染海域。

2. 防污文书

防污文书,是指防治海洋环境污染的证书与文书,船舶必须按照有关规定持有防治海洋环境污染的证书与文书,在进行涉及污物排放的操作时,应当如实记录。150总吨以上的油轮和400总吨以上的非油轮,应当备有油类记录簿。载运2000吨以上的散装货油的船舶,应当持有有效的"油污损害民事责任保险或其他财务保证证书",或"油污损害民事责任信用证书",或提供其他财务信用保证。150总吨以上的油轮和400总吨以上的非油轮,排放含油污水,必须按照国家有关船舶污水的排放标准和规定进行,并如实记录。

3.船舶载运具有污染危害性货物的污染防治

载运具有污染危害性货物进出港口的船舶,其承运人、货物所有人或者代理人,必须事先向海事行政主管部门申报。经批准后,方可进出港口、过境停留或者装卸作业;需要船舶装运污染危害性不明的货物的,应当按照有关规定事先进行评估。船舶在港进行散装有毒害液态危险货物时,应严格执行操作的各项规定;船舶在港口进行装卸有毒害、含腐蚀或放射性危险货物时,船方和作业单位都必须采取预防措施,防止货物落水,一旦发生事故,应采取紧急措施,进行打捞清除,并立即向港务监督报告,及时通告有关单位,采取措施,防止造成重大危害。

4.污染事故的处理

船舶发生海难事故,造成或者可能造成海洋环境重大污染损害的,国家海事行政主管部门有权强制采取避免或者减少污染损害的措施。对在公海上因发生海难事故,造成中华人民共和国管辖海域重大污染损害后果或者具有污染威胁的船舶、海上设施,国家海事行政主管部门有权采取与实际的或者可能发生的损害相称的必要措施。

所有船舶均有监视海上污染的义务,在发现海上污染事故或者违反本法规定的行为时,必须立即向就近的海洋环境监督管理部门报告。

5.船舶污染损害民事赔偿制度

《海洋环境保护法》第66条规定:国家完善并实施船舶油污损害民事赔偿责任制度;按照船舶油污损害赔偿责任由船东和货主共同承担风险的原则,建立船舶油污保险、油污损害赔偿基金制度。具体办法由国务院制定。

(十)防止拆船污染损害海洋环境的法律规定

拆船,是指对废船停靠拆船码头或者在船坞或者废船冲滩拆解或者对完全处于水上的废船进行拆解,包括岸边拆船和水上拆船。拆船是综合利用废旧物资的一种形式,但如行为不当,也会造成污染。

1.合理设置拆船厂

地方人民政府应结合本地区特点、环境状况和技术条件,统筹规划、合理设置拆船场;并规定在饮用水源地、海水淡化取水点、盐场、重要渔业水域、海水浴场、风景名胜区及其他需要特别保护的区域,不得设置拆船厂。

2.防污设施

拆船单位必须配备或设置防止拆船污染必需的拦油装置、废油接收设备、含油污水接收处理设施或者设备、废弃物回收处理场等,并经环境保护部门验收合格后方可进行拆解。

3. 监督管理

监督拆船污染的主管部门有权对拆船单位的拆船活动进行检查。对于严重污染环境的拆船单位,可依法采取限期治理措施。拆船单位应当健全环境保护规章制度,并认真组织实施。

4. 拆解作业污染防治

拆船单位在废船拆解前必须清除易燃、易爆和有毒物质;关闭海底阀,封闭可能引起油污水外溢的管道。垃圾、残油、废油、油泥、混合油污水和易燃、易爆物品等废弃物必须送到岸上集中处理,但不得采用渗坑、渗井的处理方式。废油船在拆解前,必须进行洗舱、排污、清舱、测爆等工作。在水上进行拆船作业的,必须事先采取有效措施,严格防止溢出、散入水中的油类和其他飘浮物扩散;一旦出现溢出、散入的状况,必须及时收集处理。排放洗舱水、压舱水和舱底水必须符合国家和地方规定的排放标准。拆下的船舶部件或废弃物,不得投弃或者存放水中。船舶拆解完毕,拆船者应当及时清理拆船现场。拆船单位关闭或者搬迁必须及时清理遗留的污染物,并由拆船监督主管部门检查验收。

第五节　环境噪声污染防治法

一、环境噪声污染防治法概述

(一)环境噪声的概念

环境噪声,是指在工业生产、建筑施工、交通运输和社会生活中所产生的干扰周围生活环境的声音。构成环境噪声必须具备以下条件:第一,环境噪声必须是由人为活动产生的声音。第二,环境噪声必须是某些人为活动产生的声音,即在工业生产、建筑施工、交通运输和社会生活活动中产生的声音,才属于环境噪声。第三,环境噪声必须是干扰周围生活环境的声音。我国《环境噪声污染防治法》第2条第1款对"环境噪声"的概念作了立法解释:环境噪声是指在工业生产、建筑施工、交通运输和社会生活中所产生的干扰周围生活环境的声音。我国法律中规定的环境噪声不包括工作环境噪声,《环境噪声污染防治法》规定:"因从事本职生产、经营工作受到噪声危害的防治,不适用本法。"产生环境噪声的振源有很多,按产生机能划分,可分为机械性噪声、空气动力性噪声和电磁性噪声三大类;按时间变化来划分,可分为稳态噪声和非稳态噪声两大类。其中非稳态噪声又可分为瞬态的、周期性起伏的、脉冲的和无规则的噪声四种;按产生的区域划分,可分为城市环境噪声、农村环境噪声和海洋环境噪声三大类;按噪声污染源的种类划分,可分为工业噪声、建筑施工噪声、交通噪声和社会生活噪声,我国关于环境噪声污染防治的立法就是针对这四类因人为原因造成的环境噪声污染而规定的。其中,工业噪声、建筑施工噪声和社会生活噪声的传播影响范围通常呈面状,交通噪声的传播影响范围通常沿着道路呈线状。工业噪声中,工厂设备噪声源又可按特性不同,大致分为点声源、线声源和面声源三种不同的类型。①如在噪声评价中,通常把小型设备的噪声辐射视为点声源,把体积较大的设备的噪声辐射视为面声源,把成线状排列的水泵、矿山和选煤场的输送系统等的噪声辐射视为线声源。

> ## 案例分析

灵宝市豫灵镇武某某经营的磨面坊与刘某某开办的玻璃店东西相邻,仅一墙之隔。磨面机发出的隆隆噪音严重妨碍了刘某某的正常生活与经营,加之刘的妻子患有高血压病,超音量的机器声多次引发其病情加重。刘某某曾多次和武某某协商,要求排除妨害,均无结果。刘某某遂向法院提起了诉讼。经环境监测部门监测噪声超标,武某某的磨面坊对周围环境造成了污染,确实影响了刘家的正常生活与经营。请问:本案是否属于环境噪声污染问题?原告是否有权要求被告排除噪声的危害?

【解答】本案中被告的磨坊噪音属于干扰周围的生活环境的声音,并对邻居造成了侵害,因此构成环境噪音污染,原告有权要求被告排除噪声的危害。

(二)环境噪声污染的特点及危害

《环境噪声污染防治法》规定,"环境噪声污染"是指所产生的环境噪声超过国家规定的环境噪声排放标准,并干扰他人正常生活、工作和学习的现象。这个定义规定了作为"环境噪声污染",须符合两个条件:首先,所排放出的噪声必须是"超过国家规定的环境噪声排放标准"的,不超标,则不构成污染。其次,环境噪声污染必须是该噪声对他人正常生活、工作和学习产生干扰。也就是说,环境噪声即使超过了排放标准,但未对他人的正常生活、工作和学习产生干扰的,也不受该法规制。

1. 环境噪声污染有以下几个特点:

(1)环境噪声污染是一种感觉性公害。环境噪声污染只有当噪声通过传播媒介与人的听觉相联系时才构成危害。同等强度的噪声,由于人体的素质差异、生理及心理承受能力的不同以及所处环境的不同,使不同的人有不同的反应,对不同的人有不同程度的危害结果。

(2)噪声污染是一种多发性和局部性的公害。多发性,是指此类污染经常发生,其发生的频率较高。局部性,是指它对环境的影响只局限于特定的区域,而不像大气污染或海洋污染那样范围广阔。例如,建筑施工中的噪声只是影响施工地附近的居民;交通噪声只影响到道路两侧的一定范围。

(3)环境噪声污染是一种暂时性的危害。环境噪声污染不像其他污染一样在环境中长期停留、积累、迁移。它是随着噪声声能的产生而产生,随着噪声声能的消失而消失,对人体的危害也只是限定在特定的时空范围内。噪声源停止发声,噪声即时消失,该噪声对人体的

---

① 林肇信等:《环境保护法概论》,高等教育出版社 2006 年第 2 版,第 171 页。

危害也就消失。

（4）环境噪声污染的危害性不易评估。由于环境噪声是一种令人不愉快的声音，所以，环境噪声污染对人群的危害，特别是对环境变化比较敏感者的危害不可能以一定的客观数值来评价或衡量。环境噪声的度量，不仅与噪声的物理量有关，还与人对声音的主观听觉感受有关。

2. 环境污染的危害

环境噪声污染是一种危害和影响相当广泛的公害，噪声污染对人、动物、仪器仪表以及建筑物均构成危害，其危害程度主要取决于噪声的频率、强度及暴露时间。自 20 世纪 70 年代以来发展日益严重，与大气污染、水污染和固体废物污染一起被称为城市四大公害。环境噪声污染的危害主要表现为：

（1）噪声对听力的损伤

噪声对人体最直接的危害是听力损伤。人们在进入强噪声环境时，暴露一段时间，会感到双耳难受，甚至会出现头痛等感觉。离开噪声环境到安静的场所休息一段时间，听力就会逐渐恢复正常。这种现象叫作暂时性听阈偏移，又称听觉疲劳。但是，如果人们长期在强噪声环境下工作，听觉疲劳不能得到及时的恢复，内耳器官会发生器质性病变，即形成永久性听阈偏移，又称噪声性耳聋。若人突然暴露于极其强烈的噪声环境中，听觉器官会发生急剧外伤，引起鼓膜破裂出血，迷路出血，螺旋器从基底膜急性剥离，可能使人耳完全失去听力，即出现爆震性耳聋。

（2）噪声能诱发多种疾病

因为噪声通过听觉器官作用于大脑中枢神经系统，以致影响到全身各个器官，故噪声除对人的听力造成损伤外，还会给人体其他系统带来危害。由于噪声的作用，会产生头痛、脑涨、耳鸣、失眠、全身疲乏无力以及记忆力减退等神经衰弱症状。长期在高噪声环境下工作的人与低噪声环境下的情况相比，高血压、动脉硬化和冠心病的发病率要高 2～3 倍。可见噪声会导致心血管系统疾病。噪声也可导致消化系统功能紊乱，引起消化不良、食欲缺乏、恶心呕吐，使肠胃病和溃疡病发病率升高。

（3）噪声对正常生活和工作的干扰

噪声对人的睡眠影响极大，人即使在睡眠中，听觉也要承受噪声的刺激。噪声会导致多梦、易惊醒、睡眠质量下降等，突然的噪声对睡眠的影响更为突出。噪声会干扰人的谈话、工作和学习，分散人的注意力，导致反应迟钝，容易疲劳，工作效率下降，差错率上升。噪声还会掩蔽安全信号，如报警信号和车辆行驶信号等，以致造成事故。

（4）噪声对动物的影响

噪声能对动物的听觉器官、视觉器官、内脏器官及中枢神经系统造成病理性变化。噪声对动物的行为有一定的影响，可使动物失去行为控制能力，出现烦躁不安、失去常态等现象，强噪声会引起动物死亡。鸟类在噪声中会出现羽毛脱落，影响产卵率等。

（5）特强噪声对仪器设备和建筑结构的危害

实验研究表明，特强噪声会损伤仪器设备，甚至使仪器设备失效。噪声对仪器设备的影响与噪声强度、频率以及仪器设备本身的结构与安装方式等因素有关。当噪声级超过 150dB 时，会严重损坏电阻、电容、晶体管等元件。当特强噪声作用于火箭、宇航器等机械结构时,由于受声频交变负载的反复作用,会使材料产生疲劳现象而断裂,这种现象叫做声疲劳。

(三)环境噪声污染的现状

根据 2009 年 6 月 4 日国家环境保护部发布的《2008 年中国环境状况公报》显示:

1. 状况

全国 71.7%的城市区域声环境质量处于好或较好水平,环境保护重点城市区域声环境质量处于好或较好水平的占 75.2%。全国 65.3%的城市道路交通声环境质量为好,环境保护重点城市道路交通声环境质量处于好或较好水平的占 93.8%。城市各类功能区昼间达标率为 86.4%,夜间达标率为 74.7%。

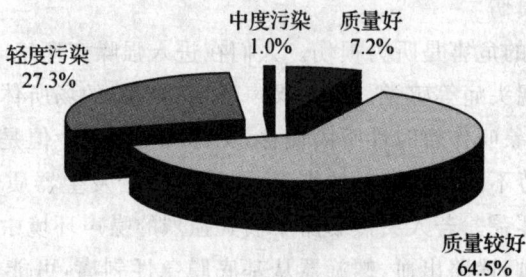

城市区域声环境质量状况

区域环境噪声监测的 392 个城市中,区域声环境质量好的城市占 7.2%,较好的占 64.5%,轻度污染的占 27.3%,中度污染的占 1.0%。与上年相比,全国城市区域声环境质量,好的城市上升了 1.2 个百分点,较好的下降了 1.7 个百分点,轻度污染的上升了 0.9 个百分点,中度污染的下降了 0.4 个百分点。

环境保护重点城市区域环境噪声等效声级范围在 45.7~61.1dB(A)之间,区域声环境质量处于好和较好水平的城市占 75.2%,轻度污染的占 23.9%,中度污染的占 0.9%。

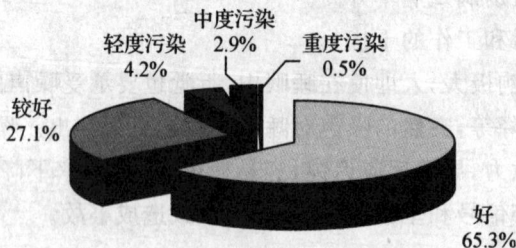

城市道路交通声环境质量状况

道路交通噪声监测的 384 个城市中,65.3%的城市道路交通声环境质量为好,27.1%的城市较好,4.2%的城市为轻度污染,2.9%的城市为中度污染,0.5%的城市为重度污染与上年相比,全国城市道路交通声环境质量好的城市上升了 6.7 个百分点,较好的下降了 6.7 个百分点,轻度污染的下降了 1.5 个百分点,中度污染的上升了 1.8 个百分点,重度污染的下降了 0.3 个百分点。

环境保护重点城市道路交通声环境质量好的城市占 57.5%,较好的占 36.3%,轻度污染的占 4.4%,中度污染的占 1.8%。

2. 城市功能区噪声

开展监测的 242 个城市中,各类功能区监测点位全年昼间达标 6947 点次,占昼间监测点次的 86.4%;夜间达标 6007 点次,占夜间监测点次的 74.7%。各类功能区昼间达标率高于夜间,3 类功能区好于其他类功能区。

城市内切圆能区监测点位达标情况

功能区类别	0类		1类		2类		3类		4类	
	昼	夜	昼	夜	昼	夜	昼	夜	昼	夜
达标点次	107	92	1634	1464	1994	1847	1380	1740	1224	
监测点次	199	199	1928	1928	2309	1590	1590	2014	2014	
达标率(%)	53.8	46.2	84.8	75.9	86.4	80.0	92.6	86.8	86.4	60.8

二、环境噪声污染防治立法

(一)国外环境噪声污染防治立法简介

噪声污染防治步入法制化轨道起始于 20 世纪初期,1914 年瑞士制定了第一个机动车辆的规则,规定机动车辆必须装配有效的消声器。美国密歇根州的庞蒂亚城于 1929 年就制定了《噪声控制法令》。由于人们对噪声污染防治立法重要性的认识不断提高和科学研究的发展,20 世纪 60 年代末期,噪声污染防治的立法逐渐完备。英国噪声防治的立法始于 1936 年的《公共卫生法》,最重要的立法是 1974 年制定的《污染控制法》。日本于 1968 年颁布《噪声控制法》,1970 年、1971 年分别作了修订;1967 年制定了《关于防止公用机场周围遭受飞机噪声危害》等法律;1976 年制定了《振动控制法》。美国于 1972 年制定了《噪声控制法》。联邦德国于 1971 年颁布《飞机噪声法》,1974 年颁布《联邦污染控制法》,1980 年制定了《噪声防护法》。法国在 1977 年制定的《关于改革规划的条例》中作了控制噪声的规定,1980 年又通过一项《反噪声法》。

在欧洲,一些国家反噪声的活动正在统一步调,防治噪声污染立法的主要内容表现为对交通噪声、工业噪声、社会生活噪声的控制等几个方面。

(二)我国环境噪声污染防治立法

我国早在 20 世纪 50 年代制定的《工厂安全卫生规程》中对工厂中的各种噪声源如何防治作了规定。1957 年我国又制定了《治安管理处罚条例》,其中对城市中任意发生高大声响,影响周围居民工作和休息,且不听制止者规定了处罚条款。我国实质意义上的环境噪声污染防治工作,是随着我国环境保护法制建设的步伐同时展开的。从 20 世纪 70 年代初期开始,我国就将环境噪声的控制纳入了环境保护的议事日程。1973 年国务院发布的《关于保护和改善环境的若干规定(试行草案)》中专门对工业和交通噪声的控制作出了规定。1979 年颁布的《环境保护法》中,对城市区域、工业和交通运输等环境噪声污染防治作了原则性的规定。1982 年国务院环境保护领导小组发布了《城市区域环境噪声标准》,这是我国第一个综合性环境噪声质量标准。此后,我国又颁布了一系列声环境质量标准和环境噪声排放标准,为防治环境噪声污染提供了现实的依据。1989 年 9 月,国务院发布了《环境噪声污染防治条例》,为全面开展防治环境噪声污染的行政管理提供了依据。1996 年 12 月 29 日,在全国总结环境噪声污染防治工作经验的基础上,我国制定通过了《环境噪声污染防治法》,1989 年 9 月 26 日国务院发布的《环境噪声污染防治条例》同时废止。为了实施《环境噪声污染防治法》,国家环境保护总局等部门又发布了一系列行政规章,如,为在高考期间保证学生有安静的学习和休息环境,国家环保总局在 1998 年 4 月和 6 月两次发布《关于在高考期间加强环境噪声污染现场监督管理的通知》;国家环保总局、铁道部于 2001 年发布《关于加强铁路噪声污染防治的通知》等。另外,针对不同的噪声污染,我国颁布了一系列防治环境噪声的专门法规、条例等。如,原国家标准总局在 1979 年颁布了《机动车辆允许噪声标准》;卫生部和原国家劳动总局于 1979 年颁布了《工业企业噪声卫生标准(试行)》;国家环境保护总局等部门在 1999 年发布了《关于加强社会生活噪声污染管理的通知》,又于 2001 年发布了《关于加强铁路噪声污染防治的通知》等。在有关公路、铁路、民用航空、水上交通、道路交通管理和建筑施工管理的法律、法规中也有防治交通运输和建筑施工噪声的内容,如,国务院在 1986 年制定的《民用机场管理规定》,对防治民用飞机产生的噪声作出了控制性的规定。

此外,由于环境噪声污染的局部性、区域性特点,许多省(市)、自治区、直辖市都制定环境噪声污染防治的法规和规章,这样基本建立了我国的环境噪声污染防治的法律、法规体系。

三、环境噪声污染防治法的主要法律制度

(一)环境噪声污染防治的监督管理体制

我国对环境噪声污染防治工作是实行统一管理与部门分工负责管理相结合的行政管理体制。按照《环境噪声污染防治法》的规定,国务院环境保护行政主管部门对全国环境噪声污染防治实施统一的监督管理;县级以上地方人民政府环境保护行政主管部门对本行政区域内的环境噪声污染防治实施统一的监督管理。各级公安、交通、铁路、民航等主管部门和港务监督机构,根据各自的职责,对交通运输和社会生活噪声污染的防治实施监督管理。

在行使环境噪声污染监督管理的权限方面,县级以上人民政府环境保护行政主管部门和其他环境噪声污染防治工作的监督管理部门、机构,有权依据各自的职责对管辖范围内排放环境噪声的单位进行现场检查。被检查的单位必须如实反映情况,并提供必要的资料。

另外,根据《环境噪声污染防治法》的规定,任何单位和个人都有保护声环境的义务,并有权对造成环境噪声污染的单位和个人进行检举和控告。

(二)各级人民政府防治环境噪声污染的主要职责

1. 国务院和地方各级人民政府应当将环境噪声污染防治工作纳入环境保护规划,并采取有利于声环境保护的经济、技术政策措施。

2. 地方各级人民政府在制定城乡建设规划时,应当充分考虑建设项目和区域开发、改造所产生的噪声对周围生活环境的影响,统筹规划,合理安排功能区和建设布局,防止或者减轻环境噪声污染。

3. 国家鼓励、支持环境噪声污染防治的科学研究、技术开发,推广先进的防治技术和普及防治环境噪声污染的科学知识。

4. 对在环境噪声污染防治方面成绩显著的单位和个人,由人民政府给予奖励。

5. 对于在噪声敏感建筑物集中区域内造成严重环境噪声污染的企业、事业单位的限期治理,由县级以上人民政府按照国务院规定的权限决定。

对小型企业、事业单位的限期治理,可以由县级以上人民政府在国务院规定的权限内授权其环境保护行政主管部门决定。

(三)关于声环境标准与城市功能区分控制环境的噪声规定

《环境噪声污染防治法》规定的与环境噪声污染防治相关的标准,主要包括国家环境质量标准和环境噪声排放标准两大类。由于国家标准已经涵盖环境噪声污染的各个方面且比较严格,基本上不需要另行制定地方标准。

1. 声环境质量标准

声环境质量标准是衡量区域环境是否受到环境噪声污染的客观判断标准,也是制定环境噪声排放标准的主要依据。《环境噪声污染防治法》规定,国务院环境保护行政主管部门分别对不同的功能区制定国家声环境质量标准,根据国家声环境质量标准和国家经济、技术条件,制定国家环境噪声排放标准,县级以上地方人民政府根据国家声环境质量标准,划定本行政区域内各类声环境质量标准的适用区域,并进行管理。

我国已颁布的声环境质量标准主要是《城市区域环境噪声标准》(1982年制定,1993年修订,1994年3月1日实施)。该标准将城市区域的类别划分为0~4五类:0类标准,昼间50分贝,夜间40分贝,适用于疗养区、高级别墅区、高级宾馆区等区域,位于城郊和乡村的这一类区域分别按严于0类标准5分贝执行;1类标准,昼间55分贝,夜间45分贝,适用于以居住、文教机关为主的区域,乡村居住环境可参照该类标准执行;2类标准,昼间60分贝,夜间50分贝,适用于居住、商业、工业混杂区;3类标准,昼间65分贝,夜间55分贝,适用于工业区;4类标准,昼间70分贝,夜间55分贝,适用于城市中的道路、交通干线道路两侧区域,以及穿越城区的内河航道两侧区域。另外,夜间突发的噪声,其最大值不准超过标准值15分贝。该标准还规定,乡村生活区域可参照执行。

其他声环境质量标准还有《机场周围飞机噪声环境标准》、《城市港口及江河两岸区域环境噪声标准》、《铁路边界噪声限值及其测量方法》等等。此外,国家还制定了《城市区域环境噪声适用区划技术规范》、《城市区域环境噪声测量方法》等执行环境质量标准的技术性规范。

声环境质量标准还是城市规划部门划定建筑物与交通干线防噪声距离的法定标准之一。《环境噪声污染防治法》规定,城市规划部门在确定建设布局时,应当依据国家声环境质量标准和民用建筑隔声设计规范,合理划定建筑物与交通干线的防噪声距离,并提出相应的规划设计要求。县级以上地方人民政府根据国家声环境质量标准,划定本行政区域内各类声环境质量标准的适用区域,并进行管理。即实行城市声环境功能分区控制制度。

➢ 争论

判断环境民事责任的依据应为环境噪声排放标准还是声环境质量标准?实践中法院的判决往往因排污者的噪声排放行为未超过国家规定的噪声排放标准,其行为不具有违法性而不需要承担民事责任。根据环境法的基本理论,声环境质量标准才是确认环境是否已经被污染的依据,也是判断排污者是否应当承担民事责任的依据。因而致害人承担环境损害赔偿责任,并不以其排污超标为前提。

2. 环境噪声排放标准

环境噪声排放标准,是指国家为了保护声环境而根据声环境质量标准和其他经济技术条件,对各种不同噪声源排放噪声的最高限值所作的规定。这是实现声环境质量标准的手段,同时也是制定排放噪声者的排放行为是否合法以及是否要承担有关法律责任的依据之一。

我国已颁布了一系列环境噪声排放标准,主要有:《工业企业厂界噪声标准》、《摩托车和轻便摩托车噪声限值》、《汽车定置噪声限值》、《建筑施工厂界噪声限值》、《铁路边界噪声限值及其测量方法》、《机动车辆允许噪声标准》等。

(四)关于环境噪声污染防治的监督管理制度的法律规定

环境噪声污染防治的监督管理过程实际上就是执行环境污染防治的基本法律制度的过程。它包括:

1. 环境噪声影响报告和"三同时"制度

《环境噪声污染防治法》规定,建设项目可能产生环境噪声污染的,建设项目单位必须提出环境影响报告书,规定环境噪声污染的防治措施,并按照规定的程序报环境保护部门审查批准,在环境影响报告书中,还应当有该建设项目所在地单位和居民的意见。

防治环境噪声污染也要实行"三同时"制度。"三同时"制度,即指一切新建、改建和扩建的基本建设项目、技术改造项目以及可能对环境造成影响的工程建设,其中防治噪声污染和其他公害的设施,必须与主体工程同时设计、同时施工、同时投产使用的法律制度。因此,防治环境噪声污染的设施达不到要求的,建设项目不得投产使用。

2. 环境噪声监测制度

《环境噪声污染防治法》规定,由国务院环境保护行政主管部门建立环境噪声监测制度,制定监测规范,并会同有关部门组织监测网络。环境噪声监测机构应当按照国务院环境保护行政主管部门的规定报送环境噪声监测结果。

3. 现场检查制度

《环境噪声污染防治法》规定，县级以上人民政府环境保护行政主管部门和其他环境噪声污染防治工作的监督管理部门、机构，有权依据各自的职责对管辖范围内排放噪声的单位进行现场检查，被检查的单位必须如实反映情况，并提供必要的资料。

4. 限期治理制度

《环境噪声污染防治法》规定，对于在噪声敏感建筑物集中区域①内造成严重环境噪声污染的企业、事业单位，应当采取措施限期治理，被限期治理的单位必须按期完成治理任务。限期治理由县级以上人民政府按照国务院规定的权限决定。对小型企业、事业单位的限期治理，可以由县级以上人民政府在国务院规定的权限内授权其环境保护行政主管部门决定。

5. 落后设备淘汰制度

《环境噪声污染防治法》规定，国家对环境噪声污染严重的落后设备实行淘汰制度，并公布限期禁止生产、销售、进口的环境噪声污染严重的设备名录。生产者、销售者和进口者必须在规定期限内分别停止生产、销售和进口名录中所列的设备。

6. 偶发性强烈噪声排放的申请和公告制度

偶发性强烈噪声排放具有突发性、不规则性和强烈性等特点，对人体健康和人们的生活环境造成的危害极大。因此，《环境噪声污染防治法》规定，在城市范围内从事生产活动的确需要排放偶发性强烈噪声的，必须事先向当地公安相关提出申请，经批准后方可进行，当地公安机关应当向社会公告。

(五)关于工业噪声污染防治的法律规定

工业噪声，是指在工业生产活动中使用固定的设备时产生的干扰周围生活环境的声音。《环境噪声污染防治法》设立专章，对防治工业噪声污染作了以下规定：

1. 对噪声排放的要求

在城市范围内向周围生活环境排放工业噪声的，应当符合国家规定的工业、企业厂界环境噪声排放标准。产生环境噪声污染的工业、企业，应当采取有效措施，减轻噪声对周围生活环境的影响。

2. 环境噪声排放申报登记制度

在工业生产中因使用固定的设备造成环境噪声污染的工业、企业，必须按照国务院环境保护行政主管部门的规定，向所在地的县级以上地方人民政府环境保护行政主管部门申报拥有的造成环境噪声污染的设备的种类、数量以及在正常作业条件下所发出的噪声值和防治环境噪声污染的设施情况，并提供防治噪声污染的技术资料。目前，"按照国务院环境保护行政主管部门的规定"，是指按照1992年国家环境保护局制定的《排放污染物申报登记管理规定》。

造成环境噪声污染的设备的种类、数量、噪声值和防治设施有重大改变的，必须及时申报，并采取应有的防治措施。

---

① 噪声敏感建筑物集中区域，是指医疗区、文教科研区和以机关或者居民住宅为主的区域。

➤ 案例分析

某县环境监察执法人员在现场检查中发现,个体经营者王某经营的家具厂在位于县城二类声环境功能区内使用圆盘锯进行高噪声机具作业,执法人员随即对噪声进行了现场监测。检测结果显示,其厂界昼间噪声值为 68 分贝属于超标排放。针对这种情况,环境执法人员随后向王某送达了《排污申报登记通知书》,要求其在 10 天内到县环保局办理排污申报登记手续,填报《排污申报登记表》。然而王某并未在规定的时间内履行申报登记义务。请问:本案中个体经营者在经营时产生了噪声污染是否应当进行排污申报登记?

【解答】个体经营者王某经营的家具厂属于《环境噪声污染防治法》第 24 条第 1 款规定的工业、企业应当按照当地环保部门的规定进行申报登记的范围。

3. 规定工业设备的噪声限值

国务院有关主管部门对可能产生环境噪声污染的工业设备,应当根据声环境保护的要求和国家的经济、技术条件,逐步地依法制定产品的国家标准,以及在行业标准中规定噪声限值。工业设备运行时发出的噪声值,应当在有关技术文件中予以注明。

(六)关于建筑施工噪声污染防治的法律规定

建筑施工噪声,是指在建筑施工过程中产生的干扰周围生活环境的声音。《环境噪声污染防治法》在第四章的第 27 条～第 30 条对建筑施工噪声污染防治作了以下规定:

1. 对噪声排放的要求

《环境噪声污染防治法》规定,在城市市区范围内向周围生活环境排放建筑施工噪声的,应当符合国家规定的建筑施工厂界噪声排放标准的规定。

2. 申报制度

《环境噪声污染防治法》规定,在城市市区范围内,建筑施工过程中使用机械设备,可能产生环境噪声污染的,施工单位必须在开工 15 日以前向工程所在地县级以上地方人民政府等环境保护行政主管部门申报该工程的项目名称、施工场所和期限,可能产生的环境噪声值以及所采取的环境噪声污染防治措施的情况。

3. 禁止性规定

在城市市区噪声敏感建筑物集中区域内,禁止夜间①进行产生环境噪声污染的建筑施工作业,但抢修、抢险作业和因生产工艺上要求或者特殊需要必须连续作业的,必须有县级以上人民政府或者其他有关主管部门的证明,并向附近居民公告。

(七)关于交通运输噪声污染防治的法律规定

交通噪声,是指机动车辆、铁路机车、机动船舶、航空器等交通运输工具在运行时所产生的干扰周围生活环境的声音。目前,交通运输噪声污染呈日益恶化的严重态势,已经成为环

---

① 这里的"夜间"是指晚上 22:00～凌晨 6:00 之间的期间。

境噪声污染防治的重点,《环境噪声污染防治法》专章对交通运输噪声污染防治作了以下规定:

1. 有关声响装置的规定

在城市市区范围内行驶的机动车辆①的消声器和喇叭必须符合国家规定的要求。要控制警报器的安装和使用;此外,机动船舶和铁路机车在城市市区、疗养区内行驶必须按照规定使用声响装置。

2. 有关特定路段和时间的规定

城市人民政府公安机关可以根据本地城市市区区域声环境保护的需要,划定禁止机动车辆行驶和禁止其使用声响装置的路段和时间,并向社会公告。

3. 有关道路建设和基础设施建设噪声污染防治的规定

建设经过已有的噪声敏感建筑物集中区域的高速公路和城市高架、轻轨道路,有可能造成环境噪声污染的,应当设置声屏障或者采取其他有效的控制环境噪声污染的措施。在已有的城市交通干线的两侧建设噪声敏感建筑物的,建设单位应当按照国家规定间隔一定距离,并采取减轻、避免交通噪声影响的措施。

4. 有关交通指挥作业中减轻噪声污染的规定

交通指挥作业,是指各种交通部门在站台、铁路编组、站、港口、码头、航空港等地的指挥作业。根据规定在指挥作业时使用广播喇叭的,应当控制音量,减轻噪声对周围生活环境的影响。

5. 有关铁路机车运行时噪声污染防治的规定

穿越城市居民区、文教区的铁路,因铁路机车运行造成环境噪声污染的,当地城市人民政府应当组织铁路部门和其他有关部门,制定减轻环境噪声污染的规划。铁路部门和其他有关部门应当按照规划的要求,采取有效措施,减轻环境噪声污染。

6. 有关航空器噪声污染防治的规定

这些措施有:除起飞、降落或者依法规定的情形以外,民用航空器不得飞越城市市区上空。城市人民政府应当在航空器起飞、降落的净空周围划定限制建设噪声敏感建筑物的区域;在该区域内建设噪声敏感建筑物的,建设单位应当采取减轻、避免航空器运行时产生的噪声影响的措施。民航部门应当采取有效措施,减轻环境噪声污染。

(八)关于社会生活噪声污染防治的法律规定

社会生活噪声,是指人为活动所产生的除工业噪声、建筑施工噪声和交通运输噪声之外的干扰周围生产环境的声音。社会生产噪声的污染,特别是饮食服务、娱乐场所等所产生的环境噪声的污染日益严重,是环境噪声污染的防治重点,《环境噪声污染防治法》有专章规定。

1. 商业、企业噪声排放申报登记制度

在城市市区噪声敏感建筑物集中区域内,因商业经营活动中使用固定设备造成环境噪声污染的商业、企业,必须按照国务院环境保护部门的规定,向所在地环境保护部门申报拥

---

① 这里的"机动车辆"是指汽车和摩托车。

有的造成环境噪声污染的设备的状况和防治环境噪声污染的设施的情况。

2. 文化娱乐场所防治环境噪声污染的规定

新建的营业性文化娱乐场所的边界噪声必须符合国家规定的环境噪声排放标准;不符合国家规定的环境噪声排放标准的,文化行政主管部门不得核发文化经营许可证,工商行政管理部门不得核发营业执照。经营中的文化娱乐场所,其经营管理者必须采取有效措施,使其边界噪声不超过国家规定的环境噪声排放标准。

3. 商业经营活动中防治环境噪声污染的规定

禁止在商业经营活动中使用高音广播喇叭或者采用其他发出高噪声的方法招揽顾客。在商业经营活动中使用空调器、冷却塔等可能产生环境噪声污染的设备、设施的,其经营管理者应当采取措施,使其边界噪声不超过国家规定的环境噪声排放标准。

4. 使用声响器材时防治噪声污染的规定

禁止任何单位、个人在城市市区噪声敏感建筑物集中区域内使用高音广播喇叭。在城市市区街道、广场、公园等场所组织娱乐、集会等活动,使用音响器材可能产生干扰周围生活环境的过大音量的,必须遵守当地公安机关的规定。使用家用电器、乐器或者进行其他家庭室内娱乐活动时,应当控制音量或者采取其他有效措施,避免对周围居民造成环境噪声污染。

5. 室内装修活动防治环境噪声污染的规定

在已竣工交付使用的住宅楼进行室内装修活动,应当限制作业时间,并采取其他有效措施,以减轻、避免对周围居民造成环境噪声污染。

第六节 有毒有害物质污染防治法

一、固体废物污染环境防治法

(一)固体废物污染概述

1. 固体废物的概念

固体废物,是指在生产、生活和其他活动中产生的丧失原有利用价值或者虽未丧失利用价值但被抛弃或者放弃的固态、半固态和置于容器中的气态的物品、物质以及法律、行政法规规定纳入固体废物管理的物品、物质。工业固体废物,是指在工业生产活动中产生的固体废物。生活垃圾,是指在日常生活中或者为日常生活提供服务的活动中产生的固体废物以及法律、行政法规规定视为生活垃圾的固体废物。危险废物,是指列入国家危险废物名录或者根据国家规定的危险废物鉴别标准和鉴别方法认定的具有危险特性的固体废物。

2. 固体废物污染的概念

固体废物污染,是指对固体废物处置不当而使其进入环境,从而导致危害人体健康或财产安全,以及破坏自然生态系统、造成环境质量恶化的现象。[①] 一般而言,固体废物可以直接对人类生活产生污染,也可以间接对人类生活产生影响。固体废物的处置需要专业的技术和单列的处理机构,任何对固体废物的处置不当都会导致环境污染和环境破坏。因而,每个国家都建立了对固体废物的处置制度。

为了未雨绸缪,防范未然,我国法律明确规定:县级以上人民政府应当将固体废物污染环境防治工作纳入国民经济和社会发展计划,并采取有利于固体废物污染环境防治的经济、技术政策和措施。国务院有关部门、县级以上地方人民政府及其有关部门组织编制城乡建设、土地利用、区域开发、产业发展等规划,应当统筹考虑减少固体废物的产生量和危害性、促进固体废物的综合利用和无害化处置。国家鼓励、支持固体废物污染环境防治的科学研究、技术开发、推广先进的防治技术和普及固体废物污染环境防治的科学知识。各级人民政府应当加强防治固体废物污染环境的宣传教育,倡导有利于环境保护的生产方式和生活方式。各级人民政府对在固体废物污染环境防治工作以及相关的综合利用活动中作出显著成绩的单位和个人给予奖励。任何单位和个人都有保护环境的义务,并有权对造成固体废物污染环境的单位和个人进行检举和控告。

3. 我国固体废物污染环境的现状

当前,中国固体废物污染呈加重趋势。这主要表现在:固体废物产生量持续增长,固体废物处置能力明显不足,大部分危险废物处于低水平综合利用或简单储存状态,城市生活垃圾无害化处置率低,垃圾围城的状况十分严重。老的固体废物造成的环境问题尚未得到有效解决,新的问题又接踵而来:废弃电器产品等新型固体废物不断增长,农村固体废物污染问题日益突出。从历史的角度分析,我国工业固体废物每年产生量很大,历年堆积放达的废物更多,其中有很大部分是危险废物。目前工业固体废物的综合利用率比较低,其余大都堆存在城市工业区和河滩荒地上,风吹雨淋成为严重的污染源,并使污染事件不断发生,造成严重后果。我国每年有很多固体废物倾倒在江、河、湖泊,污染水体,使湖泊面积减少。可以说,固体废物的污染控制问题已成为我国重要的环境问题之一,影响了经济、社会的发展,迫使我们必须对固体废物的污染进行有效的治理。

(二)防治固体废物污染环境立法

我国于 1995 年 10 月 30 日颁布了《中华人民共和国固体废物污染防治法》,于 1996 年 4 月 1 日开始实施;后来随着经济和社会的发展,该法于 2004 年 12 月 29 日得到修订,修订后的法律于 2005 年 4 月 1 日开始实施。为了与该法律相配套,国家又制定了许多行政法规、部门规章、地方政府规章等许多规定,譬如:《医疗废物管理条例》于 2003 年 6 月 4 日公布,该行政法规自公布之日起施行;部门规章《医疗废物管理行政处罚办法》于 2004 年 6 月 1 日起施行;《固体废物鉴别导则(试行)》,自 2006 年 4 月 1 日起施行等等。这些配套规定和《固体废物污染防治法》构成了一条严密的大网,共同维护自然环境的质量。

---

① 周柯:《环境法》,中国人民大学出版社 2005 年版,第 235 页。

(三)我国防治固体废物污染环境的法律规定

1. 防治固体废物污染环境的法律原则

在我国,整体而言,国家对固体废物污染环境的防治,实行减少固体废物的产生量和危害性、充分合理利用固体废物和无害化处置固体废物的原则,促进清洁生产和循环经济的发展。国家采取有利于固体废物综合利用活动的经济、技术政策和措施,对固体废物实行充分回收和合理利用。国家鼓励、支持采取有利于保护环境的集中处置固体废物的措施,促进固体废物污染环境防治产业发展。国家对固体废物污染环境防治实行污染者依法负责的原则。产品的生产者、销售者、进口者、使用者对其产生的固体废物依法承担污染防治责任。国家鼓励单位和个人购买、使用再生产品和可重复利用产品。

2. 防治固体废物污染环境的监督管理体制

国务院环境保护行政主管部门对全国固体废物污染环境的防治工作实施统一监督管理。国务院有关部门在各自的职责范围内负责固体废物污染环境防治的监督管理工作。县级以上地方人民政府环境保护行政主管部门对本行政区域内固体废物污染环境的防治工作实施统一监督管理。县级以上地方人民政府有关部门在各自的职责范围内负责固体废物污染环境防治的监督管理工作。国务院建设行政主管部门和县级以上地方人民政府环境卫生行政主管部门负责生活垃圾清扫、收集、贮存、运输和处置的监督管理工作。

国务院环境保护行政主管部门会同国务院有关行政主管部门根据国家环境质量标准和国家经济、技术条件,制定国家固体废物污染环境防治技术标准。国务院环境保护行政主管部门建立固体废物污染环境监测制度,制定统一的监测规范,并会同有关部门组织监测网络。大、中城市人民政府环境保护行政主管部门应当定期发布固体废物的种类、产生量、处置状况等信息。建设产生固体废物的项目以及建设贮存、利用、处置固体废物的项目,必须依法进行环境影响评价,并遵守国家有关建设项目环境保护管理的规定。建设项目的环境影响评价文件确定需要配套建设的固体废物污染环境防治设施,必须与主体工程同时设计、同时施工、同时投入使用。固体废物污染环境防治设施必须经原审批环境影响评价文件的环境保护行政主管部门验收合格后,该建设项目方可投入生产或者使用。对固体废物污染环境防治设施的验收应当与对主体工程的验收同时进行。县级以上人民政府环境保护行政主管部门和其他固体废物污染环境防治工作的监督管理部门,有权依据各自的职责对管辖范围内与固体废物污染环境防治有关的单位进行现场检查。被检查的单位应当如实反映情况,提供必要的资料。检查机关应当为被检查的单位保守技术秘密和业务秘密。检查机关进行现场检查时,可以采取现场监测、采集样品、查阅或者复制与固体废物污染环境防治相关的资料等措施。检查人员进行现场检查,应当出示证件。

3. 防治固体废物污染环境的一般规定

固体废物的单位和个人,应当采取措施,防止或者减少固体废物对环境的污染。收集、贮存、运输、利用、处置固体废物的单位和个人,必须采取防扬散、防流失、防渗漏或者其他防止污染环境的措施;不得擅自倾倒、堆放、丢弃、遗撒固体废物。禁止任何单位或者个人向江河、湖泊、运河、渠道、水库及其最高水位线以下的滩地和岸坡等法律、法规规定禁止倾倒、堆放废弃物的地点倾倒、堆放固体废物。

产品和包装物的设计、制造，应当遵守国家有关清洁生产的规定。国务院标准化行政主管部门应当根据国家经济和技术条件、固体废物污染环境防治状况以及产品的技术要求，组织制定有关标准，防止过度包装造成环境污染。生产、销售、进口依法被列入强制回收目录的产品和包装物的企业，必须按照国家有关规定对该产品和包装物进行回收。国家鼓励科研、生产单位研究、生产易回收利用、易处置或者在环境中可降解的薄膜覆盖物和商品包装物。使用农用薄膜的单位和个人，应当采取回收利用等措施，防止或者减少农用薄膜对环境的污染。从事畜禽规模养殖应当按照国家有关规定收集、贮存、利用或者处置养殖过程中产生的畜禽粪便，防止污染环境。禁止在人口集中地区、机场周围、交通干线附近以及当地人民政府划定的区域露天焚烧秸秆。对收集、贮存、运输、处置固体废物的设施、设备和场所，应当加强管理和维护，保证其正常运行和使用。

在国务院和国务院有关主管部门及省、自治区、直辖市人民政府划定的自然保护区、风景名胜区、饮用水水源保护区、基本农田保护区和其他需要特别保护的区域内，禁止建设工业固体废物集中贮存、处置的设施、场所和生活垃圾填埋场。转移固体废物出省、自治区、直辖市行政区域贮存、处置的，应当向固体废物移出地的省、自治区、直辖市人民政府环境保护行政主管部门提出申请。移出地的省、自治区、直辖市人民政府环境保护行政主管部门应当商经接受地的省、自治区、直辖市人民政府环境保护行政主管部门同意后，方可批准转移该固体废物出省、自治区、直辖市行政区域。未经批准的，不得转移。禁止中华人民共和国境外的固体废物进境倾倒、堆放、处置。禁止进口不能用作原料或者不能以无害化方式利用的固体废物；对可以用作原料的固体废物实行限制进口和自动许可进口分类管理。国务院环境保护行政主管部门会同国务院对外贸易主管部门、国务院经济综合宏观调控部门、海关总署、国务院质量监督检验检疫部门制定、调整并公布禁止进口、限制进口和自动许可进口的固体废物目录。禁止进口列入禁止进口目录的固体废物。进口列入限制进口目录的固体废物，应当经国务院环境保护行政主管部门会同国务院对外贸易主管部门审查许可。进口列入自动许可进口目录的固体废物，应当依法办理自动许可手续。进口的固体废物必须符合国家环境保护标准，并经质量监督检验检疫部门检验合格。进口固体废物的具体管理办法，由国务院环境保护行政主管部门会同国务院对外贸易主管部门、国务院经济综合宏观调控部门、海关总署、国务院质量监督检验检疫部门制定。进口者对海关将其所进口的货物纳入固体废物管理范围不服的，可以依法申请行政复议，也可以向人民法院提起行政诉讼。

4. 关于防治工业固体废物污染环境的法律规定

国务院环境保护行政主管部门应当会同国务院经济综合宏观调控部门和其他有关部门对工业固体废物对环境的污染作出界定，制定防治工业固体废物污染环境的技术政策，组织推广先进的防治工业固体废物污染环境的生产工艺和设备。国务院经济综合宏观调控部门应当会同国务院有关部门组织研究、开发和推广减少工业固体废物产生量和危害性的生产工艺和设备，公布限期淘汰产生严重污染环境的工业固体废物的落后生产工艺、落后设备的名录。生产者、销售者、进口者、使用者必须在国务院经济综合宏观调控部门会同国务院有关部门规定的期限内分别停止生产、销售、进口或者使用列入前款规定的名录中的设备。生产工艺的采用者必须在国务院经济综合宏观调控部门会同国务院有关部门规定的期限内停止采用列入前款规定的名录中的工艺。列入限期淘汰名录被淘汰的设备，不得转让给他人使用。

县级以上人民政府有关部门应当制定工业固体废物污染环境防治工作规划,推广能够减少工业固体废物产生量和危害性的先进生产工艺和设备,推动工业固体废物污染环境防治工作。产生工业固体废物的单位应当建立、健全污染环境防治责任制度,采取防治工业固体废物污染环境的措施。企业、事业单位应当合理选择和利用原材料、能源和其他资源,采用先进的生产工艺和设备,减少工业固体废物的产生量,降低工业固体废物的危害性。国家实行工业固体废物申报登记制度。产生工业固体废物的单位必须按照国务院环境保护行政主管部门的规定,向所在地县级以上地方人民政府环境保护行政主管部门提供工业固体废物的种类、产生量、流向、贮存、处置等有关资料。企业、事业单位应当根据经济、技术条件对其产生的工业固体废物加以利用;对暂时不利用或者不能利用的,必须按照国务院环境保护行政主管部门的规定建设贮存设施、场所,安全分类存放,或者采取无害化处置措施。建设工业固体废物贮存、处置的设施、场所,必须符合国家环境保护标准。禁止擅自关闭、闲置或者拆除工业固体废物污染环境防治设施、场所;确有必要关闭、闲置或者拆除的,必须经所在地县级以上地方人民政府环境保护行政主管部门核准,并采取措施,防止污染环境。产生工业固体废物的单位需要终止的,应当事先对工业固体废物的贮存、处置的设施、场所采取污染防治措施,并对未处置的工业固体废物作出妥善处置,防止污染环境。产生工业固体废物的单位发生变更的,变更后的单位应当按照国家有关环境保护的规定对未处置的工业固体废物及其贮存、处置的设施、场所进行安全处置或者采取措施保证该设施、场所安全运行。变更前当事人对工业固体废物及其贮存、处置的设施、场所的污染防治责任另有约定的,从其约定;但是,不得免除当事人的污染防治义务。矿山企业应当采取科学的开采方法和选矿工艺,减少尾矿、矸石、废石等矿业固体废物的产生量和贮存量。尾矿、矸石、废石等矿业固体废物贮存设施停止使用后,矿山企业应当按照国家有关环境保护规定进行封场,防止造成环境污染和生态破坏。拆解、利用、处置废弃电器产品和废弃机动车船,应当遵守有关法律、法规的规定,采取措施,防止污染环境。

5. 关于防治城市生产、生活垃圾污染环境的法律规定

县级以上人民政府应当统筹安排建设城乡生活垃圾收集、运输、处置设施,提高生活垃圾的利用率和无害化处置率,促进生活垃圾收集、处置的产业化发展,逐步建立和完善生活垃圾污染环境防治的社会服务体系。县级以上地方人民政府环境卫生行政主管部门应当组织对城市生活垃圾进行清扫、收集、运输和处置,可以通过招标等方式选择具备条件的单位从事生活垃圾的清扫、收集、运输和处置。对城市生活垃圾应当按照环境卫生行政主管部门的规定,在指定的地点放置,不得随意倾倒、抛撒或者堆放。清扫、收集、运输、处置城市生活垃圾,应当遵守国家有关环境保护和环境卫生管理的规定,防止污染环境。

对城市生活垃圾应当及时清运,逐步做到分类收集和运输,并积极开展合理利用和实施无害化处置。城市人民政府应当有计划地改进燃料结构,发展城市煤气、天然气、液化气和其他清洁能源。城市人民政府有关部门应当组织净菜进城,减少城市生活垃圾。城市人民政府有关部门应当统筹规划,合理安排收购网点,促进生活垃圾的回收利用工作。建设生活垃圾处置的设施、场所,必须符合国务院环境保护行政主管部门和国务院建设行政主管部门规定的环境保护和环境卫生标准。禁止擅自关闭、闲置或者拆除生活垃圾处置的设施、场

所;确有必要关闭、闲置或者拆除的,必须经所在地县级以上地方人民政府环境卫生行政主管部门和环境保护行政主管部门核准,并采取措施,防止污染环境。从生活垃圾中回收的物质必须按照国家规定的用途或者标准使用,不得用于生产可能危害人体健康的产品。从事公共交通运输的经营单位,应当按照国家有关规定,清扫、收集运输过程中产生的生活垃圾。从事城市新区开发、旧区改建和住宅小区开发建设的单位,以及机场、码头、车站、公园、商店等公共设施、场所的经营管理单位,应当按照国家有关环境卫生的规定,配套建设生活垃圾收集设施。农村生活垃圾污染环境防治的具体办法,由地方性法规规定。

6. 关于防治危险废物污染环境的特别规定

国务院环境保护行政主管部门应当会同国务院有关部门制定国家危险废物名录,规定统一的危险废物鉴别标准、鉴别方法和识别标志。对危险废物的容器和包装物以及收集、贮存、运输、处置危险废物的设施、场所,必须设置危险废物识别标志。产生危险废物的单位,必须按照国家有关规定制定危险废物管理计划,并向所在地县级以上地方人民政府环境保护行政主管部门申报危险废物的种类、产生量、流向、贮存、处置等有关资料。前面所称危险废物管理计划应当包括减少危险废物产生量和危害性的措施以及危险废物贮存、利用、处置措施。危险废物管理计划应当报产生危险废物的单位所在地县级以上地方人民政府环境保护行政主管部门备案。国务院环境保护行政主管部门会同国务院经济综合宏观调控部门组织编制危险废物集中处置设施、场所的建设规划,报国务院批准后实施。县级以上地方人民政府应当依据危险废物集中处置设施、场所的建设规划组织建设危险废物集中处置设施、场所。

产生危险废物的单位,必须按照国家有关规定处置危险废物,不得擅自倾倒、堆放;不处置的,由所在地县级以上地方人民政府环境保护行政主管部门责令限期改正;逾期不处置或者处置不符合国家有关规定的,由所在地县级以上地方人民政府环境保护行政主管部门指定单位按照国家有关规定代为处置,处置费用由产生危险废物的单位承担。以填埋方式处置危险废物不符合国务院环境保护行政主管部门规定的,应当缴纳危险废物排污费。危险废物排污费征收的具体办法由国务院规定。危险废物排污费用于污染环境的防治,不得挪作他用。从事收集、贮存、处置危险废物经营活动的单位,必须向县级以上人民政府环境保护行政主管部门申请领取经营许可证;从事利用危险废物经营活动的单位,必须向国务院环境保护行政主管部门或者省、自治区、直辖市人民政府环境保护行政主管部门申请领取经营许可证。禁止无经营许可证或者不按经营许可证规定从事危险废物收集、贮存、利用、处置的经营活动。禁止将危险废物提供或者委托给无经营许可证的单位从事收集、贮存、利用、处置的经营活动。收集、贮存危险废物,必须按照危险废物特性分类进行。禁止混合收集、贮存、运输、处置性质不相容而未经安全性处置的危险废物。贮存危险废物必须采取符合国家环境保护标准的防护措施,并不得超过一年;确需延长期限的,必须报经原批准经营许可证的环境保护行政主管部门批准;法律、行政法规另有规定的除外。禁止将危险废物混入非危险废物中贮存。转移危险废物的,必须按照国家有关规定填写危险废物转移联单,并向危险废物移出地设区的市级以上地方人民政府环境保护行政主管部门提出申请。移出地设区的市级以上地方人民政府环境保护行政主管部门应当商经接受地设区的市级以上地方人民政府环境保护行政主管部门同意后,方可批准转移该危险废物。未经批准的,不得转移。转移危险废物途经移出地、接受地以外行政区域的,危险废物移出地设区的市级以上地方人民政府环境保护行政主管部门应当及时通知沿途经过的设区的市级以上地方人民政府环境保护行政主管部门。

运输危险废物,必须采取防止污染环境的措施,并遵守国家有关危险货物运输管理的规定。禁止将危险废物与旅客在同一运输工具上载运。收集、贮存、运输、处置危险废物的场所、设施、设备和容器、包装物及其他物品转作他用时,必须经过消除污染的处理,方可使用。产生、收集、贮存、运输、利用、处置危险废物的单位,应当制定意外事故的防范措施和应急预案,并向所在地县级以上地方人民政府环境保护行政主管部门备案;环境保护行政主管部门应当进行检查。因发生事故或者其他突发性事件,造成危险废物严重污染环境的单位,必须立即采取措施消除或者减轻对环境的污染危害,及时通报可能受到污染危害的单位和居民,并向所在地县级以上地方人民政府环境保护行政主管部门和有关部门报告,接受调查处理。在发生或者有证据证明可能发生危险废物严重污染环境、威胁居民生命财产安全时,县级以上地方人民政府环境保护行政主管部门或者其他固体废物污染环境防治工作的监督管理部门必须立即向本级人民政府和上一级人民政府有关行政主管部门报告,由人民政府采取防止或者减轻危害的有效措施。有关人民政府可以根据需要责令停止导致或者可能导致环境污染事故的作业。重点危险废物集中处置设施、场所的退役费用应当预提,列入投资概算或者经营成本。具体提取和管理办法,由国务院财政部门、价格主管部门会同国务院环境保护行政主管部门规定。禁止经中华人民共和国过境转移危险废物。

二、放射性物质污染环境防治法

(一)放射性物质污染概述

1. 放射性与放射性物质的概念

在自然界,某些物质的原子核能发生衰变,即自然的改变核结构从而转变为另外一种物质,在这个过程中,放出肉眼看不见也感觉不到,只能用专门的仪器才能探测到的射线。

一般而言,放射性物质可以分为两类:一类是大自然的,另一类是人类自己产生的。在自然界,因为地质生成的原因,有些地方或者有些物质天然具有放射性,但是基于生物几千万年的生活,这些地方的放射性已经可以为人类所接受,譬如一些盛产大理石的地方;对人类产生威胁的是人类自己人工行为所制作的放射性,最简单的是核武器。核电站所产生的一些核废物、核废水,以及一些被过量使用的农业、医疗核辐射都会对人类的健康构成威胁,所以,在社会生活中,主要规制的是人类自己行为所产生的放射性现象。

2. 放射性污染的概念及危害

放射性污染,是指由于人类活动造成物料、人体、场所、环境介质表面或者内部出现超过国家标准的放射性物质或者射线。国家对放射性污染的防治,实行预防为主、防治结合、严格管理、安全第一的方针;国家鼓励、支持放射性污染防治的科学研究和技术开发利用,推广先进的放射性污染防治技术。国家支持开展放射性污染防治的国际交流与合作。县级以上人民政府应当将放射性污染防治工作纳入环境保护规划。县级以上人民政府应当组织开展有针对性的放射性污染防治宣传教育,使公众了解放射性污染防治的有关情况和科学知识。

(二)防治放射性物质污染环境立法简介

《中华人民共和国放射性污染防治法》已由中华人民共和国第十届全国人民代表大会常务委员会第三次会议于2003年6月28日通过,并予公布,自2003年10月1日起施行。除了该法律之外,各部门还制定了相当多的规定,譬如《放射防护规定》等。目前,我国的防治放射性物质污染的法律体系已经很严密,只是需要将其严格实施。

(三)我国防治放射性物质污染环境的主要法律规定

1. 放射性污染防治的监督管理

国家放射性污染防治标准由国务院环境保护行政主管部门根据环境安全要求、国家经济技术条件制定。国家放射性污染防治标准由国务院环境保护行政主管部门和国务院标准化行政主管部门联合发布。国家建立放射性污染监测制度。国务院环境保护行政主管部门会同国务院其他有关部门组织环境监测网络,对放射性污染实施监测管理。国务院环境保护行政主管部门和国务院其他有关部门,按照职责分工,各负其责,互通信息,密切配合,对核设施、铀(钍)矿开发利用中的放射性污染防治进行监督检查。

县级以上地方人民政府环境保护行政主管部门和同级其他有关部门,按照职责分工,各负其责,互通信息,密切配合,对本行政区域内核技术利用、伴生放射性矿开发利用中的放射性污染防治进行监督检查。监督检查人员进行现场检查时,应当出示证件。被检查的单位必须如实反映情况,提供必要的资料。监督检查人员应当为被检查单位保守技术秘密和业务秘密。对涉及国家秘密的单位和部位进行检查时,应当遵守国家有关保守国家秘密的规定,依法办理有关审批手续。

核设施营运单位、核技术利用单位、铀(钍)矿和伴生放射性矿开发利用单位,负责本单位放射性污染的防治,接受环境保护行政主管部门和其他有关部门的监督管理,并依法对其造成的放射性污染承担责任。核设施营运单位、核技术利用单位、铀(钍)矿和伴生放射性矿开发利用单位,必须采取安全与防护措施,预防发生可能导致放射性污染的各类事故,避免放射性污染危害。核设施营运单位、核技术利用单位、铀(钍)矿和伴生放射性矿开发利用单位,应当对其工作人员进行放射性安全教育、培训,采取有效的防护安全措施。

国家对从事放射性污染防治的专业人员实行资格管理制度;对从事放射性污染监测工作的机构实行资质管理制度。

运输放射性物质和含放射源的射线装置,应当采取有效措施,防止放射性污染。放射性物质和射线装置应当设置明显的放射性标识和中文警示说明。生产、销售、使用、贮存、处置放射性物质和射线装置的场所,以及运输放射性物质和含放射源的射线装置的工具,应当设置明显的放射性标志。含有放射性物质的产品,应当符合国家放射性污染防治标准;不符合国家放射性污染防治标准的,不得出厂和销售。使用伴生放射性矿渣和含有天然放射性物质的石材做建筑和装修材料,应当符合国家建筑材料放射性核素控制标准。

2. 关于民用核设施的安全监督管理

民用核设施,是指用于民用目的的核动力厂(核电厂、核热电厂、核供汽供热厂等)和其他反应堆(研究堆、实验堆、临界装置等);核燃料生产、加工、贮存和后处理设施;放射性废物的处理和处置设施等。国家对民用核设施加强监管,保障安全。

核设施选址,应当进行科学论证,并按照国家有关规定办理审批手续。在办理核设施选址审批手续前,应当编制环境影响报告书,报国务院环境保护行政主管部门审查批准;未经批准的,有关部门不得办理核设施选址批准文件。核设施营运单位在进行核设施建造、装料、运行、退役等活动前,必须按照国务院有关核设施安全监督管理的规定,申请领取核设施建造、运行许可证和办理装料、退役等审批手续。核设施营运单位领取有关许可证或者批准文件后,方可进行相应的建造、装料、运行、退役等活动。核设施营运单位应当在申请领取核设施建造、运行许可证和办理退役审批手续前编制环境影响报告书,报国务院环境保护行政主管部门审查批准;未经批准的,有关部门不得颁发许可证和办理批准文件。与核设施相配套的放射性污染防治设施,应当与主体工程同时设计、同时施工、同时投入使用。放射性污染防治设施应当与主体工程同时验收;验收合格的,主体工程方可投入生产或者使用。

进口核设施,应当符合国家放射性污染防治标准;没有相应的国家放射性污染防治标准的,采用国务院环境保护行政主管部门指定的国外有关标准。核动力厂等重要核设施外围地区应当划定规划限制区。核设施营运单位应当对核设施周围环境中所含的放射性核素的种类、浓度以及核设施流出物中的放射性核素总量实施监测,并定期向国务院环境保护行政主管部门和所在地省、自治区、直辖市人民政府环境保护行政主管部门报告监测结果。国务院环境保护行政主管部门负责对核动力厂等重要核设施实施监督性监测,并根据需要对其他核设施的流出物实施监测。监督性监测系统的建设、运行和维护费用由财政预算安排。核设施营运单位应当建立、健全安全保卫制度,加强安全保卫工作,并接受公安部门的监督指导。核设施营运单位应当按照核设施的规模和性质制定核事故场内应急计划,作好应急准备。出现核事故应急状态时,核设施营运单位必须立即采取有效的应急措施控制事故,并向核设施主管部门和环境保护行政主管部门、卫生行政部门、公安部门以及其他有关部门报告。国家建立、健全核事故应急制度。核设施主管部门、环境保护行政主管部门、卫生行政部门、公安部门以及其他有关部门,在本级人民政府的组织领导下,按照各自的职责依法做好核事故应急工作。核设施营运单位应当制定核设施退役计划。核设施的退役费用和放射性废物处置费用应当预提,列入投资概算或者生产成本。核设施的退役费用和放射性废物处置费用的提取和管理办法,由国务院财政部门、价格主管部门会同国务院环境保护行政主管部门、核设施主管部门规定。

3. 放射性同位素与射线装置放射防护的规定

放射性同位素,是指某种发生放射性衰变的元素中具有相同原子序数但质量不同的核素。放射源,是指除研究堆和动力堆核燃料循环范畴的材料以外,永久密封在容器中或者有严密包层并呈固态的放射性材料。射线装置,是指 X 线机、加速器、中子发生器以及含放射源的装置。生产、销售、使用放射性同位素和射线装置的单位,应当按照国务院有关放射性同位素与射线装置放射防护的规定申请领取许可证,办理登记手续。转让、进口放射性同位素和射线装置的单位以及装备有放射性同位素的仪表的单位,应当按照国务院有关放射性同位素与射线装置放射防护的规定办理有关手续。生产、销售、使用放射性同位素和加速器、中子发生器以及含放射源的射线装置的单位,应当在申请领取许可证前编制环境影响评价文件,报省、自治区、直辖市人民政府环境保护行政主管部门审查批准;未经批准的,有关部门不得颁发许可证。国家建立放射性同位素备案制度。

新建、改建、扩建放射工作场所的放射防护设施,应当与主体工程同时设计、同时施工、同时投入使用。放射防护设施应当与主体工程同时验收;验收合格的,主体工程方可投入生产或者使用。放射性同位素应当单独存放,不得与易燃、易爆、腐蚀性物品等一起存放,其贮存场所应当采取有效的防火、防盗、防射线泄漏的安全防护措施,并指定专人负责保管。贮存、领取、使用、归还放射性同位素时,应当进行登记、检查,做到账、物相符。生产、使用放射性同位素和射线装置的单位,应当按照国务院环境保护行政主管部门的规定对其产生的放射性废物进行收集、包装、贮存。

生产放射源的单位,应当按照国务院环境保护行政主管部门的规定回收和利用废旧放射源;使用放射源的单位,应当按照国务院环境保护行政主管部门的规定将废旧放射源交回生产放射源的单位或者送交专门从事放射性固体废物贮存、处置的单位。生产、销售、使用、贮存放射源的单位,应当建立、健全安全保卫制度,指定专人负责,落实安全责任制,制定必要的事故应急措施。发生放射源丢失、被盗和放射性污染事故时,有关单位和个人必须立即采取应急措施,并向公安部门、卫生行政部门和环境保护行政主管部门报告。公安部门、卫生行政部门和环境保护行政主管部门接到放射源丢失、被盗和放射性污染事故报告后,应当报告本级人民政府,并按照各自的职责立即组织采取有效措施,防止放射性污染蔓延,减少事故损失。当地人民政府应当及时将有关情况告知公众,并做好事故的调查、处理工作。

4. 关于铀(钍)矿和伴生放射性矿开发利用的放射性污染防治

开发利用或者关闭铀(钍)矿的单位,应当在申请领取采矿许可证或者办理退役审批手续前编制环境影响报告书,报国务院环境保护行政主管部门审查批准。开发利用伴生放射性矿的单位,应当在申请领取采矿许可证前编制环境影响报告书,报省级以上人民政府环境保护行政主管部门审查批准。伴生放射性矿,是指含有较高水平天然放射性核素浓度的非铀矿(如稀土矿和磷酸盐矿等)。与铀(钍)矿和伴生放射性矿开发利用建设项目相配套的放射性污染防治设施,应当与主体工程同时设计、同时施工、同时投入使用。放射性污染防治设施应当与主体工程同时验收;验收合格的,主体工程方可投入生产或者使用。

铀(钍)矿开发利用单位应当对铀(钍)矿的流出物和周围的环境实施监测,并定期向国务院环境保护行政主管部门和所在地省、自治区、直辖市人民政府环境保护行政主管部门报告监测结果。对铀(钍)矿和伴生放射性矿开发利用过程中产生的尾矿,应当建造尾矿库进行贮存、处置;建造的尾矿库应当符合放射性污染防治的要求。铀(钍)矿开发利用单位应当制定铀(钍)矿退役计划。铀矿退役费用由国家财政预算安排。

5. 关于放射性废物的管理

放射性废物,是指含有放射性核素或者被放射性核素污染,其浓度或者比活度大于国家确定的清洁解控水平,预期不再使用的废弃物。核设施营运单位、核技术利用单位、铀(钍)矿和伴生放射性矿开发利用单位,应当合理选择和利用原材料,采用先进的生产工艺和设备,尽量减少放射性废物的产生量。向环境排放放射性废气、废液,必须符合国家放射性污染防治标准。产生放射性废气、废液的单位向环境排放符合国家放射性污染防治标准的放射性废气、废液,应当向审批环境影响评价文件的环境保护行政主管部门申请放射性核素排放量,并定期报告排放计量结果。产生放射性废液的单位,必须按照国家放射性污染防治标准的要求,对不得向环境排放的放射性废液进行处理或者贮存。产生放射性废液的单位,向环境排放符合国家放射性污染防治标准的放射性废液,必须采用符合国务院环境保护行政主管部门规定的排放方式。禁止利用渗井、渗坑、天然裂隙、溶洞或者国家禁止的其他方式排放放射性废液。低、中水平放射性固体废物在符合国家规定的区域实行近地表处置。高水平放射性固体废物实行集中的深地质处置。α放射性固体废物依照前款规定处置。禁止在内河水域和海洋上处置放射性固体废物。

国务院核设施主管部门会同国务院环境保护行政主管部门根据地质条件和放射性废物处置的需要,在环境影响评价的基础上编制放射性固体废物处置场所选址规划,报国务院批准后实施。有关地方人民政府应当根据放射性固体废物处置场所选址规划,提供放射性固体废物处置场所的建设用地,并采取有效措施支持放射性固体废物的处置。产生放射性固体废物的单位,应当按照国务院环境保护行政主管部门的规定,对其产生的放射性固体废物进行处理后,送交放射性固体废物处置单位处置,并承担处置费用。设立专门从事放射性固体废物贮存、处置的单位,必须经国务院环境保护行政主管部门审查批准,取得许可证。禁止未经许可或者不按照许可的有关规定从事贮存和处置放射性固体废物的活动。禁止将放射性固体废物提供或者委托给无许可证的单位贮存和处置。禁止将放射性废物和被放射性污染的物品输入中华人民共和国境内或者经中华人民共和国境内转移。

三、有毒化学品污染环境防治法

(一)有毒化学品污染环境概述

1. 有毒化学品的概念

有毒化学品,是指进入环境后通过环境蓄积、生物累积、生物转化或化学反应等方式损害健康和环境,或者通过接触对人体具有严重危害和具有潜在危险的化学品。化学品,是指人工制造的或者是从自然界获取的化学物质,包括化学物质本身、化学混合物、化学配置中的一部分,以及作为工业化学品和农药使用的物质。在我们的日常生活中,必须应用到化学品,譬如沐浴露、香皂、汽油、塑料等,化学品已经成为我们生活中的一部分,不可或缺;有毒化学品也一样,在工业生产中是不可或缺的。危险化学品,是指具有易燃、易爆、有毒、有害及有腐蚀特性,会对人员、设施、环境造成伤害或损害的化学品。危险化学品是从化学品对社会公众影响的角度来定义的,而有毒化学品是从化学品自身的性质来定义的。一般而言,有毒的即是危险的,危险化学品的外延大于有毒化学品的外延。

2. 有毒化学品的污染危害

有毒化学品管理不当和使用不当,容易对社会造成损害。譬如,在有毒化学品的生产、运输、销售、存储、使用过程中,管理不善和使用不当,就会导致其泄露、溢出、渗透、流失、扩散,从而进入环境,造成人体健康损害,破坏生态环境和生活环境。譬如,以我们最常见的化妆品为例,组成化妆品的化学物质有4000多种,这些化学物质中的一部分可能会引起急、慢性中毒和其他不良影响,对人体造成损害。化妆品中的化学毒物大多是通过原料和添加剂带入化妆品的,有的是生产过程中污染的,有的则是作为原料有意添加的。增白霜、雀斑霜等大都含有无机汞盐;铅粉曾经是一种很时髦的美容品;生发剂和爽身粉中含有高浓度的砷;在香水、花露水等化妆品的制造过程中,有的生产企业用工业酒精代替乙醇作为原料,使甲醇严重超过国家标准。汞和汞化合物为化妆品组分中禁用的物质。但是,鉴于硫柳汞具有良好的抑菌作用,允许用于眼部化妆品和眼部卸装品,并须在标签中注明,其最大允许使用浓度为 0.007%(汞计)。但是,这样也可能会产生危害:无机汞进入血液后,大部分分布于血浆中,主要蓄积于肾脏,其次是肝脏和脾脏。汞中毒主要是由汞离子引起的,因此容易解离的汞盐特别危险。汞离子与蛋白的巯基以及组织蛋白的羧基和氨基反应,形成牢固的络合物——金属蛋白,从而抑制了酶的活性,引起急性或慢性中毒。类似的还有砷及砷化合物、铅和铅化合物、甲醇等。所以,既要发挥有毒化学品的价值,又要制约其负面作用。

(二)防治有毒化学品污染环境立法简介

目前,我国已经制定了较为详尽的有毒化学品管理法律法规,譬如《化学品首次进口及有毒化学品进出口环境管理规定》、《中国严格限制进出口的有毒化学品目录》、《危险化学品安全管理条例》、《监控化学品管理条例》等;而且,在《环境保护法》、《水污染防治法》等法律中也有关于有毒化学品污染防治的规定。要在实际工作中严格实施上述规定,以维护环境安全和人民群众的身体健康,从而为社会创造价值。

(三)我国防治有毒化学品污染环境的主要法律规定

1. 关于有毒化学品生产经营许可证制度的法律规定

国家对危险化学品的生产和储存实行统一规划、合理布局和严格控制,并对危险化学品生产、储存实行审批制度;未经审批,任何单位和个人都不得生产、储存危险化学品。设区的市级人民政府根据当地经济发展的实际需要,在编制总体规划时,应当按照确保安全的原则规划适当区域专门用于危险化学品的生产、储存。危险化学品生产、储存企业,必须具备下列条件:有符合国家标准的生产工艺、设备或者储存方式、设施;工厂、仓库的周边防护距离符合国家标准或者国家有关规定;有符合生产或者储存需要的管理人员和技术人员;有健全的安全管理制度;符合法律、法规规定和国家标准要求的其他条件。

设立剧毒化学品生产、储存企业和其他危险化学品生产、储存企业,应当分别向省、自治区、直辖市人民政府经济贸易管理部门和设区的市级人民政府负责危险化学品安全监督管理综合工作的部门提出申请,并提交相应文件;省、自治区、直辖市人民政府经济贸易管理部门或者设区的市级人民政府负责危险化学品安全监督管理综合工作的部门收到申请和提交的文件后,应当组织有关专家进行审查,提出审查意见后,报本级人民政府作出批准或者不予批准的决定。依据本级人民政府的决定,予以批准的,由省、自治区、直辖市人民政府经济贸易管理部门或者设区的市级人民政府负责危险化学品安全监督管理综合工作的部门颁发批准书;不予批准的,书面通知申请人。申请人凭批准书向工商行政管理部门办理登记注册手续。

除运输工具加油站、加气站外,危险化学品的生产装置和储存数量构成重大危险源的储存设施,与下列场所、区域的距离必须符合国家标准或者国家有关规定:居民区、商业中心、公园等人口密集区域;学校、医院、影剧院、体育场(馆)等公共设施;供水水源、水厂及水源保护区;车站、码头(按照国家规定,经批准,专门从事危险化学品装卸作业的除外)、机场以及公路、铁路、水路交通干线、地铁风亭及出入口;基本农田保护区、畜牧区、渔业水域和种子、种畜、水产苗种生产基地;河流、湖泊、风景名胜区和自然保护区;军事禁区、军事管理区;法律、行政法规规定予以保护的其他区域。

依法设立的危险化学品生产企业,必须向国务院质检部门申请领取危险化学品生产许可证;未取得危险化学品生产许可证的,不得开工生产。国务院质检部门应当将颁发危险化学品生产许可证的情况通报国务院经济贸易综合管理部门、环境保护部门和公安部门。任何单位和个人不得生产、经营、使用国家明令禁止的危险化学品。禁止用剧毒化学品生产灭鼠药以及其他可能进入人民日常生活的化学产品和日用化学品。生产危险化学品的,应当在危险化学品的包装内附有与危险化学品完全一致的化学品安全技术说明书,并在包装(包括外包装件)上加贴或者拴挂与包装内危险化学品完全一致的化学品安全标签。危险化学品生产企业发现其生产的危险化学品有新的危害特性时,应当立即公告,并及时修订安全技术说明书和安全标签。

使用危险化学品从事生产的单位,其生产条件必须符合国家标准和国家有关规定,并依照国家有关法律、法规的规定取得相应的许可,必须建立、健全危险化学品使用的安全管理规章制度,保证危险化学品的安全使用和管理。生产、储存、使用危险化学品的,应当根据危险化学品的种类、特性,在车间、库房等作业场所设置相应的监测、通风、防晒、调温、防火、灭火、防爆、泄压、防毒、消毒、中和、防潮、防雷、防静电、防腐、防渗漏、防护围堤或者隔离操作等安全设施、设备,并按照国家标准和国家有关规定进行维护、保养,保证符合安全运行要求。生产、储存、使用剧毒化学品的单位,应当对本单位的生产、储存装置每年进行一次安全评价;生产、储存、使用其他危险化学品的单位,应当对本单位的生产、储存装置每2年进行一次安全评价。

安全评价报告应当对生产、储存装置存在的安全问题提出整改方案。安全评价中发现生产、储存装置存在现实危险的,应当立即停止使用,予以更换或者修复,并采取相应的安全措施。安全评价报告应当报所在地设区的市级人民政府负责危险化学品安全监督管理综合工作的部门备案。危险化学品的生产、储存、使用单位,应当在生产、储存和使用场所设置通讯、报警装置,并保证在任何情况下处于正常适用状态。剧毒化学品的生产、储存、使用单位,应当对剧毒化学品的产量、流向、储存量和用途如实记录,并采取必要的保安措施,防止剧毒化学品被盗、丢失或者误售、误用;发现剧毒化学品被盗、丢失或者误售、误用时,必须立即向当地公安部门报告。

危险化学品的包装必须符合国家法律、法规、规章的规定和国家标准的要求。危险化学品包装的材质、型式、规格、方法和单件质量(重量),应当与所包装的危险化学品的性质和用途相适应,便于装卸、运输和储存。危险化学品的包装物、容器,必须由省、自治区、直辖市人民政府经济贸易管理部门审查合格的专业生产企业定点生产,并经国务院质检部门认可的专业检测、检验机构检测,检验合格,方可使用。重复使用的危险化学品包装物、容器在使用前,应当进行检查,并作出记录;检查记录应当至少保存2年。质检部门应当对危险化学品的包装物、容器的产品质量进行定期的或者不定期的检查。危险化学品必须储存在专用仓库、专用场地或者专用储存室（以下统称专用仓库）内,储存方式、方法与储存数量必须符合国家标准,并由专人管理。危险化学品出入库,必须进行核查登记。库存危险化学品应当定期检查。剧毒化学品以及储存数量构成重大危险源的其他危险化学品必须在专用仓库内单独存放,实行双人收发、双人保管制度。储存单位应当将储存剧毒化学品以及构成重大危险源的其他危险化学品的数量、地点以及管理人员的情况,报当地公安部门和负责危险化学品安全监督管理综合工作的部门备案。危险化学品专用仓库,应当符合国家标准对安全、消防的要求,设置明显标志。危险化学品专用仓库的储存设备和安全设施应当定期检测。处置废弃危险化学品,依照固体废物污染环境防治法和国家有关规定执行。危险化学品的生产、储存、使用单位转产、停产、停业或者解散的,应当采取有效措施,处置危险化学品的生产或者储存设备、库存产品及生产原料,不得留有事故隐患。处置方案应当报所在地设区的市级人民政府负责危险化学品安全监督管理综合工作的部门和同级环境保护部门、公安部门备案。负责危险化学品安全监督管理综合工作的部门应当对处置情况进行监督检查。公众上交的危险化学品,由公安部门接收。公安部门接收的危险化学品和其他有关部门收缴的危险化学品,交由环境保护部门认定的专业单位处理。

2. 关于有毒化学品的安全防护和污染防治措施的法律规定

国家对危险化学品经营销售实行许可制度。未经许可,任何单位和个人都不得经营、销售危险化学品。经营剧毒化学品和其他危险化学品的,应当分别向省、自治区、直辖市人民政府经济贸易管理部门或者设区的市级人民政府负责危险化学品安全监督管理综合工作的部门提出申请,并附送相关证明材料。省、自治区、直辖市人民政府经济贸易管理部门或者设区的市级人民政府负责危险化学品安全监督管理综合工作的部门接到申请后,应当依照规定对申请人提交的证明材料和经营场所进行审查。经审查,符合条件的,颁发危险化学品经营许可证,并将颁发危险化学品经营许可证的情况通报同级公安部门和环境保护部门;不符合条件的,书面通知申请人并说明理由。申请人凭危险化学品经营许可证向工商行政管理部门办理登记注册手续。

经营危险化学品,不得有下列行为:从未取得危险化学品生产许可证或者危险化学品经营许可证的企业采购危险化学品;经营国家明令禁止的危险化学品和用剧毒化学品生产的灭鼠药以及其他可能进入人民日常生活的化学产品和日用化学品;销售没有化学品安全技术说明书和化学品安全标签的危险化学品。危险化学品生产企业不得向未取得危险化学品经营许可证的单位或者个人销售危险化学品。危险化学品经营企业储存危险化学品,应当遵守本条例第二章的有关规定。危险化学品商店内只能存放民用小包装的危险化学品,其总量不得超过国家规定的限量。剧毒化学品经营企业销售剧毒化学品,应当记录购买单位的名称、地址和购买人员的姓名、身份证号码及所购剧毒化学品的品名、数量、用途。记录应当至少保存1年。剧毒化学品经营企业应当每天核对剧毒化学品的销售情况;发现被盗、丢失、误售等情况时,必须立即向当地公安部门报告。

购买剧毒化学品,应当遵守下列规定:生产、科研、医疗等单位经常使用剧毒化学品的,应当向设区的市级人民政府公安部门申请领取购买凭证,凭购买凭证购买;单位临时需要购买剧毒化学品的,应当凭本单位出具的证明(注明品名、数量、用途)向设区的市级人民政府公安部门申请领取准购证,凭准购证购买;个人不得购买农药、灭鼠药、灭虫药以外的剧毒化学品。剧毒化学品生产企业、经营企业不得向个人或者无购买凭证、准购证的单位销售剧毒化学品。剧毒化学品购买凭证、准购证不得伪造、变造、买卖、出借或者以其他方式转让,不得使用作废的剧毒化学品购买凭证、准购证。

3. 关于有毒化学品进出口环境管理的法律规定

国家环境保护局对化学品首次进口和有毒化学品进出口实施统一的环境监督管理,负责全面执行《伦敦准则》的事先知情同意程序,发布中国禁止或严格限制的有毒化学品名录,实施化学品首次进口和列入名录内的有毒化学品进出口的环境管理登记和审批,签发"化学品进(出)口环境管理登记证"和"有毒化学品进(出)口环境管理放行通知单",发布首次进口化学品登记公告。中华人民共和国海关对列入名录的有毒化学品的进出口凭国家环境保护局签发的"有毒化学品进(出)口环境管理放行通知单"验放。对外贸易经济合作部根据其职责协同国家环境保护局对化学品首次进口和有毒化学品进出口环境管理登记申请资料的有关内容进行审查和对外公布《中国禁止或严格限制的有毒化学品名录》。国家环境保护局设立国家有毒化学品评审委员会,负责对申请进出口环境管理登记的化学品的综合评审工作,对实施本规定所涉及的技术事务向国家环境保护局提供咨询意见。国家有毒化学品评审委员会由环境、卫生、农业、化工、外贸、商检、海关及其他有关方面的管理人员和技术专家组成,每届任期3年。

外商或其代理人向中国出口所经营的未曾在中国登记(除农药以外)的任何化学品,必须向国家环境保护局提出化学品首次进口环境管理登记申请,并按规定填写"化学品首次进口环境管理登记申请表",免费提供试验样品(一般不少于250克)。外商首次向中国销售农药的登记管理仍按《农药登记规定》执行,农业部和国家环境保护局定期交换登记信息。国家环境保护局在审批化学品首次进口环境管理登记申请时,对符合规定的,准予化学品环境管理登记并发给准许进口的"化学品进(出)口环境管理登记证"。对经审查,认为中国不适于进口的化学品不予登记发证,并通知申请人。对经审查,认为需经进一步试验和较长时间观察方能确定其危险性的首次进口化学品,可给予临时登记并发给"临时登记证"。对未取得"化学品进口环境管理登记证"和"临时登记证的化学品",一律不得进口。进出口化学品的分类、包装、标签和运输,按照国际或国内有关危险货物运输规则的规定执行。在装卸、贮存和运输化学品过程中,必须采取有效的预防和应急措施,防止污染环境。因包装损坏或者不符合要求而造成或者可能造成口岸污染的,口岸主管部门应立即采取措施,防止和消除污染,并及时通知当地环境保护行政主管部门,进行调查处理。防止和消除其污染的费用由有关责任人承担。

4. 关于监控化学品的法律规定

监控化学品,是指下列各类化学品:第一类,可作为化学武器的化学品;第二类,可作为生产化学武器前体的化学品;第三类,可作为生产化学武器主要原料的化学品;第四类,除炸药和纯碳氢化合物外的特定有机化学品。前述各类监控化学品的名录由国务院化学工业主管部门提出,报国务院批准后公布。国务院化学工业主管部门负责全国监控化学品的管理工作。省、自治区、直辖市人民政府化学工业主管部门负责本行政区域内监控化学品的管理工作。

生产、经营或者使用监控化学品的,应当依照规定向国务院化学工业主管部门或者省、自治区、直辖市人民政府化学工业主管部门申报生产、经营或者使用监控化学品的有关资料、数据和使用目的,接受化学工业主管部门的检查监督。国家严格控制第一类监控化学品的生产。为科研、医疗、制造药物或者防护目的需要生产第一类监控化学品的,应当报国务院化学工业主管部门批准,并在国务院化学工业主管部门指定的小型设施中生产。严禁在未经国务院化学工业主管部门指定的设施中生产第一类监控化学品。国家对第二类、第三类监控化学品和第四类监控化学品中含磷、硫、氟的特定有机化学品的生产,实行特别许可制度;未经特别许可的,任何单位和个人均不得生产。新建、扩建或者改建用于生产第二类、第三类监控化学品和第四类监控化学品中含磷、硫、氟的特定有机化学品的设施,应当向所在地省、自治区、直辖市人民政府化学工业主管部门提出申请,经省、自治区、直辖市人民政府化学工业主管部门审查签署意见,报国务院化学工业主管部门批准后,方可开工建设;工程竣工后,经所在地省、自治区、直辖市人民政府化学工业主管部门验收合格,并报国务院化学工业主管部门批准后,方可投产使用。新建、扩建或者改建用于生产第四类监控化学品中不含磷、硫、氟的特定有机化学品的设施,应当在开工生产前向所在地省、自治区、直辖市人民政府化学工业主管部门备案。

　　监控化学品应当在专用的化工仓库中储存,并设专人管理。监控化学储存条件应当符合国家有关规定。储存监控化学品的单位,应当建立严格的出库、入库检查制度和登记制度;发现丢失、被盗时,应当立即报告当地公安机关和所在地省、自治区、直辖市人民政府化学工业主管部门;省、自治区、直辖市人民政府化学工业主管部门应当积极配合公安机关进行查处。对变质或者过期失效的监控化学品,应当及时处理。处理方案报所在地省、自治区、直辖市人民政府化学工业主管部门批准后实施。为科研、医疗、制造药物或者防护目的需要使用第一类监控化学品的,应当向国务院化学工业主管部门提出申请,经国务院化学工业主管部门审查批准后,凭批准文件同国务院化学工业主管部门指定的生产单位签订合同,并将合同副本报送国务院化学工业主管部门备案。需要使用第二类监控化学品的,应当向所在地省、自治区、直辖市人民政府化学工业主管部门提出申请,经省、自治区、直辖市人民政府化学工业主管部门审查批准后,凭批准文件同国务院化学工业主管部门指定的经销单位签订合同,并将合同副本报送所在地省、自治区、直辖市人民政府化学工业主管部门备案。国务院化学工业主管部门会同国务院对外经济贸易主管部门指定的单位(以下简称被指定单位),可以从事第一类监控化学品和第二类、第三类监控化学品及其生产技术、专用设备的进出口业务。需要进口或者出口第一类监控化学品和第二类、第三类监控化学品及其生产技术、专用设备的,应当委托被指定单位代理进口或者出口。除被指定单位外,任何单位和个人均不得从事这类进出口业务。国家严格控制第一类监控化学品的进口和出口。非为科研、医疗、制造药物或者防护目的,不得进口第一类监控化学品。接受委托进口第一类监控化学品的被指定单位,应当向国务院化学工业主管部门提出申请,并提交产品最终用途的说明和证明;经国务院化学工业主管部门审查签署意见后,报国务院审查批准。被指定单位凭国务院的批准文件向国务院对外经济贸易主管部门申请领取进口许可证。

　　5. 关于有毒化学品的污染事故应急救援和善后处理的法律规定

　　国家对危险化学品的运输实行资质认定制度;未经资质认定,不得运输危险化学品。危险化学品运输企业必须具备的条件由国务院交通部门规定。用于危险化学品运输的槽罐以及其他容器,必须依照规定,由专业生产企业定点生产,并经检测、检验合格,方可使用。质检部门应当对前款规定的专业生产企业定点生产的槽罐以及其他容器的产品质量进行定期的或者不定期的检查。危险化学品运输企业,应当对其驾驶员、船员、装卸管理人员、押运人员进行有关安全知识培训;驾驶员、船员、装卸管理人员、押运人员必须掌握危险化学品运输的安全知识,并经所在地设区的市级人民政府交通部门考核合格(船员经海事管理机构考核合格),取得上岗资格证,方可上岗作业。危险化学品的装卸作业必须在装卸管理人员的现场指挥下进行。运输危险化学品的驾驶员、船员、装卸人员和押运人员必须了解所运载的危险化学品的性质、危害特性、包装容器的使用特性和发生意外时的应急措施。运输危险化学品,必须配备必要的应急处理器材和防护用品。通过公路运输危险化学品的,托运人只能委托有危险化学品运输资质的运输企业承运。通过公路运输剧毒化学品的,托运人应当向目的地的县级人民政府公安部门申请办理剧毒化学品公路运输通行证。办理剧毒化学品公路运输通行证,托运人应当向公安部门提交有关危险化学品的品名、数量、运输始发地和目的地、运输路线、运输单位、驾驶人员、押运人员、经营单位和购买单位资质情况的材料。禁止利用内河以及其他封闭水域等航运渠道运输剧毒化学品以及国务院交通部门规定禁止运输的其他危险化学品。利用内河以及其他封闭水域等航运渠道运输前款规定以外的危险化学品的,只能委托有危险化学品运输资质的水运企业承运,并按照国务院交通部门的规定办理手续,接受有关交通部门(港口部门、海事管理机构)的监督管理。运输危险化学品的船舶及其配载的容器必须按照国家关于船舶检验的规范进行生产,并经海事管理机构认可的船舶检验机构检验合格,方可投入使用。托运人托运危险化学品,应当向承运人说明运输的危险化学品的品名、数量、危害、应急措施等情况。运输危险化学品需要添加抑制剂或者稳定剂的,托运人交付托运时应当添加抑制剂或者稳定剂,并告知承运人。托运人不得在托运的普通货物中夹带危险化学品,不得将危险化学品匿报或者谎报为普通货物托运。运输、装卸危险化学品,应当依照有关法律、法规、规章的规定和国家标准的要求并按照危险化学品的危险特性,采取必要的安全防护措施。运输危险化学品的槽罐以及其他容器必须封口严密,能够承受正常运输条件下产生的内部压力和外部压力,保证危险化学品在运输中不因温度、湿度或者压力的变化而发生任何渗(洒)漏。通过公路运输危险化学品,必须配备押运人员,并随时处于押运人员的监管之下,不得超装、超载,不得进入危险化学品运输车辆禁止通行的区域;确需进入禁止通行区域的,应当事先向当地公安部门报告,由公安部门为其指定行车时间和路线,运输车辆必须遵守公安部门规定的行车时间和路线。危险化学品运输车辆禁止通行区域,由设区的市级人民政府公安部门划定,并设置明显的标志。运输危险化学品途中需要停车住宿或者遇有无法正常运输的情况时,应当向当地公安部门报告。剧毒化学品在公路运输途中发生被盗、丢失、流散、泄漏等情况时,承运人及押运人员必须立即向当地公安部门报告,并采取一切可能的警示措施。公安部门接到报告后,应当立即向其他有关部门通报情况;有关部门应当采取必要的安全措施。

国家实行危险化学品登记制度,并为危险化学品安全管理、事故预防和应急救援提供技术、信息支持。危险化学品生产、储存企业以及使用剧毒化学品和数量构成重大危险源的其他危险化学品的单位,应当向国务院经济贸易综合管理部门负责危险化学品登记的机构办理危险化学品登记。负责危险化学品登记的机构应当向环境保护、公安、质检、卫生等有关部门提供危险化学品登记的资料。县级以上地方各级人民政府负责危险化学品安全监督管理综合工作的部门应当会同同级其他有关部门制定危险化学品事故应急救援预案,报经本级人民政府批准后实施。危险化学品单位应当制定本单位事故应急救援预案,配备应急救援人员和必要的应急救援器材、设备,并定期组织演练。危险化学品事故应急救援预案应当报设区的市级人民政府负责危险化学品安全监督管理综合工作的部门备案。发生危险化学品事故,单位主要负责人应当按照本单位制定的应急救援预案,立即组织救援,并立即报告当地负责危险化学品安全监督管理综合工作的部门和公安、环境保护、质检部门。发生危险化学品事故,有关地方人民政府应当做好指挥、领导工作。负责危险化学品安全监督管理综合工作的部门和环境保护、公安、卫生等有关部门,应当按照当地应急救援预案组织实施救援,不得拖延、推诿。有关地方人民政府及其有关部门并应当按照下列规定,采取必要措施,减少事故损失,防止事故蔓延、扩大:立即组织营救受害人员,组织撤离或者采取其他措施保护危害区域内的其他人员;迅速控制危害源,并对危险化学品造成的危害进行检验、监测,测定事故的危害区域、危险化学品性质及危害程度;针对事故对人体、动植物、土壤、水源、空气造成的现实危害和可能产生的危害,迅速采取封闭、隔离、洗消等措施;对危险化学品事故造成的危害进行监测、处置,直至符合国家环境保护标准。危险化学品事故造成环境污染的信息,由环境保护部门统一公布。

➤ 案例分析

　　2000 年 10 月,曙光化工(集团)公司运输的 8 吨多氰化钠泄漏在福建省上杭县境内,造成梅溪村及村民人身财产巨大损害,有 102 名村民因中毒住院治疗,家畜家禽大量死亡。请问:此事件是否属于有毒化学品污染事件? 受害村民是否有权请求损害赔偿?

　　【解答】:氰化钠有剧毒,属于有毒化学品的范畴,对环境污染严重。本案中氰化钠泄漏造成梅溪村及村民人身财产巨大损害,此事件是典型的有毒化学品污染事件。受害村民有权获得赔偿。曙光化工(集团)公司违反了我国关于有毒化学品的污染事故应急救援和善后处理的法律规定,给梅溪村及村民人身财产造成巨大损害,理应承担损害赔偿责任。

四、农药污染环境防治法

(一)农药污染环境概述

1. 农药的概念和特点

　　农药,是指用于预防、消灭或者控制危害农业、林业的病、虫、草和其他有害生物以及有目的地调节植物、昆虫生长的化学合成或者来源于生物、其他天然物质的一种物质或者几种物质的混合物及其制剂。农药包括用于不同目的、场所的下列各类:预防、消灭或者控制危害农业、林业的病、虫(包括昆虫、蜱、螨)、草和鼠、软体动物等有害生物的;预防、消灭或者控制仓储病、虫、鼠和其他有害生物的;调节植物、昆虫生长的;用于农业、林业产品防腐或者保鲜的;预防、消灭或者控制蚊、蝇、蜚蠊、鼠和其他有害生物的;预防、消灭或者控制危害河流堤坝、铁路、机场、建筑物和其他场所的有害生物的。农药具有扩散、残留、富集性,容易构成危害。

2. 农药污染的危害

农药在防治蔬菜病虫草害等方面起着主要作用,农药的使用量也在迅速增加;然而,大量使用农药的同时,严重污染了环境,尤其污染了蔬菜产品,人吃了受农药污染的菜,又危害了人体的健康。具体而言,农药危害表现在:农药对环境的污染,喷施农药污染了大气,大气中的农药绝大部分随着降水,返回了地面,又污染了水体和土壤,水体被污染后,水草和水生生物也有农药,导致水鸟、鱼类均含有大量的农药。而被农药污染的水灌溉蔬菜,蔬菜产品也被污染,施用农药过程中,大部分农药进入土壤,用农药进行拌种、浸种化学除草、土壤消毒等,更使农药直接进入土壤;农药对蔬菜的污染,喷施农药后,有些直接黏附在蔬菜表面,有些非极性亲脂性农药透到蔬菜作物的根、茎、叶、果实和种子中,直接对蔬菜产品造成污染,蔬菜根系吸收与农药的特点和土壤性质有关,多数有机磷农药具有一定的水溶性,容易被作物吸收,如钾拌磷、乙拌磷、内吸磷、磷胺等,比较容易吸收有机氮农药的有胡萝卜、黄瓜、马铃薯、火焰菜、菜豆等;较难吸收的有番茄、辣椒、茄子、甘蓝、洋葱、芹菜等,一般在根菜类、块茎类蔬菜中残留量较多(洋葱除外),叶菜类、果菜类有机氮农药残留较少;农药对人类的影响,主要是对使用农药的菜农引起直接毒害,一般多为剧毒农药急性中毒,农药中毒致死时有发生。农药污染蔬菜品种更为普遍。食用农药污染的蔬菜,在人体脂肪、人乳和血液中都能检测出有机氯农药;慢性中毒,人会引起疲倦、头痛、食欲缺乏和肝肾损害,能导致畸胎,影响后代健康和缩短寿命。农药在防治农作物的病虫害、去除杂草、促进植物生产及控制人畜传染病、确保人体健康等方面具有重要作用,而农药污染也成为当代公害之一。在农药的生产和使用过程中,农作物、畜类、水产等动植物均可能受到农药的污染。有些农药性质稳定,污染了环境很难清除,如 DDT 在土壤中消失 95％需要 4 年～30 年。因此,农药不可避免的会以各种形式进入人体。为了防止农药危害,必须进行科学研究,寻找环保的新农药。

(二)防治农药污染环境立法简介

我国十分重视农药的管理规定,《农药管理条例》是一个重要的行政法规,除此之外,各个部门还配套制定了大量的规定;在《农业法》、《农业技术推广法》中,也有关于农药的规定。农药在使用过程中,容易产生大量的危害,为了人民群众的身体健康,对于已经制定的法律、法规、规章,各个职能部门要加强执法。除了加强执法之外,对于在执法过程中出现的新问题和新命题,要加强研究,将执法经验进行总结,从而再丰富立法。将来有必要的,也可以制定一部单列的农药法律,譬如美国的《农药研究法》、《农药控制法》、《联邦杀虫剂、杀菌剂和杀鼠剂法》。

(三)我国防治农药污染环境的主要法律规定

1. 关于农药监督管理体制的法律规定

国务院农业行政主管部门负责全国的农药登记和农药监督管理工作。省、自治区、直辖市人民政府农业行政主管部门协助国务院农业行政主管部门做好本行政区域内的农药登记,并负责本行政区域内的农药监督管理工作。县级人民政府和设区的市、自治州人民政府的农业行政主管部门负责本行政区域内的农药监督管理工作。县级以上各级人民政府其他有关部门在各自的职责范围内负责有关的农药监督管理工作。

2. 关于农药登记制度的法律规定

国家实行农药登记制度。生产(包括原药生产、制剂加工和分装)农药和进口农药,必须进行登记。国内首次生产的农药和首次进口的农药的登记,按照下列三个阶段进行:(1)田间试验阶段:申请登记的农药,由其研制者提出田间试验申请,经批准,方可进行田间试验;田间试验阶段的农药不得销售。(2)临时登记阶段:田间试验后,需要进行田间试验示范、试销的农药以及在特殊情况下需要使用的农药,由其生产者申请临时登记,经国务院农业行政主管部门发给农药临时登记证后,方可在规定的范围内进行田间试验示范、试销。(3)正式登记阶段:经田间试验示范、试销可以作为正式商品流通的农药,由其生产者申请正式登记,经国务院农业行政主管部门发给"农药登记证"后,方可生产、销售。"农药登记证"和"农药临时登记证"应当规定登记有效期限;登记有效期限届满,需要继续生产或者继续向中国出售农药产品的,应当在登记有效期限届满前申请续展登记。经正式登记和临时登记的农药,在登记有效期限内改变剂型、含量或者使用范围、使用方法的,应当申请变更登记。

依照规定申请农药登记时,其研制者、生产者或者向中国出售农药的外国企业应当向国务院农业行政主管部门或者经由省、自治区、直辖市人民政府农业行政主管部门向国务院农业行政主管部门提供农药样品,并按照国务院农业行政主管部门规定的农药登记要求,提供农药的产品化学、毒理学、药效、残留、环境影响、标签等方面的资料。国务院农业行政主管部门所属的农药检定机构负责全国的农药具体登记工作。省、自治区、直辖市人民政府农业行政主管部门所属的农药检定机构协助做好本行政区域内的农药具体登记工作。国务院农业、林业、工业产品许可管理、卫生、环境保护、粮食部门和全国供销合作总社等部门推荐的农药管理专家和农药技术专家,组成农药登记评审委员会。农药正式登记的申请资料分别经国务院农业、工业产品许可管理、卫生、环境保护部门和全国供销合作总社审查并签署意见后,由农药登记评审委员会对农药的产品化学、毒理学、药效、残留、环境影响等作出评价。根据农药登记评审委员会的评价,符合条件的,由国务院农业行政主管部门发给"农药登记证"。国家对获得首次登记的、含有新化合物的农药的申请人提交的其自己所取得且未披露的试验数据和其他数据实施保护。

3. 关于农药生产的法律规定

农药生产应当符合国家农药工业的产业政策。开办农药生产企业(包括联营、设立分厂和非农药生产企业设立农药生产车间),应当具备相应条件,并经企业所在地的省、自治区、直辖市工业产品许可管理部门审核同意后,报国务院工业产品许可管理部门批准;但是,法律、行政法规对企业设立的条件和审核或者批准机关另有规定的,从其规定:有与其生产的农药相适应的技术人员和技术工人;有与其生产的农药相适应的厂房、生产设施和卫生环境;有符合国家劳动安全、卫生标准的设施和相应的劳动安全、卫生管理制度;有产品质量标准和产品质量保证体系;所生产的农药是依法取得农药登记的农药;有符合国家环境保护要求的污染防治设施和措施,并且污染物排放不超过国家和地方规定的排放标准。农药生产企业经批准后,方可依法向工商行政管理机关申请领取营业执照。

国家实行农药生产许可制度。生产有国家标准或者行业标准的农药的,应当向国务院工业产品许可管理部门申请农药生产许可证。生产尚未制定国家标准、行业标准但已有企业标准的农药的,应当经省、自治区、直辖市工业产品许可管理部门审核同意后,报国务院工业产品许可管理部门批准,发给农药生产批准文件。农药生产企业应当按照农药产品质量标准、技术规程进行生产,生产记录必须完整、准确。农药产品包装必须贴有标签或者附具说明书。标签应当紧贴或者印制在农药包装物上。标签或者说明书上应当注明农药名称、企业名称、产品批号和农药登记证号或者农药临时登记证号、农药生产许可证号或者农药生产批准文件号以及农药的有效成分、含量、重量、产品性能、毒性、用途、使用技术、使用方法、生产日期、有效期和注意事项等;农药分装的,还应当注明分装单位。农药产品出厂前,应当经过质量检验并附具产品质量检验合格证;不符合产品质量标准的,不得出厂。

4. 关于农药经营的法律规定

下列单位可以经营农药:供销合作社的农业生产资料经营单位;植物保护站;土壤肥料站;农业、林业技术推广机构;森林病虫害防治机构;农药生产企业;国务院规定的其他经营单位。经营的农药属于化学危险物品的,应当按照国家有关规定办理经营许可证。

农药经营单位应当具备下列条件和有关法律、行政法规规定的条件,并依法向工商行政管理机关申请领取营业执照后,方可经营农药:有与其经营的农药相适应的技术人员;有与其经营的农药相适应的营业场所、设备、仓储设施、安全防护措施和环境污染防治设施、措施;有与其经营的农药相适应的规章制度;有与其经营的农药相适应的质量管理制度和管理手段。农药经营单位购进农药,应当将农药产品与产品标签或者说明书、产品质量合格证核对无误,并进行质量检验。禁止收购、销售无农药登记证或者农药临时登记证、无农药生产许可证或者农药生产批准文件、无产品质量标准和产品质量合格证和检验不合格的农药。

农药经营单位应当按照国家有关规定做好农药储备工作。贮存农药应当建立和执行仓储保管制度,确保农药产品的质量和安全。农药经营单位销售农药,必须保证质量,农药产品与产品标签或者说明书、产品质量合格证应当核对无误。农药经营单位应当向使用农药的单位和个人正确说明农药的用途、使用方法、用量、中毒急救措施和注意事项。超过产品质量保证期限的农药产品,经省级以上人民政府农业行政主管部门所属的农药检定机构检验,符合标准的,可以在规定期限内销售;但是,必须注明"过期农药"字样,并附具使用方法和用量。

5. 关于农药使用的法律规定

县级以上各级人民政府农业行政主管部门应当根据"预防为主,综合防治"的植保方针,组织推广安全、高效的农药,开展培训活动,提高农民的施药技术水平,并做好病虫害预测预报工作。县级以上地方各级人民政府农业行政主管部门应当加强对安全、合理使用农药的指导,根据本地区农业病、虫、草、鼠害的发生情况,制定农药轮换使用规划,有计划地轮换使用农药,减缓病、虫、草、鼠的抗药性,提高防治效果。使用农药应当遵守农药防毒规程,正确配药、施药,做好废弃物处理和安全防护工作,防止农药污染环境和农药中毒事故。使用农药应当遵守国家有关农药安全、合理使用的规定,按照规定的用药量、用药次数、用药方法和安全间隔期施药,防止污染农副产品。剧毒、高毒农药不得用于防治卫生害虫,不得用于蔬菜、瓜果、茶叶和中草药材。使用农药应当注意保护环境、有益生物和珍稀物种。严禁用农药毒鱼、虾、鸟、兽等。林业、粮食、卫生行政部门应当加强对林业、储粮、卫生用农药的安全、合理使用的指导。

6. 关于农药管理的其他规定

任何单位和个人不得生产未取得农药生产许可证或者农药生产批准文件的农药。任何单位和个人不得生产、经营、进口或者使用未取得"农药登记证"或者"农药临时登记证"的农药。进口农药应当遵守国家有关规定,货主或者其代理人应当向海关出示其取得的"中国农药登记证"或者"农药临时登记证"。禁止生产、经营和使用假农药。禁止生产、经营和使用劣质农药。禁止经营产品包装上未附标签或者标签残缺不全的农药。未经登记的农药,禁止刊登、播放、设置、张贴广告。农药广告内容必须与农药登记的内容一致,并依照《广告法》和国家有关农药广告管理的规定接受审查。经登记的农药,在登记有效期内发现对农业、林业、人畜安全、生态环境有严重危害的,经农药登记评审委员会审议,由国务院农业行政主管部门宣布限制使用或者撤销登记。任何单位和个人不得生产、经营和使用国家明令禁止生产或者撤销登记的农药。县级以上各级人民政府有关部门应当做好农副产品中农药残留量的检测工作,并公布检测结果。禁止销售农药残留量超过标准的农副产品。处理假农药、劣质农药、过期报废农药、禁用农药、废弃农药包装和其他含农药的废弃物,必须严格遵守环境保护法律、法规的有关规定,防止污染环境。

➤拓展案例

阳宗海砷污染案

阳宗海是云南省九大高原湖泊之一,位于昆明市与玉溪市交界处,湖面面积31平方公里,总蓄水量达6.04亿平方米,具有重要生态环境调节功能。2001年以来,位于湖畔的云南澂江锦业工贸有限责任公司(以下简称锦业公司)违反国家防治环境污染的相关规定,从事大量涉砷生产。在未办理环境影响评价的情况下,先后擅自技改扩建年产2.8万吨硫化锌精矿制酸生产线2条、开工建设年产8万吨磷酸一铵生产线1条。在上述工程施工中,没有同时建设配套的环境保护设施。且在生产过程中还存在着一系列环境违法行为,致使含砷废水在整个厂区内外环境循环,通过地下渗透、地表径流方式进入阳宗海,导致阳宗海砷浓度自2007年9月开始上升至2008年7月超过Ⅴ类水质标准,水质从Ⅱ类下降到劣于Ⅴ类,造成沿湖居民2.6万余人的饮用水源取水中断,饮用、水产品养殖等功能丧失。

阳宗海砷污染事件引发了一场"环保风暴"。2008年10月22日,云南省监察厅通报阳宗海砷污染事件相关人员的责任追究情况,26人被问责,涉及2名厅级干部、9名处级干部、其他干部15人,其中12人被免职。玉溪市政府也向社会作出公开道歉。

此案由玉溪市、澂江县两级公安机关,于2008年9月13日侦查,澄江县人民检察院依法向法院提起公益诉讼。一审经过了长达5天半的审理,控辩双方对造成阳宗海的砷污染,到底是人为原因,还是不排除有一定的地质成因,及调查报告是否具有科学性和公正性等展开辩论。经县、市两级法院审理，于 2009 年 8 月 25 日作出终审判决：以重大环境污染事故罪判处锦业公司罚金 1600 万元、判处该公司董事长李大宏等 3 名高管人员 4 年、3 年不等有期徒刑。

至此，阳宗海砷污染事件似乎已经告一段落。然而，作为云南省近 11 年来的一起重大环境污染事故，阳宗海案件并没有结束。在阳宗海砷污染事件中，地方政府重经济、轻环保的观念，对企业违法行为以罚代管，最终换来的是惨痛的代价。在惨痛的代价背后，一系列深刻的教训引人深省。而且，阳宗海砷污染事件发生后，向社会抛出了一个难题：如何治理砷重度污染的水质？

2008 年 12 月，云南省正式就"阳宗海湖泊水体减污除砷及水质恢复"科技项目面向全球公开招标，寻求国内外有治理经验的专家、学者及企业，希望通过各种措施及工程建设，用 3 年时间使阳宗海水质恢复到 Ⅲ 类标准。

阅读链接⇨

1. 罗玲芬、速春、洪和兴、徐坚：《重大环境污染事故罪认定的若干疑难问题研究——以阳宗海砷污染案为例》，载《中国检察官》2010 年第 11 期。

2. 孙游飞：《从阳宗海砷污染事件看企业环境责任》，载《金卡工程（经济与法）》2010 年第 3 期。

3. 周禄涛：《浅析我国环境公益诉讼制度的构建——从宗阳海砷污染事件谈起》，载《韶关学院学报》2009 年第 4 期。

4. 尹鸿伟：《阳宗海砷污染迷雾不散》，载《南风窗》2009 年第 4 期。

5. 高娟、李贵宝、华珞、杜霞：《日本水环境标准及其对我国的启示》，http://www.cqvip.com，下载时间：2010 年 10 月 22 日。

6. 吴宇：《环境噪声污染与健康生活》，载《环境教育》2008 年第 10 期。

7. 程迪、李正先：《农药行业污染防治技术政策要点解析》，载《中国农药》2010 年第 7 期。

讨论题⇨

1. 我国环境防治污染的对象、重点和目标是什么？
2. 试分析水污染防治中的生态补偿制度。
3. 试分析环境噪声排放申报登记制度。
4. 试述有毒化学品生产经营许可证制度。
5. 案例讨论：

深圳首例电梯噪声侵权案宣判，依法判决被告某房地产公司限期对原告购入单位的 3 台电梯采取隔声降噪措施，使涉单位的噪声环境达到《社会生活环境噪声排放标准》。法院经审理查明，原告于 2007 年购买涉案某楼盘单元。购得房产后，原告发现其小区 3 台电梯运行时产生的噪声影响居住环境，故其至今未入住该房产。原告委托市环境监测中心站对涉案电梯所产生的噪声进行了监测,监测结果为:电梯开机时扣除本底影响后的噪声值为40.2dB(A),关机时 Leg 值 34.8dB(A),超过了相关国家标准 0.2dB(A)。在审理过程中,被告房地产公司向法院申请对涉案房产电梯噪声是否超过国家相关标准进行鉴定。南山法院委托市环境监测中心站对涉案房产电梯噪声进行了检测鉴定。结果显示:涉案房产客厅的电梯噪声在倍频带声压级的测量条件下,在 125Hz、250Hz、500Hz 这 3 个声压级下的夜间噪声测量值分别为 54.2dB、47.9dB、37.4dB,分别超过国家标准即 48dB、39dB、34dB。

法院认为,被告作为涉案房地产项目的开发商,其在房地产开发建设过程中有义务对相关设施采取有效的隔声降噪措施,确保其所开发的房地产项目符合国家有关噪声限值的要求。被告怠于履行该法定义务,导致涉案楼盘 3 台电梯运行时传到原告室内的噪声超过国家规定的噪声限值,造成噪声污染,违反了国家关于噪声的相关规定,影响原告的生活环境,导致其无法入住涉案房屋,侵害了原告的合法权益,应承担相应的民事责任。法院遂依法作出上述判决。

法院在本案中以噪声超过国家规定的噪声限值,影响原告的生活环境为由判决被告承担相应的民事责任,试结合《环境法》的相关理论知识,分析如果被告排放的噪声未超过国家标准影响了原告的生活环境是否应当承担相应的民事责任?

第八章 自然资源保护法

➢ 基本知识点

　　自然资源保护法是调整人们在开发、利用和保护、改善自然资源过程中所产生的各种社会关系的法律规范的总称。我国已经基本形成自然资源保护的法律体系，目前我国的自然资源保护法主要包括水资源保护法、海域资源保护法、渔业资源保护法、土地资源保护法、矿产资源保护法、森林保护法、草原资源保护法等。

第一节 自然资源保护法概述

一、自然资源概述

(一)自然资源的概念

　　《辞海》对自然资源的解释是："一般指天然的财富。"[①]联合国环境规划署的定义为："在一定的时间、地点的条件下能够产生经济价值的，以提高人类当前和将来福利的自然环境因素和条件的总称。"由此可见，自然资源，是指自然界中对人类有用的物质和能量，主要包括土地、水、矿产、森林、草原、野生动植物等。自然资源的范围随着人类科学技术的进步和经济的发展而不断扩展，自然界中某些在某一时期对人类无用的物质可能在另一时期因其用途和价值的发现而成为自然资源，如石油在古代不被人所用，但现在已经成为重要的自然资源。自然资源作为人类生存和发展的重要条件，与人类有着十分紧密的联系。一方面，自然资源是人类生存的物质基础，人类的活动离不开自然资源；另一方面，人类在开发利用自然资源时，也不断地改变自然资源的状况。因此人类必须正确认识到自然与人类的关系，将自然资源的开发利用和保护改善结合起来。

(二)自然资源的分类

　　自然资源根据不同的标准可以作不同的分类。

---

　　① 《辞海(缩印本)》，上海辞书出版社 1980 年版，第 1486 页。

1. 按其要素属性可以分为土地资源、水资源、矿产资源、森林资源、草原资源、野生动植物资源等。

➤ 自然资源现状

1. 土地资源。地球上能够被人类支配的土地大约为 2010 亿亩。其中耕地 225 亿亩。随着世界人口的急剧增长和建设用地的大量增加,全世界人均耕地面积在 2009 年已减少到 2.88 亩。

2. 水资源。地球上与人类生活和生产活动关系密切又比较容易开发利用的淡水储量约为 400 万亿立方米,仅占全球总水量的 0.3%。随着社会经济的发展,在过去的 3 个世纪里,人类取用的淡水资源增加了 35 倍。

3. 矿产资源。据预测,到 2030 年,全球的能源使用量可能增长 2 倍,其中发展中国家将增长 5 倍,而 2009 年世界石油剩余探明储量为 1855.23 亿吨,天然气剩余探明可采储量为 187.76 万亿立方米。

4. 森林、草原资源。在过去的几十年间,由于毁林开荒,已有 40% 的热带雨林遭到破坏,并且仍以每年 610 万公顷的速度在递减。

(数据来源于中国国土资源部网站)

2. 按其再生程度可以分为可再生资源、不可再生资源和恒定资源。可再生资源主要指那些在适宜的外部条件下具有自我更新和恢复能力的自然资源,如水、土地、动植物等。不可再生资源,主要是指那些形成极其缓慢,需要数千乃至上亿年,一旦利用就无法再补充或再生的资源,如煤、石油等矿产资源。由于不可再生资源没有再生能力,并且会随着人类的开发使用而逐渐耗竭。因此,"如何加强对不可再生资源的合理利用并尽可能延长其使用期限,是当前摆在人类面前的一个重要课题"[1]。恒定资源,是指那些能被人类反复利用而不会减少其数量的资源,如太阳能、风能、潮汐能。

3. 按其用途可以分为工业资源、农业资源、旅游资源等。

4. 根据其生命形态可以分为生物资源和非生物资源。生物资源,是指具有生命力的自然资源,如动物、植物、微生物及其所构成的生态系统。非生物资源,是指不具有生命力的自然资源,如水、土地、矿产等。

对自然资源分类的意义就在于制定单行法时根据不同自然资源类型的特殊性进行特殊的制度和规则安排。当然,基于自然资源的整体性与关联性的特点,建立统一的法律规范也是必要的。

(三)自然资源的特征

作为自然资源的物质和能量有着其特定的自然属性和社会属性,自然资源的特性是其自然性和社会性的综合体现。[2] 对自然资源特点的把握是人类保护和合理利用自然资源的起点。

---

[1] 张梓太:《环境与资源保护法学》,北京大学出版社 2007 年版,第 373 页。

[2] 张梓太:《环境与资源保护法学》,北京大学出版社 2007 年版,第 373 页。

1. 自然资源的自然性

自然资源是不以人的意志为转移而存在的自然要素,它的产生、变化和发展遵循一定的自然规律。对自然资源的开发利用必须要符合自然规律,否则就会遭到自然的报复,如对长江上游森林的砍伐直接导致水灾的频发。自然资源的这一特点决定了在开发利用自然资源的过程中,不仅要考虑经济利益的获得,也要考虑生态利益的保护。自然资源保护法应当将自然资源生态价值的维护作为法的基本目的之一。

2. 自然资源的社会性

自然资源的社会性体现在它的经济属性上,任何自然资源都具有使用价值,能够满足人类的各种需要。随着社会需求的不断扩大和经济技术水平的逐步提高,越来越多的环境要素被纳入社会生产的循环过程中,为人类的发展提供有力的物质支撑,同时也带来影响人类生活质量和生存质量的环境问题。这表示对自然资源的利用要纳入社会控制体系才能使自然资源的开发利用达到一个合理的界限。

3. 自然资源的整体性

虽然自然资源可以作多种分类,但各种自然资源之间有着相互联系、相互制约、相互依存的关系。它们是自然环境不可分割的部分,共同构成生态系统,一种自然资源的变化会影响到其他自然资源的变化,会影响整个生态系统的物质、能量和信息交换。因此对自然资源的开发利用和保护,必须明确各自然资源间的关系,防止因注重对某种自然资源的开发或保护而影响到对其他资源的开发或保护。这也要求相应的制度安排应当统筹兼顾,注意法律之间的协调。

4. 自然资源的有限性

虽然世界上存在各种各样、数量丰富的自然资源,但在一定的时空范围内,供人类利用的资源是有限的。对不可再生的自然资源而言,其有限性是指其存量的有限。不可再生资源形成的地质年限久远,只能是越用越少。中国许多资源性城市的转型就是证明。对可再生资源而言,其有限性是指其再生能力的有限。人类活动的广度和强度越来越大,逐渐削弱了自然资源的可再生能力,许多物种的灭绝就是证明。对恒定资源而言,其有限性是指其开发技术和利用条件的有限。虽然恒定资源,如太阳能是取之不尽的,但对其利用受到技术水平和利用条件的限制。自然资源的这一特点决定了自然资源权属制度、开发禁限制度、补偿制度、进出口管制等制度的确立,以保证自然资源利用的可持续性。

➢ 争议

关于自然资源的特征,有学者认为是有用性、稀缺性、地域性、整体性和相对性。

二、自然资源保护法的概念和特征

(一)自然资源保护法的概念

自然资源保护,是指国家和社会为确保自然资源的合理开发和可持续利用而采取的各种行动的总称。① 运用法律手段保护自然资源则产生了自然资源保护法。自然资源保护法是调整人们在开发、利用和保护、改善自然资源过程中所产生的各种社会关系的法律规范的总称。自然资源保护法的目的是为了规范人们开发利用自然资源的行为，防止人类对自然资源的过度开发，改善与增强人类赖以生存和发展的物质基础，协调人类与自然的关系，保障经济、社会的可持续发展。

自然资源保护法是环境法的组成部分，是环境法的次级法。对于自然资源保护法，有人认为不属于环境法的领域，而是与环境法相独立的，因为前者主要调整的是人们在管理自然资源利用过程中产生的法律关系，而后者调整的是在环境保护过程中所产生的法律关系。但根据可持续发展的要求，对自然资源的开发利用单纯进行管理显然是不够的，自然资源是环境不可分割的要素，环境法对环境的保护当然要涉及该领域，自然资源的开发应该服从保护的根本前提，不能够为了开发而牺牲环境。因此，自然资源保护法的指导思想不仅仅是为了促进自然资源经济价值的实现，同时也要维护自然资源的生态价值，自然资源保护法是环境法的必然组成部分。

自然资源保护法的调整对象是围绕着自然资源的开发、利用和保护、改善而产生的社会关系。其中包括自然资源的权属关系、自然资源的流转关系，自然资源的管理关系以及自然资源的其他关系。自然资源的权属关系，即谁对自然资源享有占有、使用、收益和处分的权力，亦即确定自然资源的权力归属；自然资源的流转关系，是指自然资源在不同社会主体之间的流转，实现其自然价值向社会价值的转化；自然资源的管理关系，是由国家对自然资源的开发利用和保护管理进行必要的介入和干预；自然资源的其他关系，是指在自然资源的开发利用和保护过程中涉及的诸如财政、税收、金融、劳动、保险等各个方面的社会关系。

(二)自然资源保护法的特征

1. 宏观性

从宏观上研究人类经济活动与自然生态的关系，自然资源的开发利用与经济发展的关系，这是自然资源保护法调整各种社会关系的理论基础。各种自然资源保护法规必须按照资源配置的宏观要求规定人们在开发、利用和保护、改善自然资源过程中的行为规则，这是自然资源保护法的重要特征。自然界是由各种各样的生态系统组成的，在生态系统中，每一种生物又都占据一定的位置，具有特定的作用，它们相互依赖，彼此制约，协同进化，使整个生态系统成为协调的整体。如果人们对环境资源的开发利用合乎生态规律，这些资源就能得到不断更新和正常的循环，不停地生长、发育和繁衍，实现可持续利用的目的。如果人们滥用自然资源，就会使资源不可避免地趋向退化、枯竭。这些生态学的一般规律应该成为指导人们从事生产实践的基本原则。自然资源保护法，就是以客观经济规律和生态规律对开发利用环境资源的要求，作为调整各种社会关系的基础，达到有效保护和合理开发利用自然资源的目的。

2. 综合性

从根本上说，对自然资源的开发、利用和保护、改善是一项综合的系统工程，这就决定了

---

① 金瑞林：《环境与资源保护法学》，北京大学出版社 2000 年版，第 295 页。

自然资源保护法在调整相关社会关系时必须运用多种法律规范和多种手段、措施和方法。自然资源保护法一般包括：水法、海域法、渔业法、土地法、矿产资源法、森林法、草原法等。除了各种专门的自然资源保护法律外，在刑法、民法、行政法和其他经济法规中，也有关于自然资源保护的法律规范。有关自然资源管理的法律、法规，既包括国家最高权力机关制定的法律，也包括国家行政机关颁布的行政法规、命令和决定，还有一些地方性法规。在手段上，包含了强制性、禁止性、引导性、激励性等多种手段。

3. 科学技术性

自然资源保护法的形成与发展是与科学技术的发展紧密相连的。人类开发、利用和保护、改善自然资源的过程实质上是人类利用科学技术对自然资源作用的过程。这一过程必然要反映在法律调整上。同时，随着国土经济学、生产力经济学、系统生态学和经济生态学等新的边缘学科的产生和发展，以及计算机技术的广泛应用，人类对自然界的认识更加深化。人们对人类经济活动与自然生态的关系、自然资源的开发利用与经济发展的关系，提出许多新的课题，采取更科学、更先进的措施，保护管理各种自然资源。用这些理论和方法制定的保护、开发和利用各种自然资源的许多技术规范，已经成为管理自然资源的法律规定。这不仅丰富了自然资源保护法的内容，扩大了自然资源保护法的调整范围，也使这些法律发挥着愈来愈重要的作用。

➢ 案例分析

墨西哥的伊斯特兰小镇被2000公顷森林环绕，政府将森林的使用、管理和经营权交给了当地居民。小镇建立了一家锯木厂，一个苗木培育基地，并开发了森林生态旅游项目。小镇负责人说，森林每年给小镇带来60万美元的收入，其中有30%用于植树和防止森林大火，小镇每年要种植上万棵新树，以此来维护小镇森林不减少、不退化。

【解答】在全球气候变暖之际，保护森林日益重要。如何制止乱砍滥伐、利用和管理好森林，成为世界各地加强环保、发展森林经济的重要课题。

4. 国际共同性

人类共同生活的地球表面构成了一个完整的生态系统。地球上任何一块陆地或海域的变化，都将影响它邻近的地区以至整个地球的生态系统，环境问题的解决是超越国家界限的。有些资源的开发利用也不是一国所能完成的。地球上的所有物种是人类共有的生物基因库，一些珍贵稀有的野生动植物，是地球进化过程中赐给人类的宝贵遗产。自然资源保护法所保护的对象，是人类赖以生存和持续发展的物质基础。在长期的生产、生活实践中，人们共同享受了大自然的恩惠，得到了开发、利用、保护自然资源所带来的利益，也共同承受了大自然给予人们无礼行为的严厉惩罚。因此，对自然资源的保护，人类负有共同的国际义务。作为目标相同的保护自然资源的国际组织、国际公约和各国的自然资源管理法规，尽管彼此在政治制度、经济制度等方面存在着差别，但在保护自然资源方面既有相互竞争以致斗争的一面，也有彼此可以相互借鉴的、具有共性的规范和彼此共同合作的方面。

> ➤ 争议

关于自然资源保护法的特征,有些学者认为还包括社会性和可持续发展性。但大多数学者并没有对此作分析论述。

三、自然资源保护法的原则

(一)开发与保护相结合

这一原则,要求人们正确认识和处理经济发展和自然资源保护的关系,正确处理近期利益与长远利益之间的关系。[1] 长期以来,由于人们对自然资源的性质和特征认识不足,从而出现了重开源、轻节流,重经济效益、轻生态效益及资源保护的倾向。因此,在生产生活过程中应当坚持自然资源的开发与保护相结合的原则。开发和保护是互相联系的,不能将其割裂开来,要在保护中开发,在开发中保护。保护是前提,也是开发的基础。要在保护的前提下进行开发,尽力避免盲目开发和过度开发,避免造成自然资源的浪费和破坏。当开发和保护发生矛盾时,应当坚持保护优先。

(二)因地制宜、合理开发、节约使用

因地制宜,是指在自然资源的开发利用过程中,应当考虑到自然资源的区域性,不同地域应采用不同的开发方案。这是因为对于自然资源的开发应建立在与当地生态系统的结构和功能相适应的基础上。合理开发,是要求人们根据地域环境的特点,合理地制定开发方案。例如:对于可再生资源来说,可以进行适度开发,以满足人们的生产、生活需要,同时保持其本身的更新能力,确保永续利用;对于不可再生资源来说,应坚持高效利用和节约使用,控制资源耗竭速度,提高资源的回收率和综合利用率。就目前来说,我国自然资源的利用率比较低,资源浪费相当大,所以应认识到自然资源的有限性,节约使用自然资源,保护自然资源。我国提倡建立资源节约型、环境友好型社会,其实也体现了节约使用自然资源的原则。

(三)统筹兼顾、综合利用、循环使用

自然资源是在一定范围内相互联系、相互促进、相互制约的自然综合体,有些自然资源还具有共生、伴生的特点。因此,对于自然资源的开发利用必须综合进行,如开发利用某一地区的土地资源时,不仅要考虑到耕地资源的利用,还要考虑到林地、草地及其他土地资源的开发利用,实现农、林、牧业多种经营,全面发展。这样才能使自然资源得到充分有效的开发利用,取得最大的经济效益、生态效益和社会效益。循环利用,是指对于那些被人们利用后将其"废弃"的部分,通过回收使其重复利用。实行资源的综合利用和循环利用,可以消除

---

[1] 韩德培:《环境保护法教程》,法律出版社 2008 年版,第 126 页。

或者减少自然资源因未能充分利用而造成的浪费和对生态环境带来的污染和破坏，获得最佳的综合效益。[1]

➤ 案例分析

黄金炼制过程中排放的废渣，含铁量高达 40％以上，排入环境不但会占用土地，而且在堆存中会有部分金属物质溶出，污染环境。山东省牟平实验区调查发现，水泥生产原料中所用的铁石与废渣成分相似。为此与水泥厂家合作进行废渣代替铁石生产水泥试验。试验结果表明，利用黄金冶炼废渣作为水泥生产原料，生产的水泥质量完全达到国家水泥质量标准。

【解答】牟平区年削减铜、铅、锌、砷等重金属排放量达 8.75 吨，氰化物排放量 110 吨，不仅解决了环境污染，也提高了区域环境质量。

四、自然资源保护法的基本内容和法律体系

(一)自然资源保护法的基本内容

自然资源保护法的基本内容体现在其基本制度上，即围绕自然资源的开发、利用和保护、改善而专门构建的法律制度，它们包括：(1)自然资源权属制度，即关于自然资源的所有权、使用权、开发利用权和其他权益的法律制度。自然资源权属制度是促进自然资源持续开发和管理的前提。(2)自然资源有偿使用制度，即自然资源的利用者必须要交纳一定费用才能利用的法律制度。自然资源的经济属性决定了利用者必须对资源的所有者付费。自然资源有偿使用制度是体现自然资源的价值，保障其持续利用的基础。(3)自然资源开发禁限制度，即对特定自然资源或自然资源的特殊区域禁止或限制开发的法律制度。自然资源开发禁限制度是自然资源生态价值的体现，是保护特殊自然资源或生态系统的关键。(4)自然资源进出口管制制度，即对法律规定的自然资源的进出口进行限制的法律制度。自然资源进出口管制制度是保证国家生态安全、生物多样性和生态平衡的基本制度。(5)自然资源补救制度，即对因开发、利用自然资源而造成的自然资源的损害和破坏，要求开发利用者必须补救自然资源的法律制度。该制度是保证自然资源的更新、恢复和保全的基本制度。

(二)自然资源保护法的法律体系

自然资源保护法律体系是由为实现保护自然资源的目的而创制的用以调整因开发、利用和保护自然资源而发生的社会关系的法律规范所构成的，具有内在统一、有机联系的法律系统。[2]

1. 我国自然资源保护法律体系

---

[1] 韩德培：《环境保护法教程》，法律出版社 2008 年版，第 127 页。
[2] 徐祥民：《环境与资源保护法学》，科学出版社 2008 年版，第 88 页。

自新中国成立以来,我国已经制定和实施了大量的自然资源法律、法规,目前已初步形成了以宪法性规范为依据,以综合资源法为基础,以单项资源法为主干,与其他法律、法规、规章相配套,以国际条约为补充的自然资源法体系的基本框架。[①] 根据自然资源保护法的特征和实践,自然资源保护法律体系的构成应该包括以下几个方面:

(1)宪法对自然资源保护的原则性规定

《宪法》第9条第2款规定:"国家保障自然资源的合理利用,保护珍贵的动物和植物。禁止任何组织或者个人用任何手段侵占或者破坏自然资源。"第10条第5款规定:"一切使用土地的组织和个人必须合理地利用土地。"

(2)《环境法》中对自然资源保护的规定

1989年12月通过的《中华人民共和国环境法》是综合性的环境基本法。该法规定了环境保护的基本任务、保护对象、基本原则和基本制度、管理机构与管理权限以及法律责任等,是自然资源保护法的重要渊源。

(3)自然资源保护单行法律

主要包括《森林法》、《草原法》、《渔业法》、《矿产资源法》、《水法》、《土地管理法》等。

(4)自然资源保护法规

包括行政法规和地方性法规两部分。行政法规,是国务院颁布的自然资源保护法律实施细则或条例,以及涉及资源保护管理具体问题的一些规范性文件,如《矿产资源法实施细则》。地方性法规,是地方权力机关结合本地区的实际情况,依据宪法、法律所制定的有关资源保护的规范性文件,如《北京市农村林木保护管理条例》、《广东省渔业管理实施办法》等。

(5)自然资源保护规章

包括部门规章和地方政府规章。如,部门规章有国土资源部发布的《国土资源信访规定》、农业部发布的《农作物种资源管理办法》等。

(6)我国缔结或参加的有关自然资源保护的国际条约或公约

为加强自然资源保护领域的国际合作、维护国家的资源权益、承担国际义务,我国先后缔结和参加了一些有关自然资源保护的国际条约,如,1981年加入的《濒危野生动植物物种国际贸易公约》。

➤ 争议

关于我国自然资源保护法的法律体系,有学者论述为宪法对自然资源和环境问题的原则性规定,《环境保护法》中的有关规定以及自然资源保护法的单行法律、法规;也有学者论述为综合资源法、自然资源品种法、自然资源行业法、自然资源养护法、国际自然资源法。

2. 我国自然资源保护立法体系存在的问题与对策分析

我国制定的一系列自然资源保护的法律、法规,如《土地管理法》及其实施条例、《森林

---

① 蔡守秋:《环境资源法学》,高等教育出版社2007年版,第248页。

法》及其实施细则、《野生动物保护法》及其实施条例、《矿产资源法》及其实施细则、《渔业法》及其实施细则、《水法》、《草原法》、《水土保持法》、《野生植物保护条例》等,为我国自然资源的开发、利用和保护、改善提供了基本的法律依据,但这些还不能完全适应我国自然资源保护立法的需要,存在着许多突出问题有待解决:

(1)《环境保护法》中缺乏关于自然资源保护的基本规定,缺乏能为我国的自然资源保护提供综合性、宏观性和战略性的法律依据和原则。由于立法的时代背景,《环境保护法》侧重于污染防治,对于自然资源保护不够重视。有鉴于此,应在《环境保护法》中增加自然资源保护方面的法律规定。如,关于自然资源保护的管理体制、职权分工等等。

(2)过于强调对自然资源的利用,忽视对生态环境的保护。即注重资源经济价值的发挥,而忽视对其生态价值的维护。

(3)在自然资源利用制度安排时,忽视资源的资产属性,不能体现自然资源的真实价值,不能使其真正进入市场体系。因此,应完善自然资源有偿使用制度。

(4)在自然资源管理职责权限上,政府之间、部门之间划分不够明确和合理,在某些领域出现混乱和失控现象。因此,需要在职权分工上进行调整,统一行使管理职能。

➤ 案例分析

2011年1月澳大利亚的布里斯班遭遇了一场百年未遇的洪灾。市中心商业区断电犹如死城,多达3万间房屋被淹浸,死亡人数最少12人,约90人失踪。《香港明报》报道,这次洪灾被形容为"澳洲版卡特里娜",恐令国内生产总值(GDP)减少约130亿澳元(约千亿港元),相当于GDP的1%,超越美国卡特里娜风灾的打击。

【解答】水太多发生洪涝灾害给人类带来的损失是巨大的,水具有利害双重性。

(5)在土地利用规划方面,国土整治、农业区域规划、村镇规划等领域尚处于无法可依的局面,急需立法加以完善。①

第二节　水资源保护法

一、水资源及其保护概述

(一)水资源的概念

水资源,是指在一定经济条件下可以被人类利用并能逐年恢复的淡水的总称。我国《水法》第2条规定:"本法所称水资源,包括地表水和地下水。"由此可知,土壤中的水未包括在内。

---

① 周珂:《环境与资源保护法》,中国人民大学出版社2007年版,第229页。

水资源具有以下特征：(1)关联性。水资源的关联性包括水文关联性和生态关联性。(2)流动性。水具有流动性，地表水和地下水之间、陆地水和海水之间的水都是相通的，它们的水量和水质都会相互影响。(3)时空分布不均性。我国水资源呈现出冬春少、夏秋多的季节性特点和南多北少、东多西少的区域性特点。(4)可重复利用性。水被人类利用后大部分都返回了水体，如果水不被过分污染是可以重复利用的。(5)可再生性。水在自然界形成了一个循环系统，蒸发和消耗的水可以通过降水得到循环和补充。(6)多功能性。水不仅可以用于生活和生产，而且对维持生态系统平衡发挥着举足轻重的作用。(7)利害双重性。众所周知，水对人类有着巨大的积极作用，但是近年来越来越频繁的洪灾和旱灾警示着人类，水太多或太少都是祸害。

(二)我国水资源保护的现状

我国的人均淡水资源仅为世界平均水平的1/4，在世界上名列110位，是全球人均水资源最贫乏的国家之一。人均可利用水资源量仅为900立方米。[①] 我国水资源的现状是，水资源短缺、水价严重偏低、水资源浪费严重；地区分布不均，水资源不平衡。

目前，我国已初步形成了一个水法律规范体系，它们主要包括：《水法》、《河道管理条例》、《取水许可制度实施办法》、《城市供水条例》、《城市节约用水管理规定》、《地面水环境质量标准》，以及地方性水资源保护和管理法规与规章。值得注意的是，于2002年修订的《水法》修改幅度非常大，主要表现在：(1)强化水资源的统一管理，注重水资源的宏观配置；(2)把节约用水和水资源的保护放在突出位置，提高用水效率；(3)加强水资源开发、利用、节约和保护的规划与管理，明确规划在水资源开发中的法律地位，强化流域管理；(4)适应水资源可持续利用的要求，通过合理配置水资源，协调好生活、生产和生态用水，特别是加强水资源开发利用中对生态环境的保护；(5)适应依法行政等要求，强化法律责任。[②]

二、水法的主要内容

(一)水资源保护的基本原则

我国保护水资源的基本原则主要有以下几个方面：

1. 水资源国家所有原则

《水法》第3条规定："水资源属于国家所有。"此规定使得农村集体经济组织对农村集体经济组织的水塘和由农村集体经济组织修建管理的水库中的水从所有权变成了使用权。由此确立了水资源的国家所有制。

2. 全面规划、综合利用、多效益兼顾原则

水资源具有多功能性的特征，为了充分发挥其综合效益，《水法》规定：开发、利用、节约、

---

① 《"世界水日"中国西南干渴，旱情仍将持续》，http://www.chinanews.com.cn/gn/news/2010/03-22/2183513.shtml，下载日期：2010年3月22日。

② 蔡守秋：《环境资源法学》，人民法院出版社、中国人民公安大学出版社2003年版，第294页。

保护水资源和防治水害,应当全面规划、统筹兼顾、标本兼治、综合利用、讲求效益、发挥水资源的多种功能,协调好生活、生产经营和生态用水。总则中的这个规定体现了"全面规划、综合利用、多效益兼顾"的原则。

3. 节约用水原则

水资源短缺、水浪费严重是我国水资源面临的现状,而实行节约用水是解决水资源供求矛盾的最有效的途径。因此,确定节约用水原则是现实所需。为此,《水法》第 8 条概括地规定了节约用水措施,肯定了节约用水原则。

> ## 案例分析

生活中小明习惯用淘米水洗菜,再用清水清洗,这样做有什么好处呢?

【解答】这样不仅节约了水,还有效地清除了蔬菜上的残存农药。

4. 居民生活用水优先原则

生存与生活是人之根本,无论是发展经济还是保护环境,都是为了人类能够更好地、更持久地生存与生活下去。所以,当居民生活用水与工农业生产和其他方面的用水发生矛盾时,应当首先满足居民生活用水的需要。这就是所谓的居民生活用水优先原则。

(二)水资源管理体制

《水法》确立了流域管理与区域管理相结合的新型管理体制。该法规定,国家对水资源实行流域管理与行政区域管理相结合的管理体制。国务院水行政主管部门负责全国水资源的统一管理和监督工作。国务院水行政主管部门在国家确定的重要江河、湖泊设立的流域管理机构,在所管辖的范围内行使法律、行政法规规定的和国务院水行政主管部门授予的水资源管理和监督职责。县级以上地方人民政府水行政主管部门按照规定的权限,负责本行政区域内水资源的统一管理和监督工作。该法还规定,国务院有关部门按照职责分工,负责水资源开发、利用、节约和保护的有关工作。将统一管理与部门管理结合起来。

(三)水资源开发利用规划

水资源开发利用规划制度则是关于水资源开发利用规划的编制、审批、实施等一整套管理措施和程序的规定。它是保证水资源合理开发利用、发挥其多功能效益、兴利除害的宏观管理手段。

《水法》首次建立了水资源战略规划制度,并理顺了各种规划之间的相互关系。该法第14 条规定:"国家制定全国水资源战略规划,开发、利用、节约、保护水资源和防治水害,应当按照流域、区域统一制定规划。规划分为流域规划和区域规划,流域规划包括流域综合规划和流域专业规划;区域规划包括区域综合规划和区域专业规划。"并规定流域范围内的区域规划应当服从流域规划,专业规划应当服从综合规划。流域综合规划和区域综合规划以及与土地利用密切相关的专业规划,应当与国民经济和社会发展规划以及土地利用总体规划、城市总体规划和环境保护规划相协调,兼顾各地区、各行业的需要。

另外《水法》增设了水资源中期规划和流域水量分配制度。经批准的水资源开发利用规划,是开发利用水资源和防治水害活动的基本依据,任何单位和个人必须执行。任何违反规划的行为,便是违反制定规划所依据的法律的行为,就要承担相应的法律责任。如果规划需要修改,必须经原批准规划的机关核准后,新规划才发生效力。

(四)关于合理利用水资源的规定

1. 用水总量控制和定额管理制度

《水法》第47条第1款规定:"国家对用水实行总量控制和定额管理相结合的制度。"总量控制的对象为水量总量和水域面积总量。"水资源的稀缺性和市场配置的结果,必然引发各种用水目的和方式之间的竞争,如若没有合理的界限,生态用水往往被挤占,水资源的水量控制的目的,就是要分别核定生态用水和经济性用水的总量,在确保最低限度的生态用水总量的前提下,分配经济性用水。"①而水域面积总量控制的目的,不仅是水体生态保护的需要,也体现了抗洪、防旱减灾的需要。

2. 取水许可与有偿使用制度的规定

《水法》第7条和第48条对实行这两项制度作出了明确的规定。

取水许可制度,是指国家要求直接从地下或者江河、湖泊取水的单位或个人依法办理准许取水的证明文件的一整套管理措施和方法。我国的取水许可制度,只适用于直接从地下和江河、湖泊取水的用户,而不适用于为家庭生活、畜禽饮用取水和其他少量取水,也不适用于使用自来水和水库等供水工程的水以及在江河、湖泊中行船、养鱼的用水。国务院为此颁布了《取水许可制度管理办法》。

有偿使用制度,是指开发利用水资源的单位和个人为获得取水权依法向国家缴纳的水资源费的制度。我国的水资源费的征收范围和对象只限于城市中从地下取水的单位,其他从地下或者从江河、湖泊取水的,只有在省、自治区、直辖市人民政府规定收费时才收费。个人,包括城市中的个人直接从地下取水的,不予收费。

3. 用水收费制度

用水收费制度,是指使用供水工程供应的水的单位和个人,要向供水单位缴纳水费的一整套管理措施。根据国务院1985年7月发布的《水利工程供水的水费核定、计收和管理办法》,北京、广东等地制定了有关征收税费的办法。

水费和水资源费是两种不同的收费。水资源费要缴给国家,水费则缴给供水单位;水资源费是在用水单位自己直接从地下或江河、湖泊取水时缴纳的,水费则是在其他单位给用水单位供水时由用水单位缴纳的;水资源费主要用于水资源的保护和水资源的开发,水费则主要用于供水设施的建设、维护和运行。

---

① 蔡守秋:《环境资源法教程》,高等教育出版社2004年版,第286页。

(五)关于保护水资源功能的制度

➤ 案例分析

老王为了解决家庭生活和家养畜禽用水问题,在自家院子里开挖了一口 90 厘米宽、6 米深的手压式提水井。可使用不到半个月,村里就派人来到他家,催他交纳水资源费,老王是否要交水资源费呢?

【解答】根据《水法》第 48 条的规定,老王家开挖的手压式提水井属于家庭生活和零星散养、圈养畜禽的少量用水情形,是交纳水资源费的例外情形,因此,老王家打井取水不需要申请取水许可证,也不需要交纳水资源费。

1. 确定水功能区划

《水法》第 32 条对水功能区划的拟定、批准进行了具体规定。

2. 建立饮用水水源保护区制度

《水法》在《水污染防治法》的基础上进一步确立了饮用水水源保护区制度。省、自治区、直辖市人民政府应当划定饮用水水源保护区,并采取措施,防止水源枯竭和水体污染,保障城乡居民饮用水安全。禁止在江河、湖泊新建、改建或者扩大排污口的规定。

3. 保护地下水资源

严格控制地下水超采。在严重超采地区,经省级人民政府批准,可以划定地下水禁采或限制开采区。[1]

(六)关于水事纠纷的处理

关于纠纷处理方面,现行《水法》规定了纠纷处理的有权机构及处理程序:单位之间、个人之间、单位与个人之间、不同行政区域之间发生水事纠纷的,应当协商处理;协商不成的,由政府或其授权部门裁决,或提请人民法院解决。在水事纠纷解决前,未经批准,任何一方不得单方面改变水的现状。

(七)法律责任的规定

《水法》第 76 条规定:"引水、截(蓄)水、排水,损害公共利益或者他人合法权益的,依法承担民事责任。"当然《水法》中有关民事责任的不止这一条,但是其没有对由水资源的流转引发的民事责任作出规定,有待完善。行政责任分为两种:一是对内的,即对违法失职的国家工作人员予以行政处分;另一种是对外的,即行政处罚措施,包括责令停止违法行为、恢复原状、强行拆除、罚款、吊销取水许可证等等。危害水资源构成犯罪的,依法追究其刑事责任。

---

① 张梓太:《自然资源法学》,科学出版社 2004 年版,第 163 页。

第三节 海域资源保护法

一、海域资源及其保护概述

(一)海域资源的概念

海洋资源,是指在一定技术经济条件下,海洋中的一切对人类有用或者有使用价值的物质和能量,包括海域资源、海洋生物资源、海洋矿产资源、海洋旅游资源和自然人文以及资源等。考虑到海洋资源与渔业资源、矿产资源、生态保护对象等存在重叠,本节仅仅介绍海域资源。海域,是指一定界限之内的边沿海区域,包括区域内的海表层水体和海床及其底土的立体空间。我国《海域使用管理法》所指的海域,是指我国内水、领海的水面、水体、海床和底土。

(二)海域资源保护的现状

我国非常重视海洋经济的发展和海域资源的管理,颁布了《海洋资源保护法》、《海域使用管理法》、《海域使用权管理规定》等,并制定了一系列方针、政策,指导海域使用管理工作。

随着海洋开发密度、强度的加大,海域使用中出现了一些新的问题:(1)海洋功能区划的法律地位不明确,难以发挥规范、协调各行业用海的作用;(2)海域有偿使用制度在实践中未能得到很好的推行,无偿使用海域的现象突出。[①]

二、海域使用管理法的内容

(一)海域权属管理规定

1. 海域所有权。我国实行单一的海域国家所有权制度。《海域使用管理法》第 3 条第 1 款规定:"海域属于国家所有,国务院代表国家行使海域所有权。任何单位和个人不得侵占、买卖或者以其他形式非法转让海域。"

2. 海域使用权。《海域使用管理法》第 3 条第 2 款规定:"单位和个人使用海域,必须依法取得海域使用权。"海域使用权制度包含的主要内容有:

(1)海域使用权的期限和续期

海域使用权最高期限,按照下列用途确定:养殖用海为 15 年;拆船用海为 20 年;旅游、娱乐用海为 25 年;盐业、矿业用海为 30 年;公益事业用海为 40 年;港口、修造船厂等建设工程用海为 50 年。

---

① 吕忠梅:《环境法学》,法律出版社 2008 年版,第 307 页。

海域使用权期限届满,海域使用权人需要继续使用海域的,应当至迟于期限届满前 2 个月向原批准用海的人民政府申请续期。除根据公共利益或者国家安全需要收回海域使用权的外,原批准用海的人民政府应当批准续期。准予续期的,海域使用权人应当依法缴纳续期的海域使用金。

（2）海域使用权的变更与转让

因企业合并、分立或者他人合资、合作经营,变更海域使用权人的,需经原批准用海的人民政府批准。海域使用权可以依法转让、依法继承。海域使用权人不得擅自改变经批准的海域用途;确需改变的,应当在符合海洋功能区划的前提下,报原批准用海的人民政府批准。

（3）海域使用权的终止和收回

海域使用权期满,未申请续期或者申请续期未获得批准的,海域使用权终止。海域使用权终止后,原海域使用权人应当拆除可能造成海洋环境污染或者影响其他用海项目的用海设施和建筑物。

因公共利益或者国家安全的需要,原批准用海的人民政府可以依法收回海域使用权。在海域使用权期满前收回海域使用权的,对海域使用权人应当给予相应的补偿。

（4）海域使用权争议的解决

因海域使用权发生争议,当事人协商解决不成的,由县级以上人民政府海洋行政主管部门调解;当事人也可以直接向人民法院提起诉讼。在海域使用权争议解决前,任何一方不得改变海域使用现状。

（二）海域使用管理体制规定

➤ 案例分析

刘某与李某因海域使用权发生争议,两人协商不成,刘某遂将李某告上了法庭。李某认为法院无权受理,理由是他们没有经过有关海洋行政主管部门调解。请问,李某的主张是否成立?

【解答】不成立。因为有关海洋行政主管部门的调解不是必经程序。

我国对海域实行统一的管理与分部门协同管理的管理体制。国务院海洋行政主管部门负责全国海域使用的监督管理。沿海县级以上地方人民政府海洋行政主管部门根据授权,负责本行政区毗邻海域使用的监督管理。

（三）海洋功能区划制度规定

《海域使用管理法》第 4 条规定:"海域使用必须符合海洋区域规划,国家严格管理填海、围海等改变海域自然属性的用海活动。"2002 年 9 月国务院批准的《全国海洋功能区划》,为实行海域功能区划制度进一步提供了法律依据。这一制度的主要内容有:

1. 海洋功能区划的编制

国务院海洋行政主管部门会同国务院有关部门和沿海省、自治区、直辖市人民政府,编制全国海洋功能区划。沿海县级以上地方人民政府海洋行政主管部门会同本级人民政府有关部门,依据上一级海洋功能区划,编制地方海洋功能区划。海洋功能区划编制必须遵守科学原则、统筹原则、可持续利用原则和安全原则。[①]

2. 海洋功能区划的审批

海洋功能区划实行分级审批制度。全国海洋功能区划,报国务院批准。沿海省、自治区、直辖市海洋功能区划,经该省、自治区、直辖市人民政府审核同意后,报国务院批准。沿海市、县海洋功能区划,经该市、县人民政府审核同意后,报所在的省、自治区、直辖市人民政府审核同意后,报所在地的省、自治区、直辖市人民政府批准,报国务院海洋行政主管部门备案。

3. 海洋功能区划的修改

海洋功能区划的修改,由原编制机关会同同级有关部门提出修改方案,报原批准机关批准;未经批准的,不得改变海洋功能区划确定的海域功能。经国务院批准,因公共利益、国防安全或者进行大型能源、交通等基础设施建设,需要改变海洋功能区划的,根据国务院的批准文件修改海洋功能区划。

4. 海洋功能区划的法律地位

养殖、盐业、交通、旅游等行业规划涉及海域使用的,应当符合海洋功能区划。沿海土地利用总体规划、城市规划、港口规划涉及海域使用的,应当与海洋功能区划相衔接。

(四)海域使用制度的规定

1. 海域使用审批制度

使用海域的单位和个人可以向县级以上人民政府海洋行政主管部门提出申请,县级以上人民政府海洋行政主管部门依据海洋功能区划,对海域使用申请进行审核,并报有批准权的人民政府批准。海洋行政主管部门审核海域使用申请,应当征求同级有关部门的意见。《海域使用管理法》第18条规定应当报国务院审批的用海项目,应报国务院审批。

2. 海域使用权登记制度

▷ 案例分析

某建设单位申请一个围海项目用海,围海范围是80公顷。问:这个项目用海是否要报国务院批准?

【解答】不需要。因为根据《海域使用管理法》第18条规定,围海100公顷以上的项目用海才须报国务院批准。

国家建立海域使用权登记制度,依法登记的海域使用权受法律保护。国务院批准用海的,由国务院海洋行政主管部门登记造册,向海域使用申请人颁发海域使用权证书;地方人民政府批准用海的,由地方人民政府登记造册,向海域使用申请人颁发海域使用权证书。海域使用申请人自领取海域使用权证书之日起,取得海域使用权;海域使用权除申请取得外,

---

① 张梓太:《自然资源法学》,科学出版社 2004 年版,第 242 页。

也可以通过招标或者拍卖的方式取得。招标或者拍卖工作完成后,依法向中标人或者买受人颁发海域使用权证书。中标人或者买受人自领取海域使用权证书之日起,取得海域使用权;颁发海域使用权证书,应当向社会公告。

3.海域有偿使用制度

《海域使用管理法》第33条规定:"国家实行海域有偿使用制度。"实行海域有偿使用制度,可以杜绝无偿占有海域、浪费国家资源和国有资源性资产流失的问题。《海域使用管理法》第33条至第36条明确了海域使用金征收办法。

(1)海域使用金的缴纳

单位和个人使用海域,应当按照国务院的规定缴纳海域使用金。海域使用金应当按照国务院的规定上缴财政。根据不同的用海性质或者情形,海域使用金可以按照规定一次性缴纳或者按年度缴纳。

(2)海域使用金的免缴和减免

免缴海域使用金的情形有:军事用海;公务船舶专用码头用海;非经营性的航道、锚地等交通基础设施用海;教学、科研、防灾减灾、海难搜救打捞等非经营性公益事业用海。按照国务院财政部门和国务院海洋行政主管部门的规定,经有批准权的人民政府财政部门和海洋行政主管部门审查批准,公用设施用海、国家重大建设项目用海、养殖用海可以减缴或者免缴海域使用金。

(五)违法责任的规定

依据《海域使用管理法》的规定,阻挠、妨害海域使用权人依法使用海域造成损失的,海域使用权人可以依法请求损害赔偿。有未经批准或者骗取批准而非法占用海域或者进行围海、填海活动,擅自改变海域用途,限期内拒不缴纳海域使用金等行为的,将受到恢复海域原状、没收违法所得、罚款、收回海域使用权等行政处罚。无权批准使用海域的单位非法批准使用海域的,超越批准权限非法批准使用海域的,或者不按海洋功能区划批准使用海域的,批准文件无效,收回非法使用的海域;对非法批准使用海域的直接负责的主管人员和其他直接责任人员,依法给予行政处分。国务院海洋行政主管部门和县级以上地方人民政府违反本法规定颁发海域使用权证书,或者颁发海域使用权证书后不进行监督管理,或者发现违法行为不予查处的,对直接负责的主管人员和其他直接责任人员,依法给予行政处分;徇私舞弊、滥用职权或者玩忽职守构成犯罪的,依法追究刑事责任。

第四节 渔业资源保护法

一、渔业资源及其保护概述

(一)渔业资源的概念

渔业资源,是指具有经济开发价值的可供渔业养殖和采捕的水生动植物资源的总称。

渔业资源按其所处的水域,可以分为淡水渔业资源和海洋渔业资源,而海洋渔业资源又可以分为近海渔业资源和远洋渔业资源。

渔业资源与野生动植物资源中的水生野生动物资源的概念存在着交叉,它们的交集在于珍贵濒危的水生野生动物。珍贵濒危的水生野生动物从渔业资源中划分到了野生动物资源中,适用《野生动物保护法》和《水生野生动物保护实施条例》;其他的水生野生动物是渔业资源,适用《渔业法》。

➢ **争论**

关于渔业资源的概念,少数学者认为还包括"适于发展渔业的自然条件"。但大部分学者没有对此作扩大理解,因为"适于发展渔业的自然条件"例如滩涂、内水等,只是渔业资源赖以依存的基础,它们分别属于土地资源、海域资源等。

(二)我国渔业资源保护的现状

我国拥有广阔的水域,渔业资源相当丰富。但是由于我国捕捞作业方式仍处于粗放式和掠夺式阶段,渔民多,渔船多,捕捞力量过剩,渔业资源过度利用的状况十分突出。同时,非法渔业捕捞活动普遍存在,特别是电鱼等非法作业方式对渔业资源和水域生态环境造成了严重损害。

为减轻渔业资源过度利用的状况,我国实施了海洋伏季休渔和长江禁渔制度。这两项渔业资源保护管理制度覆盖了我国沿海 11 个省份和长江流域的 10 个省份,涉及捕捞渔船12 万多艘,对控制和压减捕捞强度、促进渔业产业结构调整发挥了积极作用。[①]

我国历来重视对渔业资源的立法。目前,我国的渔业资源保护法主要有:《渔业法》、《渔业法实施细则》、《水产资源繁殖保护条例》、《水生野生动物保护实施条例》、《渔业水质标准》、《中国水生生物资源养护行动纲要》等,以及一些地方性的法规,如《安徽省实施〈中华人民共和国渔业法〉办法》、《重庆市实施〈中华人民共和国渔业法〉办法》等。

二、渔业法的主要内容

(一)渔业生产基本方针的规定

《渔业法》第 3 条规定:"实行以养殖为主,养殖、捕捞、加工并举,因地制宜,各有侧重的方针;各级人民政府应当把渔业生产纳入国民经济发展计划,采取措施,加强水域的统一规划和综合利用。"该规定确定了渔业生产以养殖为主的方针政策,改变了以往的重捕捞、轻养殖、不注意渔业资源保护的掠夺式做法,为合理开发利用渔业资源提供了指导性原则。

① 姚润丰:《农业部渔业局负责人表示:我国渔业资源利用过度》,http://finance.sina.com.cn/chan-jing/b/20070506/11453566061.shtml,下载日期:2007 年 5 月 6 日。

(二)渔业资源保护的管理体制规定

《渔业法》第6条到第9条对渔业资源保护的管理体制进行了规定。第7条规定:"国家对渔业的监督管理,实行统一领导、分级管理。"国务院渔业行政主管部门主管全国的渔业工作;县级以上地方人民政府渔业行政主管部门主管本行政区域内的渔业工作;海洋渔业、除国务院划定由国务院渔业行政主管部门及其所属的渔政监督管理机构监督管理的海域和特定渔业资源渔场外,由毗邻海域的省、自治区、直辖市人民政府渔业行政主管部门监督管理;江河、湖泊等水域的渔业,按照行政区划由有关县级以上人民政府渔业行政主管部门监督管理;跨行政区域的由有关县级以上地方人民政府协商制定管理办法,或者由上一级人民政府渔业行政主管部门及其所属的渔政监督管理机构监督管理;国家渔政渔港监督管理机构对外行使渔政渔港监督管理权。

(三)合理发展养殖业的规定

发展渔业养殖为合理开发利用渔业资源提供了指导性原则,为实施这一原则,国家鼓励全民所有制单位、集体所有制单位和个人,充分利用适于养殖的水面、滩涂发展养殖业。

具体措施是实行渔业养殖使用证制度。由国家对水域利用进行统一规划,确定可以用于养殖业的水域和滩涂。单位和个人使用国家规划确定用于养殖业的全民所有的水域、滩涂的,使用者应当向县级以上地方人民政府渔业行政主管部门提出申请,由本级人民政府核发养殖证,许可其使用该水域、滩涂从事养殖生产。集体所有的或者全民所有由农业集体经济组织使用的水域、滩涂,可以由个人或者集体承包,从事养殖生产。县级以上地方人民政府在核发养殖证时,应当优先安排当地的渔业生产者。

(四)合理捕捞的规定

1. 实行捕捞限额制度。国家根据捕捞量低于渔业资源增长量的原则,确定渔业资源的总可捕捞量,实行捕捞限额制度。国务院渔业行政主管部门负责组织渔业资源的调查和评估,为实行捕捞限额制度提供科学依据。

2. 渔业捕捞许可证制度。捕捞许可证是国家准许单位或个人在一定水域行使捕捞权利的凭证。可分为外海捕捞许可证、近海捕捞许可证、内陆水域捕捞许可证、专项(特许)捕捞许可证、临时捕捞许可证。凡在我国管辖水域从事渔业生产的单位和个人,均需按规定申请办理捕捞许可证。未取得捕捞许可证的,不得从事捕捞作业。《渔业法》规定,具备下列条件的,方可发给捕捞许可证:有渔业船舶检验证书;有渔业船舶登记证书;符合国务院渔业行政主管部门规定的其他条件。

3. 加强对捕捞工具的管理。批准发放海洋作业的捕捞许可证不得超过国家下达的船网工具控制指标;制造、更新改造、购置、进口的从事捕捞作业的船舶经渔业船舶检验部门检验合格,方可下水作业。

(五)渔业资源的增殖和保护的规定

1. 实行渔业资源增殖保护费制度。县级以上人民政府渔业行政主管部门可以向受益的单位和个人征收渔业资源增殖保护费,专门用于增殖和保护渔业资源。

2. 建立水产种质资源保护区。国家保护水产种质资源及其生存环境,并在具有较高经济价值和遗传育种价值的水产种质资源的主要生长繁育区域建立水产种质资源保护区。未经国务院渔业行政主管部门批准,任何单位或者个人不得在水产种质资源保护区内从事捕捞活动。

3. 渔业资源开发利用禁限制度。一是禁止炸鱼、毒鱼;二是规定禁渔区、禁渔期、禁用渔具和禁用的捕捞方法,不得在禁渔区和禁渔期进行捕捞,也不得使用禁用的渔具、捕捞方法和小于规定的最小网目尺寸的网具进行捕捞;三是除经过特别批准外,禁止捕捞有重要经济价值的水生动物苗种;四是禁止围湖造田;五是在鱼、虾、蟹洄游通道建闸、筑坝对渔业资源有严重影响的,建设单位应当建造过鱼设施或者采取其他补救措施;六是对进行水下爆破、勘探、施工作业严重影响渔业资源的,要求其采取措施,防止或者减少对渔业资源的损害。

➤ 案例分析

张某见某市最大的水利枢纽中心——X 水库中时有鱼跃清波,骤生歹念,便使用雷管、炸药等进行非法炸鱼想发横财,造成上百斤苗种损失。张某是否应该受到行政处罚?

【解答】应该受到行政处罚。法律依据详见《渔业法》第 30 条和第 38 条。

(六)有关法律责任的规定

违反《渔业法》要承担以下几种主要的行政法律责任:(1)责令停止捕捞或者责令改正;(2)责令限期拆除养殖设备;(3)没收渔获物和违法所得;(4)罚款;(5)没收渔具;(6)吊销养殖证或者捕捞许可证;(7)没收渔船。[①] 外国人、外国渔船违反本法规定,擅自进入中华人民共和国管辖水域从事渔业生产和渔业资源调查活动的,责令其离开或者将其驱逐,可以没收渔获物、渔具,并处 50 万元以下的罚款;情节严重的,可以没收渔船;构成犯罪的,依法追究刑事责任。在海上执法时,对违反禁渔区、禁渔期的规定或者使用禁用的渔具、捕捞方法进行捕捞,以及未取得捕捞许可证进行捕捞的,事实清楚、证据充分,但是当场不能按照法定程序作出和执行行政处罚决定的,可以先暂时扣押捕捞许可证、渔具或者渔船,回港后依法作出和执行行政处罚决定。

第五节　土地资源保护法

一、土地资源及其保护概述

(一)土地资源的概念

土地资源,是指在现有的社会经济条件下,已经被人类所利用和可预见的未来能被人类

---

① 张梓太:《自然资源法学》,科学出版社 2004 年版,第 236 页。

利用的土地。土地资源既包括自然范畴,即土地的自然属性,也包括经济范畴,即土地的社会属性,是人类的生产资料和劳动对象。如耕地、林地、草地、农田水利设施用地、养殖水面以及公共设施用地、工矿用地、交通水利设施用地、旅游用地、军事设施用地等。土地是人类社会最宝贵的自然资源,是人类赖以生存和发展的物质基础和环境条件,也是社会最基本的生产要素。

(二)我国土地资源保护的现状

我国土地资源总量大,人均占地少。我国国土虽然占了全球陆地总面积的 1/15,但人均土地只有 0.9 公顷,相当于世界人均数 2.76 公顷的 1/3,人均耕地面积仅为 0.11 公顷,只及世界人均数 0.29 公顷的 38%。[1] 尽管我国已解决了世界 1/5 人口的温饱问题,但也应注意到,我国非农业用地逐年增加,人均耕地将逐年减少,土地的人口压力将愈来愈大。

目前,我国现行的土地资源保护方面的立法主要有:《土地管理法》及其实施条例、《土地复垦规定》、《城镇土地使用税暂行条例》、《城镇土地使用权出让和转让暂行条例》、《水土保持法》及其条例、《基本农田保护条例》等。除了中央立法外,各级地方人大及政府在立法权限范围内也制定了相应的地方法规和规章,如海南省政府颁布了《海南省确定土地权属若干规定》,江西省人民代表大会常务委员会通过了《江西省城市国有土地使用权出让和划拨管理条例》,浙江省人民政府颁布了《浙江省征地补偿和被征收地农民基本生活保障办法》等。

二、土地资源保护法的主要内容

(一)关于土地权属的规定

1. 原则性规定。《土地管理法》第 3 条明确规定:"十分珍惜、合理利用土地和切实保护耕地是我国的基本国策。"以法律的形式确认了土地保护基本国策的地位。

2. 土地所有权的规定。土地所有权,是指国家或农民集体依法对归其所有的土地所享有的具有支配性和绝对性的权利。《土地管理法》规定,城市市区的土地属于国家所有。农村和城市郊区的土地,除由法律规定属于国家所有的以外,属于农民集体所有;宅基地和自留地、自留山,属于农民集体所有。

3. 土地使用权的规定。土地使用权,是指土地使用者依照法定程序或依约定对国有土地或农民集体土地所享有的占有、利用、收益和有限处分的权利。国有土地和农民集体所有的土地,可以依法确定给单位或者个人使用。使用土地的单位和个人,有保护、管理和合理利用土地的义务。农民集体所有的土地由本集体经济组织的成员承包经营,从事种植业、林业、畜牧业、渔业生产。国有土地可以由单位或者个人承包经营,从事种植业、林业、畜牧业、渔业生产。农民集体所有的土地,可以由本集体经济组织以外的单位或者个人承包经营,从事种植业、林业、畜牧业、渔业生产。

---

[1]　张梓太:《自然资源法学》,北京大学出版社 2007 年版,第 101 页。

(二)土地用途管制制度

土地用途管制制度,是指国家为保证土地资源的合理利用和经济、社会及环境的协调发展,通过编制土地利用总体规划划定土地利用区,确定土地使用条件,并要求土地所有者和使用者严格按照国家确定的用途利用土地的制度。具体包括:

1. 国家编制土地利用总体规划。按照土地利用总体规划,将土地分为农用地、建设用地和未利用地。《土地管理法》第18条规定,下级土地利用总体规划应当依据上一级土地利用总体规划编制。土地利用总体规划一经批准则具备法律效力,必须严格执行。

2. 国家建立土地调查、土地统计制度。县级以上人民政府土地行政主管部门会同同级有关部门进行土地调查。土地所有者或者使用者应当配合调查,并提供有关资料。县级以上人民政府土地行政主管部门和同级统计部门共同制定统计调查方案,依法进行土地统计,定期发布土地统计资料。土地所有者或者使用者应当提供有关资料,不得虚报、瞒报、拒报、迟报。国家建立全国土地管理信息系统,对土地利用状况进行动态监测。

(三)耕地特殊保护制度

耕地保护是《土地管理法》的核心内容,主要采取以下几个措施进行保护:

1. 实行占用耕地补偿制度。非农业建设经批准占用耕地的,按照"占多少,垦多少"的原则,由占用耕地的单位负责开垦与所占用耕地的数量和质量相当的耕地;没有条件开垦或者开垦的耕地不符合要求的,应当按照省、自治区、直辖市的规定缴纳耕地开垦费,专款用于开垦新的耕地。

2. 耕地总量动态平衡制度。省、自治区、直辖市人民政府应当严格执行土地利用总体规划和土地利用年度计划,采取措施,确保本行政区域内耕地总量不减少;耕地总量减少的,由国务院责令在规定期限内组织开垦与所减少耕地的数量与质量相当的耕地,并由国务院土地行政主管部门会同农业行政主管部门验收。

3. 实行基本农田保护制度。根据土地利用总体规划将下列耕地划入基本农田保护区:(1)经国务院有关主管部门或者县级以上地方人民政府批准的粮、棉、油生产基地内的耕地;(2)有良好的水利与水土保持设施的耕地,正在实施改造计划以及可以改造的中、低产田;(3)蔬菜生产基地;(4)农业科研、教学试验田;(5)国务院规定应当划入基本农田保护区的其他耕地。

4. 禁止占用、破坏耕地和闲置、荒芜耕地。非农业建设必须节约使用土地,可以利用荒地的,不得占用耕地;可以利用劣地的,不得占用好地。禁止占用耕地建窑、建坟或者擅自在耕地上建房、挖砂、采石、采矿、取土等。禁止占用基本农田发展林果业和挖塘养鱼。

➤ 案例分析

2006年4月,海淀区上庄镇某村村民梁某与上庄镇某村签订《承租农用土地协议书》,该村委会同意将该村一块土地出租给梁某使用,后梁某未经土地行政主管部门批准在承租集体土地上圈建院墙。请结合相关法律对梁某的行为进行评析。

【解答】《中华人民共和国土地管理法》第36条第2款规定：禁止占用耕地建窑、建坟或者擅自在耕地上建房、挖砂、采石、采矿、取土等。虽然在本案中，梁某只是圈建院墙，但就其院墙本身，已经造成了对耕地的破坏，因而应拆除院墙，恢复土地原状。

5. 国家依法保护开发者的合法权益。开垦未利用的土地，必须经过科学论证和评估，在土地利用总体规划划定的可开垦的区域内，经依法批准后进行。开发未确定使用权的国有荒山、荒地、荒滩从事种植业、林业、畜牧业、渔业生产的，经县级以上人民政府依法批准，可以确定给开发单位或者个人长期使用。

(四)严格控制建设用地制度

1. 建设用地的申请。任何单位和个人进行建设，需要使用土地的，必须依法申请使用国有土地。农民集体所有的土地使用权不得出让、转让、出租用于非农业建设。

2. 实行农用地转用审批制度。《土地管理法》第44条规定，建设占用土地，涉及农用地转为建设用地的，应当办理农用地转用审批手续。严格限制农用地转为建设用地，控制建设用地总量，对耕地实行特殊保护，未经批准不得改变用途。

3. 规定征收审批权限。征地必须经国务院或者省级人民政府批准，省级以下政府无权批准。其中须经国务院批准征收的土地有：(1)基本农田；(2)基本农田以外的耕地超过35公顷的；(3)其他土地超过70公顷的。

4. 对被征收土地的补偿制度。征收耕地的补偿费用包括土地补偿费、安置补助费以及地上附着物和青苗的补偿费。征收城市郊区的菜地，用地单位应当按照国家有关规定缴纳新菜地开发建设基金。禁止侵占、挪用被征收土地单位的征地补偿费用和其他有关费用。

(五)土地资源的法律责任规定

买卖或者以其他形式非法转让土地的，由县级以上人民政府土地行政主管部门没收违法所得；对违反土地利用总体规划擅自将农用地改为建设用地的，限期拆除在非法转让的土地上新建的建筑物和其他设施，恢复土地原状，对符合土地利用总体规划的，没收在非法转让的土地上新建的建筑物和其他设施；可以并处罚款；土地行政主管部门的工作人员玩忽职守、滥用职权、徇私舞弊，构成犯罪的，依法追究刑事责任；尚不构成犯罪的，依法给予行政处分。

第六节 矿产资源保护法

一、矿产资源及其保护概述

(一)矿产资源的概念

矿产资源，是指由地质作用形成的，在一定的经济技术条件下可为人类用于生产和生活的各种矿物质富集物,呈固态、液态、气态,是自然资源的一种,包括能源矿产、金属矿产、非金属矿产和水气矿产四类。矿产资源具有有限性、不可再生性、不可直接利用性和分布不均衡性。

(二)我国矿产资源保护的现状

我国矿产资源的特点是:总量丰富,但人均量较小;矿种比较齐全,部分资源供需失衡;分布广泛,但已探明的矿产储量相对集中,与生产力布局不相匹配;贫矿多、难选矿多、富矿少;多组分矿多,单一矿少;中小型矿床多、大型矿床少。[①] 在我国的矿产资源开发过程中,也存在一些问题:矿产资源开发粗放,损失浪费严重,矿产资源有用矿物的回收率低;勘探、开发的技术和管理水平低,未能做到综合利用;非金属矿产资源开发利用落后;不合理的开采对环境造成严重污染;采矿时不注意节约用地,破坏大面积的地貌景观和植被,采矿结束后,又不进行复垦和恢复植被工作,损害周边生态。

鉴于矿产资源对人类生活与发展具有重要性,并且其自身具有有限性和不可再生性的特征,我们必须倍加珍惜和保护。现在我国已初步形成了矿产资源保护的立法体系,主要法律、法规有:《矿产资源法》、《矿产资源法实施细则》、《矿产资源勘查登记管理暂行办法》、《矿产资源监督管理暂行办法》、《石油及天然气勘查、开采登记管理暂行办法》、《中外合作开采陆上石油资源缴纳矿区使用费暂行规定》、《矿产资源补偿费征收管理规定》、《煤炭法》、《煤炭生产许可证管理办法》、《乡镇煤矿管理条例》、《探矿权采矿权转让管理办法》、《矿产资源勘查区块登记管理办法》、《矿产资源开采登记管理办法》、《矿产资源储量评审认定办法》、《对外合作开采陆上石油资源条例》、《对外合作开采海洋石油资源条例》等。

二、矿产资源法的主要内容

(一)矿产资源的所有权、探矿权和采矿权

1. 矿产资源所有权的规定

由于矿产资源的不可再生性和对经济发展的重要性,我国实行矿产资源国有制。《矿产资源法》第 3 条规定:"矿产资源属于国家所有,由国务院行使国家对矿产资源的所有权。地表或者地下的矿产资源的国家所有权,不因其所依附的土地的所有权或者使用权的不同而改变。"

2. 探矿权与采矿权

探矿权,是指在依法取得的勘查许可证规定的范围内勘查矿产资源的权利。采矿权,是指在依法取得的采矿许可证规定的范围内开采矿产资源和获得所开采的矿产品的权利。探矿权、采矿权的取得必须由具备法定条件者经过申请和管理部门的审查和批准,并依法办理登记手续,取得矿产资源勘查许可证、采矿许可证方可。依法取得的探矿权、采矿权受法律保护。国家实行探矿权、采矿权有偿取得制度。探矿权和采矿权可以依法进行转让。

---

① 周珂:《环境与资源保护法》,中国人民大学出版社 2007 年,第 297 页。

(二)矿产资源监督管理体制

我国的矿产资源保护实行主管与协管相结合的监督管理体制。国务院地质矿产主管部门主管全国矿产资源勘查、开采的监督管理工作,国务院有关主管部门协助国务院地质矿产部门进行矿产资源勘查、开采的监督管理工作;省、自治区、直辖市人民政府地质矿产主管部门主管本行政区域内矿产资源勘查、开采的监督管理工作。

设区的人民政府、自治区人民政府和县级人民政府及其负责管理矿产资源的部门,依法对本级人民政府批准开办的国有矿山企业和本行政区域内的集体所有制矿山企业、个体采矿者以及在本行政区域内从事勘查施工的单位和个人进行监督管理,依法保护探矿权人、采矿权人的合法权益。

(三)矿产资源监督管理制度

1. 矿产资源规划制度

矿产资源规划,是法定部门按照规定程序编制的国家对一定时期矿产资源勘查和开发利用整体安排的书面文件。按照规定,全国矿产资源规划,在国务院计划行政主管部门指导下,由国务院地质矿产主管部门根据国民经济和社会发展中长期规划,组织国务院有关主管部门和省、自治区、直辖市人民政府编制,报国务院批准后实施。按其内容,可分为矿产资源勘查规划和矿产资源开发规划。

2. 矿产资源勘查登记制度

国家对矿产资源勘查实行统一的区块登记管理制度,并由《矿产资源勘查区块登记管理办法》具体规定。勘查矿产资源,必须按照以基本单位区块计算的勘查作业区范围提出申请,经登记管理机关审查同意,领取勘查许可证,取得探矿权,成为探矿权人后,方可进行矿产资源勘查活动。但是,矿山企业在划定或者核定的矿区范围内进行的生产探矿工作、地质踏勘及不进行勘探工程施工的矿点检查,不需要进行登记。矿产资源勘查登记工作由国务院地质矿产主管部门负责,特定矿种的矿产资源勘查登记工作可以由国务院授权有关主管部门负责。

3. 采矿许可证制度

采矿许可证,是矿产资源主管部门依法向符合规定条件的单位或个人发放的允许其开采矿产资源的证明文件。采矿许可证制度则是关于采矿许可证的取得条件、申请、审核、发放和管理的一整套程序、措施和方法。根据《矿产资源法》、《矿产资源开采登记管理办法》的规定,凡在我国领域及管辖海域开采矿产资源的单位和个人,必须经过审查批准,取得采矿许可证。否则,不得进行采矿活动。不同区域、规模和不同种类的矿产资源,分别由不同的机构审批和发放采矿许可证。

➢ 案例分析

2007年以来,建某等3人在会泽县大海乡某村无证开采铅锌矿,会泽县国土资源执法大队多次责令其停止开采,但建某等人拒不停止。执法大队是否有权对建某等人非法采矿行为进行立案查处?

【解答】执法大队是有权的。根据我国的法律规定,必须依法取得采矿许可证,拥有采矿权才能获得开采矿产资源的权利。国家只允许个人采挖零星分散资源和只能用作普通建筑材料的砂、石、黏土以及为生活自用采挖少量矿产。私自采矿也会构成犯罪。

4. 矿产资源补偿费制度

矿产资源补偿费,是采矿权人为补偿国家矿产资源的消耗而向国家缴纳的一定费用。矿产资源补偿费制度则是关于矿产资源补偿费的征收对象、范围、费率、程序和使用与管理的一整套措施和方法。凡在我国领域和其他管辖海域开采矿产资源的采矿权人,都应当按规定缴纳矿产资源补偿费。矿产资源补偿费按照矿产品销售收入的一定比例计征。补偿费费率由国家统一规定,最高为 4%,最低为 0.5%。资源补偿费实际征收额由下式算得:矿产资源补偿费金额=矿产品销售收入×补偿费费率×开采回收率系数。矿产资源补偿费由地质矿产主管部门会同财政部门征收。征收的矿产资源补偿费纳入国家预算,实行专项管理,主要用于矿产资源勘查。

(四)矿产资源保护制度

1. 对特定矿区和矿种实行计划开采。国家对国家规划的矿区、对国民经济具有重要价值的矿区和国家规定实行保护性开采的特定矿种,实行有计划的开采;未经国务院有关主管部门批准,任何单位和个人不得开采这类矿区和矿种。

➤ 案例分析

据 2011 年 2 月的新闻报道,我国在江西赣州首设稀土矿国家规划区矿区,与此同时,国土资源部决定在四川攀西地区设立铁矿国家规划矿区。我国为何设立稀土和铁矿国家规划区呢?

【解答】设立稀土国家规划矿区和设立铁矿国家规划矿区,都是国家对特定矿区和矿种实行计划开采的表现。

2. 对具有工业价值的共生和伴生矿产实行综合勘探与综合开采。在完成主要矿种普查任务的同时,应当对工作区内包括共生或者伴生矿产的成矿地质条件和矿床工业远景作出初步综合评价;矿床勘探必须对矿区内具有工业价值的共生和伴生矿产进行综合评价,并计算其储量;在开采主要矿产的同时,对具有工业价值的共生和伴生矿产应当统一规划,综合开采,综合利用,防止浪费;对暂时不能综合开采或者必须同时采出而暂时还不能综合利用的矿产以及含有有用组分的尾矿,应当采取有效的保护措施,防止损失破坏。

3. 要求采取合理的开采顺序、方法和工艺。开采矿产资源,必须采取合理的开采顺序、开采方法和选矿工艺;开采回采率、采矿贫化率和选矿回收率应当达到设计要求。

(五)集体和个体采矿管理

《矿产资源法》规定,国家对集体矿山企业和个体采矿实行积极扶持、合理规划、正确引导、加强管理的方针,鼓励集体矿山企业开采国家指定范围内的矿产资源,允许个人采挖零星分散资源和只能用作普通建筑材料的砂、石、黏土以及为生活自用采挖少量的矿产。矿产储量规模适宜由矿山企业开采的矿产资源,国家规定实行保护性开采的特定矿种和国家规定禁止个人开采的其他矿产资源,个人不得开采。集体矿山和个体采矿应当提高技术水平和矿产资源的回收率。禁止乱探滥采,破坏矿产资源。

(六)环境保护制度

开采矿产资源必须遵守有关环境保护的法律规定,防止污染和破坏环境。在国家划定的自然保护区、重要风景区、国家重点保护的不能移动的历史文物和名胜古迹所在地,未经国务院授权的有关主管部门同意,不得开采矿产资源;勘查、开采矿产资源时,发现具有重大科学文化价值的罕见地质现象以及文化古迹时,应当加以保护并及时报告有关部门;耕地、草地、林地因采矿被破坏的,矿山企业应当因地制宜地采取复垦利用、植树种草或者其他利用措施。

(七)关于矿区范围争议解决的规定

矿山企业之间的矿区范围的争议,由当事人协商解决,协商不成的,由有关县级以上地方人民政府根据依法核定的矿区范围处理;跨省、自治区、直辖市的矿区范围的争议,由有关省、自治区、直辖市人民政府协商解决,协商不成的,由国务院处理。

(八)关于违法责任的规定

对违反矿产资源保护的法律、法规开采矿产资源的,可由地质矿产主管部门根据违法情况给予责令停止开采、赔偿损失、没收采出的矿产品和违法所得、吊销许可证、罚款等形式的行政处罚。我国《刑法》在第6章第6节中规定了非法采矿罪和破坏性采矿罪,《矿产资源法》第6章的有关条款也规定了依法追究违法者刑事责任的内容。

第七节　森林资源保护法

一、森林资源及其保护概述

(一)森林资源的概念

森林,是指存在于一定区域内的以树木或其他木本植物为主体的植物群落,或者称为群落生态系统。从生态学的观点来说,森林主要包括林地、树木和其他林地植物。

(二)我国森林资源保护的现状

我国是一个森林资源丰富的国家,森林覆盖率达20.36%,全国乔灌林木树种约有8000

种,森林类型之多更为世界少有,既有温带的落叶、常绿阔叶林、针阔叶混交林,又有西双版纳的热带雨林。但是森林覆盖率只有全球平均水平的 2/3,排在世界第 139 位。人均森林面积 0.145 公顷,不足世界人均占有量的 1/4;人均森林蓄积 10.151 立方米,只有世界人均占有量的 1/7。[①] 20 世纪 50 年代后期,由于人们对森林资源经济价值的过度追求和对生态价值的忽视,肆意砍伐树木,造成了严重的后果。

为保护和合理利用森林资源,改善自然环境,我国针对森林资源制定和颁布一系列的法律、法规,主要有:《关于发动群众开展造林、育林、护林工作的指示》、《关于进一步加强护林防火工作的通知》、《森林法》及其实施细则、《森林病虫害防治条例》、《森林资源监督工作管理办法》、《森林资源资产评估管理暂行规定》、《森林资源资产抵押登记办法》等。

二、森林资源保护法的主要内容

(一)森林资源的权属规定

1. 森林资源所有权。我国《森林法》把林权分为国家林权、集体林权、机关团体林权和公民个人林权。除法律规定属于集体所有的以外,森林资源属于全民所有。国家所有的和集体所有的森林、林木和林地,个人所有的林木和使用的林地,由县级以上地方人民政府登记造册,发放证书,确认所有权或者使用权。国务院可以授权国务院林业主管部门,对国务院确定的国家所有的重点林区的森林、林木和林地登记造册,发放证书,并通知有关地方人民政府。

> **案例分析**

2009 年 12 月,广西北流市镇某村人覃某佳在未办林木采伐许可证的情况下,砍伐其承包多年的林地林木。经鉴定,其砍伐的林木共计 14.177 立方米。请问:覃某佳的行为是否构成了犯罪?

【解答】我国《森林法》规定:"农村居民采伐自留山和个人承包集体的林木,由县级林业主管部门或者其委托的乡、镇人民政府依照有关规定审核发放采伐许可证。"覃某佳以非法占有为目的,在未办理树木采伐许可证的情况下,擅自砍伐林木数量较大,其行为已构成盗伐林木罪。

2. 森林资源权属转让。权属转让,是指在法律允许的范围内,将森林资源所有权或使用权全部或者部分转让。《森林法》第 15 条规定,用材林、经济林、薪炭林及其使用权,用材林、经济林、薪炭林的采伐迹地、火烧迹地的使用权和国务院规定的其他森林、林木和其他林地使用权都可以依法转让,也可以依法作价入股或者作为合资、合作造林、经营林木的出资、合作条件,但不得将林地改为非林地。

---

① 贾治邦:《在国务院新闻办公室新闻发布会上的讲话》,http://www.china.com.cn/zhibo/zhuanti/ch-xinwen/2009-11/17/content_18903277.htm,下载日期:2009 年 11 月 17 日。

（二）森林资源的经营管理规定

1. 森林资源的清查和资源建档制度。各级林业主管部门对森林资源的保护、利用、更新，实行管理和监督。负责组织森林资源清查，建立资源档案制度，掌握资源变化情况。

2. 林业规划和森林经营方案。林业规划是林业建设中的一项基础性工作，因此，《森林法》中也规定各级人民政府应当制定林业长远规划。国有林业企业、事业单位和自然保护区，应当根据林业长远规划，编制森林经营方案，报上级主管部门批准后实行。而森林经营方案是组织森林经营、考核各级单位及其责任人任期目标的依据，具有严肃的法律性和政策性，林业主管部门应当指导农村集体经济组织和国有的农场、牧场、工矿企业等单位编制森林经营方案。

（三）森林资源的保护规定

1. 建立林业基金制度。把国家的林业投资、财政拨款、银行贷款、按照规定提取的育林基金和更改资金列入林业基金，由中央和地方林业部门，按规定权限，分级管理、专款专用的原则进行筹集。

2. 建立护林制度。地方各级人民政府应当组织有关部门建立护林组织，负责护林工作；根据实际需要在大面积林区增加护林设施，加强森林保护；督促有林的和林区的基层单位，订立护林公约，组织群众护林，划定护林责任区，配备专职或者兼职护林员。各级人民政府应当组织全民义务植树，开展植树造林活动。

3. 建立森林生态效益补偿制度。该制度是国家为了保护生态环境而对公益林区实施禁伐或限伐政策，给公益林的所有者和经营者带来损失，基于保障财产权和平等负担原则，对该损失予以弥补。《森林法》中规定，国家设立森林生态效益补偿基金，用于提供生态效益的防护林和特种用途林的森林资源、林木的营造、抚育、保护和管理。森林生态效益补偿基金必须专款专用，不得挪作他用。

4. 建立森林防火制度。防止森林火灾实行"预防为主，积极消灾"的方针，森林防火的主要措施有：(1)规定森林防火期，在森林防火期内，禁止在林区野外用火；因特殊情况需要用火的，必须经过县级人民政府或者县级人民政府授权的机关批准。(2)在林区设置防火设施。(3)发生森林火灾，必须立即组织当地军民和有关部门扑救。(4)因扑救森林火灾负伤、致残、牺牲的，国家职工由所在单位给予医疗、抚恤；非国家职工由起火单位按照国务院有关主管部门的规定给予医疗、抚恤，起火单位对起火没有责任或者确实无力负担的，由当地人民政府给予医疗、抚恤。

5. 建立森林病虫防治制度。各级林业主管部门负责组织森林病虫害防治工作，林业主管部门负责规定林木种苗的检疫对象，划定疫区和保护区，对林木种苗进行检疫。

6. 建立限量采伐和禁止毁林制度。国家根据用材林的消耗量低于生长量的原则，严格控制森林年采伐量，对森林实行限额采伐，国家制定统一的年度木材生产计划不得超过批准的年采伐限额。禁止毁林开垦和毁林采石、采砂、采土以及其他毁林行为。禁止在幼林地和特种用途林内砍柴、放牧。进入森林和森林边缘地区的人员，不得擅自移动或者损坏为林业服务的标志。

7. 建立自然保护区制度。国务院林业主管部门和省、自治区、直辖市人民政府,应当在不同自然地带的典型森林生态地区、珍贵动物和植物生长繁殖的林区、天然热带雨林区和具有特殊保护价值的其他天然林区,划定自然保护区,加强保护管理。

(四)森林资源的法律责任规定

盗伐森林或者其他林木的,依法赔偿损失;由林业主管部门责令补种盗伐株数 10 倍的树木,没收盗伐的林木或者变卖所得,并处盗伐林木价值 3 倍以上 10 倍以下的罚款。滥伐森林或者其他林木,由林业主管部门责令补种滥伐株数 5 倍的树木,并处滥伐林木价值 2 倍以上 5 倍以下的罚款。拒不补种树木或者补种不符合国家有关规定的,由林业主管部门代为补种,所需费用由违法者支付。盗伐、滥伐森林或者其他林木,非法采伐、毁坏珍贵树木,构成犯罪的,依法追究刑事责任。

第八节　草原资源保护法

一、草原资源及其保护概述

(一)草原资源的概念

草原资源,是指由草和其着生的土地构成的自然综合体。它是一种可更新资源,也是发展畜牧业的基础。我国《草原法》所称草原,包括天然草原和人工草地。

(二)我国草原资源保护现状

草原是覆盖我国陆地面积最大的绿色植被和生物资源,既是我国陆地生态系统的主体,又是农牧民基本的生产、生活资料。我国草原面积近 4 亿公顷,约占国土面积的 41.7%,[①]是我国第一大生态系统。我国不仅草原面积大,草原类型也多样,不仅孕育了种类丰富的野生牧草资源,也构成了人类开发利用草原的物质基础。由于人口压力的增大和其他各方面的原因,草原生态系统遭到了严重的破坏:我国草原数量在不断减少,退化和沙化现象严重,野生动植物资源日益减少,鼠虫灾害时常发生,草原生态环境形势十分严峻。

我国目前关于草原资源保护的法律、法规和规章有:《中华人民共和国草原法》、《草原治虫灭鼠实施规定》、《草畜平衡管理办法》、《草原防火条例》、《草原征占用审核审批管理办法》等。一些省、自治区还制定了相关的保护草原资源的地方性法规、规章,例如,《河北省关于家畜禁止放牧实行圈养的暂行规定》、《甘肃省草原防火办法》、《内蒙古自治区国有农牧场条例》等等。

---

① 三农在线——农民日报:《农业部:2009 年全国草原监测报告》,http://www.farmer.com.cn/news/nyxw/201003/t20100320_531965.htm,下载日期:2010 年 3 月 20 日。

二、草原资源保护法的主要内容

(一)草原资源的权属规定

1. 草原资源的所有权和使用权。草原属于国家所有,法律规定属于集体所有的除外。国家所有的草原,由国务院代表国家行使所有权。任何单位或者个人不得侵占、买卖或者以其他形式非法转让草原。国家所有的草原,可以依法确定给全民所有制单位、集体经济组织等使用。依法确定给全民所有制单位、集体经济组织等使用的国家所有的草原,由县级以上人民政府登记,核发使用权证,确认草原使用权。

2. 草原资源的承包经营规定。集体所有的草原或者依法确定给集体经济组织使用的国家所有的草原,可以由本集体经济组织内的家庭或者联户承包经营。承包经营草原,发包方和承包方应当签订书面合同。草原承包合同的内容应当包括双方的权利和义务、承包草原四至界限、面积和等级、承包期和起止日期、承包草原用途和违约责任等。承包期届满,原承包经营者在同等条件下享有优先承包权。草原承包经营权受法律保护,可以按照自愿、有偿的原则依法转让。

> ➤ 案例分析

2007 年,扎赉特旗巴彦高勒镇团发村党支部原书记朱某任职期间,在没有向草原行政主管部门申请的情况下,擅自将旗政府下的产林工程建设任务落实在国家退牧还草项目区内,将项目区内的天然草原发包给群众造林,造成承包户超合同面积造林。请问:朱某的行为是否违法?

【解答】朱某的行为改变了天然草原的用途,违反了《中华人民共和国草原法》、《内蒙古自治区草原管理条例》及其他有关规定,有关草原行政主管部门应当依法对朱某作出行政处理。

(二)草原资源的规划建设规定

1. 实行统一规划制度。国家对草原保护、建设、利用实行统一规划制度。国务院草原行政主管部门会同国务院有关部门编制全国草原保护、建设、利用规划,县级以上地方人民政府草原行政主管部门会同同级有关部门依据上一级草原保护、建设、利用规划编制本行政区域的草原保护、建设、利用规划。规划应当包括:草原保护、建设、利用的目标和措施,草原功能分区和各项建设的总体部署,各项专业规划等。

2. 建立草原调查制度。县级以上人民政府草原行政主管部门会同同级有关部门定期进行草原调查;草原所有者或者使用者应当支持、配合调查,并提供有关资料。

3. 制定草原等级评定标准。国务院草原行政主管部门会同国务院有关部门制定全国草原等级评定标准。县级以上人民政府草原行政主管部门根据草原调查结果、草原的质量,依据草原等级评定标准,对草原进行评等定级。

4. 建立草原统计制度。草原统计资料是各级人民政府编制草原保护、建设、利用规划的依据。县级以上人民政府草原行政主管部门和同级统计部门共同制定草原统计调查办法，依法对草原的面积、等级、产草量、载畜量等进行统计，定期发布草原统计资料。

5. 建立草原生产、生态监测预警系统。县级以上人民政府草原行政主管部门对草原的面积、等级、植被构成、生产能力、自然灾害、生物灾害等草原基本状况实行动态监测，及时为本级政府和有关部门提供动态监测和预警信息服务。

6. 完善草原基础设施建设。国家鼓励与支持人工草地建设、天然草原改良和饲草饲料基地建设，稳定和提高草原生产能力。县级以上地方人民政府应当支持草原水利设施建设，发展草原节水灌溉，改善人畜饮水条件。县级以上人民政府应当有计划地进行火情监测、防火物资储备、防火隔离带等草原防火设施的建设，确保防火需要。对退化、沙化、盐碱化、石漠化和水土流失的草原，地方各级人民政府应当按照草原保护、建设、利用规划，划定治理区，组织专项治理。

（三）草原资源的利用保护规定

1. 合理利用草原资源。草原承包经营者应当合理利用草原，不得超过草原行政主管部门核定的载畜量；草原承包经营者应当采取种植和储备饲草饲料、增加饲草饲料供应量、调剂处理牲畜、优化畜群结构、提高出栏率等措施，保持草畜平衡。牧区的草原承包经营者应当实行划区轮牧，合理配置畜群，均衡利用草原。

2. 严格规范征收、征用草地资源程序。进行矿藏开采和工程建设，应当不占或者少占草原；确需征收、征用或者使用草原的，必须经省级以上人民政府草原行政主管部门审核同意后，依照有关土地管理的法律、行政法规办理建设用地审批手续。需要临时占用草原的，应当经县级以上地方人民政府草原行政主管部门审核同意。在草原上修建直接为草原保护和畜牧业生产服务的工程设施，由县级以上人民政府草原行政主管部门批准；修筑其他工程，需要将草原转为非畜牧业生产用地的，必须依法办理建设用地审批手续。

3. 实行基本草原保护制度。新《草原法》将下列草原划为基本草原，实施严格管理：(1)重要放牧场；(2)割草地；(3)用于畜牧业生产的人工草地、退耕还草地以及改良草地、草种基地；(4)对调节气候、涵养水源、保持水土、防风固沙具有特殊作用的草原；(5)作为国家重点保护野生动植物生存环境的草原；(6)草原科研、教学试验基地；(7)国务院规定应当划为基本草原的其他草原。

4. 建立草原自然保护区。国务院草原行政主管部门或者省、自治区、直辖市人民政府可以按照自然保护区管理的有关规定在下列地区建立草原自然保护区：(1)具有代表性的草原类型；(2)珍稀濒危野生动植物分布区；(3)具有重要生态功能和经济科研价值的草原。

5. 实行以草定畜、草畜平衡制度。县级以上地方人民政府草原行政主管部门应当按照国务院草原行政主管部门制定的草原载畜量标准，结合当地实际情况，定期核定草原载畜量。各级人民政府应当采取有效措施，防止超载过牧。

6. 禁垦、禁牧、休牧制度。禁止开垦草原。对水土流失严重、有沙化趋势、需要改善生态环境的已垦草原，应当有计划、有步骤地退耕还草；已造成沙化、盐碱化、石漠化的，应当限期治理。对严重退化、沙化、盐碱化、石漠化的草原和生态脆弱区的草原，实行禁牧、休牧制度。国家支持依法实行退耕还草和禁牧、休牧。

7. 建立草原防火责任制。草原防火工作贯彻预防为主、防消结合的方针。各级人民政府应当规定草原防火期,制定草原防火、扑火预案,切实做好草原火灾的预防和扑救工作。

8. 草原资源灾害防治工作。县级以上地方人民政府应当做好草原鼠害、病虫害和毒害草防治的组织管理工作。县级以上地方人民政府草原行政主管部门应当采取措施,加强草原鼠害、病虫害和毒害草监测预警、调查以及防治工作,组织研究和推广综合防治的办法。

(四)草原资源的监督检查制度

国务院草原行政主管部门和草原面积较大的省、自治区的县级以上地方人民政府草原行政主管部门设立草原监督管理机构,负责草原法律、法规执行情况的监督检查,对违反草原法律、法规的行为进行查处。

(五)草原资源保护法的法律责任规定

对违反草原法律、法规的行为,应当依法作出行政处理,有关草原行政主管部门不作出行政处理决定的,上级草原行政主管部门有权责令有关草原行政主管部门作出行政处理决定或者直接作出行政处理决定。草原行政主管部门工作人员及其他国家机关有关工作人员玩忽职守、滥用职权,不依法履行监督管理职责,或者发现违法行为不予查处,造成严重后果,构成犯罪的,依法追究刑事责任;尚不够刑事处罚的,依法给予行政处分。

➤拓展案例

英费尼特航运有限公司油污损害赔偿案

2002年11月23日,英费尼特航运有限公司(被告)所有的"塔斯曼海"轮在天津大沽口东部海域发生船舶碰撞,造成该轮船载原油泄漏。在海风的作用下,泄漏原油形成长约2.5海里、宽1.4海里的溢油漂流带,对该海域海洋生物、生态环境造成了严重损害。污染发生后,天津市塘沽区大沽渔民协会代表当地129位渔民向被告提起油污损害赔偿诉讼,要求其赔偿捕捞损失。天津市渔政渔港监督管理处,以国家渔业资源受到损害为由提起诉讼,要求被告赔付渔业经济损失和评估费用。天津市海洋局以海洋环境受到污染为由提起诉讼,要求被告赔偿原告海洋环境容量损失、海洋生态服务功能损失、海洋沉积物恢复费用等。天津海事法院受理案件后认为,天津市海洋局请求的是海洋环境生态污染破坏和生态恢复的索赔;大沽渔民请求的是因污染造成的海洋捕捞停产损失、网具损失和滩涂贝类养殖损失;天津市渔政渔港监督管理处请求的是渔业资源损失。各方当事人索赔的范围和内容界定明确,彼此独立,不存在重复索赔的问题。因此判决被告应承担相应的赔偿责任。

该案显示,无论是在私益保护方面,还是在公益保护方面,海事法院都进行了有益的尝试,从而对海洋污染纠纷的司法救助和我国环境公益诉讼制度的建立起到了一定的启示和示范作用。比较普通法院已经审理的水污染案件,天津市海事法院的贡献主要是在诉讼资格的认定和赔偿范围的认定上进行了探索和突破。

诉讼资格是水污染诉讼中当事人私益和公益得到救济的前提性问题。在英费尼特航运有限公司油污损害赔偿案中,天津海事法院就私益诉讼的适格原告和公益诉讼的适格原告都作出了回答。

同其他水污染案件一样,海洋污染案件的受害人人数众多,为了提高诉讼效率和方便当事人诉讼,应当采用代表人诉讼制度,但由于我国的代表人诉讼制度在成立要件、代表人的选定等问题上要求僵硬,可操作性差,使得这种方式的运用在实践中有很多困难。而在英费尼特航运有限公司油污损害赔偿案中,提出了一个完善该制度的办法,即渔民协会或其他受害人团体可否拥有诉讼资格而直接提起诉讼?在该案中,被告认为,海洋污染遭受损害的是当地渔民,而非大沽渔民协会,大沽渔民协会与本案不存在法律上的利害关系,不能以自己的名义提出诉讼。根据现行《民事诉讼法》的相关规定,这种答辩意见是有一定道理的,因为起诉要件强调的是"直接利害关系"。但天津海事法院没有认可这种答辩意见。其理由是渔民协会得到了受害渔民的授权确认。而且渔民协会的行为既便于当事人诉讼,也最大限度地节约了诉讼成本,符合《民事诉讼法》的基本原则。

法院的意见是从《民事诉讼法》的目的和基本原则出发来考虑渔民协会的诉讼资格问题,是对私益诉讼中传统诉讼资格的突破,因为在传统的诉讼中,像渔民协会这样的组织最多只能是以诉讼代理人的身份出现。其实在海洋污染诉讼中认定他们的诉讼资格,除了程序法上的理由外,更有环境法上的理由。第一,是公众参与的要求。公众参与是环境法的基本原则,它要求公众及其团体以各种形式参加到环境保护中来,体现在司法上,就是诉讼支持。第二,是环境损害及时救济的要求。同其他环境损害一样,水污染造成的后果巨大且具有不可逆性,它要求及时的救济以防止损害的进一步扩大。而给予渔民协会诉讼资格,就能避免因为受害人人数众多而造成诉讼拖延的情况。第三,是水污染案件专业性的要求。团体的参与从一定程度上能够弥补受害者在知识、信息上与污染者的不对称。

在英费尼特航运有限公司油污损害赔偿案中,并没有提到公益诉讼的概念,但是对天津市海事局、天津市渔政渔港监督管理处诉讼请求的认可,实际上是对海洋污染案件中公益保护请求的认可,具有公益诉讼的雏形。在诉讼中,被告辩称,原告作为行政主体,只拥有监督管理和行政处罚的权利,由于其在污染事件中并没有直接受损,就没有提起民事赔偿诉讼的权利,因而不具有诉权。但法院认为,天津市海事局、天津市渔政渔港监督管理处作为法律授权的行政机关,有权代表国家分别对海洋污染造成的生态损失、渔业资源损失行使索赔。法院这一认识的直接法律依据源于《中华人民共和国海洋环境保护法》第90条第2款的规定:"对破坏海洋生态、海洋水产资源、海洋保护区,给国家造成重大损失的,由依照本法规定行使海洋环境监督管理权的部门代表国家对责任者提出损害赔偿要求。"这实质上是一种环境公益诉讼的体现。在环境公益诉讼中,原告的权益并没有直接受到公益诉讼相对人的侵害,但其认为这种行为侵害了环境公共利益,而通过诉讼手段来维护环境公共利益。海洋资源和海洋生态属于环境公共利益的范畴。天津海事法院根据这一理论肯定了相关行政机关的诉讼资格,从而为海洋生态和海洋资源的恢复提供了诉讼通道。至于哪些行政机关具有提起公益诉讼的资格,需要根据法律所规定的行政机关在海洋环境保护方面的分工,而在其职责权限内代表国家行使诉权。对于这一点,最高人民法院也予以认可,在其2010年9月印发的《关于为加快经济发展方式转变提供司法保障和服务的若干意见》中就要求各级人民法院要依法受理环境保护行政部门代表国家提起的环境污染损害赔偿纠纷案件。

海洋污染诉讼目的之一在于通过诉讼来获得赔偿从而使受害人的合法权益得到保护,因而确定赔偿范围就具有实际的意义。在海洋及通海流域水污染诉讼中,直接的财产和人身损害基本上没有异议。而争议较大的是像中长期渔业资源损失、环境容量损害及生态服务功能损害等资源或环境损害是否属于赔偿范围。在以往的普通法院的司法实践中,生态损害的赔偿请求一般不能得到法院的支持。但是从天津海事法院的实践中可以看出,对环境的损害即生态损害应当纳入赔偿范围。生态损害,是指环境污染或环境破坏行为所导致的环境生态价值的降低和受害人环境利益的减损。前者如森林砍伐而致的防风固沙、涵养水土功能的丧失或降低,后者如污水排放而致居民优美生活环境的丧失。在英费尼特航运有限公司油污损害赔偿案中,法院认可了海洋环境容量、生态服务功能的客观价值,并将其列入损害赔偿的范围,是对生态损害补偿的一次有益的司法尝试。其中有关赔偿理由、计算依据和计算方法具有示范性的意义。

思考题⇨

1. 简述自然资源法的概念和特征。
2. 简述我国自然资源保护法的法律体系。
3. 简述海洋功能区划制度的主要内容。
4. 我国耕地特殊保护制度主要包括哪些制度?
5. 森林资源的保护规定有哪些?
6. 草原资源利用保护规定有哪些?
7. 案例讨论:

1993年,晴隆县黄金公司与拥有探矿权的贵州省地质矿产勘查开发局物化勘院(下称物化勘院)联合成立晴隆老万场金矿。随后,物化勘院又在晴隆县联合碧康金矿、王家湾金矿、紫马金矿、王家寨金矿和马家洞金矿等5家金矿,均以其名申办采矿权。2004年,由于国有矿山效益不好及政府机关退出办企业等原因,王家湾金矿董事会决定将矿山转让给黔西南州昌隆工贸公司,转让费135万元。一同转让给昌隆工贸公司的还有紫马金矿,转让费130万元。昌隆工贸公司注册资本68万元,为自然人投资控股。2007年5月至8月,晴隆县黄金管理局同意一些无证金矿和采矿证已过期的金矿纳入紫马、碧康、后头菁等有证矿扩能扩界范围。这些矿主在完成政府布置的生产量后,还超量开采。在采矿过程中,该县施行政策规定,黄金矿山企业临时征用土地,只需要和当地农户签订补偿协议,报县黄金管理局等部门备案即可。到2009年,晴隆县紫马、安谷、大厂等地多处土地、植被均遭破坏,连片的山体被开膛破肚。

请问:本案中哪些情形违反法律规定,你如何看待《矿产资源法》的修改?

第九章　生态保护法

第一节　生态保护法概述

一、生态保护法的概念

生态保护法是调整各主体以生态科学为指导,遵循生态规律,有意识地对生态环境采取一定的对策及措施进行保护的各项活动的法律规范的总称。生态保护法主要解决的是森林破坏、水土流失、土地荒漠化、过度捕捞、生物灭绝等问题,关注的是生态系统的保护。所以,生态保护法的范围主要包括强调生物多样性保护与开发的野生动植物保护法等法律规范,自然保护区、风景名胜区、人文遗迹等区域生态保护法,以及水土保持、防沙治沙等解决生态破坏问题的法律。

最早对特定地域的生态实行全方位保护的法律,是美国于 1872 年制定的《黄石国家公园法》。之后,许多国家通过公园制度或者建立保护区、保留地制度确立了生态保护区以保存自然环境。为防止自然保护区域的周边地带受到人为活动的破坏或者环境污染的损害,许多国家还在生态保护法中规定自然保护区土地征收制度,为了保护自然环境,对周边居民实行补助或者减免税费等措施。

二、生态保护法的体系

我国一直以来就十分重视生态保护的立法工作,中华人民共和国成立以来,为改善生态环境作出了巨大的努力,取得了很大的成绩,同时也积累了许多宝贵的经验。特别是改革开放以来,国家先后实施了"三北"防护林、长江中上游防护林、沿海防护林等一系列林业生态工程,开展黄河、长江等七大流域水土流失综合治理,加大荒漠化治理力度,加强自然保护区建设,开展防灾、减灾工作,生态环境保护建设方面取得了许多成就。

其具体法律规范有 1998 年 11 月制定的《野生动植物保护法》及 1992 年国务院制定的《陆生野生动物保护实施条例》、1993 年制定的《水生野生动物保护实施条例》;1994 年国务院制定的《自然保护区条例》、《风景名胜区管理暂行条例》;1982 年颁布的《文物保护法》(1991 年 6 月修改)、1989 年国务院制定的《水下文物保护管理条例》、1992 年国务院制定的《文物保护法实施细则》、1989 年颁布的《城市规划法》、1992 年 5 月国务院制定的《城市市容和环境卫生管理条例》、《公共场所卫生管理条例》、1992 年制定的《城市绿化条例》、2009 年制定的《海岛保护法》等,形成了比较完善的法律体系。

三、生态保护法的原则

与环境保护法的其他分支不同,生态保护法遵循着特有的原则。

1. 综合生态系统管理原则

即在对生态系统组成、结构和功能过程加以充分理解的基础上,制定适应性的管理策略,以恢复或维持生态系统整体性和可持续性的原则。它要求将生态保护中的多种因素结合起来考虑,在制定措施时,采用多种方法。这一原则应在生态保护法中广泛应用。

2. 预防、治理与保全原则

该原则是指在生态保护中,将事前的预防与事中的治理与全过程的保全相结合。与污染相比,生态破坏更加难以逆转,所以特定的预防措施和全过程的保护尤为重要。我国生态保护法中也较为关注这一原则。比如《防沙治沙法》就非常注重土地沙化的预防,规定了许多相关制度。

3. 环境民主原则

由于生态保护涉及人们生活的区域和资源,所以环境民主原则显得非常重要。而且,在生态保护法中的环境民主具有特别的内涵。比如,在自然保护区建设和运行过程中,当地社区和居民的权益问题关系到保护区的长远发展,因此,吸收当地社区和居民进行自然保护区决策、管理成为必然选择。自然保护区社区共管就是在环境民主原则指导下的有益探索。

第二节　野生动物保护法

一、野生动物及其立法

在一般意义上,野生动物是指非人工驯养、在自然状态下生存的各种动物,包括哺乳类动物、鸟类、爬行动物、两栖动物、鱼类、软体动物、昆虫、腔肠动物以及其他动物。

人类对野生动物以及植物的保护,在 20 世纪中叶以前仅仅是为了它们的经济价值。例如,许多国家过去都制定有《狩猎法》,以保持人类的狩猎对象——野生动物的繁殖、增加,维护正常的狩猎秩序。到 20 世纪中叶以后,随着生态学的发展,人类逐渐认识到野生动植物在作为自然资源为人类提供经济价值的同时,对保持生物多样性和维持生态系统平衡也具有重要的生态价值。为此,许多国家对《狩猎法》进行了修改或予以废除,并且制定了野生动物保护法,或者在有关的法律中修改制定了以强调保护野生动物和维护生态系统平衡为目的的法律规范。目前,野生动物保护是生物多样性保护的一个重要组成部分。我国于 1988 年 11 月制定了《野生动物保护法》。

由于野生动物种类繁多,并不是每一类、每一个野生动物都需要法律予以保护。因此,中国《野生动物保护法》规定，该法所保护的野生动物，是指珍贵、濒危的陆生、水生野生动物和有益的或者有重要经济、科学研究价值的陆生野生动物。除《野生动物保护法》外，国务院还分别制定了《陆生野生动物保护实施条例》（1992 年）和《水生野生动物保护实施条例》（1993 年），对具体行政保护措施作出了规定。

二、野生动物保护法的一般规定

1. 立法目的。我国《野生动物保护法》第 1 条即规定：为保护、拯救珍贵、濒危野生动物，保护、发展和合理利用野生动物资源，维护生态平衡，制定本法。从该条规定可知，野生动物并非仅是一种自然资源，更重要的是它们可以提供的生态服务价值。因此，对野生动物立法不仅仅是有利于合理利用，更重要的是维护生态平衡，保存生态价值。

2. 适用范围。在中华人民共和国境内从事野生动物的保护、驯养繁殖、开发利用活动，必须遵守该法的规定。但是，有关珍贵、濒危的水生野生动物以外的其他水生野生动物的保护适用《渔业法》的规定。

3. 权属规定。为了改变长期以来人们对野生动物所持的"野生无主、谁猎谁有"的观念，我国《野生动物保护法》明确规定野生动物资源属于国家所有。

4. 管理体制。《野生动物保护法》第 7 条规定：国务院林业、渔业行政主管部门分别主管全国陆生、水生野生动物管理工作。省、自治区、直辖市政府林业行政主管部门主管本行政区域内陆生野生动物管理工作。自治州、县和市政府陆生野生动物管理工作的行政主管部门，由省、自治区、直辖市政府确定。县级以上地方政府渔业行政主管部门主管本行政区域内水生野生动物管理工作。

三、野生动物保护法的具体制度

综合各野生动物保护法律，我国野生动物保护法的主要具体制度有：

1. 野生动物重点保护制度。《野生动物保护法》第 9 条规定，国家对珍贵、濒危的野生动物实行重点保护。重点保护野生动物分为国家重点保护的野生动物和地方重点保护的野生动物。其中，国家重点保护的野生动物分为一级保护野生动物和二级保护野生动物。国家重点保护的野生动物由国务院野生动物行政主管部门制定、报国务院批准公布的野生动物名录列明。地方重点保护的野生动物，是指国家重点保护野生动物以外，由省、自治区、直辖市重点保护的野生动物。地方重点保护的野生动物名录，由省、自治区、直辖市政府制定并公布，报国务院备案。对于重点保护的野生动物，《野生动物保护法》规定了全面的保护措施。主要包括：制定保护、发展和合理利用野生动物资源的规划和措施；保护野生动物及其生存环境；在国家和地方重点保护野生动物的主要生息繁衍的区域和水域，划定自然保护区；建设项目对国家或者地方重点保护野生动物的生存环境产生不利影响的，建设单位应当提交环境影响报告书；国家和地方重点保护野生动物受到自然灾害威胁时，当地政府应当及时采取拯救措施。

2. 实施许可证制度。我国对野生动物资源的猎捕、驯养繁殖、收购、经营、运输、出口实施许可制度。猎捕非国家重点保护野生动物的，须取得由县级以上地方人民政府野生动物行政主管部门或其授权单位核颁的狩猎证。狩猎证中种类、数量、工具、时限等规定是开展捕猎的直接依据。猎捕国家重点保护野生动物的,须取得特许猎捕许可。具备法定条件之一,可经申请取得特许猎捕证进行捕捉、捕捞。这些法定条件为:为进行野生动物科学考察、资源调查,必须猎捕的;为驯养繁殖国家重点保护野生动物,必须从野外获取种源的;为承担省级以上科学研究项目或者国家医药生产任务,必须从野外获得国家重点保护野生动物的;为宣传、普及野生动物知识或者教学、展览的需要,必须从野外获取国家重点保护野生动物的;因国事活动的需要,必须从野外自然水域或者区域获取国家重点保护野生动物的;因其他情况,必须捕捉、猎捕的。除狩猎证和特许猎捕许可证外,驯养繁殖国家重点保护野生动物的单位和个人应取得驯养繁殖许可证;经营野生动物及其产品,必须持有许可证;运输携带国家重点保护野生动物或者其产品出县境的,必须经省、自治区、直辖市政府野生动物行政主管部门或者其授权的单位批准;出口国家重点保护野生动物或者其产品的,中国参加的国际公约所限制进出口的野生动物或者其产品的,必须经国务院野生动物行政主管部门或者国务院批准,并取得国家濒危物种进出口管理机构核发的允许进出口证明书。

3. 野生动物划区保护制度。《野生动物保护法》第 10 条规定:"国务院野生动物行政主管部门和省、自治区、直辖市政府,应当在国家和地方重点保护野生动物的主要生息繁衍的地区和水域,划定自然保护区,加强对国家和地方重点保护野生动物及其生存环境的保护管理。"该规定表明,我国对野生动物采取划定特殊区域保护的制度。在自然保护区内,禁止猎捕和其他妨碍野生动物生息繁衍的活动。目前,我国自然保护区中森林与野生动物保护的自然保护区数量占多数。

4. 野生动物名录制度。名录制度是野生动物保护的重要制度之一,它是确定国家和地方重点保护野生动物范围的依据。1989 年 1 月 13 日,经国务院批准,颁布《国家重点保护野生动物名录》。根据我国《野生动物保护法》和有关法律、法规的规定,由林业部和农业部共同拟定的名录共列出国家一级重点保护野生动物 96 个种或种类,如大熊猫、金丝猴、长臂猿、白鳍豚、中华鲟等;列出二级重点保护野生动物 160 个种或种类,如猕猴、黑熊、金猫、马鹿、黄羊、天鹅、玳瑁、文昌鱼等。名录还对水生、陆生野生动物作了具体划分,明确了由渔业、林业行政主管部门分别主管的具体种类。这次颁布名录是为了进一步加强对国家重点保护野生动物的保护,如有人捕杀或倒卖名录内所列的野生动物,将受到法律的惩处。

此外,《野生动物保护法》还规定,野生动物行政主管部门应当定期组织对野生动物资源的调查,建立野生动物资源档案。这为重点保护野生动物名录的制定、施行提供了基础。

➤ 争论

我国近年来野生动物保护成果显著,但也出现了野猪等野生动物破坏庄稼的现象。有关人员介绍说,老百姓现在动物保护意识增强了,庄稼被毁了,也只是采取鸣炮驱赶等措施,并不会去伤害这些动物。但问题是谁来补偿他们的损失?由于野生动物分布密集的地方基本上都是经济落后地区,地方政府财力有限。各省的《补偿办法》一般规定赔偿资金由省、市、县分担,但实际主要依赖省级财政投入。因此,补偿不足的问题普遍存在,甚至有的人得不到补偿。因此《野生动物保护法》亟待修改。

第三节　野生植物保护法

一、野生植物及其立法

与野生动物相似,野生植物也是指非人工培植、在自然状态下生存的各种植物,包括藻类、菌类、地衣、苔藓、蕨类和种子等植物。野生植物这一概念的外延非常广,前面所介绍的森林、草原等都属于野生植物的范畴。过去人类对野生植物的保护,仅局限于对森林、草原的保护,而且主要是为了它们的经济价值。而专门立法保护野生植物也只是近十几年的事情。

在我国,对野生植物的保护过去主要依赖于《森林法》、《草原法》的规定以及《环境保护法》的原则性规定。但是,由于森林或草原概念的内涵不能概括所有的野生植物,所以在保护野生植物物种的多样性方面,国家立法还存在着一定缺陷。由于野生植物保护也是生物多样性保护的一个组成部分,1984 年国务院环境保护委员会公布了《国家重点植物保护名录》,1991 年中国编写了《中国植物红皮书》,对国家重点保护的野生植物的名录及其范围作了具体的规定,1987 年国务院发布了《野生药材资源保护管理条例》,对濒危野生药材资源作出了保护性的规定。此外,有关自然保护区的法规也对野生植物的保护作出了规定,为了保护、发展和合理利用野生植物资源,保护生物多样性,维护生态平衡。国务院于 1996 年制定了《野生植物保护条例》。在中国境内从事野生植物的保护、发展和利用活动者必须遵守该条例的规定。

《野生植物保护条例》所要保护的野生植物,是指原生地天然生长的珍贵植物和原生地天然生长并具有重要经济、科学研究、文化价值的濒危、稀有植物。并且,对于药用野生植物以及城市园林、自然保护区、风景名胜区内的野生植物的保护也同时分别适用各该有关法律、法规的规定。

二、野生植物保护法的一般规定

1. 立法目的。《野生植物保护条例》开宗明义,规定本条例的立法目的是为了保护、发展和合理利用野生植物资源,保护生物多样性,维护生态平衡。第 3 条则进一步规定了国家对野生植物资源实行加强保护、积极发展、合理利用的方针。

2. 调整范围。《野生植物保护条例》第 2 条规定,本条例所保护的野生植物,是指原生地天然生长的珍贵植物和原生地天然生长并具有重要经济、科学研究、文化价值的濒危、稀有植物。药用野生植物和城市园林、自然保护区、风景名胜区内的野生植物的保护,同时适用有关法律、行政法规。由此,我国野生植物保护法律规范调整的野生植物具有特定的范围,必须满足一定的条件。

3. 权属规定。野生植物资源属国家所有,任何单位和个人都有权对侵占或者破坏野生植物及其生长环境的行为进行检举和控告。

4. **管理体制。**《野生植物保护条例》第 8 条规定,国务院林业行政主管部门主管全国林区内野生植物和林区外珍贵野生树木的监督管理工作。国务院农业行政主管部门主管全国其他野生植物的监督管理工作。国务院建设行政部门负责城市园林、风景名胜区内野生植物的监督管理工作。国务院环境保护部门负责对全国野生植物环境保护工作的协调和监督。国务院其他有关部门依照职责分工负责有关的野生植物保护工作。县级以上地方人民政府负责野生植物管理工作的部门及其职责,由省、自治区、直辖市人民政府根据当地具体情况规定。

三、野生植物保护的具体法律制度

1. **分类保护制度。**《野生植物保护条例》规定,野生植物分为国家重点保护野生植物和地方重点保护野生植物。国家重点保护野生植物分为国家一级保护野生植物和国家二级保护野生植物。地方重点保护植物是国家重点保护野生植物以外,由省级人民政府保护的野生植物。1984 年国务院环境保护委员会公布的《中国珍稀、濒危保护植物的名录》将国家重点保护的野生植物分为濒危、渐危、稀有 3 类,共 354 种,并分别确定了保护级别。《野生药材资源保护管理条例》将国家重点保护的野生药材分为三级:濒临灭绝状态的稀有、珍贵野生药材物种为一级;分布区域小,资源处于衰竭状态的重要野生药材物种分为二级;资源严重减少的主要常用药材为三级。对这三类不同野生药材规定了各自相应的保护措施。

2. **野生植物的监测制度。**《野生植物保护条例》第 12 条规定,由野生植物行政管理部门依法对国家或地方重点保护的野生植物的生长与影响进行监视、监测,维护和改善国家或地方重点保护的野生植物的生长条件。当环境影响对国家或地方重点保护的野生植物的生长条件造成危害时,野生植物行政管理部门等应当进行调查并处理。建设项目对国家重点保护野生植物和地方重点保护野生植物的生长环境产生不利影响的,建设单位提交的环境影响报告书中必须对此作出评价;环境保护部门在审批环境影响报告书时,应当征求野生植物行政主管部门的意见。野生植物行政主管部门和有关单位对生长受到威胁的国家重点保护野生植物和地方重点保护野生植物应当采取拯救措施,保护或者恢复其生长环境,必要时应当建立繁育基地、种质资源库或者采取迁地保护措施。

3. **重点保护野生植物的采集制度。**《野生植物保护条例》第 16 条规定,禁止采集国家一级保护野生植物。因科学研究、人工培育、文化交流等特殊需要,采集国家一级保护野生植物的,必须经采集地的省、自治区、直辖市人民政府野生植物行政主管部门签署意见后,向国务院野生植物行政主管部门或者其授权的机构申请采集证。采集国家二级保护野生植物的,必须经采集地的县级人民政府野生植物行政主管部门签署意见后,向省、自治区、直辖市人民政府野生植物行政主管部门或者其授权的机构申请采集证。采集城市园林或者风景名胜区内的国家一级或者二级保护野生植物的,须先征得城市园林或者风景名胜区管理机构同意,分别依照前述规定申请采集证。采集珍贵野生树木或者林区内、草原上的野生植物的,依照《森林法》、《草原法》的规定办理。野生植物行政主管部门发放采集证后,应当抄送环境保护部门备案。采集证的格式由国务院野生植物行政主管部门制定。《野生植物保护条例》第17条规定,采集国家重点保护野生植物的单位和个人,必须按照采集证规定的种类、数量、地点、期限和方法进行采集。县级人民政府野生植物行政主管部门对在本行政区域内采集国家重点保护野生植物的活动,应当进行监督检查,并及时报告批准采集的野生植物行政主管部门或者其授权的机构。

4. 野生植物的经营利用制度。《野生植物保护条例》规定,禁止出售、收购国家一级保护野生植物。出售、收购国家二级保护野生植物的,必须经省、自治区、直辖市人民政府野生植物行政主管部门或者其授权的机构批准。野生植物行政主管部门应当对经营利用国家二级保护野生植物的活动进行监督检查。此外,出口国家重点保护野生植物或者进出口中国参加的国际公约所限制进出口的野生植物的,必须经进出口者所在地的省、自治区、直辖市人民政府野生植物行政主管部门审核,报国务院野生植物行政主管部门批准,并取得国家濒危物种进出口管理机构核发的允许进出口证明书或者标签。海关凭允许进出口证明书或者标签查验放行。国务院野生植物行政主管部门应当将有关野生植物进出口的资料抄送国务院环境保护部门。禁止出口未定名的或者新发现并有重要价值的野生植物。

5. 划区保护制度。维护野生植物的生境是野生植物保护的重要组成部分。由此,在国家重点保护野生植物物种和地方重点保护野生植物物种的天然集中分布区域,应当依照有关法律、行政法规的规定,建立自然保护区;在其他区域,应当依照有关法律、行政法规的规定,建立自然保护区;在其他区域,县级以上人民政府野生植物行政主管部门可以根据实际情况建立国家重点保护野生植物和地方重点保护野生植物的保护点或者设立保护标志。禁止破坏国家重点保护野生植物和地方重点保护野生植物的保护点的保护设施和保护标志。我国野生植物自然保护区的建设取得了长足的发展。截至2004年底,我国已建设各类自然保护区2194个,其中许多被列入世界自然遗产地,相当一部分保护区是全球生物多样性保护的重点地区。这些保护区的建立对有效保护野生植物资源,特别是濒危物种发挥了重要的作用。

6. 名录制度。我国对野生植物的保护实施名录制度。国家重点保护野生植物名录,由省、自治区、直辖市人民政府制定并公布,报国务院备案。地方重点野生植物保护名录,由省级人民政府制定公布,报国务院备案。此外,《野生植物保护条例》还规定野生植物行政主管部门应当定期组织国家重点保护野生植物和地方重点保护野生植物资源调查,建立资源档案。

案例分析

甲、乙两人雇请他人从山黄林场山门里分场盗挖古树紫薇大苗6株的行为是盗窃罪还是盗伐林木罪?(经X市林业调查规划院测算:6株紫薇树活立木蓄积合计为5.854立方米)

【解答】:构成盗伐林木罪,该罪是指以非法占有为目的,擅自砍伐国家、集体所有或者个人所有的森林或者其他林木,数量较大的行为。所谓数量较大是指:在林区盗伐林木材积2~5立方米或者幼树100~250株;在非林区,盗伐林木材积1~2.5立方米或者幼树50~125株。

第四节　自然保护区法

一、自然保护区及其法律保护

1. 自然保护区的概念。自然保护区是依法律规定的程序建立并享有整体保护地位,旨在保护在科学、文化等方面具有特殊价值的自然客体的地域,是自然保护中一种特殊的地域保护形式。这个定义包含了自然保护区的三个基本特征,即:(1)以具有特殊的科学、文化等方面价值的自然客体为建立对象;(2)按特定的程序建立;(3)享有整体保护地位。

自然保护区的概念有广义和狭义之分。广义的自然保护区,是指由国家法律加以特殊保护的各种自然地域的总称,它不仅指自然保护区本身,同时还包括风景名胜区、国家公园、自然遗迹地等对象所在的保护地区。狭义的自然保护区,是指以保护特殊生态系统、进行科学研究为主要目的而划定的自然保护区,即严格意义上的自然保护区。根据我国《自然保护区条例》第 2 条的规定,自然保护区是指对有代表性的自然生态系统、珍稀濒危野生动植物物种的天然分布区、有特殊意义的自然遗迹等保护对象所在的陆地、陆地水体或海域,依法划出一定面积予以特殊保护和管理的区域。

我国的自然保护区可分为三大类:第一类是生态系统类,保护的是典型地带的生态系统。例如,广东鼎湖山自然保护区,保护对象为亚热带常绿阔叶林;甘肃连古城自然保护区,保护对象为沙生植物群落;吉林查干湖自然保护区,保护对象为湖泊生态系统。第二类是野生生物类,保护的是珍稀的野生动植物。例如,黑龙江扎龙自然保护区,保护以丹顶鹤为主的珍贵水禽;福建文昌鱼自然保护区,保护对象是文昌鱼;广西上岳自然保护区,保护对象是金花茶。第三类是自然遗迹类,主要保护的是有科研、教育或旅游价值的化石和孢粉产地、火山口、岩溶地貌、地质剖面等。例如,山东的山旺自然保护区,保护对象是生物化石产地;湖南张家界森林公园,保护对象是砂岩峰林风景区;黑龙江五大连池自然保护区,保护对象是火山地质地貌。

按照实施管理的主体的不同,我国将自然保护区分为国家自然保护区和地方自然保护区。截至 2009 年底,全国(不含香港、澳门特别行政区和台湾地区)已建立各种类型、不同级别的自然保护区 2541 个,保护区总面积约 14700 万公顷,陆地自然保护区面积约占国土面积的 14.7%。其中,国家级自然保护区 319 个,面积 9267 万公顷,分别占全国自然保护区总数和总面积的 12.6% 和 62.7%。

2. 自然保护区与其他有关自然保护地域的关系

(1)自然保护区与风景名胜区。自然保护区与风景名胜区是并列的两种地域保护形式。在实践中,自然保护区与风景名胜区都有各自的建设、保护、管理方针和体制,有各不相同的管理原则和措施。例如,风景名胜区的主要宗旨是为人们游览、娱乐、休闲、教育服务,而自然保护区的宗旨是保护自然客体处于良好的自然状态及开展有关的科研活动等;风景名胜区全部向公众开放,而自然保护区则只能将有限的地区开放,甚至可能全部不开放。

（2）自然保护区与自然禁区。自然禁区，从广义上说，泛指为了保护自然环境和自然资源，而禁止人们进行某些活动的地区。但这里，禁区是从狭义上来讲的，即有关部门特别指定的禁止进行某种资源采捕利用活动的区域，如禁渔区等。在许多国家，它是一种重要的独立的地域保护形式。但是在我国，自然禁区作为一种独立的地域保护形式的地位，至少在立法上还未得到承认。这正是我国生态保护法亟待完善之处。

从国外立法来看，自然禁区与自然保护区比较起来，有以下特点：时间性较强，有的是季节性的，有的是临时设立的；保护不完全，一般只限制一种或几种特定的人为活动；不设立专门的管理机构，等等。因而，禁区实际上只是一种较低级的自然保护形式，而且人们设立禁区多数只是出于保证某种资源的长期利用的动机，主要是受经济观念的影响。正因为如此，自然保护区与禁区这两种不同的地域保护形式，绝对不应混淆起来。

3. 我国自然保护区的立法现状

长期以来，国家十分重视自然保护区的法制建设。国务院于 1994 年 10 月 9 日颁布了《自然保护区条例》。该条例为我国各类自然保护区的建设和管理提供了有力的法律依据。另外，在《环境保护法》、《森林法》、《野生动物保护法》、《矿产资源法》、《森林和野生动物类型自然保护区管理办法》等法律、法规中都有关于自然保护区的规定。我国为了加强对自然保护区的建设和管理，保护自然环境和自然资源，制定了《自然保护区条例》，对自然保护区建设进行规范。2006 年 10 月 18 日，经国家环境保护总局 2006 年第 6 次局务会议通过的《国家级自然保护区监督检查办法》，对于自然保护区的建设和管理起到了极大的促进作用。

二、自然保护区的具体法律制度

1. 自然保护区的建设条件。凡具有下列条件之一的，应当建立自然保护区：（1）典型的自然地理区域、有代表性的自然生态系统区域以及已经遭受破坏但经保护能够恢复的同类自然生态系统区域；（2）珍稀、濒危野生动植物物种的天然集中分布区；（3）具有特殊保护价值的海域、海岸、岛屿、湿地、内陆水域、森林、草原和荒漠；（4）具有重大科学文化价值的地质构造、著名溶洞、化石分布区、冰川、火山、温泉等自然遗迹；（5）经国务院或者省、自治区、直辖市人民政府批准，需要予以特殊保护的其他自然区域。

2. 自然保护区的类别。自然保护区分为国家级自然保护区和地方级自然保护区。在国内外有典型意义、在科学上有重大国际影响或者有特殊科学研究价值的自然保护区，列为国家级自然保护区。除列为国家级自然保护区外，其他具有典型意义或者重要科学研究价值的自然保护区列为地方级自然保护区。地方级自然保护区可以分级管理。具体办法由国务院有关自然保护区行政主管部门或者省、自治区、直辖市人民政府根据实际情况制定，报国务院环境保护行政主管部门备案。

3. 自然保护区的设立程序。国家级自然保护区的建立，由自然保护区所在的省、自治区、直辖市人民政府或者国务院有关自然保护行政主管部门提出申请，经国家级自然保护区评审委员会评审后，由国务院环境保护行政主管部门进行协调并提出审批建议，报国务院批准。地方级自然保护区的建立，由自然保护区所在的县、自治县、市、自治州政府或者省级政府有关自然保护区行政主管部门提出申请，经地方级自然保护区评审委员会评审后，由省级政府环境保护行政主管部门进行协调并提出审批建议,报省级人民政府批准,并报国务院环境保护行政主管部门和国务院有关自然保护区行政主管部门备案。跨两个以上行政区域自然保护区的设立,由有关行政区域的政府协商一致后提出申请,并按照上述程序审批。建立海上自然保护区,须由国务院审批。

4. 自然保护区的分区保护。自然保护区可以分为核心区、缓冲区和实验区。自然保护区内保存完好的天然状态的生态系统以及珍稀、濒危动植物的集中分布地,应当划为核心区,禁止任何单位和个人进入;除经依法批准外,不允许进入该区从事科学研究活动。核心区外围可以划定一定面积的缓冲区,只准进入从事科学研究活动;缓冲区外围划为实验区,可以进入从事科学试验、教学实习、参观考察、旅游以及驯化、繁殖珍稀、濒危野生动植物等活动。原批准建立自然保护区的政府认为必要时,可以在自然保护区的外围划定一定面积的外围保护地带。

5. 自然保护区管理的技术规范和标准。全国自然保护区管理的技术规范和标准,由国务院环境保护行政主管部门组织国务院有关自然保护区行政主管部门制定。国务院有关自然保护区行政主管部门可以按照职责分工,制定有关类型自然保护区管理的技术规范,报国务院环境保护行政主管部门备案。

6. 自然保护区管理的监督检查。县级以上人民政府环境保护行政主管部门有权对本行政区域内各类自然保护区的管理进行监督检查;县级以上人民政府有关自然保护区行政主管部门有权对其主管的自然保护区的管理进行监督检查。被检查单位应当如实反映情况,提供必要的资料。检查者应当为被检查的单位保守技术秘密和业务秘密。

7. 自然保护区的管理机构。国际级自然保护区,由其所在地的省级人民政府有关自然保护区行政主管部门或者国务院有关自然保护区行政主管部门管理。地方级自然保护区,由其所在地县级以上地方人民政府有关自然保护区行政主管部门管理。有关自然保护区行政主管部门应当在自然保护区内设立专门的管理机构,配备专业技术人员,负责自然保护区的具体管理工作。自然保护区管理机构的主要职责是:(1)贯彻执行国家有关自然保护区的法律、法规和方针、政策;(2)制定自然保护区的各项管理制度,统一管理自然保护区;(3)调查自然资源并建立档案,组织环境监测,保护自然保护区内的自然环境和自然资源;(4)组织或者协助有关部门开展自然保护区的科学研究工作;(5)进行自然保护的宣传教育;(6)在不影响自然保护区的环境和自然资源的前提下,组织开展参观、旅游等活动。自然保护区所在地的公安机关,可以根据需要在自然保护区设置公安派出机构,维护自然保护区内的治安秩序。

三、人为活动的禁止与限制及其法律责任

1. 禁止和限制自然保护区内的人为活动。在自然保护区内的单位、居民和经批准进入自然保护区的人员,必须遵守自然保护区的各项管理制度,接受自然保护区管理机构的管理。禁止在自然保护区内进行砍伐、放牧、狩猎、捕捞、采药、开垦、烧荒、开矿、采石、挖沙等活动,法律、行政法规另有规定的除外。

禁止任何人进入自然保护区的核心区。因科学研究的需要,必须进入核心区从事科研

观测、调查活动的,应当事先向自然保护区管理机构提交申请和活动计划,并经省级以上人民政府有关自然保护区行政主管部门批准,其中进入国家级自然保护区核心区的,必须经国务院有关自然保护区行政主管部门批准。自然保护区核心区原有居民确有必要迁出的,由自然保护区所在地的地方人民政府予以妥善安置。

禁止在自然保护区的缓冲区开展旅游和生产经营活动。因教学科研的目的,需要进入自然保护区的缓冲区从事非破坏性的科学研究、教学实习和标本采集活动的,应当事先向自然保护区管理机构提交申请和活动计划,并经自然保护区管理机构批准。

在国家级自然保护区的实验区开展参观、旅游活动的,由自然保护区管理机构提出方案,经省级政府有关自然保护区行政主管部门审核后,报国务院有关自然保护区行政主管部门批准;在地方级自然保护区的实验区开展参观、旅游活动的,由自然保护区管理机构提出方案,经省级政府有关自然保护区行政主管部门批准。

在自然保护区组织开展参观、旅游活动的,必须按照批准的方案进行,并加强管理;进入自然保护区参观、旅游的单位和个人,应当服从自然保护区管理机构的管理。严禁开设与自然保护区保护方向不一致的参观、旅游项目。外国人进入地方级自然保护区的,接待单位应当事先报经省级政府有关自然保护区行政主管部门批准;进入国家级自然保护区的,接待单位应当报经国务院有关自然保护区行政主管部门批准。

在自然保护区的核心区和缓冲区内,不得建设任何生产设施。在自然保护区的实验区内,不得建设污染环境、破坏资源或景观的生产设施;建设其他项目,其污染物排放不得超过国家和地方规定的污染物排放标准。在自然保护区的实验区内已经建成的设施,其污染物排放超过国家和地方污染物排放标准的,应当限期治理;造成损害的,必须采取补救措施。在自然保护区的外围保护地带建设的项目,不得损害自然保护区的环境质量;已经造成损害的,应当限期治理。

2. 法律责任。对于违反条例规定,破坏自然保护区的单位和个人,将予以行政处罚或依法承担刑事责任。

第五节　风景名胜区保护法

一、风景名胜区概述

风景名胜区,指风景资源集中、环境优美、具有一定规模、知名度和游览条件,可供人们游览欣赏、休憩娱乐或进行科学文化活动的地域。风景名胜包括具有观赏、文化或科学价值的山河、湖海、地貌、森林、动植物、化石、特殊地质、天文气象等自然景物和文物古迹,革命纪念地、历史遗址、园林、建筑、工程设施等人文景物和它们所处的环境以及风土人情等。

按照形成原因,可以将风景名胜区分为天然风景名胜区和人工风景名胜区。天然风景名胜区,是指主要景观是由自然环境组成的风景区,包括一切具有观赏、文化、科学价值的山河、湖海、地貌、森林、动植物、化石、特殊地质、天文气象等,如三峡、黄果树瀑布等。人工风景名胜区,是指主要由人工建筑组成的风景区,包括文物古迹、革命纪念地、历史遗迹、园林、建筑、工程设施和它们所处的环境以及风土人情等,如承德避暑山庄等。

"风景名胜区"是我国独创的一种区域环境的概念,在国外并无相同的概念。不过,大致上与国际上的"国家公园"(National Park)①这一概念类似,同时又有自己的特点。我国国家级风景名胜区的英文名称即为"National Park of China"。

截至 2009 年 12 月,中国国家级风景名胜区已达 208 处,其中 22 处被列入联合国教科文组织《世界遗产名录》,省级风景名胜区达 698 处,其中包括泰山、黄山、峨眉山—乐山、武夷山、庐山、武陵源、九寨沟、黄龙、青城山—都江堰、三江并流等闻名世界的风景名胜。

二、风景名胜区的立法保护

1. 我国风景名胜区的立法概况

为了加强对风景名胜区的保护,国务院于 1985 年颁布了《风景名胜区管理暂行条例》,并于 2006 年加以修改,颁布实施了《风景名胜区条例》,这是我国目前关于风景名胜区保护和管理的最基本的法律规范。此外,建设部先后出台了《风景名胜区管理暂行条例实施办法》(1987 年)、《风景名胜区环境卫生管理标准》(1992 年)、《风景名胜区建设管理规定》(1993 年)、《风景名胜区管理处罚规定》(1994 年)、《风景名胜区安全管理标准》(1995 年)、《国家重点风景名胜区审查评分标准》(2004 年),以及《国家级风景名胜区监管信息系统建设管理办法(试行)》(2007 年)。除了这些专门立法,在《环境保护法》、《城市规划法》、《矿产资源法》等法律规范中也有关于风景名胜区保护的规定。

2. 有关风景名胜区的法律规定

(1)风景名胜区的监督管理体制。风景名胜区所在地县级以上地方人民政府设置的风景名胜区管理机构,负责风景名胜区的保护、利用和统一管理工作。国务院建设主管部门负责全国风景名胜区的监督管理工作。国务院其他有关部门按照国务院规定的职责分工,负责风景名胜区的有关监督管理工作。省、自治区人民政府建设主管部门和直辖市人民政府风景名胜区主管部门,负责本行政区域内风景名胜区的监督管理工作。省、自治区、直辖市人民政府其他有关部门按照规定的职责分工,负责风景名胜区的有关监督管理工作。任何单位和个人都有保护风景名胜资源的义务,并有权制止、检举破坏风景名胜资源的行为。

(2)关于风景名胜区设立和撤销的法律规定

①设立风景名胜区的原则。设立风景名胜区,应当有利于保护和合理利用风景名胜资源;新设立的风景名胜区与自然保护区不得重合或者交叉;已设立的风景名胜区与自然保护区重合或者交叉的,风景名胜区规划与自然保护区规划应当相协调。②设立风景名胜区的条件:自然景观和人文景观能够反映重要自然变化过程和重大历史文化发展过程,基本处于自然状态或者保持历史原貌,具有国家代表性的,可以申请设立国家级风景名胜;具有区域代表性的,可以申请设立省级风景名胜区。③设立风景名胜区的程序:设立国家级风景名

---

① 世界自然保护联盟(IUCN)对"国家公园"的明确定义是:特殊的、自然的陆地和(或)海洋区域,这些区域被用于为当代或后代保护一个或多个生态系统的完整性,排除与保护目标相抵触的开采和占有行为。

胜区,由省级人民政府提出申请,国务院建设主管部门会同国务院环境保护主管部门、林业主管部门、文物主管部门等有关部门组织论证,提出审查意见,报国务院批准公布。设立省级风景名胜区,由县级人民政府提出申请,省、自治区人民政府建设主管部门或者直辖市人民政府风景名胜区主管部门,会同其他有关部门组织论证,提出审查意见,报省、自治区、直辖市人民政府批准公布。申请设立风景名胜区应当提交包含下列内容的有关材料:风景名胜资源的基本状况;拟设立风景名胜区的范围以及核心景区的范围;拟设立风景名胜区的性质和保护目标;拟设立风景名胜区的游览条件;与拟设立风景名胜区内的土地、森林等自然资源和房屋等财产的所有权人、使用权人协商的内容和结果。申请设立风景名胜区的人民政府应当在报请审批前,与风景名胜区内的土地、森林等自然资源和房屋等财产的所有权人、使用权人充分协商。因设立风景名胜区对风景名胜区内的土地、森林等自然资源和房屋等财产的所有权人、使用权人造成损失的,应当依法给予补偿。④国家重点风景名胜区的撤销:建设部对国家重点风景名胜区实行定期检查,对未按要求编制总体规划或严重违背总体规划、造成风景资源破坏的风景名胜区提出警告和书面整改意见,国家重点风景名胜区在接到整改意见后,必须在限期内进行整改,并取得明显成效。对于不进行整改或整改无效、已不具备国家重点风景名胜区条件的,由建设部报请国务院撤销其命名。

(3)风景名胜区规划制度

①规划的种类及内容。我国风景名胜区规划分为总体规划和详细规划,其中总体规划的内容应当包括风景资源评价、生态资源保护措施、重大建设项目布局、开发利用强度、风景名胜区的功能结构和空间布局、禁止开发和限制开发的范围、风景名胜区的游客容量及有关专项规划;详细规划应当根据核心景区和其他景区的不同要求编制,内容包括确定基础设施、旅游设施、文化设施等建设项目的选址、布局与规模,并明确建设用地范围和规划设计条件。

②编制规划的原则。风景名胜区规划应当按照经审定的风景名胜区范围、性质和保护目标,依照国家有关法律、法规和技术规范编制。其中风景名胜区总体规划的编制,应当体现人与自然和谐相处、区域协调发展和经济社会全面进步的要求,坚持保护优先、开发服从保护的原则,突出风景名胜资源的自然特性、文化内涵和地方特色;风景名胜区详细规划应当符合风景名胜区总体规划。

③规划的编制、审批机关。国家级风景名胜区规划由省、自治区政府建设主管部门或直辖市政府风景名胜区主管部门组织编制。其中总体规划由国务院审批,详细规划由国务院建设主管部门审批。省级风景名胜区规划由县级政府组织编制。其中总体规划由省级政府审批,详细规划由省、自治区政府建设主管部门或直辖市政府风景名胜区主管部门审批。

④规划的具体编制程序。编制风景名胜区规划,应采用招标等公平竞争的方式,选择具有相应资质的单位承担,并应广泛征求有关部门、公众和专家的意见,必要时还应进行听证。报请审批的材料中应包括社会各界的意见及意见采纳情况说明。风景名胜区规划经批准后,应向社会公布,任何组织和个人都有权查阅。

⑤规划的监测管理。我国建有风景名胜区管理信息系统,对风景名胜区规划实施情况进行动态监测。国家级风景名胜区所在地的风景名胜区管理机构应当每年向国务院建设主管部门报送风景名胜区规划实施情况;国务院建设主管部门应当对国家级风景名胜区的规

划实施情况进行监督检查和评估,对发现的问题应及时进行纠正和处理。

⑥规划的修改。经批准的风景名胜区规划不得擅自修改。确需对风景名胜区总体规划中的风景名胜区范围、性质、保护目标、生态资源保护措施、重大建设项目布局、开发利用强度以及风景名胜区的功能结构、空间布局、游客容量进行修改的,应当报原审批机关批准;对其他内容进行修改的,应当报原审批机关备案。风景名胜区详细规划确需修改的,应当报原审批机关批准。政府或者政府部门修改风景名胜区规划对公民、法人或者其他组织造成财产损失的,应当依法给予补偿。

⑦规划的效力。风景名胜区规划是做好风景名胜区工作的前提,是风景名胜区保护、利用和管理的重要依据。风景名胜区内的单位和个人应当遵守经批准的风景名胜区规划,服从规划管理。风景名胜区规划未经批准的,不得在风景名胜区内进行各类建设活动。

⑧有关总体规划的时间规定。风景名胜区应当自设立之日起2年内编制完成总体规划,总体规划的规划期一般为20年,在规划期届满前2年,规划的组织编制机关应当组织专家对规划进行评估,作出是否重新编制规划的决定。在新规划批准前,原规划继续有效。

(4)保护风景名胜区方面的有关规定

我国对风景名胜区内的景观和自然环境实行严格保护,不得破坏或随意改变。主要包括以下规定:

禁止性行为的规定:①禁止在风景名胜区内进行开山、采石、开矿、开荒、修坟立碑等破坏景观、植被和地形地貌的活动;修建储存爆炸性、易燃性、放射性、毒害性、腐蚀性物品的设施;在景物或者设施上刻画、涂污以及乱扔垃圾。②禁止违反风景名胜区规划,在风景名胜区内设立各类开发区和在核心景区内建设宾馆、招待所、培训中心、疗养院以及与风景名胜资源保护无关的其他建筑物;已经建设的,应当按照风景名胜区规划,逐步迁出。

限制性行为的规定:在风景名胜区内进行设置张贴商业广告、举办大型游乐等活动、改变水资源或水环境自然状态的活动以及其他影响生态和景观的活动应当经风景名胜区管理机构审核后,依照有关法律、法规的规定报有关主管部门批准。

建设活动的规定:在风景名胜区内从事建设活动应经风景名胜区管理机构审核后,依法办理审批手续方可进行;在国家级风景名胜区内修建缆车、索道等重大建设工程,项目的选址方案应报国务院建设主管部门核准;风景名胜区内进行的各项建设活动均应符合风景名胜区规划,并与景观相协调,不得建设破坏景观、污染环境、妨碍游览的设施。

(5)风景名胜区利用及管理方面的有关规定

风景名胜区管理机构应当根据风景名胜区的特点,保护民族民间传统文化,开展健康有益的游览观光和文化娱乐活动,普及历史文化和科学知识;并应根据风景名胜区规划,合理利用风景名胜资源,改善交通、服务设施和游览条件,在风景名胜区内设置风景名胜区标志和路标、安全警示等标牌。

风景名胜区内宗教活动场所的管理,依照国家有关宗教活动场所管理的规定执行。风景名胜区内涉及自然资源保护、利用、管理和文物保护以及自然保护区管理的,还应当执行国家有关法律、法规的规定。

风景名胜区管理机构应当建立、健全安全保障制度,加强安全管理,保障游览安全,并督促风景名胜区内的经营单位接受有关部门依据法律、法规进行的监督检查。禁止超过允许容量接纳游客和在没有安全保障的区域开展游览活动。

风景名胜区内的交通、服务等项目,应当由风景名胜区管理机构依照有关法律、法规和风景名胜区规划,采用招标等公平竞争的方式确定经营者。风景名胜区管理机构应当与经营者签订合同,依法确定各自的权利义务。经营者应当缴纳风景名胜资源有偿使用费。

进入风景名胜区的门票,由风景名胜区管理机构负责出售,门票价格依照有关价格的法律、法规的规定执行。风景名胜区的门票收入和风景名胜资源有偿使用费,实行收支两条线管理。风景名胜区的门票收入和风景名胜资源有偿使用费应当专门用于风景名胜资源的保护和管理以及风景名胜区内财产的所有权人、使用权人损失的补偿。

风景名胜区管理机构不得从事以营利为目的的经营活动,不得将规划、管理和监督等行政管理职能委托给企业或者个人行使。风景名胜区管理机构的工作人员,不得在风景名胜区内的企业兼职。

第六节 文化古迹保护法

一、文化古迹概述

1. 文化古迹的含义。文化古迹,又称文化遗产、人文遗迹。依据《保护世界文化和自然遗产公约》的规定,文化遗产包括三种:文物,即从历史、艺术或科学的角度看,具有突出、普遍价值的建筑物、雕刻和绘画,具有考古意义的成分或结构,铭文、洞穴、住区及各类文物的综合体;建筑群,即从历史、艺术或科学的角度看,因其建筑的形式、同一性及其在景观中的地位,具有突出、普遍价值的单独或相互联系的建筑群;遗址,即从历史、美学、人种学或人类学的角度看,具有突出、普遍价值的人造工程或人与自然的共同杰作以及考古遗址地带。

文化古迹一般能代表一种独特的艺术成就,一种创造性的天才杰作;在一定时期内或世界某一文化区域内,对建筑艺术、纪念物艺术、城镇规划或景观设计方面的发展产生过重大影响;能为一种已消逝的文明或文化传统提供一种独特的(至少是特殊的)见证;可作为一种建筑或建筑群或景观的杰出范例,展示出人类历史上一个(或几个)重要阶段;可作为传统的人类居住地或使用地的杰出范例,代表一种(或几种)文化,尤其在不可逆转的变化影响下变得易于损坏;或者与具特殊普遍意义的事件或现行传统或思想或信仰或文学艺术作品有直接或实质的联系。

我国的《文物保护法》将上述的文物、建筑群和遗址三种文化古迹都纳入了保护范围。该法第2条规定,受国家保护的文物为:具有历史、艺术、科学价值的古文化遗址、古墓葬、古建筑、石窟寺和石刻、壁画;与重大历史事件、革命运动或者著名人物有关的,以及具有重要纪念意义、教育意义或者史料价值的近代、现代重要史迹、实物、代表性建筑;历史上各时代珍贵的艺术品、工艺美术品;历史上各时代重要的文献资料以及具有历史、艺术、科学价值的手稿和图书资料等;反映历史上各时代、各民族社会制度、社会生产、社会生活的代表性实物。同时,具有科学价值的古脊椎动物化石和古人类化石同文物一样受国家保护。

2. 文化古迹的价值。具体分为历史、艺术和科学价值三类。分述如下：(1)历史价值。历史的遗迹和遗物是产生它的那个时代的一定人群，它能从不同的侧面，反映当时的政治、经济、军事、科学技术、文化艺术、宗教信仰、风情习俗等，从而构成文化古迹时代特点的主要内容。这种时代性能帮助人们去恢复历史的本来面貌。这是文化古迹历史价值的重要反映。(2)艺术价值。文化古迹的艺术价值主要有审美、欣赏、愉悦(消遣)、借鉴以及美术史料等价值。它们之间既相互渗透，又相互制约。(3)科学价值。主要包括知识、科学、技术等内涵。古代各种遗迹、遗物的本身，都蕴藏着产生它的那个时代的科学技术信息。

3. 我国的文化古迹现状。我国是历史悠久的文明古国，拥有极为丰富的文化遗产。我国历来重视文化古迹的保护。1961年3月4日国务院批准公布了第一批全国重点文物保护单位名单，共180处，其中包括革命遗址和革命纪念建筑物、石窟寺、古建筑及历史纪念物、古遗址、古墓葬等。1982年2月23日，国务院批准公布了第二批全国重点文物保护单位，共62处，如古观象台、拉卜楞寺等。1988年，国务院公布了第三批全国重点文物保护单位，共计258处，如雨花台烈士陵园、中山靖王墓等。1996年，国务院公布了第四批全国重点文物保护单位，共计150处，如龙山石窟、晋城二仙庙等。2001年，国务院公布了第五批全国重点文物保护单位，共计518处，如中山纪念堂、江汉关大楼等。2006年，国务院公布了第六批全国重点文物保护单位，包括北京国会旧址、王昭君墓等共计1080处，并且一并公布了与现有全国重点文物保护单位合并的项目共计106处。

二、文化古迹保护的法律规定

1. 文化古迹保护的立法概况。1972年11月16日，联合国教育、科学及文化组织大会第十七届会议在巴黎通过了《保护世界文化和自然遗产公约》，这证明了文化遗产在国际社会中的特殊地位。在国际文化遗产保护浪潮的推动下，第五届全国人民代表大会常务委员会第二十五次会议于1982年11月19日讨论通过了《中华人民共和国文物保护法》；1992年4月30日经国务院批准，并于同年5月5日国家文物局发布了《中华人民共和国文物保护法实施细则》。随后，2002年10月28日第九届全国人民代表大会常务委员会第三十次会议修订通过了《中华人民共和国文物保护法》，并于2002年12月3日实施。接着又在2003年7月1日修订并颁布实施了《中华人民共和国文物保护法实施条例》。修订后的文物保护法加大了对文物的保护力度，与国际接轨更加紧密。此外，国务院1989年发布的《水下文物保护管理条例》为水下文物的保护与管理提供了法律依据，国家文物局发布的《文物保护工程管理办法》对文物工程的保护作出了具体的规定。除了文化古迹的专门立法外，《自然保护区条例》、《风景名胜区管理条例》、《城乡规划法》等法律文件中也有文化古迹保护的相关规定。

2. 文化古迹保护立法的一般规定。主要内容是：

(1)立法的目的与方针。加强对文物的保护，继承中华民族优秀的历史文化遗产，促进科学研究工作，进行爱国主义和革命传统教育，建设社会主义精神文明和物质文明，是我国文化古迹保护立法的目的。保护为主、抢救第一、合理利用、加强管理是文化古迹保护的基本方针。

(2)文化古迹的管理体制。《文物保护法》规定,国务院文物行政部门主管全国文物保护工作。地方各级人民政府负责本行政区域内的文物保护工作。县级以上地方人民政府承担文物保护工作的部门对本行政区域内的文物保护实施监督管理。县级以上人民政府有关行政部门在各自的职责范围内,负责有关的文物保护工作。公安机关、工商行政管理部门、海关、城乡建设规划部门和其他有关国家机关,应当依法认真履行所承担的保护文物的职责,维护文物管理秩序。在实践中,许多文化古迹存在于风景名胜区和自然保护区中。这种重合导致了文物的管理体制仍是多部门管理,因此,明确各自的管理权限是解决冲突的出路。

(3)文化古迹的分级与分类管理。依据《文物保护法》,文化古迹主要分为不可移动文物和可移动文物。不可移动文物,是指先民在历史、文化、建筑、艺术上的具体遗产或遗址,主要为各文物保护单位,包括古文化遗址、古墓葬、古建筑、石窟寺、石刻、壁画、近现代重要史迹和代表性建筑等。可移动文物,是指可以移动的文物,包括历史上各个时代的重要实物、艺术品、文献、手稿、图书资料、代表性实物等。依据文物的历史、艺术、科学价值,可以将不可移动文物分别确定为全国重点文物保护单位、省级文物保护单位和市、县级文物保护单位。其中,全国重点文物保护单位应具有重大历史、艺术、科学价值。可移动文物分为珍贵文物和一般文物。珍贵文物分一级文物、二级文物、三级文物。

3. 不可移动文物的保护规定。具体包括:

(1)重点文物保护单位的核定。国务院文物行政部门在省、市、县级文物保护单位中,选择具有重大历史、艺术、科学价值的确定为全国重点文物保护单位,或者直接确定为全国重点文物保护单位,报国务院核定公布。省级文物保护单位,由省、自治区、直辖市人民政府核定公布,并报国务院备案。市级和县级文物保护单位,分别由设区的市、自治州和县级人民政府核定公布,并报省、自治区、直辖市人民政府备案。尚未核定公布为文物保护单位的不可移动文物,由县级人民政府文物行政部门予以登记并公布。

(2)对不可移动文物的禁限规定。《文物保护法》规定,文物保护单位的保护范围内不得进行其他建设工程或者爆破、钻探、挖掘等作业。但是,因特殊情况需要在文物保护单位的保护范围内进行其他建设工程或者爆破、钻探、挖掘等作业的,必须保证文物保护单位的安全,并经核定公布该文物保护单位的人民政府批准,在批准前应当征得上一级人民政府文物行政部门的同意;在全国重点文物保护单位的保护范围内进行其他建设工程或者爆破、钻探、挖掘等作业的,必须经省、自治区、直辖市人民政府批准,在批准前应当征得国务院文物行政部门的同意。

根据保护文物的实际需要,经省、自治区、直辖市人民政府批准,可以在文物保护单位的周围划出一定的建设控制地带,并予以公布。在文物保护单位的建设控制地带内进行建设的工程,不得破坏文物保护单位的历史风貌;工程设计方案应当根据文物保护单位的级别,经相应的文物行政部门同意后,报城乡建设规划部门批准。在文物保护单位的保护范围和建设控制地带内,不得建设污染文物保护单位及其环境的设施,不得进行可能影响文物保护单位安全及其环境的活动。对已有的污染文物保护单位及其环境的设施,应当限期治理。

建设工程选址,应当尽可能避开不可移动文物;因特殊情况不能避开的,对文物保护单位应当尽可能实施原址保护。实施原址保护的,建设单位应当事先确定保护措施,根据文物保护单位的级别报相应的文物行政部门批准,并将保护措施列入可行性研究报告或者设计任务书。无法实施原址保护,必须迁移异地保护或者拆除的,应当报省、自治区、直辖市人民政府批准;迁移或者拆除省级文物保护单位的,批准前须征得国务院文物行政部门的同意。全国重点文物保护单位不得拆除;需要迁移的,须由省、自治区、直辖市人民政府报国务院批准。

(3)历史文化名城与街区的保护制度。迄今为止,我国已有包括北京、南昌、凤凰在内的101座城市被国务院核定为国家级历史文化名城,同时一些地方政府也公布了一些地方级的历史文化名城。《文物保护法》对此作了详尽的规定:保存文物特别丰富并且具有重大历史价值或者革命纪念意义的城市,由国务院核定公布为历史文化名城。同时保存文物特别丰富并且具有重大历史价值或者革命纪念意义的城镇、街道、村庄,由省、自治区、直辖市人民政府核定公布为历史文化街区、村镇,并报国务院备案。历史文化名城和历史文化街区、村镇所在地的县级以上地方人民政府应当组织编制专门的历史文化名城和历史文化街区、村镇保护规划,并纳入城市总体规划。

(4)不可移动文物的修缮与保养。在对不可移动文物进行修缮、保养、迁移时,必须遵循不改变文物原状的原则。国有不可移动文物由使用人负责修缮、保养;非国有不可移动文物由所有人负责修缮、保养。非国有不可移动文物有损毁危险,所有人不具备修缮能力的,当地人民政府应当给予帮助;所有人具备修缮能力而拒不依法履行修缮义务的,县级以上人民政府可以给予抢救修缮,所需费用由所有人负担。对文物保护单位进行修缮,应当根据文物保护单位的级别报相应的文物行政部门批准;对未核定为文物保护单位的不可移动文物进行修缮,应当报登记的县级人民政府文物行政部门批准。文物保护单位的修缮、迁移、重建,由取得文物保护工程资质证书的单位承担。

不可移动文物已经全部毁坏的,应当实施遗址保护,不得在原址重建。但是,因特殊情况需要在原址重建的,由省、自治区、直辖市人民政府文物行政部门征得国务院文物行政部门同意后,报省、自治区、直辖市人民政府批准;全国重点文物保护单位需要在原址重建的,由省、自治区、直辖市人民政府报国务院批准。

(5)考古发掘。我国法律规定,从事考古发掘的单位,为了科学研究进行考古发掘,应当提出发掘计划,报国务院文物行政部门批准;对全国重点文物保护单位的考古发掘计划,应当经国务院文物行政部门审核后报国务院批准。国务院文物行政部门在批准或者审核前,应当征求社会科学研究机构及其他科研机构和有关专家的意见。

进行大型基本建设工程,建设单位应当事先报请省、自治区、直辖市人民政府文物行政部门组织从事考古发掘的单位在工程范围内有可能埋藏文物的地方进行考古调查、勘探。需要配合建设工程进行的考古发掘工作,应当由省、自治区、直辖市文物行政部门在勘探工作的基础上提出发掘计划,报国务院文物行政部门批准。国务院文物行政部门在批准前,应当征求社会科学研究机构及其他科研机构和有关专家的意见。

在进行建设工程或者在农业生产中,任何单位或者个人发现文物,应当保护现场,立即报告当地文物行政部门,文物行政部门接到报告后,如无特殊情况,应当在24小时内赶赴现场,并在7日内提出处理意见。文物行政部门可以报请当地人民政府通知公安机关协助保护现场;发现重要文物的,应当立即上报国务院文物行政部门,国务院文物行政部门应当在接到报告后15日内提出处理意见。

第七节 荒漠化防治和水土保持法

一、荒漠化防治和水土保持概述

1. 土地荒漠化和水土流失的概念

土地荒漠化和水土流失是土地退化的主要表现形式。一般而言,土地退化是指土地原有质量的降低、原有功能的下降或丧失,是指土地生产力的衰减或丧失(地力衰退)。我国法律没有对土地退化这一概念作出统一的定义,现行法律所规定或涉及的两种主要土地退化形式具体是指:

第一,土地荒漠化、沙化。我国《防沙治沙法》第2条规定:"土地沙化是指因气候变化和人类活动所导致的天然沙漠扩张和沙质土壤上植被破坏、沙土裸露的过程。本法所称土地沙化,是指主要因人类不合理活动所导致的天然沙漠扩张和沙质土壤上植被及覆盖物被破坏、形成流沙及沙土裸露的过程。"

土地荒漠化、沙化这两个概念是有区别的。流水、风力、化学和物理四种营力过程所造成的土地退化均属于荒漠化的范畴,这比我国传统的单纯由风力作用引起的沙质荒漠化(沙漠化)内容更为广泛①。根据《联合国防治荒漠化公约》(1994年)第1条的规定,"荒漠化"是指包括气候变异和人类活动在内的种种因素造成的干旱、半干旱和亚湿润干旱地区的土地退化。我国《草原法》第31条还同时提到草原的退化、沙化和石漠化。

中国是世界上荒漠化面积大、分布广、受荒漠化危害最严重的国家之一。全国荒漠化土地总面积达263.62万平方公里,占国土面积1/3;沙化土地173.97万平方公里,占国土面积的1/5。一些地区沙化土地仍在扩展,因土地沙化每年造成的直接经济损失高达500多亿元人民币,全国有近4亿人受到荒漠化、沙化的威胁,贫困人口的一半生活在这些地区。土地荒漠化已成为中华民族的心腹大患之一。

第二,水土流失。我国不少法律都提到了水土流失。《水土保持法》是防治水土流失的主要法律,但该法没有对水土流失作出定义。一般而言,水土流失,是指土地表层缺乏植被保护,被雨水冲蚀后引起跑水、跑土、跑肥,使土层逐渐变薄变瘠的现象;主要指在山丘区和风沙区,由于水力或风力的作用,冲刷土壤,使水分和土壤流失的现象。水土保持,是指对自然因素和人为活动造成的水土流失所采取的预防和治理措施的总称。

据水利部统计,我国现有水土流失总面积达356万平方公里,已占到国土面积的37.1%,且不仅广泛发生在农村地区,还发生在城镇和工矿区,几乎每个流域、每个省份都

---

① 荒漠化英文为 desertification,中文译为沙漠化无法涵盖其意。因此,在1995年1月于纽约召开的第6次《联合国防治荒漠化公约》(以上简称《公约》)政府谈判大会期间,中国政府代表团正式向大会提出,《公约》中文本使用的"沙漠化"术语不够确切,需作改正。1995年4月1日,联合国正式通知中国,《公约》中文本使用的"沙漠化"术语用"荒漠化"代替。

有。水土流失带来的危害是多方面的。首先,是加剧了我国人地矛盾,直接威胁到我国的粮食生产安全和人的生存。我国人均占有耕地面积仅为 1.39 亩,远低于世界平均水平的 3.75 亩,而我国因水土流失损失的耕地平均每年高达 100 万亩。按现在的流失速度推算,50 年后东北黑土区 1400 万亩耕地的黑土层将流失掉,粮食产量将降低 40% 左右;35 年后西南岩溶区石漠化面积将增加一倍,届时有近 1 亿人失去赖以生存和发展的土地。同时,水土流失会导致江河湖库淤积,加剧洪涝灾害,对我国防洪安全构成巨大威胁。除此以外,水土流失已成为我国最大的环境公害之一。[①] 一方面,导致土壤涵养水源能力降低;另一方面,在流失大量泥沙的过程中,输送了大量化肥、农药和生活垃圾等面源污染物,成为加剧水源污染的重要原因,对我国生态安全和饮水安全构成严重威胁。

2. 防止土地荒漠化和水土流失的现行立法

(1)防止土地荒漠化的立法,主要反映在《中华人民共和国防沙治沙法》上。2001 年第九届全国人民代表大会常务委员会第二十三次会议通过的《防沙治沙法》,对防沙治沙的原则、管理体制、防沙治沙规划、土地沙化的预防、沙化土地的治理、防沙治沙的保障措施和法律责任作了规定。

(2)水土保持立法。1957 年国务院颁布了《中华人民共和国水土保持暂行纲要》,1982 年颁布了《水土保持工作条例》。1991 年 6 月 29 日《中华人民共和国水土保持法》公布实施,确定了"预防为主,治管结合,因地制宜,全面规划,综合治理,注重效益"的水土保持工作方针,水土保持工作走上了法制化的轨道。随后,1993 年国务院制定了《水土保持法实施条例》。为了适应新的形势需要,1991 年的《中华人民共和国水土保持法》已由中华人民共和国第十一届全国人民代表大会常务委员会第十八次会议于 2010 年 12 月 25 日修订通过,修订后的《中华人民共和国水土保持法》自 2011 年 3 月 1 日起施行。

此外,《环境保护法》、《防沙治沙法》、《土地管理法》、《水法》、《森林法》、《草原法》中也有水土保持的相关规定,起到了补充作用。

二、防治土地荒漠化的具体法律规定

1. 防沙治沙规划制度。防沙治沙实行统一规划。从事防沙治沙活动,以及在沙化土地范围内从事开发利用活动,必须遵循防沙治沙规划。防沙治沙规划应当对遏制土地沙化扩展趋势,逐步减少沙化土地的时限、步骤、措施等作出明确规定,并将具体实施方案纳入《国民经济和社会发展五年计划》和年度计划。国务院林业行政主管部门会同国务院农业、水利、土地、环保等有关部门组织编制全国防沙治沙规划,报国务院批准后实施。省、自治区、直辖市人民政府依据全国的防沙治沙规划,制定本行政区的防沙治沙规划,报国务院指定的有关部门批准后实施。沙化土地所在地区的市、县人民政府,应当依据上一级人民政府的防沙治沙规划,组织编制本行政区域的防沙治沙规划,报上一级人民政府批准后实施。

---

① 《我国四成国土面临水土流失 东北局部黑土层已消失——著名林学家沈国舫院士谈水土流失防治》,http://www.3158.cn/news/20101222/16/77-19092735_1.shtml,下载日期:2011 年 2 月 24 日。

2. 土地沙化的预防制度。

(1)监测、报告及公布制度。国务院林业行政主管部门组织其他有关行政主管部门对全国土地沙化情况进行监测、统计和分析,并定期公布监测结果。县级以上地方人民政府林业或者其他有关行政主管部门,应当按照土地沙化监测技术规程,对沙化土地进行监测,并将监测结果向本级人民政府及上一级林业或者其他有关行政主管部门报告。县级以上地方人民政府林业或者其他有关行政主管部门,在土地沙化监测过程中,发现土地发生沙化或者沙化程度加重的,应当及时报告本级人民政府。收到报告的人民政府应当责令有关行政主管部门制止导致土地沙化的行为,并采取有效措施进行治理。

各级气象主管机构应当组织对气象干旱和沙尘暴天气进行监测、预报,发现气象干旱或者沙尘暴天气征兆时,应当及时报告当地人民政府。收到报告的人民政府应当采取预防措施,必要时公布灾情预报,并组织林业、农(牧)业等有关部门采取应急措施,避免或者减轻风沙危害。

(2)保护防沙植被的制度。沙化土地所在地区的县级以上地方人民政府应当按照防沙治沙规划,划出一定比例的土地,因地制宜地营造防风固沙林网、林带,种植多年生灌木和草本植物。由林业行政主管部门负责确定植树造林的成活率、保存率的标准和具体任务,并逐片组织实施,明确责任,确保完成。除了抚育更新性质的采伐外,不得批准对防风固沙林网、林带进行采伐。在对防风固沙林网、林带进行抚育更新性质的采伐之前,必须在其附近预先形成接替林网和林带。对林木更新困难地区已有的防风固沙林网、林带,不得批准采伐,在沙化土地范围内,各类土地承包合同应当包括植被保护责任的内容。沙化土地所在地的县级以上地方人民政府不得批准在沙漠边缘地带和林地、草原开垦耕地;已经开垦并对生态产生不良影响的,应当有计划地组织退耕还林、还草。

草原地区的地方各级人民政府,应当加强草原的管理和建设,由农(牧)业行政主管部门负责指导、组织农牧民建设人工草场,控制载畜量,调整牲畜结构,改良牲畜品种,推行牲畜圈养和草场轮牧,消灭草原鼠害、虫害,保护草原植被,防止草原退化和沙化。草原实行以产草量确定载畜量的制度。由农(牧)业行政主管部门负责制定载畜量的标准和有关规定,并逐级组织实施,明确责任,确保完成。沙化土地所在地的县级以上地方人民政府及行政主管部门,应当加强流域和区域水资源的统一调配与管理,在编制流域和区域水资源开发利用规划和供水计划时,必须考虑整个流域和区域植被保护的用水需求,防止因地下水和上游水资源的过度开发利用,导致植被破坏和土地沙化。

(3)环境影响评价制度。在沙化土地范围内从事开发建设活动的,必须事先就该项目可能对当地及相关地区生态产生的影响进行环境影响评价,依法提交环境影响报告,环境影响报告应当包括有关防沙治沙的内容。

(4)封禁保护区制度。对沙化土地实行分类保护、综合治理和合理利用。对在规划期内不具备治理条件的以及因保护生态环境的需要不宜开发利用的连片沙化土地应当规划为沙化土地封禁保护区,实行封禁保护。沙化土地封禁保护区的范围由全国防沙治沙规划以及省、自治区、直辖市防沙治沙规划确定。在沙化土地封禁保护区范围内,禁止一切破坏植被的活动,禁止在沙化土地封禁保护区范围内安置移民。对沙化土地封禁保护区范围内的农牧民,县级以上地方人民政府应当有计划地组织迁出,并妥善安置。沙化土地封禁保护区范围内尚未迁出的农牧民的生产、生活,由沙化土地封禁保护区主管部门妥善安排。未经国务院或者国务院指定的部门同意不得在沙化土地封禁保护区范围内进行修建铁路、公路等建设活动。

3. 沙化土地的治理制度。(1)公益性治沙。国家鼓励单位和个人在自愿的前提下,捐资或者以其他形式开展公益性的治沙活动。县级以上地方人民政府林业或者其他有关行政主管部门,应当为公益性治沙活动提供治理地点和无偿技术指导。从事公益性治沙的单位和个人,应当按照县级以上地方人民政府林业或者其他有关行政主管部门的技术要求进行治理,并可以将所种植的林、草委托他人管护或者交由当地人民政府有关行政主管部门管护。

(2)土地使用人与承包人治沙。使用已经沙化的国有土地的使用权人和农民集体所有土地的承包经营权人,必须采取治理措施,改善土地质量,确实无能力完成治理任务的,可以委托他人治理或者与他人合作治理。委托或者合作治理的,应当签订协议,明确各方的权利和义务。沙化土地所在地区的地方各级人民政府及其有关行政主管部门、技术推广单位,应当为土地使用权人和承包经营权人的治沙活动提供技术指导。采取退耕还林还草、植树种草或者封育措施治沙的土地使用权人和承包经营权人,按照国家有关规定,享受人民政府提供的政策优惠。

(3)营利性治沙。不具有土地所有权或者使用权的单位和个人从事营利性的治沙活动的,应当先与土地所有权人或者使用权人签订协议,依法取得土地使用权。在治理活动开始前,从事营利性治沙活动的单位和个人应当向治理项目所在地的县级以上地方人民政府林业行政主管部门或者县级以上地方人民政府所指定的其他行政主管部门提出治理申请,并提交被治理土地权属的合法证明文件和治理协议、符合治沙规划的治理方案、治理所给的资金证明等文件。国家保护沙化土地治理者的合法权益。在治理者取得合法土地权属的治理范围内,未经治理者同意,其他任何单位和个人不得从事治理或者开发利用活动。治理者完成治理任务后,应当向县级以上地方人民政府受理治理申请的行政主管部门提出验收申请。经验收合格的,受理治理申请的行政主管部门应当发给治理合格证明文件;经验收不合格的,治理者应当继续治理。

三、水土保持的具体法律规定

1.《水土保持法》的一般规定。主要内容是:(1)立法目的与指导方针。《水土保持法》规定,为预防和治理水土流失,保护和合理利用水土资源,减轻水、旱、风沙灾害,改善生态环境,发展生产,制定本法。这是对立法目的的规定。此外,在水土保持中,应当实行预防为主,全面规划,综合防治,因地制宜,加强管理,注重效益的方针。(2)管理体制。依照《水土保持法》的规定,国务院水行政主管部门主管全国的水土保持工作。县级以上地方人民政府水行政主管部门,主管本辖区的水土保持工作。这表明,水土保持工作主要由各级水行政主管部门主管。

2. 水土保持规划的规定。国务院和县级以上地方人民政府的水行政主管部门,应当在调查评价水土资源的基础上,会同有关部门编制水土保持规划。水土保持规划须经同级人民政府批准。县级以上地方人民政府批准的水土保持规划,须报上一级人民政府水行政主管部门备案。水土保持规划的修改,须经原批准机关批准。县级以上人民政府应当将水土保持规划确定的任务,纳入国民经济和社会发展计划,安排专项资金,并组织实施。县级以上人民政府应当依据水土流失的具体情况,划定水土流失重点防治区,进行重点防治。

3. 水土流失重点防护区的设立规定。水土流失重点防护区是县级以上人民政府根据水土流失的具体情况,划定的须进行重点防治的区域。分为国家、省、县三级,重点预防保护区,重点监督区,重点治理区等类别。具体范围由县级以上人民政府水行政主管部门提出,报同级人民政府批准并公告。

4. 水土流失的预防规定。主要是:

(1)增加植被。扩大植树种草面积,增加植被,能有效地稳固土壤,涵养水分,防止水土流失。该法规定,各级人民政府应当组织全民植树造林,鼓励种草,扩大森林覆盖面积,增加植被。而且,各级地方人民政府应当根据当地情况,组织农业集体经济组织和国营农、林、牧场,种植薪炭林和饲草、绿肥植物,有计划地进行封山育林育草、轮封轮牧,防风固沙,保护植被。禁止毁林开荒、烧山开荒和在陡坡地、干旱地区铲草皮、挖树兜。

(2)禁止特定陡坡开垦。《水土保持法》规定,禁止在25度以上陡坡地开垦种植农作物。省、自治区、直辖市人民政府可以根据本辖区的实际情况,规定小于25度的禁止开垦坡度。禁止开垦的陡坡地的具体范围由当地县级人民政府划定并公告。本法施行前已在禁止开垦的陡坡地上开垦种植农作物的,应当在建设基本农田的基础上,根据实际情况,逐步退耕,植树种草,恢复植被,或者修建梯田。开垦禁止开垦坡度以下、5度以上的荒坡地,必须经县级人民政府水行政主管部门批准;开垦国有荒坡地,经县级人民政府水行政主管部门批准后,方可向县级以上人民政府申请办理土地开垦手续。

(3)控制森林砍伐。依据《水土保持法》,采伐林木必须因地制宜地采用合理采伐的方式,严格控制皆伐,对采伐区和集材道采取防止水土流失的措施,并在采伐后及时完成更新造林任务。对水源涵养林、水土保持林、防风固沙林等防护林只准进行抚育和更新性质的采伐。在林区采伐林木的,采伐方案中必须有按照前款规定制定的采伐区水土保持措施。采伐方案经林业行政主管部门批准后,采伐区水土保持措施由水行政主管部门和林业行政主管部门监督实施。另外,在5度以上坡地上整地造林,抚育幼林,垦复油茶、油桐等经济林木,必须采取水土保持措施,防止水土流失。

(4)合理限制其他开发行为。法律规定,修建铁路、公路和水利工程,应当尽量减少破坏植被;废弃的砂、石、土必须运至规定的专门存放地堆放,不得向江河、湖泊、水库和专门存放地以外的沟渠倾倒;在铁路、公路两侧地界以内的山坡地,必须修建护坡或者采取其他土地整治措施;工程竣工后,取土场、开挖面和废弃的砂、石、土存放地的裸露土地,必须植树种草,防止水土流失。开办矿山企业、电力企业和其他大中型工业企业,排弃的剥离表土、矸石、尾矿、废渣等必须堆放在规定的专门存放地,不得向江河、湖泊、水库和专门存放地以外的沟渠倾倒;因采矿和建设使植被受到破坏的,必须采取措施恢复表土层和植被,防止水土流失。

依据《水土保持法》第19条的规定,在山区、丘陵区、风沙区修建铁路、公路、水工程,开办矿山企业、电力企业和其他大中型工业企业,在建设项目环境影响报告书中,必须有水行政主管部门同意的水土保持方案。在山区、丘陵区、风沙区依照矿产资源法的规定开办乡镇集体矿山企业和个体申请采矿，必须持有县级以上地方人民政府水行政主管部门同意的水土保持方案，方可申请办理采矿批准手续。建设项目中的水土保持设施，必须与主体工程同时设计、同时施工、同时投产使用。建设工程竣工验收时，应当同时验收水土保持设施，并有水行政主管部门参加。

此外，各级地方人民政府应当采取措施，加强对采矿、取土、挖砂、采石等生产活动的管理，防止水土流失。在崩塌滑坡危险区和泥石流易发区禁止取土、挖砂、采石。崩塌滑坡危险区和泥石流易发区的范围，由县级以上地方人民政府划定并公告。

5. 水土流失的治理规定。在水力侵蚀地区，应当以天然沟壑及其两侧山坡地形成的小流域为单元，实行全面规划，综合治理，建立水土流失综合防治体系。在风力侵蚀地区，应当采取开发水源、引水拉沙、植树种草、设置人工沙障和网格林带等措施，建立防风固沙防护体系，控制风沙危害。各级地方人民政府应当组织农业集体经济组织和农民，有计划地对禁止开垦坡度以下、5度以上的耕地进行治理，根据不同情况，采取整治排水系统、修建梯田、蓄水保土耕作等水土保持措施。

荒山、荒沟、荒丘、荒滩可以由农业集体经济组织、农民个人或者联户承包水土流失的治理。对荒山、荒沟、荒丘、荒滩水土流失的治理实行承包的，应当按照谁承包治理谁受益的原则，签订水土保持承包治理合同。承包治理所种植的林木及其果实，归承包者所有，因承包治理而新增加的土地，由承包者使用。国家保护承包治理合同当事人的合法权益。在承包治理合同有效期内，承包人死亡时，继承人可以依照承包治理合同的约定继续承包。

企业、事业单位在建设和生产过程中必须采取水土保持措施，对造成的水土流失负责治理。本单位无力治理的，由水行政主管部门治理，治理费用由造成水土流失的企业、事业单位负担。建设过程中发生的水土流失防治费用，从基本建设投资中列支；生产过程中发生的水土流失防治费用，从生产费用中列支。

6. 水土保持的监督规定。为了便于水土保持工作的监督，国务院水行政主管部门建立水土保持监测网络，对全国水土流失动态进行监测预报，并予以公告。县级以上地方人民政府水行政主管部门的水土保持监督人员，有权对本辖区的水土流失及其防治情况进行现场检查。被检查单位和个人必须如实报告情况，提供必要的工作条件。

延伸阅读⇨

动物保护运动亟待法律与道德双重引领

在上世纪 60 年代兴起的环境保护运动中，许多人把当代严重的环境问题和资源危机归结为道德问题，认为工业革命两三百年来的发展模式是"人类解放论"，是以"人类自由"、"自由压倒自然"作为首要的价值观念。一些哲学家开始呼吁放弃人类统治自然的哲学，建立尊重自然的生态哲学；摒弃人类中心主义，确立人类与自然和谐发展的价值方向。1982 年 10 月 28 日联合国大会通过的《世界自然宪章》强调："每种生命形式都是独特的，无论对人类的价值如何，都应得到尊重。为了承认其他有机体的内在价值，人类必须受行为道德准则的约束"；"尊重大自然"。2000 年，《地球宪章》(The Earth Charter)在联合国大会上获得签署，成了国际性的环境宣言。

　　动物保护运动、动物权利的兴起不是偶然的现象,有关动物的环境资源问题和生态危机的激化,人类可持续生存和发展的需要,生态运动、环境保护运动及其发起的舆论的支持,是现代动物伦理和动物权利迅速发展成型的基本原因。有关动物权利的立法源远流长,无论是古代或现代都有关于动物权利的法规和法律案例。例如,猫在古埃及、白象在暹罗(今泰国)因为享有法律上的权利而成为法律主体,在古犹太和古希腊也有些动物因为承担法律上的义务而成为法律主体。

　　目前国外有关动物保护、动物权利的立法主要体现在两个方面:(1)有关环境、自然、生态保护的立法。(2)有关动物保护专门法律,包括动物保护法、动物福利法等。欧美大部分国家早在19世纪已基本完成防止虐待动物的立法。二战后,这些国家又陆续制定了动物福利法、动物保护法和相应的管理法规。比较国外和我国有关动物保护的立法可以发现,国外有关动物保护立法受"人类中心主义"、"经济人理性"和"以GDP增长为标志的经济发展中心论"影响较少;而我国目前正处于工业化、城市化、市场化的初期,"人类中心主义"、"经济人理性"和"以GDP增长为标志的经济发展中心论"盛行,"动物保护法"、"动物福利法"、"反虐待动物法"等有关动物保护立法发展缓慢、步履艰难。

　　对于动物权利,各国法律和法学界有不同的认识,但比较一致的观点是,动物的权利是指,动物有法律加以保护或法律要求人们尊重的某种资格、利益和行动自由。所谓动物的权利是一种概括的提法,它包括多种具体权利,主要有动物生存权、行动自由权、免受不必要的痛苦权等。动物的权利是指动物所享有的权利,不是指动物享有人的权利,更不是指动物变成了人。我国有些人将动物权利理解为"动物的人权",将道德和法律承认动物权利理解为动物具有人的权利,并进而将动物拥有权利理解为动物变成了人,这是一种误识和误导。

　　由于国外有关动物保护的法律、法规比较健全,在国外的动物保护主义者一般都在法律规定的范围内进行活动。例如,在美国、加拿大和欧洲等西方工业发达国家,人们发现虐待动物的行为一般是向司法机关检举。据《明镜》周刊2005年10月9日报道,美国加利福尼亚州一名男子在和女友吵架后,将一腔怒火都撒在他的宠物狗身上。他先是用高尔夫球杆打击狗的头部,随后又用烤肉铁钎刺,最后用锁庭院的锁链勒这只可怜的狗。加州地方法院对其进行严厉的宣判,其将在监狱中度过25年。

　　目前我国有关人权立法和有关动物保护、动物福利、反虐待动物的立法都处于发展期,都很不健全。目前在动物保护方面,人们所说的动物保护权利侵犯人权、动物权利与人权发生冲突,大部分不是真正的法律权利冲突(因为法律没有相关的规定),而是属于人们的伦理观、道德观、法律观的冲突,属于人们的习惯、爱好、意识、需求、利益等多种文化观、多元利益的冲突。

　　从这种意义上讲,加强有关动物保护、动物福利、反虐待动物的立法是十分重要、必要和迫切的。在现行法律没有明确规定的领域,我主张在维护法治秩序的前提下,保护动物一方和其反对方本着先进的生态文明观、环境保护观、可持续发展观和公平正义观,以和平、文明、民主、协商的方式正确处理利益冲突、化解纠纷。有关政府部门和新闻媒体对于在动物保护领域发生的纠纷和冲突,应该具体问题具体分析,注意纠纷的起因、根源,区分矛盾的主要方面和主要原因,公平兼顾、包容各种利益和多元文化,依法依理正确对待、引导和处理纠纷,不要做激化矛盾的事。

阅读链接 ⇨

1. 张伯晋:《动物保护运动亟待法律与道德双重引领——访中国法学会环境资源法学研究会会长蔡守秋》,http://newspaper.jcrb.com/html/2011-05/19/content_71167.htm,下载日期:2013年4月20日。

2. 动物保护法律网,http://law.nwupl.cn/Article/,下载日期:2013年4月20日。

讨论题 ⇨

1. 生态保护法与自然资源法的区别与联系。

2. 试论我国自然保护区保护的立法现状。

3. 水土沙化和荒漠化的区别与联系。

4. 2007年10月,杜某伙同他人窜入青海某国家级自然保护区内猎捕国家重点保护野生动物雪豹5只。后经人介绍,杜某将捕杀的雪豹皮高价卖给了某境外商人李某。李某在出境时携带雪豹皮被海关查获。在海关人员的盘问下,李某交代雪豹是从杜某处购买的。杜某遂被公安机关依法拘留,并承认了捕杀雪豹的事实。

请回答以下问题:(1)杜某和李某的行为违反了我国哪些保护野生动物的法律?(2)杜某和李某的行为是否构成犯罪?如是,请列出具体罪名。(3)这体现了相关野生动物保护法律的哪些重要制度?

[答题思路]可根据本章讲述内容和《刑法》的规定进行思考。

第十章 循环经济法

第一节 循环经济法律概述

一、循环经济的概念

广义的循环经济,是指以资源节约、综合利用、污染预防、清洁生产、绿色消费为内容,使经济系统和自然生态系统的物质和谐循环的一种新的发展理念和经济形态。人类社会在经济发展过程中经历了三种模式:第一种是传统的经济模式。它是一种"资源——产品——污染排放"的单向线性开放式经济过程。在早期阶段,由于人类对自然的开发能力有限,以及环境本身的自净能力还较强,所以人类活动对环境的影响不很明显。但是,后来随着工业的发展、生产规模的扩大和人口的增长,环境的自净能力削弱乃至丧失,这种发展模式导致的环境问题日益严重,资源短缺的危机愈发突出。第二种是"生产过程末端治理"模式。其具体做法是"先污染,后治理",强调在生产过程的末端采取措施治理污染。结果,治理的技术难度很大,不但是治理成本畸高,而且生态恶化难以遏制,经济效益、社会效益和生态效益都很难达到预期的目的。第三种是循环经济模式。它要求遵循生态学规律,合理利用自然资源和环境容量,在物质不断循环利用的基础上发展经济,使经济系统和谐地纳入自然生态系统的物质循环过程中,实现经济活动的生态化。末端治理模式的生态伦理观是以人类为中心的。而循环经济模式强调"生态价值"的全面回归,主张在生产和消费领域向生态化转向,承认"生态位"的存在和尊重自然的权利。在道德规范、政府管理、社会生活等方面转变原有的观念、做法和组织方式,倡导人类福利的代内公平和代际公正,实施减量化、再使用化和资源化生产,开展无害环境管理和环境友好消费。循环经济模式不是对旧有的末端治理模式进行细枝末节的修改、补充和调整,而是一次真正意义上的升华和改造。[①]

[①] 冯之浚:《发展循环经济是我国的当务之急》,http://www.js-n-tax.gov.cn/html/2004/04/28/42435.shtml,下载日期:2011年6月2日。

➢ 争论

> 循环经济的定义,目前仍然是一个仁者见仁、智者见智的问题。归纳起来,对循环经济的概念的理解可以分为狭义和广义两大类型。狭义的循环经济,也可称为"废物经济",是指不断提高资源利用效率,把传统的消费后的废弃物转变为另一企业原材料的新型经济运行形态。

循环经济的思想萌芽可以追溯到环境保护兴起的 20 世纪 60 年代。1962 年美国生态学家卡尔逊发表了《寂静的春天》,指出生物界以及人类所面临的危险,敲响了经济持续高速增长危害资源和环境的警钟。美国经济学家 K·波尔丁首先提出,可以把传统的依赖资源消耗的线形经济增长方式,转变为依靠生态型资源循环的经济增长方式。其"宇宙飞船理论"就是循环经济理论的早期代表。K·波尔丁指出,地球如果不想像宇宙飞船那样走向毁灭,就要树立一种新的发展观:第一,必须转变过去那种"增长型"经济为"储备型"经济;第二,改变传统的"消耗型经济",而代之以休养生息的经济;第三,实行福利量的经济,摒弃看重生产量的经济;第四,建立既不会使资源枯竭,又不会造成环境污染和生态破坏,能循环使用各种物质的"循环式"经济,以取代过去的"单程式"经济。

二、我国发展循环经济概述

20 世纪 90 年代以后,发展知识经济和循环经济成为国际社会的两大趋势,我国从 20 世纪 90 年代引入了关于循环经济的思想,1998 年引入德国循环经济概念,确定"3R 原则"的中心地位,1999 年从可持续发展生产的角度对循环经济发展模式进行整合。2002 年从新兴工业化的角度认识循环经济的发展意义。2003 年将循环经济纳入科学发展观,确定物质减量化的发展战略。2004 年,提出从不同的空间规模:城市区域、国家层面大力发展循环经济。中国环境与发展国际合作委员会在第二届期间(1997—2002 年)成立了清洁生产工作组,在第三届期间(2002—2003 年)成立了循环经济课题组,江泽民同志 2002 年 10 月 16 日在全球环境基金第二届成员国大会讲话中指出:"只有走最有效利用资源和保护环境为基础的循环经济之路,可持续发展才能得以实现。"胡锦涛总书记在 2003 年中央人口资源环境工作座谈会上强调:"要加快转变经济增长方式,将循环经济的发展理念贯穿到区域经济发展、城乡建设和产品生产中,使资源得以最有效的利用。最大限度地减少废弃物排放,逐步使生态步入良性循环,努力建设环境保护模范城市、生态示范区、生态省。"2005 年温家宝总理在十届全国人大三次会议上所作的政府工作报告中再次强调:"大力发展循环经济。从资源开采、生产消耗、废弃物利用和社会消费等环节,加快推进资源综合利用和循环利用。积极开发新能源和可再生能源。"在 2006 年 3 月我国政府正式发布的《中华人民共和国国民经济和社会发展第十一个五年规划纲要》中把发展循环经济作为"十一五"国民经济和社会规划写进纲要,并设"发展循环经济"专章(第 22 章)从"节约能源,节约用水,节约材料,加强资源综合利用,强化促进节约的政策措施"等方面明确了我国发展循环经济的原则和具体措施。

为了促进循环经济的发展,我国于 2005 年和 2007 年分别在企业、工业园区、重点领域、城市和省级层面上确定了 2 批共 178 个试点单位,2008 年又确定了 14 个再制造试点单位,为在全国全面推进循环经济发展探索成功的路径。通过推进循环经济试点工作,在全国范围内以节能减排为基础目标,循环经济发展进入了全面实践阶段。

三、循环经济立法概述

循环经济理念的实现需要法律保障。世界银行在《1992 年世界发展报告:发展与环境》中指出,自上世纪 70 年代以来,经济合作与发展组织(OECD)的 20 多个发达国家,已大量开发"清洁"技术。此后,一些发达国家纷纷立法推动清洁生产。德国早在 20 世纪 70 年代就制定了《废物处理法》和《电子产品的拿回制度》,进入可持续发展时代后,又于 1994 年颁布了在世界上具有广泛影响的《循环经济和废物处置法》(1998 年修订)。德国根据这项法律,于 1998 年实施了包装法令,1999 年出台了《垃圾法》和《联邦水土保持与旧废弃物法令》,之后又公布了《2001 年森林经济年合法伐木限制命令》和《社会垃圾合乎环保放置及垃圾处理场令》(2001 年)。2002 年它还制定了包括推进循环经济在内的《持续推动生态税改革法》和《森林繁殖材料法》,并于 2003 年修订了《再生能源法》。日本政府于 1970 年公布的《废弃物处理法》,此后在 1993 年新的《环境基本法》基础上,于 2000 年 12 月制定了《循环型社会形成推进基本法》。美国还没有一部全国性的循环经济法规,但美国制定有《资源保护和回收法》(1976 年通过,1980 年修订)和《污染预防法》(1990 年制定),欧洲共同体于 1975 年通过的《废物指令》在一定程度上体现着发展循环经济的要求。

在我国,2002 年九届全国人民代表大会上,全国人大代表通过了《清洁生产促进法》,这是我国第一部以发展循环经济为目标的循环经济法律,这部法律标志着我国建立循环社会的开始。2005 年 11 月由国家环境保护总局公布的《"十一五"全国环境保护法规建设规划》中已明确"为建设资源节约型、环境友好型社会,需要制定相关的法律法规,如《循环经济促进法》",2005 年底循环经济法立法项目正式纳入了十届全国人大常委会立法计划,并被列为关系经济社会发展全局、在法律体系中起支架作用的重要法律,全国人大环资委承担了这部法律的起草工作,拟在 2007 年将法律草案提请全国人大常委会审议。国家发展改革委员会副主任姜伟新表示:"发展改革委将研究起草循环经济法,完善政策机制,推进结构调整,以进一步推动循环经济发展。"[①]2003 年 1 月 1 日起施行的《清洁生产促进法》明确使用了"循环经济"术语并体现了循环经济思想。该法第 9 条规定:"县级以上地方人民政府应当合理规划本行政区域的经济布局,调整产业结构,发展循环经济,促进企业在资源和废物综合利用等领域进行合作,实现资源的高效利用和循环使用。"部门规章层面主要是关于资源综合利用的,主要有:《关于开展资源综合利用若干问题的规定》、《关于完善现有综合利用政策几点补充规定的通知》、《粉煤灰综合利用管理办法》、《国务院关于加强再生资源回收利用管理工作的通知》等;此外,在地方性法规层面,部分省、市提出了生态省、循环经济省、循环经济生态型的城市规划。《贵阳市建设循环经济生态城市条例》是我国第一部地方性循环经济专门法规。深圳则通过了《深圳经济特区循环经济促进条例》并确立了 10 多个重要制度,该

---

① 陈玉明、刘文国:《我国将研究起草循环经济法推动循环经济发展》,http://finance.sina.com.cn/g/20060510/17312556983.shtml,下载日期:2011 年 3 月 1 日。

条例于 2006 年 7 月 1 日起施行。

就目前来看,在循环经济法律制度建构体系内,我国现行法律中契合循环经济理念的基本法律主要是《中华人民共和国清洁生产促进法》和《中华人民共和国固体废物污染环境防治法》,而《再生资源回收管理办法》已于 2006 年 5 月 17 日经商务部第 5 次部务会议审议通过,自 2007 年 5 月 1 日起实施。《城市生活垃圾管理办法》已于 2007 年 4 月 10 日经建设部第 123 次常务会议通过,自 2007 年 7 月 1 日起施行。该办法遵循循环经济思想,明确指出城市生活垃圾的治理,实行减量化、资源化、无害化和谁产生谁依法负责的原则。此外,国家环保总局将《绿色采购条例》这个与发展循环经济密切相关的法规列入《环境立法规划设想表》中。而我国推进循环经济发展的一部综合性法律《中华人民共和国循环经济促进法》由中华人民共和国第十一届全国人民代表大会常务委员会第四次会议于 2008 年 8 月 29 日通过,自 2009 年 1 月 1 日起施行。此外,2009 年 2 月 25 日,温家宝总理签署国务院令公布《废弃电器电子产品回收处理管理条例》(以下简称《条例》),《条例》已经于 2011 年 1 月 1 日起施行。《条例》规定,国家建立废弃电器电子产品处理基金,用于废弃电器电子产品回收处理费用的补贴。电器电子产品生产者、进口电器电子产品的收货人或者其代理人应当按照规定履行缴纳义务。条例规定,生产者、进口电器电子产品的收货人或者其代理人生产、进口的电器电子产品应当符合国家有关电器电子产品污染控制的规定,采用有利于资源综合利用和无害化处理的设计方案,使用无毒无害或者低毒低害以及便于回收利用的材料。《条例》规定,电器电子产品销售者、维修机构、售后服务机构应当在其营业场所显著位置标注废弃电器电子产品回收处理提示性信息。回收的废弃电器电子产品应当由有资格的处理企业处理。《条例》规定,废弃电器电子产品回收经营者应当采取多种方式为电器电子产品使用者提供方便、快捷的回收服务。处理企业的责任:一是,从事废弃电器电子产品处理活动,应当取得废弃电器电子产品处理资格。二是,处理废弃电器电子产品,应当符合国家有关资源综合利用、环境保护、劳动安全和保障人体健康的要求,禁止采用国家明令淘汰的技术和工艺处理废弃电器电子产品。三是,处理企业应当建立废弃电器电子产品处理的日常环境监测制度。四是,处理企业应当建立废弃电器电子产品的数据信息管理系统,按照规定向所在地的环境保护主管部门报送基本数据和有关情况,基本数据的保存期限不得少于 3 年。政府对废弃电器电子产品回收处理的监督管理,主要有以下四个方面:第一,国家鼓励和支持废弃电器电子产品处理的科学研究、技术开发、技术标准的研究以及新技术、工艺、设备的示范、推广和应用。第二,国务院资源综合利用、质量监督、环境保护、工业信息产业等主管部门依照规定的职责制定废弃电器电子产品处理的相关政策和技术规范。第三,省级人民政府环境保护主管部门会同同级资源综合利用、商务、工业信息产业主管部门编制本地区废弃电器电子产品处理发展规划,报国务院环境保护主管部门备案。第四,地方人民政府应当将废弃电器电子产品回收处理基础设施建设纳入城乡规划。由于发展循环经济是建构资源节约型和环境友好型社会的基础,故本书将以开发、节约能源为立法目的的能源法律,如《节约能源法》和《可再生能源法》也纳入"循环经济法"这一章节中。

笔者以为,今后要遵循物质循环系统特征和物质平衡原理从物质循环链条来构建循环经济法律体系,应包括自然资源法和能源法、清洁生产法、绿色采购法、绿色消费法和再生资源循环利用法、固体废物污染环境防治法、危险物质污染环境防治法,应尽快制定相应的《绿色消费法》、《资源循环再生利用法》、《绿色采购法》等法律,制定有关促进社会静脉产业建立的法律规范,如家用电器、建筑材料、包装物品等行业在资源回收利用方面的法律、法规。同时,还应根据循环经济法律制度具有行政指导性这一特征建立起一套绿色保障体系,包括财政、税收、价格、金融、产业、技术等促进循环经济发展的经济技术政策。

第二节 循环经济促进法

一、我国《循环经济促进法》的特点

《中华人民共和国循环经济促进法》(以下简称《循环经济促进法》)具有如下特点:首先,我国《循环经济促进法》是一部综合管理法。国外关于循环经济的立法,多由经济专门机构负责,往往带有很重的单项法的色彩。而我国在立法时,是由全国人大环资委牵头,协同全国人大法律委、财经委、常委会法工委、国家发改委和国家环保总局的有关部门共同参加法律的起草工作,层次高,立意深,表明我国的循环经济法并非单一法,而是涉及众多相关部门的综合性管理法律。立法的目的是为了实现"投入最小化、废物资源化、环境无害化",达到以最小发展成本获取最大经济效益、社会效益和环境效益的综合目的。与其他国家循环经济法的发展历程相比较,能更清楚地了解我国循环经济法的这一显著特征。如日本的循环经济立法从孕育、产生到不断健全和完善,都体现出了明显的环境保护色彩。1994年,日本内阁制定环境基本计划,首次提出"实现以循环为基调的经济社会体制"。《环境白皮书》提出"环境立国"的新战略,将环境保护提到了国家战略的重要地位。尽管已经作出上述努力,但是由生产和消费产生的废弃物仍然是日本面临的主要国内问题之一。为此,在1996年的《环境基本法》之下,日本于2000年召开"环保国会",参、众两院表决通过和修订了《促进资源有效利用法》等多项法规,并相继颁布实施了废弃物处理、资源有效利用、政府绿色采购以及涉及容器包装、家电、建筑材料、食品和汽车再生利用等8部专门法。显而易见,日本的循环经济立法起源于废弃物问题,以解决环境污染问题为目标,旨在解决整个社会发展进程中面临的环境问题,基本上是以环境保护为中心的法律。

其次,我国《循环经济促进法》是一部减量化优先的全过程治理法,由于发展阶段的不同,发达国家的循环经济立法多强调资源化,强调环境保护。而我国循环经济立法遵循"减量化是循环经济第一法则"的要求,重点强调"减量化",从而保证在发展的源头上实现资源节约,在发展的过程中实现多重利用,在发展的结果里实现综合效益。德国的循环经济立法与实践在世界上广受好评。该国矿产资源并不丰富,经过工业化的大量消耗,不可再生的矿产资源所剩无几。与此同时,大量的废旧物资,如废钢铁、老旧汽车、废家电等却"堆积如山"。这在客观上要求对废弃物进行再生利用,以降低经济发展的成本。此外,由消费带来的日益增加的垃圾(包括工业和消费领域的废弃物),也成为德国面临的最大国内环境问题之一。自上世纪中后期,德国意识到,简单的垃圾末端处理并不能从根本上解决问题。于是,德国在1996年制定了《循环经济和废弃物管理法》。该法的目的是彻底改造垃圾处理体系,建立产品责任(延伸)制度,要求在产品的生产和使用过程中尽量减少垃圾的产生,在使用后要安全处置或重新被利用。因此,德国的循环经济立法是由垃圾问题而起,重点是"垃圾经济"(3R 和最终安全处置),并向生产体系(企业)中的资源循环利用延伸。

我国目前正处在工业化加速发展阶段,不仅面临因人口增加和生活水平提高而来自消费环节的大量废物问题,更面临由于经济高速增长中生产经营粗放、资源能源利用效率较低、污染产生排放严重所引发的资源环境问题。我国的循环经济立法将着力解决能耗物耗过高、资源浪费严重、前端减量化潜力大的问题,实现资源的高效利用和节约使用。为此,我国循环经济立法遵循:发展循环经济应当在技术可行、经济合理和环境友好的条件下,以减量化优先为原则的指导思想开展工作。减量化优先原则与再利用和资源化优先原则相比,包括了生产、流通和消费领域内所有的减量化活动。比如,不仅对"减量化"有一些原则性的特殊规定,还分别对"生产过程中的减量化"和"流通、消费过程中的减量化"提出了具体要求。同时,也提出要在"减量化"的前提下,做到"再利用和资源化"。可以说,这是一部减量化优先与资源综合利用相结合的全过程治理法。

二、循环经济促进法的主要内容

(一)《循环经济促进法》的立法目的

《循环经济促进法》规定:"为了促进循环经济发展,提高资源利用效率,保护和改善环境,实现可持续发展,制定本法。"

(二)推行循环经济的管理机构

《循环经济促进法》规定:"国务院循环经济发展综合管理部门负责组织协调、监督管理全国循环经济发展工作;国务院环境保护等有关主管部门按照各自的职责负责有关循环经济的监督管理工作。县级以上地方人民政府循环经济发展综合管理部门负责组织协调、监督管理本行政区域的循环经济发展工作;县级以上地方人民政府环境保护等有关主管部门按照各自的职责负责有关循环经济的监督管理工作。"

(三)促进循环经济的基本制度

1. 循环经济的规划制度

《循环经济促进法》规定:"发展循环经济是国家经济社会发展的一项重大战略,应当遵循统筹规划、合理布局,因地制宜、注重实效,政府推动、市场引导,企业实施、公众参与的方针。"循环经济规划是国家对循环经济发展目标、重点任务和保障措施进行的安排和部署,是政府进行评价、考核,并且实施奖励、限制或者禁止措施的一个重要依据。

2. 抑制资源浪费和污染物排放的总量控制制度

《循环经济促进法》规定"县级以上地方人民政府应当依据上级人民政府下达的本行政区域主要污染物排放、建设用地和用水总量控制指标,规划和调整本行政区域的产业结构,促进循环经济发展。新建、改建、扩建建设项目,必须符合本行政区域主要污染物排放、建设用地和用水总量控制指标的要求"的总量控制制度,将推动各地和企业按照国家的总体要求,根据本地的资源和环境承载能力,安排产业结构和经济规模,积极主动地采取各种循环经济的措施。

3. 循环经济的评价和考核制度

"国务院循环经济发展综合管理部门会同国务院统计、环境保护等有关主管部门建立和完善循环经济评价指标体系。上级人民政府根据前款规定的循环经济主要评价指标,对下级人民政府发展循环经济的状况定期进行考核,并将主要评价指标完成情况作为对地方人民政府及其负责人考核评价的内容。"建立循环经济的评价考核制度,有助于推动解决单纯以 GDP 指标来衡量各地的经济发展水平的弊端。杜绝一些地方重经济增长、轻资源和环境保护的做法。

4. 生产者责任延伸制度

"生产列入强制回收名录的产品或者包装物的企业,必须对废弃的产品或者包装物负责回收;对其中可以利用的,由各该生产企业负责利用;对因不具备技术经济条件而不适合利用的,由各该生产企业负责无害化处置。对前款规定的废弃产品或者包装物,生产者委托销售者或者其他组织进行回收的,或者委托废物利用或者处置企业进行利用或者处置的,受托方应当依照有关法律、行政法规的规定和合同的约定负责回收或者利用、处置。对列入强制回收名录的产品和包装物,消费者应当将废弃的产品或者包装物交给生产者或者其委托回收的销售者或者其他组织。强制回收的产品和包装物的名录及管理办法,由国务院循环经济发展综合管理部门规定。"传统上,产品的生产者主要对产品本身的质量承担责任。现代生产者的责任,已经从单纯的生产阶段、产品的使用阶段,逐步延伸到产品废弃后的回收、利用和处置阶段。相应地,对产品的设计也提出了一些更高的要求。

5. 对高耗能、高耗水企业设立重点的监管制度

"国家对钢铁、有色金属、煤炭、电力、石油加工、化工、建材、建筑、造纸、印染等行业年综合能源消费量、用水量超过国家规定总量的重点企业,实行能耗、水耗的重点监督管理制度。"众所周知,我们国家正处于工业化加速发展的时期,像钢铁、有色金属等企业,他们的资源消耗高、污染物排放也比较大,其中的大企业所承担的节能降耗任务就更加繁重。为了保证节能减排规划目标的实现,对重点企业中的高耗能、高耗水企业,对重点行业中的高耗能、高耗水企业进行重点监管是十分必要的。

6. 强化经济措施制度

促进循环经济的发展,仅仅靠行政强制手段是远远不够的。应当建立激励机制,鼓励走循环经济的发展道路。这部法律的经济政策目的主要设置,比如建立循环经济专项发展基金、资金提供财政支持,提供税收优惠,国家进行金融和投资方面的支持。同时,还实行有利于循环经济发展的价格、收费以及押金等制度,同时还有政府采购和表彰奖励制度等等。

7. 明确政府、企业和公众责任的有关制度

明确政府、企业和公众责任的有关制度以在生产、流通、消费各环节中,充分发挥政府的主导作用、企业的主体作用和公众的参与作用,形成推动循环经济发展的整体合力。县级以上人民政府应当建立发展循环经济的目标责任制,采取规划、财政、投资、政府采购等措施,

促进循环经济的发展。企业、事业单位应当建立、健全管理制度,采取措施,降低资源消耗,减少废物的产生量和排放量,提高废物的再利用和资源化水平。公民应当增强节约资源和保护环境的意识,合理消费,节约资源。国家鼓励和引导公民使用节能、节水、节材和有利于保护环境的产品及再生产品,减少废物的产生量和排放量。公民有权举报浪费资源、破坏环境的行为,有权了解政府发展循环经济的信息并提出意见和建议。

第三节　清洁生产促进法

一、清洁生产概述

(一)"清洁生产"概念的提出及概念

清洁生产是一种有别于传统的污染控制法末端治理的一种新型生产模式,上个世纪,世界各国经济的高速增长带来了严重的环境污染和生态危机,为应对环境问题,各国纷纷采用"末端治理"模式,按照污染物排放标准对其进行处理后再向环境排放,然而这种"末端治理"模式虽然取得了一定的环境效果,但也存在着明显的缺陷和不足,为此,西方发达国家又进行了多年的探索,形成了废物最小量化、源头削减、无废和少废工艺、污染预防等新的生产和污染防治战略。联合国环境规划署在总结上述经验的基础上,于1989年提出了"清洁生产"的战略及推广计划,一经推广,就得到许多国家政府和企业界的响应,以后人们又将清洁生产的要求逐步扩展到服务等领域,并开始探索发展"循环经济"、建立"循环社会"。① 清洁生产的本意是"更清洁的生产"。清洁生产的实质是贯彻污染预防原则,从生产设计、能源与原材料选用、工艺技术与服务源头减少资源的浪费,促进资源的循环利用,控制污染的产生,实现经济效益和环境效益的统一。

"清洁生产"的概念最早可追溯到1976年。在该年召开的欧洲共同体"无废工艺和无废生产国际研讨会"上,提出了应当着眼于从根源上避免污染而不是仅注重消除污染所引起的后果这一思想。1979年4月,欧洲共同体理事会宣布推行清洁生产政策。1984年通过的美国《资源保护与回收法——固体及有害废物修正案》明确规定废物最小量化即在可行的部位尽可能地削减和消除有害废物是美国的一项国策。1989年,联合国环境规划署工业与环境规划活动中心(UNEP IE/PAC)在总结了人类社会控制环境污染所经历的"不惜一切代价追求经济增长"、"稀释扩散污染物"和"进行污染物末端处理"三个发展阶段之得失的基础上,首次明确提出了"清洁生产"(cleaner production)这一称谓,并根据联合国环境规划署理事会的决议,制定了"清洁生产计划",致力于向全世界推行。而在1992年6月召开的"联合

---

① 全国人大环境与资源保护委员会副主任委员李蒙在2002年4月26日第九届全国人民代表大会常务委员会第二十七会议上的讲话:《关于〈中华人民共和国清洁生产促进法(草案)〉的说明》,载《全国人民大会常务委员会公报》2002年第4期。

国环境与发展大会"上,清洁生产已成为《21世纪议程》所确认的实现可持续发展的关键性因素。[①]

根据联合国环境规划署工业与环境规划中心的定义,清洁生产是指将综合预防的环境策略持续地应用于生产过程、产品和服务中,通过不断地改善管理和推进技术进步,提高资源利用效率,减少污染物产生和排放,以降低对人类和环境的危害。

(二)清洁生产与循环经济的关系

清洁生产是发展循环经济,解决我国日益严峻的环境问题的根本保证。随着我国工业化、城镇化和现代化建设的推进,资源需求将持续大幅度增加,资源供需矛盾日益突出,环境压力越来越大。我国环境污染严重的根本原因在于我国大多数企业尚未从根本上摆脱粗放经营方式,结构不合理,技术设备落后,能源原材料消耗高、浪费大,资源利用率低。由此,我国政府意识到必须从战略和全局的高度,把建设节约型社会和发展循环经济摆在更加突出的重要位置,进一步转变经济增长方式,以资源的高效和循环利用,促进经济、社会的可持续发展。传统的环保理念是注重末端治理,实现达标排放。但是循环经济的根本要求是在经济过程中系统地避免和减少废物,再利用和循环都应建立在对经济过程进行了充分的源削减的基础之上。而清洁生产强调的正是源削减,即削减的是废物的产生量,而不是废物的排放量。事实上清洁生产是一种整体预防的环境战略,其工作对象是生产过程、产品和服务。可以说,解决环境问题,发展循环经济的关键在于实施清洁生产,预防污染的发生。

总之,在发展循环经济与清洁生产时,应将两者视为一个有机的整体,在推行循环经济过程中,需要解决一系列技术问题,清洁生产为此提供必要的技术基础。此外,清洁生产不论在解决体制、机制和立法问题方面,都可为推行循环经济提供有益的借鉴。因此,我们必须大力推行清洁生产,并将此作为推行循环经济的基础。同时在推行循环经济的过程中,应与清洁生产紧密相连,共同构筑生态文明时代新型的生产方式,从而真正实现经济、社会、生态环境的可持续发展。

(三)清洁生产的立法概况

《清洁生产促进法》是清洁生产健康发展的法律保障。《清洁生产促进法》是我国在借鉴国内外在污染预防、资源综合利用、废物回收利用、循环经济等领域的立法经验基础上,针对我国清洁生产推行中的实际情况而制定的法律措施。早在1992年我国就在《环境与发展十大对策》中明确提出采用清洁生产工艺;1993年以来,我国正式推行清洁生产。1999年,国家经贸委发布《关于实施清洁生产示范试点计划的通知》,确定在北京、天津、上海、重庆、沈阳、太原、济南、昆明、兰州、阜阳等10个城市和在石化、化工、冶金、轻工、船舶等5个行业开展清洁生产试点示范。1997年4月国家环保局发布了《关于推行清洁生产的若干意见》;1999年5月国家经贸委发布了《关于实施清洁生产示范试点的通知》;2002年全国人大常委会以立法的形式通过了《清洁生产促进法》。

[①]　王明远:《清洁生产的含义与本质辨析》,载《现代法学》2006年第6期。

二、清洁生产法的主要内容

(一)《清洁生产促进法》的调整范围

《清洁生产促进法》规定:中华人民共和国领域内,从事生产和服务活动的单位以及从事相关管理活动的部门依照本法规定,组织、实施清洁生产。

(二)推行清洁生产的机构

《清洁生产促进法》规定:国务院经济贸易行政主管部门负责组织、协调全国的清洁生产促进工作。国务院环境保护、计划、科学技术、农业、建设、水利和质量技术监督等行政主管部门,按照各自的职责,负责有关的清洁生产促进工作。

县级以上地方人民政府负责领导本行政区域内的清洁生产促进工作。县级以上地方人民政府经济贸易行政主管部门负责组织、协调本行政区域内的清洁生产促进工作。县级以上地方人民政府环境保护、计划、科学技术、农业、建设、水利和质量技术监督等行政主管部门,按照各自的职责,负责有关的清洁生产促进工作。

(三)政府及其主管部门推行清洁生产的相关制度

1. 政府制定推行清洁生产政策的制度

国务院应当制定有利于实施清洁生产的财政税收政策。

国务院及其有关行政主管部门和省、自治区、直辖市人民政府,应当制定有利于实施清洁生产的产业政策、技术开发和推广政策。

2. 推行清洁生产的规划制度

县级以上人民政府经济贸易行政主管部门,应当会同环境保护、计划、科学技术、农业、建设、水利等有关行政主管部门制定清洁生产的推行规划。

县级以上地方人民政府应当合理规划本行政区域的经济布局,调整产业结构,发展循环经济,促进企业在资源和废物综合利用等领域进行合作,实现资源的高效利用和循环使用。

3. 建立清洁生产信息系统和技术咨询服务体系制度

国务院和省、自治区、直辖市人民政府的经济贸易、环境保护、计划、科学技术、农业等有关行政主管部门,应当组织和支持建立清洁生产信息系统和技术咨询服务体系,向社会提供有关清洁生产方法和技术、可再生利用的废物供求以及清洁生产政策等方面的信息和服务。

4. 有关清洁生产技术、工艺、设备和产品导向目录和清洁生产指南和技术手册发布、编制制度

国务院经济贸易行政主管部门会同国务院有关行政主管部门定期发布清洁生产技术、工艺、设备和产品导向目录。国务院和省、自治区、直辖市人民政府的经济贸易行政主管部门和环境保护、农业、建设等有关行政主管部门组织编制有关行业或者地区的清洁生产指南和技术手册,指导实施清洁生产。

5. 落后生产技术、工艺、设备和产品限期淘汰制度

国家对浪费资源和严重污染环境的落后生产技术、工艺、设备和产品实行限期淘汰制度。国务院经济贸易行政主管部门会同国务院有关行政主管部门制定并发布限期淘汰的生产技术、工艺、设备以及产品的名录。

6. 设立环境与资源保护产品标志与标准制度

国务院有关行政主管部门可以根据需要批准设立节能、节水、废物再生利用等环境与资源保护方面的产品标志,并按照国家规定制定相应的标准。

7. 国家对清洁生产技术和有利于环境与资源保护的产品的支持制度

县级以上人民政府科学技术行政主管部门和其他有关行政主管部门,应当指导和支持清洁生产技术和有利于环境与资源保护的产品的研究、开发以及清洁生产技术的示范和推广工作。

各级人民政府应当优先采购节能、节水、废物再生利用等有利于环境与资源保护的产品。各级人民政府应当通过宣传、教育等措施,鼓励公众购买和使用节能、节水、废物再生利用等有利于环境与资源保护的产品。

(四)对企业生产经营者清洁生产要求的具体规定

1. 建立环境影响评价制度

新建、改建和扩建项目应当进行环境影响评价,对原料使用、资源消耗、资源综合利用以及污染物产生与处置等进行分析论证,优先采用资源利用率高以及污染物产生量少的清洁生产技术、工艺和设备。

2. 进行技术改造过程中采取清洁生产措施

《清洁生产促进法》规定:企业在进行技术改造过程中,应当采取以下清洁生产措施:

(1)采用无毒、无害或者低毒、低害的原料,替代毒性大、危害严重的原料;

(2)采用资源利用率高、污染物产生量少的工艺和设备,替代资源利用率低、污染物产生量多的工艺和设备;

(3)对生产过程中产生的废物、废水和余热等进行综合利用或者循环使用;

(4)采用能够达到国家或者地方规定的污染物排放标准和污染物排放总量控制指标的污染防治技术。

3. 产品合理包装、标识和强制回收制度

产品和包装物的设计,应当考虑其在生命周期中对人类健康和环境的影响,优先选择无毒、无害、易于降解或者便于回收利用的方案。企业应当对产品进行合理包装,减少包装材料的过度使用和包装性废物的产生。

企业应当在经济技术可行的条件下对生产和服务过程中产生的废物、余热等自行回收利用或者转让给有条件的其他企业和个人利用。

生产、销售被列入强制回收目录的产品和包装物的企业,必须在产品报废和包装物使用后对该产品和包装物进行回收。强制回收的产品和包装物的目录和具体回收办法,由国务院经济贸易行政主管部门制定。

国家对列入强制回收目录的产品和包装物,实行有利于回收利用的经济措施;县级以上

地方人民政府经济贸易行政主管部门应当定期检查强制回收产品和包装物的实施情况,并及时向社会公布检查结果。具体办法由国务院经济贸易行政主管部门制定。

4.清洁生产审核制度

企业应当对生产和服务过程中的资源消耗以及废物的产生情况进行监测,并根据需要对生产和服务实施清洁生产审核。污染物排放超过国家和地方规定的排放标准或者超过经有关地方人民政府核定的污染物排放总量控制指标的企业,应当实施清洁生产审核。

使用有毒、有害原料进行生产或者在生产中排放有毒、有害物质的企业,应当定期实施清洁生产审核,并将审核结果报告所在地的县级以上地方人民政府环境保护行政主管部门和经济贸易行政主管部门。

清洁生产审核办法,由国务院经济贸易行政主管部门会同国务院环境保护行政主管部门制定。

5.定期公布主要污染物排放情况制度

列入污染严重企业名单的企业,应当按照国务院环境保护行政主管部门的规定公布主要污染物的排放情况,接受公众监督。

6.自愿申请环境管理体系认证制度

企业可以根据自愿原则,按照国家有关环境管理体系认证的规定,向国家认证认可监督管理部门授权的认证机构提出认证申请,通过环境管理体系认证,提高清洁生产水平。

(五)关于清洁生产鼓励措施的规定

国家建立清洁生产表彰奖励制度。对在清洁生产工作中作出显著成绩的单位和个人,由人民政府给予表彰和奖励。

对从事清洁生产研究、示范和培训,实施国家清洁生产重点技术改造项目和《清洁生产促进法》第29条规定的自愿削减污染物排放协议中载明的技术改造项目,列入国务院和县级以上地方人民政府同级财政安排的有关技术进步专项资金的扶持范围。在依照国家规定设立的中小企业发展基金中,应当根据需要安排适当数额用于支持中小企业实施清洁生产。对利用废物生产产品的和从废物中回收原料的,税务机关按照国家有关规定,减征或者免征增值税。企业用于清洁生产审核和培训的费用,可以列入企业经营成本。

第四节 能源法

一、我国能源及立法概况

(一)我国的能源概况

能源是矿产资源的重要组成部分,是人类社会生存发展的要素之一,是经济社会发展的重要战略物资。1980年至2000年,我国的能源利用效率有了显著的提高,以能源消费的翻一番支持了国内生产总值翻两番。2005 年,我国一次能源生产总量 20.6 亿吨标准煤,比 2000 年增长 59.6%,年均增长 9.8%,已成为世界第二大能源生产国;能源消费总量达到 22.5 亿吨标准煤,也居世界第二位。

当前,我国能源结构以煤为主,约占 70%。以煤炭为主的能源消费结构,造成了严重的环境污染。粉尘、二氧化硫、氮氧化物等大气污染物的 70%～90% 来源于煤炭燃烧;大气污染造成的经济损失每年已超过 1000 亿元,相当于 GDP 的 23%。2020 年,能源需求量将达到 25 亿～33 亿吨标准煤。到 2050 年,预计能源消费将达 50 亿吨标准煤。但是,国内常规化石能源的供应能力只有 30 亿左右吨标准煤,我国将面临极大的环境压力,同时能源供应亦不堪重负。随着石油对外依存度的增加,我国能源资源瓶颈性约束和能源供应安全问题将更加突出。能源危机的另外一部分压力是来自于国际社会。联合国《气候变化公约》已开始以减缓温室气体排放为主要措施的应对气候变化行动。我国 2000 年的 CO_2 排放占世界的 13%,2030 年有可能超过美国成为世界第一位的 CO_2 排放大国。这将极大地压缩我国未来经济发展和能源消费的空间。

我国能源发展面临的主要问题是:[1]

1. 资源约束日益加剧。我国能源资源总量比较丰富,但人均占有量较低,特别是石油、天然气人均资源量就更低。而"十一五"能源消费仍将保持增长趋势,资源约束问题会更加严重。

2. 结构矛盾比较突出。我国煤炭占一次能源消费的比重,比世界平均水平高 42 个百分点,以煤为主的能源消费结构和比较粗放的经济增长方式,带来了许多环境和社会问题。

3. 节能降耗任务艰巨。我国尚处在工业化、城镇化加快发展的历史阶段,高耗能产业在经济增长中占有较大比重,提高能源效率,减少能源消耗,是一项长期而艰巨的任务。

4. 科技水平相对落后。与世界先进国家相比,我国在能源高新技术和前沿技术领域,还有相当差距,能源科技自主创新任重道远。

5. 安全隐患不断增加。我国战略石油储备体系建设刚刚起步,天然气、电力供应不安全因素日趋增多,煤矿安全生产形势不容乐观,维护能源安全任务艰巨。

6. 农村能源问题突出。农村生活用能商品化程度偏低,西部地区农民用能普遍不足,全国尚有 1000 多万无电人口。

由此,节约能源和大力发展可再生能源是我国摆脱能源危机,发展循环经济,构建资源节约型、环境友好型社会的有效途径,我国可再生能源资源储量总的特点是:品种多,分布广,数量丰富。据统计,我国太阳能年辐射量在 3300 兆焦/平方米·年到 8400 兆焦/平方米·年之间。我国陆地上离地面 10 米高度层上风能资源总储量约 32.26 亿千瓦,可开发利用的储量为 2.53 亿千瓦。近海可开发利用的储量有 7.5 亿千瓦,共计有 10 亿千瓦。能资源方面,其中技术可开发的小水电资源量为 1.28 亿千瓦,也居世界首位。生物质能资源、潮汐能、波浪能、温差能、地热资源等储量都是十分巨大的。

---

① 国家发展改革委能源局局长赵小平的讲话:《我国"十一五"能源发展的基本思路》,http://video. ndrc. gov. cn/movieinfo. jsp? ChannelNumber＝DYPD&ProgramID＝1871&ChannelID＝85&CatalogNumber＝DYPD05,下载日期:2007 年 5 月 6 日。

(二)我国能源的立法概况

能源使用关涉当今关于可持续发展讨论的核心内容,世界环境与发展委员会表示,能源效率和保护的方法是可持续性的关键性因素之一,许多的环境问题,诸如空气污染和酸雨,主要是因为能源使用而引发的,如今能源法与环境法的整合以及能源法的生态化已经渐成态势。为解决能源危机,促进经济、社会、生态环境的可持续发展,我国制定了一系列与能源有关的法律、法规、部门规章和规范性文件。如,《电力法》(1994 年)、《煤炭法》(1996 年)、《节约能源法》(1997 年)、《可再生能源法》(2005)、《海洋石油勘探开发环境保护管理条例》、《电力工业环境保护管理办法》、《可再生能源发电价格和费用分摊管理试行办法》(2006 年 1 月 4 日特急〔2006〕7 号文件)等等。此外,有些地方政府为了实现本地区的环境质量目标,也制定了一些相应的与能源活动有关的地方立法,如,陕西省颁布了《陕西省煤炭石油天然气开发环境保护条例》,河北省出台了《河北省陆上石油勘探开发环境保护管理办法》,黑龙江省发布了《黑龙江省石油天然气勘探开发环境保护条例》等等。虽然我国不断完善能源立法,但是我国的能源立法体系仍很不完善,不仅缺乏《石油法》、《天然气法》,而且缺乏《能源法》这一部基础性法律。为此,目前已由国家能源办、发展改革委、国务院法制办、财政部、国土资源部、科技部、农业部、商务部、国务院国资委、环保总局、安监总局、电监会、全国人大财经委、全国人大环资委和中编办共 15 家单位组成《能源法》起草小组,参与起草工作。本节主要讲述与发展循环经济密切相关的两部能源法律,即《可再生能源法》和《节约能源法》的相关内容。

二、可再生能源法

(一)可再生能源的概念

能源资源分为不可再生能源和可再生能源两类。可再生能源的含义在我国是指除常规的能源外的小水电、太阳能、风能、地热能、生物质能、海洋能等。长时间以来,不可再生能源(煤、石油、天然气等)是我国生产、生活使用的主要能源,向全社会供应,而可再生能源是以非商品的能源形式个别地、少量地供应,还不是主要供应能源。但随着我国经济、社会的发展,社会主义市场机制的推进,可再生能源也正在稳步地向商品化能源方向转变。①

《可再生能源法》中对可再生能源作了法律上的界定:可再生能源,是指风能、太阳能、水能、生物质能、地热能、海洋能等非化石能源。

(二)可再生资源的管理机构

国务院能源主管部门对全国可再生能源的开发利用实施统一管理。国务院有关部门在

---

① 丘国堂:《试论我国可再生能源的开发利用与环境保护的可持续发展——关于我国可再生能源开发利用与可持续发展的研究》,载《资源节约型、环境友好型社会建设与环境资源法的热点问题研究——2006 年全国环境资源法学研讨会(年会)论文集》,第 541 页。

各自的职责范围内负责有关的可再生能源开发利用管理工作。

县级以上地方人民政府管理能源工作的部门负责本行政区域内可再生能源开发利用的管理工作。县级以上地方人民政府有关部门在各自的职责范围内负责有关的可再生能源开发利用管理工作。

(三)推进可再生能源开发利用的法律制度

1. 发展可再生能源总量目标制度

《可再生能源法》规定:国务院能源主管部门根据全国能源需求与可再生能源资源的实际状况,制定全国可再生能源开发利用中长期总量目标,报国务院批准后执行,并予公布。国务院能源主管部门根据规定的总量目标和各省、自治区、直辖市经济发展与可再生能源资源实际状况,会同省、自治区、直辖市人民政府确定各行政区域可再生能源开发利用中长期目标,并予公布。

2. 可再生能源并网发电和全额收购制度

《可再生能源法》规定:国家鼓励和支持可再生能源并网发电。建设可再生能源并网发电项目,应当依照法律和国务院的规定取得行政许可或者报送备案。电网企业应当与依法取得行政许可或者报送备案的可再生能源发电企业签订并网协议,全额收购其电网覆盖范围内可再生能源并网发电项目的上网电量,并为可再生能源发电提供上网服务。

3. 可再生能源分类上网电价与费用分摊制度

《可再生能源法》规定:可再生能源发电项目的上网电价,由国务院价格主管部门根据不同类型可再生能源发电的特点和不同地区的情况,按照有利于促进可再生能源开发利用和经济合理的原则确定,并根据可再生能源开发利用技术的发展适时调整。总体来看,可再生能源上网电价要高出常规能源上网平均电价,其中的差额部分需要在销售电价中分摊。

4. 支持农村可再生能源的发展

近年来,我国围绕调整农业产业结构,增加农民收入和生态农业建设开展工作,突出可再生能源开发利用在农业生态建设中的支撑作用,瞄准秸秆和粪便的资源利用,重点落实了生态家园富民计划、大中型畜禽养殖场能源环境工程和秸秆气化集中供气工程等三项措施,在环保和能源方面均取得重大成果。《可再生能源法》肯定了这些经验,并细化了支持措施,明确规定,国家鼓励和支持农村地区的可再生能源开发利用。县级以上地方人民政府管理能源工作的部门会同有关部门,根据当地经济社会发展、生态保护和卫生综合治理需要等实际情况,制定农村地区可再生能源发展规划,因地制宜地推广应用沼气等生物质资源转化、户用太阳能、小型风能、小型水能等技术。县级以上人民政府应当对农村地区的可再生能源利用项目提供财政支持。

5. 财政税收鼓励措施

考虑到现阶段可再生能源开发利用的投资成本比较高,为加快其技术开发,提高其市场竞争力,需要国家给予必要的扶持。《可再生能源法》分别就设立可再生能源发展专项资金,为可再生能源开发利用项目提供财政贴息贷款,对列入可再生能源产业发展指导目录的项目提供税收优惠等扶持措施作了规定。

(四)可再生能源产业指导与技术支持的法律规定

国务院能源主管部门根据全国可再生能源开发利用规划,制定、公布可再生能源产业发展指导目录。国务院标准化行政主管部门应当制定、公布国家可再生能源电力的并网技术标准和其他需要在全国范围内统一技术要求的有关可再生能源技术和产品的国家标准。

国家将可再生能源开发利用的科学技术研究和产业化发展列为科技发展与高技术产业发展的优先领域,纳入国家科技发展规划和高技术产业发展规划,并安排资金支持可再生能源开发利用的科学技术研究、应用示范和产业化发展,促进可再生能源开发利用的技术进步,降低可再生能源产品的生产成本,提高产品质量。

三、节约能源法的主要内容

(一)节约能源的界定

《节约能源法》对"能源"和"节能"这两个概念分别作了界定,指出:本法所称能源,是指煤炭、原油、天然气、电力、焦炭、煤气、热力、成品油、液化石油气、生物质能和其他直接或者通过加工、转换而取得有用能的各种资源。

本法所称节能,是指加强用能管理,采取技术上可行、经济上合理以及环境和社会可以承受的措施,减少从能源生产到消费各个环节中的损失和浪费,更加有效、合理地利用能源。

(二)关于发展节能事业的方针

节能是国家发展经济的一项长远战略方针。

国务院和省、自治区、直辖市人民政府应当加强节能工作,合理调整产业结构、企业结构、产品结构和能源消费结构,推进节能技术进步,降低单位产值能耗和单位产品能耗,改善能源的开发、加工转换、输送和供应,逐步提高能源利用效率,促进国民经济向节能型发展。国家鼓励开发、利用新能源和可再生能源。

(三)节能工作的管理机构

国务院管理节能工作的部门主管全国的节能监督管理工作。国务院有关部门在各自的职责范围内负责节能监督管理工作。

县级以上地方人民政府管理节能工作的部门主管本行政区域内的节能监督管理工作。县级以上地方人民政府有关部门在各自的职责范围内负责节能监督管理工作。

(四)节约能源的具体法律制度规定

1. 合理用能评价制度

固定资产投资工程项目的可行性研究报告,应当包括合理用能的专题论证。

固定资产投资工程项目的设计和建设,应当遵守合理用能标准和节能设计规范。

达不到合理用能标准和节能设计规范要求的项目,依法审批的机关不得批准建设;项目建成后,达不到合理用能标准和节能设计规范要求的,不予验收。

2. 节能标准与能耗限额管理制度

国务院标准化行政主管部门制定有关节能的国家标准。制定有关节能的标准应当做到技术上先进,经济上合理,并不断加以完善和改进。

国务院管理节能工作的部门应当会同国务院有关部门对生产量大、面广的用能产品的行业加强监督,督促其采取节能措施,努力提高产品的设计和制造技术,逐步降低本行业的单位产品能耗。省级以上人民政府管理节能工作的部门,应当会同同级有关部门,对生产过程中耗能较高的产品制定单位产品能耗限额。

生产耗能较高的产品的单位,应当遵守依法制定的单位产品能耗限额。超过单位产品能耗限额用能,情节严重的,限期治理。限期治理由县级以上人民政府管理节能工作的部门按照国务院规定的权限决定。制定单位产品能耗限额应当科学、合理。

3. 落后高耗能产品淘汰制度

国家对落后的耗能过高的用能产品、设备实行淘汰制度。淘汰的耗能过高的用能产品、设备的名录由国务院管理节能工作的部门会同国务院有关部门确定并公布。具体实施办法由国务院管理节能工作的部门会同国务院有关部门制定。

生产、销售用能产品和使用用能设备的单位和个人,必须在国务院管理节能工作的部门会同国务院有关部门规定的期限内,停止生产、销售国家明令淘汰的用能产品,停止使用国家明令淘汰的用能设备,并不得将淘汰的设备转让给他人使用。

4. 重点用能单位管理制度

国家对重点用能单位要加强节能管理,重点用能单位是:

(1)综合能源消费总量1万吨标准煤以上的用能单位;

(2)国务院有关部门或者省、自治区、直辖市人民政府管理节能工作的部门指定的年综合能源消费总量5000吨以上不满1万吨标准煤的用能单位。县级以上各级人民政府管理节能工作的部门应当组织有关部门对重点用能单位的能源利用状况进行监督检查,可以委托具有检验测试技术条件的单位依法进行节能检验测试。重点用能单位的节能要求、节能措施和管理办法,由国务院管理节能工作的部门会同国务院有关部门制定。

5. 节能产品标识制度

企业可以根据自愿的原则,按照国家有关产品质量认证的规定,向国务院产品质量监督管理部门或者国务院产品质量监督管理部门授权的部门认可的认证机构提出用能产品节能质量认证申请;经认证合格后,取得节能质量认证证书,在用能产品或者其包装上使用节能质量认证标志。生产用能产品的单位和个人,应当在产品说明书和产品标识上如实注明能耗指标。生产用能产品的单位和个人,不得使用伪造的节能质量认证标志或者冒用节能质量认证标志。

(五)推行节能的相关政策规定

1. 关于节能的优惠政策

国务院和省、自治区、直辖市人民政府应当在基本建设、技术改造资金中安排节能资金,用于支持能源的合理利用以及新能源和可再生能源的开发。市、县人民政府根据实际情况安排节能资金,用于支持能源的合理利用以及新能源和可再生能源的开发。国家制定优惠政策,对节能示范工程和节能推广项目给予支持。在国务院和省、自治区、直辖市人民政府安排的科学研究资金中应当安排节能资金,用于先进节能技术研究。

2. 关于节能技术政策的有关规定

县级以上各级人民政府应当组织有关部门根据国家产业政策和节能技术政策,推动符合节能要求的科学、合理的专业化生产。各级人民政府应当按照因地制宜、多能互补、综合利用、讲求效益的方针,加强农村能源建设,开发、利用沼气、太阳能、风能、水能、地热等可再生能源和新能源。

国务院管理节能工作的部门应当会同国务院有关部门规定通用的和分行业的具体的节能技术指标、要求和措施,并根据经济和节能技术的发展情况适时修订,提高能源利用效率,降低能源消耗,使我国能源利用状况逐步赶上国际先进水平。

➤拓展案例

国外推行循环经济的经典案例

(1)企业层面:杜邦化学公司模式——组织单个企业的循环经济

美国杜邦化学公司于上世纪 80 年代末把工厂当作试验新的循环经济理念的实验室,创造性地把 3R 原则发展成为与化学工业实际相结合的"3R 制造法",以达到少排放甚至零排放的环境保护目标。他们通过放弃使用某些环境有害型的化学物质、减少某些化学物质的使用量以及发明回收本公司产品的新工艺,到 1994 年已经使生产造成的塑料废弃物减少了 25%,空气污染物排放量减少了 70%。同时,他们在废塑料如废弃的牛奶盒和一次性塑料容器中回收化学物质,开发出了耐用的乙烯材料维克等新产品。

(2)区域层面:卡伦堡生态工业园区模式——面向共生企业的循环经济

丹麦的卡伦堡生态工业园区是目前国际上工业生态系统运行最为典型的代表。该园区以发电厂、炼油厂、制药厂和石膏制板厂 4 个厂为核心,通过贸易的方式把其他企业的废弃物或副产品作为本企业的生产原料,建立工业横生和代谢生态链关系,最终实现园区的污染"零排放"。其中,燃煤电厂位于这个工业生态系统的中心,对热能进行了多级使用,对副产品和废物进行了综合利用。电厂向炼油厂和制药厂供应发电过程中产生的蒸汽,使炼油厂和制药厂获得了生产所需的热能;通过地下管道向卡伦堡全镇居民供热,由此关闭了镇上 3500 座燃烧油渣的炉子,减少了大量的烟尘排放;将除尘脱硫的副产品工业石膏,全部供应附近的一家石膏板生产厂做原料。同时,还将粉煤灰出售,供铺路和生产水泥之用。炼油厂和制药厂也进行了综合利用。炼油厂产生的火焰气通过管道供石膏厂用于石膏板生产的干燥,减少了火焰气的排空。其中一座车间进行酸气脱硫生产的稀硫酸供给附近的一家硫酸厂;炼油厂的脱硫气则供给电厂燃烧。卡伦堡生态工业园还进行了水资源的循环利用。炼油厂的废水经过生物净化处理,通过管道向电厂输送,每年输送电厂 70 万立方米的冷却水。整个工业园区由于进行水的循环使用,每年减少 25%的需水量。

（3）社会层面：德国双轨系统模式——针对消费后排放的循环经济

德国的双轨制回收系统（DSD）起了很好的示范作用。DSD是一个专门组织对包装废弃物进行回收利用的非政府组织。它接受企业的委托，组织收运者对他们的包装废弃物进行回收和分类，然后送至相应的资源再利用厂家进行循环利用，能直接回用的包装废弃物则送返制造商。

DSD系统的建立大大地促进了德国包装废弃物的回收利用。例如，政府曾规定，玻璃、塑料、纸箱等包装物回收利用率为72％，1997年已达到86％；废弃物作为再生材料利用1994年为52万吨，1997年达到了359万吨；包装垃圾已从过去每年1300万吨下降到500万吨。

延伸阅读⇨

我国近年来所试点并推行的生态工业园区模式正是综合地运用了工业生态学和循环经济理论，把经济增长建立在环境保护的基础上，体现了人与自然和谐相处的思想，是21世纪经济可持续发展的一种重要模式，生态工业园是继经济技术开发区、高新技术开发区之后中国的第三代产业园区。它与前两代的最大区别是：以生态工业理论为指导，着力于园区内生态链和生态网的建设，最大限度地提高资源利用率，从工业源头上将污染物排放量减至最低，实现区域清洁生产。与传统的"设计——生产——使用——废弃"生产方式不同，生态工业园区遵循的是"回收——再利用——设计——生产"的循环经济模式。它仿照自然生态系统物质循环方式，使不同企业之间形成共享资源和互换副产品的产业共生组合，使上游生产过程中产生的废物成为下游生产的原料，达到相互间资源的最优化配置。

生态工业园的目标是在最小化参与企业的环境影响的同时提高其经济效益。这类方法包括通过对园区内的基础设施和园区企业（新加入企业和原有经过改造的企业）的绿色设计、清洁生产、污染预防、能源有效使用及企业内部合作。生态工业园也要为附近的社区寻求利益以确保发展的最终结果是积极的。比较成功的生态工业园的例子是丹麦卡伦堡（Kalunborg）共生体系，卡伦堡已成为区域不同产业之间链接起来的模版。

进入上世纪90年代，生态工业园建设在国外迅速展开，并取得长足发展。如最早的丹麦"卡伦堡生态工业园"成为世界各国竞相学习借鉴的典范。美国拥有数目众多的生态工业园区，美国政府在总统可持续发展委员会下专门设置了"生态工业园特别工作小组"，负责全国生态工业园的相关工作。此外，在加拿大、日本、西欧等国家和地区的生态工业也业已建立和完善，并已形成一套生态工业园法律政策体系作为保障和支撑。

生态工业园自20世纪90年代末开始引入我国。当时的国家环境保护总局（现为环境保护部）从1999年开始启动了生态工业示范园建设试点工作，并且会同有关部门出台了一系列促进生态工业园发展的政策与法规制度，从广西贵港生态工业园开始，全国生态工业园建设如火如荼地开展起来。经过10余年的发展，我国生态工业园取得了长足的进步，它有效地减少了污染的排放，提高了资源的利用效率。然而与之相配套的法律、法规、政策保障及优惠措施却仍未完善。

阅读链接⇨

1. 尤麟:《关于循环经济法草案的起草、审议及主要制度措施——访全国人大环资委法案室主任孙佑海》,载《再生资源与循环经济》2008 年第 1 卷第 6 期。

2. 贾庆军:《论发达国家循环经济法的构建及其对我国的启示》,载《当代经济管理》2005 年第 27 卷第 2 期。

3. 王东:《开创具有中国特色的循环经济发展之路——访第十届全国人大环境与资源保护委员会主任委员毛如柏》,载《再生资源与循环经济》2011 年第 4 卷第 6 期。

4. 陈泉生:《循环经济法初探》,载《福州大学学报(哲学社会科学版)》2007 年第 1 期。

5. 王灿发、李丹:《循环经济法的建构与实证分析》,载《现代法学》2007 年第 7 期。

第十一章　国际环境法

第一节　导论

作为国际社会和国际法对人类环境问题的反映的产物,国际环境法是国际法的一个新分支。它是国际法主体在利用、保护和改善环境的国际交往中形成的,体现它们之间由其社会经济结构决定的在利用、保护和改善环境方面的协调意志的、调整国际环境法律关系的法律规范的总体。[①]

一、产生和发展

国际环境法的发展历程虽然只有短短的 30 多年,但却是国际法领域中发展最为活跃的一个分支。

(一)1972 年的斯德哥尔摩人类环境会议

从 20 世纪初到 20 世纪 60 年代,人类在经历了一系列重大公害事件对经济和社会发展带来严重的冲击后,痛定思痛,开始反思和总结传统经济发展模式不可克服的矛盾,努力寻求新的发展模式。在西方国家,形成了声势浩大的"反污染,争生存"人民运动。

人们在这一时期提出了许多关于发展的观点,其中最醒目的是联合国在《第一个发展 10 年》中得出的重要结论:单纯的经济增长不等于发展,虽然经济增长是发展的重要内容,但发展本身除了"量"的增长要求以外,更重要的是要在总体的"质"的方面有所提高和改善。

在这期间,学术界也十分活跃。1962 年,蕾切尔·卡逊的《寂静的春天》一书在美国出版,书中列举了大量的污染事实,轰动了欧美各国。书中指出:人类一方面在创造高度文明,另一方面又在毁灭自己的文明,环境问题如果不解决,人类将"生活在幸福的坟墓之中"。1972 年由罗马俱乐部编写的《增长的极限》一书,借助系统动力学模型,得出了"零增长"下"全球均衡"的结论。这个结论虽然过于悲观,但却促使人们重视全球性战略问题的研究,提醒人们注意地球的承载能力。

1972 年 6 月 5 日,联合国在瑞典的斯德哥尔摩召开人类环境会议,共有 113 个国家和一些国际机构的 1300 多名代表参加了会议。这是国际社会就环境问题召开的第一次世界

---

① 　王曦:《国际环境法》,法律出版社 2005 年第 2 版,第 58 页。

性会议,标志着全人类对环境问题的觉醒,是世界环境保护史上的第一个路标。这次会议对推动世界各国保护和改善人类环境发挥了重要的作用和影响。

这次会议的主要成果集中在两个文件上:其一,是非正式报告——《只有一个地球》,这是第一份关于人类环境问题的最完整的报告。报告始终将环境与发展联系起来,特别指出,"贫穷是一切污染中最坏的污染"。其二,是大会通过的《人类环境宣言》。该宣言为保护和改善人类环境所规定的基本原则,为世界各国所采纳,成为世界各国制定环境法的重要根据和国际环境法的重要指导方针。

斯德哥尔摩人类环境会议的历史功绩在于,将环境问题严肃地摆在了人类的面前,唤醒了世人的警觉,引起了世界各国的广泛共识,开始把环境问题摆上了各国政府的议事日程,并与人口、经济和社会发展联系起来,统一审视,寻求一条健康协调的发展之路。[①] 斯德哥尔摩人类环境会议是国际环境法诞生的标志。

(二)1992年的里约联合国环境与发展大会

自从1972年的斯德哥尔摩会议以来,人类更加广泛和深入地开展了对环境与发展问题的探索。自20世纪80年代以来,世界各国开始从经济、政治、社会等多方面研究发展问题,从而形成了一种新的"综合发展观"。1983年,联合国教科文组织委托法国学者写了《新发展观》一书,指出新的发展是"整体的"、"综合的"和"内生的",其经济发展不仅包含数量上的变化,而且还包括收入结构的合理化、文化条件的改善、生活质量的提高,以及其他社会福利的增加。也就是说,经济发展体现为经济增长、社会进步与环境改善的同步进行。这种新的综合发展观在实践中逐步演变成"协调发展观"。

1987年,联合国委托以布伦特兰夫人为主席的世界环境与发展委员会提交的著名报告《我们共同的未来》,提出了一种崭新的理念——可持续发展战略思想。报告对可持续发展所下的定义是——既满足当代人的需要,又不对后代人满足其需要的能力构成危害的发展。

20世纪80年代,人们相继发现了"全球变暖"、"臭氧层空洞"和"酸雨沉降"三大全球性的环境问题,并意识到这些问题与人类的生存休戚相关,并对人类的生存和发展构成了严峻的挑战。为此,1989年12月召开的联合国大会决定:1992年6月在巴西里约热内卢举行一次环境问题的首脑会议,以纪念1972年人类环境会议召开20周年。

1992年6月在巴西里约热内卢召开的联合国环境与发展大会,是继1972年联合国人类环境会议之后举行的讨论世界环境与发展问题规模最大、级别最高的一次国际会议,也是人类环境与发展史上影响深远的一次盛会。183个国家的代表团和联合国及其下属机构等70个国际组织的代表出席了会议,102位国家元首或政府首脑到会并讲话。

在这次会议上,世界各国对可持续发展达成了共识;直接成果是通过并签署了5份重要文件——《里约环境与发展宣言》、《21世纪议程》、《关于森林问题的原则声明》、《气候变化框架公约》和《生物多样性公约》,其中《里约环境与发展宣言》和《21世纪议程》提出建立"新的全球伙伴关系",为今后在环境与发展领域开展国际合作确定了指导原则和行动纲领,也

---

① 曲格平:《从斯德哥尔摩到约翰内斯堡的道路——人类环境保护史上的三个路标》,载《环境保护》2002年第6期。

是对建立新的国际关系的一次积极探索。

里约会议的历史功绩在于：让世界各国接受了可持续发展战略方针，并在发展中开始付诸实施。这是人类发展方式的大转变，是人类历史的新纪元。当然，可持续发展战略方针只是在开始推行，道路崎岖而漫长，但重要的是找到了前进的道路和方向。[①]

（三）2002年的约翰内斯堡可持续发展首脑会议

联合国可持续发展世界首脑会议（World Summit on Sustainable Development，简称WSSD）于2002年8月底9月初在南非的约翰内斯堡举行。此次会议的召开正值里约联合国环境与发展大会召开10年之际。虽然，里约环境与发展大会以来，可持续发展的理念得到世界各国的高度认同，但是，全球环境危机并没有减轻，南北之间的贫富差距进一步拉大，广大发展中国家的贫困状态更加严重。在这样的背景下，有192个政府代表团和104位国家领导人出席了这次迄今在可持续发展领域召开的最大规模的国际会议，[②]表明世界各国人民对此次盛会的广泛关注。

这次会议的主要议题是如何进一步贯彻执行《21世纪议程》，为人类社会未来20年的发展设定新的目标。与会各国经过紧张谈判和相互让步，最终通过了两份重要文件——《执行计划》和作为政治宣言的《约翰内斯堡可持续发展宣言》。《执行计划》分为10个部分，强调了可持续发展3个要素的有机结合，即经济发展、社会进步和环境保护是相互独立而又相互支持的3个支柱，提出必须在一个全球化趋势的世界中保护经济和社会可持续发展的自然资源基础。这次会议第一次把"社会进步"作为一个独立的要素引入可持续发展的概念之中。《执行计划》针对过去10年来被忽视和未得到解决的一些最紧迫的生态问题，如水、生物多样性、农业和能源等具体领域，设定了务实可行的时间表，目标是满足人民对于卫生条件和设施的基本需要，生产和使用无害化学品，使世界鱼类得到恢复和降低生物多样性消失的速度等。这些时间表能够得到与会各国的认可，充分表明走可持续发展之路，在全球范围内已是大势所趋，这一趋势并不会因美国放弃《京都议定书》等暂时的阻力而逆转。

更为重要的是，《执行计划》意识到贫困是最大的污染，根除贫困是当前全球面临的最大挑战，将发展援助和减少贫困作为真正的核心问题。《执行计划》承认发展中国家在全球化进程中面临着特殊的困难，敦促发达国家作出具体努力，将提供给发展中国家的官方发展援助额度提高到占其国内生产总值的0.7%。为此，《执行计划》确定了改善人类环境，实现到2015年将世界13亿最贫困人口减少一半的行动目标。[③] 可以说，《执行计划》的通过充分反映出营造公正、合理的国际经济新秩序的氛围在国际社会越来越浓烈。

虽然这次会议和人们的预期目标还是有所差距，但它所重申并且强调的可持续发展战略为南北国家之间在国际环境领域的合作提供了基础。

---

① 曲格平：《从斯德哥尔摩到约翰内斯堡的道路——人类环境保护史上的三个路标》，载《环境保护》2002年第6期。

② 《挽救人类文明失衡的两次"峰会"》，载《中国环境报（地球村周刊）》2002年9月5日。

③ 《最重要的是行动——可持续发展世界首脑会议成果评述》，载《中国环境报》2002年9月6日。

二、国际环境法的特点

从形式上看,国际环境法是国际法的一个分支,但和传统的国际法相比,它有其自身的一些特点:

(一)公益性

环境污染和生态破坏是危及人类生存和发展的全球性问题,保护环境是为了全人类的共同福利。在全球化背景下,任何一个地区或一个国家都不可能建立自己的环境防线。面对人类共同的危机,为了人类共同的利益,人类必须采取共同的行动。因此,国际社会通过合作所制定的保护和改善环境的法律,自然具有明显的公益性。

国际环境法的公益性在许多国际公约中得到了体现。例如,1988 年生效的《保护臭氧层维也纳公约》在前言中提及:"决心要保护人类健康和环境使其免受臭氧层变化所引起的不利影响"。1992 年《联合国气候变化框架公约》也在一开篇就明确指出:"承认地球气候的变化及其不利影响是人类共同关心的问题",并"决心为当代和后代保护气候系统"。

(二)综合性

国际环境法是一个与许多法律部门联系密切的边缘性法律部门,它融汇了多种学科的知识,具有显著的边缘综合性。特别是,作为国际法的一个新领域,它和国际法的其他分支相互渗透,相互交叉。

例如,国际环境法与海洋法有密切的关系。从内容上来看,海洋环境保护既是海洋法的内容,也是国际环境法的内容。从历史发展来看,海洋法的产生和发展比国际环境法早,许多海洋法规则成为国际环境法规则的渊源。可以说,国际环境法和海洋法是各自从不同的角度去解决一个共同的问题——合理管理、开发、利用和保护海洋环境资源。

又如,国际环境法与国际经济法也有相互交叉的关系。环境问题是在人类和经济的发展过程中产生的,保护环境和合理利用自然资源是经济和社会发展的前提,因此,国际经济法中包含了不少关于保护环境和合理开发利用自然资源的内容,它的一些基本原则也和国际环境法基本相同。如,都强调国家对其自然资源享有永久的主权;经济发展与环境保护应协调一致;对不同发展水平的国家予以区别对待等等。许多作为国际经济法渊源的国际法律文件,也同样构成了国际环境法的渊源,如,联合国大会通过的《关于天然资源永久主权宣言》、《建立新的国际经济秩序宣言》、《各国经济权利和义务宪章》等文件。①

作为当今国际经济领域最重要的国际组织的世贸组织(WTO)对环境和可持续发展也给予了足够的关注。《WTO 协定》序言在阐述 WTO 的目标时指出,在处理成员各方之间贸易和经济关系时,除以提高生活水平、保证充分就业、保证实际收入和有效需求的大幅稳定增长以及扩大货物和服务的生产和贸易为目的外,同时应依照可持续发展的目标,考虑对世界资源的最佳利用,并寻求保护和维护环境。可持续发展的精神在 WTO 其他一些协定

---

① 林灿铃:《国际环境法》,人民出版社 2004 年版,第 59 页。

中也有充分的体现。这说明 WTO 追求的不仅仅是自由贸易,而是可持续发展的贸易。WTO 作为一个纽带,使国际环境法与国际经济法之间的联系达到了前所未有的密切程度。

(三)科技性

科学技术的迅猛发展影响到社会生活的各个方面,规制国际环境问题的国际环境法表现出越来越强的科学技术性。国际环境法的科技性主要体现在:其一,国际环境法非常重视科学证据的作用。各国往往等待科学对某一环境问题的成因及其与后果的联系有了相当程度的令人信服的证明时,才会在法律上采取相应的行动。例如,1985 年《保护臭氧层维也纳公约》和 1992 年《联合国气候变化框架公约》都是在科学家分别证明臭氧层的破坏和全球变暖问题主要是人类活动的影响所引起的背景下制定的。其二,国际环境法律文件包含了许多技术性的规范。例如,1989 年《控制危险废物越境转移及其处置巴塞尔公约》在其"附件一"规定了应当加以控制的废物类别,"附件二"中规定了需要加以特别考虑的废物类别,"附件三"中明确了各种危险废物的危险特性的等级,"附件四"中规定了对危险废物的处置方式。[1] 这些具体的技术性规范为各国有效管理危险废物提供了明确的依据。

第二节　国际环境法的主体

➢ 争论

> 国内关于国际法主体的主流观点一般都把能够独立参与国际(法律)关系作为一个有效构成要件。但从国际社会的现实情况与国际环境法的产生发展来看,这种理论已经无法真实地反映国际关系了。

作为现代国际法的最新分支,国际环境法在很多方面对现代国际法加以发展,其中对国际法主体理论的发展就是一个例证。国内的国际法著作在给国际法主体下定义时,一般都把能够独立参与国际(法律)关系作为一个有效构成要件。[2] 这种定义预先就把那些虽不能独立参加国际关系、但却能直接在国际法上享有权利和承担义务且有独立国际求偿能力者(如非政府组织、跨国公司和个人)成为国际法主体的可能性排除在外。受此理论的影响,国内关于国际环境法的主流观点认为国际环境法的主体只限于国家和政府间的国际组织,而非政府组织、跨国公司和个人不是国际环境法的主体。但从国际社会的现实情况与国际环境法的产生发展来看,这种理论已经无法真实地反映国际关系了。

国内早已有学者认识到了这个问题,并作出了较为科学的探讨。如李浩培先生认为,国

---

① 国家环境保护总局政策法规司:《中国缔结和签署的国际环境条约集》,学苑出版社 1999 年版,第 14~17 页。

② 王铁崖:《国际法》,法律出版社 1995 年版,第 64 页;端木正:《国际法》,北京大学出版社 1996 年第 2 版,第 67~68 页;梁西:《国际法》,武汉大学出版社 2000 年第 2 版,第 74 页等。

际法的主体(Subjects of International Law),是其行动直接由国际法加以规定,因而其权利义务直接从国际法那里发生的那些实体。① 这个定义就绕开了传统的要求国际法主体必须为国际关系独立的参与者的定式要求,直接以国际法的有关规定判断何为国际法主体。显然,这个定义比起传统的国际法主体的定义而言体现了较强的灵活性。据此,可以把国际环境法的主体定义为:"其行动直接由国际环境法加以规定,因而其权利义务直接从国际环境法那里发生的那些实体。"②国家是国际环境法的基本主体,政府间国际组织是国际环境法的重要主体。随着国际环境保护运动以及国际环境法的发展,非政府组织、跨国公司和个人在一定条件下和范围内也可以是国际环境法的主体。

一、国家

在国际环境法律关系中,国家是完全的权利和义务主体。国家的主权属性决定它对内代表最高权力,对外具有国际法上的独立人格,能够独立、平等地参加国际关系并且享有国际法上的权利和承担国际法上的义务。

在国际环境法律关系中,国家的地位和作用是决定性的。国家通过缔结条约或形成国际习惯来创立利用、保护和改善环境的原则、规则和制度;国家通过条约创立利用、保护和改善环境的国际组织。国家决定非政府组织和个人参与国际环境事务的资格和地位。国家具有独立进行国际求偿和承担国际责任的能力。

当今世界上190多个国家基本上可以分为发达国家和发展中国家两大类。发达国家主要指经济合作与发展组织(OECD)的20多个成员国,包括美国、日本、英国、法国、德国、澳大利亚和"经济转型"国家,即原苏联东欧国家。发展中国家大约有150多个。在国际环境事务中,发展中国家往往集合在"77国集团"的旗帜下。中国虽然不是"77国集团"的成员,但与"77国集团"的成员同属发展中国家,有着共同的政治、经济和环境利益,因此与"77国集团"站在一起。

在国际环境事务中,发达国家和发展中国家这两大阵营之间存在着巨大的矛盾和尖锐的斗争。矛盾和斗争的实质是改变旧的国际政治、经济秩序,建立以平等伙伴关系为特征的新的国际政治、经济秩序。③

二、政府间国际组织

政府间国际组织是国家间为了实现特定的目的和任务,根据共同同意的国际条约而成立的常设性组织。在有关利用、保护和改善环境的国际关系中比较重要的国际组织有:联合国及其专门机构、非联合国系统的普遍性国际组织、区域性国际组织(如欧洲联盟和北美自由贸易协定)以及根据环境条约而设立的国际组织。

---

① 李浩培:《国际法的概念与渊源》,贵州人民出版社1994年版,第5页。
② 王晓冬、马玮:《论国际法主体的新发展——以国际环境法为例》,载《求索》2005年第4期。
③ 王曦:《国际环境法》,法律出版社2005年第2版,第75页。

(一)联合国

创立于 1945 年的联合国是当今最具有广泛代表性的国际组织。虽然,《联合国宪章》中没有明确提及环境保护,但是其关于联合国宗旨的含义广泛的条文被普遍理解为包含国际环境保护事务。[①] 联合国共设 6 个主要机构:大会、安全理事会、经济及社会理事会、托管理事会、国际法院和秘书处。除秘书处外,其余 5 个机构都不同程度地参与了国际环境法律的实践。

1. 联合国大会

联合国大会是联合国最为重要的机构,可以在《联合国宪章》范围内就任何事项或问题进行讨论,并向成员国或安理会提供建议。每个联合国成员在联合国大会中拥有一票投票权,这使发展中国家占有压倒性的多数。尽管联合国大会的建议不具有法律约束力,但由于大会的广泛代表性和大会决议所体现的多数成员国的意志,它们对于国际环境法的发展具有较大的影响力。

联合国大会对于国际环境法的贡献主要体现在它的一系列决议中。如:1962 年第 1803/62 号关于自然资源永久主权的决议、1968 年第 2398(XXII)号关于召开联合国人类环境会议的决议、1972 年第 2997(XXVII)号关于设立联合国环境规划署的决议、1982 年第 37/7 号关于通过《世界自然宪章》的决议、1987 年第 42/187 号关于确认《布伦特兰报告》(《我们共同的未来》)的决议、1989 年第 44/228 号关于召开联合国环境与发展大会的决议、1990 年第 45/212 号关于举行《气候变化框架公约》谈判的决议等。此外,联合国大会还设立了一些有关环境与发展问题的辅助机构和组织,其中最重要的是联合国环境规划署和联合国可持续发展委员会。

第一,联合国环境规划署。联合国环境规划署(UNEP)正式成立于 1973 年 1 月,是联合国系统内唯一专门处理环境问题的机构,总部设在内罗毕。联合国环境规划署的使命主要是促进国际环境合作,协调联合国系统的环境项目并提供政策指导,审议环境规划署主任关于联合国系统的环境项目执行情况的报告,审查全球环境状况,促进科学知识和信息的交流,以及审查国家和国际环境政策对发展中国家的影响。

联合国环境规划署发起了区域海洋环境保护项目,帮助地中海、阿拉伯海湾、几内亚海湾、东南太平洋、红海、加勒比海、印度洋和东非、南太平洋等海洋区域的沿海国家缔结了 20 余项区域海洋环境保护公约。它促成了几项重要的多边环境条约的谈判和缔结,其中包括 1985 年的《保护臭氧层维也纳公约》及其 1987 年蒙特利尔议定书、1989 年的《控制危险废物越境转移及其处置巴塞尔公约》和 1992 年的《生物多样性公约》。联合国环境规划署还是《保护臭氧层维也纳公约》、《蒙特利尔议定书多边基金》、《濒危野生动植物物种国际贸易公约》、《生物多样性公约》等环境条约的秘书处。

第二,联合国可持续发展委员会。联合国可持续发展委员会(CSD)是联合国大会为执行《21 世纪议程》于 1992 年成立的,向联合国经济及社会理事会报告工作。该委员会由 53 个国家的代表组成,每届任期 3 年。它要求联合国成员国向其汇报执行《21 世纪议程》的进

---

① 王曦:《国际环境法》,法律出版社 2005 年第 2 版,第 77 页。

程,并在此基础上,向联合国大会和联合国其他机构提出建议。联合国大会赋予了该委员会以下任务:在全球、区域和国家层面上对《21世纪议程》、《里约环境与发展宣言》以及《关于森林问题的原则声明》的实施进度进行评估;加强联合国与非政府组织及与其他外部机构之间的对话;收集环境条约执行的信息,向经济及社会理事会和联合国大会提出建议。[①]

2. 经济及社会理事会

经济及社会理事会(ECOSOC),是负责协调联合国及各专门机构的经济与社会工作的机构。《21世纪议程》要求经济及社会理事会协助联合国大会监督《21世纪议程》的执行情况,并在这方面提出建议。《21世纪议程》还要求经济及社会理事会承担指导联合国系统将联合国各项政策和方案中的环境与发展方面事务在全系统范围内加以协调和综合的任务,并向联合国大会、有关专门机构和成员国提出适当的建议。经济及社会理事会与国际环境法有关的活动有:1946年发起并于1949年召开的联合国关于保护和利用资源的科学大会;接受并向联合国大会转呈环境规划署理事会和可持续发展委员会的报告,以及其所属的联合国欧洲经济委员会关于欧洲国际环境问题的国际环境立法工作。

3. 国际法院

国际法院以其对有关环境问题案件的判决和法律咨询意见来影响和促进国际环境法的发展。目前,国际法院有关国际环境法的判例还比较少,主要有1973年的"渔业管辖权案"、1974年的"核试验案"、1989年的"瑙鲁含磷土地案"和1997年的"盖巴斯科夫—拉基玛洛大坝工程案"。国际法院有关环境问题的法律咨询意见有1993年应世界卫生组织的要求和1996年应联合国大会的要求而提供的关于使用或威胁使用核武器的合法性问题的咨询意见。

(二)非联合国系统的政府间国际组织

1. 国际原子能机构

国际原子能机构(IAEA)成立于1956年,其宗旨是为了促进原子能的和平利用。国际原子能机构并非联合国系统的正式成员,但它对联合国大会和联合国其他机构呈送报告。它发起并帮助缔结了一系列有关原子能利用的国际条约,主要有1963年的《核能损害民事责任维也纳公约》、1980年的《核材料实质保护公约》、1986年的《核安全公约》以及1997年的《关于废弃燃料和放射性废物的安全和管理公约》。此外,国际原子能机构还负责制定有关核能利用的国际标准,1986年前苏联切尔诺贝利核电站事故发生后,这一任务显得更加重要。

2. 世界银行

世界银行是国际环境保护事业的一个重要资金来源。自20世纪80年代以来,世界银行加强了对贷款项目的环境影响的审查。1980年,世界银行发表《有关经济发展的环境政策和程序的宣言》,重申支持联合国人类环境会议发表的宣言和行动计划。此后,世界银行发布了一系列有关环境保护的指令,要求贷款和技术援助项目充分考虑项目的环境影响。

3. 全球环境基金

---

① 那力:《国际环境法》,科学出版社2005年版,第22页。

全球环境基金(GEF)是由世界银行、联合国开发计划署和联合国环境规划署共同创建的全球性基金,于 1994 年成为永久性的金融机构。全球环境基金的目的是为全球环境保护项目,特别是来自发展中国家和经济转型国家的环境保护项目提供支持资金。全球环境基金重点资助以下关键领域:气候变化、生物多样性、国际河流和臭氧层消耗,以及与这些关键领域有关的土地退化及相关的环境保护项目。同时,它还资助各国国内有利于可持续发展的项目和规划,以及资助 1992 年联合国《气候变化框架公约》和《生物多样性公约》的实施。世界银行是全球环境基金的托管者并负责管理它的投资项目。

4. 世界贸易组织

世界贸易组织(WTO)成立于 1994 年,其前身是关税与贸易总协定(GATT)。WTO 比GATT 更为重视环境保护和可持续发展。《建立世界贸易组织协定》序言在阐述 WTO 的目标时指出,在处理成员各方之间贸易和经济关系时,除以提高生活水平、保证充分就业、保证实际收入和有效需求的大幅稳定增长以及扩大货物和服务的生产和贸易为目的外,同时应依照可持续发展的目标,考虑对世界资源的最佳利用,并寻求保护和维护环境。因此,WTO 下的贸易不仅仅是自由贸易,也是可持续发展的贸易,即可持续贸易。可持续发展的精神在 WTO 的其他一些协定中也有体现。如 GATT1994 第 20 条"一般例外"的第 b 项、第 g 项,《技术性贸易壁垒协定》(TBT 协定)的第 2 条第 2 款,《实施卫生与植物卫生措施协定》(SPS 协定)第 2 条第 2 款等。根据这些条款,为保护人类、动物或植物的生命或健康所必需,WTO 各成员可以对贸易采取一定的限制措施,而不被认为是违反 WTO 下的义务。

三、非政府组织

非政府组织是指那些具有组织性、民间性、志愿性、非营利性、非政党性、非宗教性的专门组织。它们通常围绕特定的领域或问题组成团体,有自己的利益或主张,代表社会某些集团或阶层的愿望或要求。非政府组织具有国家、政府间组织难以企及的公益优势、知识优势和机制优势等,这使它们在国际社会中扮演着压力集团、思想库、信息提供者、合作伙伴、资金提供者等多种角色,从而促进了国际事务决策的民主化和透明度。

(一)参与全球环保的非政府组织

由于环境问题的全球性、综合性和公益性,在全球环境事务中,非政府组织的作用日渐突出,它们是国际环境法的参与者、监督者和促进者,是国际环保事业的重要组织者和参加者。目前国际上主要有三种类型的非政府组织参与全球环境保护。

第一,专门性的民间国际环境组织。这些国际环境组织以保护全球自然资源和生态环境为目的,在世界范围内开展环保活动,当前规模和影响最大的要数世界自然保护联盟(International Union for Conservation of Nature and Natural Resources,简称 IUCN)和绿色和平组织(Green Peace)。世界自然保护联盟成立于 1948 年,是世界上最早成立的环境组织,具有两个显著特点:(1)参加的成员广泛,由政府机构、非政府组织和 140 个国家等 980 多个成员组成,是世界上唯一的由国家、政府机构和非政府组织平等参加的国际环境组织;(2)组织严密,由会员代表大会、理事会和秘书处组成,并有遍布全球的 1 万多名专家志愿者。世界自然保护联盟于 1980 年编写发表了《世界自然资源保护大纲》，发起促进了 1973 年《濒危野生动植物物种国际贸易公约》和 1992 年《生物多样性公约》等重要国际条约的缔结；创立环境法中心，编辑出版了《环境政策与法》杂志向全球发行；与联合国环境规划署和世界自然基金会（WWF）共同发起成立国际野生生物保护学会，共同发表著名的《保护地球——可持续生存战略》等。绿色和平组织成立于 1971 年，从其成立伊始，就将环境保护和争取世界和平结合起来，致力于阻止气候变化、保护原始森林、拯救海洋、防止核威胁和鼓励可持续贸易等领域的活动。该组织在全球的成员达 350 万名，在 41 个国家和地区设有办事处。

第二，国际法学团体。这些团体是纯粹的学术性机构，它们在对国际法规则进行研究、解释和制定的同时，也促进了国际环境法的逐步编纂和发展。其中，国际法研究院和国际法协会最负盛名。国际法研究院由世界各国著名国际法学者组成，早在 1910 年就从水资源利用的角度，研究有关国际河流的国际法律制度，于 1911 年制定了《国际水道非航行用途的国际规则》；研究院成立专门委员会，就"跨越国界的空气污染问题"进行研究，并于 1987 年通过了《关于跨越国界的空气污染的决议》。这些规则和决议虽然不具有法律上的约束力，但由于其权威性，促进了国际环境法原则、规则和制度的确定和生成。国际法协会于 1966 年制定了《关于国际河流利用的赫尔辛基规则》，受到各国的普遍重视，联合国国际法委员会于 1997 年通过的《国际水道非航行利用法公约草案》即以该规则为基础制定。国际法协会于 1986 年制定的《关于逐渐发展有关国际经济新秩序的国际法原则宣言》等文件也包含了许多确立国际环境法原则和规则的内容。

第三，其他非政府组织。例如，1947 年成立的国际标准化组织（ISO）研究和制定了许多国际环境标准，为制定国际环境法律原则、规则和制度以及开展国际环保活动提供了科学依据，也为保证这些原则、规则和制度的执行提供了衡量的尺度。

20 世纪末期以来，非政府组织通过参加国际环境会议、参与国际谈判、参加环境条约的拟定、组织非政府组织论坛和开展环境教育合作等各种方式，促进了国际环境法的编纂和逐步发展，也促进了国际环境条约的有效实施。此外，非政府组织还可以作为诉讼方或法律顾问参加国际争端的解决程序。1998 年 10 月，WTO 在"虾和海龟案"的终审裁决中，正式确认了非政府组织在 WTO 争端解决机制中的地位和作用。

（二）非政府组织的负面影响

非政府组织在国际环境法领域扮演了相当重要和活跃的角色，但同时也带来了一些问题。表现在：一方面，某些势力强大的非政府组织代表西方大国或某些特定社会阶层的利益，片面强调环境保护，忽视经济发展和发展中国家的要求，对发展中国家的国家主权和社会利益构成威胁，加剧了南北利益的不均衡，激化了南北矛盾；另一方面，对正常的国际法律秩序构成挑战和威胁，增加了国际社会和国际法发展中的新的复杂因素和不可预测性。例如，1999 年 12 月，WTO 在西雅图召开部长级会议期间，非政府组织在环境、人权等问题上提出各种主张，有至少来自 700 个机构的上万名非政府组织成员举行大规模的示威游行，同当地警察展开"街头战"，导致这次会议无果而终。因此，如何在发挥非政府组织促进国际环境法的发展和实施作用的同时，将其活动纳入国际法律秩序上来，是国际社会需要引起注意并加以解决的问题。①

四、跨国公司

随着经济活动的全球化,作为国际经济关系重要参与者的跨国公司对全球环境的影响越来越大。但在环境保护领域,跨国公司的口碑并不好,主要是作为被批评者的身份出现的。跨国公司被认为是过去几十年里发生的重大环境事故的罪魁祸首,是全球环境的主要污染者。面对来自各方面的非难和指责,为了避免因自己的不负责任的环境行为而使公司的社会形象受损、避免因给有关国家造成环境损害遭受惩罚或引发法律诉讼,并通过清洁生产工艺获得更多的市场机会,一些有远见的跨国公司开始转变对环境问题的态度,实施绿色经营战略。同时,跨国公司也开始通过国际商会和可持续发展世界企业委员会等主要由跨国公司组成的国际机构有组织地开展环境保护活动,并与有关的国际组织建立了紧密的联系。随着跨国公司在国际环境保护中的作用越来越大,也引发跨国公司能否作为国际环境法主体的争论。笔者认为,跨国公司应当可以作为国际环境法的主体,理由在于:

首先,跨国公司作为被动主体一直处于国际环境法的调整之下。联合国经社理事会自1972 年以来,一直在从事《跨国公司行为守则》(以下简称《行为守则》)的拟订工作,旨在为有关国家规制跨国公司的活动提供国际法的依据。该《行为守则》第 3 部分"跨国公司的活动和行为"中就有关于跨国公司在环境保护方面的规定。另外,1994 年成立的北美自由贸易区(NAFTA)在这方面的法律与实践也足以证明这一点。北美自由贸易区为了保护北美环境免受国际经济活动的负面影响,特别设立了一个北美环境合作委员会。该委员会可以对违反成员国环境法规的跨国公司提出警告并直接实施制裁。

其次,跨国公司作为能动主体在国际环境法上具有一定的准诉讼资格。1965 年《解决国家与他国国民间投资争端公约》设立了"解决投资争端国际中心"(ICSID),专门负责解决一缔约国与其他他国家国民间任何与投资有关的法律争端。其中,"他国国民"既包括本国人,也包括本国或他国的跨国公司。而"任何与投资有关的法律争端"显然包括跨国公司因环境保护问题与缔约国间发生的具有法律性质的争端。在该中心,跨国公司与缔约国具有平等的准诉讼资格。②

当然,承认跨国公司的国际环境法主体地位并不是说其可以在国际社会的任何活动中都与国家享有平等的法律地位。限制性地承认跨国公司的主体地位,可以通过规定其在国际社会中应享有的环境权利和应承担的环境义务,有效地规范其环境行为。

五、个 人

国外学者早就承认了个人的国际法主体资格。③ 我国近些年来,也有越来越多的学者

---

① 何艳梅:《非政府组织与国际环境法的发展》,载《环境保护》2002 年第 12 期。
② 王晓冬、马玮:《论国际法主体的新发展——以国际环境法为例》,载《求索》2005 年第 4 期。
③ [英]詹宁斯、瓦茨:《奥本海国际法》,王铁崖等译,中国大百科全书出版社 1995 年第 9 版,第 10~11 页;[韩]柳炳华:《国际法》,中国政法大学出版社 1997 年版,第 501 页。

开始主张个人可以在一定范围内成为国际法的主体。① 在承认个人为国际法主体的观点中,一般都认为个人只能在部分国际法的领域内成就法律人格。而环境保护与人权、国际法律责任和国际争端解决等国际法部门,都是个人可以作为国际法主体开展活动的领域。目前,在环境保护领域,个人已经可以直接享有国际环境法上的权利,承担国际环境法的义务,并享有与其他国际法主体近乎相同的诉讼资格。

首先,有关的国际实践和国际条约都已承认个人可以直接享有国际环境法的权利。早在 1972 年《人类环境宣言》中,环境权就被承认为基本人权。由于对环境的损害可能导致对人身权、财产权等基本人权的侵害,所以环境权的具体方面的表述越来越多地出现在国际人权保护机构如欧洲人权法院或联合国人权委员会的实践中。② 同时,个人也可以直接依据有关的国际环境条约享有权利和利益。如,欧洲国家于 1998 年在丹麦奥胡斯签订的《在环境领域信息公开、公众参与与诉诸司法的奥胡斯公约》(即《奥胡斯公约》)就以国际环境条约的形式直接为公众创设了在环境方面的知情权、参与决策权和诉诸司法权等权利,这些权利都是公民环境权的具体表现形式与实现途径。

其次,个人能够承担国际环境法上的义务甚至法律责任。1998 年《国际刑事法院罗马规约》规定国际刑事法院对自然人具有管辖权,个人可以承担国际法上的刑事责任。在国际刑事法院的受案范围中,危害人类罪和战争罪与国际环境保护密切相关。破坏对全人类共同生存和发展具有根本重要性的全球环境的国际罪行,显然属于危害人类罪,这一点在国际法委员会拟定的 1979 年《危害人类和平与安全罪法典草案》中亦得到了体现。此外,违反有关国际公约的规定,在战争中使用被禁止的旨在或可能对自然环境引起广泛、长期而严重损害的作战方法和手段,当然构成战争罪。凡是构成这两种罪行的个人,都有可能被国际刑事法庭宣判为有罪而承担相应的国际刑事责任。

再次,个人在与环境有关的国际司法活动及争端解决活动中享有与其他国际环境法主体平等的资格与权利。目前明确规定个人享有一定的诉讼权的国际环境文件主要是 1994 年《北美自由贸易协定》的《环境附属协定》。该协定第 14 条规定了公民申诉制度,即非政府组织或个人可以针对某一成员国未有效执行《环境附属协定》的行为而向由美、加、墨三国代表组成的环境合作委员会的秘书处提起申诉。在欧洲,前面提到的《奥胡斯公约》也为个人平等地参与国际环境司法活动提供了法律依据。此外,在国际层面上,个人的诉讼主体地位也得到了承认。如,依 1982 年《联合国海洋法公约》设立的海底争端分庭,对缔约国、管理局或企业部、国营企业以及自然人和法人之间的有关海底资源开发的争端具有管辖权。也就是说,至少在该法庭管辖范围内,个人可以成为有关争端的原告或被告,而享有与主权国家平等的诉讼权利和地位。③

由上可见,由于国际实践和国际法律文件规定的局限性,个人尚不能成为国际法的完全主体,它只能在一定程度和限度内构成国际法的部分主体。但在国际环境法领域,个人构成

---

① 李浩培:《国际法的概念与渊源》,贵州人民出版社 1994 年版,第 21~27 页;梁西:《国际法》,武汉大学出版社 2000 年修订第 2 版,第 86~89 页。
② [法]亚历山大·基斯:《国际环境法》,张若思编译,法律出版社 2000 年版,第 51 页。
③ 王晓冬、马玮:《论国际法主体的新发展——以国际环境法为例》,载《求索》2005 年第 4 期。

国际法这个特定分支的主体应该是确定的。

第三节 国际环境法的渊源

国际环境法的渊源与国际法的渊源是统一的。迄今为止,尽管国内外学者对于国际法渊源有不同的理解,但都一致认为联合国《国际法院规约》(1946 年)第 38 条[①]是对国际法渊源的权威说明。除了该第 38 条涉及的国际条约、国际习惯、一般法律原则、司法判例及公法学家的学说以外,在 1946 年后广泛出现的国际组织和会议的决议也被公认为是一类重要的辅助渊源。

➤ 争论

国际法的渊源问题也是国际法基本理论中分歧较多的问题之一。学者们从不同的角度对此作出了解释。较有代表性的两种解释是:其一,认为国际法的渊源是指国际法作为有效法律规范所由之形成的方式;其二,认为国际法的渊源是指国际法规范第一次出现的地方。

一、国际条约

国际条约,是国际法主体(包括国家和国际组织)之间缔结的旨在确立相互间权利和义务关系的国际书面协议。国际条约是国际环境法的主要渊源之一,它包括有关环境问题的多边或双边条约、全球性或区域性条约,其主要类型有公约、条约、协定、协议、议定书等。

有影响的全球性环境条约包括:1946 年的《国际捕鲸公约》、1959 年的《南极条约》、1972年的《防止倾倒废物及其他物质污染海洋的公约》、1972 年的《保护世界文化和自然遗产公约》、1973 年的《国际防止船舶造成污染公约》及其 1978 年议定书、1973 年的《濒危野生动植物物种国际贸易公约》、1982 年的《联合国海洋法公约》、1985 年的《保护臭氧层维也纳公约》、1987 年的《关于消耗臭氧层物质的蒙特利尔议定书》、1989 年的《控制危险废物越境转移及其处置的巴塞尔公约》、1992 年的《气候变化框架公约》和《生物多样性公约》、1997 年的《气候变化框架公约京都议定书》、2000 年的《关于持久性有机污染物的斯德哥尔摩公约》和《卡塔赫纳生物安全议定书》等等。这些条约由于其成员国众多并为国际社会创立有关环境问题的国际法一般规则而被称为"造法性条约"。而具体到某两个或几个国家之间的环境权

---

① 《联合国国际法院规约》第 38 条规定:"(1)法院对于陈诉各项争端,应依国际法裁判之,裁判时应适用:(1)不论普通或特别国际协定,确立当事国明白承认之规则者;(2)国际习惯,作为通例之证明而经接受为法律者;(3)一般法律原则为文明各国所承认者;(4)在第 59 条规定之下,司法判例及各国权威最高之公法学家学说,作为确定法律原则之补助资料者。二、前项规定不妨碍法院经当事国同意本'公允及善良'原则裁判案件之权。"

利义务的条约则被称为"契约性条约"。①

由于环境问题往往牵涉国际政治、国际经济、国内法律和政策的调整以及科学确定性等复杂的问题,环境条约往往不能对所调整的国际关系中的各方的权利和义务以及有关的措施一次规定得全面而又具体,只能先以"框架公约"的形式作一些原则性的规定,而将具体的事项留待缔约国在日后通过议定书和附件的形式加以规定,因此,在条约的形式方面,环境条约较多地采用"框架公约＋议定书＋附件"的形式。

二、国际习惯

根据联合国《国际法院规约》第 38 条的规定,国际习惯是"作为通例之证明而被接受为法律者"。由于国际环境法是国际法的一个新兴领域,国际习惯的形成需要各国的反复实践以形成通例并由各国接受为法律,因此,国际环境法中的国际习惯法律规范并不多。

目前,国内外学者基本认可的具有习惯法性质的国际环境法规则有:其一,各国有按照自己的环境和发展政策开发本国资源的主权权利,并负有确保在其管辖范围或在其控制下的活动不致损害其他国家或在各国管辖范围以外地区的环境的责任。② 其二,各国有保护和保全海洋环境的义务,各国有依据其环境政策和按照其保护和保全海洋环境的职责开发其自然资源的主权权利。这些条款作为一般义务和权利明确规定在《联合国海洋法公约》第12 部分中,其精神和实质也反映在多部国际法律文件中。其三,是在有关共享自然资源的环境问题上的合作义务。③

三、一般法律原则

对于一般法律原则的具体内容,《国际法院规约》第 38 条没有作进一步的解释。一个较为普遍接受的观点是,一般法律原则是指各国法律体系所共有的原则,即各国国内法都承认的一般原则,如诚实信用、善意行使权利、禁止反悔、禁止权利滥用等原则。

在一些国际环境纠纷案件中,由于缺乏相关的国际条约和习惯,国际裁判机构曾经使用过一般法律原则进行裁判。例如,在"太平洋海豹仲裁案"、"特雷尔冶炼厂仲裁案"和"核试验案"中,国际仲裁法庭和国际法院就援用过善意行使权利的原则。

四、辅助资料

(一)国际组织和会议的决议

国际组织和会议的决议从法律性质上可以分为两大类:一类,是具有法律约束力的决议,

---

① 万霞:《国际环境保护的法律理论与实践》,经济科学出版社 2003 年版,第 72 页。
② 《人类环境宣言》原则 21,《里约环境与发展宣言》原则 2。
③ 王曦:《国际环境法》,法律出版社 2005 年第 2 版,第 70 页;万霞:《国际环境保护的法律理论与实践》,经济科学出版社 2003 年版,第 73 页。

属于"硬法";另一类,是不具有法律约束力的决议,如大会宣言、行动计划等,属于"软法"。

第一,具有法律约束力的决议。例如,国际捕鲸管制委员会根据《国际捕鲸公约》于1982 年作出的关于禁止商业性捕鲸的决定、《濒危野生动植物物种国际贸易公约》的缔约国大会于 1989 年制定的禁止非洲象牙产品贸易的决定、联合国安理会于 1991 年作出的关于确认伊拉克由于入侵科威特而对其引起的环境损害负有赔偿责任的决议等等。这类文件的效力源于有关的国际条约,其目的往往是执行、补充或修订有关条约。

第二,不具有法律约束力的决议。其中最为重要的是联合国大会的决议。根据《联合国宪章》第 25 条的规定,联合国大会的决议只是"建议性"的文件,不具有法律约束力。但很多学者根据国际法的实践,指出联合国大会决议的实际效力不止于"建议性"。[①] 联合国大会决议中和国际环境法有关的主要有:(1)建议举行有关国际环境问题的国际会议,如,1968 年联合国大会第 23 届会议关于召开联合国人类环境会议的第 23/98 号决议、1989 年联合国大会第 44 届会议关于召开联合国环境与发展大会的第 44/228 号决议;(2)设立机构,如 1972 年联合国大会第 27 届会议关于成立联合国环境规划署的第 2997 号决议;(3)倡议性决议,如 1990 年联合国大会第 45 届会议关于制定《气候变化框架公约》的第 45/212 号决议;(4)确认原则,如 1962 年联合国大会第 17 届会议《关于天然资源永久主权宣言》的第 1803 号决议、1992 年联合国大会第 47 届会议关于《里约环境与发展宣言》的第 47/190 号决议等。除了联合国大会的决议以外,其他重要的"软法"文件还有《人类环境宣言》、《里约环境与发展宣言》以及《21 世纪议程》等等。

国际环境法中的这些"软法"文件,虽然不具有法律约束力,但由于其往往获得各国一致通过或大多数国家的通过,其所包含的国际环境法原则、规则和制度在事实上得到各国或多数国家的认可。从这个意义上可以说这些"软法"文件构成了《国际法院规约》第 38 条所提到的"确定法律原则之补助资料"。[②]

(二)司法判例

根据《国际法院规约》第 38 条的规定,司法判例并非一项独立的、可由国际法院直接适用的国际法渊源,它只是"确定法律原则之补助资料"。但在国际环境法不长的发展史上,司法判例在确定法律原则方面发挥了重要作用。例如,"特雷尔冶炼厂仲裁案"确定了"一个国家始终有义务防止其他国家受在其管辖下个人的有害行为的侵害"的原则,为后来的国际环境法的重要原则的形成奠定了基础。1997 年国际法院对"盖巴斯科夫—拉基玛洛大坝工程案"的判决指出"可持续发展原则是现代国际法的组成部分",进一步明确了可持续发展原则的法律性质。[③]

而迄今为止,公法学家的学说和"公允及善良"原则在国际环境法的领域里还只是潜在的渊源。[④]

---

① 〔英〕詹宁斯、瓦茨:《奥本海国际法》,王铁崖等译,中国大百科全书出版社 1995 年第 9 版,第 26~30 页;梁西:《国际法》,武汉大学出版社 1993 年版,第 33~34 页。
② 王曦:《国际环境法》,法律出版社 2005 年第 2 版,第 73~74 页。
③ 万霞:《国际环境保护的法律理论与实践》,经济科学出版社 2003 年版,第 78 页。
④ 万霞:《国际环境保护的法律理论与实践》,经济科学出版社 2003 年版,第 72 页。

第四节　国际环境法的基本原则

一、国际环境法基本原则的确定标准

国际环境法的基本原则作为国际环境法领域应当遵循的基本准则,它将直接关系到国际环境法主体将要享有的国际权利及要履行的国际义务,并直接指导国际环境法主体在国际环境法律关系中开展活动。确定国际环境法的基本原则,必须遵循普遍性与特殊性这两个准则:第一,普遍性原则,即以国际法的基本原则为基础,受国际法基本原则确定标准的支配和指导;第二,特殊性原则,即应充分考虑人类环境问题、国际环境保护及国际环境法的特点,要能够反映国际环境法的特殊性。[①]

根据上述两个确定准则,只有那些被各国公认和接受的、在国际环境法领域里具有普遍指导意义的、体现国际环境法特点的原则才能被称作国际环境法的基本原则。笔者认为,当前各国公认的国际环境法的基本原则是:国家资源开发主权权利和不损害国外环境责任原则、可持续发展原则、共同但有区别的责任原则、损害预防原则和国际合作原则。

二、国家资源开发主权权利和不损害国外环境责任原则

> **争论**

在传统的国际法中,国家主权是一项完全的排他的权利,国家因此享有对自己的领空、领海和领土内各种资源任意开发使用的权利,而不管其对本国、他国或国际公域产生什么样的后果。显然,这种主权观是不利于国际环境保护的。

该原则是国家主权原则在国际环境法领域的具体体现。国际环境法以保护人类共同依赖的全球生态环境为己任,其基本原则必然要以全球环境保护的客观需要为出发点,因此,就需要对传统的国家绝对主权原则予以充实和拓展。这种发展在 1972 年的《人类环境宣言》(以下简称《宣言》)得到了充分的体现,该《宣言》第 21 条规定:"按照联合国宪章和国际法原则,各国有按自己的环境政策开发自己资源的主权,并且负有责任保证在它们管辖或控制之内的活动不致损害其他国家的或国家管辖范围以外的地区的环境。"这一原则对传统的国家主权进行了限制,它在充分赋予各国享有环境与资源开发等主权权利的同时,更强调了其应承担的环境保护的义务。该原则一经提出,就得到了世界上绝大多数国家的赞同和接受。1992 年《里约环境与发展宣言》重申了该项原则,它不仅在措辞中将"环境政策"改为

[①]　秦天宝:《国际环境法基本原则初探》,载《法学》2001 年第 10 期。

"环境与发展政策",更加强调发展的重要性,而且还将该原则的位置提前,作为《里约环境与发展宣言》的第二项原则。此后,该原则更是不断在其他许多的重要国际环境法文件与司法判例中得到重申和确认,逐渐发展成为一项国际习惯法规则,[①]并被简称为国家资源开发主权权利和不损害国外环境责任原则。

该原则包括互相关联的两个方面:一方面,它重申国家对其自然资源的主权权利,即"各国拥有按照本国环境与发展政策开发本国自然资源的主权权利"。这一点在联合国大会决议通过的许多宣言[②]和重要的国际环境条约[③]中都有体现。另一方面,相对于国家对自然资源的主权权利,该原则还强调国家在环境领域负有"适当注意"的义务。这个义务是由人类环境问题的国际性所决定的。海洋、河流、大气、野生动植物物种甚至整个自然环境都是不受人为划定的国界的限制,一国境内严重污染环境或破坏资源的活动,其后果在许多情况下会波及多个国家甚至影响整个地球的生态系统。这就容易导致各国主权权利之间的冲突。为了避免发生国际环境争端、出现国家间主权权利的冲突,各国有义务建立监督制度,监督在本国境内可能对其他国家的环境或任何国家管辖范围以外的环境造成不利影响的活动。目前,这项义务通过国际司法判例[④]和国际条约[⑤]的一再确认,已经成为一项具有普遍约束力的国际习惯法规则。

三、可持续发展原则

(一)可持续发展战略的提出

基于对环境问题严重性的认识和对传统发展观的深刻反思,1987 年,联合国环境与发展委员会在其著名的报告——《我们共同的未来》中正式提出了可持续发展的概念。根据这一份报告的界定,可持续发展指的是,既满足当代人的需要,又不对后代人满足其需要的能力构成危害的发展。1987 年的联合国大会第 42/187 号决议接受了这一份报告,该报告建议联合国制定一项关于环境与可持续发展的普遍宣言并召开一次国际会议研究环境与发展问题。

1992 年 6 月,里约环境与发展大会召开。其宗旨是要促进各国在可持续以及对环境无害的发展的前提下,制定各种战略和措施,扭转和促进全球环境恶化的趋势。出席会议的有

---

① [法]亚历山大·基斯:《国际环境法》,张若思编译,法律出版社 2000 年版,第 84 页;王曦:《国际环境法》,法律出版社 2005 年第 2 版,第 98 页。

② 如 1962 年《关于天然资源之永久主权原则宣言》、1974 年《建立新的国际经济秩序宣言》第 4 条第 5 款、1974 年《各国经济权利和义务宪章》第 2 条第 1 项。陈安、刘智中:《国际经济法资料选编》,法律出版社 1991 年版。

③ 如 1989 年《控制危险废物越境转移及其处置巴塞尔公约》序言、1992 年《气候变化框架公约》序言、1992 年《生物多样性公约》第 15 条。

④ 如 1941 年"特雷尔冶炼厂仲裁案"的裁决、1957 年"拉努湖仲裁案"的裁决、1949 年"国际法院科孚海峡案"的判决。

⑤ 如 1982 年《联合国海洋法公约》、1992 年《气候变化框架公约》、1992 年《生物多样性公约》等。

116个国家的政府首脑,172个国家8000名代表和非政府组织。大会通过了3个文件:《里约环境与发展宣言》、《21世纪议程》和《关于森林问题的原则声明》。大会还通过了2个国际公约:《气候变化框架公约》和《生物多样性公约》。

《里约环境与发展宣言》的主要内容是关于环境与发展问题的27条原则。在该宣言中多次提到可持续发展,强调各国应当合作加强本国能力的建设,以实现可持续发展。在这份文件中将可持续发展进一步阐述为:人类应当享有以与自然和谐的方式过健康而富有生产成果的生活的权利,并公平地满足今后世代在发展与环境方面的需要。

《21世纪议程》全面和详尽地提出了21世纪的行动蓝图,包括:第一,讨论了各国在可持续发展中所面临的主要问题和解决途径,要求各国制定和组织实施相应的可持续发展战略、计划和政策;第二,各国同意成立一个新的联合国可持续发展委员会,以监督和评估《21世纪议程》的执行情况。可以说,里约大会为建立可持续发展的国际法律框架提供了前提和基础。目前,可持续发展理论已得到现代社会的广泛认同,竞相成为现代国家指导经济、社会发展的总体战略。

于2002年8月底9月初在南非的约翰内斯堡举行的联合国可持续发展世界首脑会议(WSSD)通过的《执行计划》第一次把"社会进步"作为一个独立的要素引入可持续发展的概念中,强调了可持续发展三个要素的有机结合,即经济发展、社会进步和环境保护是独立而又相互支持的三个支柱。

(二)可持续发展的价值观

可持续发展战略的提出,不仅是当代人面对日益严重的环境危机而作出的一种生存选择,而且标志着人类价值观念和生活方式的一场深刻变革。

第一,可持续发展蕴含的基本价值观——公平观。当前许多资源紧张与环境压力是由经济和政治权力的不平等造成的。"飞船经济"理论最能说明这一问题:人类的生存环境像一个在太空中漫游、靠不断消耗自身资源而生存飞船,人类共乘的飞船只有一个共同的命运;然而,并不是所有居民都占有这一飞船的相同地方,只有少于1/5的人口占有头等舱,消耗着80%的可获得资源,而其余4/5的旅客在下等舱,其中1/3的人饥饿,3/4的人缺乏饮用水和住房,每个头等舱的人对环境资源的影响是其他人的25倍。对此,可持续发展要求满足所有人的基本需求和给所有人机会以满足他们过较好生活的愿望。在人与人的关系中,确认了一种跨越时空范围的二维公平观。一方面,其要求通过法律制度的变革来解决国与国之间,特别是发达国家与发展中国家之间在自然资源利益分配上的公平问题,以及一国内部人与人之间,特别是富人和穷人之间在自然资源利益分配上的公平问题,即实现"代内公平";另一方面,还要求通过法律制度的创新,保障当代人与后代人之间在自然资源利益分配上的公平问题,强调当代人的发展不能牺牲后代人生存和发展的权利,即实现"代际公平"。

第二,可持续发展追求的价值目标——人与自然的和谐。联合国环境与发展委员会在《我们共同的未来》中总结说:"从广义上讲,可持续发展的战略旨在促进人类之间以及人与自然之间的和谐。"《里约环境与发展宣言》第1条原则也宣告:"人类处于普受关注的可持续发展问题的中心,他们应享有以与自然相和谐的方式过健康而富有生产成果的生活的权利。"人与自然系统是可持续发展方式建立的基础,而人与自然的和谐是可持续发展追求的最高目标。在人与自然的关系中,可持续发展强调二者和谐一致,肯定双方相互的价值和权利。为此,人类在追求发展权的同时,必须始终保持与自然的和谐与互利关系,应当把经济发展与生态的可持续性有机地结合起来,对环境、资源、能源的开发和利用,必须控制在生态系统的承载能力之内。

(三)可持续发展原则的地位

1997 年国际法院在"盖巴斯科夫—拉基玛洛大坝工程案"中首次确认并应用了可持续发展概念,指出将经济发展同保护环境相协调的必要性,在可持续发展概念中得到适当的表达。[①] 时任国际法院副院长、法官卫拉曼特雷先生以个别意见书的形式发表了他对于可持续发展原则的认识。他认为,可持续发展不仅仅是现代国际法的一项原则,它是人类遗产中最古老的思想之一,而且被几千年来的人类智慧不断地加以丰富。它在国际法中起着重要的作用。[②]

在国际环境法中,可持续发展原则目前并未像国家资源开发主权权利和不损害国外环境责任原则那样获得国际习惯法的法律地位。然而,由于其在国际环境法领域具有普遍的指导意义,体现了国际环境法的特点并构成国际环境法的基础的一部分,有越来越多的国际环境法律文件承认和重申它。多数国际环境法学者将它视为正在形成中的一项国际环境法基本原则。[③]

四、共同但有区别的责任原则

共同但有区别的责任原则,是指基于全球环境问题的日益严重性、全球生态系统的整体性和导致全球环境退化的各种不同因素,世界各国乃至全人类均应当共同承担起保护和改善环境以最终解决全球环境问题的责任,但在责任的领域、大小、方式、手段以及承担责任的时间先后等方面应当结合各国的基本国情予以区别对待。[④] 该原则包括两个相互关联的内容,即共同的责任和有区别的责任。

首先,共同的责任要求世界各国,无论大小、贫富、种族、资源禀赋等方面的差别,应当共同承担起保护和改善环境的责任。易言之,承担保护和改善全球环境的责任主体是世界所有的国家和人民。发达国家和发展中国家及其人民既应当采取措施保护和改善本国的环境,又应当立足于本国的基本国情承担起保护和改善全球环境的责任。因为,全球环境质量的恶化,严重威胁着全人类的生命、健康甚至生存等根本的共同利益,对发达国家和发展中国家均有着不利的影响。

其次,共同责任并不意味着"平均主义"。发展中国家与发达国家虽然负有保护国际环

---

① 王曦:《国际环境法》,法律出版社 2005 年第 2 版,第 47～48 页。
② 王曦:《国际环境法资料选编》,民主与建设出版社 1999 年版,第 656 页。
③ 王曦:《国际环境法》,法律出版社 2005 年第 2 版,第 100 页。
④ 杨兴:《试论国际环境法的共同但有区别的责任原则》,载《时代法学》2003 年第 1 期。

境的共同责任,但发达国家应当比发展中国家承担更大的或是主要的责任。这种限制是由全球环境问题形成的历史和现实原因所决定的。历史上,发达国家工业化的实现是建立在掠夺殖民地和半殖民地的资源和能源的基础上,以长期过度消耗地球资源和严重污染地球环境为代价的,现在的全球性环境问题也主要是这个原因所产生的。在当前,发达国家在生产和消费中使用的环境资源和排放的废弃物仍然占全世界总量的大部分,也就是说地球环境所承受的来自人类社会的压力的大部分仍然来自于发达国家。因此,无论是根据社会公平的观念、还是环境法中的"污染者负担"的原则,发达国家都理应比发展中国家承担更大的、主要的保护全球环境的责任。

共同但有区别的责任原则在 1992 年的联合国环境与发展大会上得以初步确立,并被认为是发展中国家斗争的胜利成果之一,在一些重要的国际环境条约中得到充分的体现。[①] 对发展中国家来说,有区别的责任并没有免除或忽略它们在保护全球环境中的责任和义务;发展中国家必须努力改革生产方式,争取早日摆脱贫困,增强经济实力和环境保护能力。对发达国家来说,它们有义务在现有的发展援助以外,提供新的、额外的、充分的资金,帮助发展中国家参加全球环境保护的努力,或补偿其由于保护环境而带来的额外损失,并以优惠的、非商业性的条件向发展中国家转让环境无害技术。

五、损害预防原则

该原则是国家资源开发主权权利和不损害国外环境责任原则的延伸,它强调国家为了在行使其资源开发主权权利时不损害国外环境,有责任尽早地在环境损害发生之前采取措施以制止、限制或控制在其管辖范围内或控制下的可能引起环境损害的活动或行为。

确立该原则的科学依据在于,环境污染或破坏一旦发生,往往难以消除或恢复,甚至具有不可逆转性。这种状况将给人类健康和有关国家和国际社会的经济社会发展带来严重的危害和威胁。此外,环境被污染或破坏后再来进行治理,从经济上是不合算的,往往要耗费巨额的资金。据计算,预防污染损害的费用与事后治理的费用的比例高达 1:20。因此,预先采取防范措施,要比事后治理经济得多,也有效得多。

许多国际环境法律文件都确立了损害预防原则。如 1982 年《联合国海洋法公约》在第 12 部分"海洋环境的保护和保存"中就规定"各国应在适当情形下个别或联合地采取一切符合本公约的必要措施,防止、减少和控制任何来源的海洋环境污染"(第 194 条第 1 款);1992 年《生物多样性公约》的序言规定"注意到预测、预防和从根源上消除导致生物多样性严重减少或丧失的原因,至关重要"。

六、国际合作原则

国际合作是国际法的一项基本原则,它同样构成了国际环境法的基石。它是指在国际

---

① 如 1992 年《生物多样性公约》的序言和第 16 条、第 20 条、第 21 条;1992 年《气候变化框架公约》的序言和第 3 条、第 4 条、第 5 条、第 6 条、第 11 条、第 12 条,以及 1997 年《京都议定书》的第 2 条、第 3 条、第 4 条、第 5 条、第 6 条、第 7 条、第 10 条、第 11 条、第 12 条。

环境保护领域,国际社会的全体成员应当进行广泛而密切的合作,通过合作而非对抗的方式、协调一致来保护和改善全球环境。

国际合作作为国际环境法的基本原则有其发生的必然性。当今世界,环境问题已经由一国的内部事物和国内公害发展为全球性的公害,成为人类共同面临的威胁。全球环境问题的规模之大、影响范围之广、危害之烈、持续之久、发生发展机理之复杂,远非单个国家的经济、技术和防治能力所能解决的。在环境问题的严重程度与各国有限能力之间存在尖锐冲突的情况下,各国唯有携手合作、共同努力,才能拯救世界环境和人类全体。国际合作成为国际环境法用以解决全球环境问题的必然途径。

很多国际环境条约都要求缔约国进行环境情报交流等方面的合作。例如,《联合国海洋法公约》第 61 条、第 143 条、第 200 条和第 244 条要求缔约国交流有关渔业资源保护、海洋污染方面的情报和数据。1985 年的《保护臭氧层维也纳公约》及其 1987 年蒙特利尔议定书、1992 年的《气候变化框架公约》和《生物多样性公约》也都有关于情报交流的规定。

第五节　国际环境法律责任

一、国际法律责任的分类

国际法律责任,是指国际法主体违背其国际义务或从事国际法不加禁止的活动但造成了损害,依据国际法应当承担的国际责任。因此,国际法律责任包括国际不当行为的责任和国际法所不加禁止的行为所致损害的责任两大类。国际不当行为的责任既包括一般国际不当行为的责任,也包括国际刑事责任。国际法所不加禁止的行为所致损害的责任,简称国际损害责任。这种责任的产生不以故意或过失的存在为前提,实行的是严格责任原则。一般说来,国际损害责任只能是国际民事责任,而不涉及国际刑事责任。①

> **案例分析**

> 　　A 国发射的核动力卫星在重返大气层时,卫星的残片坠落在 B 国境内。B 国共搜集到重达 65 公斤的含有放射性物质的卫星残片。请问 A 国是否需要对 B 国承担国际法律责任?
>
> 　　【解答】本案中,A 国发射核动力卫星是一种典型的国际法不加禁止的行为。根据 1972 年《空间物体所造成损害的国际责任公约》的规定,A 国作为发射国对该卫星给 B 国造成的损害负有绝对的赔偿责任。

---

① 蔡守秋、常纪文:《国际环境法学》,法律出版社 2004 年版,第 119～120 页。

二、国际损害责任

(一)传统的国家责任理论的局限性

为了确保经济的繁荣与发展,世界各国无不致力于高科技的研究和应用。从外空物体的发射到原子能的利用,从航空运输到海上运载石油,从边境河流和其他资源的开发利用到原子、化学武器的试验,所有这些活动在带给人类巨大利益的同时,其潜在的危害性也是巨大的。近几年来,国际上连续发生的由现代工业和科技活动引起的灾难性事故,例如:核电厂发生泄漏、爆炸事故,对邻国造成核污染;空间实体失控而坠入他国境内造成人身、财产的损害以及环境的污染;油轮在海上发生事故,造成大面积海域的油污,严重影响海洋生态资源和渔业;跨界水资源的污染以及大面积的工业酸雨,等等,无不令人震惊而引起国际社会的关切。所有这些都涉及国际法上的国家责任问题,致使国际法上的国家责任问题越来越复杂。

传统的国家责任制度是以国家行为的国际不法性作为国家承担责任的前提条件的,主张国家也像自然人一样,没有过失(指主观上的过错,如故意或疏忽)行为,就不承担任何责任,也就没有赔偿损失的义务。"无过失即无责任"的"过失责任论"长期以来占据国家责任领域的统治地位。

但在高新技术不断被应用的今天,由于从事此类活动而对他国造成严重损害,而这些活动都有一个共同的特征,即从现行的国际法来看,都不是违法的(国际法既没有明文加以禁止也没有明文规定允许),且对人类社会的发展有益甚至是不可或缺的。倘若这些活动的行为主体不承担任何法律责任的话,在实践中势必导致对领土主权的滥用,从而产生对受害国的不公正。有鉴于此,传统的国家责任——以国际不当行为为基础的国家责任,从当今的国际社会现实来看,已经显露出它的局限性,已不能完全运用它来调整当今国际社会所出现的这种法律关系——国际损害责任。在新的时代,传统的国家责任法必须加以变动。①

(二)导入严格责任的必然性

在国际损害责任领域适用严格责任原则的理由是:(1)传统国际法的过失责任需要行为主体主观上存在"故意"或"疏忽",也就是主观上有过错。而在损害责任领域,受害者一般很难证明加害者的过失所在。因此,如果以"过失责任"来要求受害者提供对方具有故意或疏忽的证明是不公平的。(2)在此领域适用传统的过失责任,一旦造成严重的损害性后果,则活动的行为主体就不仅会轻而易举地逃避责任,事实上还会以造成损害性后果的行为并非违法(现行国际法所不加禁止)为理由,而以他人的牺牲为代价实施此种危险活动,其结果必然导致由第三者来承担相当部分的损失,这从社会学的角度来看也是显失公平的。所以,为了维护社会公正,适用严格责任乃是势所必然的。(3)适用严格责任的重大意义还在于能够避免一旦发生严重的损害性后果却无法可依的状态。

---

① 林灿铃:《论国际法不加禁止行为所产生的损害性后果的国家责任》,载《比较法研究》2000年第3期。

对国际法不加禁止行为所产生的损害性后果适用严格责任,不仅保证了对受害国的保护,同时在客观上也可促使加害国在实施危险活动前有所顾忌而采取更加审慎的态度和更加缜密的预防措施,从而起到预防损害发生的作用或将损害控制在更小的范围和更低的程度。[1]

(三)发展趋势

1996 年国际法委员会一读通过的《国际法不加禁止行为所致有害后果之国际责任条文草案》[2]对越境环境损害的预防和赔偿问题首次作出全面的规定。其后,国际法委员会决定将预防和赔偿责任两个问题分开研究。国际法委员会于 2001 年以二读通过了《关于预防危险活动的越境损害的条款草案案文》,从而结束了关于预防专题的工作。国际法委员会于 2004 年以一读通过了《关于危险活动造成的跨界损害案件中损失分配的原则草案案文》。国际法委员会期望日后以这两个草案案文为基础制定相关的条约。它们目前还不是有效的国际法,但它们反映了国际法在这个领域里的发展方向,值得关注。[3]

三、国际环境法律责任的承担方式

根据国际环境条约的理论与实践,国际法主体承担国际环境法律责任的方式主要有:

(一)道歉

道歉,是指致害的国际环境法主体向受害的国际环境法主体承认错误,转达歉意。表示道歉的国际法术语一般有"遗憾、道歉、歉意、对不起、请求原谅"等,涉及国际犯罪时,致害的国际环境法主体还可以派出代表向受害的国家的国旗、国徽或有关的纪念碑行礼致敬甚至下跪。

(二)终止侵害行为

这方面比较典型的案例是 1974 年国际法院审理的"核试验案"。1966 年到 1972 年间,法国多次在南太平洋法国领土上空进行核试验。由于放射性物质漂浮到了澳大利亚和新西兰,这两个国家分别于 1973 年向国际法院提起诉讼。澳大利亚请求国际法院命令法国不得在南太平洋地区进行核试验,澳大利亚和新西兰还同时请求法院指示采取临时保全措施,请求在法院作出判决之前,命令法国停止一切空中核试验。后来,由于法国表示不准备在该地区继续有关的核试验,1974 年 12 月,国际法院作出判决,认为不必对本案作出进一步的判决。[4]

① 林灿铃:《论国际法不加禁止行为所产生的损害性后果的国家责任》,载《比较法研究》2000 年第 3 期。
② 王曦:《国际环境法资料选编》,民主与建设出版社 1999 年版,第 743~749 页。
③ 关于这两个草案案文的主要内容参见王曦:《国际环境法》,法律出版社 2005 年第 2 版,第 148~152 页。
④ 陈致中:《国际法案例》,法律出版社 1998 年版,第 283~284 页。

(三)恢复原状

恢复原状的责任既可以是民事责任,也可以是刑事附带民事的责任。较常见的恢复原状责任表现为清除海上石油运输所致的泄露和油井爆破所致的井喷污染。由于环境容量是有限的,有些污染物质具有长期的累积性的作用,有些环境是无法恢复或需要花费很多的时间和金钱才能恢复。如 1961 年至 1969 年期间,美国在越南战争中使用了落叶剂,破坏了13000 平方公里的可耕地。① 直至目前,落叶剂的环境危害在越南依然存在。

(四)赔偿

一般说来,如果加害国的行为属于国际不当行为,对其造成损害的行为科以全部赔偿的民事责任,于法于情都是无可争议的。但如果加害国的行为是国际法所不禁止的行为,对其应科以什么限度的环境民事赔偿责任才公平合理呢?学界主要存在全部赔偿原则和限制赔偿原则两种观点。

第一,全部赔偿原则。全部赔偿原则,指无过错环境损害事实发生后,加害国要对环境本身所遭受的损失以及由环境损害所导致的受害国的公民的财产、生命、健康和精神损失进行全方位和足额的赔偿。加害国的赔偿额要和环境损失以及受害国所遭受的直接和间接经济损失相当。但由于加害国的生产和经营行为本身具有合法性、价值性和公益性,如果在其没有过错的情况下让其承担全部的赔偿责任,可能会对加害国国内的经济和就业造成巨大的不利影响。

第二,限制赔偿原则。也叫部分赔偿原则,指依据法律的特别规定,加害国的赔偿限度小于环境本身所遭受的损失以及由环境损害所导致的受害国的公民的财产、生命、健康和精神损失的总和。限制赔偿原则的合理性在于能够最大限度地保全加害国的无过错企业,尽量防止它们陷入不可克服的经济困境。

最早确立无过错环境损害限制赔偿责任原则的环境条约是 1960 年的《核能领域第三方责任公约》。该公约规定,对于每一次事故,操作者的最大责任限额是 1500 万美元。最早专门规定海上石油污染损害赔偿限额的条约是 1969 年的《油污损害民事责任国际公约》。根据该公约的规定,船舶所有人的赔偿总额绝对不得超过 2 亿 1 千万法郎。1976 年《海事索赔责任限制公约》对海上非油类污染事故的赔偿责任的限制也作出了规定。

(五)暂停或取消成员方权利

一些国际条约规定了暂停或取消成员方某种权利的责任。如,《联合国宪章》第 6 条规定,联合国会员中,有屡次违反该宪章所载之原则者,大会经安理会建议,可以将其除名。1982 年《联合国海洋法公约》第 184 条(表决权的暂停行使)规定,一个缔约国拖欠对管理局应缴的费用,如果拖欠数额等于或超过该国前两整年应缴费用的总额,该国应无表决权。该公约第 185 条(成员权利和特权的暂停行使)也有类似的规定。②

---

① 端木正:《国际法》,北京大学出版社 1997 年版,第 485 页。
② 蔡守秋、常纪文:《国际环境法学》,法律出版社 2004 年版,第 127~129 页。

四、国际环境争端的解决

(一)和平解决国际争端的原则

由于环境问题日益区域化和全球化,国际环境争端的妥善解决有利于国家、地区和全球的稳定。《联合国宪章》第 1 条第 1 项把"以和平方法且依正义及国际法之原则,调整或解决足以破坏和平之国际争端或情势"纳入联合国的宗旨,并在第 2 条第 3 项中把"各会员国应以和平方法解决其国际争端,避免危及国际和平、安全及正义"列为联合国及其会员国都应当遵守的基本准则。1974 年的《各国经济权利和义务宪章》将和平解决争端列为国际经济关系的基本原则之一。可以说,和平解决国际争端已被确认为现代国际法的一项基本原则。

许多国际环境条约和关于环境问题的决议、宣言等文件也都强调了和平解决国际环境争端的立场。如,《里约环境与发展宣言》原则 26 指出,各国应当和平地按照《联合国宪章》采取适当的方法解决其一切环境争端。《联合国海洋法公约》第 15 部分"争端的解决"规定了各缔约方以和平方法解决争端的义务,并确立了一套比较完善的争端解决机制。《气候变化框架公约》和《生物多样性公约》等国际环境条约也都规定了和平解决争端的一般义务及相应的争端解决机制。

关于和平解决争端的方式,《联合国宪章》第 33 条规定:"任何争端之当事国,于争端之继续存在足以危及国际和平与安全之维持时,应尽先以谈判、调查、调停、和解、公断、司法解决、区域机关或区域办法之利用,或各国自行选择之其他和平方法,求得解决。"实践中,国际环境争端的解决方式主要有谈判与协商、斡旋与调停、调解、仲裁与司法解决,其中前三种被称为外交解决方式,第四种被称为法律解决方式。外交和法律解决方式的区别在于:外交方式是争端双方自愿直接或间接协商并达成协议,而法律方式则由国际仲裁或司法机构作出对双方均有约束力的处理决定。[①]

(二)外交解决方式

谈判(negotiation)与协商(conciliation)是指国际环境法主体为解决彼此间的环境争议而进行的面对面的国际交涉。许多环境条约都将谈判和协商作为缔约国之间解决环境争端的首要方式。例如,《保护臭氧层维也纳公约》第 11 条第 1 款要求缔约国以谈判方式解决关于该公约的解释或适用方面的争端。《气候变化框架公约》第 14 条第 1 款和《生物多样性公约》第 27 条第 1 款也有同样的规定。1973 年的《国际防止船舶造成污染公约》第 10 条规定,缔约国之间关于该公约的解释或适用发生的任何争议应当通过协商方式解决,协商不成的,则应交付仲裁。

斡旋(good offices)与调停(mediation)是指争端当事国之间不能通过直接的谈判或协商方式解决争端时,第三国根据自己的好意被邀请或主动促成争端当事国直接谈判,协助当

---

① 蔡守秋、常纪文:《国际环境法学》,法律出版社 2004 年版,第 114 页。

事国解决争端。① 其中,斡旋者一般不直接参与谈判,但可以为各方提出建议或转达当事国相互间的建议;而调停者则可以提出建议性的条件作为谈判的基础,并且可以组织甚至参加谈判。《保护臭氧层维也纳公约》第 11 条第 2 款规定,如果缔约国无法以谈判方式达成协议,它们可以联合寻求第三方进行斡旋或邀请第三方出面调停。《生物多样性公约》第 27 条第 2 款也有同样的规定。

调解(conciliation)也叫和解,指将争端提交给一个由若干人组成的委员会,由该委员会查明事实,提出事实报告和解决问题的建议,供争端当事国参考采纳。如,根据《气候变化框架公约》第 14 条第 5 款和第 6 款的规定,如果缔约国之间的争端经过 12 个月仍无法通过谈判或其他和平方式解决,经任何当事国的要求,应当将争端提交调解。调解委员会应由每一当事国委派的数目相同的成员组成,主席由每一当事国委派的成员共同推选。调解委员会作出建议性的裁决,各当事国应当予以善意考虑。② 《联合国海洋法公约》附件 5、《保护臭氧层维也纳公约》第 11 条第 5 款、《生物多样性公约》附件 2 第 2 部分和 1969 年《对公海上发生油污事故进行干涉的国际公约》附件第 1 章都规定了适用调解方式解决争端的具体程序。

(三)法律解决方式

1. 仲裁

仲裁又称公断,是指争端当事国一致同意把它们之间的争端提交给自己选任的仲裁人来审理和裁判,当事国承诺接受裁决的争端解决方法。③ 仲裁裁决对争端当事国具有约束力并且是终局性的。如,《生物多样性公约》附件 2 第 1 部分对仲裁程序作了详细的规定。对于涉及 2 个当事方的争端,仲裁庭应由仲裁员 3 人组成;对于涉及 2 个以上当事方的争端,利害关系相同的当事方应通过协议共同指派 1 位仲裁员。仲裁庭应根据该公约、任何有关的议定书和国际法的规定作出裁决。仲裁庭关于程序问题和实体问题的裁决都应以其成员的多数票作出。仲裁庭的裁决应以对争端的主题事项为限,并应说明所根据的理由。④ 此外,《联合国海洋法公约》附件 7 和附件 8、《保护臭氧层维也纳公约》第 11 条第 3 款和《气候变化框架公约》第 14 条第 2 款以及《对公海上发生油污事故进行干涉的国际公约》附件第 2 章也都规定了仲裁条款。比较著名的以仲裁方式解决的国际环境争端案例有 1938 年和 1941 年的"特雷尔冶炼厂仲裁案"和 1957 年的"拉努湖仲裁案"。⑤

目前,能够受理国际环境争端的仲裁机构主要有常设国际仲裁法庭(Permanent Court of Arbitration,简称 PCA)、WTO 争端解决机构以及当事各方共同设立的临时性仲裁

---

① 王铁崖:《国际法》,法律出版社 1995 年版,第 578 页。

② 国家环保总局政策法规司:《中国缔结和签署的国际环境条约集》,学苑出版社 1999 年版,第 82~83 页。

③ 王铁崖:《国际法》,法律出版社 1995 年版,第 582 页。

④ 国家环保总局政策法规司:《中国缔结和签署的国际环境条约集》,学苑出版社 1999 年版,第 104~105 页。

⑤ 有关这两个案例的具体裁决情况请分别参见林灿铃:《国际环境法》,人民出版社 2004 年版,第 46~48 页,第 51~53 页。

机构。①

2. 司法解决

司法解决,指由国际法院或法庭对国际环境争端进行审理并作出具有法律约束力的判决。受理国际环境诉讼的国际司法机构目前主要有:联合国国际法院、国际海洋法法庭和欧洲法院。

设立于 1945 年的联合国国际法院是联合国的司法机关。根据《国际法院规约》,国际法院的诉讼当事国仅限于国家。除了诉讼管辖权外,国际法院还具有咨询管辖权。根据《联合国宪章》和《国际法院规约》,国际法院对联合国大会、安理会和联合国大会授权的联合国机关提出的任何法律问题发表咨询意见。

联合国国际法院曾经审理过一些对国际环境法的发展有重要影响的案件。其一,是 1949 年的《科孚海峡案》。国际法院在判决中指出,阿尔巴尼亚政府负有以下义务:即大体上告知英方阿尔巴尼亚领海中存在的雷区,以及警告接近的英国军舰其所面临的即将发生的水雷爆炸的危险。这一案例成为各国在已知环境危险下履行通知义务的一个依据。② 其二,是 1973 年的"渔业管辖权案"。国际法院一方面,判决冰岛共和国无权单方面将其渔业管辖权扩大到 50 海里,另一方面,裁定当事国(冰岛、英国和德国)有义务充分照顾互相的权利和在该海域采取必要的渔业养护措施。这一判决确认对各国的公海捕鱼权的限制和各国为全人类的利益而适当注意保护自然的义务。③ 其三,是 1974 年的"核试验案"。尽管由于法国单方面宣布其将停止在太平洋的核试验,国际法院回避了对澳大利亚和新西兰所提出的核污染损害问题作出裁决,但一名法官在其反对意见中援引"特雷尔冶炼厂仲裁案"的裁决,认为澳大利亚有权要求法国停止其造成的对澳大利亚领土的放射性尘埃沉降。该案还涉及一个重要问题,即集体诉讼问题。4 名法官在其反对意见中认为如果禁止大气层核试验被证明为国际法的一般规则,那么一个国家可能代表国际社会提起类似于国内法中的"集体诉讼",从而成为国际法院的适当诉讼主体。④ 其四,是 1997 年的"盖巴斯科夫—拉基玛洛水坝工程案"。国际法院依据了环境保护和经济发展一体化这一基础要求来作出判决,在该案中第一次提出"可持续发展的概念中恰当地表述了经济发展和环境保护相协调的必要"。⑤

国际法院有关环境问题的咨询意见中比较著名的是 1996 年 7 月 8 日向联合国大会提供的《关于威胁或使用核武器的合法性的法律咨询意见》,确认国家尊重其他国家的或者国家控制范围以外区域的环境的义务是国际法的一部分。⑥

1993 年 7 月,考虑到国际环境法的发展及国际环境争端的增多,国际法院设立了一个由 7 名法官组成的环境事务法庭,但目前还没有案件提交到该法庭。究其原因可能主要在于要鉴别什么是环境案件往往比较困难,比如"盖巴斯科夫—拉基玛洛大坝工程案",它与条

---

① 如根据《联合国海洋法公约》附件 7 和附件 8 设立的仲裁法庭和特别仲裁法庭。
② 那力:《国际环境法》,科学出版社 2005 年版,第 18 页。
③ 王曦:《国际环境法》,法律出版社 2005 年第 2 版,第 30 页。
④ 王曦:《国际环境法》,法律出版社 2005 年第 2 版,第 30 页。
⑤ 那力:《国际环境法》,科学出版社 2005 年版,第 19 页。
⑥ 王曦:《国际环境法》,法律出版社 2005 年第 2 版,第 51~52 页。

约法、国际水资源、国家责任、国家继承以及环境法都有关系。在这种情况下,需要的是一个通常的法庭,而不是一个专门的法庭。

国际海洋法法庭(International Tribunal for the Law of the Sea,简称 ITLOS)是依据《联合国海洋法公约》附件 6"国际海洋法法庭规约"而设立的。国际海洋法法庭的管辖权包括按照《联合国海洋法公约》向其提交的一切争端和申请,以及其他国际协定授权管辖的事项。国际海洋法法庭根据《联合国海洋法公约》和其他与该公约不相抵触的国际法规则裁判一切争端和申请。国际海洋法法庭设立海底争端分庭,对国际海底争端具有强制管辖权。

欧洲法院是欧共体(现欧盟)的司法机关。它的管辖权仅限于欧盟成员国。欧盟的各机构、成员国和满足一定条件的个人有权向欧洲法院提起包括环境争端在内的诉讼。

➢拓展案例

匈牙利诉斯洛伐克"盖巴斯科夫—拉基玛洛水坝案"

本案也被称为"多瑙河水坝案",争端源于匈牙利和捷克斯洛伐克签订的一项双边条约。1977 年,匈牙利和捷克斯洛伐克共和国缔结了"修建和运行盖巴斯科夫—拉基玛洛水利设施"的双边条约(下文称《1977 年条约》)。该条约规定:双方共同投资,共同修建和运行多瑙河水坝项目,以便充分利用缔约双方在布拉迪斯拉发至布达佩斯之间的多瑙河河段的水资源,充分发展水利、能源、交通、农业等国民经济部门。该项共同投资的主要目的是水力发电,改善多瑙河相关河段的航行状况和防止水灾。缔约方还决定确保多瑙河的水质不会因为该项目的修建和运行受到损害,并有义务保护与该项目的修建和运行相关的环境。①

《1977 年条约》约定,在捷克斯洛伐克境内的盖巴斯科夫和匈牙利境内的拉基玛洛分别建设两个水闸系统,共同组成"一个不可分割的运行系统",双方各自负责管理其境内的工程,但工程的建设、投资由两国平均分摊。80 年代早期,匈牙利科学院认为工程将会损害奥地利、匈牙利和斯洛伐克交界处的湿地森林、威胁区域饮水和毁坏多瑙河古老内陆海三角洲湿地保护区(匈牙利语所称的"千岛地区")的生态系统,向政府提出了警告。在环境科学家和匈牙利科学院的联合抗议下,工程几经推迟与反复,匈牙利在 1989 年 10 月 27 日决定放弃协定中拉基玛洛工程以及盖巴斯科夫工程中属于它的一部分。匈牙利政府最终向捷克斯洛伐克政府递交了"于 1992 年 5 月 25 日终止《1977 年条约》"的照会。在两国不断谈判期间,捷克斯洛伐克一方开始寻求其他工程替代方案,其中之一就是后来实施、造成本案环境问题的"C 方案"——单方面实施捷克斯洛伐克境内盖巴斯科夫工程。该工程实施后,多瑙河 80%~90% 的水被引入捷克斯洛伐克境内的动力水渠维持其电站发电,造成两国 30 公里界河边境线产生变化;该河道内的多瑙河天然河道水位大幅下降成为涓涓细流;严重威胁区间内地下水位、饮用水、农业用水、森林、渔业、生物多样性及其生态环境,特别是造成匈牙利境内多瑙河古老内陆海三角洲湿地保护区水源干枯,威胁区

---

① 邵沙平:《国际法院新近案例研究(1990—2003)》,商务印书馆 2006 年版,第 203~204 页。

内 400 多种珍稀物种栖息地的生态环境。①

1992 年 10 月 23 日,匈牙利共和国驻荷兰大使向国际法院提出一份针对捷克和斯洛伐克联邦共和国的有关计划中的多瑙河改道事项的请求书。捷克和斯洛伐克联邦共和国同意接受法院的管辖权。本案双方的主张存在很多分歧。匈牙利认为:(1)有权在 1989 年终止和放弃由其负责的水利工程;(2)《1977 年条约》已经终止;(3)捷克斯洛伐克修建和运行、斯洛伐克继续运行临时解决办法是不正当的;(4)斯洛伐克应当赔偿匈牙利因此遭受的损失。斯洛伐克认为:(1)《1977 年条约》仍然有效,没有终止;(2)匈牙利 1992 年作出的中止条约的通知无效;(3)匈牙利违反了《1977 年条约》和相关法律文件,无权终止和放弃其负责的工程,应当就其行为给斯洛伐克造成的损失进行赔偿。②

1997 年 9 月 25 日国际法院作出判决如下:(1)匈牙利在 1989 年无权终止和随后放弃其负有责任的拉基玛洛水利工程和部分盖巴斯科夫水利工程。(2)捷克斯洛伐克在 1991 年 11 月有权进行特别协议规定的临时解决办法,但在 1992 年无权运行这一临时解决办法。(3)匈牙利 1992 年 5 月 19 日发出的终止《1977 年条约》和其他法律文件的通知没有终止法律的效力。(4)斯洛伐克作为捷克斯洛伐克的继承国,从 1993 年 1 月 1 日开始成为《1977 年条约》的缔约方。(5)匈牙利和斯洛伐克应当依据现行情况善意进行协商,双方可以依据协议修改条约,并采取一切必要措施确保《1977 年条约》目标的实现。(6)除非当事方另有协议,应当依据《1977 年条约》确立一个共同运行水利设施的体制;③最终的解决方案必须是:彻底解决将一定水量放回多瑙河原河道,恢复多瑙河天然河道,重新设计具有抗地震、浮冰条件下可航行的大坝,保护"千岛地区"生态和区域供水。(7)两国的错误行为都对对方造成了一定的危害,因此,各国都有赔偿义务和获得赔偿的权利。由于双方的错误交织在一起,赔偿问题必须根据《1977 年条约》和相关文件进行解决。④

斯洛伐克于 1998 年 9 月 3 日向法院书记官处提出请求,请求法院就此案作出附加判决,因为匈牙利不愿执行法院在 1997 年 9 月 25 日就此案作出的判决。匈牙利就其对斯洛伐克请求作出附加判决一事的立场,在法院院长确定的期限 1998 年 12 月 7 日之前提交了一份书面陈述。当事双方后来恢复了谈判,并且定期向法院通报谈判的进展情况。截至 2010 年 7 月,此案仍然属于待决案件。⑤

---

① 王艺:《加布奇科沃—大毛罗斯大坝案对国际环境法的发展的影响及启示》,载《水利发展研究》2008 年第 4 期。

② 邵沙平:《国际法院新近案例研究(1990—2003)》,商务印书馆 2006 年版,第 206 页。

③ 邵沙平:《国际法院新近案例研究(1990—2003)》,商务印书馆 2006 年版,第 221~222 页。

④ 王艺:《加布奇科沃—大毛罗斯大坝案对国际环境法的发展的影响及启示》,载《水利发展研究》2008 年第 4 期。

⑤ 国际法院在第五十六届联合国大会(2010 年)上的报告 A/65/4(SUPP),p.20.

多瑙河水坝案的判决对国际环境法的发展有重大意义,它使得国际法院第一次直面可持续发展原则,①是可持续发展原则在国际环境争端领域确立的标志。

尽管在国内法和国际法上,可持续发展原则备受瞩目,但它的内涵仍有争议,过于抽象。可持续发展原则常被表述为"既满足当代人的需求,又不对后代人满足其需要的能力构成危害的发展",②它要求环境保护成为发展中不可分割的一方面。

国际法院在判决中承认了可持续发展原则,法院指出,环境的重要性不是抽象的,而是代表"生存空间,生活质量和人类健康,包括未出生者在内"。判决书深刻地指出,在历史长河中,人类为了经济和其他原因,常常干预自然。过去,人们常常没有考虑对环境的影响。因为新科学观点的出现和人类对风险值认识的提高,近20年来新的规则和标准被发展出来。这些规则应当在持续过去行为时被考虑,而不仅限于考虑问题之时。在可持续发展中,需要调和经济发展和环境保护的冲突。③

这表明,尽管法院没有给可持续发展原则下定义,但细化了原则的内容,并承认了可持续发展原则在环境保护和经济发展中的工具作用。卫拉曼特雷法官在他的个别意见书中对可持续发展原则给予了较多的关注,进一步论述了该原则。他指出:"我认为它不仅仅是一个概念,而是一个具有规范价值的可以决定本案至关重要的问题的原则。如果没有它的洞察力的帮助,本案涉及的问题将难以解决。"他还认为:"可持续发展概念因此不仅仅是一项被发展中国家接受的原则,而且是一项基于世界范围的可接受的原则——可持续发展原则因而不仅仅由于它的逻辑必要,而且由于它被全球社会的广泛而普遍的接受而构成现代国际法的一部分。"④

此外,本案涉及的环境影响评价原则、"对一切的义务"也引起了国际环境法学界的关注。针对持续的建设项目,卫拉曼特雷法官强调了进行环境影响评价的重要性。环境影响评价义务的履行不应仅仅只是在开始项目建设前的一个程序,而是要持续地进行。也就是说只要项目继续存在,就有必要进行持续的环境影响评价。⑤

关于"对一切的义务"的阐释,卫拉曼特雷法官认为,环境权是人权的组成部分,有关环境的义务构成对一切的义务。也就是说当争端涉及对所有人的义务时,根据那些只适

---

① Jessica Howley, The Gabcikovo-Nagymaros Case: The Influence of the International Court of Justice on the Law of Sustainable Development, *Queensland Law Student Review*, Volume 2, Issue 1, 2009, pp. 1~19.

② World Commission on Environment and Development, *Our Common Future*, GAOR, 42nd Sess, Supp. No. 25, UN Doc. A/42/25(1987), [27].

③ Jessica Howley, The Gabcikovo-Nagymaros Case: The Influence of the International Court of Justice on the Law of Sustainable Development, *Queensland Law Student Review*, Volume 2, Issue 1, 2009, pp. 1~19.

④ [斯里兰卡]克里斯朵夫·格里高里·卫拉曼特雷:《国际法院加布奇科沃—大毛罗斯工程案卫拉曼特雷副院长的个别意见书》,王曦译,载王曦:《国际环境法与比较环境法评论》2008年刊。

⑤ [斯里兰卡]克里斯朵夫·格里高里·卫拉曼特雷:《国际法院加布奇科沃—大毛罗斯工程案卫拉曼特雷副院长的个别意见书》,王曦译,载王曦:《国际环境法与比较环境法评论》2008年刊。

用于争议双方的诉讼规则来决定涉及对所有人的义务的问题,这是不恰当的。[1]

　　"盖巴斯科夫—拉基玛洛水坝案"是国际环境法上一个经典的案例,它不仅推动了国际环境法的发展,还为国际环境争端的司法解决提供了先例。

参考文献

[1] ……

[2] ……

[3] ……

[4] ……

[5] ……

[6] ……

[7] ……

[8] ……

[9] ……

[10] ……

[11] ……

[12] ……

[13] ……

[14] ……

[15] ……

[16] ……

[17] ……

[18] ……

[19] ……

[20] ……

[21] ……

[22] ……

[23] ……

[24] ……

[25] ……

[26] ……

[27] ……

[28] ……

[29] ……

---

[1]　［斯里兰卡］克里斯朵夫·格里高里·卫拉曼特雷:《国际法院加布奇科沃—大毛罗斯工程案卫拉曼特雷副院长的个别意见书》,王曦译,载王曦:《国际环境法与比较环境法评论》2008年刊。

参考文献

一、著作类

[1]蔡守秋、常纪文:《国际环境法学》,法律出版社 2004 年版。

[2]蔡守秋:《环境法案例教程》,复旦大学出版社 2009 年版。

[3]蔡守秋:《环境资源法教程》,高等教育出版社 2004 年版。

[4]蔡守秋:《环境资源法学》,高等教育出版社 2007 年版。

[5]蔡守秋:《环境资源法学》,人民法院出版社、中国人民公安大学出版社 2003 年版。

[6]蔡守秋:《新编环境资源法学》,北京师范大学出版集团 2009 年版。

[7]曹明德:《生态法原理》,人民出版社 2002 年版。

[8]陈泉生等:《循环经济法研究》,中国环境科学出版社 2009 年版。

[9]陈泉生:《环境法学基本理论》,中国环境科学出版社 2004 年版。

[10][德]曼弗雷德·沃尔夫:《物权法》,吴越、李大雪译,法律出版社 2002 年版。

[11][法]亚历山大·基斯:《国际环境法》,张若思编译,法律出版社 2000 年版。

[12]冯之浚:《循环经济立法研究:中国循环经济高端论坛》,人民出版社 2006 年版。

[13]高清:《环境资源法新视角》,知识产权出版社 2008 年版。

[14]韩德培、陈汉光:《环境保护法教程》,法律出版社 2007 年版。

[15]韩德培:《环境保护法教程》,法律出版社 2008 年版。

[16]黄美元、徐华英、五庚辰:《大气环境学》,气象出版社 2005 年版。

[17]黄明健:《环境法制度论》,中国环境科学出版社 2004 年版。

[18]蒋文举:《大气污染控制工程》,高等教育出版社 2006 年版。

[19]蒋亚娟:《环境法学案例教程》,厦门大学出版社 2006 年版。

[20]金瑞林:《环境法学》,北京大学出版社 2007 年版。

[21]金瑞林:《环境与资源保护法学》,北京大学出版社 2006 年版。

[22]冷罗生:《日本公害诉讼理论与案例评析》,商务印书馆 2005 年版。

[23]李爱年、李慧玲:《环境与资源保护法学》,浙江大学出版社 2008 年版。

[24]李俊锋、王仲颖:《中华人民共和国可再生能源法解读》,化学工业出版社 2005 年版。

[25]李鹏:《论有中国特色的环境保护》,中国环境科学出版社 1992 年版。

[26]林灿铃等:《国际环境法理论与实践》,知识产权出版社 2008 年版。

[27]刘国涛:《循环经济·绿色产业·法制建设》,中国方正出版社 2004 年版。

[28]刘青松:《环境保护法概论》,中国环境科学出版社 2003 年版。

[29]吕忠梅:《环境法导论》,北京大学出版社 2008 年版。

[30]吕忠梅:《环境法新视野》,中国政法大学出版社 2007 年版。

[31]吕忠梅:《环境法学》,法律出版社 2008 年版。

[32]吕忠梅:《环境法学》,法律出版社 2005 年版。

[33]吕忠梅:《环境法原理》,复旦大学出版社 2007 年版。

[34][美]爱蒂丝·布朗·魏伊丝:《公平地对待未来人类:国际法、共同遗产与世代间衡平》,汪劲等译,法律出版社 2000 年版。

[35][美]保罗·R.伯特尼、[美]罗伯特·N,史蒂文斯:《环境保护的公共政策》,上海人民出版社 2004 年版。

[36][美]H.D.贝勒斯:《法的原则——一个规规范的分析》,张文显等译,中国大百科全书出版社 1996 年版。

[37]那力:《国际环境法》,科学出版社 2005 年版。

[38]邱聪智:《公害法原理》,台湾三民书局 1984 年版。

[39]曲向荣:《清洁生产与循环经济》,清华大学出版社 2011 年版。

[40][日]加藤一郎:《中日环境法交流文集》,康树华译,北京大学出版社 1985 年版。

[41]世界环境与发展委员会:《我们共同的未来》,吉林人民出版社 1997 年版。

[42]孙佑海、张蕾等:《中国循环经济法论》,科学出版社 2008 年版。

[43]孙佑海:《中华人民共和国水污染防治法解读》,中国法制出版社 2008 年版。

[44]唐双娥:《环境法风险预防原则研究》,高等教育出版社 2004 年版。

[45]汪劲:《环境法律的解释:问题与方法》,人民法院出版社 2006 年版。

[46]汪劲:《环境法学》,北京大学出版社 2006 年版。

[47]汪劲:《中外环境影响评价制度比较研究》,北京大学出版社 2006 年版。

[48]王灿发、常纪文:《环境法案例教程》,北京交通大学出版社 2008 年版。

[49]王灿发、于文轩:《身边的法律顾问——污染受害与救济》,中国人民大学出版社 2010 年版。

[50]王树义:《俄罗斯生态法》,武汉大学出版社 2001 年版。

[51]王树义:《可持续发展与中国环境法治第七章》,科学出版社 2007 年版。

[52]王树义:《可持续发展与中国环境法治》,科学出版社 2007 年版。

[53]王文革:《环境资源法》,北京大学出版社 2009 年版。

[54]王曦:《国际环境法》,法律出版社 2005 年第 2 版。

[55]王曦:《国际环境法与比较环境法评论》(第 3 卷),法律出版社 2008 年版。

[56]王曦:《国际环境法资料选编》,民主与建设出版社 1999 年版。

[57]王曦:《美国环境法概论》,武汉大学出版社 1992 年版。

[58]王泽鉴:《民法学说与判例研究(二)》,中国政法大学出版社 1997 年版。

[59]吴兴楠、孙月红:《自然资源法学》,中国环境科学出版社 2004 年版。

[60]曾昭度、孙向明:《环境纠纷案件实例》,武汉大学出版社 1989 年版。

[61]张梓太:《环境与资源保护法》,北京大学出版社 2007 年版。

[62]张梓太:《环境与资源保护法学》,北京大学出版社 2007 年版。

[63]张梓太:《自然资源法学》,科学出版社 2004 年版。

[64]周珂:《环境法》,中国人民大学出版社 2005 年版。

[65]周珂:《环境法》,中国人民大学出版社 2000 年版。

[66]周珂:《环境与资源保护法学》,中国人民大学出版社 2007 年版。

[67]周珂:《环境与资源保护法》,中国人民大学出版社 2007 年版。

[68]周珂:《生态环境法论》,法律出版社 2001 年版。

[69]朱谦:《环境法基本原理——以环境污染防治法为中心》,知识产权出版社 2009 年版。

二、论文类

[1]穆今悦:《论我国环境公益诉讼制度的构建》,大连海事大学 2007 年硕士论文。

[2]《东陆学林》编委会:《东陆学林》(第 19 辑),云南大学出版社 2010 年版。

[3]黄缓缓:《我国环境行政执法难的现状和对策研究》,复旦大学 2008 年硕士论文。

[4]刘丽莉:《我国环境行政执法手段研究》,东北林业大学 2007 年硕士论文。

[5]彭余辉:《环境行政执法研究》,兰州大学 2008 年硕士论文。